Studies on Development, Human Rights and Rule of Law

发展、人权与法治研究

——法治国家、法治政府与法治社会一体化建设研究

主　　编　汪习根

执行主编　陈焱光　廖　奕

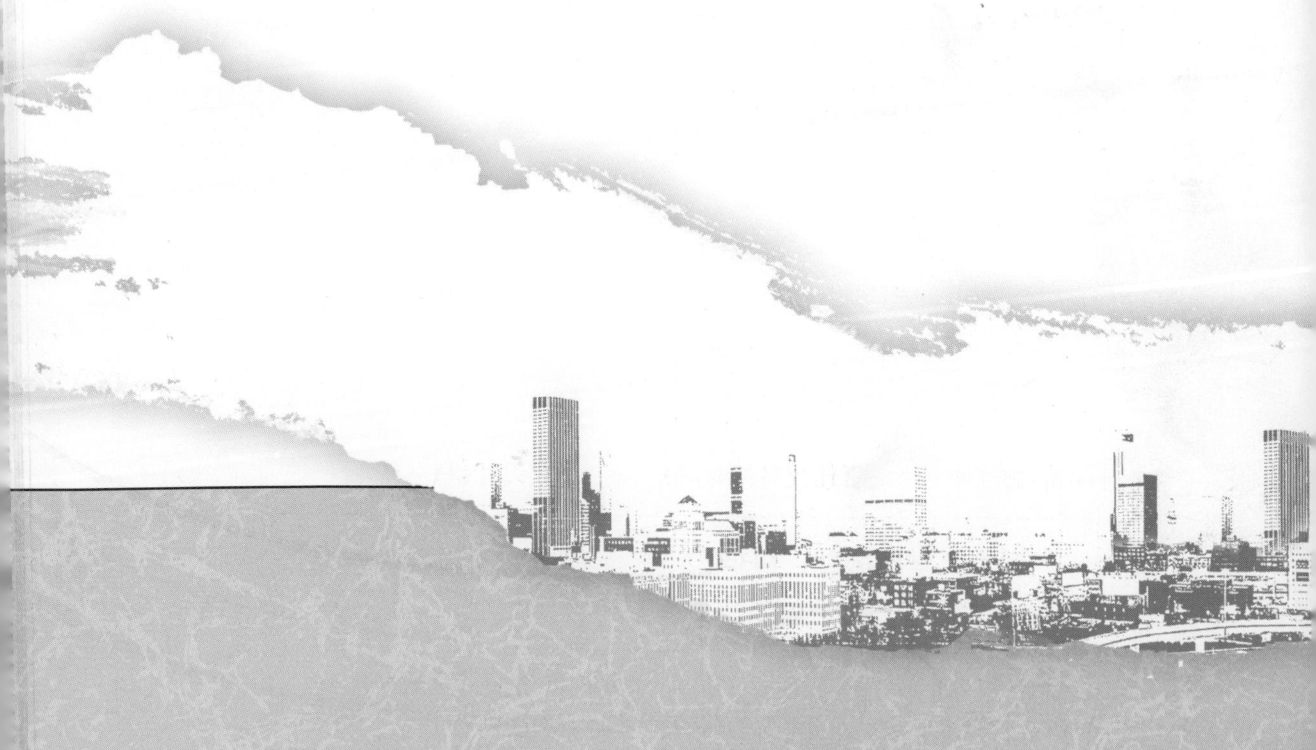

图书在版编目(CIP)数据

发展、人权与法治研究:法治国家、法治政府与法治社会一体化建设研究/汪习根主编.—武汉:武汉大学出版社,2014.8
ISBN 978-7-307-13690-8

Ⅰ.发…　Ⅱ.汪…　Ⅲ.法治—研究　Ⅳ.D902

中国版本图书馆CIP数据核字(2014)第144578号

责任编辑:田红恩　　责任校对:鄢春梅　　版式设计:马　佳

出版发行:**武汉大学出版社**　(430072　武昌　珞珈山)
(电子邮件:cbs22@whu.edu.cn 网址:www.wdp.com.cn)
印刷:湖北金海印务有限公司
开本:787×1092　1/16　印张:28　字数:626千字　插页:1
版次:2014年8月第1版　2014年8月第1次印刷
ISBN 978-7-307-13690-8　定价:50.00元

发展、人权与法治研究
编委会名单

序

李 龙①

党的十八届三中全会提出了全面深化改革的总目标：完善和发展中国特色社会主义制度，推进国家治理体系与治理能力现代化。这是振兴中华民族复兴的伟大创举。习近平同志对此极为重视，明确指出：实现国家治理现代化，必须“建设法治中国，必须坚持依法治国、依法执政、依法行政共同推进，坚持法治国家、法治政府、法治社会一体化建设”。因篇幅关系，本文集仅对“依法治国、依法执政、依法行政共同推进”问题作专题解读与研究。

依法治国自1996年正式提出、1997年写进党章、1999年庄严入宪以来，业已成为举国一致的共同话语，成为全国人民的共同行为准则；并在实践中取得举世瞩目的成就，博得世界各国人民的一致赞许！习近平主席提出依法治国、依法执政、依法行政共同推进的科学理念与正确判断，深刻揭示了三者内在联系的总体思路，彰显了中国法治体系的中国特色、中国风格和中国气派。

1. 依法治国的基础和前提。在依法治国、依法执政、依法行政的相互关系上，我们认为依法治国是依法执政、依法行政的基础和前提，因为国家不实行依法治理，就谈不上中国共产党依法执政，也不可能搞依法行政。当然，我们讲依法治国的“法”无疑是“良法”。只有“良法治国”才能使中国共产党执政为民，才能建设法治政府，依法行政。对于“良法”，毛泽东同志早在青少年时代就很重视，他在其处女作《商鞅徙木立信论》中指出：“良法者，代谋幸福之具也。”所谓良法，一般应具有如下标准：(1) 顺应世界潮流，符合时代要求；(2) 反映人民意志，体现人民利益；(3) 尊重客观规律，符合国情民意；(4) 便于操作与遵守；(5) 体系完整、法制统一。

其实，无论是从依法治国的含义，还是从依法治国的范围，依法执政与依法行政都是依法治国的应有之义和重要部分，尤其是作为执政党的中国共产党，既要领导人民制定良好的法律，又要带头并领导人民遵守好法律，还要正确执行法律、适用法律，将依法执政与依法行政落到实处。

具体来说，依法治国为依法执政、依法行政提供了三个大前提：法律前提、历史前提和空间前提。没有国家依法制定的良好法律，国家就不可能成为法治国家，没有良好的社会秩序与社会稳定，就不可能存在“依法执政”与“依法行政”。

---

① 李龙，武汉大学资深教授，中国法学会学术委员会委员，教育部法学学科教学指导委员会、中国法学教育研究会和中国法理学研究会顾问。

2. 依法执政是核心与生命。依法执政是依法治国的核心与生命，直接决定国家的兴衰和民族的存亡。在现代国家中，大多是由执政党领导国家，直接管理国家事务、经济文化事业和社会事务，如果执政党不依法执政，不依法办事，不仅危害本国人民，甚至危害整个世界，法西斯德国与日本，正是他们违法执政，造成了二次世界大战的惨祸。

实际上，中共实行“依法执政”是对其半个多世纪执政正反经验的科学总结。事实证明：每当中央依法执政或依正确政策执政时，国家就富强，民族就昌盛，反之亦然。我们既要牢记中共依法执政带来的奇迹和人民安居事业，也要记住十年动乱给人民带来的惨痛教训。

依法执政不单纯是中共在理论上执政方式的转变，而是要具体落实到执政的行动中，要使每件事、每个案件都体现公平正义。因此，要提高领导干部在执政过程中的法治思维与法治方式的能力，使依法执政、依法行政成为实际行动。

3. 依法行政是关键环节。依法治国与依法执政都要具体落实到依法行政这一关键环节上，要切实建设好法治政府。行政范围广、人数多、情况极为复杂，需要直接与老百姓打交道。这里的重要问题，就是要把权力关进笼子里，做到法律无授权即禁止，法律一方面要制约政府滥用权力，同时，又要促进与保障政府正确运用权力为人民谋福利。法治政府是依法行政的必然结果，法治政府应该是：（1）理念是“服务”；（2）决策是“透明”；（3）听证是“公众”；（4）行为是“清廉”；（5）范围是“有所为有所不为”，做到不错位、不缺位、不越位。正如习近平主席所强调的，行政机关要做到有权必有责、有权受监督、违法必追究，如此才能确保行政权良性运行。

厉行法治，必以保障人权为本。本辑刊选定法治中国建设这一关键主题进行深入研究，揭示了作为世界上最大的发展中国家的中国的法治与社会发展所面临的挑战与出路，在法治改革与人权保障方面的研究颇有创新。本辑刊出版已有四个年头了，始终如一的聚焦于发展、人权与法治问题，这正是中国特色社会主义建设的核心议题与价值目标。我深信，只要明确使命、矢志追求、把脉时代，就能不断攀登思想高峰，为社会贡献智慧，为法治贡献力量。

2014 年 3 月于珞珈山

前　言

汪习根

创新是发展的源头活水。而制度创新是一切创新的前提。在所有的制度中，法治制度恰似一根红线，贯穿于始终，通过法治经济、法治政治、法治文化、法治社会、法治生态文明水乳交融、环环相扣、相得益彰，共同谱写法治中国建设的美丽诗篇。全面推进依法治国、加快建设法治中国是全面深化改革的重大战略部署，核心是破解国家、政府与社会的关系，实现法治国家、法治政府、法治社会一体推进。这体现了当代中国法治建设的最鲜明特色和最紧迫要求，对实现法治中国梦、全面建成小康社会，将中国社会发展推向一个新的高度意义深远。所以，本期《发展、人权与法治研究》聚焦于作为一个整体性战略的“法治中国”这一主题，在“依法治国、依法执政、依法行政共同推进”、“法治国家、法治政府、法治社会一体化建设”的整体性安排和多维度考量中，通过法治理论体系研究来提升中国发展质量与发展水平。

法治中国是建成法治国家、发展政治文明的生动体现和创新实践。“法治中国”是“法治国家”在全面深化改革新时期的升华和创新。法治中国是对改革开放以来中国法治建设的成功经验的科学总结，也是对未来中国法治建设的正确定位。党的十一届三中全会提出发扬社会主义民主，健全社会主义法制，开启了中国社会主义法制建设的新航程，实现了从人治向法治的第一次飞跃；党的十五大提出依法治国、建设社会主义法治国家，法治的地位和作用获得空前的重视，实现了从法制到法治的第二次飞跃；而从法治国家向法治中国的发展，则是当代中国社会主义法治建设史上的第三次重大突破，揭开了中国法治建设的新篇章。法治中国既尊重法治发展的普遍规律，又联系现实，是法治一般原理与中国法治实践紧密结合后在法治道路、法治理论、法治制度上进行创造性转换的产物，对打造中国法治模式、探明法治路径、弘扬核心价值、振奋中国精神、增强民族凝聚力、开创中国法治建设的新局面意义深远。法治中国建设以破旧立新、敢为人先、勇于担当的改革精神，弘扬人民群众的首创精神，必将在人民当家做主基础上通过制度完善推促科技创新、激发主体活力、汇聚发展动力、提升大国实力。

法治中国是完善和发展中国特色社会主义制度伟大实践的重要内容，是全面建成中国特色社会主义法治体系的必由之路。法治作为治国理政的基本方式，既要有一套健全、优良的法律体系，更需要行之有效地付诸实践，切实依法治理好国家、管理好权力、维护好权利。在中国特色社会主义法律体系已经建成之后，保证宪法法律得到统一、正确、严格实施，尊重宪法法律的极大权威，成为新时期全面落实依法治国基本方略的关键。通过及时地将法治建设的重心从制定法律转向实施法律和注重法律实效，在始终坚持依法治国、依法执政、依法行政共同推进，坚持法治国家、法治政府、法治社会一体化建设的基础上，勾画出科学立法、严格执法、公正司法、全民守法以及有效护法的法治体系美好蓝图，从而确保全面建成中国特色社会主义法治制度体系，在根本上完善和发展中国特色社会主义制度。

法治中国通过厘清政治与法治、政党与法律关系而提升党依法执政的能力。法治中国建设有助于坚持党的领导、人民当家做主和依法治国有机统一的基本原则，进一步廓清依法执政与党的领导的相互关系，通过建设政党法治，提升依法执政的水平，从而巩固党的执政之基。一方面，依法执政不是弱化党委政府的作用，而是为了更好地夯实执政基础、拓宽执政渠道、强化执政手段，保证执政党理直气壮地执政。另一方面，有助于通过深化党的建设制度改革，优化执政方式，切实提高依法执政水平。党领导人民制定了宪法和法律，就应该带头模范地遵守和执行宪法和法律。法治中国建设的深入推进为完善党内法规体系及其执行实施机制带来了新机遇、提出了新要求，通过进一步明晰党的政策与国家法律的关系，确保党的政策与国家法律统一正确地实施。

法治中国是通过推进国家治理体系和治理能力现代化、法治化，巩固国家长治久安、确保人民安居乐业、维护社会公平正义、全面建成小康社会的必由之路。法治小康是小康社会的应有之义，法治中国是面对新形势新任务新期待，全面建成小康社会的基本要求与根本保障。在新形势下，经济社会发展速度与发展水平不断提高，法治进程稳步推进。但是，也面临着化解社会矛盾、解决社会问题、切实改善民生、确保食品安全、实现教育公平、建设生态文明等方面的一系列新任务。法治是定纷止争、权利救济、实现公平的基本方式。为此，应当通过治理体系和治理能力的现代化和法治化，以法治凝聚改革共识、规范发展行为、促进矛盾化解、保障社会和谐，实现广大人民群众的新期待、新要求。而法治中国建设以扬弃良法善治精神为前提，将社会主义核心价值观融入法治体系，有利于实现从管理向治理根本转变，做到治理水平与大国地位同步提升，推进改革发展稳定协调并进。法治是治理的载体、方式和必备要件，法治所蕴含的良法价值追求与治理不谋而合。无论是政党治理、政府治理，还是社会治理，法治都发挥着无可替代的重要功能，法治中国是全面小康的基本元素和承载力量。

法治中国是增强中国在全球治理中的法治话语权、实现中华民族伟大复兴中国梦的根本保障。法治中国建设将法治置于全球化大背景下进行思考与谋划，通观全局、气势恢宏，是把中国思想、中国经验、中国模式推向世界，增强中国在世界上的话语权和影响力，提高中国的文化软实力的内在要求。

法治中国建设蕴涵着为实现法治中国梦而努力奋斗的历史责任和神圣使命，是实现几代中国人矢志追求的民主法治理想的紧迫要求。中华法系源远流长，是悠悠五千年中华文明宝库中的一朵奇葩，也为世界文明作出了应有的贡献。但是，自鸦片战争以来，中国饱受列强侵略，国家积贫积弱。制度革命与变革是中国人民得以解放与发展的根本出路，民主法治成为中华民族千百年来的奋斗目标。当今世界的竞争，关键是法治制度与规则制定权和主导权的竞争，法治是全球治理的最根本方式，法治中国建设是中国走和平发展之路进而傲然屹立于世界先进民族之林的必然选择。

人权是法治的导火索和落脚点。中国发展根系于法治，人民福祉依托于法治！

法治强，则中国强！

中国梦、强国梦、法治梦一脉相承！

目　录

◎第一部分　法治一体化建设的理论探寻

第一篇　论法治中国的科学含义 …… 3
一、法治中国的主体维度 …… 4
二、法治中国的客体维度 …… 8
三、法治中国的时空维度 …… 13

第二篇　多元逻辑方法论视野下的“法治” …… 18
一、语义逻辑方法论 …… 18
二、二元辩证逻辑方法论 …… 19
三、量化逻辑方法论 …… 22
四、比较思维逻辑方法论 …… 23

第三篇　论法治国家、法治政府和法治社会一体化建设的必然性 …… 26
一、法治国家、法治政府和法治社会一体化建设方略的提出过程 …… 26
二、法治国家、法治政府和法治社会的含义及其相互关系 …… 27
三、法治国家、法治政府和法治社会一体化建设的必然性分析 …… 30
四、结语 …… 33

第四篇　法治评估的实践反思与理论建构 …… 34
一、引言 …… 34
二、法治评估指标体系的形成基础 …… 35
三、中国法治评估指标体系的形成与实践 …… 38
四、中国法治评估面临的问题与挑战 …… 40
五、中国本土法治评估模式的反思与探索 …… 45

第五篇　法治一体化建设的评价体系与量化指数研究 …… 49
一、法治的缘起与发展 …… 49
二、现状与评析：现行法治评价体系与量化指数 …… 51
三、展望与重构：建立中国特色法治指数 …… 52

四、反思与再批判：法治量化评价体系的利弊之辩 …… 53

第六篇　地方“法治指数”的法理与实证研究 …… 56
一、地方法治建设的研究现状 …… 58
二、地方法治建设中的法治的法理的逻辑 …… 62
三、“法治指数”的实践性探索及其经验借鉴 …… 67

第七篇　法治国家、法治政府、法治社会一体化建设中的卢梭镜像 …… 70
一、法治国家、法治政府、法治社会一体化建设概说 …… 70
二、卢梭基本理论分析 …… 73
三、卢梭的法治思想观对于法治一体化建设的理论支持 …… 75
四、法治一体化语境下卢梭理论的缺陷 …… 76

第八篇　转型期中国法治建设的现实基础与理论诉求研究 …… 78
一、引言 …… 78
二、转型期中国法治建设的现实基础 …… 78
三、转型期中国法治建设的理论诉求 …… 81
四、结语 …… 83

◎第二部分　法治国家建设

第九篇　“善政”法治的基本原则 …… 87
一、善政与法治 …… 87
二、通往善政的法治原则 …… 88
三、善政：法治的理想 …… 94

第十篇　社会主义法治建设的动力来源分析 …… 96
一、人的主体需求是原动力 …… 96
二、社会基本矛盾运动规律是根本动力 …… 97
三、理论引导和权力推动 …… 98

第十一篇　试论法律与政治之间的构成性联系 …… 101
一、法律和政治的同源构成 …… 102
二、法律和政治的内在构成 …… 104
三、法律和政治的合法性构成 …… 105
四、对当代中国法律与政治之启示 …… 107

第十二篇　形式法治下的法律数字理性…………………………………………… 110
一、形式法治及其中国语境………………………………………………………… 110
二、法律数字理性…………………………………………………………………… 113
三、法律数字理性与形式法治的契合……………………………………………… 118
四、结语……………………………………………………………………………… 120

第十三篇　“法治中国”的法理解读 ……………………………………………… 122
一、“法治中国”的基本内涵 ……………………………………………………… 122
二、“法治中国”的价值属性 ……………………………………………………… 128
三、“法治中国”的现实意义 ……………………………………………………… 134
四、结束语…………………………………………………………………………… 138

第十四篇　法治中国梦实现的必然路径之探寻…………………………………… 139
一、问题的提出……………………………………………………………………… 139
二、社会公众法律信仰的社会价值………………………………………………… 139
三、我国社会公众法律信仰缺失的原因…………………………………………… 140
四、法律信仰的培育………………………………………………………………… 143
五、结语……………………………………………………………………………… 146

第十五篇　从国家与社会的关系探究我国法治一体化建设……………………… 147
一、公共舆论的历史进程…………………………………………………………… 147
二、公共舆论的法治意义…………………………………………………………… 148
三、我国网络公共舆论发展特点…………………………………………………… 150
四、网络公共舆论与我国法治一体化建设的互动………………………………… 152

第十六篇　论法治一体化视野下对检察机关程序性权力的制约………………… 156
一、检察机关滥用权力……………………………………………………………… 157
二、程序性违法的成因：公诉职能与诉讼监督职能的矛盾……………………… 157
三、检察机关程序性违法的后果…………………………………………………… 159
四、检察机关权力制约机制的实现目标与路径…………………………………… 160

第十七篇　武汉市推行重大事项社会稳定风险评估机制的成就、问题及完善对策研究…………………………………………………………………………… 164
一、武汉市重大事项社会稳定风险评估机制出台的背景………………………… 164
二、武汉市推行重大事项社会稳定风险评估机制取得的成就…………………… 165
三、武汉市推行重大事项社会稳定风险评估机制存在的问题…………………… 166
四、完善武汉市社会稳定风险评估机制应采取的对策…………………………… 167

第十八篇　环境法治研究……170
一、何为环境法益……170
二、环境权利泛化困境下的环境法……172
三、环境法的独立性……174
四、环境法的目标……176
五、结语……179

第十九篇　新经济时代的地方法治环境研究……180
一、新经济时代的法律解读……180
二、对新经济时代地方法治环境的反思……183
三、优化地方法治环境，积极应对新经济时代挑战……185

◎第三部分　法治政府建设

第二十篇　法治一体化背景中的法治政府……191
一、法治政府的应然表达……191
二、法律至上……192
三、政府受法律控制……193
四、控权护权统一，保障公民权利……194
五、行政救济和司法审查……195

第二十一篇　我国法治政府建设存在的问题及对策研究……197
一、法治政府概念概述……197
二、我国法治政府建设存在的问题……199
三、我国法治政府建设的相关对策……203
四、结语……207

第二十二篇　论以法治思维推进政府职能……209

第二十三篇　法治政府建设中“旋转门”腐败与法律矫治……216
一、法治政府建设中“旋转门”现象的现状分析……216
二、法治政府建设中“旋转门”腐败产生的原因……219
三、法治政府建设中“旋转门”腐败的法律矫治措施……221

第二十四篇　论加强政府网站功能的制度保障……223
一、政府网站的基本功能及其制度保障的意义……224
二、政府网站功能相关制度的现实考察……226

三、政府网站功能制度保障的加强……………………………………………………………… 228

第二十五篇　行政法治的前提：公民社会的崛起……………………………………………… 230
一、对中国行政法治的现状描述及反思…………………………………………………… 230
二、公民社会的概念…………………………………………………………………………… 231
三、西方行政法治建设历程的回顾与反思………………………………………………… 232
四、公民社会对于行政法治的意义………………………………………………………… 234
五、如何培育中国的公民社会……………………………………………………………… 234
六、结语………………………………………………………………………………………… 236

第二十六篇　论美国公民对警察执法活动的监督与制约…………………………………… 237
一、美国重视公民监督警察执法活动的成因分析………………………………………… 237
二、美国公民监督警察执法行为的方式…………………………………………………… 238
三、对我国的启示……………………………………………………………………………… 240

◎第四部分　法治社会建设

第二十七篇　论社会管理的法治意义…………………………………………………………… 247
一、网格化管理概述…………………………………………………………………………… 248
二、网格化管理的法治意义…………………………………………………………………… 249
三、网格化管理需要进一步探讨的问题…………………………………………………… 253
四、结语………………………………………………………………………………………… 256

第二十八篇　何为法治社会……………………………………………………………………… 257
一、何为法治社会……………………………………………………………………………… 257
二、为何要建设法治社会……………………………………………………………………… 260
三、建设法治社会与建设法治国家………………………………………………………… 263

第二十九篇　刍议法治一体化建设之实践路径………………………………………………… 265
一、引言………………………………………………………………………………………… 265
二、法治国家、法治政府和法治社会三者的关系探析…………………………………… 265
三、公权与私权的应然关系…………………………………………………………………… 267
四、我国公权和私权的实然关系……………………………………………………………… 269
五、法治一体化建设的治本之策……………………………………………………………… 271
六、结语………………………………………………………………………………………… 272

第三十篇　世道人心与中国法治社会的建构…… 273
一、人心与法治…… 273
二、世道人心与法治社会的双向互动…… 275
三、中国法治社会建构的理想图景…… 278

第三十一篇　法治的集与分…… 280
一、浅谈法治整体性与局部性…… 281
二、“法治中国”下的法治被赋予的新意义…… 283
三、法治社会中法治的分与合…… 285
四、结语…… 286

第三十二篇　风险社会视角下的法治社会构建…… 287
一、风险社会概念…… 287
二、案例研究…… 288
三、风险社会下的法治构建…… 289
四、结语…… 294

第三十三篇　从法与社会看法治社会与群众路线…… 295
一、法与社会的学说…… 295
二、法治社会贯彻群众路线的基础…… 297
三、法治社会建设与坚持深入贯彻群众路线…… 301

第三十四篇　通过阶层的法律治理…… 309
一、引言…… 309
二、中国语境下“法治社会”与“阶层”之辨…… 309
三、法治社会的现状…… 311
四、阶层社会的初步成型…… 313
五、合理的阶层社会结构：法治理想与精神的持续追求…… 316
六、小结…… 318

第三十五篇　法治模式下的基层村域治理…… 320
一、法治模式语境下的基层治理…… 320
二、背离宪制精神的南街模式…… 321
三、历史维度的解读：南街模式的存在逻辑…… 324
四、富有希望的民主试验田：南街模式转型…… 328
五、余论：法治中国的实现…… 331

第三十六篇　司法和舆论的出牌逻辑……………………………………………………… 332

第三十七篇　法律信仰论批判………………………………………………………………… 340
一、法律信仰论缘何在我国能够引起巨大反响………………………………………… 341
二、伯尔曼《法律与宗教》语境下的法律信仰的内涵 ………………………………… 342
三、我国学者在法律信仰论这一命题中所存在的悖论……………………………… 344
四、法律信仰论是一个被错误引进的与我国实际不相符合的理念………………… 345
五、走出依附西方学者的思维定式，结合实际重新审视我国对待法律的态度…… 347

第三十八篇　法治社会建设中法律作用的限度及道德要素的补充…………………… 349
一、小悦悦事件回顾与后续社会效应评析……………………………………………… 349
二、法治社会建设法律的作用有限度…………………………………………………… 351
三、我国社会在提倡法治过程中对道德问题的关注不足……………………………… 352
四、道德要素对建设法治社会的意义…………………………………………………… 353
五、结语…………………………………………………………………………………… 354

◎第五部分　法治一体化下的司法与人权保障

第三十九篇　法治一体化建设与法官职业素养的提升………………………………… 357
一、法治一体化对司法公正和法官职业素养的新期待………………………………… 357
二、司法公正与法官职业素养的历史透视……………………………………………… 359
三、法官优良的职业素养是司法公正的重要保障……………………………………… 361
四、法官的职业素质与司法公正相关性的内在逻辑…………………………………… 363

第四十篇　从案例论行政诉讼裁判品质提升的法理路径……………………………… 368
一、"武汉市民状告车管所案"之案情简介 …………………………………………… 368
二、本案的法律争点……………………………………………………………………… 368
三、行政诉讼即法律适用………………………………………………………………… 369
四、厘清法律适用之法理基础，提升裁判品质………………………………………… 370
五、结论…………………………………………………………………………………… 371

第四十一篇　论住房权的可审判性……………………………………………………… 373
一、住房权的概念和要素………………………………………………………………… 373
二、可审判性的概念……………………………………………………………………… 375
三、住房权可审判性的理论前提………………………………………………………… 375
四、消极性质的住房权的可审判性……………………………………………………… 376
五、积极性质的住房权的可审判性……………………………………………………… 377

第四十二篇　事实与逻辑……………………………………………………………………… 379
一、绪论……………………………………………………………………………………… 379
二、保障独立司法，实现法治一体化………………………………………………………… 380
三、独立司法与法治一体化建设的价值逻辑冲突…………………………………………… 381
四、独立司法真正的改革路径：法治一体化………………………………………………… 383
五、结语……………………………………………………………………………………… 385

第四十三篇　政治中的司法…………………………………………………………………… 386
一、多中心的司法：行政诉讼的实际功能…………………………………………………… 387
二、嵌入性司法：行政诉讼的权力背景……………………………………………………… 388
三、选择性司法：行政诉讼的运作机制……………………………………………………… 389
四、独立司法：行政诉讼的出路……………………………………………………………… 390
五、结语……………………………………………………………………………………… 392

第四十四篇　法治国家视野下的公安刑事执法冤假错案的成因及防控对策研究…… 393
一、引言……………………………………………………………………………………… 393
二、刑事冤假错案发生的主要原因…………………………………………………………… 393
三、防控刑事执法冤假错案途径……………………………………………………………… 398
四、结语……………………………………………………………………………………… 401

第四十五篇　法治国家、法治政府和法治社会一体化建设与人权保障………………… 402
一、法治国家与人权保障……………………………………………………………………… 403
二、法治政府与人权保障……………………………………………………………………… 404
三、法治社会与人权保障……………………………………………………………………… 405
四、结语……………………………………………………………………………………… 406

第四十六篇　法治国家与基本权利保障……………………………………………………… 407
一、问题的提出……………………………………………………………………………… 407
二、群体性事件应对中权利保护的缺失……………………………………………………… 408
三、群体性事件中的法治国家与基本权利…………………………………………………… 409
四、群体性事件中的权利保障………………………………………………………………… 410
五、结语……………………………………………………………………………………… 414

第四十七篇　人权、人性尊严与法治………………………………………………………… 415
一、探讨：人权与人性尊严的关系…………………………………………………………… 416

二、批判省察：人权与法治的关系……………………………………………………… 418
三、耦合：法治社会治理………………………………………………………………… 420
四、结语…………………………………………………………………………………… 421

第四十八篇　法治一体化建设时局下的中国司法改革出路……………………… 423
一、法治中国建设，法治一体化建设与司法改革的关系……………………………… 423
二、社会转型下的中国司法改革困境…………………………………………………… 425
三、冲出困境，继续深化中国司法改革………………………………………………… 428
四、结论…………………………………………………………………………………… 429

后　记…………………………………………………………………………………… 430

第一部分　法治一体化建设的理论探寻

2012年12月4日，习近平总书记在纪念现行宪法公布施行三十周年大会上的讲话提出了坚持依法治国、依法执政、依法行政共同推进，坚持法治国家、法治政府和法治社会一体化建设的命题。至此，中国社会的建设从宪法的层面上历经1999年正式提出依法治国，建设社会主义法治国家，再历经其后重点从法治政府领域的突破，并结合转型中国社会管理的创新，成功地实现了理念和实践上从“社会管理”向“社会治理”的转变，从而也为法治社会提供了重要的理论支撑和实践指引。法治一体化建设的法治蓝图尽管适时提出，但其面临的诸多理论问题尚待学界进一步探究，实践路径更需前瞻性设计和实践中的审慎调整。法治一体化建设这一宏阔主题需要我们解决许多前所未有的理论问题：我们应建成一个什么样态的法治中国？法治对当下中国而言究竟包括哪些内涵？标准是什么？法治国家、法治政府和法治社会三者间究竟是什么关系？如何看待法治一体化建设的必要性？法治一体化建设走向善治的具体路径是什么？如何确立法治一体化建设的评价体系、理论模型与量化指数？等等，这些重大理论课题的解答是指引中国法治走向更高层面的基石。本部分的系列文章立足法理层面，从不同的视角求解这些问题，以期为顺利推进法治一体化的实践进程提供理论支撑。

第一篇
论法治中国的科学含义

汪习根

内容提要：超越既有学术观点，在主客体二元互动关系中厘清法治中国的科学含义是法治中国从抽象符号具象化为行为逻辑的首要前提。主体维度的法治中国涵摄了主体的法治自觉、自信、自立与自强；客体维度的法治中国聚焦于从依法治权与依法维权的二元对立转向互信、和谐的权利与权力关系模式与治理格局，致力于构建友爱的党民关系、友善的政民关系和友好的法民关系；在时间维度上，法治中国是中国模式的历史养成与现实创新的统一；在空间维度上，法治中国旨在谋求中国在全球的法治话语权、法治治理权、法治管理权和法治发展权。

关键词：法治；中国；治理；模式

"法治中国"① 作为法治在当下中国的政治表达②，应当从一个抽象的符号具体化为全面改革的行为逻辑。然而，对"法治中国"作为学术概念，学界"出现了'法治中国'与'法治国家'同一论和'法治中国'是'法治国家'的升华与深化两种基本观点"。③ 对法治中国的逻辑构成，则有三种不同看法：一是"三要素说"，认为法治中国包括"国家法治、地方法治和行业法治"，或者"法治政党、法治政府和法治社会"三个部分；二是"四要素说"即法治中国由"法治国家、法治政党、法治政府、法治社会"四者构成；三是"五要素说"，即"法治中国"包括"法治经济、法治政

① "法治中国"作为法治的升级版，最早由习近平在2013年1月举行的全国政法工作电视电话会议上提出（参见习近平：《全力推进平安中国、法治中国建设》，载新华网2013年1月7日）；中国共产党的十八届三中全会作出的《中共中央关于全面深化改革若干重大问题的决定》设专章即第九部分重点部署了"推进法治中国建设"的改革方案，指出"建设法治中国，必须坚持依法治国、依法执政、依法行政共同推进，坚持法治国家、法治政府、法治社会一体化建设"（参见《中共中央关于全面深化改革若干重大问题的决定》，载《人民日报》2013年11月16日）。

② 针对法治中国的概念演进，有学者指出，"法治中国"经历了"从学术命题到政治命题"再到"宪法命题"的变化（韩大元：《简论法治中国与法治国家的关系》，载《法制与社会发展》2013年第5期）。

③ 刘红臻：《"法治中国建设理论与实践研讨会"综述》，载《法制与社会发展》2013年第5期。

治、法治文化、法治社会和法治生态文明”①。可见，进一步厘清与阐释法治中国的科学含义与逻辑构成，对深化法治学术研究、加快中国的法治进程具有重大的现实意义。笔者认为，法治中国是一个有机统一的多维构造体，不能仅仅只看到治理的客体如国家、政府、社会等，也不能只是抽象地分析“中国”这一主体。主体性的强化与主客关系的优化是推进法治中国建设的核心，应当从主客体二元互动而非单纯的客体论或主体论出发来解读法治中国。法治中国是指法治主体在法治信念与法治精神的导引下，以法治思维和法治方式制约法治的客体，实现全体人民平等参与、平等发展的权利，通过提升中国在全球的法治竞争力实现国家发展的根本价值。基于此，应从主体、客体、时空三个维度来研究法治中国这一主题的逻辑理路与现实出路。

一、法治中国的主体维度

从主体上看，法治中国是主体法治素养生成与滋长的产物，也是防止法治主体异化为法治客体的必然。法律一旦被人类创制出来以后，似乎就变为一个外在于人自身的客体。其实，在主体的意识之中，法律信仰是影响法治成败的关键。然而，法治在中国的前现代一直是以一种外部性的方式而存在的，法治在实质上被退化为主体以外的异己力量。法治的主体性认同缺失是制约传统中国制度文明的重大障碍。所以，为了还原法治的真意、回归人的本质，法治中国的现实使命就是要进行主体的角色建构与意识内化，使法治从一种客观存在变为人的潜在素质的不可或缺的细胞。

主体性是主体实现自我意识、自我价值所表现出来的属性。“主体性正是关于人类知识进程的关键要素。哲学家的确是在努力将一种对象性的知识与技术体系看成是主体性能力的表现形式。”② 而法治则是这种知识与技术能力的核心，因为制度创新是一切技术创新的源泉，而法治则是迄今为止最为理性的制度，对资源配置与分配正义具有最重要的功效。人的主体性是现代人最重要的属性之一，所谓自由和解放正是人的主体性的代名词。“在主体中自由才能得到实现，因为主体是自由的实现的真实的材料。”③在后现代主义看来，现代性导致“主体与客体均被消解”、“在主体和客体之间已不存在区别”、“事实上真正的主体性并不存在”④。其实，这种观点显然不是要彻底否定主体性，而是要摒弃那些基于人治、专制、反自由、平等与法治的主体性，这种“正在衰落的主体性，实际上是指以自我为中心的占有性个体主义、以统治自然为目标的人类中心说及不包含交互主体性的单独主体性”。⑤ 法治的主体性强调人民的主体地位与主

---

① 黄文艺：《对“法治中国”概念的操作性解释》，载《法制与社会发展》2013 年第 5 期。

② ［美］乔治 · F. 麦克林：《多元文化社会中的宽容精神》，邹诗鹏译，载《求是学刊》2005 年第 1 期。

③ ［德］黑格尔：《法哲学原理》，范扬、张企泰译，商务印书馆 1961 年版，第 111 页。

④ ［法］让-弗 · 利奥塔等著：《后现代主义》，社会科学文献出版社 1999 年版，第 87、199、38 页。

⑤ 郭湛：《正确认识人的主体性》，载《光明日报》2001 年 4 月 10 日。

体力量对法治的意义与功能。从价值论的层面讲，法治以主体的权利与自由为终极目标，人权是法治之发起、展开与进化的根本导引，是构成法治的起点和终点的本源性价值。为此，应该着力解决一个关键问题：法治中国的主体是谁？是人民大众还是公权力的执掌者？我们认为，法治中国的主体是人民而非国家机关，尽管法治建设离不开立法、执法与司法机关的民主立法、严格执法和公正司法，但他们只是法治的执行主体而非本源性主体。只有人民才是法治的第一性的力量和主宰者。只有正确处理好了人民主体与国家主体之间的关系，才能正本清源、防止将"法治中国"沦为"法治百姓"。同时，也有助于将身居"高位"的法治下放给"社会"，具象化为生活中的法治和行动中的法治。

法治中国的主体性建构依赖于国人的法治自觉、法治自信和法治自立以及法治自强。具体来说：(1) 法治自觉，是指社会主体对法治的认识达到一定的深度和应有的高度并从一种知识发展为内心的认同与自觉的接受，从而内化为自己的价值观、人生观与生活观，将法治同化为中国价值、中国精神的构成元素。"精神自觉是精神自信的前提和基础。"① 走出了极度物质匮乏境地的当代中国，必须要进行价值与精神层面的协同提升，其关键是要进行"人性的锻造与刷新"，"清点我们的人性财富"②；而当我们研究梳理改革开放30多年"中国发展的精神因素"③ 时，切不可忘记法治精神之于中国人精神生活与社会发展的意义。因为"法律只有在涉及价值的立场框架中才可能被理解"④，而法律价值与其说是主观主义的或纯粹客体主义的，还不如说是基于主客体相互关系的一种情景或质态，"任何完整的法律规范都是以实现特定的价值观为目的，评定特定的法益和行为方式。"⑤ 没有精神上的法治自觉，就没有法治中国的形成。其缘由在于，从一定意义上看，精神可分为三种形态：从兽类受冲动和环境支配中解脱出来的人格精神、超个人的共同精神即客观精神和客观化了的精神。而"客观化了的精神""作为第三个形态包含由精神从自身中'展现出来的'各种客观化：变成法典的法律……人格精神和客观精神是活生生的精神，而客观化了的精神却不是活的东西"⑥。可见，唯有制度与法典显然是不够的，精神形态上的法治正如其他文明的精神一样，"慢慢地、静悄悄地向着它新的形态发展，一块一块地拆除了它旧有的世界结构"⑦。在中国特色社会主义法律体系已经建成的今天，塑造法治自觉精神贯穿于整个实体法治的链条，无论是对执法、司法还是对守法、护法都至关重要。

---

① 李明泉、向荣、肖云：《中国精神：历史内涵与主体性建构》，载《中华文化论坛》2012年第3期。

② 崔卫平：《我们的尊严在于拥有价值理想》，载《南方周末》2007年1月22日。

③ 童世骏、何锡蓉：《中国发展的精神因素》，上海人民出版社2008年版。

④ ［德］古斯塔夫·拉德布鲁赫：《法哲学》，王朴译，法律出版社2005年版，第4页。

⑤ ［德］伯恩·魏德士：《法理学》，丁小春、吴越译，法律出版社2003年版，第54～55页。

⑥ ［德］施太格缪勒：《当代哲学主流》上卷，王炳文等译，商务印书馆2000年版，第297～301页。

⑦ ［德］黑格尔：《精神现象学》，贺麟译，商务印书馆1997年版，第2页。

（2）法治自信，是指人们对法律的信仰、信心与信守，是植根于主体内心深处的一种法治体认与文化认同而非仅仅是对规则的外在服从①。从广义上讲，法治自信包括对法治的道路自信、理论自信和制度自信。为此，应当在正向上提升法治思维方式的运用能力，同时克服现实中在一定程度上存在的对法治信心不足甚至失去信心的社会心态，深入挖掘、分析、识别与消除同法治背道而驰尤其是那些似是而非、掩人耳目的非法治思维方式：一是父母官思维。此所谓“恺悌君子，民之父母”。② 这种“父权家长制”所“追求的是实质的查明真理”③，而具有一种反形式的性质，在这里，“福利关怀的行政管理接近于‘灵魂关怀’的性质。法和习俗之间的界限、法律强制和父辈的告诫之间的界限，立法的动机和目的与法律技术手段之间的界限，通通被摧毁的荡然无存”④。二是运动式思维。“中国运动式治理模式，在一定程度上促进公民参与民主政治过程的同时，又严重削弱了民主法治建设的进程，呈现出民主进程中的二律背反，以‘大民主’的方式来追求‘小民主’的实现，以‘政治动员’来消除‘政治运动’的影响，实现了政府治理短期目标，却损害了人民民主主权的合法性。”⑤。这一思维模式在今天的翻版值得警醒⑥。三是指标型思维。必须破除单纯盲目地追求经济指标、命案必破的指标、罚没款数额、零上访率等的思维方式。四是无为型思维。克服不求法律求“大师”⑦ 的错误观念，不仅要以法治精神修身，更要依法治国平天下。五是情理型思维。消解传统礼治、德治与仁治之局限，因为“凡是不凭感情因素治事的统治者总比感情用事的人们较为优良。法律恰正是全没有感情的；人类的本性（灵魂）便谁都难

① 从文化意义理解与认同法和法治，较之于规则与制度，对国人而言意义更为深远。据中国法文化权威学者张伟仁先生分析，“法文化则除了法制以外还涉及许多与它相关的问题，例如：（1）法律以外的许多社会规范；（2）施行这些规范的制度和实践；（3）思想家有关各种社会规范和社会权威的理论；（4）一般民众的是非善恶观念；（5）他们对规范和权威的看法和态度；（6）产生这些法律、制度、理论、观念、态度和实践的社会情势及其变迁；（7）社会中各色人等希望利用这些规范和制度去追寻的目标；（8）这些人们大致共同的对于一个理想社会的憧憬。”（张伟仁：《中国法文化的起源、发展和特点（上）》，载《中外法学》2010 年第 6 期）。

② 《吕氏春秋·不屈》。

③ ［德］马克斯·韦伯：《经济与社会》下卷，林荣远译，商务印书馆 1997 年版，第 169 页。

④ ［德］马克斯·韦伯：《经济与社会》下卷，林荣远译，商务印书馆 1997 年版，第 171 页。

⑤ 冯志峰：《中国政治发展：从运动中的民主到民主中的运动——一项对 110 次中国运动式治理的研究报告》，载《甘肃理论学刊》2010 年第 1 期，第 23 页。

⑥ 例如贵州大学生参与拆迁的事件。据报道，“贵阳观山湖区于 2013 年 10 月 12 日组织2 671人，对金华镇上铺村空山坝 51 栋 7.2 万平方米违法建筑依法实施拆除。在参加拆违行动的2 671人中，有当地大学生 837 人。由学生参与‘拆违’几乎成为贵阳大规模拆违常态。一位女学生介绍，从今年5 月份至今，她和她的同学们参与了 6 次政府组织的拆除违建的行动，包括 10 月 12 日的行动。在今年的 7 月 6 日，她们学院约有 100 人参与了一次类似行动”（周清树：《贵阳查实 837 学生参与拆违》，载《新京报》2013 年 10 月 18 日）。

⑦ 白靖利、侯文坤：《不问苍生问“鬼神”——官场“风水”现象扫描》，载《人民日报》2013 年 8 月 10 日，第 4 版。

免有感情”。① 六是维稳型思维。不能违背法治的精神谋求秩序②，树立维稳的前提是维权、维稳的基础是公平、维稳的手段是法律、维稳的程序要合法的科学法治观。

（3）法治自立。国无法不治、民无法不立。“立人”是中国在与世界列强竞争中立于不败之地的精神资本，“其首在立人，人立而后凡事举；若其道术，乃必尊个性而张精神”③。精神张，则人立，人立则凡事举。法治的精神得以弘扬，则作为法治主体的人才能得以自立。法治自立即依据法律进行独立的思考、公正的判断，使法治演进为一种常态化的思维方式、常设化的行为模式和常规化的生活态度。关于中国精神自立与中国发展的内在关系，正如一个美国学者所说：“欧盟正在千方百计地试图将4.5亿人聚拢在一起，可是中国可以毫不费力地享有13亿人的民族忠诚和民族认同感——这个数字占去了全世界五分之一的人口！”④ 当然，我们需要的是基于理性与制度的忠诚而非对皇权与人治的崇拜，就法治精神而言，这种全民族的认同与信守对法治中国的跨越式发展又是何等重要！事实雄辩地证明，“从古老的阿契美尼德波斯帝国到现今世界的美国，经由罗马帝国，唐王朝和西班牙，荷兰帝国，以及大英帝国”，任何大国的兴起，都离不开“宽容”、“道德”与法治“文化”⑤。

（4）法治自强。就是通过法治实现国富民强，使法治成为推动发展、激发活力、鼓励创新的最有效手段。古人云：“国无常强，无常弱。奉法者强，则国强；奉法者弱，则国弱。”⑥ 同理，“明法者强，慢法者弱”。⑦ 而时至今日，诺贝尔经济学奖得主米勒对中国发展开出的药方是“中国不需要更多的经济学，而是更多的法律”。⑧ 中国市场化改革与经济发展所面临的挑战已经不是经济学能够解决的，还要靠法治。“法治是中国的强国途径，法治强国是中国的战略目标。”⑨ 法治对国家富强的内在机制包括：激励机制即通过蕴含善德价值的法律制度刺激科技创新，以赢得核心竞争力；约束机制即以普遍性调整代替个别性调整、减少治理的制度成本和交易成本，提升经济与社会效益；引导机制即为社会设定行为模式与判断标准，对社会关系进行超前导向，减少社会失范与无序；保障机制即为经济稳健运行供给社会安全阀；救济机制即以法

---

① ［古希腊］亚里士多德：《政治学》，吴寿彭译，商务印书馆1981年版，第163页。

② 烨泉：《克服手段崇拜才能体现维稳真谛》，载《法制日报》2013年8月7日。

③ 鲁迅：《鲁迅杂文全集·坟·文化偏至论》，河南人民出版社1994年版，第14页。

④ ［美］艾米·蔡：《大国兴亡录》，刘海青等译，新世界出版社2010年版，第十章。

⑤ “艾米·蔡给我们讲述了世界超级大国的故事——这些帝国中的佼佼者在它们的全盛时期，也几乎是无法做到平等。不仅所有人都会被她精辟的理论所说服——种族宽容政策是全球统治地位的必要条件，而且文化‘粘性’的缓慢溶解剂将帝国紧紧的团结一起”（参见 Nail Ferguson，Laurence A. Tisch，关于《大国兴亡录》的书评，载［美］艾米·蔡：《大国兴亡录》，刘海青等译，新世界出版社2010年版）。

⑥ 《韩非子·有度》。

⑦ 《韩非子·饰邪》。

⑧ 转引自卢现祥：《西方新制度经济学》，中国发展出版社1996年版，第266页。

⑨ 胡建淼：《走向法治强国》，载《国家行政学院学报》2012年第1期。

治之手遏制市场之手的恣意妄为。因此，法学研究不仅要关注正义与秩序，更应该聚焦效率与市场，法学是正义之学、更是"强国之学"①，为实现法治的经济富强、社会创新与民生小康功能服务。总之，法治中国旨在让中国梦、强国梦、法治梦三位一体，相得益彰。

二、法治中国的客体维度

法治中国是从依法治权与依法维权的二元对立转向互信、和谐的权利与权力关系模式与治理格局的必由之路。

法治之所"治"即法治中国的客体，其关键在于公共权力而非人民权利。法治中国以对国家权力的制约与监督为手段，以实现人的全面自由发展为依归。为此，要依法保障"全体公民平等参与和平等发展的权利"②。1986 年联合国通过的《发展权利宣言》明确指出所有国家有义务和责任采取法律、政策措施确保全体人民和每一个公民公平地享有参与发展、促进发展和享受发展成果的机会与自由③。所以，如何理顺权利与权力、公务员与公民、国家机关与社会组织之间的关系，一直是摆在法治中国建设面前的重大议题。这个问题在表面上看似解决，但实际上还存在理论和实践上的深层次困惑，集中表现在：从理论上讲，"法不禁止即自由"与"法无授权即无权"之间的关系尚不甚明晰，甚至存在法不禁止亦无授权的"空白地带"与"权利真空"；从实践上看，中国现在进入到了经济发展的重要战略机遇期，同时也是社会矛盾的凸显、多发、高发期。在所有的社会矛盾中，较为突出的是贫与富、管理者与被管理者以及官与民之间的矛盾，其中的官、民矛盾一度成为主要矛盾之一。④ 法治中国建设就是要以法治方式化解官民矛盾、创新社会管理、促进社会建设，为大国崛起构建一个安定和谐的法治大环境。具体来说，需要通过依法执政、依法行政、依法执法、依法司法，不断形成与固化以下三种治理关系：

一是友爱的党民关系。通过依法执政，实现党的领导、人民当家做主和依法治国三者的完美结合，形成人民爱党，党全心全意地代表和维护人民合法权益的和谐关系。如何使依法执政从一个原则和口号转化为法律制度与法律行为，是制约法治中国建设的一大症结。为此，应该解决三个实践问题：其一，党法关系。其实质是党的领导地位与法律权威的关系。党的十八届三中全会在"法治中国建设"中确认了法律至上，指出要

---

① 李龙、汪习根主编：《法理学》，武汉大学出版社 2011 年版，第 5 页。

② 党的"十七大"和"十八大"报告连续宣告中国发展的目标是要实现"全体公民平等参与平等发展的权利"。对此，应当进行及时的理论与制度回应。

③ 联合国：《发展权利宣言》第 1 条，联合国大会 1986 年 12 月 4 日第 41/128 号决议通过。

④ 参见杨军：《官民矛盾步入显化期》，载《决策探索（上半月）》2009 年第 1 期；吴忠民：《中国现阶段社会矛盾特征分析》，载《教学与研究》2010 年第 3 期；邓伟志：《论社会矛盾》，载《上海大学学报（社会科学版）》2009 年第 4 期；邹焕聪：《法治文化视角下官民矛盾的预防化解之道》，载《求实》2013 年第 8 期等等。

“维护宪法法律权威。宪法是保证党和国家兴旺发达、长治久安的根本法，具有最高权威”；《中央党内法规制定工作五年规划纲要（2013—2017年）》提出的基本要求是“宪法为上、党章为本”。这就明确了党内法规与国家法律的总关系。当然，不可回避的是，应该理清党内法规文件在国家法律体系中的定性与效力位阶问题。不能简单地对“法规”一词作狭义的理解，否则，宪法以及人大的法律就成为党内法规文件的上位渊源。如果说宪法权威高于其他一切权威已成定论，那么，法律与法规的一般关系原理则难以适用于对党内法规文件的分析。其二，党法与政策的可审查性。三中全会强调要“完善规范性文件、重大决策合法性审查机制”，这一审查机制是否包括对党内法规文件的审查，其内在机理与法律实践程序何在，这些问题都值得深入研究。其三，法治评价与政绩考核的关系。三中全会强调要“建立科学的法治建设指标体系和考核标准”，并将之作为重要内容纳入“维护宪法法律权威”之中。所以，有必要建立一个“法治GDP”指标评价体系，树立科学的法律发展观。

二是友善的政民关系。善治是现代法治的必然要求，然而，对政府与人民的关系即政府在治理中的定位依然存在争议，在学术界有主导论、补位论和折中论三种不同观点。其实，不可片面而论，“不宜简单地讲补缺地位或主导地位”①。我们认为，要科学回答这个问题，首先应当在法理上澄清一对基本的法律价值——自由与平等的关系。无论是何种形式的正义论都离不开对作为正义基础资源如何分配的问题，正如罗尔斯所言：“每个人都有同样的权利享有一组完全适当的平等的基本自由，而不影响其他任何人享有同样一组基本自由”；“两种情况下允许存在社会与经济不平等：首先，在机会均等的情况下，由官职与地位造成的不平等；其次，这种不平等能给社会中境况最差的成员带来好处”。② 尽管阿玛蒂亚·森、托马斯·博格等著名学者对罗尔斯正义论提出了种种挑战与修改③，但无论如何，自由与平等始终是分析的圆心。为了求得自由与平等的最大交集，“最大限度平等下的自由”（Greatest equal liberties）是政府应该解决的最大难题。在现代市场经济与法治理念下，由于市场在资源配置中起决定性作用，全能政府早已让位于有限政府与有效政府，其高度集合的人治型权力应当被一分为二：“自由”归还给市场与公民，“平等”则留作政府的义务与职责。于是，自由便具有了私益的性质，而平等则更多地被赋予公益的属性。可见，法治视野下政府与公民的关系是多元而非简单同一的，就市场经济而言，政府应该让权给市场、退权到社会、还权于人民，此时，政府应当退居到补充、协调的地位上；而在谋求公平正义、全面建成小康社

---

① 江必新：《推进国家治理体系和治理能力的现代化》，载《光明日报》2013年11月15日。

② John Rawls，Political Liberalism，Columbia University Press，1993，P. 291.

③ 阿玛蒂亚·森认为罗尔斯的制度正义范围太窄，其实，在不考虑制度的情况下也可以探讨正义的分配与自由的实现，并与托马斯博格等共同将罗尔斯的正义从一个国家共同体内部拓展到世界范围，致力于“全球正义”的实现（参见［印］阿玛蒂亚·森：《正义的理念》，王磊、李航译，中国人民大学出版社2012年版；［美］托马斯·博格：《康德、罗尔斯与全球正义》，刘莘、徐向东译，上海译文出版社2010年版；［美］托马斯·博格：《何为全球正义?》，李小科译，载《世界哲学》2004年第2期；Tomas Pogge，*The World Poverty and Human Rights*，Cambridge，Polity，2002）。

会上，政府则责无旁贷。责任政府作为法治的要义，不只是从正向增进社会福利总量，而重在从反向抑制与消除社会不公、社会矛盾。基于这一理论，在实践上，应当将科学的法治标准融入政绩考核体制，防止与法治思维背道而驰的下述三种现象：其一是唯GDP至上的政绩观。它使政府热衷于招商引资、直接参与甚至主导市场竞争，导致民众与社会对政府公权的过度与不正常依赖，其结果最终必然是既伤害了自由又不利于平等。"无论从哪个入口梳理地方经济社会发展的弊病，结论都可以在GDP问题上殊途同归，而权力的过度集中、不受约束和缺乏制衡，则实际上为GDP冲动提供了载体。"①其二是国家与社会的二分法。将政治国家与市民社会对立开来或完全同化看待都是极端片面的。不可盲目模仿西方的做法，西方现代社会的法律与民众之关系型构与以前大不相同，"随着西方国家进入福利社会阶段，日益严重的市场经济和代议制民主政治的双重失灵，进一步加剧了社会分裂，出现了在生存权和发展权的实现与保护方面处于不利境地的弱势群体，他们的利益诉求不能够通过民主政治渠道变成法律意志和国家意志。于是，解决市场竞争造成的社会两极分化问题和疏通政治渠道问题的压力，促进了政治国家与市民社会在分离基础上的良性互动，推动了自治型法向回应型法的历史演变"②。中国当下面临的社会挑战不可能仅仅凭靠张扬所谓的相互回应的"主体间性"③，这是一种中间状态，在自上而下主导的法治模式下，如欲突破发展瓶颈，就必须实现政府与社会的双向强势构建，既要在本体论上强调人民主权的国家与社会观，又要重视其形式要件与实践方式。应该依法改革行政体制、限缩行政审批，推进社会自治、强化社会组织结构与运行机制的法律化、有效化。其三是社会责任弱化。生存权与发展权是两项基本人权，其中的发展权不仅是经济的发展自由，还包括政治、社会、文化、生态全面协调可持续发展的权利。有权力必有责任、有权利必有救济，这是基本的法治原则。但对后者，由于受新型人权不可司法性④观点的影响，往往难以究责，更难以实现司法救

---

① 刘白：《规范权力运行，GDP冲动才无出口》，载《光明日报》2013年12月11日。

② 季金华：《司法公信力的概念分析》，载 http://www.chinalaw.org.cn/lgxd/2607.html#_ftn1，访问日期：2013年12月19日。

③ Gillespie, A. & Cornish, F., Intersubjectivity: Towards a dialogical analysis. Journal for the Theory of Social Behaviour, (2010) 40, pp. 19-46; Scheff, Thomas et al., Goffman Unbound!: A New Paradigm for Social Science (The Sociological Imagination), Paradigm Publishers, 2006. 主体间性论的两面性，学界已有研究，国内有学者解析了西方哲学典型的主体间性理论各自所具有的限度，积极地倡导整合性的主体间性理论思路（参见王晓东：《西方哲学主体间性理论批判：一种形态学视野》，中国社会科学出版社2004年版）。

④ "如果说有一个问题支配了关于经济、社会、文化权利的辩论，这个问题就是，那些权利在国内法的层次上是否具有可司法性"（Herry J. Steiner, Philip Alston & Ryan Goodman, *International Human Rights in Context: Law*, Politics, Morals, Oxford and New York: Oxford University Press, 2007, p. 298）。国内学者的研究成果主要参见：柳华文：《经济　社会和文化权利可诉性研究》，中国社会科学出版社2008年版；黄金荣：《司法保障人权的限度：经济和社会权利可诉性问题研究》，社会科学文献出版社2009年版；孙萌：《经济、社会和文化权利的可诉性：标准与实践》，知识产权出版社2011年版。

济。而实际上，面对社会矛盾与社会管理，“政府负责”是一个基本要求。“治理的着力点是法治方式。法治是治理的基本方式。”① 法治呼唤良法善治，政府对社会的治理必须导入善德价值准则，而善治的本质在于政府与公民通过法治实现对公共生活的合作治理，政府以服务为基本要求，奉行以人为本的法律观。所以，回归到治理价值与法治理念的起点去处理政府与人民的关系是法治中国的必然选择。应当在主体上建立政府与社会、民众多元对话的法律平台与法律程序，消除法上的强制效力缺失或不足的弊端；在依据上发挥正式制度和非正式制度的双向调节功能，让官方法与民间法交相辉映；在路径上跳出命令与服从单一垂直的权力关系窠臼，在对话与沟通的基础上不断调适、形成共识。

三是友好的法民关系。法律能否以及在多大程度上可以内化为民众的主体意识与潜在素养，是法治的生命力之所在。“公民美德”对法治在当代的意义发掘应当成为法治体系的一大支柱。人民或其代表通过充分互动能够使他们以公民身份避开私利而谋求公益，产生“公民美德”。所以，面对专制与滥权，应当不断呼吁公民美德，培植公民美德原则。② 除了制度之于法治不可或缺外，“以‘公民参与’为导向的‘公民美德’的理论与实践，对法治秩序的建构而言，也是一个极其重要的、可能的资源”。③ 因为，法治中国的认识论基础在历史上是相当脆弱的。19世纪初，黑格尔曾指出，“我们不能够说中国有一种宪法……所以我们只能谈谈中国的行政”；“它的行政管理和社会约法，是道德的，同时又是完全不含诗意的——就是理智的、没有自由的‘理性’和‘想象’”④。20世纪初，马克斯·韦伯断言，儒家伦理缺乏资本主义发展的有力动因。而到70年代，昂格尔针对传统中国为什么没有产生出法治精神并走上法治之路这一问题进行了分析，发现其“主要原因在于缺乏形成现代型法治秩序的历史条件——集团多元主义、自然法理论及其超越性宗教的基础”。⑤ 这些域外法哲学家对中国问题的持续关注，的确有其合理之处，但是，其共同的缺陷在于没有看到，在前现代的中国，法治之不可能的关键不只是在制度上没有宪法和法制，也不只是在于没有超越规范法的法理念，而在于仅有“臣民”没有“公民”意识、所谓的“公民美德”被代之以黑格尔式的“臣民的精神”。更进一步分析，公民的法治美德在意识与能力两个层面都出现了严

---

① 江必新：《推进国家治理体系和治理能力的现代化》，载《光明日报》2013年11月15日。

② 参见［美］卡斯·R. 森斯坦：《共和主义的永久遗产》，载［美］斯蒂芬·L. 埃尔金、卡罗尔·爱德华·索乌坦：《新宪政论——为美好的社会设计政治制度》，周叶谦译，生活·读书·新知三联书店1997年版，第214页。

③ 李龙、汪习根：《宪政规律论》，载《中国法学》1999年第4期；程波：《论法治秩序中的“公民美德”》，载《北方法学》2009年第2期。

④ ［德］黑格尔：《历史哲学》，王造时译，上海书店出版社2001年版，第124页。

⑤ 参见季卫东：《法治秩序的建构》，中国政法大学出版社1999年版，第316页。

重的断裂，延续至今的是“司法公信力”① 的不够、“信访不信法”② 的怪象。事实上，由于“信任网络降低了交易成本，增强了契约的安全性”，③ 并且，“权威关系、信任关系以及规范，都是社会资本的特定形式”④，因此，必须破除法民如何互信这一横亘在“法治”与“中国”之间的桎梏，从自然自治迈向“回应型法”⑤，获得“通过协商而定的，而非通过服从而赢得的”秩序⑥。对此，学界从法的回应性开始转向思考“回应型司法”⑦，但在相关路径与方式的设计上缺乏自足性。本文认为，作为互信之法民关系的“回应”，应当包括三种模式：外部的实质回应、内在的技术回应以及连接前两者的程序回应。其中，外部的实质回应是一种法社会学意义上的回应，其内核是法律尤其是司法对民意的回应以及民意对法的反制，情理与司法的关系是一个主要表现形态，应当类型化与技术化其间的关系，从“情轻法重”、“情重法轻”、“情是法非”、“情非法是”这四个层面加以解构。⑧ 因为，就法治的生存土壤而言，在“围绕情、理、法、权、术、势的交涉动态和偶然结局中，推行法治必须从交涉的有序化、偶然的非随机化开始，否则一切都无从谈起”。⑨ 内在的技术回应是基于法律逻辑学对如何打开法民关系之结的思考，增强裁判文书说理性被反复呼吁，但值得深思的是，应当及时补上微观操作上的法律方法论运用这一课，克服说理所招致的不利后果⑩，科学把握在

---

① 党的“十八大”报告指出：“司法公信力不断提高，人权得到切实尊重和保障。”（胡锦涛：《坚定不移沿着中国特色社会主义道路前进　为全面建成小康社会而奋斗》，载《人民日报》2012 年 11 月 8 日）三中全会决定指出：“深化司法体制改革，加快建设公正高效权威的社会主义司法制度，维护人民权益，让人民群众在每一个司法案件中都感受到公平正义。”（参见《中共中央关于全面深化改革若干重大问题的决定》，载《人民日报》2013 年 11 月 16 日）

② “近几年来，随着越来越多的社会矛盾以案件形式进入诉讼渠道，也出现了诉讼与信访交织、法内处理与法外解决并存的状况，导致少数群众‘信访不信法’甚至‘弃法转访’、‘以访压法’等问题比较突出……导致国家难以形成权威的裁判机制、难以形成公认的判断是非曲直的标准”（参见彭波：《中央司法体制改革领导小组办公室答记者问——积极稳妥推进深化司法体制改革各项任务》，载《人民日报》2013 年 12 月 2 日）。

③ ［美］查尔斯·蒂利：《信任与民主》，上海世纪出版集团 2010 年版，第 16 页。

④ ［美］科尔曼：《社会理论的基础》，邓方译，社会科学文献出版社 1999 年版，第 352 页。

⑤ ［美］诺内特、塞尔兹尼克：《转变中的法律与社会：迈向回应型法》，中国政法大学出版社 2004 年版，第 143 页。

⑥ ［美］诺内特、塞尔兹尼克：《转变中的法律与社会：迈向回应型法》，中国政法大学出版社 2004 年版，第 105 页。

⑦ 郝艳兵、吴如巧：《提升司法公信力　迈向回应型司法》，载《光明日报》2013 年 3 月 28 日；王旭：《“回应型司法”更能粘合民心》，载《人民日报》2013 年 9 月 27 日。

⑧ 参见汪习根、王康敏：《论情理法关系的法律整合机制》，载陈起行、江玉林、今井弘道、郑泰旭主编：《后继受时代的东亚法文化》，台湾元照出版公司 2012 年版，第 231 页。

⑨ 季卫东：《法治中国的可能性——兼论对中国文化传统的解读和反思》，载《战略与管理》2001 年第 5 期。

⑩ 对河南种子案中李慧娟式的说理，以司法权侵犯立法权的观点，学界多有评说（参见胡锦光：《2008 年中国十大宪法事例评析》，法律出版社 2009 年版）。

缺失判例法①传统模式下说理的深度与广度。程序性回应作为关节点，既适于内部性回应，也应用于外部性回应，特别是要依此实现外部回应的内部化。司法公信力源于司法的自律、公平与理性，而赋予人民以外部监督和内在的民主参与司法活动的权利，并实现这种权利的程序化和制度化，则是实现司法公信的根本出路。为此，要克服外部监督有余、内部参与不足的缺陷，可以借鉴东亚各国司法民主化社会化的一些合理做法，改革现有的陪审制度、消除陪而不审的弊端，使民意通过转化为司法内部的程序性参与而克服任性与冲动；强化听证制度，对听证的范围、程序、效力与效果进行法律的规制，让民众在亲历亲为中形成知法、信法、尚法的法律信仰。所以，建议制定整合性的《陪审法》和《听证法》，以高位阶的立法切实提升回应的法治含量，从而实现规制公权、彰显公信、维护民权的价值。

三、法治中国的时空维度

（一）时间维度

从时间维度看，法治中国不能割断历史，但也并非表征着从古至今中国法治的全部内涵，而是在人类法制史发展到了当今特定情境下的现实产物。否定法治中国与神话法治中国的做法都是不符合唯物史观的。从时间序列上分析法治中国问题，有助于明确中国法治的当下关切、现实焦点以及路径选择。从历史上看，各国的法治发展是相当不平衡的，路径亦差异较大。德国法治经历了康德基于自由、福利的实质“法治国”到法律实证主义的形式“法律国”，再到希特勒的法西斯主义法律主治，最后方才进化为当代的“社会法治国”模式②。美国与英国崇尚程序权利和遵循先例的法治理念不同，开创了宪法至上、宪法司法为主的法治模式，而“在英国的法治理念中没有许多德国式的书卷气和超验色彩及由此带来的学术孤独感，也不像法国那样激进，而是充满了生活的气息、机智与技巧”。③

中国的法治如果意欲成为真实的法治，便不可能完全指望从历史上的法治样本中寻求现成答案。法治中国是以法治文化遗产为源泉和养分并通过创造性转换而对未来中国法治蓝图的总体勾画，呈现出两个基本特征：一是多元性。法治中国是吸收了古今中外一切优秀的法治文明成果并进行创造性地转换而来的，无论是古希腊的“法治优于一人之治”的思想还是近代西方“法律的统治”的理念，无论是古代中国“以法治国”、

---

① 我国实施的判例指导制度，是为弥补判例法缺失之不足、统一法治所作出的贡献，但该制度对增强裁判文书的规范性与说理度所起的示范效应，尚待进一步发掘与扩散。

② 邵建东：《从形式法治到实质法治——德国“法治国家”的经验教训及启示》，载《南京法律评论》2004年秋季号。

③ 郑永流：《法治四章：英德渊源、国际标准和中国问题》，中国政法大学出版社2002年版，第79页。

"事断于法"还是近代中国民主立宪、自由平等的传统，特别是现代中国社会主义民主法治的宝贵精神财富，都构成当今法治中国建设的价值渊源，而社会主义核心法律价值观则是法治中国的最重要的精神支柱。二是开放性。法治中国的提出本身就体现了我们对法治的开放态度，从"法律"到"法制"再到"法治"、从"依法办事"到"依法治国"再到"法治国家"直到"法治中国"，一次次境界的升华、价值的提升，无一不彰显出法治的开放性。但是，时至今日，抽象地讨论历史知识已经毫无意义。法治中国应当在治理情境、治理导向、治理目标、治理难题诸方面契合实际。坚持"任务导向，以服务小康社会建设和民族复兴任务为导向；问题导向，以解决转型中国亟待解决的中国问题为导向；条件导向，从中国现实国情出发；历史文化导向，受中国历史传统和文明样式影响"。① 法治中国所欲解决的问题，首当其冲的便是通过制度革新与重构为经济社会发展提供强大的合力。透过法治解决好贫富、城乡、经济与社会、人与环境、国际与国内发展这五大不协调关系，需要的是政治智慧，更是法治智识。

（二）空间维度

从空间维度看，法治中国是从封闭的本土法治走向开放的全球法治、为单一的中国语境引入国际视野的产物。如果依法治国的提出，为治国方略的选择带来了革命性的飞跃，那么，法治中国的构建，必将有助于在根本上改变中国在世界上的传统形象，以独有的法治竞争力增强自身的综合实力。而只有通过拓展依法治国的范围与空间，在比较中甄别、在甄别中选择，才能实现法治的中国元素与人类共性的有机整合，最终强化自身的治理能力。可见，法治中国在空间上不仅是中国的，也是世界的，凸显出浓厚的全球价值色彩。其价值目标具体表现在：

其一，法治话语权。法治中国体现了工具性力量与目的性价值的统一。从工具性上看，法治中国昭示我们，必须谋求中国法治的世界性意义，建构与强化法治的中国声音，学会运用并牢固掌握中国的国际法治话语权。而从目的性上讲，法治中国的终极关怀不会囿于法治自身以及世人对中国的法治评价上，而是法治的外部性关联即对中国的发展究竟发生了何种性质与程度的价值功能。所以，工具性的法治话语权和目的性的法治发展权的有机结合是全球大背景下法治中国的应有之义。法治"精神的本质是自由，它在艰难的自我实现过程中不断追求自足、自主和自洽。中国精神要对当下以及未来中华民族的历史、文化和生存、生活等发挥其引领性、感召力、影响力等，就必须找到按其本性成为自己的恰当方式。这种方式形成的标志，就是话语资质和话语权"②。正如法国后现代派代表福柯所言："人类的一切知识都是通过话语而获得的。任何脱离话语

① 中国法学会：《建设法治中国》，载《百名法学家百场报告会法治宣讲活动学习参考材料》（内部印行）2013年版，第6页。

② 袁祖社：《"中国精神"的文化——实践自觉》，载《北京大学学报（哲学社会科学版）》2012年第5期。

的事物都不存在，人与世界的关系是一种话语关系。"① 对国际事务、双边和多边关系包括经济政治文化等方面的关系，应当具备通过法律的方式发表意见、表达诉求、维护权利的能力。"像枪和金钱一样，话语是一种具有其自身特征的社会力量。话语的结构提供了一个词汇表，包括比如自由、权利、男人、公民这样的一些术语。围绕话语的斗争涉及容许收入词汇表的术语，以及使用它们的方法、时间和场合。"② 可见，话语权是以自由为表征的权利和以命令为特征的权力的统一体。在法理上，话语权是一种消极权，也是一种积极权。法治话语权不仅赋予主体自己支配自己的自由权利，还让其享有积极作为以对外界进行干预、调整与控制的能力。法治中国不仅仅停留在国内法的层面，也非单纯的国际法层面，还应当从跨国法、国家间法律的意义上来理解与实践，从而实现国际与国内法在主权原则下的高度统合。为此，有必要在实践中逐步改变过于注重外交、军事、政策之类的非法律方式处理国际关系的做法，更多地依靠法治思维与法治方式来分析国际问题、化解世界矛盾、推进全球文明，增强国际事务处理中的知情权、表达权、参与权与定义权。

其二，法治治理权。法治中国展示了法治的宏大叙事与微观分析的一致性。就治理而言，法治是一切善治的根本依据和保障。尽管国际社会奉行多元化的治理模式，但法治始终是不同治理模式所通用的治理手段。如果不懂游戏规则、不知法律技巧、没有自己公认权威的国际裁判机构，就不可能在国际纷争的解决中占据主动地位；而如果没有国际游戏规则的制定权与主导权，那么势必会输在起跑线上。在所有的话语权与竞赛活动中，对话的实力至关重要，它既包括硬实力，也包括软实力，还有巧实力。正如哈佛大学肯尼迪政府学院原院长约瑟夫·奈教授所言："巧实力"（Smart Power），即如何运用硬实力（Hard Power）和软实力（Soft Power）③，以提高其在国际行动的合法性，巩固国家的全球领导地位。其中，规则具有举足轻重的地位，"如果一国能够建立与其社会一致的国际规范，它就有可能更少改变自己，而且无需使用强制性的硬权力从而降低自己的代价"④。而从法理上讲，规则本身就是权力的象征与表现，一切法律规范都是由国家强制力保障实施的以权利义务为基本内容的行为规范。规则作为一种特殊的权力，是一种提升国际话语权与发展总实力的最重要战略性资源。

其三，法治管理权。如果说全球治理是从宏观视角进行的阐释，那么，经济管理与市场竞争则是在微观上对法治中国主体素养与法治能力进行的分析。近年来，中国实施

① ［法］米歇尔·福柯：《话语的秩序》，载许宝强、袁伟编：《语言与翻译的政治》，中央编译出版社 2001 年版，第 58 页。

② ［美］赛缪尔·鲍尔斯、赫伯特·金蒂斯：《民主和资本主义》，韩水法译，商务印书馆 2003 年版，第 210 页。

③ ［美］约瑟夫·奈：《软力量——世界政坛成功之道》，吴晓辉、钱程译，东方出版社 2005 年版，第 36 页。

④ ［美］约瑟夫·奈：《硬权力与软权力》，门洪华译，北京大学出版社 2005 年版，第 118 页。

"走出去"战略，鼓励中国企业海外投资，取得了应有的成就[①]；但也出现了较为严重的"水土不服"。据统计，"1986年至2006年期间，多达60%的中国境外投资项目以失败告终"[②]。从投资领域和区域看，71.5%分布在亚洲，13%在拉丁美洲，而在北美和欧洲分别仅占2.1%和3.5%[③]，可见，中国的境外投资主要分布在法治欠发达或不发达地区。究其原因，"中国自身的监管制度、中外文化差异、必要管理经验的匮乏，国外市场潜在的和实际的透明度缺失是最主要的难题"。[④] 而在所有制约因素中，与法治直接相关的因素包括法律制度、法律文化的差异特别是依法办事的意识和能力多个方面。除了技术和国力背景外，投资者利用法律规则进行管理的权能不够甚至缺失是导致失败的一个关键变量。而从根本上看，"中西方文化的差异加深了中国境外投资者投资的困难，于是中国企业倾向于在亚洲国家进行投资活动"。[⑤] 其实，文化尤其是法律文化的物化功能应该引起高度重视。新近的研究表明，法律文化不仅是扁平的静态的观念，更是流动的立体的结构，"通过历史传袭而来的社会公平、社会正义等理念，型塑出法律制度的废改立或变迁的法学思想；从而推动和牵引了法律制度的更新，并推行其得到社会实现"。[⑥] 而且，这一基于文化型构出来的法律制度所具有的外部价值远远大于其本身。面对全球自由市场，在"经济人"的身份之上打上深深的"法律人"烙印已经刻不容缓。因为，在市场竞争中，所谓理性的"经济人"实际上是不存在的，只存在有限理性而不可能存在无限理性。正如诺贝尔经济学奖得主西蒙所言，有关决策的合理性理论必须考虑人的基本生理限制以及由此而引起的认知限制、动机限制及其相互影响的限制。从而所探讨的应当是有限的理性，而不是全知全能的理性；应当是过程合理性，而不是本质合理性；所考虑的人类选择机制应当是有限理性的适应机制，而不是完全理性的最优机制。[⑦] 因此，如果要以法治之手遏制市场的恣意并获得竞争优势，就必须营造浓厚的法治文化、树立国民的法律信仰、提升国际竞争的法治主导能力。

其四，法治发展权。法治话语权作为一种工具性影响力与支配力，其本身并非最终

---

① ［德］邬枫主编：《中国境外投资实务指南》，沈陵译，中国财政经济出版社2012年版，第3页。

② ［德］邬枫主编：《中国境外投资实务指南》，沈陵译，中国财政经济出版社2012年版，第5页。

③ MOFCOM/NBS/SAFE 2009，pp. 11，17.

④ Benesch et. al.，China Goes Global：Examining China's Outbound Investment，China Insights January 2010，p. 2；Economist Intelligence Unit，A Brave new world：The climate of Chinese M&A abroad，Economist 2010，pp. 17-24.

⑤ ［德］邬枫主编：《中国境外投资实务指南》，沈陵译，中国财政经济出版社2012年版，第4～5页。

⑥ 陈晓枫：《法律文化：显型、隐型及结构析论》，载《河南财经政法大学学报》2013年第6期。

⑦ 参见［美］赫伯特·西蒙：《人类的认知——思维的信息加工理论》，荆其诚、张厚粲译，科学出版社1986年版。

目的，而应当以法治的实质价值为归属。① 通过法律的发展是后发达国家发展战略的重要组成部分，尽管法律与发展运动在西方的掌控下曾经归于失败，但是只要进行科学的法律借鉴，结合本土特色达到全球化与地方化的对立统一，在法治的导航与护航下实现国家的发展、民族的兴盛就会梦想成真。唯有法治才能最终为实现基于全球正义的分配公平奠定坚实的基础。和平与发展是当今世界的两大主题，在相对和平的年代，发展问题成为最为紧迫的现实任务。1986 年联合国通过的《发展权利宣言》开宗明义地宣示："发展权利是一项不可剥夺的人权，由于这种权利，每个人和所有各国人民均有权参与、促进并享受经济、社会、文化和政治发展，在这种发展中，所有人权和基本自由都能获得充分实现。"② 但是直到今天，依然"继续存在着阻碍发展和彻底实现所有个人和各国人民愿望的严重障碍"。就世界而言，"30% 以上的人仍生活在多维贫困状态下，该多维贫困指数用于衡量在健康、教育和生活水平方面的叠加剥夺的数量和程度"。③ 而中国的 GDP 居于全球第二，但"人类发展指数"排名却是 101④。因此，社会公平、全球平等发展依然是全体人类共同面临的最大难题。现实残酷地告诉我们，面对如此急迫的情势，基于伦理道德的援助、慈善捐赠等实在是苍白无力，基于公共政策的对话、谈判等也难以奏效。在所有可以解决这一问题的方式中，最具有价值合理性和强制效力的是法治制度。通过法治路径和机制重塑国际政治经济秩序，使人类关系在理性化基础上实现规则化和制度化，是人类公平发展的必由之路。庞德的"世界法"似乎是一种想象，但不可回避其必要性与合理性。不过，应当充分考虑其价值优化与理性进化的质性与限度。否则，在法治之下的全球公平发展便始终难以实现。中国作为世界上最大的发展中国家，有理由也必须最大限度地让法治功能在重构国际秩序中得到最有效的释放。

（作者单位：武汉大学法学院）

---

① 福柯在《话语的秩序》一文中指出，话语就是人们斗争的手段和目的。话语是权力，人通过话语赋予自己以权力；话语不仅是思维符号、是交际工具，而且既是手段，也是目的，并能直接体现为权力（参见［法］米歇尔·福柯：《话语的秩序》，载许宝强、袁伟编：《语言与翻译的政治》，中央编译出版社 2001 年版）。本文认为，这一结论较为深刻地揭示了话语权的功能和本质，但似有过于武断与极端之嫌。因为，话语与话语权不同，它是话语权的载体与手段，而话语权在一定语境下由目的转变为了手段，换言之，话语权在根本上不是一个目的，而是为了获得某种实体利益的一种工具。所以，法治上的话语权是为实现法治的实质价值服务的。

② 联合国：《发展权利宣言》第 1 条，联合国大会 1986 年 12 月 4 日第 41/128 号决议通过。

③ "对于许多处于快速增长中的南方国家而言，其多维贫困人口的人数已经超过收入贫困人口。同时在许多国家收入不平等现象正在呈上升趋势。根据我们在 2012 年对 132 个国家进行的不平等调整后人类发展指数计算的结果，不平等使人类发展指数平均降低了近 1/4（23%）"（参见 UNDP：《2013 年人类发展报告——南方的崛起：多元化世界中的人类进步》，联合国开发计划署 2013 年版，第 14 页）。

④ UNDP：《2013 年人类发展报告——南方的崛起：多元化世界中的人类进步》，联合国开发计划署 2013 年版。

第二篇
多元逻辑方法论视野下的“法治”

李 蕾

内容提要：“法治”是一个众说纷纭、难以界定的概念，其争论的缘由在于不同的逻辑方法论视角产生的偏差，本文从语义逻辑方法论、辩证逻辑方法论、量化逻辑方法论以及比较逻辑方法论上详细解析法治的内涵。其中语义逻辑方法论界定法治的语言逻辑；辩证逻辑方法论从二元模式发掘法治的本质；量化逻辑方法论使法治的内涵精确、准确化；比较逻辑方法论展现法治从古至今，从西方到东方的演进历程以及各国的法治发展模式的个性。

关键词：多元逻辑；方法论；法治

“法治”一词是我们法律共同体内一个耳熟能详的概念，是思想家们留给我们人类最宝贵的文化遗产，但究其精确含义却可谓众说纷纭。即使是权威的法律文献《牛津法律大辞典》也将“法治”视为“最为重要的概念，至今尚未有确定的内容，也不易作出界定”①。对法治的争论其实源自不同思维方式与方法论对法治一词的理解，不同方法论或者视角的取舍都将导致截然不同的“法治”观念，甚至会存在误区与偏差，全面理解法治的内涵，可运用多元逻辑方法论视角对其进行重新整理与梳理。

一、语义逻辑方法论

德语将法律做了区分，由国家立法机关制定的法律称为“*Gesetz*”，如果是表述较高概念的法律则使用“Recht”，法治国家的完整德语是“*Rechtsstaat*”。在英文中能表达法治的单词有很多，如“legality”；“rule of law”；“government by law”；“rule by law”，其中“rule by law”与“rule of law”使用较为频繁，前者的含义为“法律的治理”、“以法治国”，既然是治理，那么其重心在于将法律作为治理的手段与工具（笔者下文中所描述的“形式法治”就是这种类型的法治），后者是法的统治，其核心在于法律是最高的权威，并且它被赋予了更多的社会价值（后文中的“实质（厚）法治”就是该类型法治的表达）。

汉语中的法治早见于先秦文献，《韩非子·心度》中记载“治民无常，唯以法治”，

① 《牛津法律大辞典》，法律出版社2003年版，第990页。

从语义来看，先秦的“法治”，其“治”是重心，并且其施治的主体，受治的主体是确定的，治的依据和手段是特殊的，围绕“法”展开。与西方近代法治的概念完全不同。“法”的治理特点在于它突出了统治者的威慑性，以及事后的惩罚性。这也是为什么中国传统习惯将“法治”与“德治”进行对立思考的原因，后者以人性善为预设前提更强调对道德秩序的内在服从而非外在的强制与威慑。如孔子曰：“用政令引导，用法律规范，民众避罪却没有廉耻；用道德引导，用礼制规范，民众有廉耻而且归顺。”但二者共同的特点都是以“君权至上”为大前提将“德”、“礼”或者“法”作为治理国家的工具和手段，二者统治的根基依然是建立在人治的内核之上，完全不具备近代法治思想中有关权力制衡、个人自由、个人权利等基本价值内涵。

当代中国汉语中的法治已经融合了传统与现代的内涵，它是一种治国的方略、社会调控方式，法家的“法治”观念已成为思想史与制度史上的片段，目前中国法学家基本达成一致共识的法治内涵包括：第一：法律至上；第二：良法之治；第三：人权保障；第四：司法公正；第五：依法行政。①

二、二元辩证逻辑方法论

辩证方法论强调不同理论之间的矛盾性、统一性，在认识法治内涵的道路中辩证方法论较之其他方法论更便捷更清晰，“法治”与“人治”，“形式法治”与“实质法治”，均是从辩证思维方法论中发掘法治的本质。

（一）“法治”与“人治”

从“人治”的对立面来揭示“法治”是一个独特的视角，并且这种视角对我们完整认识法治的内涵曾产生过深远影响。古希腊柏拉图与亚里士多德也有过“法治”与“人治”的辩论。在17、18世纪，资产阶级思想家利用法治的观念对抗封建专制的统治。我国也常常将先秦时代的“贤人治国”与现代法治的思维作对比。古希腊时期与资产阶级思想家的争论思路是一致的，均主张法律的最高权威和权力的限制。法治与人治在从主体上看，前者是众人之治，最高权威是人民大众制定的法律；后者是一人或少数人之治，最高权威的来源是领导人个人或少数人的意志。判断人治与法治的根本标志在于当二者发生冲突时，法律的权威与个人意志谁在上。② 人治往往披上了“专制”、“官僚”、“特权”的外衣，而法治经常与民主、宪政成为同义词。

“人治”与“法治”也不是截然排斥的，人治的社会也有法律的存在，甚至也强调法律的公开性、明确性，“法治”的国家，也需要个人才能的发挥。20世纪80年代中国法学界还存在过“法治论”和“结合论”之争③。“法治论”者提倡要法治不要人

① 参见：王利明：《中国为什么要建设法治国家》，载《中国人民大学学报》2011年第6期。

② 参见：《法治与人治问题讨论集》，群众出版社1981年版，第54页。

③ 参见：沈宗灵：《“法制”、“法治”、“人治”的词义分析》，载《法学研究》1989年第4期。

治，法治与人治是对立的；“结合论”者认为法治与人治不可分，二者必须结合，他们认为法律是由人制定并由人施行的，没有人的作用，还有什么法治？换句话说，法治指依法办事，人治指要由人来制定和实施法律，必须重视人的作用。笔者认为“结合论”者没有区分法治与人治的根本标志，即法与人，何者是最高与最终的权威。也没有辨析“人”是众人还是个人，法治并非抛弃个人的能动性，个人的行为必须以法治这个框架为前提，法律当然是人制定的，但制定的根基是完善的民主立法机制，而不是个体的人。现代中西方法治理论都是建立在“权利本位”的模型框架之上，法律不仅维护作为共同体利益的“权力”，并且更多地在于保护单个个体的正当“权利”。

之所以将法治与人治的概念做一个二元辩证思路的对比，其要旨在于强调法律的最高权威。世界历史上对于人治与法治的思考都存在于非常特殊的历史时期。“要法治不要人治”、“法治政府而非人治政府”、“法律至上”一度成为特定历史时期的口号，随着西方法治观念的普及与传播，我们逐渐将人治的概念淡化了，从而专注于分析更加科学的社会主义法治结构与内涵。

（二）“形式”（薄）法治与“实质”（厚）① 法治

“形式（厚）法治”思维的法学家认为，法治不应与“民主”、“公正”、“人权”相混淆，并且甚至与法的“善”与“恶”无直接关联。“法治的这个概念显然是一个形式概念。它与法律如何被制定——是被暴君、民主的多数，还是以其他方式制定出来——毫无关系，它也不涉及基本权利、平等和正义。”② 后世学者将这种思维的法治模式概括为“形式法治”。较为古典的归类称其为分析实证主义。在这种法治的思维模式下，法治仅仅达到一个“最低限度”的法治标准即可。富勒曾经为“法治”设立一套技术性标尺（原则），他要求法律必须满足：一般性、公开性、清晰与明确性、不溯及既往、官方行为与法律规定的一致性；稳定与持续、不作相互矛盾的规定、不要求不可能之事。③ 菲尼斯的观念与富勒异曲同工，他认为，法治所要求的法律必须遵循以下几项规则：法律是可预期的、不溯及既往的；法律必须被遵循；法律应被公布和公开；法律应是明晰的；法律之间应是相互协调而不矛盾的；法律具有一定的稳定性以指引人们的行为；特别法的制定和使用应受一般性法律的指导；有权制定和执行法律的人员须

---

① 美国学者布莱恩 · Z1 塔马纳哈(B rian Z. Tamanaha)从“厚”和“薄”，“形式”和“实质”两个维度对古今中外的法治进行了类型化的整理。

中国有学者将形式法治与实质法治划分为“普世主义”（ecumeniclism）与原教旨主义(fundamentalism)，前者强调西方古典传统，法治围绕古典的基本道德标准展开；后者剥离基本价值，强调法律作为一种“秩序”在实践中的治理(参见王人博：《一个最低限度的法治概念》，载《法学论坛》2003 年第 1 期)。

② ［英］约瑟夫. 拉兹：《法律的权威：法律与道德论文集》，朱峰译，法律出版社 2005 年版第 186 页。

③ ［美］富勒：《法律的道德性》，郑戈译，商务印书馆 2005 年版，第 46 ~ 47 页。

与法律的要旨相符合且是负责的。① 形式法治理念常常遭到诟病与挑战，它完全与人权、自由、公正等普世文化相剥离，生存于特定历史时期的社会土壤之中，沦为一种为某种政治制度服务的器具（法工具主义），先秦时期法家所倡导的法治模式，就是该种思维下的一种经典模型。当然“形式”法治的思维强调了侧重法律的规则性而非正义性也有一定的意义，但前提是它仅仅适合那些立法已经非常理想并且完善的国家，主张执法者尽量依据现有的成文法律规则断案，不要过多纵容法官擅自判断或创造法律，侵蚀已经建立的法律规则。

“实质（厚）法治”观念将“公正”、“良法”贯穿至法治的始终，强调这些价值观念是实现法治的前提。“实质”法治的观念其实是一种理想主义法治构想。亚里士多德在《政治学》中就曾提出法治的实体模式：已经成立的法律获得普遍的服从，而大家所服从的法律又应该本身是制定得良好的法律。这便是著名的良法法治。

拉兹曾经批判这种容纳了“民主政治”、“宗教自由”、“公平正义”、“基本人权”等各种价值观念的庞然大物般的法治，涵盖面太广，会使法治丧失了其分析功能。不要因为热爱法治，而将人类一切的“善”都给予它。② 拉兹的观点是值得我们深思的，但是“形式”法治永远无法回答的一个问题就是：国家法律和宪法效力的最终来源是哪里，这种效力来源应当是国家主权还是人民主权？或是凌驾于国家至上的自然法？我们也明白“民主”、“自由”、“公正”这些价值不是一日之间即可输入一个国家的现存的法律体系之中的，西方国家经由了文艺复兴、宗教改革、资产阶级革命几百年的时间才逐渐完成了这些价值观的传承，如果迅速完成大量价值观的继承，国家就承担着重大的使命。这也是为什么中国要实现现代文明价值观下的法治具有复杂性、艰巨性、长期性的特征。

“形式”（薄）法治与“实质”（厚）法治其实就是广义法治的两极，笔者认为可以参考美国学者塔马纳哈的观点来观察这两种法治形态。他将法治整个发展轨迹归纳为一个由“薄”向“厚”循序渐进的过程，并且由薄到厚的过程经历了六个阶段，从而最终实现实质意义的良法之治。第一个阶段是“以法而治”(Rule by law)：法律作为执政政府的工具；第二个阶段是“形式的合法”(Formal Legality)：法律应当具有普遍性、预测性、明确性、稳定性等特征；第三个阶段是“民主+合法”(Democracy + Legality)：法律的内容由民众的一致赞同决定；第四个阶段是“个体权利”(Individual Rights)：财产、契约、隐私自治；第五个阶段是“人格尊严”、或“正义”(Rights of Dignity and /or Justice)；第六个阶段是“社会福利”(Social Welfare)：实质的平等、福利、共同体的保留。这六个阶段的前三阶段又被归类为“形式法治”(Formal Legality)的范畴，而后三个阶段又被归类为“实质法治”的(Substantive Legality)范畴。六个阶段的法治发展轨迹表现为由空洞（emptiness）的、仅注重法律的外部特征的法治走向注重个人权利、人性

---

① 参见：John Finnis, *Natural Law and Natural Rights*, Oxford: Clarendon Press, 1980, p. 270.

② 周天玮：《法治的理想国——苏格拉底与孟子的虚拟对话》，商务印书馆 1999 年版，第 85 页。

尊严、社会福利的法治历程。① 当今世界许多国家法治水平较多是停留在两极的中间地带。

三、量化逻辑方法论

20 世纪 60 年代以来西方社会就兴起“社会指标化”运动，利用数据进行精确地量化是社会科学发展的趋势，即使对抽象模糊的“法治”也能进行客观的评测。世界各国的非政府组织在最近几年非常热衷对自由、民主以及法治的量化。也有许多人对“法治量化”一直存有疑虑。有人认为经济、环保、自然科学可以量化，法治建设却不行。但是缺乏数据量化的时代使法治的研究难以摆脱空洞、教条与僵化的束缚。

早在 1968 年，美国学者伊万（W. M. Evan）曾经建立了一个包括 70 项具体指标的法律指标体系，于是法治的概念由抽象的概念变得精确、具体且清晰起来，人们对法治内涵的理解从抽象思维逐渐过渡到具象思维。为了使法治的标准恒定且稳定下来，世界各国的法学家聚集在一起设计出了一套法治的数据量化体系，名称为“法治指数”。2007 年，美国律师协会等组织发起成立了“世界正义工程”（the World Justice Project，简称 WJP），正式提出了“法治指数”概念，并将该指数作为判断、衡量一个国家的法治状况及其程度的量化标准和评估体系。WJP 的“法治指数”评估体系也是在“形式”（薄）法治与“实质”（厚）法治的中间地带确立各项指标的，因此 WJP 的法治标准并非最高要求的法治，而是全球各国专家一致达成共识的标准，指标体系中最核心的部分是九项重要法治标尺，它们分别是：（1）有限的政府；（2）没有腐败；（3）秩序和安全；（4）基本权利；（5）开放政府；（6）强制性执法；（7）获得民事审判途径；（8）有效的刑事司法；（9）非正式司法。该九项指标随后又再次分解为 52 项二级指标。② 二级指标的得分来自大众的和专家的评判。这些数据结果从实践而非理论上测量着这些国家法治的状况与水平。按照美国学者塔马纳哈的观点，法治指数的九项衡量指标已经达到前五个阶段的要求，已经非常接近最终阶段的实质法治水平。这些技术标尺充分反映了法治指数评估体系广阔的包容性，其附随的益处也是较早期所设定的法治标尺所无法比拟的，例如它的清晰、透明、高效、低风险等。

从中国法治研究历程来看，学者更多偏向从概念到概念，或从价值观念，从标语命题中研究法治问题，很少利用科学数据等方法论进行研究。自 2005 年起，香港成功地设计了一套确定的法治指数评价体系，在内陆地区，标志着中国内陆地区首个法治指数

---

① 参见：李蕾：《法治的量化分析——法治指数衡量体系全球经验与中国应用》，载《时代法学》2012 年第 4 期。

② 二级指标是对九项一级指标的再次分解，例如：一级指标中的第 1 项指标“有限的政府”被分解为 7 项二级指标：政府的权力受到基本法律的限制；政府的权力受到立法机关的限制；政府的权力受到司法机关的限制；政府的权力受到独立的审计和审查的限制；政府的官员的不当行为受到制裁；政府的权力有效受到非官方的审查；权力的交接依据法律发生。（参见李蕾：《法治的量化分析——法治指数衡量体系全球经验与中国应用》，载《时代法学》2012 年第 4 期）。

的余杭法治指数于2008年6月15日诞生。这也象征着中国内陆的法治建设在指标量化和价值评价体系科学化方面迈出了重要一步。在余杭法治指数之后，浙江省又相继出现了司法透明指数、电子政府发展指数等。

设计法治指数最大的担忧来自其数据容易遭到扭曲或操纵。因此指数的最初设计者由谁担任是一个难题。香港法治指数的制定团体是香港社会服务联会（简称社联），它是一个代表非政府的香港社会福利服务机构，成立于1947年，目的是为了有系统地统筹及策划各种社会福利服务工作，并致力推动香港社会福利的发展。余杭法治指数的设计者是一批具有较高知名度的法学家团队。即使是独立于政府之外的设计者，其指数制定标准必然招致各方的质疑。例如，许多拥有世界较高知名度的数据依然面临各方的批评。其实这种开放式的批评或质疑更有利于指数的透明化。在批评之后，指数发布单位往往需要应对这种质疑与挑战发布回应报告。

由于法治指数和公共权力融合紧密并且时常披上意识形态的外衣，因而有人曾经评价许多数据、指数的出台是政府在“作秀”，这是指数设计者们不得不考虑的问题。从世界有影响力的几类法治指数来看，这些法治指数标准的制定均非来自各国政府机构而是来自民间的非政府组织或超国家组织，他们不隶属于任何国家的政府。笔者认为，为保障指数的专业性与精确性，国内还需重点建设一些强大并且独立的民意调查公司，世界正义工程法治指数就借鉴了全球几大权威调查公司的数据，它们有盖洛普（Gallup），世界价值调查（World Value Survey）等。

四、比较思维逻辑方法论

法治的精髓与原则是统一的，但是法治的模式却是多元的。我们还原“法治”的原貌，还需借助比较逻辑方法论，这种方法论强调在研究法治的内涵时更多关注各国法治模式的显著特点。“法治”的发展模式其实也是不同法律的思维模式与制度模式的融合。法治从萌芽走向发展与完善，在不同历史时期、不同地域的表现形式都是不同的，法治在历史中的样态是道德文化、政治意识形态和政治权力的直接反映，它的建构离不开其所生存的特殊土壤。如果说语义逻辑方法论、辩证逻辑方法论、量化逻辑方法论的焦点在法治的共性之上，那么比较思维逻辑方法则强调法治的个性。

（一）古希腊的“法治”的构想

在古代希腊法律曾经被人们视为一种稳定、神圣的秩序，它有来自神的保佑。随着希腊经历了辉煌与衰落，法律至高无上的神圣光环逐渐淡去，成为了人类的创造物，是公民历史活动的产物。毕达库斯提出了“人治”与“法治”的观念并将它们作对比。柏拉图也从历史的残酷经验中放弃“哲学王”的理想，他思考出这样的结论：不承担责任和不受约束的制度必然产生非正义，人性的弱点以及法律的强大功能使“哲学家之治”最终让位于了“法律之治”。很显然，柏拉图心中最初理想之治依然是“人治”，这是一次实质的转向，是柏拉图对人类历史进程的一种妥协。古希腊并没有将法治的理想付诸实践中，先哲们所设计的法治模式多是对制度的一种构想。

（二）罗马人的“法治”的技术

古罗马人擅长从历史、政治、生活中解析法治，并将古希腊自然法的观念继续在古罗马的制度中延伸，如果说古希腊人是在伦理道德观念上阐述自然法，那么古罗马才真正从法律实践中强化了自然法的精神。尽管古罗马也保留着自然法中所体现的理性原则和平等观念，但是古罗马“法治”应该更偏重我们上文所指出的“形式法治”，西塞罗主张建立混合型共和政体，即将君主制、贵族制、民主制结合起来。这些政体在今日看来并非“实质法治”下政体。但是我们不能否认古罗马将这种所谓的“形式”发展到了极致。

罗马法体现着法学家们高超的立法技术，例如，精确的概念及术语，严谨而清晰的逻辑结构，精深的学理，尤其是在查士丁尼执政期间，罗马法发展到达了一种完备与成熟的境界。

（三）传统与现代博弈下的英国“法治”

近代的英国人在推动法治概念的清晰与完善上，作出了巨大的贡献。他们对法治的描述更为详尽且成熟，1215 年英国《大宪章》，以限制王权以及保障个人的人身权利和民事权利使法治的实践在世界历史中达到了一个高峰。伴随着近代自由主义思潮的萌芽，自然法观念被升华为自然状态、自然权利等理论，这些理论使法治与公民社会有了更加合理的正当性。洛克、戴雪等人在界定法治的内涵时都重点聚焦在权力分立与制衡，以及个人权利的实现之上。英国的法治形成于封建贵族、教会、平民与世俗王权之间的对抗与妥协。这种英式的“法治”文明是在多元利益博弈以及新旧制度相互融合之中形成的，这种独特的法治模式，也是任何国家也无法复制的。当然也有学者指出“议会主权”的法治过于扩大了议会的权威，因此晚近的资本主义国家美国就强化了司法权的力量对立法权进行限制。

（四）国家主义下的德国“法治”

德国的法治传统与英国又有所不同，曾经长达千年的分裂割据状态使王权微弱，在新兴资产阶级与封建贵族的力量较量中建立了宪政体制，德国的官方哲学家均试图将国家神话，形成了一种国家主导型的法治国家。法治的改革从结构上是自上而下的，这也是所谓的强国家弱社会的法治国家模式。由于法治启动的因素不同，中国学者曾经将英国和德国这两种截然不同类型的法治模式总结为：“社会演进型”与“政府推进型”①，

---

① 这种划分基础是根据法治发展的启动因素来决定的，如果启动因素来源社会生活领域，自下而上进行的，即被归类于“社会演进型”，相反，如果法治的发展在于政府自身，源于内国政府基于国际压力而所做的改革努力，这种情况属于“政府推进型”的法治发展。参见蒋立山：《中国法制现代化建设特征分析》，载《中外法学》1995 年第 4 期。

或“社会优位型”与“国家优位型”① 法治，也有学者归类为“公民权利主导型”法治模式和“国家权力主导型”法治模式②。

（五）人民主权与宪政下的法国“法治”

法国的立国根基建立在1789年的暴力革命，以及卢梭社会契约精神之上，法治是国家利益和全民族利益的共同结合，他们强调国家与人民利益的一致性，通过分权形式对官僚专制主义进行了控制，其中包括将权力从中央机关转向省级机关、从国民议会转向地方议会。官僚机构某些职能最终还是被公民阶层所掌控，在这种法治模式下，公民需具有较高的素质，尤其应当具有一定的公共美德。法国的法治模式应该是上文所提到的公民权利主导型法治模式。

（六）多元维度协调下的中国“法治”

法治发展到今天是历史文明的沉淀。经历了两千多年的人治社会后，中华民族的法治历程是非常艰难且曲折的。中国法治发展的模式被学者们归类为“政府推进型”模式。1978年中国共产党十一届三中全会正式提出了社会主义的法治定义，总结为十六个字：“有法可依、有法必依、执法必严、违法必究。”这种定义还是属于“形式法治”的范畴，那个时期的中国仅仅意识到法的重要，对法治定义的焦点仅仅放在法律的权威上，突出法律至上，并没强调良法、人权、司法公正，2004年我国的宪法出现了保障人权的条款，最近几年《刑法》与《刑事诉讼法》相继被修改，使犯罪与刑罚逐步实现人道关怀，这种改变就是法治由形式法治阶段走向实质法治的过程。中国法治建设的命题也从“有中国特色的社会主义法制（法治）”到“有中国特色社会主义法制（法治）”，再到“中国特色社会主义法治”命题的演化。③

如今，中国的法治研究不仅仅停留在标语、命题、价值之上而是逐渐转移至实证分析领域，从静态的“经院式”研究，再到“批判式”研究，现在是“实践式”④ 研究，“实践式”研究需结合社会学、经济学、管理学、统计学、政治学等多学科的方法论，这些研究方法要求学者们从书斋走出，并且摒弃一味地对制度进行吹毛求疵的批判，而是与政府、社会各界合作，形成合力，最终实质性地推动中国法治。

（作者单位：华中科技大学）

---

① 这种划分是建立在“国家”与“市民社会”二元结构之上的，其划分原理也是根据法治的启动因素进行解析的。参见马长山：《国家、市民社会与法治》，商务印书馆2002年版，第101～110页。

② 参见汪进元：《法治模式论》，载《现代法学》1999年第2期。

③ 张文显：《论中国特色社会主义法治道路》，载《中国法学》2009年第6期。

④ 钱弘道：《中国法治实践学派正在形成》，载《中国社会科学报》2013年第2期。

第三篇
论法治国家、法治政府和法治社会一体化建设的必然性

马忠泉

内容提要：本文在详细梳理我国法治国家、法治政府和法治社会一体化建设方略提出的过程以及对法治国家、法治政府和法治社会含义和关系作出新的理解的基础上，分析了法治国家、法治政府和法治社会一体化建设战略提出的必然性。

关键词：法治国家；法治政府；法治社会；一体化建设；必然性

一、法治国家、法治政府和法治社会一体化建设方略的提出过程

"依法治国，建设社会主义法治国家"是在党的十五大报告中作为党和国家的治国方略和奋斗目标被确定下来。它是在总结新的实践经验的基础上，依据邓小平关于民主与法制的理论提出的。1999 年九届全国人大二次会议将其载入宪法，即《中华人民共和国宪法》第五条规定的"中华人民共和国实行依法治国，建设社会主义法治国家"。

法治政府是法治国家战略在政府管理上的具体实施，因此，国务院于 1999 年专门发布了《关于全国推进依法行政的决定》，对各级政府和部门的依法行政工作提出明确要求，并进行了重点部署。2004 年国务院为了贯彻落实依法治国基本方略，进一步制定了《全面推进依法行政实施纲要》，全面推进依法行政，建设法治政府。提出了"经过十年左右坚持不懈的努力，基本实现建设法治政府的目标"的口号。

法治社会方针的提出有一个酝酿和斟酌的过程。它经历了一个从社会管理到社会管理创新，到社会管理的法治保障，到管理法治化，再到法治社会的逐渐的理论提升过程。党的十七大报告提出"完善社会管理"这一概念。2010 年 3 月，温家宝同志作《政府工作报告》时指出，要适应新形势，推进社会管理体制改革和创新，合理调节社会利益关系。2011 年，社会管理创新在政策层面实现了大跨越。2 月 19 日，胡锦涛总书记在中央党校举行的省部级主要领导干部社会管理及其创新专题研讨班发表的讲话中强调，要"扎扎实实提高社会管理科学化水平，建设中国特色社会主义社会管理体系"。3 月，"社会管理创新"首次以重要篇幅写入政府工作报告。5 月 30 日，中共中央政治局召开会议，研究加强和创新社会管理问题。7 月出台的《中共中央国务院关于加强社会创新管理的意见》是我国第一份关于创新社会管理的正式文件。9 月 16 日，

中央决定，把中央社会治安综合治理委员会更名为中央社会管理综合治理委员会。整个这一时期是社会管理概念的提出和完善阶段，社会管理的原则就是“党委领导、政府负责、社会协同、公众参与”，社会管理和法治还没有联系起来。2012年，在党的十八大报告中，中央第一次提出要实现“社会管理法治化”，社会管理的原则也相应发展成“党委领导、政府负责、社会协同、公众参与、法治保障”。2012年12月4日，习近平总书记在纪念现行宪法公布施行三十周年大会上讲话提出了坚持法治国家、法治政府和法治社会一体化建设的命题。2013年2月23日，习近平总书记在新一届中共中央政治局第四次集体学习再次强调了这一新时期的治国方略。至此，法治社会作为与法治国家、法治政府并列的战略性概念正式被提出来，法治国家、法治政府和法治社会一体化建设的方针也正式提出。

二、法治国家、法治政府和法治社会的含义及其相互关系

法治国家、法治政府与法治社会都是法治的下位概念，所以我们有必要先明确什么是法治。法治就是规则之治。规则一般性的满足体系化、义务性、程序性和善的要求，规则所指向的目的由低至高依次是人类社会的存在、秩序和发展。规则之治发展到现代社会先后经历了法律前规则、法制规则和法治规则三个阶段。其表现、特征和目的，可以简要地用下表表示：

	表现	特征				目的
		体系化	义务性	程序性	善	
法律前规则	氏族习惯 家规 族规 行规 风俗 道德规范 宗教戒律	体系化程度最低	往往只表现为义务性，且义务性缺少强制性	程序性程度最低	善表现为 奉献 忠诚 诚信 等	保证人类社会的存在
法制规则	刑法 民商法	初步的体系化	义务和权力并存，义务和权力都具有强制性，但只具有单向性	初步具有程序性	善表现为 秩序 和谐	维护人类社会的秩序
法治规则	宪法 行政法	体系化程度最高	义务和权力并存，都具有了强制性，同时义务和权利统一，权力和职责统一	程序性程度最高	善表现为 正义 平等 自由	促进人类社会的发展

总结前述表格的内容，法治是规则之治，其本质是权利和义务的辩证统一，是对义务和权力异化的克服。其内在的特征表现为体系化和程序化，其价值体现为正义、平等、自由和促进人类社会的发展，其法律表现主要是宪法和行政法。

那么，法治国家、法治政府和法治社会的内涵又是什么呢？首先我们看国家、政府、社会三个语词的含义。《现代汉语词典》给予这三个语词的释义分别是：（1）国家，①指阶级统治的工具，同时兼有社会管理的职能；②指一个国家的整个区域。作为国家重要表现形式的“国家机关”则指行使国家权力，管理国家事务的机关，包括国家权力机关、国家行政机关、审判机关、检察机关和军队等。① （2）政府，指国家权力机关的执行机关，即国家行政机关。② （3）社会，①指由一定的经济基础和上层建筑构成的整体；②泛指由于共同物质条件而互相联系起来的人群。③④ 那么关于法治国家、法治政府和法治社会，党和国家领导人多有阐述，学界的大家也多有阐述⑤，此处不再赘述。但是，已有的对三个概念的阐述存在三点问题不可忽视。第一就是所有的定义只是回答了什么样的国家、政府、社会可能是法治国家、法治政府和法治社会，并没有回答出法治国家、法治政府和法治社会的概念是什么。换句话说，所有的回答只是回答了什么是法治国家、法治政府和法治社会？并没有回答法治国家、法治政府和法治社会是什么？第二就是所有的回答都不足以解释为何现代法治常常沦为专制的合法化外衣。第三就是法治国家、法治政府和法治社会的阐述缺乏理论层次，含义阐述多有重复，思路不清。本文对法治国家、法治政府和法治社会的解释是：法治国家就是宪法之下的国家，法治政府就是法律之下的政府，法治社会是法律之外的社会。

根据邓小平理论和党的十五大报告的基本思想，李步云教授认为在我国建设社会主义法治国家，主要应具有以下一些原则和要求：（1）要建立一个部门齐全、结构严谨、内部和谐、体例科学和协调发展的完备的法律体系。这种法律应当充分体现社会主义的价值取向和现代法律的基本精神。（2）社会主义法制应当建立在社会主义民主的基础上，要坚持社会主义法制的民主原则，实现民主的法制化与法制的民主化。（3）要树立法律的极大权威，任何组织和个人都必须严格依法办事。（4）要进一步健全和完善司法体制和程序，切实保证案件审理的客观、公正、廉洁和高效。（5）建设现代法律文化，提高广大干部和民众的理论水平和法制观念，全面推进依法治理。⑥ 李步云教授

---

① 《现代汉语词典》，商务印书馆2005年版，第520页。

② 《现代汉语词典》，商务印书馆2005年版，第1741页。

③ 《现代汉语词典》，商务印书馆2005年版，第1204页。

④ 转引自姜明安：《论法治国家、法治政府和法治社会建设的相互关系》，载《法学杂志》2013年第6期。

⑤ 参见姜明安：《论法治国家、法治政府和法治社会建设的相互关系》，载《法学杂志》2013年第6期；张文显等主编：《法理学》，人民出版社、高等教育出版社2010年版，第369～373页；李林和杨建顺教授接受《法制日报》记者采访时对中央政治局第四次集体学习精神的解读，载2013年3月1日《法制日报》第4版。

⑥ 参见李步云：《依法治国，建设社会主义法治国家》，九届全国人大常委会法制讲座第二讲。

显然是从法律运行的视角对法治国家做出的理论解读，但是这既没有区别开法治国家与法治政府的区别，也没有超出政策之上的理论抽象，是前文表述的当前社会主义法治理论存在的三点缺陷的典型表现。本文认为法治国家实质就是实施宪法治理的国家，国家与民众之间的关系、国家各党派之间的关系、国家内部的各机关部门之间的关系，以及涉及民族、宗教等最重大的社会原则和社会价值问题，都要遵守宪法的基本规范。国家可以创造一切法律以及表现为权宜之计的政策，但都不能和宪法冲突。在此意义上，我们甚至可以说，不存在宪法就不存在现代意义上的国家。法治国家的宪法应该得到所有党派、民众的认同和支持，如果一个国家的不同党派、不同的社会阶层对宪法不能达成共识，国家必然陷入政治上的动乱。现实国际政治生活中的叙利亚就是一个例子。在我国，从清末到中华人民共和国成立，国家始终处于国内动乱、备受外族欺辱，其重要原因之一也就在于始终无法制定出一部共同认同的宪法。同理，中华人民共和国成立以来，尽管也存在着各式各样的社会问题，以及社会不稳定因素。但是因为全社会都共同认同同一部宪法，所以我们的社会保持了政治上的稳定和发展。

法治政府，按照2010年《国务院关于加强法治政府的建设意见》① 的精神，其标准主要包括：政府运作的制度化、政府决策的科学民主化、政府执法的严格、规范和公正化、政务的公开化和执法错误的责任化等方面。如果从政府权力的执行方面进行法理分析，本文认为，法治政府要求政府权力要符合合法性、职责性、有限性、程序性和人权性五维要求。无论是按照官方文件的规定，还是理论上分析，我们都会发现这其中核心词是“程序”。当然这里的程序有着特定的含义，它不仅仅是一个时间顺序的概念，它是指一切执法行为都不仅要按照一定的时间顺序，还要在特定的空间，由特定的部门来分工进行，这就是现代法理要求的法治的程序之治。如果一般地说一件事情做得好坏取决于其做事的方式的话，那么政府法治建设的好坏就取决于其法治的方式——程序。美国当代著名法哲学家富勒终其一生强调法理学研究和政府法治建设中程序问题的重要性。在其之后，程序法、程序权利、程序正义、程序法治等观念广为传播。②

法治社会的提出经历了一个从社会管理到社会管理创新，到社会管理法治化，再到法治社会的逐渐的理论提升过程。那么我们谈社会管理创新、谈法治社会创新，其新就新在承认了政府之外的社会主体的社会管理地位和作用，承认了国家制定法之外的社会规则的规范和社会作用。我们不能把社会管理错误地理解成政府管理职能从政府职能向社会职能的扩大化，也不能错误地理解成制定法无限地向自治社会领域的扩大化。我们要认识到，政府的职能越多，就必然赋予其越多的资源、权力和责任。那样政府会陷入责任无法承受之境地，民众也将多有失望之感，甚至陷入养虎为患的境地。因此，本文提出法治社会精神在于法律之外的社会，其含义是指发挥社会性主体的社会管理作用，发挥制定法之外的社会自治法，如民间习俗、商业惯例、行业法等的规范和社会作用，

① 国发〔2010〕33号。

② 参见罗伯特-萨默斯著：《大师学述：富勒》，马驰译，法律出版社2010年版，第六章。

使无须政府参与、法律强制的社会事务由社会自治。①

基于以上对法治国家、法治政府和法治社会含义的定义，本文认为三者之间的关系可以定位为法治国家是战略蓝图，法治政府是法治国家战略蓝图的具体实施，法治社会是具体实施的法治政府的必要补充，三者的整体构成我国的法治整体，或称之为整体法治②，也可以说成是法治一体化。

三、法治国家、法治政府和法治社会一体化建设的必然性分析

法治国家、法治政府和法治社会的一体化建设具有必然性，这里所说的必然性是指事物的属性，不受人的主观意识决定的客观性。当然，本文接下来的阐述，也在一定程度上阐明了法治国家、法治政府和法治社会一体化建设对于实现社会主义法治建设目标而言的手段上的必要性。

（一）一体化建设方略是马克思主义普遍联系原理所决定的

马克思主义哲学的唯物辩证法主要是一个关于世界普遍联系的理论，主张世界是普遍联系的整体，联系具有客观性、普遍性、多样性和条件性的属性，对任何事物的理解都要从普遍联系的总体上把握事物的本质和功能。

根据唯物辩证法的上述基本原理，法治国家、法治政府和法治社会（以下简称三者）之间以及各自内部诸要素之间是相互依赖、相互制约、相互影响、相互作用的。三者之间的联系具有客观性、普遍性、多样性和条件性。客观性指三者之间的联系是三者固有的本性，是独立于人的意识之外的客观存在，这种联系不以人的意志和主观认识而转移。普遍性指三者的内部和外部都处于相互联系之中，三者是一个相互联系的统一整体。法治一体化是相互联系着的三者之间形成的复杂系统，是由三者内部和相互之间相互联系着的各个要素、部分组成的有机整体。多样性是指，由于三者之间的联系是具体的，因而联系必然是复杂多样的，三者之间不同的组合就存在不同的联系，这种联系也会随时间和条件的变化而变化。条件性是指三者之间的联系都是有条件的。离开一定的条件，法治一体化就无法达成。而不同的条件对法治一体化发展所起的作用是各不相同的。具体地、全面地分析各种条件，是我们理解法治一体化问题、解决法治一体化问题的必要前提。如果我们理解了中国法治一体化建设的这种普遍联系的性质，那么也就理解了中国法治一体化建设战略提出的必然性。

---

① 复旦大学法学院孙笑侠强调的行业法、清华大学法学院高其才教授研究的民间法关注的都是制定法之外的社会法律渊源。

② 上海师范大学的石文龙教授提出了“整体法治论”，笔者是赞同的，但笔者对整体法治的理解和石教授不同。参见石文龙：《整体法治论》，载《东方法学》2013 年第 2 期。

（二）一体化建设方略是国家与社会二元结构所决定的

我国从新中国成立伊始一直到20世纪90年代，受前苏联计划经济体制和列宁的“社会主义国家没有私法”理论的影响，一直不主张市民社会与政治国家之分，也不承认公法和私法之分。甚至直到20世纪90年代，公法私法二元理论还被视为禁区，市民社会与政治国家关系的研讨也只是近年来的事情。讨论市民社会与政治国家、公法与私法之间的关系不是本文的主题，但本文前述的关于法治国家、法治政府和法治社会的观点是基于对市民社会与政治国家、公法和私法作出区分这一前提的。笔者也认为进行这一区分也是符合我国的传统特色和本土资源的。如我国的土地制度，在近代出现城市土地和农村土地之分之前，历史上只有商朝、北魏到隋唐时期土地国有，其他所有朝代，土地都是私有的。近代出现城市土地和农村土地之分之后，直到1958年，我国才出现了城市土地国有、农村和城市郊区土地公社所有（后称为集体所有）的现有土地制度。再比如我国司法审判中，一直到清朝，司法审判的实践都坚持着词讼（细事）与案件（重情）之分，国家司法审判机关基本不插手民间纠纷。① 即使到现在，我国的司法也越来越强调民事纠纷最好能在民间调解、行政调解和司法调解过程中解决。所以，中国传统上，是更强调市民社会还是更强调政治国家，是公法为主，还是私法为主，这是一个值得讨论的问题。

既然存在着政治国家之外的市民社会领域，存在着与国家制定法不同的社会性的法律渊源体系。那么最高决策层将“社会协同、公众参与”作为社会管理创新战略的一部分，将“法治社会”作为法治一体化建设战略的一部分就是必然的了。

（三）一体化建设方略是中国传统的综合性思维特征所决定的

综合性思维就是指任何事物和问题都从整体的宏观视角理解和解决，注重整体中部分之间的联系。这种综合性的思维在思想理论中无论从最早的《易经》还是从中医理论中都明显地表现出来。而中国传统思维认识和理解事物总是从事物与事物的关系维度理解，而不像西方人思维那样对单个事物的结构和本质的分析，在一些西方学者来看，这是中西方思维最核心的区别。②

从当代我国的政治和法治实践看，自改革开放以来提出的一系列重大战略方针，包括物质文明建设和精神文明建设两手抓的战略，我国社会治安领域一直强调的社会治安综合治理方针，社会管理实施的“党委领导、政府负责、社会协同、公众参与、法治保障”方针，党的十八大报告和2013年《政府工作报告》都强调的经济建设、政治建设、文化建设、社会建设和生态文明建设五位一体，协调发展战略，一直到当前提出的法治国家、法治政府和法治社会的一体化建设战略等。可以说中国人特有的综合思维方式决定了所有这些战略方针提出的必然性。

---

① 邓建鹏：《词讼与案件》，载《法学家》2012年第5期。

② ［美］尼斯贝特著：《思维的版图》，李秀霞译，中信出版社2006年版，序言部分。

（四）一体化建设方略是当前我国的社会现实决定的

胡锦涛同志在党的十八大报告中总结了当前我国社会宏观存在的一些急需解决的问题，这些问题主要包括："发展中不平衡、不协调、不可持续问题依然突出，科技创新能力不强，产业结构不合理，农业基础依然薄弱，资源环境约束加剧，制约科学发展的体制机制障碍较多，深化改革开放和转变经济发展方式任务艰巨；城乡区域发展差距和居民收入分配差距依然较大；社会矛盾明显增多，教育、就业、社会保障、医疗、住房、生态环境、食品药品安全、安全生产、社会治安、执法司法等关系群众切身利益的问题较多，部分群众生活比较困难；一些领域存在道德失范、诚信缺失现象；一些干部领导科学发展能力不强，一些基层党组织软弱涣散，少数党员干部理想信念动摇、宗旨意识淡薄，形式主义、官僚主义问题突出，奢侈浪费现象严重；一些领域消极腐败现象易发多发，反腐败斗争形势依然严峻。"① 具体到法治领域，在今年1月7日召开的全国政法工作电视电话会议上，习近平总书记提到了人民群众就公共安全、司法公正、权益保障对全国政法机关的工作还有更高的期待，号召全国政法机关全力推进平安中国、法治中国、过硬队伍建设，深化司法体制机制改革，坚持从严治警，坚决反对执法不公、司法腐败，进一步提高执法能力，进一步增强人民群众安全感和满意度，进一步提高政法工作亲和力和公信力，努力让人民群众在每一个司法案件中都能感受到公平正义，保证中国特色社会主义事业在和谐稳定的社会环境中顺利推进。② 该谈讲话间接指出了当前我国法治建设中还存在着平安建设法治保障不足、司法不公、民生权益保障不力、执法能力有待加强、司法公信力不足等多方面的问题。所有这些问题的紧迫性和综合性，问题成因的复杂性与综合性都决定了当前我国法治建设要采取综合的、整体的、一体化的法治战略。

（五）一体化建设方略是当前我国全面深化改革的建设目标所决定的

任何层面、任何形式、任何领域的改革都必然是综合的改革，任何孤立的改革都必将收效甚微（如果不是失败的话）。在2013年11月份举行的中国共产党第十八届中央委员会第三次全体会议上通过的《中共中央关于全面深化改革若干重大问题的决定》中，根据国务院发展研究中心（国研中心）首次向社会公开的其为十八届三中全会提交的"383"改革方案总报告全文勾勒出的改革"路线图"。到2020年，我国将按照"三位一体改革思路、八个重点改革领域、三个关联性改革组合"的中国新一轮改革路线图，在涉及公务员管理体制、基础产业的整合、土地制度、金融体系、财政税收制度、国有资产管理、教育、司法等多领域全面深化改革。改革内容的整体性、综合性和

① 摘自十八大报告：《坚定不移沿着中国特色社会主义道路前进　为全面建成小康社会而奋斗》。

② 参见习近平总书记在2013年1月7日召开的全国政法工作电视电话会议上的讲话：《全力推进平安中国法治中国建设》。

一体化决定了法治保障建设的一体化，要求法治国家、法治政府和法治社会要一体推进。

四、结　　语

法治社会一词上升为国家战略被赋予了日常用语之上的新含义，法治国家、法治政府和法治社会一体化建设具有重大理论和实践创新意义，其提出是历史的必然也具有实践上的必要性。如果本文对法治国家、法治政府和法治社会的理解是正确的话，那么一体化建设战略对违宪审查、执法程序、行业法、民间法等法学研究中的理论问题也必将产生深远的影响。

（作者单位：湖北警官学院法律系）

第四篇
法治评估的实践反思与理论建构
——以中国法治评估指标体系的本土化建设为进路

张德淼　李　朝

内容提要：随着法治进程的推进和社会发展的需要，法治评估活动得以在中国兴起。中国法治评估的形成建立在相应的理论、技术、制度和现实基础之上。国外法治评估模式的引入不断引发法学理论与实务部门的关注与讨论，中国的法治评估活动方兴未艾。但在中国法治评估实践中，仍然存在制度指向混乱、量化研究方法功能局限、数据样本独立性和有效监控缺失、区域化法治评估的正当性质疑等问题。建设中国本土化的法治评估指标体系，应当明确法治评估的制度指向、综合量化与质性方法、建立法治评估的监督复核程序、保持法治评估的开放性与纠错性。

关键词：法治评估；量化方法；法治评估指标；开放性

一、引　　言

构筑法治社会是近代以来世界各国人民的不懈追求，人们对法治倾注了无限的希冀并为之向往。“从国际经济领域的投资合作，到人道援助的成效考虑，一国的法治状况都受到相当多的关注，客观和准确地评估一国法治状况就成为一种现实需要。”① 以往国内学者对法治的探讨多侧重于理论路径的研究，随着实证研究方法不断被引入到法学研究领域以及不同学科交叉影响日益深化，法治建设状况的量化评估迈出了实践性的步伐。近年来，我国不少地方人民代表大会、法院检察院开展量化绩效考核，地方政府也纷纷以法治评估为契机推进区域治理法治化。在此背景下，通过对法治评估②进行理论

① 钱弘道、戈含锋、王朝霞、刘大伟：《法治评估及其中国应用》，载《中国社会科学》2012年第4期。

② 钱弘道对法治指标和法治指数作出区分，认为指标是对评估内容和要素作出的进一步解释，而指数则是以量化方式确定的指标权重及其等级。笔者未对其两者的适用作出界分，而是以法治评估涵盖二者，因为法治指数本身具有明显的量化色彩，而法治评估尽管在现阶段以量化为主要方式，但不排斥其他方法的后续融入，更具有开放性和吸纳性，所以本文适用的是“法治评估”一词而非“法治指数”。钱弘道、戈含锋、王朝霞、刘大伟：《法治评估及其中国应用》，载《中国社会科学》2012年第4期。

溯源、价值衡量来分析法治评估的正当性和合理性，再通过对法治评估实践中几个误区的梳理来探讨当前我国法治量化评价中的不足和缺陷，并针对我国普遍开展的法治评估模式提出富有建设性的思考是极富意义的尝试。

二、法治评估指标体系的形成基础

（一）法治评估的理论基础

法治评估指通过建立法治指标及其他实证方法对国家、地区抑或是社会的法治状况进行评价的系统工程。法治评估的关键在于提取与公认的、确定的法治概念相对应的法治指标。而这在法治理论研究中早已为学者们提出，亚里士多德提出法治的双重意义①可以理解为法治指标的萌芽状态。古罗马和中世纪时期，法治的细化趋势也未停止，并形成三项法治划分的共识②。自由资本主义兴起以后，学者们对法治指标的划分也趋于精细，马克斯·韦伯提出法治秩序的主要标准③、富勒提出法律的内在道德亦即法治的八项指标④、拉兹提出合法性法律模式的八项构成要素⑤、菲尼斯提出法治八项要件⑥等。我国学者们吸收了西方学者的法治指标理念，并基于本土法治国家建设的特征和需求，提出了中国法治建设的指标或标准。李步云提出法治国家的十项原则和要求⑦，张

---

① 其一是已制定的法律得到普遍的服从，其二是普遍服从的法律是良法。参见［古希腊］亚里士多德：《政治学》，吴寿彭译，商务印书馆 1965 年版，第 199 页。

② 夏勇将资本主义以前的法治观念总结为“法律至上”、“权利的分立与制衡”、“法律是普遍客观和公正的”。参见夏勇《法治是什么——渊源、规诫与价值》，载《中国社会科学》1999 年第 4 期。

③ 包括“行政活动的持续性”、“权责分明”、“公务员的独立化与专业化”等。参见季卫东：《以法治指数为鉴》，载《秩序与混沌的临界》，法律出版社 2008 年版，第 56 页。

④ 亚里士多德的界定属于形式法治标准的萌芽状态，包括具有一般性、颁布、法不溯及既往、清晰性、避免内在矛盾、不应要求不可能之事、连续性、官方行动与公布的规则之间的一致性。［美］富勒：《法律的道德性》，郑戈译，商务印书馆 2005 年版，第 55 ~ 96 页。

⑤ 包括可预期且公开明确、相对稳定、特别法的制定受公开、稳定、明确和一般规则指导、司法独立、遵守自然正义原则、法院对其他原则的实施有审查权、法院易被接近、预防犯罪的机构不滥用裁量权。［英］约瑟夫·拉兹：《法律的权威》，朱峰译，法律出版社 2005 年版，第 187 ~ 190 页。

⑥ 第一是法律对未来发生作用，而非溯及既往；第二是法律并非以任何方式都不可能被遵守；第三是必须公布；第四是必须清晰；第五是必须与其他规则相一致；第六是足够稳定；第七是制作适用于相对有限情况的判决和命令受已经公布的、清楚的、稳定的、相对普遍的规则的指导；第八是有权以官方地位制定、实施和适用规则的人，有责任遵守应当适用于他们的规则，还要确实一贯地实施法律，与法律要旨保持一致。［美］约翰·菲尼斯：《自然法与自然权利》，董娇娇等译，中国政法大学出版社 2005 年版，第 216 页。

⑦ 包括法制完备、主权在民、人权保障、权力制衡、法律平等、法律至上、依法行政、司法独立、程序正当、党要守法。李步云：《法理探索》，湖南人民出版社 2003 年版，第 9 ~ 13 页。

文显提出实现法治国家的技术条件①，夏勇提出法治的十大规诫②等。学理上概括的法治指标，历经由简单到复杂、由模糊到明晰的发展过程，形成了内容丰富且层次多样、从普遍性法治准则到带有地方特色的法治标准，成为衡量现行法治状况的理论依据，也构成了法治量化评估的理论基础。现代各国，无论是成文法国家还是判例法国家，在保持法治价值追求的同时，也开始在法治的形式上相互借鉴和学习，促使法治的概念、特征、标准出现趋同的样态。由此，在世界较大范围内形成规范统一的法治评价体系也具有了合理性。

（二）法治评估的技术基础

在法治的概念和形式可按照要素或指标划分的前提下，如何将法治的各种属性和特征抽离成各种可测的、可数据化的指标进而构成量化评估体系，需要具有可行性的技术支持。这种技术支持主要源于指标自身的认知功能和先进的统计分析技术。首先，法治指标具有认知功能；法治指标作为一种测量尺度，能够准确的描述、反映、比较和评价法律现象及其发展与变迁的规律③，能够实现对已定制度目标的明确和可测，能够准确反映法治建设中存在的普遍性问题和缺陷。认知功能强调法治指标具有可计量性④、概观性⑤、现实性⑥，通过对法治概念的层级操作，能够使抽象概念下降到经验层次，形成可实际测量的法治指标。通过数据汇总并按照权重折算成为直观数字，可以评估区域对象的法治程度，对比不同区域的法治差异，并引导社会成员对法治建设形成最优行动选择。其次，量化技术的成熟与进步；在现代社会科学的研究中，以统计分析为核心的实证定量研究已经成为主流趋势。经过几十年的实践，量化技术包括指标操作、抽样策略等都较为成熟，统计应用也从最早的简单百分数等统计量发展到回归和方差分析，再发展到多元统计分析、结构方程模型等。这些技术准备使得量化研究在法学领域中的运用成为可能，白建军对死刑阶梯的量化研究已是明证⑦。特别是统计分析技术的不断进步，通过客观计量和统计能够把握研究对象的共性问题，为法治评估的量化研究提供了

---

① 社会主义法治国家的现实目标，包括完备统一的法律体系、普遍有效的法律规则、严格的执法制度、公正的司法制度、专门化的法律职业等。张文显主编：《法理学（第三版）》，法律出版社2007年版，第93～95页。

② 夏勇：《法治是什么——渊源、规诫与价值》，载《中国社会科学》1999年第4期。

③ 冉井富：《论法治指标的认知功能及其局限性》，载《汕头大学学报（人文科学版）》1999年第2期。

④ 可计量性指法治指标所提供的信息和数据是具体、精确、直观的，是可以计算且可以用于横向比较的。

⑤ 概观性指法治指标区别于法治理论研究和实证研究中的个案研究的功能，通过科学的样本收集方法能够描绘某个国家、地区的整体法治图景，具有宏观性、同时也具有概括性。

⑥ 现实性指法治指标是法治建设的现实反映，能够客观、真实地反映法治实施的运行现状、运行效果和运行变化等。

⑦ 白建军：《死刑适用实证研究》，载《中国社会科学》2006年第5期。

充分的技术保障。

（三）法治评估的制度基础

世界上绝大多数国家以法治作为立国之本，法治已经成为世界人民的共识，而法治评估的制度前提就是各国政府对法治形式的确认，这也是法律评估的体制性进路得以成行的关键。戴耀廷在研究香港法治指数时认为较之法律评估的价值性进路而言，体制性进路可使研究更为聚焦①，而钱弘道在此基础上提出体制性进路虽范围较窄，但易于指数的确定②，这些研究从实证方法上确认了制度性进路的可操作性及科学性。法治评估的体制性路径要求评估研究的区域或国家以法治作为国家治理的基本方式，而法律全球化的背景下无论是国际法的国内化还是国内法的国家化，实际上都导致了在一国或一地区范围内的法律制度在更大范围甚至世界范围内得到推广③，而法律制度的通用也保证了世界范围内法治评估的有效与价值。20 世纪 70 年代末以来，中国在制定法律的过程中广泛地吸收和借鉴了外国法和国际惯例，这些通用的制度规范在长期的适用调整中不断修改和增补，逐渐融合中国本土法治现实和法治需求而形成了具有全球化特征同时兼具地方性特色的中国社会主义法律制度。2011 年 10 月，国务院办公厅发布《中国特色社会主义法律体系》，实则是对业已形成并普遍适用的法律制度化、体系化的确认，而健全成熟的法律制度及其推行实施恰恰构成了法治评估的制度性基础，保证了以制度性进路开展法治评估的现实可行性。

（四）法治评估的现实基础

中国是全球法治化进程中的一员。1999 年第九届全国人民代表大会第二次会议通过宪法修正案，将《中华人民共和国宪法》第 5 条增补一款为：“中华人民共和国实行依法治国，建设社会主义法治国家”，在国家层面上确定了依法治国的道路指向。中国共产党的十五大报告、十六大报告分别以“坚持党的领导、人民当家做主和依法治国有机统一”、“深入落实依法治国基本方略列入实现全面建设小康社会奋斗目标”作为对依法治国的纵深推进。中国共产党的十八大报告更是提出“全面推进依法治国”，“加快建设社会主义法治国家”，将法治治国提升至新的高度。与之相对应的是各级政府、社会团体、个人的职务行为、组织行为、个体行为也被纳入到法治轨道当中。法治成为创造新型社会的工具、组织和改革社会的手段④已经成为共识。虽然这一过程已经历经十几年的时间，对中国法治建设所处的阶段、状态和普遍性问题，学术界仍然没有形成客观统一的认识。学者们对中国法治的现状褒贬不一，甚至有人仅基于个案材料对

---

① 戴耀廷：《香港法治指数》，载《环球法律评论》2007 年第 6 期。

② 钱弘道、戈含锋、王朝霞、刘大伟：《法治评估及其中国应用》，载《中国社会科学》2012 年第 4 期。

③ 朱景文：《全球化条件下的法治国家》，中国人民大学出版社 2006 年版，第 2 页。

④ 刘武俊：《在法治框架内推进社会管理创新》，载《人民日报》2012 年 5 月 16 日。

法治建设的成绩持质疑态度，作出以偏概全的评价。

法治评估模式恰能回应这一质疑，按照季卫东的归纳，法治指数能够实现对不同社会体制和文化的比较，为改造权力结构提供更清晰的蓝图，以及使法制建设的具体举措和绩效的评价趋于统一化①。法治评估通过量化手段能够从整体上分析中国法治的状况、程度、问题，能够从纵向上反映法治建设的成绩和不足，从横向上反映不同地区法治建设的类似与差异，促使不同国家、地区之间进行法治领域的比较与沟通，甚至能为现行法律体制的发展完善提供指引，追求更高水平的法治，改善法治环境。以至于马怀德提出将“法治 GDP”纳入领导干部政绩考核体系，因为在中国推行法治与发展经济一样，需要来自政府的强大动力，而“包括法治指标在内的较为全面的政绩考核标准，恰恰能够提供这样的动力”②。这也反映了法治指数评估体系对落实依法行政，推动法治进程的现实意义。

三、中国法治评估指标体系的形成与实践

（一）全球化法治评估指数的出现与引入

尽管国内外诸多学者在理论层面早已就法治的指标化作出了解释和界定，但从操作层面而言，较早建立系统的法治指标体系当属美国学者伊万，伊万在 1968 年将法律指标与社会指标结合起来，提出 70 个具体指标；1979 年，梅里曼、克拉克和弗里德曼在欧洲和拉丁美洲国家法律与发展专项研究中，将法律制度分为立法、行政、司法等六个方面，并将每个方面分为机构、工作人员、程序和消耗资源四个方面，形成法律制度的分析结构③。截止到 1999 年 10 月，专门编制民主、法治、治理等相关指数的研究报告与出版物至少有十多种，例如《世界自由度指数》、《欧洲自由指数》、《国家风险评论》、《世界发展报告》、《全球国家风险指南》、《国家风险服务》、《全球竞争力调查》、《转型国家》等④。2005 年世界银行发布《国别财富报告》，正式提出“法治指数”的概念，以全球 120 个国家和地区为样本对公民守法意识及对该国法律制度的信任程度进行评判⑤。2007 年，由维拉司法研究所及阿尔特斯全球联盟主持的“世界正义工程”在沿袭西方法治理念的基础上确定了以合法政府、公布法律、正当程序、可实现的司法正义为原则的法治评估指标体系⑥。近年来，随着视野的开阔和认识的深化，特别是国

---

① 包括“行政活动的持续性”、“权责分明”、“公务员的独立化与专业化”等。参见季卫东：《以法治指数为鉴》，载《秩序与混沌的临界》，法律出版社 2008 年版，第 55、56 页。

② 马怀德：《法律实施有赖于“法治 GDP”的建立》，载《人民论坛》2011 年第 29 期。

③ 朱景文：《现代西方法社会学》，法律出版社 1994 年 6 月版，第 43 ~ 45 页。

④ 转引自占红沣、李蕾：《初论构建中国的民主、法治指数》，载《法律科学》2010 年第 2 期。

⑤ The World Bank：*Where is the wealth of Nations*？The World Bank Publish，2006，pp. 13-14.

⑥ Mark Agrast，Juan Carlos Botero，and Alejandro Ponce：*The World Justice Project Rule of Law Index 2011*，The World Justice Project Publish，2011，p. 9.

家以社会系统工程为框架在各个领域推行目标管理模式，法治指标作为一种衡量标准和研究方法在各国得到了较为广泛的应用，例如美国政府颁布《政策规定绩效分析》①，对政府工作的合法性和合理性进行考评，诸如此类的实证性的法治指标体系日益增多。香港法治指数调研标志着法治评估开始引入并应用于中国部分地区，而随着“法治评估试验田”的余杭法治指数在2006年的发轫，法治评估作为中国法治建设的一种制度创新和方法创新模式得以兴起。

（二）中国法治评估的研究与实践

随着中国法治建设的发展，特别是2004年中国首部法治蓝皮书《中国法治发展报告NO.1（2003）》的发布以来，法治建设的关注重点从最开始的“热点问题”个案解读逐渐发展为对行政体制和司法改革实践研究的关注，再发展为对“国情调研”和“地方法治”等明显带有量化特色的实证研究的关注，例如《中国法治发展报告》2011年、2012年连续收录了“中国政府透明度年度报告”，《中国法治发展报告NO.10（2012）》还收录了“余杭法治指数报告”②。法治评估因其科学性和概观性逐渐得到学术界和实务部门的认可和适用。

国内学者大多对法治评估持肯定态度。学者们的观点集中于“为什么要进行法治指标评估”、“如何进行法治指标评估”等方面，有学者从法治基本理论出发，对法治评估的前提、正当性和功能作出论述③，也有学者关注全国性或区域性法治指标的建构④与推行⑤。正如江平评价“余杭法治指数”所言“推动政府工作，促进学界法治量化研究和创建人民表达民意的渠道”⑥，这也是法治评估的支持者的一个共识。而质疑者多集中于指标设立的条件和功能等问题⑦，以及法治评估的本土化操作问题⑧，对当前推行的法治评估是否能够反映中国法治状态，法治评估方法是否真实有效存有质疑，

① 黄良进、肖松：《美国政府绩效评估法治化：历程、特点与启示》，载《学术界》2009年第3期。

② 《中国法治发展报告》关注重点的转变可从每年目录的变化中发现。2003年报告中突出强调个案形式的“热点问题报告”，而到2008年、2009年法治改革、法治建设、法治实践成为报告的主体内容。2011年、2012年更是将实证调研、指标数据资料作为其重要组成，在“国情调研”和“地方法治”栏目中列入部分全国性量化数据和区域性量化数据报告，体现了法治研究方法的创新和突破。

③ 戢浩飞：《法治政府指标评估体系研究》，载《行政法学研究》2012年第1期；包万超：《法治政府的标准及其评估体系》，载《湖南社会科学》2013年第2期。

④ 袁曙宏：《构建中国法治政府指标体系》，载《中国法律》2007年第1期；廖奕：《法治如何评价？——以地方法治指数为例》，载《兰州学刊》2012年第12期。

⑤ 钱弘道：《余杭法治指数的实验》，载《中国司法》2008年第9期。

⑥ 璩静、张乐：《量化法治，杭州余杭出炉内地首个法治指数》，载《新华每日电讯》2008年6月15日。

⑦ 志灵：《“法治指数”无法衡量所有的法治现状》，载《法制资讯》2008年第4期；陈林林：《法治指数中的认真与戏谑》，载《浙江社会科学》2013年第6期。

⑧ 姚建宗：《法治指数设计的思想维度》，载《光明日报》2013年4月9日。

而非绝对的摒弃法治评估模式。

较之学界的争议与讨论，法治实践领域早已悄然出现了以各级政府为代表的法治指标化活动。2009 年国务院办公厅发布的《关于推行法治政府建设指标体系的指导意见〈讨论稿〉》以来，从省级政府到市级政府再到县区级政府纷纷出招，制定各自的法治评价体系。例如 2010 年湖北省颁布的《湖北省法治政府建设指标体系》，2011 年辽宁省颁布的《辽宁省法治政府建设指标体系》，2012 年广东省惠州市颁布的《惠州市法治政府评价指标体系》。甚至政府系统中的某些部门也纷纷跟风，制定本系统的法治考核指标，例如 2010 年江苏省财政厅颁布的《法治财政指标体系》，2013 年国家工商总局颁布的《工商行政管理机关法治工商建设评价指标体系》等。近些年来，中国法律发展指标体系的研究为法治评估的开展奠定了一定的基础①，指标立法后评估和司法绩效评估②等立法、司法领域内专项评估的广泛开展也为法治评估积累了相当多的经验教训。以中国内地首个法治评估系统的实验地余杭为例，余杭设置党委依法行政等九组指标，以客观数据、考评及民调为方式，并设置内部组、外部组和专家组对调查结果进行评议③，虽涉及层面较为狭窄，内容相对简单，但其结合余杭区的法治现状，以体制性进路作出的操作化指标保证了数据的丰富性和受访主体的多样性，具有积极和进步意义。

四、中国法治评估面临的问题与挑战

正如吉尔兹所言："法学与民族志，一如航行术、园艺、政治和诗歌，都是具有地方性意义的技艺，因为它们的运作凭靠的乃是地方性知识。"④ 法律自身具有地方性知识的属性，由此决定了法律动态运作的法治活动无法摆脱地方性特征，而作为法治活动中组成部分的法治评估也必须结合中国自身的体制结构特征、法律文化特征和公民意识状态作出，否则就可能会导致法治评估出现"南橘北枳"的局面。余杭法治指数的研究者也认识到中国本土资源的作用，指出"余杭法治指数借鉴了香港模式，同时根据地区法治发展的现实进行了创新，考虑地区经济政治体制及法治发展水平等因素"⑤。那么，以余杭法治指数为代表的法治评估实践是否契合中国法治的本土情境，已开展的

---

① 朱景文：《中国法律发展报告——数据库和指标体系》，中国人民大学出版社 2007 年版，第二篇"法律实施"，第 171～453 页；朱景文：《中国特色社会主义法律体系：结构、特色和趋势》，载《中国社会科学》2011 年第 3 期。

② 张禹：《立法后评估主体制度刍议》，载《行政法学研究》2008 年第 3 期；丁贤、张明君：《立法后评估理论与实践初论》，载《政治与法律》2008 年第 1 期；刘松山：《全国人大常委会开展立法后评估的几个问题》，载《政治与法律》2008 年第 10 期。

③ 钱弘道：《2011 年度余杭法治指数报告》，载《人民司法》2012 年第 11 期。

④ ［美］克利福德·吉尔兹：《地方性知识：事实与法律的比较透视》，邓正来译，载梁治平主编：《法律的文化解释》，生活·读书·新知三联书店 1994 年版，第 73 页。

⑤ 钱弘道：戈含锋、王朝霞、刘大伟：《法治评估及其中国应用》，载《中国社会科学》2012 年第 4 期。

区域法治评估是否建立了富有操作性和科学性的评估方法，是否真正起到评价、预测以及引领法治发展的科学效果，是否真正成为“中国法治评估的试验田”。以下几组现实问题仍需回应与商讨。

（一）法治评估的制度指向混乱问题

与法治的实践需求相呼应，人们对法治的认识历程，可以概括为正名法治、定义法治和量化法治三个主体环节，它们既共时共存，又陈陈相因①。量化法治的重要特征在于其实践性，而其实践性的前提和基础在于定义法治。如果说正名法治即中国为何推行法治已经达成共识的话，定义法治即什么是法治的问题历经千年，世界范围的学者们经历了简单到复杂的思考过程而终未形成统一观点。马克斯·韦伯、富勒等人对法治的抽象界分也多集中于形式法治而非实质法治，蕴含价值评判功能的实质法治无法达成共识也可能与世界各国、各地的地方性知识的差异相关，这也直接导致研究者采取体制性进路进行法治评估成为可能引发争议较小的从优选择。

而就体制性进路而言，因其以制度结构要素作为指标划分的依据，研究的基点即制度指向尤为重要。但在法治评估方面，实践面向上的制度指向仍存在模糊和混乱的问题。当前中国法治指标的制度指向中常用的三组概念，即法治国家、法治政府、法治社会。这三个概念单独使用时，法治国家可指整个公权力的法治化；法治政府既可指广义政府行使国家公权力的法治化，也可指狭义政府行使国家行政权的法治化；法治社会既可指广义社会的法治化，也可指狭义社会的法治化。而这三个概念在同一时空使用时，法治国家指整个国家权力的法治化；法治政府仅指国家行政权行使的法治化；法治社会仅指政党和其他社会共同体行使社会公权力的法治化②。可见，法治国家与法治政府的区别在法治国家主要指向国家的基本制度、权力配置等基础性内容，法治政府则主要指向行政机关，而法治社会还包括整个的非政府层面的、社会上的各类问题，主要有社会事务的管理、社会组织、社会生活，涉及社会安全、社会矛盾处理、社会福利等诸多内容。它们所关注重心和范围存在细微的差异，而由此延伸分类而出的法治指标也难以在范围和内容上达成一致。

而在中国各地法治评估实践中，分别以此三组概念为基础形成了林林总总、形色各异的各类指标体系，甚至已经出现了各自为政或者混合使用的局面。如以法治政府为基础的国务院和各省级机关的“法治政府指标体系”③、行业机构的“××法治指标体

① 张志铭：《“量化法治”的实践之道》，载《检察日报》2013年7月16日。

② 姜明安：《论法治国家、法治政府、法治社会建设的相互关系》，载《法学杂志》2013年第6期。

③ 2009年国务院办公厅发布《关于推行法治政府建设指标体系的指导意见（讨论稿）》；2010年湖北省颁布实施《湖北省法治政府建设指标体系（试行）》；2011年北京市政府下发《关于加强法治政府建设的实施意见》；2011年辽宁省颁布实施《辽宁省法治政府建设指标体系》；2013年4月发布《广东省法治政府建设指标体系（试行）》；2011年江苏省颁布实施《江苏省法治政府建设阶段性目标考核评价办法》；2011年四川省颁布实施《四川省市县政府依法行政评估指标》。

系”①，以法治国家或地区作为基础的市区级机关的“法治城市建设指标体系”②，以及将三者混同使用的其他区域性法治指标。例如，余杭法治指数提出的九组指标中与各省市推行的法治政府指标在“依法行政”、“规范市场”和“监督体系”方面一致，而在其他方面指标却又各有侧重和不同③；2010年湖北省已经颁布实施《湖北省法治政府建设指标体系（试行）》，2013年又再次建立“法治湖北”指标体系④。可以看出，无论在时间维度还是在空间维度上，中国各地法治指标的体系结构和内容向度均尚未达成统一与规范的标准。法治指标体系的功能在于建立并运用来对国家或区域的法治状况作出客观而量化的描述，但在中国内陆这个法制体制统一的范围内，不同地区、行业却出现各自为政、各自评估的局面。自己做自己的评委，与其他地区无涉的做法是否能够准确评价法治建设状态呢？这点仍存有质疑。而同一地区并行的不同法治评价指标体系之间是相互补充还是相互拆台，抑或是各自为政，也很难作出合理和科学的解释。正如克里福德·科布和克雷格·里克斯福德所言“有效的指数需要一个清晰的概念基础”⑤，显然我们尚未达成。

（二）法治量化研究方法的功能局限

法治量化评估有助于衡量和评价法治状态，但是量化研究方法亦存在先天不足。量化研究具有描述普遍性和整体性的功能，涂尔干在《自杀论》用社会事实的因果分析分析反常的自杀，得出当个体同社会团体或整个社会之间的联系发生障碍时，会发生自杀现象的结论⑥就是很好的例证。但是量化研究自身具有局限性，如果未得到恰当和谨慎的使用，就可能形成不科学、不真实的结论。其一，量化研究本身的价值维度；“经验科学不能教给某人他应当做什么，而是只能教给他能够做什么，以及在具体条件下他

---

① 2013年国家工商总局颁布《工商行政管理机关法治工商建设评价指标体系》；2012年江西省宜春市工商管理局颁布《宜春市工商系统法治工商建设考核指标体系》；2010年江苏省财政厅颁布《法治财政建设指标体系》。

② 2008年青岛市普法办公室发布《青岛市创建法治城市目标责任分解》和《青岛市开展法治城市自测评估体系》；2008年深圳市颁布实施《深圳市法治政府建设指标体系（试行）》；2012年沈阳市人民政府颁布实施《沈阳市法治政府建设指标体系》；2012年1月广东省惠州市人民政府颁布实施《惠州市法治政府评价指标体系（试行）》。

③ 以法治政府指标体系中的《深圳市法治政府总指标体系》为例，余杭法治评估的指标增加了对党委、司法机关、民主政治、全民素质和社会秩序等方面的考察内容。

④ 方政军、李鹏翔：《“法治湖北”指标体系建设论坛在武汉召开》，http：//news. xinhuanet. com/local/2013-10/01/c_ 117579660. htm，2013年10月1日。

⑤ ［美］克里福德·科布、克雷格·里克斯福德：《社会指标的历史教训》，宾建成译，载《经济社会体制比较》2011年第5期。

⑥ 第五章“反常的自杀”，参见［法］埃米尔·迪尔凯姆：《自杀论》，冯韵文译，商务印书馆2008年版，第258~302页。

想要做什么"①，在量化研究资料的收集和统计分析中可以通过技术手段做到价值中立，但指标确立却必然面临价值判断和选择，如何保证法治指标尊重法治基本规律并如实反映社会现实？公众的参与与利益相关者的会晤可以是保证民主和公正的最好方式，指标的设置程序需要更好的公众参与过程②，而中国各地评估实践中法治指标的设置明显缺少公众参与的内容，更没有公众建议并达成共识的环节。其二，以定性判断为前提导致同类指标的数据缺乏可比性；指标的设置前提主要指对影响调查目标实现的各种要素的认定，这些要素判断很大程度上影响到指标设计的内容及不同区域间同类目标的可比较性。以余杭法治指数为例，研究者将指标设计前提定义为"地区经济政治体制、法治发展水平等差异"，这种模糊的定性判断使余杭指标的成果在全国范围内进行推广成为难题。其三，指标自身不能完全反映法治现实；指标可以将复杂的信息数量化或图表化，帮助我们理解复杂事物的整体样态。但每一个指标都是一系列复杂事件的有缺陷的代表，即使最好的指标也只是对背后现实片段的测量③。如果盲目地推崇法治指标而放弃其他方法，将可能导致对指标背后的法治现实形成错误的认识。事实上，在量化方法诞生的社会学、经济学领域，量化方法的有限性早已形成共识④，尤其是在社会指标的设置和使用上，也往往结合定性方法，以保证调查结果的真实性和深入性。

（三）法治评估数据的独立性与监控缺失

法治评估的真实与有效不仅源于指标设计的合理性和科学性，是否能够真实地收集资料、获取样本更是法治评估成功与否的关键，甚至决定了评估活动的价值和意义。目前，中国法治评估实践活动对数据收集的价值与作用有所忽视：其一，抽样方法的混乱；抽样是一种选择调查对象的程序和方法⑤，抽样调查本身必须有整套严密思索且符合数理原则的选择程序才能保证调查结果的使用价值⑥。科学合理的法治评估问卷，只有通过概率抽样方法从整体框中抽取样本，才能保证样本的代表性和推论总体的可能性。在人口普查中提取相关数据也是有效的方法，但普查中不可能过多涉及法治指标的内容，抽样仍是无法回避的方法。以余杭法治指数的调查为例，其设计的主观指标

---

① ［德］马克斯·韦伯：《社会科学方法论》，李秋零、田薇译，中国人民大学出版社1999年版，第4页。

② ［美］克里福德·科布、克雷格·里克斯福德：《社会指标的历史教训》，宾建成译，载《经济社会体制比较》2011年第5期。

③ ［美］克里福德·科布、克雷格·里克斯福德：《社会指标的历史教训》，宾建成译，载《经济社会体制比较》2011年第5期。

④ 尹海洁：《科学的方法应予以科学的应用》，载《社会学研究》2000年第6期；风笑天：《社会学方法二十年：应用与研究》，载《社会学研究》2000年第1期。

⑤ 袁方主编：《社会研究方法教程》，北京大学出版社1997年版，第199页。

⑥ 卢汉龙：《注意社会调查中的科学程序问题》，载《社会》1986年第6期。

“人民群众满意度调查问卷”是通过实地民调500份以及网络民调649份①完成的，但网络调查本身是典型的非随机抽样，实地调查的问卷来源是采用分层、多段、整群、简单随机等随机抽样方法，还是方便抽样、配额抽样和立意抽样也没有作出解释和说明，以此样本数据是否能够对余杭居民的法治满意度作出推论也存在疑问。其二，样本数据质量监控问题：样本数据的真实性可能是量化研究最关注的操作问题，就余杭法治指数而言，客观数据来源于相关机构的统计数字，其数据的真实性处于无监督状态。以余杭信访局提供的“信访案件结案率”指标为例②，2007—2011年信访结案率均在99%以上，此类数字关乎政府机关的政绩，未经调取复核原始材料无法判断其真实性。而主观数据的复核主要可以采用回访等方式，实地调查的问卷尚可通过电话回访、实地回访等方式确认，但网络民调却无法复核查证。其三，研究人员的独立性问题：世界正义工程采用的是第三方介入的方式，而在余杭法治评估中则转变为政府合作模式，政府既是被调查主体，又是与专家学者配合的资料收集主体，还是保证资料真实性的监督主体③，尽管这与我国政府主导型的评估现实有关，但由此对数据的真实性产生怀疑也是合理的。特别是法治评估的结果用做评估官员表现的依据，那会促使被评估的官员对法治评估进行干预，令评估的可行性及公正性受质疑④，甚至容易成为投机者和政绩工程的工具，损害我国现行法治的良性运行和渐进发展。

（四）区域化、行业化法治评估模式的正当性质疑

中国当前的法治评估呈现明显的区域化和部门化特征。而“县际竞争”式的经济发展模式是否能够适用于法治评估，由各地政府主导或参与的法治评估会不会产生自己做自己裁判的后果，现实中存在这种可能性⑤。从当前的制定和实施情况来看，我国制定的各类法治指数比较复杂，既包括中央政府层面的《关于推行法治政府建设指标体系的指导意见（讨论稿）》，又有各级地方政府制定的，诸如北京市政府下发《关于加强法治政府建设的实施意见》、辽宁省颁布实施《辽宁省法治政府建设指标体系》、江苏省镇江市人民政府颁布实施《镇江市法治政府建设考核评价办法》等；甚至于在不

---

① 钱弘道、戈含锋、王朝霞、刘大伟：《法治评估及其中国应用》，载《中国社会科学》2012年第4期。

② 钱弘道、戈含锋、王朝霞、刘大伟：《法治评估及其中国应用》，载《中国社会科学》2012年第4期。

③ 钱弘道、戈含锋、王朝霞、刘大伟：《法治评估及其中国应用》，载《中国社会科学》2012年第4期。

④ 戴耀廷：《法治评估的理论与应用》，载《光明日报》2013年4月9日。

⑤ 按照张五常的观点，“县际竞争”具有合约竞争的特点，存在市场的介入和资源配置的竞争机制，而郑京平更是评价了这种区域经济竞争的弊端。笔者认为法治评估不同于经济发展，一旦其成为区域竞争的焦点，也就丧失了评价的中立性和客观性，而变成标榜地方政绩的工具，这点不可取。参见张五常：《中国的经济制度》，中信出版社2009年版，第158～170页；郑京平：《中国“县际竞争”发展模式的利弊分析》，载《中国国情国力》2010年第9期。

同行业或部门内部也形成行业法治指标，例如江西省宜春市工商管理局颁布《宜春市工商系统法治工商建设考核指标体系》、江苏省财政厅颁布《法治财政建设指标体系》等，这一种类繁多内容多样的法治指标模式在推行中自然而然出现了多元化法治景观。

而这一多元化的法治景观不同于当前全球化背景下不同组织或机构采取制度性进路或价值性进路产生的评估内容差异，而是我国法治指标缺乏在全国范围内的统一性和权威性。事实上，无论法治国家、法治政府还是法治社会，法治评估最具现实性的价值一直是在全国范围内形成规范统一的法治评价标准，能够实现对各地、各行业之间的互比互评。不能实现区域对比的法治评估，很难在国家层面上梳理和查找法治进程中的疏漏与问题，也很难承担起推动中国法治进程、成为法治发展的增长点的角色。以余杭法治评估实验为例，研究者设计余杭法治指标时采用价值判断的方式设定前提条件，可能阻断了不同地区实现横向比较的可能性，无法在国家层面上作出对中国的法治的整体性评估。在法律制度的国与国之间移植方面考虑本国的地方性知识和本土资源自然无可厚非，但具体到国内的不同地区，过分强调彼此间的差异则可能会误导本身具有同质性的法治模式，导致各自法治评估的自我衡量和自我满足，从长远来看不利于中国法治的全局评价和整体发展。此外，特定区域内法治评估的纵向比较，也往往会出现以法治情境的变迁为由对法治指标作出改动，这种指标变动也会促使法治评价结果的“合目的化”和“非客观化”。克里福德·科布和克雷格·里克斯福德提出，“如果你控制了资源，你就有可能从指标走向结果”①，法治指标丧失科学性的同时也极易出现“操纵的结果”。更严重的是，这种区域性和行业性法治指数甚至可能成为地方或行业竞争的工具，形成法治割据或法治割裂局面。

其实，早在1997年中国共产党第十五次全国代表大会已经正式提出“依法治国”指导方略，法治的重要作用已经被接受和认识。随着立法、行政及司法改革的推进，特别在2011年中国特色的社会主义法律体系形成以后，法治领域的改革和创新也已经成为衡量地方政府、机关业绩的“软实力”。当前各地兴起的政府主导型“法治评估热”是法治建设的地方性需求还是地方政府政绩工程掩饰下的利益诉求，我们仍需清醒和理性地看待。

五、中国本土法治评估模式的反思与探索

不可否认，以余杭指数为代表的法治评估工作已经走在实践的前沿，对了解特定地域的法治状态也起到一定的描述和评价作用。而作为法治评估的“试验田”，是否在更大范围内甚至在全国范围内得以普遍推广才是衡量实验成绩和评价实验效果的标准。本文对中国法治评估实践中存在问题的商榷与探讨，绝非否定该方法明辨和助推社会主义法治进程的功能与作用，而是在结合法治理论的规律性与中国法治建设的本土特征的前

① ［美］克里福德·科布、克雷格·里克斯福德：《社会指标的历史教训》，宾建成译，载《经济社会体制比较》2011年第5期。

提下，对法治评估的有效适用作出更切实、深入的探索，以促使法治评估真正关照中国的法治现实，成为衡量和评价、甚至助推法治的有效工具。

回到定义法治阶段，法治的发育与成长具有渐进性和进化性的自我完成特征，法治的形式内容，诸如各类法规的制定、机构的设置等较易确立，但法治的实质要素包括公平、正义、自由等基本原则的形成则需要漫长的过程和公众意识的觉醒。所以，在法治评估的建构问题上，我们要摒弃跳跃式的法治憬愿，秉承理性和谨慎的态度，以渐进的方式不断尝试、修正，以建立健全法治评估指标，完善法治评估的方法。具体而言：

（一）法治评估应明确自身的制度指向

当前法治指标的确定究竟是以“法治政府”、“法治国家”还是“法治社会”作为制度指向，各地各行业的做法存在差异，导致了指标内容和范围的大量争议，例如公众参与和民主决策是否列入等问题①，这些争议可通过明确制度指向予以消解。在采取何种制度指向作为法治评估基础这一问题上，我们应当对三组概念的适用性作出分析。郭道晖提出法治国家是国家机器的法治化和民主化，法治社会则是整个社会的法治化和民主化，建设法治国家的同时也要求法治社会的形成②。可以看出，法治社会偏重非政府层面和社会民众生活中的各类问题，具有自生性、渐进性和规律性，而中国的法治发展时间较短，在现实中是否已经形成法治社会要求的成熟的公民意识和权利观念仍处于争议和讨论的范畴，而就指标的有效性而言，脱离或高于中国法治实际的指标难以保证量化数据的区分度，评价效应不大或不明显。而且，以法治社会为基础建立的法治指标内容涵盖面过广，甚至与现有的部分社会指标③出现重叠的问题，也可能会造成评估成本的重复损耗。而法治政府的提法局限于依法行政问题方面，虽有多年形成的经验材料，但其覆盖的范围过于狭窄，甚至无法反映出我国法治建设的基本结构和法律体系的静态结构与动态运行之全貌。法治国家强调公权力的配置，简单而言更突出立法、司法和执法阶段的法治状态。由于依法治国方略已经推行多年，在各地各行业也已经形成更多的经验材料、基础数据和本土做法，例如立法后评估的广泛开展、部分地方法院早已在本系统内部推行法官绩效量化考评等，可以说，以法治国家作为基础进行法治指标体系的建构和适用有了相对成熟的实践基础，同时也更具有现实性和操作性。由此出发，在立法、执法、司法和公众评价领域按照层级的划分来设计指标、分解指标，在国家层面上形成具有规范性和统一性的法治指标的理论框架，保证了在全国范围内各地区各行业的法治指标具有可比性和参照性。

---

① 钱弘道、戈含锋、王朝霞、刘大伟：《法治评估及其中国应用》，载《中国社会科学》2012年第4期。

② 郭道晖：《法治国家与法治社会、公民社会》，载《政法论丛》2007年第5期。

③ 社会治理评价指标体系中包括社会公平、社会保障、公共安全等指标，与法治社会涉及的社会安全、社会矛盾处理、社会福利等方面有考评内容上的重叠。“中国社会管理评价体系”课题组、俞可平：《中国社会治理评价指标体系》，载《中国治理评论》2012年第2期。

（二）法治评估方法应兼顾量化和质性

法治作为抽象的理论概念是否具有量化的可能性？这个问题已经毋庸置疑，余杭法治指数的研究者也提出“法治很难绝对量化，但也不是说绝对不能量化”①的观点，这正是诸多学者怀有的期冀，期望能够通过量化方法实现对中国法治发展状态的准确认识，这是一种建设性的态度。但是，量化方法使用更应当考虑到限制性因素的制约作用，否则法治评估可能会流于形式。而有效解决量化有限性，实现法治评估有效性的方法在于兼顾量化与质性方法。首先，应当扩展量化指标的深度和前展性，将量化延伸至法治指标的前置环节；对法治评估的前提条件，例如经济、文化、政策、民族等因素应当通过变量的设计和权重的分配作出调整而实现变量化，保证在全国范围内进行法治评估的跨地区比较成为可能。其次，以重大问题为标靶融入定性研究方法；世界正义工程法治指数在法治评估中提倡兼用定量和定性的方法来复检研究结果，香港法治评估的研究者也认为同一套数据可有不同的解读，不能直接推算出一个法治指数②。例如，余杭法治评估中的司法公平正义指标中的“案件数”、“司法赔偿案件数”，数量的增减是否意味着法治水平的升降，还是与之相反，单凭量化指标无法对数据结论作出价值取向的判定。而质性研究通过采取实地体验、开放型访谈、参与型与非参与型观察、个案调查等多种方法③，可助于明确量化数据结论的价值指向。而且，在定量研究实现对整体的描述与比较的同时，质性研究还可以将视点集中于特定区域、特定时段、特定人群甚至个案问题，以保证对法治重大问题或事件的深度了解和剖析，这也是单纯的量化方法无法比拟的优势。

（三）法治评估应当建立规范的监督复核程序

在法治评估中，“变量的操作化、样本的删除等细微差别，都可能会导致结果很大的差异”④，法治评估的科学化和常态化更需要良好的监督与复核机制。首先，样本数据的质量监控方面；针对法治评估的客观数据，研究者根据被调查机关提供的数据，可以通过对数正态分布检验法、奔福德定律检测等技术对异常数据进行识别，还可以随机抽取部分数据提供机构进行数据原始材料的复核；而主观数据则可以通过随机抽取问卷进行回访作出复核。其次，对法治评估活动本身的复核；研究者作为法治评估的主体，其对样本数据的分析和判断活动也应具有可评估性，这点在美国的定量研究领域已经广

---

① 钱弘道、戈含锋、王朝霞、刘大伟：《法治评估及其中国应用》，载《中国社会科学》2012年第4期。

② 戴耀廷：《香港法治指数》，载《环球法律评论》2007年第6期。

③ 陈向明：《定性研究方法评介》，载《教育研究与实验》1996年第3期。

④ 陈云松、吴晓刚：《复制性研究——社会科学定量分析新趋势》，载《评价与管理》2012年第4期。

为提倡，例如《美国经济学评论》要求作者必须提供论文相关的数据和程序代码①。法治评估建立数据公开和开源机制，可以排除研究者倾向于特定模型而推导出符合自己意向结论的嫌疑，也有助于避免“数据游戏”的出现。而且，数据公开机制也有助于多元主体介入到法治评估研究中，促使评估主体的多元化，也是对评估实践的丰富和充实。

（四）法治评估应当具有开放性和纠错性

法治指标体系具有“嵌入性”② 的特质，其既是评价法治的机制和方法，同时又嵌入到法治进程当中，构成法治建设的一部分。而法治本身会根据社会情境的变化而产生动态和连续的细微变化，如果法治评估长期保持静态，就可能会出现不适应法治发展需求的后果，也可能会因无法兼顾时间维度差异而产生的新问题、新情况。事实上，国外法治评估实践已经充分认识到这一点，例如世界正义工程的法律治理指数自2008 年提出以来每年都会作出修改和补充。所以，法治评估应当具有开放性和纠错性，可以适时调整。法治评估内容的调整应当考虑社会公众的参与，而非仅局限于专家群体。例如，评估设计方案可以参照立法草案讨论的形式，将指标划分和计量方法的拟定标准通过网络或书籍等形式公之于众，民间组织或学者公众均可以就草案集思广益，基于判断或自行调查对法治评估的疏漏和不适应法治需求的指标内容提出建议，这种做法不仅会促进法治指标自身的修改与完善，更会间接推动民众法治和权利意识的发育与觉醒。

此外，在调查主体多元化或者调查内容多样化的同时，需要注意的是，特定时间段不同地区的评测指标上还需要保证一致性，否则又会再度出现区域分割性的法治评估局面，不利于法治评估的稳定性和统一性。至于个别指标的争议或特定区域的地方性要素，可以在统计分析的时候进行变量的单列说明或通过统计技术以量化赋分差的方式作出处理，也可以通过质性方法获取特殊个案资料对争议事项或争议数据信息作出补充和解释。的确，法治指标很难承载法治的实质特征和价值追求，但量化的手段可以分析测量法治建设的运行现状与发展规律，发现问题与查找缺漏。保持法治评估体系的开放性和纠错性，从长远来看，可以实现对中国法治的动态运行作出真实而全面的认知，促使社会主义法治建设在全方位得以推进与提升。

（作者单位：中南财经政法大学法学院）

① 陈云松、吴晓刚：《复制性研究——社会科学定量分析新趋势》，载《评价与管理》2012 年第4 期。

② 波兰尼将提出“嵌入性”用于解释经济活动与社会的关系，这一概念因深刻而抽象而得到更广泛的适用。法治评估不能脱离法治，不能脱离法治所依赖的社会、经济关系，同时也相互作用。卡尔·波兰尼：《大转型：我们时代的政治与经济起源》，冯钢、刘阳译，浙江人民出版社 2007 年版，第49、50 页。

第五篇
法治一体化建设的评价体系与量化指数研究

谭　清

内容提要：2013年2月，习近平总书记提出了“科学立法、严格执法、公正司法、全民守法”的新十六字方针，法治国家、法治政府、法治社会一体化建设成为中国政府和民众的基本共识。随着“法治指数”在全球范围内的兴起，中国不仅从理论上开始研究法治指数和法治评估问题，而且在实践层面各地也开始了法治指数的制定和评估。考量当前中国法治指数的现状和问题以期提出针对性建议，有助于推进我国的法治一体化建设。

关键词：法治一体化；法治指数；评价与量化；现状与改善

改革开放初期，邓小平同志曾对法治建设提出过十六字方针，即“有法可依、有法必依、执法必严、违法必究”。2013年2月，习近平总书记在中共中央政治局第四次集体学习时强调，“全面推进科学立法、严格执法、公正司法、全民守法，坚持依法治国、依法执政、依法行政共同推进，坚持法治国家、法治政府、法治社会一体化建设，不断开创依法治国新局面”。① 法学界将“科学立法、严格执法、公正司法、全民守法”称为新十六字方针，该方针把法治国家、法治政府和法治社会建设的很多内容都从另一个角度做了表述。在新的历史条件下，我们所要建设的法治国家、法治政府和法治社会的核心要求是什么，如何引导、评价和改进，“新十六字方针”是具有与时俱进的创新价值的法治建设总体思想和思路。

一、法治的缘起与发展

1. 实质法治论与形式法治论

实质法治论最早源于亚里士多德的《政治学》。他在该书中提出了一个著名的、影响深远的法治定义：“法治应包含两重意义，已成立的法律获得普遍的服从，而大家所服从的法律又应该本身是制定得良好的法律。”② 但是，对于“良法”，亚里士多德没有下一个明确的定义。按照他散见于《政治学》和其他论著中的观点，“良法”不仅应

① 载《人民日报》2013年2月25日。

② 亚里士多德：《政治学》，吴寿彭译，商务印书馆1994年版，第199页。

当具有一定的形式上的优点，而且能够妥善地照顾社会各个阶层的利益。

1959 年国际法学家会议通过了关于法治问题的《德里宣言》，集中阐述了实质法治论的观点。《宣言》把法治界定为“不仅被用来保障和促进公民个人的民事和政治权利，而且要创造社会的、经济的、教育的和文化的条件，使个人的合法愿望和尊严能够在这样的条件下实现。①《宣言》宣布了法治的如下原则：（1）立法机关的职能在于创设和维持保障个人尊严的各种条件；（2）法治原则不仅要防范行政权力的滥用，而且需要一个有效的政府来维持法律秩序；（3）法治要求正当的刑事程序；（4）司法独立和律师业自治。以上主要是实质性的原则，概括了实质法治论所主张的主要实质条件。

形式法治论则把法治基本上等同于“法律和秩序”的代名词。弗里特曼认为，从形式上讲，法治是指在特定社会中由某一权威制定和执行的有系统的规范结构；或者简单地说就是公共秩序的存在。它与任何意识形态是无关的，无论哪一种政治制度的秩序都包括在内。② 一些法学家认为，法治不应包含太多的道德内容。例如纽曼认为，法治中附加的道德内容，不仅严重曲解了法治的本义，而且致使法治就像通货膨胀中的货币一样无法承载起太多的价值。如果我们把这些附加因素清除出去，就会清楚地发现法治的本义，即“法律和秩序”。③

形式法治论也是近年来在我国逐渐流行的一种法治观念。例如，苏力将法治等同于“规则的统治”。他认为，人们关心法治，表达的是一种深刻的渴求，渴求社会生活的规则有序，当代中国对法治的呼唤，可以说是对秩序的呼唤。在这个法治定义里，没有诸如“正义”、“公平”这样一些神圣的字眼。④ 按照这个定义，中国的法治建设主要是通过法律使社会生活规则有序。有学者建议，中国应该选择形式法治观来指导法治建设。⑤

2. 新政策下的中国法治观

在新政策的引导下，我们应当厘清实质法治论与形式法治论的关系，明确中国的法治观。我们认为，法治的构成要件不仅包括一系列的形式条件，而且包括一定的实质条件。缺少一定的实质条件，法治无从实行，或者实行了也不能长久。⑥

这种观点有着强大的理论支持。例如美国法学家富勒创造性地区分了“法律的外在道德”与“内在道德”。法律的外在道德是指法律的实体目标，或者实质内容；法律的内在道德是指法律的解释和执行的方式问题。富勒认为，法律的内在道德包括以下八

---

① 1959 年新德里国际法学家大会第一委员会报告第 1 条。

② 沈宗灵：《现代西方法理学》，北京大学出版社 1992 年版，第 478 ~ 479 页。

③ Michael Neumann, *The Rule of Law*, Ashgate Publishing Company, 2002, pp. 150-153.

④ 苏力：《现代化视野中的中国法治》，载《阅读秩序》，山东教育出版社 1999 年版，第 148 ~ 149 页。

⑤ 梁治平：《法治：社会转型时期的制度建构，法治在中国：制度、话语与实践》，中国政法大学出版社 2002 年版。

⑥ 侯健：《实质法治、形式法治与中国的选择》，载《湖南社会科学》，2004 年第 2 期，第 46 页。

个方面的准则：一般性；公之于众；适用于将来而非溯及既往；明确性；避免内在矛盾；不应要求不可能实现的事情；稳定性；官方行动与法律的一致性。这八项准则，也被称为八个法治原则，实际上是法律的形式标准。富勒认为，法律的内在道德与外在道德是相互影响的，其中一方的败坏不可避免地使另一方也趋于败坏。① 例如，如果政府制定一项会招致人们普遍反对的法律，但又明知这种法律不会也不可能强制执行，那么这种法律将严重违反一个法治原则，即法律与官方行为的一致性，而且这种现象就像无法隔离的传染病一样，会从这一法律扩散到其他法律。②

此外，尽管不同的法学家在法律的实质内容上，也就是在何谓良法的问题上，存在分歧，但是他们所提出的法律形式标准高度一致，这些标准是实行法治的形式条件。作为新分析法学代表人物之一的约瑟夫拉兹从实证主义法学的角度提出的法治原则与富勒和菲尼斯等人从自然法学的角度提出的法治原则几乎是相同的。③

同时，具有实质内容和形式标准的法治，也具有重要的现实意义，它贯穿在“科学立法、严格执法、公正司法、全民守法”的全过程中。它具体阐释了“法治国家应该是人民当家做主或者主权在民的国家；法治国家是坚持宪法法律至上的国家；法治国家是尊重和保障人权的国家；法治国家要坚持依法执政的原则，要坚持民主立法、科学立法和高质量的立法，要坚持依法行政。”此外，法治国家的原则和标准还包括：审判机关、检察机关依法独立公正行使审判权、检察权和监督制约公权力。人民当家做主，意味着在法治国家里，公权力是人民赋予的，因此，公权力需要为人民服务，也要通过法律和制度的方式，接受人民的监督；全体公民和社会要遵守法律依法办事。这些正是中国法治观下具有实质法治内容与形式法治标准的生动证明。

二、现状与评析：现行法治评价体系与量化指数

1. 世界法治指数的兴起

2008 年，世界正义项目发布世界法治指数。法治指数是世界正义项目最重要，也是影响最大的活动。它是由世界正义项目设计的一套“创新型数字化评估工具”，也即建立一套复杂的指数，通过专家与世界各国民众的投票问卷调查等方式，获得一整套原始数据，提供一种具体而又综合性的图景，以此评价世界各国法治进步的程度；它提供的指数涉及法治的各个维度，议题涉及政府责任、基本权利、政务公开、司法可接近性等多项内容，通过数据分析来评价各个国家和地区的法治发展状况，比较各个国家和地区在相同情况下法治发展的强势和弱点；它还通过考察特定时间段内法治指数的变化，

---

① L. Fuller, *The Morality of Law*, Yale University Press, Chapter 2.

② 沈宗灵：《现代西方法理学》，北京大学出版社 1992 年版，第五章。

③ 参见 L. Fuller, *The Morality of Law*, Yale University Press, pp. 209-210；Joseph Raz, *The Authority of Law—Essays on Law and Moralith*, Clarendon Press, 1979, p. 218；John Finnis, *Nateral Lawand Natural Rights*, Clarendon Press, 1979, pp. 270-271.

追踪特定国家法治发展的变化情况。这套指数在世界范围内得到了广泛使用，其影响日益增加，能量不可低估。①

2. 中国地方法治指数

在香港社会服务联会的倡导及赞助下，一项旨在调查确定香港的法治指数的研究在2005年得以开展和实施。该项目以体制性的进路，以质化和量化相混合的方法来确定特定地区的法治指数。调查结果显示，在及格分为50、满分为100的情况下，香港的法治指数为75分。该分数表明，一方面，香港人的法治状况总体上较为理想；另一方面，香港法治的某些方面还不尽如人意，而且总体上较前几年有下降的趋势。②

2006年，浙江省杭州市余杭区与浙江大学光华法学院联合设计的“法治余杭”量化评估体系将法治分解为9个大项，27个子项，77个细项，评估的重点并不仅仅限于行政机关的法治化，而是试图全面评估余杭区的法治状况。随后，2008年深圳市人民政府在《深圳市法治政府建设指标体系（试行）》中将“法治政府”分解为12个大项，44个子项，225个细项，考评重点在行政机构的法治化。2010年2月初，成都市法制建设领导小组办公室首次印发出台了《成都市创建全国法治城市考核评估指标与测评体系（征求意见稿）》，将创建测评的法制宣传教育、地方立法、法治政府建设、依法治理、司法公正、经济法治秩序建设、法律服务市场秩序建设、法律监督八大方面细化为72项具体内容。2012年7月，湖北襄阳也提出建立“城市法治指数”评价体系。

3. 中国法治评价体系与量化指数现存问题

（1）区域分化。在中国众多地区性的法治评价体系和指数构建中，各地区指标设置评估方法等的多样性，一方面反映了各地法治发展水平和对法治推进关注点的差异和侧重，另一方面又限制了各地比照借鉴的可能，这种不同标准之间的考核评分由于标准不同，缺乏参照系，在很大程度上只能局限于对本地区法治水平的历时性考察，而不能展开横向比对，其效用大大受损。

（2）政府主导。就当前已发布的我国的法治指数体系而言，设计主体、评估主体基本是政府主导，大多属于一种“自我评估”。因此，我国各级政府各行其道的法治指数设计和评价将更容易导致法治评估统一化的丧失，在缺乏全国统一的法治指数体系和独立评估人员的情况下，这种地方政府主导的法治指数评估将可能沦为“自娱自乐”“王婆卖瓜”“粉饰太平”“自颂赞歌”式的功绩工程，使得“法治指数”沦为掩盖“非法治”的工具，甚至阻碍整个国家的法治进程。

三、展望与重构：建立中国特色法治指数

1. 评价主体的定位

---

① 莫于川：《法治国家、法治政府、法治社会一体化建设的标准问题研究——坚论我国法治良善化、精细化发展的时代任务》，载《法学杂志》2013年第6期，第12页。

② 戴耀廷：《香港的法治指数》，载《环球法律评论》2007年第6期。

综观中国各地的法治指数推进历程，余杭法治评估算是较为先进，其开创的三方评估模式联合专家——政府——普通民众，形成了专家主导、政府推进、民众参与的三方协同模式，在客观上建立了一种外部机制，在一定程度上发挥了对公权的限制作用，也开辟了一条新的民主管理道路，测评方法有一定的客观性和科学性。要重构中国特色的法治指数，这种三方协同机制引入了“利益相关者”进入评价模型，是发展的起步阶段，在条件允许的情况下，还应发展高校、科研院所、非政府组织等独立评价主体，逐步形成独立、客观、公正、稳定的评价主体，保证结果的科学性。

2. 评价标准的重构

由于各地评价指标不一致、各项权重值设定不统一，法治指数也是各行其道，我们认为，应当由中央牵头，由高校、科研院所形成联盟，组织制定全国统一、符合中国实际的法治指数。完善和重构中国特色的法治指数要注意以下几点：一是协调好中国与世界的差异和统一的关系，一方面，中国的法治指数不能完全抛弃与世界接轨的人权、民主、自由等普世价值观制定自己的“特色”法治指数，另一方面，也要把法治指数这一“舶来品”做好中国化，避免完全照搬照抄，在中国实际运行中“走了样”；二是处理好国内各城市、各区域的关系，例如对于东部发达地区的特殊经济法规、民族自治地方的法律法规等要做好针对性考量；三是处理好政策引领与法治建设的关系，例如对于建立法治政府（单指行政机关）而言，2004 年国务院出台的《全面推进依法行政实施纲要》和 2010 年颁布的《国务院关于加强法治政府建设的意见》中提了很多具体的要求，可以作为参考。习近平总书记在中共中央政治局第四次集体学习时提出的“全面推进科学立法、严格执法、公正司法、全民守法，坚持依法治国、依法执政、依法行政共同推进，坚持法治国家、法治政府、法治社会一体化建设，不断开创依法治国新局面”也应当作为法治指数的框架体系。

3. 评价流程的梳理

余杭在起初几年（2006—2012）中，法治指标、评估和调研方法都保持不变，但是从 2013 年开始，已经以强化民调、注重问卷的结构化设计、引入外部观察员等做法来增强评估的民主性和科学性。我们认为，在法治指数这一评价体系中，应当做到“指标确立—评估—反馈实践—指标再完善”这样一种循环，以期做到对于法治建设和评价体系的双向促进。

四、反思与再批判：法治量化评价体系的利弊之辩

1. 法治指数溯源

运用法治指数或者法治指标来描述、衡量和评估法治存在与否及其实际状况，在关于法治的理论研究中也不乏先例，塞尔兹尼克提出的自然的法治理想标准。① 富勒提出

① 张文显：《二十世纪西方法哲学思潮研究》，法律出版社 1996 年版，第 614 ~ 618 页。

的法律的内在道德即法治的八个准则,① 拉兹提出的合法性的法治模式的构成要素,② 罗尔斯的形式正义的法治模式要求,③ 1959 年世界法学家大会的《德里宣言》提出的全面正义的法治模式的原则（1961 年得到重申后被称为"拉格斯法则"），张文显教授提出的现代法治的基本要素与机制的十个方面④等，其实际上所表达的就是法治指数。将有关法治的基本内容量化成一个体系性的和详细的测量标准的做法源自于社会指标运动在国外理论与实践界的兴起，比如将经济指标研究所具有的计量性、准确性与实用性的优点纳入到社会学研究系统中，就是典型。⑤

对法律指标的研究较早见于 1968 年美国学者伊万建立的包括 70 项具体指标的法律指标体系。⑥ 2005 年世界银行发表名为《国别财富报告》的评估报告，"法治指数"的概念首次被提出用来表述和评判一国人民守法意识的意愿以及对该国法律制度的信任程度。⑦ 2006 年世界银行在衡量分析国家的资本财富时再次将"法治指数"作为财富增长的基础支撑部分。2007 年，美国律师协会联合泛美律师协会、泛太平洋律师协会等律师组织发起成立"世界正义工程"，将"法治指数"明确为判断和衡量一个国家的法治状况及其程度的量化标准和评估体系。而对于法治指数的利弊之辩也存在于其发展变化的整个过程中。

2. 法治指数之利

法治指数体系的设定和推行的目的在于促进法治建设，季卫东教授曾提出建立一套法治指数的意义在于三个方面：第一，对不同社会体制和文化进行比较分析；第二，为改造权力结构提供更清晰的蓝图；第三，使法治建设的具体举措和绩效的评价趋于统一化。⑧

中国特色社会主义法律体系的基本形成意味着我国基本摆脱无法可依的状况，法治建设的重心逐步向执法和司法转移，但是，很多"看上去很美"的法律始终难以落到实处，从而直接威胁到法治的权威，法律难以有效实施的根本原因在于缺少推行法治的动力。⑨ 因此，设立法治指数这样一种"法治 GDP"有利于法治的推进。

---

① ［美］富勒：《法律的道德性》，郑戈译，商务印书馆 2005 年版，第 55 ~ 97 页。

② ［英］约瑟夫·拉兹：《法律的权威》，朱峰译，法律出版社 2005 年版，第 186 页。

③ ［美］约翰·罗尔斯：《正义论》，何怀宏、何包钢、廖申白译，中国社会科学出版社 1988 年版，第 60 ~ 61 页。

④ 张文显：《法理学》，法律出版社 1997 年版，第 244 ~ 245 页。

⑤ 郑杭生、李强、李路路：《社会指标理论研究》，中国人民大学出版社 1989 年版，第18 页。

⑥ 戢浩飞：《法治政府指标评估体系研究》，载《行政法学研究》2012 年第 1 期，第 74 ~ 82 页。

⑦ 林君宜：《多读一年书，多挣 838 美元》，载《看世界》2006 年第 3 期，第 23 ~ 24 页。

⑧ 季卫东：《以法治指数为鉴》，载《秩序与混沌的临界》，法律出版社 2008 年版，第 55 ~ 56 页。

⑨ 马怀德：《法律实施有赖于"法治 GDP"的建立》，载《人民论坛》2010 年第 10 期，第 8 ~ 9 页。

3. 法治指数之弊

德国哲学家、数学家莱布尼茨早年受过系统的法学训练，年方21岁就获得法学博士学位，他一直希望对于形而上学“道德和法律问题”也能够像几何学和数学分析那样通过推论予以解决。随着概念法学或机械法理学在近代的破产，莱布尼茨的法律数学化理想也被冷落为一种不切实际的门外汉创意。莱布尼茨的法律数学化理想，是实现法律的科学化运作，这个创意之所以失败，是因为法律若一味模仿数学，以抽象的法律命题去剪裁层出不穷的生活事实，只能陷入形式主义的泥淖。①

将法治指数评估的动机解释成“唯GDP发展之后的新政绩工程”在一定程度上具有一定的预测力。如果将法治指数视为评估和衡量法治建设好坏的唯一标准并上升为政府绩效的考核指标，那么最终的结果可能会导致全国性的法治运动“大跃进”，那么最终留给社会的只是法治的表象，而丢失了法治的实质。

（作者单位：武汉理工大学文法学院）

① 陈林林：《法治指数中的认真与戏谑》，载《浙江社会科学》2013年第6期，第144~147页。

第六篇
地方“法治指数”的法理与实证研究

康兰平

内容提要：法治作为人类的普世的价值之一，关于地方“法治指数”的评价也应该存在着普适性和公共性的原则和内容。本文从各种不同的评价模式中归纳出普适性的结构模型和评价范式，对地方法治建设的评价体系的构建从法理和实证的角度作了初步的前瞻性的研究。

关键词：法治指数；地方“法治指数”；法理；实证研究

新中国法治建设的历程已经走过了60多年的历程。这60多年大致可以分为五个阶段：1949—1956年，是共和国法制建设的初创与奠基时期；1957—1976年，是法制建设的徘徊与破坏时期；1978—1997年，是法制恢复和重建时期；1997—2004年，是确立依法治国、建设社会主义法治国家目标的时期。从2004年起，我国法治发展进入到一个新的时期。这一时期的重要标志是：在人本法律观形成的基础上，提出法治社会建设与和谐社会建设同构、建立法治政府等理念。回顾新中国法治发展的非凡历程，我们可以将中国法治发展的路径归纳和展望为以国家推进型为主，结合自上而下和自下而上两个方向的力量，走出一条中国特色社会主义法治之路。正如徐显明先生所言，目前我国法治建设的一个显著特点，就是把法治国家建设与党的依法执政、法治政府建设、法治社会建设和和谐社会的构建完全统一起来了，把它叫做“五位一体”。①

党的十五大，确立了“依法治国”的基本方略，党的十六大，将“依法治国基本方略得到全面落实”列入全面建设小康社会的重要目标，党的十七大明确提出，加快建设社会主义法治国家。而十八大报告的提法更进一步，不仅要“全面推进依法治国”，还强调，“法治是治国理政的基本方式”。十八届三中全会审议通过的《决定》提出建设法治中国，必须坚持依法治国、依法执政、依法行政共同推进，坚持法治国家、法治政府、法治社会一体化建设。深化司法体制改革，加快建设公正高效权威的社会主义司法制度，维护人民权益，让人民群众在每一个司法案件中都能感受到公平正义。

建设社会主义法治国家，这是前无古人的事业。社会主义法治国家的建设必须要在全国各个层次和各个领域都进行依法的治理，将法律作为社会生活和国家政治生活的基本准则和尺度。地方法治建设不但是法治中国的题中应有之义，也是国家法治建设的一

① 徐显明：《法治建设的非凡历程》，载《光明日报》2009年9月3日。

个十分重要的环节。地方法治建设是一个内容广泛、形式多样的命题，一般认为，地方法治建设是在中央所确定的依法治国、建设社会主义法治国家的宏观框架内，在保证国家法制统一和法律法规在地方贯彻实施的前提下，从各个地方的实际出发，充分发挥地方的法律创造精神，对于全国性的法律制度进行具体化，进一步补充和发展上位法律制度体系，从而形成既与全国性法律、法规相一致，又具有地方特色的地方性的法规规章体系，进而将社会主体的行为纳入到社会主义的法制的轨道中来，为地方社会主义市场经济、民主政治和精神文明建设等各项的事业的健康有序发展奠定坚实的法制基础，提供良好的法制环境的社会系统的工程。

如果进一步从地方法治建设的实质或者是目标的模式来看，笔者认为，地方法治建设具有四个最为重要的功能与目标：一是规约公权，用制度来规范、约束公共权力的取得和行使，防止公权力的不当扩张和滥用；二是保障私权，用制度来规范和保障公民权利和义务的履行，防止私权利的不当的履行和遭受侵损；三是定纷止争，用制度来化解社会矛盾和调整利益的冲突，适用放任性、导向性和奖励性的制度来调整合法的利益冲突；四是培养意识，在制度规范的激励和约束中，逐步地养成公民的四种的意识，即社会公德意识、行为规则意识、民主开放意识和环境和谐意识。

从地方法治建设的范围来看，地方法治建设既可以是一个城市的法治、一个省份的法治，甚至也可以是一个地区或者是区域的法治。当下，我们往往会对一个城市或者是一个省份的法治建设给予比较多的关注，无论是中央和各级地方党委、政府的大力推进，还是学术界或者实务界的前沿性或者是实证性的研究，有很多的政策性文件和研究成果。但是恰恰却是忽略了作为区域的法治建设这样一个十分重要的命题，区域法治的建设，或者是区域法律制度的建设也仍然是一个亟待研究的课题，可以说，区域法治或者是法制建设应该是我国的法治建设的题中应有之义。

尽管区域法治是地方法治建设中不可或缺的重要的组成部分，但是，区域法治构建和地方法治建设毕竟有着不同的治理背景和经济社会的发展的条件，两者是统一在地方法治建设框架下的两个不同的研究视角，特别是区域法制构建的理论和实证研究对于地方的法治建设应该是一个理论和实践的补充，同时也为地方法治建设的深入研究提供了一个区域法治的视角和分析的框架。

目前，我国的许多的城市和地方在推进法治建设的过程中，出台了法治建设绩效的测评体系，或者说是“法治的指数”，目的是检验地方法治建设的绩效，由此形成了以余杭和成都为代表的大陆城市法治建设绩效评估模式，以及以香港和台湾为代表的港台地区法治指数评估模式，虽然结构模式在形式上大体相同，但是法治绩效评估的理念却是大相径庭。法治建设的绩效是可以进行评估的，这一点大体上是已经形成了共识，但是最为根本的有两点：一是如何进行评估或者是测评，也就是说评估或者是测评设计如何更加科学合理和民主开放；二是谁更有权力对于法治建设的成效进行评估或者是评价。这些会直接关系到地方法治建设的价值和效果。香港和台湾的法治测评体系设计的理念和运作的开放性、民主性给我们更多的是启示和借鉴。法律规范和公共道德规范是否健全和有效，公共权力是否会依法而为，公共信息是否会依法公开，公民是否会在最大的限度范围内依法参与，公民权利是否依法得到保障等，应该会成为衡量一个城市的或者是地区的法治建设的成效的核心价值观念。

我国《宪法》第2条的第1款明确规定："中华人民共和国的一切的权力属于人民。"人民的至上性和主体性跃然纸上，相映成趣的是，毛泽东同志也曾经有过一句的经典的语录："人民，只有人民，才是创造世界历史的动力！"① 地方法治建设的主体无疑是一个城市或者是一个地区的人民，这个人民的概念，不仅是地方法治建设的规划者、设计者、操作者和组织者，还包括是一个地区或者是城市广大的民众的参与者，他们是地方法治建设的推动力量，是地方法治建设的建设者和评判者。

将区域法律政策制度纳入地方法治建设的视野，这本身就意味着要进行一番理论的探索或者是实证的研究，更何况区域法制和政策制度的构建在学界和实务界都是一个有待进一步深入研究的课题，由于区域合作的发展的利益的驱动，合作在全方位展开，但是调整区域性的法律法规和政策制度又多有缺失，这种缺失也导致了作为区域发展合作主体之间的利益最大化的而产生的矛盾和冲突。由此，理论和实践都在呼唤区域发展法律和政策制度的系统性的构建，并提出了区域性法治实践的迫切需求。这种诉求将突破传统的地方法治建设既有的规范模式和运作路径，同时也为地方法治建设的发展提供新的生长的空间。但是，地方的法治视野中的区域法治仍然是"路漫漫其修远兮"，区域法治的重中之重却是区域法制的系统性的构建，对于这一命题的研究也是刚刚开始，从"应然"到"实然"将面临着必须跨越的重重的障碍，无论是区域法制和政策制度的实体性的构建，还是程序性的构建都有很多亟待研究的领域和内容。本文所能呈现的也只是一个引导式的或者说是抛砖引玉式的研究。

一、地方法治建设的研究现状

明确将"依法治国、建设社会主义法治国家"确定为我国政治体制改革的基本目标，社会主义民主建设的重要的内容和治国的基本方略，是在中共十五大报告中提出的。正如徐显明先生所说的，目前我国的法治建设的一个显著的特点，就是把法治国家建设与党的依法执政、法治政府建设、法治社会建设和和谐社会的构建完全统一起来的，把它叫做"五位一体"。社会主义法治国家建设必然要求在全国各个层次和领域都进行依法的治理，将法律作为社会生活和国家政治生活的基本准则和尺度。因此，从地方上来说，地方法治建设就要从本地区的实际出发，做好地方法治的规划、推进和建设的工作，为实现党和国家提出的依法治国战略的目标作出基础性的贡献。地方法治建设不但是我国的依法治国理论中的应有之义，也是国家法治建设的一个十分重要的环节。

对于地方法治建设的研究，法学界和实务界给予了很多的关注，但是研究的成果的数量和质量并不理想，还有许多的理论和实践的问题亟待深入探讨。当下，国内地方法治建设的研究成果主要是在两个层面展开：一是地方法治建设的理论层面研究，二是地

① 《毛泽东选集》第三卷，人民出版社1991年版，第1031页。

方法治建设的实践层面研究。

（一）地方法治建设的概念辨析

在依法治国建设社会主义法治国家的进程中，江苏、浙江、广东等省份落实依法治国方略，加快推进依法治省的进程。提出了建设法治江苏、法治浙江、法治广东的目标，着力推进地方法治建设的实践。这一系列的实践使得地方法治成为中国法治建设中无法回避的问题。对于能否使用“地方法治”这一概念，理论界存在着争议。持肯定说的认为，法治的渐进性决定了地方法治的必要性；法治的具体性决定了地方法治的必然性；地方的能动性决定了地方法治的现实性。① 而否定说则认为，“法治××”的提法应当慎用，做法也应该“三思而后行”。各种法治举措的出台和实施，仅仅是从地方实际出发，有可能破坏法治的系统结构，可能出现“碎片化”的现象。② 再如，倡导地方法治会破坏法治的统一性、消除法治的宪法基础甚至导致法治割据。很显然，简单地否定地方法治，无疑脱离了当代中国法治建设的现实，也不能充分地发挥各地方在国家法治化建设进程中的作用，而抽象地肯定地方法治，则确实会在实践中产生诸如误造法治的单元体、割裂法律体系的完整性和统一性、导致法治理念的肢解、走向法治的地方割据等弊端和危险。现实迫切需要我们对当代中国是否可以倡导地方法治问题作出理性思考。

笔者认为，目前在法治的推进中，各领域、各部门和各地方为了加强法治建设和促成法治的实现，从各自的角度出发提出了“法治政府”、“法治地方”也是情理使然的。“每一有机体之自为自律，均有赖于其整体与部分之间的均衡之维持，有赖于每一部分之各有其分，各尽其责。”③

地方法治是指地方法治是指在依法治国建设社会主义法治国家的总体框架下，各地（省、自治区、直辖市）落实依法治国方略执行国家法律并在宪法、法律规定的权限内创制和实施地方性法规和规章的法治建设活动和达到的法治状态。地方法治主要包含两层意思：时间维度上，在落实依法治国方略、执行国家法律方面走在前列；空间维度上，在地方立法权限内（法治统一原则是其前提）创制和实施解决地方特殊事项的规则。④

我国法治建设的主流观念是重视设计国家的法律制度，而忽视总结地方的具体法治实践。近年来，我国的各项法治建设工作正在逐步展开和积极推进，无论是“法治中国”还是建设“法治浙江”、“法治江苏”都要立足于系统论，从整体上进行把握，防止法治建设中的“碎片化”的现象。

---

① 陈柳裕、王坤、汪江连：《论地方法治的可能性——以法治浙江战略为例》，载《浙江社会科学》2006 年第 2 期。

② 杨解君：《走向法治的缺失言说（二）——法理、宪法与行政法的诊察》，北京大学出版社 2005 年版，第 1 页。

③ ［德］弗里德里希·卡尔·冯·萨维尼：《论立法与法学的当代使命》，徐章润译，中国法制出版社 2001 年版，第 32 页。

④ 李燕霞：《地方法治概念辨析》，载《社会科学战线》2006 年第 6 期。

“地方法治”的概念可以从以下的两个方面来进行把握：时间维度上，在落实依法治国方略、执行国家法律方面走在前列；空间维度上，在地方的立法权限内（法治统一原则是其前提）创制和实施解决地方特殊事项的规则。① 这是从法律法规创制和实施视角所作出的具体的规定。也有学者认为，所谓地方法治，是指在整个国家实现法治的前提下，各个地方以良法来治理地方和管理社会，各种权力得到限制和制约，各种权利得到确认和保护的一种和谐、理想的状态。②

站在运行的角度上，法治具有渐进性。地方法治具有动态和静态两种含义。动态意义上的地方法治是法治渐进性的一种体现，客观上起到了建设法治国家的领头羊作用：没有地方法治化也就没有整个国家的法治化，国家法治化程度取决于地方法治化的程度。静态意义上的地方法治是指在保证整个国家法治统一性的前提下，由于各个地区在经济、政治、文化以及社会管理模式等方面具有的特殊性，而在法治建设方面呈现出的某种独特的状态。静态意义上的地方法治的产生根源于各地区的特殊性，它实际上是法治具体性的一种体现。

简单地否定地方法治，无疑脱离了当代中国法治建设的现实，也不能充分地发挥各地方在国家法治化建设进程中的作用，而抽象地肯定地方法治，则确实会在实践中产生诸如误造法治的单元体、割裂法律体系的完整性和统一性、导致法治理念的肢解、走向法治的“地方割据”等弊端和危险。现实迫切需要我们对当代中国是否可以倡导地方法治问题作出理性思考。

（二）“地方法治建设”的特征

地方法治建设具有不同于国家法治建设的特点和内涵，这些个特点和内涵既具有形式层面的合理性，又具有实体层面的规律性。由此，学界对于这一问题展开了不同观点的聚焦。有些学者认为地方法治建设的特征主要表现在：一是由地方党委发动，并把地方的法治建设作为地方发展环境建设和地方政治文明建设的重要内容；二是把依法行政和司法公正作为地方法治建设的主要的着力点；三是以广泛深入的普法宣传教育作为地方法治建设的基础性的工程；四是把地方的法治建设与地方的行政体制改革、维护社会的稳定与和谐、规范市场运行等工作结合并进；五是通过客观中立的法治指数评估来促进法治的建设。③

也有学者认为“地方法治”是在服从国家法治统一的基础上进行的，是社会主义法治国家建设在地方的具体实践。地方法治的特点主要体现在以下的七个方面：一是它的整体性；法治建设是一项系统的工程。包括若干子系统，各子系统相互之间存在着有机的联系，相互作用、相互依赖而不可分割。地方法治建设是建设社会主义法治的有机

---

① 李燕霞：《地方法治概念辨析》，载《社会科学战线》2006 年第 6 期。

② 陈柳裕、王坤、汪江连：《论地方法治的可能性》，载《浙江社会科学》2006 年第 2 期。

③ 徐邦友：《地方法治建设是国家法治化的有效路径》，载《中国党政干部论坛》2009 年第 8 期。

组成部分，要在国家统一的法治框架下逐步推进。地方法治必须首先遵守宪法和国家法律，保证国家法律在地方的一致贯彻，消除“法治的行政区划化”等法治“地方割据”现象。二是它的地方性；在坚持整体性的原则的基础上充分地发挥地方的优势，体现地方的特点和特色。三是它的民主性；通过地方民主的完善，逐步推动全国民主发展的历程。四是它的目标性；法治建设不可能会一步到位，必须逐步有目标的进行。五是它的关联性；必须处理好国家和地方经济、政治、文化、司法、公民的关系。六是它的理念性；法治的运行动力从根本上来说，来自于法治的观念或者是意识的培养和形成。七是它的实践性；法治理念只有通过实践才能够体现出应有的价值。① 还有的学者从建设法治城市的角度探讨地方法治的基本的特征：一是有序化；法律意味着规则和标准。一个城市如果法治水平低下，必然出现生活无序、市场混乱、社会动乱的局面。由此可见，有序指的是全部城市生活的有序，是提高城市综合竞争力的前提条件。二是公信度；通过法治的公信度提高城市的公信度，不仅是法治化的一般性条件，而且是实质性条件。只有实现城市的法治化，才能提高城市的公信度，从而维护城市的法治环境。三是高效率；在经济一体化的大潮中，如果其他社会资源配置大致相仿，效率的高低将成为人们评估判断城市法治化的首选目标。在法治化城市中，法治精神与法治原则几乎渗透一切领域，提高了法治效率，从而全面提高城市生活的效率。四是民主性与自由度。法治必须确保城市的民主性和自由度，民主性越强，自由度越大，意味着法治化水平越高。民主性和自由度是提高城市法治化的保障性条件。②

（三）当前地方法治建设存在的问题

地方法治建设在我国的各地方行政区域内正如火如荼地进行着，但是这一实践的过程也面临着这样和那样的问题，对于这些问题的检视，有助于进一步厘清法治建设的目的、价值和功能，以更加理性的态度科学规划和实施。

首先，城乡法治建设的结构性的失衡。从我国的地方法治建设的现状来看，城乡法治建设存在着很大的差距。一方面，当下中国的城市的法治建设呈现出城市生活的各个领域的法治化，是指法律在城市生活、管理、运行过程中处于最高地位并实现对城市生活方方面面的综合性控制和管理，从而形成良好、稳定的法律秩序的城市。另一方面农村的法治建设却严重落后于城市，对和谐社会的构建产生了巨大的不利的影响。城市和农村的社区法治建设的差距还很大，农村基层民主的法治建设的基础仍然是比较薄弱，有关农村、农民和农业的立法和制度的建设还很滞后，不能适应新农村的建设的需要，农村法律服务体系还不够健全，有些地方农村的基本的权利还没有得到切实的保障，村民自治、村务公开、贫困救助、公共产品供给、社会保障等都还有待于进一步制度性的构建和真正有效地得到落实。

其次，区域性法治建设的结构性的失衡。我国因为经济发展的条件和资源的配置的

① 丁寰翔、陈潇：《论“地方法治”的概念及其特点》，载《福建论坛》2009 年第 6 期。

② 王克群：《法治城市的特征意义与建设对策》，载《中国司法》2010 年第 2 期。

不同，各个地方的经济、政治、社会和文化发展的差异较大，由此产生了地方法治建设的差别，经济发达区域与不发达区域在地方法治建设上的投入都存在和结构上的不统一之处，经济对法治建设的投入，人才对法治建设的投入，科技对法治建设的投入，文化对法治建设的投入等都存在着质的差别和结构上的不平衡。比如东部区域与西部区域在地方法治建设上的结构性的失衡，经济发达区域与不发达区域在地方法治建设上的结构性的失衡，同一个区域内的地方法治建设上的结构性的失衡等。

最后，实体性制度设计与程序性制度安排的结构性的失衡。我国是一个具有重实体轻视程序传统的大陆法系的国家，在一切的制度设计和实施的过程中比较顽固地体现出这一历史的弊端。无论是国家的法治还是地方的法治，法治的外化所表现出来的形式正义既要有实体性的制度性的设计，也必须具有程序性的制度的安排，否则这个所谓的法治就是徒有虚名。

二、地方法治建设中的法治的法理的逻辑

古今中外的思想家、政治家和法学家对于法治的探究和论述可以说是浩如烟海，但是对于地方法治建设中法治的理念内涵和实践的指向的研究并不多见，特别是以法治的基本理念为价值导引和理论支持来进行地方法治的系统性的构建方面，其理论与实践的准备仍然是显得仓促和不足，并且处于不断地探索和试验过程之中，其问题的焦点主要是出现在以下的两个方面：一是对于地方法治中法治的理论研究不足和滞后；二是对于法治的理念如何嵌入到地方法治建设中去并进行有机结合仍然存在着差距。

对于地方法治建设中的法治应该如何进行法理上批判和价值的考量，确实是一个至关重要的课题，它直接关系到地方法治建设的理念构建和实践的操作。但是法治本身就是一个没有共识的概念，并且会随着社会的发展和时代的变迁而呈现出动态的规定性，因此对于法治的概念的判准也应该是有一个讨论的基点，笔者将以中观的法治概念作为分析的视角，并引入几个与地方法治相关的法治的概念以及基本的观点来作为研究和讨论的出发点，由此展开对地方法治建设的研究以及考量。

亚里士多德说过，“法治应该包含着两重的意义：已经成立的法律获得了普遍的服从，而大家所服从的法律又应该是本身制定得良好的法律”。换句话说，一是法治之法具有普遍的权威性和可服从性，法治乃守法的统治；二是法治之治是良法之治，而非恶法之治。

法治是一个具有可操作性、价值性的概念。它既是一种理想的目标，也是一种现实化的客观运动。法治的主旨在于依据一定的价值观来构建社会的基本的结构和行为方式，形成了以法律制度为主导的有序化的模式。因而，从形式的意义上来说，法治就是人们对于社会的一种制度设计和安排，即对权利、自由、义务、权力、责任等进行的合理的分配。①

① 王人博、程燎原：《法治论》，山东人民出版社1989年版，第103、249页。

（一）法治的历史渊源

什么是法治？这是个长久以来争论不休的话题。在法治学说这块已经被开垦耕耘的田地里，法治学说中的那些精辟与深湛的远见卓识将使得我们受益匪浅。

一般而言，对法治的论述大体上可分为三类：“形式论述声称，法律的来源、制定与适用，必须具备一定的形式要件；实质论述主张，法律的内容，必须受某些实质要件的限制；综合论述则强调，法律的形式与实质要件不可偏废。主张法治应以形式要件为重的论点，可统称为形式法治理论，而主张以实质要件为重的论点，则称为实质法治理论。在当代西方的法政论述中，不乏对这两种理论做深入学理探讨的研究，其中尤以美国法学者塔玛纳哈所做的比较分析，最为完备周延。”①

我们之所以如此“挂一漏万”的“数落”那些对法治的不同观点和看法，只是要说明一个简单的道理：法治作为一种理想，对之很难形成一个统一的意见。这种差异一方面来自各个阶级、各个阶层的不同价值观；另一方面它也来自不同的法律—社会的实践过程。也许正是基于此，法治的理想才推动着人类的智慧在法律—社会的领域得到广泛的应用，使法治在不断丰富自身的同时，也不断地改变着人类社会本身。然而，关于法治的理论不管有多少种看法，这些看法之间存在多大的差异，法治作为一种现实化的客观运动，从古至今其内涵已日趋丰富，人们对其所抱的见解在一些基本点上日趋一致。这说明，法治是可以解释，可以操作的。

本文选取塔玛纳哈在《论法治：历史、政治和理论》一书中对于法治理论构想的分析为基本切入视角，结合塔玛纳哈在此基础上所总结的法治的三个共通主题，展现塔玛纳哈理论中对一般法理学与社会—法实证主义的运用。所希望着重展现的正是这样一种经由塔玛纳哈的社会法实证分析，将法治置于历史、社会与政治语境下的理解。

	备选的法治构想		
	比较薄弱　——→	到	——→　比较浓厚
形式版本	1. 以法而治——法律是政府的工具	2. 形式合法性——普遍，面向未来，明晰，确定	3. 民主+合法性——合意决定法律的内容
实质版本	4. 个人权利——财产，隐私，自治	5. 尊严权和/或正义	6. 社会福利——实质平等，福利，共同体的存续

这些备选的理论构想将按照从薄弱到浓厚的顺序阐述。一般来讲，每一种后续的构

① 兰照：《语境下的法治》，载《理论月刊》2013年第1期。

想都吸收了前面构想的主要的方面，使得它们呈现出渐进发展的样式。①

在塔玛纳哈从理论的角度将法治的理论归纳为两种基本类型，即形式的和实质的两种类型，每一种都展现出从薄弱到浓厚的三种形式。把握塔玛纳哈将合理的法治观念经由历史与政治的分析而罗列出的理论清单是进入塔玛纳哈法治理论的合适切入点。②

依照塔玛纳哈的分析，首先是比较薄弱的形式法治理论即依法而治的法治观，其把法律当做是政府的工具，而非约束政府作为的法律限制，这种意义上的法治观与西方普遍认同的法治观点是背道而驰的。其次，主张形式合法性的法治观认为法律要具备普遍、面向未来、明晰、确定等形式要件，这种法治观与残酷无情的威权政体也是可能相容的，造成这种法治理论的困境原因在于形式合法性在一方面允许公民进行预测与规划增进公民尊严的同时，在对法律的道德评价以及它在公民这一方是否产生服从的道德义务的决定，忽视了考虑规则内容及其效果的道德意蕴。再次，是作为最为浓厚的形式法治理论除了认可形式合法性的要件之外，还主张需要加上民主程序的一些要件，才算是符合法治的要求，即唯有经由完善程序所制定的法律，才是好的法律。这不是指法律的内容符合某种道德或正义标准之意，而是指程序上的完善性，或者如哈贝马斯所说的足以作为实定法之正当性基础的程序理性。

关于实质法治理论而言，也存在三种由薄弱到浓厚的类型。首先，最普遍的实质版本是在法治中纳入了个人权利，德沃金的权利法治观指出，法律作为限制或允许国家强制力之行使的正当性手段，其目的在于保障个人实质道德权利与政治权利。其次，较为浓厚的版本是德国的法治国理念，其深受康德权利哲学、纳粹历史经验以及德国基本法第一条规定所影响，特别强调维护人性尊严乃国家一切行动的最高指导原则，将个人权利的维护坚实地置于法治观念之内，超出立法机关伸手可及的范围，而且，甚至就尊严权而言，还超出宪法修改可及的范围。再次，最浓厚的实质法治理念认为，国家负有使人民过更好生活的积极义务，主张对社会福利权的承认与立法，是法治所应追求的实质理想。③

塔玛纳哈对形式法治理论和实质法治理论的详尽分析，对我们深入思考“法治应该具备哪些要件”这个问题有很大的帮助。如果主张法治仅需满足特定形式要件，那么就必须对形式理论可能面临的种种困境提出有说服力的响应，否则将难以证成其形式法治的论述。同样，捍卫实质法治理想的主张也需要厘清某些疑虑或反驳某些批评，如此才能使其理论更加完善。④

塔玛纳哈对形式与实质法治理论的周延分析，的确有助于我们深入思考法治应该具

① 塔玛纳哈：《论法治：历史、政治和理论》，李桂林译，武汉大学出版社 2010 年版。

② Brian Z. Tamanaha. On the Rule of Law：History，Plitics，Theory ［M］. Cambridge：Cambridge University Press，2004.

③ 庄世同：《法治与人性尊严——从实践到理论的反思》，载《法制与社会发展》2009 年第 1 期。

④ 塔玛纳哈：《论法治：历史、政治和理论》，李桂林译，武汉大学出版社 2010 年版。

备哪些要件这个问题。简单来说，倘若主张法治仅需满足特定形式要件（形式合法性，或者形式合法性+ 民主程序），那么论者必须对形式理论可能面临的困境提出有力响应，否则将难以证立其形式法治论述。同样的，捍卫实质法治理想的主张也需要厘清某些疑虑或反驳某些批评，如此才能使其理论更加融贯周延。

（二）形式法治理论的困境

形式法治观之所以可能导致上述的实践困境，究其原因，不外乎以下两点。第一，形式合法性的空洞性（emptiness）：由于形式合法性仅着重法律的外部形式特征，并不主张法律内容需实质上符合特定要求或受一定限制，所以很可能成为少数有权力野心的立法者为满足私欲而加以运用的统治工具，以致最终造成恶法横行（effectuate evil law）的结果。第二，民主程序的不可预测性（unpredict ability）：尽管主张民主程序为法治必要条件的形式法治理论强调，具备形式合法性要件的法律规则，仍需以民意为基础，始有其正当性。然而，以多数决原则作为主要运作模式的民主程序，同样难以防范立法者可能利用多数优势遂行其个人私欲，进而制定出令人难以忍受的恶法。1939 年纳粹德国立法通过的纽伦堡法案（Nuremberg Act），便是在形式合法性与民主程序这两项形式法治要件的双重加持下，所制定出来的恶名昭彰的法律。

由此可见，无论是形式合法性或民主程序的法治要件，均无法在法治的具体实践上，保证执政者首先面临的重大质疑是，基于多元价值（plural values）与道德争议（moral disagreement）使执政者或立法者不会借助法治的形式要件，来追求满足其政治野心或个人私欲的不正当目的。因此，在法治实践的层面上，形式法治理论往往有可能产生少数专断或多数暴力的人治结果，而与它追求法律至上与道德中立的初衷，完全背道而驰。

（三）对实质法治理论的质疑

既然形式法治理论有难以克服的实践困境，这是否意味着，实质法治理论才是妥善的法治论述？本文拟先审视对于实质法治理论的两项质疑，亦即不存在正确的实质法治观点以及实质法治观是反民主的。实质法治理论主张，除了形式要件以外，法治还有其实质要件，也就是说，法律必须具有某种实质内容，例如保障个人权利、人性尊严或社会福祉，如此才能真正落实法治的理想。

所以，仍然必须针对价值相对主义与形式法治观所面临的实践困境，提出强而有力的论据来回答，为何经由多数决民主程序所制定和执行的种族歧视或种族屠杀的法令政策，乃是无关道德对错、而且还是合于民主法治要求的作为。同样的，从制度层面的质疑来看，倘若司法违宪审查制度确实因其反民主性格而有害法治，如此是否表示，依赖有民意基础的国会与多数决民主机制所制定通过的法律，就不会产生违背法治要求的结果？这同样是令人怀疑的，因为多数人的立法，并不保证可以摆脱摒除私欲的人治色彩；更何况，现今的民主制度为代议民主制，法律系由人民选出的代议士所制定，并非由人民自己创设，如此反倒更有利于立法者以法律作为满足个人野心或欲望的手段，致使法律沦为遂行人治的最有效工具。因此，追求法律至上、摒除人治的法治理想，其关键不在于法律需要具备多少形式特征，或是制定、解释及修改法律的权限应当掌握在多少人手里。真正的关键毋宁在于，法律如何能让我们免于私人野心与欲望的宰制，进而建立真正的理性之治（the rule of reason）。在这个意义下，法治的要素，不是取决于法律形式外观的量化要求，而是取决于法律实质内容的质化强度。①

总结以上所述，本文认为，追求法律至上与摒除人治的法治理想，不应是追求建立一个形式合法与道德中立的法律国度，盖这种形式观点完全忽视法律内容的“道德论证质量”（the quality of moral argumentation），反而容易沦为政治野心家谋取个人私利的最佳论述工具，最终演变为“打着法治反法治”的人治之治。是以，法治理想的追求，应当着重法律实质内容的道德论证质量；易言之，防止暴政、避免人治的最佳法治论述，不是去规避世间是否存在客观正确之政治道德价值的问题，而是勇于提出一套融贯的政治道德论述，证立它是法律制度之所以有其存在意义的核心价值，如此才更能有效防堵个人私欲对于法治的渗透与染指。

1959年的《德里宣言》和1961年的《拉各斯法则》将法治理念归纳为四点：一是立法机关的职能在于创设和维护以使每个人保持人格尊严的种种条件；二是不仅要对制止行政权力的滥用提供法律上的保障，而且使得政府有效地维护法律秩序，借以保证人们具有充分的社会和经济的生活条件；三是司法独立和律师职业自由；四是程序公正，强调良好的法律表达形式。②“法治的根本问题是对于公共（政治）权力的限制或者说是控制。”③ 以上对于法治概念的解读突出了法治的两大要义：一是对于公共权力的滥用或者是不当扩张而进行的法律的规制或者是约束；二是以法律来保障人的权利和自由的充分地实现。

世界正义工程（WJP）规范了“法治”的四个基本的原则：一是法治是一个所有人，包括政府都是都受之约束的体系；二是法治是以公正制定并公开，广泛被理解和稳定的法律为基础的体系；三是法治具有强有力的、所有人都可以获取的执法渠道，能够公正地被执行；四是法治体系拥有具备各个方面知识的、胜任的、独立的、道德操行良好的律师和法官。

以上这些对于法治的价值理念的表述，既有对其形式价值层面的分析，也有对于其实体价值层面的论证。地方法治是国家法治的基础和延伸，因此，无论是地方法治还是国家法治，法治的实质要义和价值理念都是一脉相承的。地方法治建设是国家的法治原则和基本制度在不同的地方的具体实践和展开，地方同时也是法治探索的最为前沿的创新和实践的基地，可以说地方的法治建设是国家法治化的实现基础和实践的载体，地方的法治实践和探索可以为我国的法治提供丰富的样板和模式。

---

① 庄世同：《法治与人性尊严———从实践到理论的反思》，载《法制与社会发展》2009年第1期。

② 周永坤：《法治是社会主义的底线》，载《法治论丛》2006年第5期，第1页。

③ 吴玉章：《法治的层次》，清华大学出版社2002年版，第4页。

三、“法治指数”的实践性探索及其经验借鉴

近年来我国的地方法治的理念已经是深入人心，基本形成了共识。但是，如何在总体上确定一种科学的具有普适性的可以量化的方法来判断一个地区或者是城市的法治建设程度和法治的现实的状况，无论是理论界还是实务界，可以说都是处于不断地探索和试验阶段。有些地方或者是城市正在尝试制定法治的标准和尺度，或者称之为“法治的指数”，以此来考量一个地区或者是城市的法治的状态或者是水平，这也是当前我国的一些地方或者说是城市提升法治的工作，进行法治建设探索的尝试。

(一)“量化法治”绕不过“定义法治”

与法治的实践需求相呼应，人们对法治的认识历程，可以概括为正名法治、定义法治和量化法治三个主题环节，它们既共时共存，又陈陈相因。其中，正名法治试图解决“当代中国为什么要选择和实行法治”问题，它围绕着法律、法制和法治三个概念构成的思维链条展开，即为法律正名、为法制正名、为法治正名。定义法治作为认识法治的一个内在有机环节，试图解决“什么是法治”这个问题，它基于普世主义和国情主义两种对应的立场和思路进行。量化法治则是当下法治实践中另辟蹊径的努力。从结果看，当前已完成了对法治的正当性正名，凸显了法治定义上的立场和观点分歧，开始了对法治实践的量化探索。

在“量化法治”的理论研究方面，国内较早的尝试始于2002年前后上海等城市从法治指标角度所进行的“世界城市的法治指标”项目，其后受到广泛关注的则有浙江余杭的“法治指数”项目，浙江人民法院的“司法透明度”项目，中国人民大学法学院、中国社会科学院法学研究所等机构实施的法律或法治发展报告项目，以及中国法学会正在实施的“法治指数”项目等。如今，除上海、浙江外，广东、江苏、北京、湖南等省市也陆续在近年开展了关于地方法治化治理的指标指数的项目研究和实践。

与国内“量化法治”的努力相呼应，在域外也能看到相似的关于法治指标指数的研究和实践，如2008年前后由美国律师协会联合国际律师协会、泛美律师协会、泛太平洋律师协会等律师组织发起的“世界正义工程”(the World Justice Project)计划，提出了用以考量一国法治状况的“法治指数”目录。域外法治研究的这一动向，显然对国内的“量化法治”研究构成了必要性和可行性上的重要支撑，影响巨大。

“量化法治”研究的一个重要特点，是明确的实践指向，而且许多项目的开展本身都是由政府委托学者和实务工作者协同进行。眼下诸如法治发展报告、法治指数一类的“量化法治”研究已经取得一些成果，但总体上说，还正处于探索之中，其中的问题还是不少，比如，如何克服数据收集的困难，如何保证数据的确凿性，如何在与政府合作中贯彻第三方评价的中立性，如何分解和设立评价法治状况的指标，如何在指数计算中确立各项指标权重，如何处理客观指标与主观指标的关系，如何区分对政府部门的工作考核与对一个地区法治状况的评价等，不一而足。但是，最令人感觉吊诡的又一现象

是，我们因无法或不愿真正从定性分析角度寻求对“什么是法治”问题的回答而另辟蹊径，开始了立足定量分析的“量化法治”的突围，而在法治指标设计和法治指数计算中，还是绕不过对法治在内容和形式上的原则界定。

国内对“法治”在操作上的原则要求的表述，则有很大不同。比如，余杭法治指数项目分解为九项：（1）推进民主政治建设，提高党的执政能力；（2）全面推进依法行政，努力建设法治政府；（3）促进司法公正，维护司法权威；（4）拓展法律服务，维护社会公平；（5）深化全民法制教育，增强法治意识、提升法律素养；（6）依法规范市场秩序，促进经济稳定良性发展；（7）依法加强社会建设，推进全面协调发展；（8）深化“平安余杭”创建，维护社会和谐稳定；（9）健全监督体制，提高监督效能。应当说，基于这九项内容我们还不能获取一个清晰的“量化法治”定义。这样在理论研究上避难就易，简洁倒是简洁，却不明了，基本含义不易把握。

为避免“定义法治”的困境，我们选择了“量化法治”的进路，而当真正做起来，我们又发现还是绕不过定义法治的樊篱。因此，以实践法治为直接指向的“量化法治”研究，其推行还是有赖于在“什么是法治”的问题上取得基本共识。

从目前的情况来看，国内较早的尝试始于2002年前后上海等城市从法治指标角度所进行的“世界城市的法治指标”项目，其后受到广泛关注的则有浙江余杭的“法治指数”项目，浙江法院的“司法透明度”项目，中国人民大学法学院、中国社会科学院法学研究所等机构实施的法律或法治发展报告项目，以及中国法学会正在实施的“法治指数”项目等。如今，除上海、浙江外，广东、江苏、北京、湖南等省市也陆续在近年开展了关于地方法治化治理的指标指数的项目研究和实践。在最近几年公布的国家和有关部委的人文社科规划项目指南中，也可以看到关于法治指数研究的课题立项。

在此，笔者拟以世界正义工程（WJP）法治指数及其结构模型、“法治余杭”量化评估体系及其结构模型、“香港法治指数”及其结构模型作为蓝本，探讨地方法治指数的“顶层设计”的一些一般性的构建的模型。

（二）地方法治指数测评体系的比较分析

“世界正义工程”经过与一百多个国家的17个专业领域的领导人、专家学者、普通人员的沟通研讨，提出的“法治”操作定义包括四项基本原则：（1）政府及其官员均受法律约束；（2）法律应当明确、公开、稳定、公正，并保护包括人身和财产安全在内的各项基本权利；（3）法律的颁布、实施和执行程序应当开放、公平、高效；（4）法官、律师和司法工作者应当称职、独立，具备职业道德，而且数量充足、装备精良并具有一定社会代表。其法治指数所涉指标的分解和设计，正是以此操作定义为基础。

“香港法治指数”是由香港社会服务联会（简称为“社联”）倡导和赞助进行的。在香港社会服务联会的倡导和赞助之下，一项旨在调查确定香港的法治指数的研究在2005年就开始研究和实施。该项目以体制性的进路，以质化和量化相混合的方法来确定香港的法治指数，并以此来对香港的法治状况进行评估。从香港“法治指数”的设计来看，它的制定具有明显的法理价值取向：一是从城市治理权力架构的进路来出发，对于政府行使权力的空间和范围进行着规制和约束；二是从城市治理人权保障的进路出发，对于公民的基本的权利和自由进行着保障。因此，“香港的法治指数”主要是从四个方面进行的制度性的考量：一是权力制约。在何种程度上防止和限制公权力的不当扩张和滥用。二是人权保障，在何种程度上保障和尊重人的基本权利和利益需要。三是司法的公正，在何种的程度上保障公民平等的诉权和诉讼的效率。四是程序正义，在何种程度上保障当事人的权利和义务得以公平的对待和有效地履行。①

2005 年 11 月，余杭区在全国城市区县中率先提出了建设法治城区的目标。2006 年年初，明确地提出了“法治余杭”建设的要求：“党委依法执政、政府依法行政、司法公平正义、权利依法保障、市场规范有序、监督体系健全、民主政治完善、全民素质提升、社会平安和谐。”2007 年 7 月，《“法治余杭”量化评估体系》初稿形成。2007 年 11 月 9 日，该指标体系正式通过专家的论证。“法治余杭”可以用 1、4、9 三个数字来加以概括。“1”是一个法治余杭的指数，这是对于余杭公民社会现状最概括的评价，“用一个指数来度量余杭的法治状况”。“4”是四个评估的层面—区本级、区级机关部门、乡镇街道、村和社区。“9”面向的是公众的 9 种的调查问卷。涉及党风廉政建设、政府行政工作、司法工作、权利救济、社会法治意识程度、市场秩序规范性、监督工作、民主政治参与、安全感九个方面。②

综上，余杭、香港和世界正义工程的法治指数模型虽然在体系和结构上有所差别，香港及世界正义工程偏重于实质的正义，大陆某些城市的法治量化考核偏重于形式正义。

可以说，对于地方的“法治指数”，不同的地区和城市的“法治指数”的具体的内容和目标各有千秋，但是其建立评价体系的目的却是具有一致的地方。法治指数的构建本身具有理论和实践的双重的意义。我们在对不同的社会体制和文化进行比较分析的基础上，可以进行顶层设计以此来规范权力的运行，保护公民的权利的行使。同时，还可以提高公民参与地方法治建设的范围和程度，为法治建设提供更为清晰的蓝图。

总之，法治作为人类的普世的价值之一，关于地方“法治指数”的评价也应该存在着普适性和公共性的原则和内容。因此，我们要从各种不同的评价模式中归纳出普适性的结构模型和评价范式，对地方法治建设的评价体系的构建作一些前瞻性的补充和完善。

（作者单位：中南财经政法大学法学院）

① 戴耀庭：《香港的法治指数》，载《环球法律评论》2007 年第 6 期。

② 《杭州市：法治余杭“149”评估体系开先河》，载《领导决策信息》2008 年第 7 期。

第七篇
法治国家、法治政府、法治社会一体化建设中的卢梭镜像
——以《社会契约论》为切入点

丁侃雯

内容提要：法治一体化建设是我国新近的法治理论，其不仅与西方的社会二元论存在契合，也符合我国改革开放以来的社会发展趋势。而在法治一体化建设过程中，卢梭的社会契约论、法治共和国、公意及其产生的人民主权学说对于我们具有重要的理论启示。但也应当看到卢梭理论的缺陷，防止在法治一体化建设中走向极端。

关键词：法治一体化；法治国家；法治政府；法治社会；卢梭

中共中央政治局在2013年2月23日下午就全面推进依法治国进行第四次集体学习。中共中央总书记习近平在主持学习时强调，全面建成小康社会对依法治国提出了更高要求。我们要全面贯彻落实党的十八大精神，以邓小平理论、“三个代表”重要思想、科学发展观为指导，全面推进科学立法、严格执法、公正司法、全民守法，坚持依法治国、依法执政、依法行政共同推进，坚持法治国家、法治政府、法治社会一体化建设，不断开创依法治国新局面。

一、法治国家、法治政府、法治社会一体化建设概说

（一）法治一体化建设的理论基础

1. 西方的国家——社会二元论

自从国家产生以来，国家与社会的关系就成为了一个经久不衰的话题。对于这个问题的系统理论研究始于近代，古典自然法学是其最早的理论形态之一。他们从设想的自然状态出发，在社会契约论的基础上构建了对国家利益和个人权利关系之不同理论范式，构成市民社会与政治国家关系之法哲学理论范式的最早表述，开了系统研究国家与社会关系之理论先河。“霍布斯、洛克和卢梭等人透过对自然状态的假说以及明确主张依天赋权力而组织起来的国家以外的共同体，而确立了社会的前于国家或外于国家的身

份或生命。"① 此后，近代西方社会形成了三种不同的经典理论构架，即洛克—康德式的自由主义理论、霍布斯与黑格尔的国家主义理论、马克思辩证唯物主义的社会结构理论。

洛克—康德范式即自由主义理论范式，它的总体特点是通过对国家与社会关系的学理分析，为自由主义和个人本位提供论证，为制约和控制国家政治权力提供学理基础，在理论上建构个人自由与社会秩序、个人利益、群体利益、阶层利益与社会政治秩序的协调和整合的理论架构，进而建构起"有限政府"和"有限国家"的近代政治架构和理论范式。② 这种范式的内涵包括：第一，社会是自然的产物，而国家则是社会中的人们为了实现某种目的而通过社会契约的形式建构起来的。第二，人们只是将自己的一部分自然权利授予政府，政府只有为人民谋福利而不是侵害人民的权利时才是合法，人们才有义务去拥护和服从政府，否则人民有权反抗甚至推翻政府。在这种理论中，社会先于国家而存在，国家是社会契约的结果，是保护人民利益的工具。因而，这是一种人民权利至上和国家权力应当受到限制的观念模式。③

霍布斯—黑格尔范式即国家优先的理论范式，它的总体特点是在承认国家与社会分离的前提下，认为国家高于市民社会，国家具有至高无上的权力，而个人和社会只是国家的工具和附庸。它的内涵包括：第一，市民社会与政治国家均属于伦理哲学的范畴，而伦理是"自由的理念"。第二，市民社会是介于家庭和国家之间的特殊领域，是伦理精神的差别阶段，同时，它又产生于国家之后，以国家为前提。第三，国家产生和存在的合理性基础是市民社会的片面性，是市民社会中特殊利益与普遍利益之间的尖锐冲突，它的使命就是协调和整合市民社会的多元利益，实现特殊利益与普遍利益的实体统一。④

马克思的市民社会与政治国家的理论范式是在批判黑格尔颠倒的思辨法哲学体系的过程中形成的。他通过对黑格尔的市民社会与政治国家的分析工具的批判性改造，创立了历史唯物主义的社会与国家及其相互关系的法哲学分析范式。他认为不是国家决定市民社会，而是市民社会决定国家。市民社会"这一名称始终标志着直接从生产和交往中发展起来的社会组织，这种社会组织在一切时代都构成国家的基础以及任何其他观念的上层建筑的基础"。⑤ 因此，市民社会是国家的真正构成部分，是国家的现实基础和原动力，是国家存在的必要条件和存在形式。

2. 当代中国的国家与社会关系之范型

中国没有城邦国家的历史，国家的形成也并不是具有二权制或者三权制特征的氏族

① 邓正来：《市民社会与国家——学理上的分野与两种架构》，载《中国社会科学季刊》(香港) 1993 年第 5 期。

② 刘旺洪：《国家与社会——现代法治的基本理论》，黑龙江人民出版社 2004 年版，第 5 页。

③ 参见邓正来：《市民社会与国家——学理上的分野与两种架构》，载《中国社会科学季刊》(香港)，1993 年第 5 期。

④ ［德］黑格尔：《法哲学原理》，赫麟译，商务印书馆 1995 年版，第 198 页。

⑤ 《马克思恩格斯文集》第一卷，人民出版社 2009 年版，第 583 页。

模式，而是基于个人性质权力结构和等级分层的酋邦模式。① 19 世纪末期以来，中国开始引进了西方的国家观念，社会在现代化的过程中发生了持续的历史变革，国家与社会二元分离。党的十一届三中全会以来，实行了改革开放的伟大决策，建立了中国特色社会主义市场经济体制，国家与社会的关系发生了更加深刻的变化。逐渐由国家权力高度集中、对社会资源进行集中控制的格局转向社会处于相对独立的地位、社会结构与利益开始分化的格局。新的市民社会成为了重要的社会力量，构成了现代国家的现实基础。这种新的市民社会的特点是：国家与政府真正以市民社会为基础，并为市民社会服务。国家转变了职能，由政府中心主义向社会中心主义转变；国家机构进行了结构性调整，逐渐从一些社会领域退出，各种社会组织开始发挥重要的作用。国家与社会将各自在法治的架构下运作，形成两者之间的互动关系。

当代中国国家与社会关系与近代西方国家的社会结构相比具有自己的特殊性。在当代中国，市民社会是在政府的推动下建立的，而不是像西方市民社会是适应近代自由市场经济发展的内在要求而生成的。社会主义市场经济与近代自由资本主义经济也具有本质的区别。由于社会主义市场经济是以社会主义公有制为基础的、受社会主义国家宏观调控的市场经济，这就决定了社会主义社会不可能成为近代意义的市民社会，不可能是纯粹的契约社会。在这里，它一方面具有市场经济社会的一般特征，如对经济利益的追求、意思自治、法律的制约等；在另一方面，又具有社会主义的特征，即社会主体对经济利益的追求只有在社会主义国家允许的范围内才具有合法性与合理性；契约自由不可能是绝对的自由，社会主义道德和法律在相当大的程度上对社会关系具有有效的调整功能。但是，契约社会的观点对于社会主义社会的建设仍有借鉴意义。

（二）法治国家、法治政府、法治社会三者之间的关系

法治与人治相对，法治作为一种国家的治理方式和原则，蕴含有良法之治、法律至上、公平正义、权利保障、权力制约等价值取向。法治国家、法治政府，与法治社会中的“法治”内涵既有共性，也有差异。共性要素包括：（1）宪法和法律至上：宪法具有最高的法律位阶，任何行政性法规、行政规章等都不得与宪法和法律相抵触。（2）公权力受到限制：国家机关按照法定权限和程序行使权力，并且受到国家机关、个人和社会的监督。（3）权利得到保障：公民在法律面前一律平等，公民的基本权利得到保障。（4）程序正义：“正义不仅应得到实现，而且要以人们看得见的方式加以实现”。程序应该公开、公平、公正、合法、合理。差异是指：法治国家指整个国家权力的法治化，包括立法权、司法权、行政权的法治化；法治政府主要指国家行政权行使的法治化；法治社会则主要指政党和其他社会共同体行使社会公权力的法治化。②

政府是国家表示意志、发布命令和处理事务的机关，是国家行政权力的代表和执行

① 马长山：《国家、市民社会与法治》，商务印书馆 2002 年版，第 41 页。

② 姜明安：《法治国家、法治政府、法治社会建设的相互关系》，载《法学杂志》2013 年第 6 期。

机关。“国家是为增进共同目的，满足共同需要，有政治组织的人或团体；政府则是陈述、表示和实现国家意志的代理机关、官吏或组织之总称。政府是国家所必不可少的机关或代理者，但它并不是国家本身，就如一个公司的董事会不是公司的本身一样。”① 因此，国家权力法治化的实现与政府法治化的实现息息相关。没有国家对社会的管理、干预和纠纷裁决，就没有社会的有序进行和政治保障。市民社会中的个人利益和人格独立就不能得到应有的尊重和保护；国家离开了社会的现实需求，就缺乏其存在的合理性和合法性基础，其自身也就不可能经历从传统镇压和统治性的机构向现代民主政治国家的变革。因此，建设法治政府是建设法治国家的必然要求，建设法治社会是建设法治政府和法治国家的目标，建设法治政府和法治国家是建设法治社会的保障。

二、卢梭基本理论分析

（一）社会契约论

卢梭在《社会契约论》的开篇即提出：“人是生而自由的，但却无往不在枷锁之中。自以为是其他一切的主人，反而比其他一切更是奴隶。”② 卢梭认为：“人类曾达到过这样一种境地，当时自然状态中不利于人类生存的种种障碍，已超过了每个人在这种状态中为了继续生存所能运用的力量。于是，这种原始状态便不可能再继续存在；并且人类如果不改变其生存方式，就会灭亡。然而，由于人类不可能产生新的力量，只能联合起来运用已有的力量战胜阻力，否则，人类就不可能继续存在。但是，既然每个人的力量和自由是他生存的主要手段，因此要怎样做，才能既把他们投入众人集合的大力量而同时又不损害自己而且不忽略对于自己所应有的关怀呢？”③ 这一困难可以表述为下列的词句：“要寻找出一种结合的形式，使它能以全部共同的力量来卫护和保障每个结合者的人身和财富，并且由于这一结合而使每一个与全体相联合的个人又只不过是在服从自己本人，并且仍然像以往一样地自由。”④ 社会契约中的每个结合者及其自身的一切权利全部都转让给整个集体，但实际上权利仍然保持在每个人自己手中。因为每个缔造契约的人既是个人，又是集体的一员，既与公众缔约，又与自己缔约。因而这种双重性决定了在社会契约中，人们通过奉献自己让渡自身权利来得到回报，得到了自己所丧失的一切东西的等价物以及更大的力量来保护自己的所有。社会契约的特点是：第一，社会契约是人民自由协议的产物，是政治共同体与他的各个成员之间的产物，而不是个人与个人之间，上级与下级之间，统治者与被统治者之间的约定，政府并不是契约的当事人。第二，人们在订立社会契约时，都必须把自己全部地奉献出来，把自己的权

① 杨幼炯：《现代政府论》，台北“中华书局”1967年版，第322页。

② ［法］卢梭：《社会契约论》，李平沤译，商务印书馆2013年版，第4页。

③ ［法］卢梭：《社会契约论》，李平沤译，商务印书馆2013年版，第18页。

④ ［法］卢梭：《社会契约论》，李平沤译，商务印书馆2013年版，第19页。

利毫无保留地转让给整个整体，如此才可以做到条件对于所有人都是同等的。并且，由于转让是毫无保留的，每一个结合者就不会有什么额外的要求，否则就可能使社会或者国家变成另外这些人推行暴政的工具。最后，由于每个人是把自己奉献给全体而不是其他任何一个人，由于每个人都能从其他结合者那里得到与他转让的权利相同的权利，所以每个人都获得了他失去的东西的等价物，并获得了更多的保护其所有物的力量。社会契约构成的共同体承担了保护每个成员的责任。

（二）公意与人民主权

"我们每个人都以其自身及其全部的力量共同置于公意的最高指导之下，并且我们在共同体中接纳每一个成员作为全体之不可分割的一部分。"① 对于社会来说，建立了一个集体共同体；对于个人来说，脱离了自然状态进入了社会状态，成为了真正的人，以一种社会的结合保障其不可战胜的权利代替了可能被别人所奴役的强力、强权。每个人都是公意的一部分，并且都服从于公意。基于公意的社会契约论的逻辑结果便是卢梭的人民主权论。卢梭认为，社会契约构成的统一政治体，存在一种超乎各成员之上的绝对权力。这种权力在受公意指导时，就是主权。国家主权属于全体人民，即主权是一个整体的人民共同体，个人仅仅是其中的一员。主权的特征是：第一，主权是不可转让的。主权之所以不能让渡是因为公共意志是化合存在的人民的共同意志，属于公共的，所以不能把这种意志让渡给个人和团体，由他们来代表。第二，主权是不可分割的。其原因在于主权是一个整体，是全体人民的共同意志，任何分割都会使公意变成个别意志，而使主权不复存在。卢梭用主权不可分割的原理反对洛克和孟德斯鸠的分权理论。他认为，分权的错误在于把主权的表现当成主权的构成部分。第三，主权是绝对的、神圣的和不可侵犯的。卢梭说，公意的形成与其说是投票的数目，倒不如说是人们结合在一起的共同利益。因此一方面主权权力是完全绝对、完全神圣、完全不可侵犯的；另一方面，主权者虽然有普遍的强制力来支配他的各个成员，但是他永远也不能对某一个臣民要求的比另一个臣民多。否则的话，事情就发生了变化，他的权力也就不再存在了。第四，与主权不可转让同理，主权也是不可代表的。因为本质上主权是由公意组成的，而意志又是不能代表的，他只能是同一意志，或是另一意志，而绝不能有什么中间的东西。

（三）法治共和国

社会契约建立起来的政治社会是一个主权在民、受公意指导的法治社会。卢梭对法律及其尊重，对法律的权威、尊严和力量充满了敬畏之情。②

首先，法律具有至高无上的权威。卢梭认为法律是公意的记录，因此政治体中的所有成员无论个人还是政府都必须遵守法律。一切处于法律权威之下，法律是政治体的唯

① ［法］卢梭：《社会契约论》，李平沤译，商务印书馆 2013 年版，第 20 页。

② 李龙：《西方法学名著提要》，江西人民出版社 2005 年版，第 181 页。

一动力，政治体只能是由于法律而行动而为人所感到。其次，法律是意志的普遍性与对象的普遍性的结合。意志的普遍性即公意，除了公意，任何人的意志都不是法律，而是一道命令。对象的普遍性是指法律只考察臣民的共同体以及抽象的行为，绝不考察个别的人以及个别的行为。再次，法律与自由具有内在的一致性。一方面，法律是自由的产物，法治也是人们自由选择的结果。服从法律的人民就应当是法律的创作者，法律只不过是我们自己意志的记录。另一方面，法律保障个人自由。法律在内容上包括了自由、平等和人民主权。卢梭在法治状态下确立法律至上原则，不仅是因为它是法律，更重要的是因为它是自由的法律、平等的法律和人民的法律。法律至上原则是法治状态的根本原则，是法治实现的标志。卢梭说：对于个人来说，法律是温和而有益的束缚，“不论是我或任何人都不能摆脱法律的光荣的束缚”，“我愿意不但国内的任何人都不能自以为居于法律之上，而且国外的任何人也不能迫使这一国家承认他的权威。因为，不管一个国家的政体如何，如果在它管辖范围内有一个人可以不遵守法律，所有其他的人就必然会受这个人的任意支配”。① 就国家而言，“国家构成的基本要素不是官员而是法律”，因此应该以法律来规范国家的治理，以法律来限制、控制权力的运作和操作，以法律来监督统治者、官员的执政，以法律来界定其权能和职责。统治者不能凌驾于法律之上，他是法律的臣仆，应该严格遵守法律。“共和国里对于行政官所设下的全部障碍，都是为着保障法律的神圣堡垒的安全而建立的。他们是执行者而不是仲裁者；他们应该保卫法律而不是侵犯法律”。一旦统治者僭越侵犯法律，国家就濒临灭亡。由此可见，法治是国家的灵魂。

三、卢梭的法治思想观对于法治一体化建设的理论支持

（一）法治的基础

根据社会契约理论，自然状态中的个人相互之间订立契约进入政治社会，让渡一部分自然权利给国家和政府形成公权力，自愿接受国家和政府的管理，并以契约条款来约束自己，这一原始契约就是最初的宪法。政府是契约的产物，它一经产生就具有强制性和潜在的自利性，并且拥有广泛的资源和信息优势。因而，为了防止政府权力的僭越和损害公民的利益，原始契约就必须在政府产生以前对国家和政府的权力作出明确的说明和规定。契约作为最初的法律是政府权力运行的指南，政府的权力必须在契约限定的范围内，按照契约的要求来行使。也就是说，政府权力的运行必须遵循法治原则。

在理想的国家中，政府按照宪法和法律的规定来行使权力，这就排除了人治的弹性和偶然性，体现了法律面前人人平等的观念。人们订立契约，进入政治社会，服从于某种秩序和政府的管理，但绝不是服从政府的权威，而是遵从与践行自己为自己制定的契约，服从的是自己的意志，也是法治。

---

① ［法］卢梭：《社会契约论》，李平沤译，商务印书馆2013年版，第44页。

（二）法治一体化中的卢梭理论

法治意味着法律权威的最高性。在西方，法治通常与分权联系在一起，但在卢梭这里，却建构了一个一元的体系，即人民主权论。而在此框架下，法治也应当是具有一元趋向的——不管国家、政府、社会处于怎样的剥离状态，在卢梭的理论中，都是可以统摄为一体的——这也与传统中国的家国一体形成了某种暗合。

法治一体化不意味着权力没有分立，而是如何将法治这一概念在社会范围内统合起来，并与民主、宪政等概念平和地对接。正是在此背景下，一体化成为有益的探索路径。而如何法治一体化则可从卢梭的理论中得到启示。首先，卢梭的自由与平等理论为法治一体化设定了前提，卢梭将自由和平等作为毕生追求的价值追求和理论起点，而其自由和平等是属于"每个人"的，这也意味着法治一体化必然渗透于每个人，虽然有国家、政府、社会之分，但每个方面都理应遵循自由与平等的观念，并赋予一定的"枷锁"。其次，公意与主权在民理论为一体化提供了保证。一体化中包含了国家、政府与社会三个方面，但从法治经典理论来看，国家与政府并无统摄社会的权力与正当性，三者在法治语境上的一体必然依赖于一个更高的范畴。而笔者在卢梭这里找到了答案：即公意和主权在民理论。公意与主权在民是卢梭思想的核心，公意是人民主权产生的基础，由于公意的永远正义性和神圣性，因而由其产生的人民主权，也是不可转让、不可分割、不可代表的。而法律也是公意产生的结果。这样，公意以及其产生的主权就成为了高于实体国家的概念。而在法治一体化的语境下，公意以及人民主权就成为了统摄三者的概念，从而避免了国家与政府对社会理论上可能的蚕食。最后，社会契约论要求国家的建构、政府权力的行使、社会的自治都遵循法治原则。这里的"法"不仅包括人定法，还包括自然法。自然法在自然状态中是一种理性的原则，人定法就是自然法在政治社会中书面的、正式的表达。但是自然法并没有随着自然状态的消亡而退出历史舞台，它时刻影响着、规范着政治社会、国家和政府。"自然法所规定的义务并不在社会中消失，而是在许多场合下表达的更加清楚，并由人类法附以明白的刑罚来迫使人们加以遵守。"① 在自然状态中，虽然自然法是理性原则，但鉴于自然状态的种种缺陷，自然法并不一定会得到完全的遵守，甚至不同的人对自然法的理解也会出现偏差。但在政治社会中，法律将自然法条文化、正式化，使得自然法具有了统一性和确定性，法律就成为"公众的良知意识"，或者说"法律就是公意的行为"。原则上，人们在自然法原则指引下制定的契约、宪法和法律应当客观地体现公平和正义，正如自然法是指导世间万物秩序的根本规则，宪法和法律也是规范政治社会至高无上的原则。

四、法治一体化语境下卢梭理论的缺陷

卢梭所表达的人民主权是无限制的、抽象的、普遍的，在国家、政府与社会的关系

① ［英］洛克：《政府论（下）》，叶启芳、瞿菊农译，商务印书馆 1993 年版，第 85 页。

上，其本意是想通过人民享有主权的市民社会来限制国家，但却走向了其初衷的反面，既可能使国家权力假借主权者的名义，践踏公民的个人自由和权利，也可能导致政治上的集权。对此，罗素曾指出：卢梭强调普遍意志和人们共享的自身自身利益，“一个把这些方针奉为圭臬的国家，势必不管什么私人组织，尤其那些抱有政治和经济目的的，一概予以禁止。这样我们就具备了一种极权主义制度的全部要素；虽然卢梭看来对此不是毫无察觉，他却没有表明，这种后果如何才能避免”。① 博登海默也写道：“卢梭的理论极易导向绝对民主。在这种民主中，多数人的意志不受任何限制。除了多数人的明智和自我抑制外，他没有提供任何预防主权者无限权力的措施，也没有提供任何保护自然法的措施。”② 建立在公意的无限权力基础上的社会制度，包含着产生一种专制主义的危险，托克维尔将这种专制主义称为“多数人的专制”。也即或者由市民社会权利全部转让集中起来的绝对主权被国家所窃取，为专权披上华丽的嫁衣；或者失控的市民社会权力凌驾于国家之上，形成民主利维坦，二者都会摧毁法治。也正因为如此，托克维尔才对其进行修正。他告之人们，当一个高于其他一切权力的社会权力面前“没有任何障碍可以阻止它前进或使它延迟前进时，自由就要遭到破坏”，③ 就会产生多数暴政对民主的威胁。因而，卢梭理论的反面启示在于，无论是在国家的领域还是在市民社会的领域都必须强化防止权力垄断的机制。尤其是发展民间社会团体，在国家权力分立制约之外，以社会权利来制约国家权力推进民主和法治。

（作者单位：武汉大学法学院）

① ［英］伯特兰·罗素：《西方的智慧》，马家驹等译，世界知识出版社 1992 年版，第 315 页。

② ［美］E. 博登海默：《法理学——法哲学及其方法》，邓正来译，华夏出版社 1987 年版，第 64 页。

③ ［法］托克维尔：《论美国的民主》，董果良译，商务印书馆 1991 年版，第 290 页。

第八篇
转型期中国法治建设的现实基础与理论诉求研究
——以法治国家、法治政府和法治社会一体化建设为视角

赵桂生

内容提要：在我国加速转型，深化改革这一关键历史节点上，党的十八届三中全会胜利召开，为我国转型期法治建设提出了更高的要求。全面推进法治国家、法治政府、法治社会一体化建设，不断完善社会主义法律体系，不断加强法律制度的遵守、执行和适用，把马克思主义法律思想不断的中国化，继承和发展中华传统法律思想的精华，借鉴一切促进人类进步的法治思想及其成果，成为转型期中国法治建设的现实基础和理论诉求。

关键词：转型期；法治；现实基础；理论诉求

一、引　　言

中国共产党第十八届三中全会就中国转型期不断深化改革开放，制定了《中共中央关于全面深化改革若干重大问题的决定》。“决定”中关于完善产权制度、确保依法独立公正行使审判权检察权、完善人权司法保障制度、加强反腐败体制机制创新和制度保障、健全自然资源资产产权制度等内容，为转型期中国法治建设提出了更高的要求。尽管我国改革开放、法制建设取得了辉煌的成就，但仍然面临诸多挑战，例如人民对社会主义民主政治提出了更高的要求、各类民生问题等。这一系列挑战都要求我国将法治国家、法治政府、法治社会进行一体化的建设，以保障和谐社会和“中国梦”的实现。然而进行转型期中国法治建设研究，首先要对其现实基础和理论诉求进行研究，否则无异于“空中楼阁”，缺乏研究基础、现实价值和意义。

二、转型期中国法治建设的现实基础

在贯彻落实党的十八大精神中，一个非常重要的方面就是继续加快转型期中国法治建设的速度，满足我国政治经济体制改革的需求，这是建设具有中国特色社会主义的必然要求。我国转型期法治建设要求将法治国家、法治政府和法治社会进行一体化建设，不断完善社会主义法律体系，不断加强法律制度的遵守、执行和适用，体现社会主义法

律的公平正义，这是我国转型期法治建设的现实基础。

（一）法律体系建设是构建法治国家的前提和基础

回顾改革开放30多年来我国法律体系建设的历程，是在中国共产党的正确领导下，经过各方面坚持不懈的共同努力下，才取得了今天具有中国特色社会主义法律体系这一举世瞩目的伟大成就。尤其是“文革”结束后，中国共产党带领全国人民进行“真理标准大讨论”和拨乱反正，先后于1978年、1982年通过了第三部和第四部现行宪法，逐步从“文化大革命”的阴影中走出，逐步恢复了各级人民代表大会和一府两院的工作和职能，重新确立了宪法作为根本大法的法律地位。宪法作为国家法律体系的“统帅”和“母法”，是其他一切法律法规的制定依据。各级人民代表大会和政府根据国家和地方政治经济体制改革的需要和实际，不断探索和构建具有中国特色的社会主义法律体系。据不完全统计，截至2010年年底，我国已制定现行有效法律236件、行政法规690多件、地方性法规8 600多件，并全面完成对现行法律和行政法规、地方性法规的集中清理工作。目前，涵盖社会关系各个方面的法律部门已经齐全，各法律部门中基本的、主要的法律已经制定，相应的行政法规和地方性法规比较完备，法律体系内部总体做到科学和谐统一。2011年3月10日，时任全国人大常委会委员长的吴邦国同志在北京人民大会堂庄严宣告：“中国特色社会主义法律体系已经形成”，“国家经济建设、政治建设、文化建设、社会建设以及生态文明建设的各个方面实现有法可依，党的十五大提出到2010年形成中国特色社会主义法律体系的立法工作目标如期完成”。① 转型期中国法律体系的确立与完善，是转型期中国法治建设的前提和基础，为“依法治国”和不断进行的政治经济体制改革提供了可靠的法制保证。

（二）法律制度的遵守是建设法治社会的中心环节

法律制度的遵守又称法的遵守，简称守法，是指在社会主义国家里，一切国家机关和武装力量、各政党和各社会团体、各企业事业组织和全体公民，即所有的社会主体都必须恪守法律的规定，严格依法办事，依照法律规定行使法定权利和履行法定义务，做法所要求或允许做的事，不做法所禁止的事。邓小平同志提出的“有法必依”就是对社会主体遵守法律的通俗诠释和对树立中国特色社会主义法治信仰的最基本要求。法律制度的遵守是构建法治社会的中心环节。转型期的中国社会是从伦理型社会向法理型社会转型的社会，良法必须得到遵守，才会实现其价值。社会主体对法律制度的遵守，是伴随我国不断深入进行普法教育活动，而不断加强的。文化大革命中，公检法等国家司法机关被破坏严重，法律制度被肆意践踏。文革结束后，伴随着我国改革开放，社会上违法犯罪日益增多，甚至出现“领导干部带头违法”的现象，暴露出社会成员法治意识淡薄，有法不依的问题。1985年11月5日中共中央、国务院转发了《关于向全体公民基本普及法律常识的五年规划》的通知，通知指出“各级党委、政府和各单位领导，

① 吴邦国：《全国人民代表大会常务委员会工作报告》，载《人民日报》2011年3月19日。

要结合普及法律常识这项工作，认真检查本地区、本部门、本单位遵纪守法的情况，总结经验教训，订出改进措施，切实增强领导干部和广大工作人员的法制观念，提高遵纪守法的自觉性。对违法乱纪、触犯刑律的人，特别是违法的'执法者'，必须严肃依法追究，尽速查处，做到件件有着落"。① 自此党和国家将普法宣传教育活动作为一项非常重要的工作长期来抓。2011 年我国迎来了第六个普法宣传教育活动，简称"六五普法"。在 2011 年 3 月 23 日中共中央、国务院转发《中央宣传部、司法部关于在公民中开展法制宣传教育的第六个五年规划（2011—2015 年）》的通知中，党和国家明确将法制宣传教育工作作为提高全民法律素质，推进依法治国、建设社会主义法治国家的一项重要基础性工作进行了表述。在我国社会转型期，通过连续不断的普法宣传教育活动，对公民和其他社会主体进行法制教育，同文革流毒、封建主义腐朽思想、资本主义的"西化"和分裂作斗争。唯有不断地进行法制宣传教育，使每一个社会主体都学习法律、遵守法律、运用法律，才能真正树立中国特色社会主义法治信仰，构建法治社会，使我国在社会转型期间的法律制度遵守不断迈上新台阶。

（三）法律制度的执行是建设法治政府的关键和必然选择

法律制度的执行又称法的执行，简称执法，是指所有国家机关及其公职人员依照法定职权和程序贯彻实施法律的活动。法律制度的执行是构建法治政府的关键和必然选择，人民制定的"良法"，最终是要靠国家机关及其公职人员来执行和维护的，这关乎社会主义社会的公平与正义。国家行政机关及其公职人员作为法律制度的执行者，每一个具体行政行为的作出，都必须要有法律依据。司法机关及其公职人员作为法律的适用者，都必须严格按照法律规定的程序和法律规范进行适用。这成为公务员招录和司法资格取得，所必须具备的条件之一。改革开放 35 年来，人民生活水平日益提高，已进入全面建设小康社会阶段。伴随经济全球化时代的到来，转型期的中国社会也进入到了资讯网络越来越发达的时代，再加之普法宣传教育活动的不断深入，公民法治意识越来越强，公民对转型期中国社会的公平正义也越来越关注，并且要求法律制度的执行要坚持"执法必严"的原则。这无疑是对法律制度的执行提出了更高要求，国家机关及其公职人员不仅要"以人为本"、"依法办事"，更重要的是要通过公正执法来化解社会矛盾，要有"老虎"、"苍蝇"一起打的勇气和决心。处于转型期的中国，改革开放已进入到"深水区"，社会结构和利益格局面临着深刻调整，部分地区和一些领域的社会矛盾依然突出，例如环境保护、食品安全、教育公平等民生问题，需要下大力气依法治理。2010 年至 2013 年，我国政府对一系列人民群众关心的环境保护案件、食品安全案件、校车安全案件等进行了依法查处，查处过程公开透明。通过公正执法，打击了违法行为，维护了国家和人民的合法权益，有效地化解了部分社会矛盾。尽管我国法律制度的执行已取得很大成绩，但面对改革过程中的新形势、新问题，还有很多工作要做，还有

---

① 中华人民共和国国务院办公厅《中共中央、国务院转发〈关于向全体公民基本普及法律常识的五年规划〉的通知》，载《中华人民共和国国务院公报》1985 年第 36 期，第 1171 页。

很长的路要走。

（四）法律制度的适用是转型期中国法治建设的必要保证

法律制度的适用又称法律适用，是指国家机关及其工作人员依照其职权范围把法律规范应用于具体事项的活动，一般特指司法机关把法律规范应用于具体案件的活动，这是转型期法治中国、法治政府、法治社会一体化建设的必要保证。邓小平同志曾经说过“公民在法律和制度面前人人平等”，“人人有依法规定的平等权利和义务，谁也不能占便宜，谁也不能犯法。不管谁犯了法，都要由公安机关依法侦查，司法机关依法办理，任何人都不能干扰法律的实施，任何犯了法的人都不能逍遥法外”。① 邓小平同志的一系列讲话，无疑是在强调“违法必究”这一法律制度的适用问题。“违法必究”正是对社会主义公平与正义的维护和法律适用的目的及价值的体现。2013 年 9 月我国人民法院相继公开开庭审理了，人民群众关注的“薄熙来案”、“雷政富案”、“夏俊峰案”等一系列案件。案件庭审情况实时通过电视、广播、报纸、网络不断向公众公开或是播报。司法机关依据法律程序，保障被告人的合法权益，“以事实为依据，以法律为准绳”，依法进行了审理和宣判，再一次体现了“法律面前人人平等”、“违法必究”的法治原则。法律制度的适用最终是要依靠司法机关的工作人员来实现的，这就要求有一支高素质的政法队伍来对法律制度进行适用。政法队伍的建设是法律制度适用的前提条件。政法队伍的业务素质、政治素质关系到法律适用的“质量”；关系到“法律面前人人平等”、“罪责刑相适应”等一系列法治原则的落实；关系到是否能够符合社会主义法律的本质和法律适用的规律。因此，要加强转型期中国法律制度的适用，就必须不断加强司法机关和政法队伍的业务素质、政治素质的建设，使之相互适应、相互协调促进。

三、转型期中国法治建设的理论诉求

转型期中国法治建设的过程是我们党总结历史经验的过程；是建设中国特色社会主义法治国家、法治政府、法治社会的过程；也是我们国家不断发展进步的过程。实践证明：在这一过程中，要求我们不断地把马克思主义基本原理同中国具体实际相结合，把马克思主义法律思想中国化；需要我们继承和发展中华传统法律思想的精华；需要我们借鉴世界上其他国家促进人类进步的法治思想成果，这是我国转型期法治建设的理论诉求。

（一）转型期中国法治建设要求将马克思主义法律思想不断中国化

中国化的马克思主义法律思想作为中国法治建设和发展的指导思想是转型期中国法治建设的内在需求。坚持中国特色社会主义道路，最重要的是坚持正确的政治方向，中

① 《邓小平文选》第 2 卷，人民出版社 1994 年版，第 332 页。

国特色社会主义法律体系是中国特色社会主义永葆本色的法制根基。马克思主义法律思想的中国化作为马克思主义中国化的重要组成部分，是我国转型期法治建设的理论诉求之一。1978 年党的十一届三中全会的召开，奠定了我国改革开放的基石。自此，中国社会加速了从社会主义社会向有中国特色的社会主义社会，从传统农业社会向工业社会的转型。从党的第二代领导核心到党的第五代领导核心，不断探索和深化具有中国特色的社会主义政治经济体制改革。作为上层建筑的法制建设与法治理念与政治经济体制改革的实践密不可分。中国共产党作为执政党不断加强法治建设，先后提出了“十六字方针”、“依法治国”重要思想、科学发展观、“把权力关进制度的笼子”等一系列符合中国实际的重要法治思想和法治观点，这些马克思主义法律思想中国化理论成果为我国加快社会转型提供了法治思想上的保障。转型期中国法治建设的过程就是我们不断将马克思主义法律思想中国化，不断发展和完善中国特色社会主义法律体系的过程。通过全国人民代表大会，以宪法和法律的形式确立中国特色社会主义理论的指导地位；确立国家一切权力属于人民、公民依法享有广泛的权利和自由；确立公有制为主体、多种所有制经济共同发展的基本经济制度和按劳分配为主体、多种分配方式并存的分配制度等，就是将马克思主义基本原理同中国的实际相结合，发展马克思主义法律思想的最好典范。

（二）转型期中国法治建设需要对中国传统法治思想精华的不断继承与发展

转型期中国法治建设是具有中国特色的社会主义法治建设。实践证明，仅仅依靠马克思主义经典作家的法治思想，是没办法建成法治国家、法治政府、法治社会的，还需要将中国传统法治思想精华这一关键要素纳入到马克思主义法治思想中国化的研究范畴来，使其具有“中国作风和中国气派”。中国特色社会主义法治建设的“中国作风和中国气派”源自于中国的实际和中国传统法治思想的精华。对中国传统法治思想精华的继承和发展，不仅是中华文明传承的内在要求，也是转型期中国法治建设的理论诉求之一。中华五千年文明孕育了世界五大法系之一的“中华法系”，虽然早已解体并且其中不乏历史局限性和糟粕，但其法治思想的精华对整个中国乃至世界的影响巨大。孔子在两千多年前提出的“己所不欲，勿施于人”被誉为处理国家间政治、经济关系的“黄金法则”，镌刻于联合国总部大厅。《尚书》里《五子之歌》中记载的“民唯邦本，本固邦宁”思想；《管子》中记载的“威不两措，政不二门，以法治国，则举措而已”思想；《韩非子》里《有度》中记载的“法不阿贵，绳不绕曲”思想；法家的“刑无等级”思想等，均与当代“以人为本”、“依法治国”、“法律面前人人平等”的思想和原则相一致。对中国传统法治思想精华的传承，将其古为今用，需要不断继承和发展，不断挖掘中国传统法治思想的精华及其对当代转型期中国社会的现实价值和指导意义。

（三）转型期中国法治建设追求在全球化视野下，借鉴促进人类进步的法治思想成果

转型期中国的法治建设是社会主义初级阶段的法治建设，应立足国情，以“三个

有利于”为标准，秉承马克思主义与时俱进的理论品格，在全球化视野下，积极学习和借鉴促进人类进步的法治思想及其成果，这不仅是我国转型期法治建设的理论诉求之一，也是促进我国法治建设不断迈上新台阶的有效途径之一。“社会主义法治理念与资本主义法治思想有本质的区别，同时，又有一定的历史联系。”“其中某些观点甚至个别理论也为社会主义法治理念提供了有益的借鉴。这些理论与观点有：人民主权论、基本人权论、权力制约论、法律面前人人平等论、法律至上论，等等。”① 自 1978 年至今，随着我国改革开放的不断推进和经济社会的不断变化，全国人民代表大会根据我国客观形势的发展需要，在借鉴促进人类进步的法治思想及其成果的基础之上，分别于 1988 年、1993 年、1999 年、2004 年先后通过了四个“宪法修正案”，对 1982 年宪法逐步进行了修改和完善。以根本大法的形式先后“将国家‘实行社会主义市场经济’、‘实行依法治国，建设社会主义法治国家’、‘尊重和保障人权’、‘公民的合法的私有财产不受侵犯’以及‘中国共产党领导的多党合作和政治协商制度将长期存在和发展’等内容写入宪法，推动了我国经济、政治、文化和社会等各方面的发展和进步”。② 作为中国特色社会主义制度的组成部分，法律制度体系的不断完善和发展，不仅需要全党、全国各族人民的锐意进取，不断创新，还需要不断学习和借鉴一切促进人类发展的法治思想及其成果，为“我”所用。

四、结　　语

转型期中国法治建设的过程是将法治国家、法治政府、法治社会进行一体化建设的过程。在这一过程中，“法治国家”是现代化国家的目标，“法治政府”与“法治社会”则是阶段性目标。首先要实现法治政府，其次是法治社会，最终达到法治国家的目标。党的十八届三中全会提出了“完善和发展中国特色社会主义制度，推进国家治理体系和治理能力现代化”的全面深化改革的总目标。在这一关键历史节点上，需要我国不断完善社会主义法律体系，不断加强法律制度的遵守、执行和适用，把马克思主义法律思想不断的中国化，继承和发展中华传统法律思想的精华，借鉴一切促进人类进步的法治思想及其成果，体现社会主义法律的公平正义，保障和谐社会和“中国梦”的最终实现。

（作者单位：银川能源学院法学系）

① 中共中央政法委员会：《社会主义法治理念读本》，中国长安出版社 2009 年版，第 17 页。

② 中华人民共和国国务院新闻办公室：《中国特色社会主义法律体系》，载《人民日报》2011 年 10 月 28 日。

第二部分　法治国家建设

法治国家是对人治国家、专制国家和警察国家等国家治理模式的否定，作为人类更加文明和进步的国家治理模式和价值追求，最集中地体现了人类法制和法治文明的成果。尽管“法治国家”这一概念在德国率先正式提出，但潘恩精辟地论述依然最为形象和妥帖，那便是：“在专制政府中国王便是法律，同样的，在自由的国家中法律便应该成为国王，而且不应该有其他的情况。”法治国家建设的精义表现为国家一切权力属于人民，人民通过民主的方式选举和组织国家机关。不同的国家权力间及各国家权力内部都应有保证民主和人权的最低限度的权力监督和制约机制，这种总体的制度设计几成公理，但对于处于不同发展过程和国情不同的国家而言，此乃必要而非充分的条件，如当下中国便是如此。作为后发国家，法治中国的建设，面临政治、经济和文化的多重、立体的建设任务，存在着传统和现代、中央和地方、经济飞速发展和环境重度污染、社会急需共识和矛盾集中凸显等诸多方面的利益诉求和冲突。因此，在具体路径上有必要从地方法治入手，加强跨区域间基于环境治理的法治建构，借此推动国人法治信仰的培育，最终实现法治中国梦。

第九篇
“善政”法治的基本原则
——兼述宾汉姆法治思想

李光恩

内容提要：善政是值得追求的政治理想，而实现善政的关键在于法治。宾汉姆认为法治正是善政与恶政的差异所在，法治虽已然成为既定原则，但对其具体意义并没有形成共识。在告别了法治道路之争后，现在的努力毋宁是对法治赋予一些清晰的原则。在这一问题上，宾汉姆的法治思想以及他归纳的八项要素为我们提供了一种新的认识视角，其关于“善政”的法治观点对于我国当前如何进行法治一体化建设并实现国之善政具有一定的借鉴意义。

关键词：善政；宾汉姆；法治

一、善政与法治

善政是古今中外的政治家们孜孜追求的政治理想。汉语中的“善政”一词可溯至《尚书·大禹谟》中的“德惟善政，政在养民”、《后汉书·臧宫传》中的“今国无善政，灾变不息”等，意指清明、良好的政治。俞可平教授认为，自从有了国家及其政府以后，善政便成为人们所期望的理想政治管理模式，这一点古今中外概莫能外。我国古已称之的“仁政”、“善政”，大体相当于英语里所说的“good government”（或可直译为“良好的政府”或“良好的政治”）。① 也有反对善政之提法者，例如范忠信教授就认为，“所谓‘善政’就是良善的政治，其实就是对‘德政’、‘仁政’的概括说法”，“‘德政’、‘仁政’、‘善政’是最容易眩惑我们视野的东西”，② 他主张超越德政、仁政、善政而实行宪政。然而，“在英语中，善政与‘好政府’可以翻译成同一个词，即 good government”，③ 看似可以互比，但英语语境中的“善政”与我国古代所说

① 俞可平：《增量民主与善治》，社会科学文献出版社 2005 年版，第 147 页。

② 范忠信：《超越“德政”“仁政”“善政”传统建设宪政》，载《法学》2008 年第 4 期，第 28 ~ 29 页。

③ 王子昌：《善政和善治：新加坡“好政府”的理论定位与走势》，载《当代亚太》2002 年第 8 期，第 33 页。

的善政二者在实质上并不完全等同，后者在本质上依靠的是统治者的个人魅力和德行，而非致力于良好的政府。本文所关注的则正是实现良好政府的善政之途。

怎样实现善政，或者说什么是通往善政之途，有人将实现善政理念的路径选择归纳为“政治社会化、政治民主化和高度的政治参与”；① 俞可平教授认为善政应当具备八个要素：民主、责任、服务、质量、效益、专业、透明和廉洁，② 也就是说要通过上述诸要素的实现从而走向善政。但这些提法都偏重于政治化的色彩，在现代社会，法治才是善政的关键。

法治是通往善政的途径。这一观念其实早已体现在亚里士多德那里，他认为城邦的目的是善业，“一切社会团体的建立，其目的总是为了完成某些善业……既然一切社会团体都以善业为目的，那么我们也可说社会团体中最高而包含最广的一种，它所要求的善业也一定是最高而最广的：这种至高而广涵的社会团体就是所谓‘城邦’，即政治社团”。③ 城邦应该要实现正义，“政治学上的善就是‘正义’，正义以公共利益为依归”。④ 实行善政须订有良法，实行法治，“法律的实际意义却应该促成全邦人民都能进于正义和善德的［永久］制度”。⑤

宾汉姆亦将法治视为善政所不可或缺的、甚至是首要的品质，他说道，“是什么造成了善政和恶政的差异？我的回答并不新鲜，那就是：法治”。⑥ 因此，善政的最明显的特征应该是法治。一个良好的政府应该是法治之下的政府。

二、通往善政的法治原则——宾汉姆的论述

法治已成为既存的原则、普遍的共识。不过，“法治现在处于一种奇怪的状况，它是当今世界最突出的合法化政治理想，但对它的意义为何却没有共识”。⑦ 在告别了法治道路的争论后，现在的努力毋宁是给法治赋予一些可捉摸的规范性标准或原则。

“宾汉姆是继丹宁勋爵之后英国最有名的法官”，⑧ 其法治思想集中体现在《法治》一书中。19 世纪的英国法学家戴雪第一次比较全面地阐述了法治概念，他认为构成宪

① 牛磊：《善政理念及其实现：一个分析框架》，载《重庆交通大学学报（社科版）》2009 年第 3 期，第 18～19 页。

② 俞可平：《增量民主与善治》，社会科学文献出版社 2005 年版，第 148 页。

③ ［古希腊］亚里士多德：《政治学》，吴寿彭译，商务印书馆 1996 年版，第 3 页。

④ ［古希腊］亚里士多德：《政治学》，吴寿彭译，商务印书馆 1996 年版，第 148 页。

⑤ ［古希腊］亚里士多德：《政治学》，吴寿彭译，商务印书馆 1996 年版，第 138 页。

⑥ ［英］宾汉姆：《法治》，毛国权译，中国政法大学出版社 2012 年版，第 243 页。

⑦ ［美］布雷恩·Z. 塔玛拉哈：《论法治：历史、政治和理论》，李桂林译，武汉大学出版社 2010 年版，第 5 页。

⑧ 张伯晋：《道理、布道、道路：三学者纵论法治之道》，载《检察日报》2013 年 6 月 11 日第 3 版。

法基本原则的所谓“法治”有三层含义,① 宾汉姆在很大程度上继承了戴雪的法治理论。同之前的学者②一样，宾汉姆也将法治归纳为八项要素（原则)。不过他也承认，这些原则的表述并不完整，也没有得到普世性的认可。但是他认为，探求这个非常一般性的原则，非常有必要，因为必须要努力鉴别“对于我们来说，此时此地，法治究竟真正意味着什么”。③

(一) 法律的可获知性

宾汉姆认为，法律必须是可以获知的并且尽可能地易懂、可预测。洛克曾说，“谁握有国家的立法权或最高权力，谁就应该以既定的、向全国人民公布周知的、经常有效的法律，而不是以临时的命令来实行统治”,④ 表明的就是一种依法而治的观点。同样的，哈耶克也强调规则的可预见性，他认为“法治的意思就是指政府在一切行动中都受到事前规定并宣布的规则的约束——这种规则使得一个人有可能十分肯定地预见到当局在某一情况中会怎样使用它的强制权力，和根据对此的了解计划它自己个人的事务”。⑤

法律必须是可以明确获知的，从而人们才能够通过法律预测自已的行为。对此，宾汉姆总结原因有三：其一，对于人们来说，了解必须做的或者必须不能做的事情究竟是什么不应该有什么特别的困难；其二，如果不知道法律赋予我们的权利，或者要承担的义务，就既不能主张权利也不能履行义务；其三，经济的成功运行需要有法律规则的促进，这些规则管理商业的权利和义务。

大量的立法事项不可避免地非常复杂，也必须要审视分析一下，现在立法的数量及

---

① “首先，法治意味着，与专横权力的影响相对，正规的法律至高无上或居于主导，并且排除政府方面的专擅、特权乃至宽泛的自由裁量权的存在。其次，法治意味着法律面前的平等，或者，意味着所有的阶层平等地服从由普通的法院执掌的国土上的普通的法律；此一意义上的‘法治’排除这样的观念，即官员或另类人可以不承担服从管治着其他公民的法律的义务，或者说可以不受普通审判机构的管辖……作为其他一些国家所谓的‘行政法’之底蕴的观念是，涉及政府或其雇员的事务或讼争是超越民事法院管辖范围的，并且必须由特殊的和或多或少官方的机构来处理。这样的观念确实与我们的传统和习惯根本相忤。最后，法治可以用作一种表述事实的语式，这种事实是，作为在外国自然地构成一部宪法典的规则，我们已有的宪法性法律不是个人权利的来源，而是其结果，并且由法院来界定和实施；要言之，通过法院和议会的行动，我们已有的私法原则得以延伸至决定王室及其官吏的地位；因此，宪法乃国内普通法律之结果。”转引自夏恿：《法治是什么——渊源、规诫与价值》，载《中国社会科学》1999 年第 4 期，第 122 ~ 123 页。

② 如富勒、菲尼斯、拉兹等，参见［美］富勒：《法律的道德性》，郑戈译，商务印书馆 2005 年版，第二章；［美］菲尼斯：《自然法与自然权利》，董娇娇等译，中国政法大学出版社 2005 年版，第 216 页；［英］拉兹：《法律的权威：法律与道德论文集》，朱峰译，法律出版社 2005 年版，第 187 ~ 190 页。

③ ［英］宾汉姆：《法治》，毛国权译，中国政法大学出版社 2012 年版，第 55 页。

④ ［英］洛克：《政府论》(下篇)，叶启芳、瞿菊农译，商务印书馆 2011 年版，第 80 页。

⑤ ［英］哈耶克：《通往奴役之路》，王明毅等译，中国社会科学出版社 1997 年版，第 73 页。

其风格，是不是很好地服务于法治。① 法官在法律发展中承担一定的角色，但是要注意法官造法的限度，“法官不能通过发展法律，来创制新的刑事罪名或者扩大既有罪名的范围”，“试图以激进的革新或者冒险方式来重铸法律……将使法律变得不确定和不可预测，那就是法治的对立面”。②

（二）有限的自由裁量

宾汉姆认为，法律权利义务的问题，一般应通过适用法律而解决，而非通过行使自由裁量权。行政自由裁量有其存在的原因，洛克认为，“对于法律所没有规定的许多特殊事情，要留给执行权以相当范围的自由来处理”。③

行政管理自由裁量权的限制并不意味着影响公民权利或义务的每一项决定，都由法庭或者裁判机构作出，或者管辖行政决定的任何准则，都由制定法或根据制定法制定的法令来规定。“重要的是，这样的决定应根据事先公布的准则，应可以通过诉讼来修正，尽管决定只要是由决策者依法、合理作出的，在法律上提出挑战也不可能成功”。④可见，宾汉姆在此着重强调的乃是行政自由裁量的司法纠正的可能性。正如哈耶克所言，“在法治的条件下，要求的是一个法院应该有权决定某一权力机构所采取的某一特定行动是否有法可依”。⑤

宾汉姆并不排除自由裁量的存在，他认为，如果将对行政自由裁量的限制推向极端，使行政官员在作出影响公民权利或义务的行政决定时根本没有自由裁量权，这样也危险，“制度上毫无弹性，排除任何特殊对待的例外空间，自身就可能是不义的渊薮”。⑥

除了行政自由裁量的限制之外，宾汉姆认为这一原则对法官也同样适用。虽然法官必须行使的权力是裁判的权力，而非自由裁量的权力。但是，行使的某些司法权力，通常也被表述为是自由裁量。法庭“可”怎么样，这就是一项自由裁量权。但是对这一裁量权的行使，必须要以法庭考虑了相关事项后，排除其对诉讼程序公平性产生不利影响为前提。

此外，对那些被证有罪的罪犯实施量刑之时，法官应该具有一定程度的自由裁量权。“如果强制法官对特定犯罪行为只能处以规定的刑罚，他们就不能考虑某一犯罪行为与其他犯罪行为之间的区别，某个罪犯与其他罪犯之间的区别。这将导致不公。然而，如果根据司法偏见或偏好，或者反复无常而判定刑罚的轻重，这也存在不公的渊薮”。⑦

---

① ［英］宾汉姆：《法治》，毛国权译，中国政法大学出版社2012年版，第63页。
② ［英］宾汉姆：《法治》，毛国权译，中国政法大学出版社2012年版，第67页。
③ ［英］洛克：《政府论》（下篇），叶启芳，瞿菊农译，商务印书馆2011年版，第103页。
④ ［英］宾汉姆：《法治》，毛国权译，中国政法大学出版社2012年版，第73页。
⑤ ［英］哈耶克：《自由宪章》，杨玉生等译，中国社会科学出版社2012年版，第340～341页。
⑥ ［英］宾汉姆：《法治》，毛国权译，中国政法大学出版社2012年版，第73页。
⑦ ［英］宾汉姆：《法治》，毛国权译，中国政法大学出版社2012年版，第77页。

自由裁量权有其存在的土壤，但是法治要求的是有限的自由裁量。“法治就是对任何政府权力，包括对立法机构的权力的一种限制”。① “法治并不要求剥离行政或司法决策者们的所有自由裁量权，但它拒绝不受限制的、以致成为潜在独裁的自由裁量权。没有任何自由裁量权，可以合法地不受约束”。②

（三）法律的平等适用

法律面前人人平等是一项众所周知的法治原则，“任何法律都必须对所有手段都一样适用”。③ 在宾汉姆看来也毫不例外，并称其为法治的最低要求。国家法律应平等地适用于所有人，除非客观差别证明区别对待的合理性。平等对待乃是实现正义的内在要求，“法是追求正义的意愿。正义就是：无论是谁，一视同仁”。④ 法律面前的平等是社会的基石之一，不应对富人是一套法律，对穷人是另一套。但是法律面前的平等并不绝对的排除区别对待的可能，因为某些类型的区别对待，是由于人们的自身状况在某些重要方面存有差异。“只要法律对相关人进行的区别对待，是因为他们的自身状况就是真正不同。但是，任何偏离平等对待的一般规则的，都应受到仔细审查，以确保区别对待是建立在真正差异基础之上。”⑤

（四）权力的正当行使

早在此之前，洛克就曾指出，“超越职权的范围，对大小官员都不是一种权利”。⑥宾汉姆认为，权力的行使必须诚信、公正，并且只为赋权之目的，不能不当行使，不能超越权力的界限。首先，法定权力应真正地以诚信方式行使，这是议会的立法意图。次之，权力的行使方式也必须是公平的，因为“推定国家并没有打算以不公平的方式对待其公民”。⑦ 再次，制定法赋予决策者的权力，其行使，必须总是促进该法案的政策和目标，而不应阻止或者去促进其他目标。最后，任何人声称行使制定法上的权力，必须不能超越被授予的权力的界限而行动。

该原则是基本性的。当法律被正当地制定之后，实施法律的责任就落到行政机关的头上，一般情况下，行政机关除了严格依照那些法律行事以外，不会得到自行其是的其他授权。

监督行政权力行使的制度是司法审查。但是法官行使司法审查权也不能超越界限。法官并不是独立的决策者，对那些被审查的行政行为，法官只是其“合法性的稽核员：

① ［英］哈耶克：《自由宪章》，杨玉生等译，中国社会科学出版社 2012 年版，第 324 页。

② ［英］宾汉姆：《法治》，毛国权译，中国政法大学出版社 2012 年版，第 78 页。

③ ［英］哈耶克：《自由宪章》，杨玉生等译，中国社会科学出版社 2012 年版，第 333 页。

④ ［德］拉德布鲁赫：《法哲学》，王扑译，法律出版社 2005 年版，第 225 页。

⑤ ［英］宾汉姆：《法治》，毛国权译，中国政法大学出版社 2012 年版，第 81 页。

⑥ ［英］洛克：《政府论》（下篇），叶启芳，瞿菊农译，商务印书馆 2011 年版，第 129 页。

⑦ ［英］宾汉姆：《法治》，毛国权译，中国政法大学出版社 2012 年版，第 88 页。

仅此而已”。① 如果法官自己行使本来属于其他机构的权力，也同样是越权。但如果以正当方式行使司法权力来制约行政权力，法官就没有篡夺任何权力。“他们是行使了一项宪法权力，法治要求他们应行使的权力。”②

（五）充分的基本人权保护

拉兹将法治视为法律体系的一种优点，认为不能将它与……人权（尊重人或尊重人的尊严等）等价值相混淆。一种根植于否定人权、普遍贫穷、种族隔离、性别歧视以及宗教迫害的非民主性法律体系，在总体上可能比任何更为开明的西方民主法治体系更为符合法治的要求。③

但宾汉姆完全反对这种论点倒向“狭窄”定义，而认为应将保护人权包含在法治的范畴之内。在他看来。粗暴地镇压或者迫害其部分人民的国家，即使是根据正当制定的详尽的法律且得到谨慎的执行，而将被迫害的少数派送到集中营，或将女童强制遗弃在荒郊野外，都不配被看做是遵守了法治。如果是这样的情况，我认为就是剥夺了“关于法治的既存宪法原则”的主要美德。④

长期以来，关于人权理论存在两种不同的认识，即人权的普遍性和人权的相对性，并形成人权普遍主义和人权相对主义两个派别。前者主张，人权是生而有之的、普遍的、无条件的和不可剥夺的，是任何地方的任何人毫无例外所享有的权利，因此存在着普遍的人权价值和共同的人权标准，每个国家都应当尊重这种价值并执行这个标准。后者则认为，人权是有条件的、社会的和相对的权利，它在不同国家的存在和实现依赖于特定的经济社会条件和文化传统，各个国家应该根据自己的情况确定具体的人权标准。⑤ 因此，对于人权的保护，并没有在具体标准上达成共识。宾汉姆摆脱这种二元对立的争论，回到人权保护的起点，认为“在一个特定的社会里面，尽管随着时间变迁，标准会有变化，但通常在任何特定时点上，对于界限在哪里，在很大程度上还是有共识的，并且作为最终救济保障，也有法院来确定相应的界限”。⑥

（六）争议能得解决

拉兹曾指出法庭应当是易被人接近的，“久拖不决、费用昂贵等会使最开明的法律也成为僵死的条文”。⑦ 宾汉姆也认为法治必须为当事人自身不能解决的民事争议提供解决机制，且不存在昂贵的、以至于支付不起的费用、或者过度延迟。

---

① ［英］宾汉姆：《法治》，毛国权译，中国政法大学出版社 2012 年版，第 87 页。

② ［英］宾汉姆：《法治》，毛国权译，中国政法大学出版社 2012 年版，第 93 页。

③ ［英］拉兹：《法律的权威：法律与道德论文集》，朱峰译，法律出版社 2005 年版，第 184 页。

④ ［英］宾汉姆：《法治》，毛国权译，中国政法大学出版社 2012 年版，第 95～96 页。

⑤ 李林：《人权的普遍性与相对性：一种国际的视角》，载《学习与探索》2006 年第 1 期，第 31～32 页。

⑥ ［英］宾汉姆：《法治》，毛国权译，中国政法大学出版社 2012 年版，第 97 页。

⑦ ［英］拉兹：《法律的权威：法律与道德论文集》，朱峰译，法律出版社 2005 年版，第 189 页。

每一个人应受法律的约束并且有权享受法律的保护，作为一种最后的手段，人们应该能够提请法院来确定他们的民事权利和诉求。“一项不可执行的权利或和诉求，对任何人而言都没有什么价值。”①

在当事人自己尝试以“补充性的”机制，包括调解、调停、仲裁来解决相互之间的争议不能成功的情况下，就需要法院作出国家的和权威的判定。此时，法治的要求是应到法院解决。但是大多数法律制度在这一问题上面临巨大的、长期的未解决的两个障碍：费用与拖延。但是，“如果拒绝向支付不起费用的、贫困的当事人提供法律保护，是法治的敌人之一的话，那么拖延提供救济则是另外一个敌人”。②“迅速地、费用可承受的解决民事争议，这一目标难以实现，现在很可能还是这样。但是，一个国家越接近这一目标，法治（在此方面）就得到了越好的遵守。”③

（七）公平的审判

享有公平审判的权利是法治的核心要求。不论在刑事、民事，还是混合性质的审判程序中，都应有这个权利。公平意味着对原告、被告双方的公平，而非仅指一方。在程序履行上，必须给予检察官或原告一方公平的机会，来证明其指控，也应该概予被告一方公平的机会，来进行抗辩。公平是动态变化的概念，在任何时点上都不是固定不变的。当代民主国家的宪法，在法治的指导下，必须确保司法事务决策者的独立，“司法事务决策者”涵盖了那些作出具有司法性质决定的所有人，无论是否是法官，或者陪审员、或者行政司法官。④

要实现公平审判，就必须要求法官独立于行政官员和政府，独立于政府之外的任何人或者任何机构。这一原则要求“所有的司法事务决策者必须独立于地方政府、任何类型的特权阶层、公共舆论或者议会意见、媒体、政治党派和压力集团，还有这些决策者自己的同僚，特别是比他们级别高的同僚。简而言之，他们必须独立于任何人或者任何可能引导他们不正当判案的事物”。⑤

宾汉姆还认为法律职业必须具有独立性，其与司法机构独立一样重要，“法律执业者能够为那些不能自我表达的人们进行无畏的代言，无论那些人的情况是如何不受欢迎或者令人反感”。⑥

除了司法决策者的独立之外，宾汉姆还强调决策者的中立。“决策者真正独立于所审案件以外的其他任何影响力，可能就是中立的了，但可能还会受制于自身偏好或者偏见的约束，这也可能会妨碍其公正地作出判决。当然，既然法官和其他决策者都是人而

---

①［英］宾汉姆：《法治》，毛国权译，中国政法大学出版社2012年版，第120页。

②［英］宾汉姆：《法治》，毛国权译，中国政法大学出版社2012年版，第124～125页。

③［英］宾汉姆：《法治》，毛国权译，中国政法大学出版社2012年版，第127页。

④［英］宾汉姆：《法治》，毛国权译，中国政法大学出版社2012年版，第128～130页。

⑤［英］宾汉姆：《法治》，毛国权译，中国政法大学出版社2012年版，第131页。

⑥［英］宾汉姆：《法治》，毛国权译，中国政法大学出版社2012年版，第132页。

非机器，无疑，在某种程度上，他们都不可避免地是自身教育、经验和背景的产物。他们判断案情的思维，不会是一张白纸。但是，他们应努力警示自己，抵消任何可能干扰他们判断的外部因素，如果他们意识到了偏见，或者意识到了可能引发偏见的事项，他们就必须拒绝作出有正义的决定”。①

（八）法治的国际层面

法治要求国家遵守其在国际法中的义务，如同遵守国内法一样。原因在于，“尽管国际法自身有其规则和制度，构成了清晰的、可辨别的法律体系，但它与具体国家的国内法是相互补充的法律体系，而非相互排斥；它不是孤立的事物，而是建立在类似的原则上，追求类似的目的；并且，在国际领域内遵守法制，如同应在国内领域内一样，是同等重要的，而且可能更重要”。②“但最强势的国家和次强势的国家，当事关重大而且他们认为对于维护显见的国家利益或者维持当权者的统治必不可少时，仍会置经其许可的国际法于不顾。”③

在他看来，美国政府采取的入侵伊拉克的行动所基于的法律理由根本不清楚。在未经安理会授权的情况下，美、英和某些其他国家入侵伊拉克，当然就是严重违反了国际法和法治。“一个国家将国际法规则看做是对其他国家有约束力、而对其自身无约束力的时候，就是法律所依赖的合约的破裂。”④

如果要克服世界现在面临的棘手挑战，重要一点，必然就是要依规则，国际上达成合意的、国际上得以履行的——并且如果需要——国际上得以执行的规则。这就是法治在国际秩序中的要求。⑤

三、善政：法治的理想

善政无疑是值得追求的，其实现途径则唯有法治。宾汉姆最后说道：“在由国籍、种族、肤色、宗教和财富差异所分裂的世界里，它（法治）是最重要之一的、还可能就是最重要的统一因素，可能是我们距离最近的普世世俗宗教。它仍然是一种理想，但是为了国内和全体世界的善政、和平之利益，是值得为之奋斗的理想。”⑥ 为了实现善政，法治乃是必由途径。

当下，法治已经毋庸置疑地成为了全世界共同认可的价值，“发表拒绝法治的观

---

① ［英］宾汉姆：《法治》，毛国权译，中国政法大学出版社 2012 年版，第 132 页。

② ［英］宾汉姆：《法治》，毛国权译，中国政法大学出版社 2012 年版，第 154 页。

③ ［美］布雷恩·Z. 塔玛拉哈：《论法治：历史、政治和理论》，李桂林译，武汉大学出版社 2010 年版，第 162 页。

④ ［英］宾汉姆：《法治》，毛国权译，中国政法大学出版社 2012 年版，第 175 页。

⑤ ［英］宾汉姆：《法治》，毛国权译，中国政法大学出版社 2012 年版，第 181 页。

⑥ ［英］宾汉姆：《法治》，毛国权译，中国政法大学出版社 2012 年版，第 243 页。

点，那实属冒天下之大不韪的事”。① 作为任何一个国家都必须为之奋斗的目标，善政的最核心要求乃是一个良好的政府，而这种良好不是建立在政府领导人的个人道德之上，因为那终将导向人治。这里的善政也远非停留在传统意义上，唯有定格在法治框架下，政才会实现“善”。

我们正在致力于建设的法治国家、法治政府和法治社会“是继承、发展了人类社会的法治文明，尤其是借鉴了西方国家的法治经验，同时注重中国的政治理念、文化传统、社会诉求、具体国情”。② 不言而喻，法治经验的借鉴对于我国法治一体化建设具有重要作用。而与此同时，将前述理论放在中国语境下并不是要以这些原则简单地套裁中国经验，毋宁是一种良性互动的视角，也即对于西方国家的法治经验不能视若无睹，而应该直面那些可以为我国法治建设所利用的一切资源。此外，“从公共治理的角度讲，善政则是构建和谐社会的政治基础”，③ 而法治又是善政之基础，不行法治，善政则无从谈起。“大凡所谓恶政者，十之八九是政府抛开法律行事的结果，古今中外，概莫能外”，④ 如果仅靠国家领导人的道德来实现善政，而没有法治作为保障，则善政终究只是梦幻泡影。故而，唯有法治才是通往善政之坦途。

（作者单位：中南财经政法大学）

① ［美］布雷恩·Z. 塔玛拉哈：《论法治：历史、政治和理论》，李桂林译，武汉大学出版社 2010 年版，第 4 页。

② 余凌云：《法治国家、法治政府与法治社会一体化建设的途径》，载《法学杂志》2013 年第 6 期，第 21 页。

③ 王国敏：《善政：构建和谐社会的政治基础》，载《社会科学研究》2006 年第 6 期，第 23 页。

④ 吴长青：《善政出于善制》，共识网，2011. 3. 11。

第十篇
社会主义法治建设的动力来源分析

杨晓婷

内容提要：“依法治国，建设社会主义法治国家”是我国现代化建设的一个方向，也是一个艰巨的任务。怎样充分发挥集体的力量，使社会各个机体发挥积极作用，是我们需要迫切考虑的问题。从马克思的哲学角度出发，社会主义法治建设的动力可以分为：人的需要、社会基本矛盾运动规律、理论引导和权力的推动。

关键词：法治；社会主义法治建设；动力

“依法治国，建设社会主义法治国家”是我国现代化建设的一个方向，也是一个艰巨的任务。怎样充分发挥集体的力量，使社会各个机体发挥积极作用，是我们需要迫切考虑的问题。针对不同的角度，社会主义法治建设的动力就有不同的类型。从主体来看，可分为公民个体的力量、社会的力量、国家的力量；从法治运行的环节来看，可分为立法力量、执法力量、司法力量、守法力量等。钱弘道认为在中国推进法治进程的力量有经济力量、制度力量、公权力量、私权力量、信息力量。① 马克思认为，社会主义法治建设的动力可以分为原动力、根本动力和直接动力。

一、人的主体需求是原动力

对某件事物的评价是从人的角度出发的，它对人们的满足程度越高相应价值就越高，发掘利用就越充分，反之则反，它就是毫无用处的。法治是近代各个国家追求的美好事物。法治之所以被重视是因为它是人们需要的。马克思主义的观点来看，人类的需要是从低级到高级发展的，进步的，这有时是人们主动追求的目标，有时是无意识的结果。它推动社会向更加文明、和谐、进步的方向发展，该过程也是良法诞生的过程，法治也应运而生。法治建立的基础都是人们所期待和向往的。大家都知道，法治的基础为市场经济、民主政治、理性文化和社会文明。第一，市场经济是高级的商品经济，从而要求平等，平等是法治的本质属性。因此市场经济是法治经济，法治和市场经济相互依存。第二，民主政治提倡限制权力保障权利，而这正是法治的灵魂，只有在民主的面

① 蒋安杰：《推进中国法治的五种力量————与浙江大学法学院钱弘道教授的对话》，载《法制日报》2008 年 4 月 20 日第 9 版。

前，法治才体现出它的价值，法律才能体现出至高无上的地位。第三，西方的自然法思想的基础是人们的理性，法律就是人们理性文化的产物。理性也是人区别于动物的标志，人能够独立思考。理性贯穿法治运行的全过程。第四，社会文明是人们的需求的结果，是人们追求的目标。埃利希说："法律发展的重心自古以来就不在于国家活动，而在于社会本身，这个重心在当代也必须到那里去追寻。"① 如果没有经济、政治、文化和社会条件，可能出现非良法之治的局面。"无论如何，最高的立法权只是一种纯粹的理论，因为自古以来没有一位立法者可以不顾社会奉行的道德价值、传统、舆论乃至于偏见来创设他所希望的法律。"② 价值是人们需求的，法治也不例外。法治最高的价值为正义，最根本的要求为秩序。社会首先要求稳定有序安全，这人们的基本需求。相对稳定的环境有助于法治的建立和发展完善。对正义的认识虽然"仁者见仁，智者见智"，但有多数人能够认可和接受的最低标准。人们对法治的追求主要在于它的最高价值——正义。

二、社会基本矛盾运动规律是根本动力

社会发展包含法治发展是马克思主义的应有之意。社会主义法治建设的根本动力为社会基本矛盾运动规律，即生产力和生产关系、经济基础和上层建筑的相互作用。

（一）生产方式

法律从本质上来说是由占统治位置的物质条件决定的。特别是由生产力和生产关系构成的社会物质生产方式，左右着法律的性质、法律的产生和发展。"马克斯·莱因斯坦也指出："任何意识形态的现象都没有独立存在或真正的价值。……经济，即物质是决定所有思维创造物的历史基础。任何以为思维和精神的领域是按照自己的独有方式，独立于物质领域的事件或原因而存在，不是谎言，就是自欺欺人。"③ 其实，只有毫无历史知识的人才不知道："君主们在任何时候都不得不服从经济条件，并且从来不能向经济条件发号施令。无论是政治的立法或市民的立法，都只是表明和记载经济关系的要求而已。"④ 在生产方式中，生产力是主要矛盾的主要方面。而在生产力各个要素中，人民群众是最根本的力量，科学技术是最革命的力量。

（二）人民群众

人民群众是生产力中最积极的因素，从法治的角度来看，人民群众是根本力量。依

---

① ［奥］欧根·埃利希：《法社会学原理》，舒国滢译，中国大百科全书出版社 2009 年版，第 429 页。

② ［英］丹尼斯·罗伊德：《法律的理念》，张茂柏译，新星出版社 2005 年版，第 149 页。

③ ［德］马克斯·韦伯：《论经济与社会中的法律》，张乃根译，中国大百科全书出版社 1998 年版，第 6 页。

④ 《马克思恩格斯全集》第 3 卷，人民出版社 1958 年版，第 121 ~ 122 页。

法治国的含义为广大人民群众在党的领导下，依照宪法和法律规定，通过各种途径和形式管理国家事务，管理经济文化事业，管理社会事务，保证国家各项工作都依法进行。首先，满足最广大人民群众的根本利益的法是良法，要想制定良法，必须有人民群众参与立法。多数人的意见并不必然产生良法，但能够最大限度地避免恶法。其次，依法治国的关键是依法行政，依法行政提倡以权利限制权力，人民群众对权力进行监督，只有这样才能预防权力脱轨并保证法治的正常发展。再次，人民群众的参与能够加强司法公正。比如陪审制度中由法官和陪审员审判案件并按少数服从多数的原则来判决。这样就可以发挥集体的智慧，摆脱法官思维的狭隘，维护法律的尊严。从司法层面看，司法公正要求司法公开，公开是向全社会公开，审判接受民众的监督。最后，人民群众是守法的主要力量。我们评价一个社会的法治水平，不光看法律制定得多么完备，还要看法律有没有被人民群众所内化，有没有得到普遍认可和支持。再强调一下，法律制定只有被接受为社会生活的习惯时，才能够说确立了法治秩序。因此，“法律只要不以民情为基础，就总要处于不稳定的状态。民情是一个民族唯一的坚强耐久的力量”。① “民众是法制变革最深刻的社会根据。没有民众在法制上的普遍觉醒，要进行法制变革或者要取得法制变革的成功都是不可能的。法制变革或法治理想的实现都是社会演变发展的过程和结果，仅有先锋引导并不能实现真正的法制变革，更无法社会整体的法治化。”②

（三）科学技术

“科学技术是第一生产力。”首先，伴随着科学技术的发展出现了许多新的法律部门，如环境保护法、电子商务法等。其次，科学技术的发展有助于提高立法技术。比如网络的发展使人们联系加强，使大多数人参与立法，提高立法的效率，使法律向着良法的方向发展。再次，科学技术提高了办事效率，比如在电子政务的情况下，办公更加空开化，更有助于实现权利和权利的相互作用，实现依法行政。最后，高科技比如侦查技术、监控技术等的广泛应用，有助于查清事实真相，并有效防止犯罪行为的发生。

三、理论引导和权力推动

（一）法学理论家是引导力量

法治离不开法学理论的引导，“如果缺乏训练有素的专家的决定性合作，就不可能有正式阐述的法律。……因为要解决层出不穷的新问题，没有经过专业性和合理训练的法律人员是不可想象的”。③ 在西方的法制建设进程中法学专家在其中起了非常重要的

① ［法］托克维尔：《论美国的民主》，董果良译，商务印书馆2009年版，第315页。

② 卓泽渊：《法治国家论》，法律出版社2008年版，第193页。

③ ［德］马克斯·韦伯：《论经济与社会中的法律》，张乃根译，中国大百科全书出版社1998年版，第6页。

作用。马克斯·莱因斯坦就指出，“以罗马法的发展和‘返老还童’为基础发展起来的西欧法律，没有波伦亚注释法学派和后注释法学派的工作，是难以想象的……几百年来，在英国，早已形成的中央最高法院及其中央化法律学者使法制统一得以维持。在美国，这种新的法律现象也已十分明显。美国法不再像英国的普通法那样，只是简单的法官制定法。其原因之一是大批全国性法学院和法学杂志，以及格雷、威廉斯敦、威尔格摩和博格斯等人的法学著作所形成的巨大影响”。① 然而，法治建设不光是法学家的事，它还需要其他社会主体的参与才能实现。政治学家、经济学家、社会学家等是其他社会主体的应有内容。在实践中，政治家在法律的发展的进程中也起着决定性的作用。比如近代时期的杰斐逊、汉密尔顿、麦迪逊等联邦党人思想对美国宪政的贡献，拿破仑对法国民法典的贡献等。从我国改革开放 30 年来看，国家各位领导人都极其重视法治，把“依法治国”作为我国的基本治国方略，使中国特色社会主义法律体系得以基本形成。

（二）各权力机关为执行力量

1. 立法机关制定良法

立法是法治的前提，是法治运行的第一个环节。可以这样说，立法决定执法和守法。立法的质量，决定着整个法治的可实现程度。因此，我们应该坚持人本化、民主化、科学化和程序化的立法原则，制定优良的法律。

2. 行政机关依法行政

依法治国的主要内容是依法行政，即使是优良的法律，如果得不到有效贯彻和执行，也无法实现其自身的价值。法治秩序的形成要以国家的强制力为支撑。特别是政府，其行为会影响、促进乃至主导整个社会的主流价值观，是法治建设的主要力量。如果政府自已都不讲诚信、不遵守法律，将会对法治建设起严重的破坏作用。这要求行政机关依据法律授权来行使职责，合理行使自由裁量权，坚持文明执政。

3. 司法机关公正司法

司法是社会的最后一道防线，司法公正是法治实现的标志。一次不公正的审批，会产生严重的后果。犯罪污染的是水流，而司法不公污染的是水源。要想做到司法公正，必须做到司法公开，是公正的保障；为了良法的适用，要坚持司法创新，体现在判例法国家实行的“法官造法”，大陆国家实行自由裁量权，要通过个案实现司法公正；坚持司法独立，因为独立是司法公正最基本的需求。

总之，社会主义法治建设的力量是方面的，各种力量在不同的地点时间发挥的作用有差别。“在某时某地，经济的因素较为重要；在某时某地政治的因素较为重要；在某时某地宗教的因素较为重要；在某时某地法律的因素较为重要，如此等等。在所有时间

---

① ［德］马克斯·韦伯：《论经济与社会中的法律》，张乃根译，中国大百科全书出版社 1998 年版，第 6 页。

和地点，居支配地位的重要因素则是这些不同因素的交互作用。"① 所有力量和法治的关系都是互相作用。所有力量和法治的关系都不是单方面的，而是互动互推的，互为作用力的。所以，首先，要完善法治得以生存和成长的环境，将各种力量进行整理，凝聚成合力，发挥它们的最大功效；其次，法治自身要完善，改进各种动力因素，使法治和所需的环境形成良性互动的局面。

（作者单位：中南财经政法大学法学院）

① ［美］哈罗德·J. 伯尔曼：《法律与革命——西方法律传统的形成》，贺卫方等译，法律出版社 2008 年版，第 534 页。

第十一篇
试论法律与政治之间的构成性联系
——哈贝马斯的论述及其对于当代中国法律与政治之启示

李依林

内容提要：哈贝马斯在其著作《在事实与规范之间——关于法律和民主法治国的商谈理论》中提出了法律与政治两者之间是“构成性联系”的观点，并从他的社会理论出发进行了独特的论述：建立在交往理性基础上具有合法性的法律，使政治权力与交往权力联系起来，由此形成一种法律与政治权力的互相构成。法律与政治之间的构成性联系是一种良性循环关系，两者彼此没有先后和高下之分，两者互为前提、相互支撑。哈贝马斯的这一理论给予中国社会转型时期的法律与政治实践以重要启示：即在实践中不能以政代法，要积极实行法政，走民主法治的道路。

关键词：法律；政治；构成；以政代法；民主；法治

当前中国社会转型期的法律与政治实践中，法律与政治关系是错位的，政治被摆到了首位，政治决定法律、法律要为政治服务堂而皇之占领了人们的意识形态。多年来我们一直在政治至上、政治挂帅的思维模式下讲政治，即使在法治成为治国方略的时候也没有成为例外。哈贝马斯的著作《在事实与规范之间——关于法律和民主法治国的商谈理论》着重解决的是事实性与有效性之间的张力这个根本性的问题。这种张力具有双重属性，即内在于法律的事实性和有效性之间的张力，社会的事实性与法律的有效性之间的外在张力。事实性与有效性之间的张力的形成和化解是建立在经过理想性预设重构的事实基础上，随着这种形成和化解的不断进行，社会实在越来越多具有被重构的特征。作为事实性和有效性之间社会媒介的法律自然地成为了重构的对象。为了处理“内在于法律的事实性与有效性的张力”这个问题，哈贝马斯启动了“重构”过程的第一步，提出了基于商谈论“自我立法”① 观念作为解决这一内在张力的理论进路。哈贝马斯对“法律重构”步骤的第二步是对法治国观念②的重构。在商谈论视角下，为澄清这一观念，需要探讨作为法律正当性根源的交往权力概念以及交往权力向行政权力

① 合法之法只能是那种源于特定的、民主的立法程序的法律，而此种立法程序又是以权利的体系为建制化条件。

② 法治国观念是指作为权利体系的法需要政治权力来确保私人和公共自主，而政治权力的合法化就要国家权力本身通过法律的渠道来获得其合法性。

的转化。按照上述思考，哈贝马斯考察了法律和政治之间的同源、内在、合法性构成关系，这为理解法律与政治的关系并合理地定位二者的关系提供了一种新的思路。因而，我们应积极汲取哈贝马斯这一思想的合理内核进而进一步运用于中国社会转型时期的法律与政治实践。

一、法律和政治的同源构成

哈贝马斯从法律与政治权力的分化过程论述了法律与政治之间的同源构成联系。

（一）对政治权力的自然主义理解

哈贝马斯认为，法律和政治权力之间的复合体，是从血缘组织起来的社会向早期按国家组织起来的社会的过渡时期的特征。法律和政治权力的复合体或交错关系在古代帝国中并没有问题，问题出在早起的近代社会。在马基雅维利那里，首先出现了对国家权力的自然主义理解，即政治权力处于同宗教传统环境相断裂之过程中，并且被看做是执掌权力者可以从策略眼光出发进行计算、用目的合理性方式加以运用的潜力；其次，到了霍布斯，国家权力表现为在一种统治契约的基础上，通过使君主意志具有立法功能、使他的命令表达带上法律形式而形成的；最后，在卢梭和康德那里，虽然统治权力融入了公共理性和人民主权的要素，但在康德的改革建议中仍然暴露出对于政治权力的自然事实——把法律与道德分离开来的那个不可捉摸的、抉择主义的核心——的霍布斯式的敬意。这是因为，康德把作为外在自由的法律与作为内在自由的道德完全分开，法律在这种意义上又似乎回到了霍布斯的决断论时期。

（二）法律和政治的起源模式

由上可见，法律和政治权力之间的交错关系在对政治权力的自然主义消解中被完全消解，哈贝马斯对此持反对态度。但是，在前政治社会的基础是自然形成的，法律和政治权力的复合体事实上能够与这种基础长期交织在一起。在前政治社会，权力是以声望为基础，并与具有宗教背景共识的行为规范结合在一起。这样一种复合体使得在国家的组织权力还没有出现的时候，就可能形成集体意志和仲裁冲突的种种建制。因此，以国家形式出现的法律和政治的复合体产生于一种古老的社会性整合基础之上。哈贝马斯指出，理性法理论的主体哲学概念却妨碍了这一基于社会学的洞见，因为理性法理论对自然状态的构造并没有考虑这种古老的社会性整合基础。

在上述论辩的基础上，为了进一步证成法律和政治权力的同构关系，哈贝马斯分析了法律和政治的起源模式：

1. 冲突仲裁与集体意志

冲突仲裁涉及的是个人之间的关系，以及在发生分歧情况对行为期待的稳定；集体意志的形成涉及的是个人与群体之间的关系，以及作为特定群体成员的个人之间的关系，以及对集体目标的选择和合作地实现。用帕森斯的话来说，是“模式维持”和

"目标实现"。冲突仲裁、集体意志形成这两种行为协调模式"它们既不需要由国家来强制实施的法律，也不需要法律形式的政治权力，但却构成了法律和政治权力有可能相互构成的基础"。①

在冲突仲裁这种行为协调模式中，人际关系的协调在一种情况下是通过价值共识而达成的，在另一种情况下是通过利益平衡而达成的。人们对行动协调问题的感受有各种方式，取决于行动者的视角是什么。在价值取向行动的条件下，行动者们追求或依赖的是共识；在利益导向行动的条件下，他们追求的是利益平衡或妥协。

关于集体意志形成，集体目标的选择也存在两种策略：一是权威决断，二是达成妥协。"关于目标设定的分歧可以根据它们而得到解决。或者是个人或家庭具有足够的声望，以作出对共享价值信念的权威诠释；或者是冲突各方——仍然是根据他们的实际力量——而达成一个可以容忍的妥协。"② 哈贝马斯认为，以上两种行为协调模式及其四种策略的出现代表了国家法律和政治权力同源构成的两个阶段：一是仲裁者权威的确立；二是形成集体意志权威的出现。第一阶段的特征是一个居于王位的裁判者的地位，这个裁判者垄断了裁决冲突的职能。第二个阶段的特征是行政机构的法律建制化，这种建制化使有组织政治统治中的集体意志形成成为可能。他们作为社会权力有可能转化为政治权力。

2. 法律和政治权力同源构成的两个阶段

在第一个阶段中，仲裁者享有社会权力，并依据作为习惯、道德和法律复合体的规范裁决冲突。但是，社会权利如果没有一种超越力量的支持，它便显得苍白无力，因为它要有组织化的武力作为后盾。神灵之法的出现解决了这个问题，因为神灵之法代表了一种赋予权力以合法性的正义源泉。神灵法律赋予权力以权威，社会权力给予法律以强制性支持。为了说明这种关系，哈贝马斯勾勒了一个简图：一方面是社会权力通过神灵之法的认可而变成了合法权力，合法权力便能够形成事实上具有强制力的法律；另一方面得到社会权力支持的神灵之法变成了事实有效的法律。这种相互构成的互动为后来的重大转变做好了准备，即神灵之法转化为事实有效之法，社会权力转化政治权力。

在第二阶段中，神灵之法已经变成了国家的法律，社会权力也变成与国家权力密切相连的政治权力。在这个阶段，法律与政治权力已经出现了功能分化：法律的功能是提供确定的，稳定的和有强制力的社会规则，以稳定人们的行为期待；政治权力的功能主要是选择并实现集体目标。两者彼此的关系是法律使政治权力合法化，而政治权力把法律当做一种组织社会的手段加以利用。两者仍然是互相构成的联系，没有法律，政治权力就没有合法化基础；没有政治权力，法律的功能就无法实现。

① ［德］哈贝马斯：《在事实与规范之间——关于法律和民主法治国的商谈理论》，童世骏译，生活·读书·新知三联书店2003年版，第171～172页。

② ［德］哈贝马斯：《在事实与规范之间——关于法律和民主法治国的商谈理论》，童世骏译，生活·读书·新知三联书店2003年版，第174页。

二、法律和政治的内在构成

法的特有功能是稳定行为期待，只要我们从这个方面来考察法，它就表现为一个权利的体系。法律和政治之间的这种内在联系具体体现在：权利预设政治权力；政治权力以法律形式建立起来；权利需要政治权力参与和提供保障等方面。

（一）权利预设政治权力

政治权力主要涉及的是国家和政治团体的权力，主要包括国家的立法、行政、司法机构和政治团体的权力，表示的是社会的纵向权力关系，即与公民权利相对的国家权力。具体而言，国家的政治权力主要包括制裁权力、组织权力和执行权力，它们分别由以下权利所预设：（1）平等的主观行动自由的权利预设了国家的制裁权力，制裁权力以合法暴力为后盾，来保证实证法中基本权利的实现。（2）平等成员身份的权利要求国家确立其组织并进行自我组织的能力，从而在内外两方面维持法律共同体对共同生活的认同。另外，组织权力还表现为国家的司法裁判，个人受法律保护的权利要求建立法院系统来确保公民的基本权利。（3）政治自主的立法权力在关于公民政治参与的基本权利中得以具体化，它要求国家具有执行权力来执行在政治意志形成过程中产生出来被执行的纲领。总之，权利预设了国家的政治权力。

（二）政治权力以法律形式建立起来

国家的政治权力不仅是由权利所预设的，而且是以法律形式建立起来的。政治权力处于同法律的内在关系之中，它必须在同法律的联系中而取得合法性。然而哈贝马斯强调，仅仅具有法律形式的政治权力之决定，还无法使法律获得充分的规范意义。他肯定了早期资本主义国家法学说的“制定法”概念，即制定法是人民代表在一个以讨论和公共性为特征的程序中达到一致意见的普遍和抽象的规则。法律之所以合法，不是因为其形式，而是本身要用合法制定的法律来加以合法化。所谓合法的法律，就要在政治意见和意志形成过程中被普遍地和合理地接受，只有通过合法的制定法律之程序才能产生合法性。

公民对政治自主的运用要融合在作为政治权力的国家立法之中，由此，同主观自由相联系的人民主权又一次同国家权力相交叉，这可以表现为所谓“一切权力来自人民”的原则。对这一原则，哈贝马斯作了商谈论的阐释，即人民主权不再体现在自主公民的有形聚集之中。它被卷入一种由论坛和议会团体所构成的可以说是无主体的交往循环之中。通过一种建制分化的意见形成和意志形成过程的交往程序，人民主权的原则得以实现。这样，我们可以看到，在民主法治国中，政治权力分化为交往权力和行政权力。行政权力是政治权力的组成部分；交往权力是指“议会在吸收和采纳公共领域的意见和建议的基础之上，形成了具有合法性的法律，这种法律所产生的能量即为交往权力”。①

---

① 高鸿钧等：《商谈法哲学与民主法治国——〈在事实与规范之间〉阅读》，清华大学出版社2007年版，第96～97页。

这种权力因为建立在以理解为旨向的交往行为基础之上，故而称作交往权力。

（三）权利需要政治权力参与和提供保障

在公民的基本权利方面，在哈贝马斯看来，在现代社会，没有国家及其政治权力的参与和提供保障，基本权利则无法实现。① 哈贝马斯认为，公民横向关系的基本权利十分重要，是合法之法产生的前提，同时这些主观权利需要国家客观法的确认和保护，需要通过国家行政机构的执法得到落实，需要通过司法机构的司法活动得到切实保障，没有国家权力作为后盾，法律就缺乏事实的强制力，基本权利得不到具有事实强制力法律的保障，就会成为"应然"的权利，就会成为理想的权利。

因此，哈贝马斯主张，在法治国中，基本权利和国家权力既不互相对立，也不彼此混为一体，它们两者都统一于法律之中，都应是法律的产物。这关键在于能否产生合法之法，使得基本权利和国家权力都建立在合法之法的基础之上。"为政治统治之实施提供合法性的不是法律形式，而仅仅是与合法地制定的法律之间的紧密联系。"② 在后传统的辩护层面上，被当作合法的仅仅是可以在一个商谈性意见形成和意志形成过程中被所有法律同伴所合理接受的法律。这就需要在生活世界中重建私人自主与公共自主的内在关系，重构交往权力与政治权力的内在关系，通过合法之法赋予、发展和保护公民权利，授予、限定和导控国家的政治权力。由此，公民的基本权利和国家的政治权力就会形成一种互相构成的关系，法律和政治也不再相互对立或混为一体，也是一种构成的关系。

三、法律和政治的合法性构成

哈贝马斯强调，法律与政治权力虽然具有内在的构成性关系，但它们并不应该看成是自我满足的交换关系。法律形式本身并不足以为政治权力的实施提供合法性。法律只有起到提供正义之来源的作用时，才具有提供合法性的功能，它才能为政治权力提供合法性。哈贝马斯认为，现代的法律与政治权力这种互相构成是扭曲的关系形态，因而导致了法律合法性和权力合法性的双重危机。他认为，解决问题的出路不在于打碎现行体制进行激进的超越，而在于立足现实的重构。重构的关键不是消除法律和政治权力的事实强制性，而是在此基础上使它们在规范上具有可接受性。要做到这一点，重要的是首先要让法律成为具有合法性的法律。

（一）法律的合法性之源

哈贝马斯指出，在后形而上学的现代社会里，合法之法的来源已经不能再靠宗教世

① 高鸿钧等：《商谈法哲学与民主法治国——〈在事实与规范之间〉阅读》，清华大学出版社2007年版，第99页。

② ［德］哈贝马斯：《在事实与规范之间——关于法律和民主法治国的商谈理论》，童世骏译，生活·读书·新知三联书店2003年版，第167页。

界观背景下的自然法来维系，法律所具有形而上学的合法性条件被消解了。俗成化的法律逐渐完全依赖于政治立法者的决定，这个立法者可以同时支配司法和行政，而自己却不受“自然理性”之外的规范的约束。这样，在作工具主义理解的权力与工具化的法律之间的循环中，出现了一个缺口，为了使前政治社会向政治国家进化成为可能，政治权力必须要由一种内在的合法之法来提供合法性。为了填补这一缺口，理性法诉诸实践理性来取代枯竭了的神圣正义之源。对哈贝马斯来说，这显然是失败的，因为在很大程度上，理性法理论也仍然局限于那种认为统治力量之权威来源于超实证法则的传统构想的独断思路；它没有克服法律和权力之间原初对立的设想。这样哈贝马斯引入了商谈论下的解决方案，这就是要产生合法之法就要动员公民的交往自由。立基于公民交往自由基础之上的交往权力，才是法律的合法之源。这是因为，无障碍交往自由之公开运用，它使得合理的意见形成和意志形成成为可能；同时无障碍交往自由的公开运用也具有一种提供动机的力量，这种力量来自于主体间对话行动中提出并承认的有效性主张，这些主张又进一步影响合法之法的形成。“仅当法律具有正当性，或者有可知的理由去遵守它时（不是因为它是法律，不服从法律会受到惩治），法律才是合法的”。① “现代法律的合法性基础其实并不在于法律语句的普遍形式，而在于法律内容的普遍共识——亦即法律规则之得到所有有关的人们的普遍同意。”② 根据交往理性的要求，法律不仅必须满足社会经济政治整合的要求，而且必须满足社会成员作为社会实践主体的相互沟通与理解的要求。

总之，在现代社会，法治已成为社会治理的主要模式，植根于生活世界中的法律，唯有公民以交往理性为基础的政治参与、以公共领域中公众的自由表达和所达成的共识、以议会的立法获得丰富的民意资源和坚实的民主基础等为根基并通过商谈而形成的法律才具有合法性。

（二）合法之法与政治权力的重新构成

商谈论下的合法的法律要求动员公民的交往自由，并使行政权力建立在交往权力的基础之上。法律和交往权力同源地产生于那种“众多人们公开地赞同的意见”。而“政治作为一个整体并不局限于为了在政治上自主地行动而彼此交谈的实践。确切地说，‘政治的’这个概念也延伸到为了进入政治系统而进行的竞争过程中对行政权力的运用”。③ 从交往权力到行政权力的运用之间的转化的实现路径就是把法律看做是交往权力借以转化为行政权力的媒介。交往权力向行政权力之转化的意义就在于，在法律授权

---

① James Gordon Finlayson. HABERMAS—A Very Short Introduction, Oxford: Oxford University Press, 2005. pp. 114-115.

② 童世骏：《批判与实践——论哈贝马斯的批判理论》，生活·读书·新知三联书店 2007 年版，第 166 页。

③ ［德］哈贝马斯：《在事实与规范之间——关于法律和民主法治国的商谈理论》，童世骏译，生活·读书·新知三联书店 2003 年版，第 184 页。

的框架之内赋予权力。具体而言，政治权力合法性的获得就是使法律建立在交往理性的基础之上，产生于基于商谈原则的民主立法程序之中，成为具有合法性的法律，然后以这种合法之法来导控和约束政治权力，尤其是将行政权力连接到交往权力之上，从而使包括行政权力在内的政治权力具有民主的根基，获得真正的合法性。

经过哈贝马斯重构的法律与政治权力之间仍然是互相构成的关系，这是因为，“合法之法预设了政治权力的构成性条件，作为政治权力组成部分的政治公共领域和议会是合法之法得以产生的必要制度性机制，而行政权力是保障法律事实有效性的必备体制，没有这些建制化的政治权力，合法之法就不可能产生”。① 而没有合法之法做支撑，政治权力本身就会缺乏合法性。经过重构的法律与政治的构成性联系，表面上两者的关系与重构前十分相似，实质上存在着一个根本性的区别，即重构之后，两者都获得了程序主义民主这个真正的民主根基。程序主义民主就是主体之间的协商和沟通，就是产生法律的民主程序，就是公民对法律和权力内容和运作方式的真实同意。

四、对当代中国法律与政治之启示

在“法律与政治之间的构成性联系”理论中，法律和政治之间的关系是一种彼此没有先后和高下之分，两者互为前提、相互支撑的互相构成的良性循环关系。如何实现法律与政治的互动，如何把社会政治问题转换为法律问题，如何把法律问题转换为社会政治问题，涉及面很广，问题很复杂。中国目前政治与法律的关系问题的关键是“政治至上”还是“法律至上”，要么政治与法律同时至上，这正反映了政治与法律之间的内在紧张，缺少主体性、缺少有生机的内在联系和良性互动，法律只是一个客体，只是政治的工具。法律与政治之间的构成性理论，刚好能消除这种内在紧张。哈贝马斯的这一理论给予当代中国法律与政治以重要启示。

（一）不能以政代法

我们知道，法律和政治之间是一种互相构成的关系，两者的地位是平等的。法律与政治关系的错位对中国社会的长期稳定和可持续发展有很大的危害。当法律的客观性、明确性、权威性、稳定性被遗忘或忽视的时候，法律没有权威法治建设根本无法开展，政治权力的合法性也无从谈起。强调政治的优先性，是经不起逻辑推敲和历史检验的。在 20 世纪 60、70 年代，前苏联虽然国家财富增加了，同时造就了一个巨大的官僚、特权阶层，出现了严重的社会矛盾，法治建设没有及时跟进，导致了前苏联的迅速瓦解。相反，在英国 19 世纪 30 年代，在法治基础上及时对社会政治经济进行渐进式改革，从而避免了一场革命。因此，当今我国进行的社会主义法治建设和政治文明建设，应汲取哈贝马斯思想的合理内核，不能以政代法，通过行政或党政取代法律治理。

① 高鸿钧等：《商谈法哲学与民主法治国——〈在事实与规范之间〉阅读》，清华大学出版社 2007 年版，第 111 页。

（二）积极实行法政

之所以定位为“法政”，就是中国社会的转型一个最重要的问题是处理好政治与法律的关系。哈贝马斯认为，在现代社会，法治已成为社会治理的主要模式，没有合法之法做支撑，政治权力本身就会缺乏合法性，政治权力合法性的获得就是使法律建立在交往理性的基础之上，产生于基于商谈原则的民主立法程序之中，成为具有合法性的法律，然后以这种合法之法来导控和约束政治权力，尤其是将行政权力连接到交往权力之上，从而使包括行政权力在内的政治权力具有民主的根基，获得真正的合法性。因而，法律与政治之间形成了一种互相构成的关系。鉴于此，在如何处理好当代中国政治与法律的关系这一重要问题时，我们理应讲法治，积极实行法政。我国的法治建设正在逐步实现从权力模式向权利模式转化。法治思维和法治方式要成为解决问题、化解矛盾的主要方法①，讲法治就是讲长远的政治，讲法治比讲政治更有利于政治统治。“政治是由理性所主导的：用正义进行统治，制定正义的法律，构造并维系良好的政治体制。”②法治是我国的治国方略。法治不仅是统治者的要求，而且也是公民权利自由的保障，对国家的长治久安、人民的根本利益、社会的长远发展来说，讲法治就是讲政治，并且是最根本的政治。讲法治就要按照法治的内在特质讲法治，这至少需要三个条件：一是法律具有客观、确定、稳定的意义。二是法律与所调整的事实之间具有合法性。合法性是法治思维方式的核心。达致合法性需要法律规范的明确，以便人们在通常情况下，能够依据法律标准判断什么是合法行为和违法行为。三是构建事实与法律之间的合法性决断，要求人们必须尊重法律。

（三）走民主法治道路

我们知道，法律与政治之间的构成性联系，是一种良性循环关系，即两者彼此没有先后和高下之分，两者互为前提、相互支撑。在法律与政治的关系和法治与民主的关系上，商谈论的关注点兼及法治和民主，所主张的现代国家是“民主法治国”；在这种“民主法治国”中，法律不仅借助建制化的政治权力而具有事实的有效性，而且由于具有商谈论的民主（即程序主义民主）作为基础，法律具有了规范的有效性。商谈论民主把法律与政治结合起来，主张通过公众的非正式政治意见、议会的政治意志、非建制化的公共领域、建制化的代议制机构等之间的联通互动形成的交往之流和沟通之网把大众民主与议会的精英民主整合起来。商谈论民主主张政治系统不应脱离于社会和生活世界，不应自成一体；商谈论民主主张公民应积极行使政治参与权，通过生活世界中的公共自主为政治权力提供政治意见的资源，并对政治权力的产生和运作进行良性的过程导控；同时反对把政治泛化，主张为社会的其他方面留下足够的非政治性活动空间，把政

① 在党的十八大报告中，法治思维和法治方式成了深化改革、推进发展、化解矛盾、维护稳定的基本方式，要用法治健全权力制约和监督体系。

② 许章润、翟志勇：《国家理性与现代国家》，清华大学出版社 2012 年版，第 4 页。

治活动的主要范围限于建制化的政治权力和源于生活世界的公共领域中，限于党派及其他政治团体等政治组织与活动中。鉴于此，在当代中国的法律与政治的实践中，欲使法律从根本上摆脱政治的控制；欲从根本上改变当前法治错位的情况，达到法治建设与政治文明建设协调发展；若只是单纯地重点强调法治或是单纯地重点强调政治（民主）的进路都是行不通的，都是不可取的，解决此问题的出路在于兼顾法治和民主，走程序主义民主法治道路。因此，在中国社会转型时期的法律与政治实践中，哈贝马斯的法律与政治之间的构成性联系理论给予我们以重要的启迪：按照哈贝马斯提出的程序主义法治思路，不能以政代法，而应当讲法治与讲政治并举①，通过商谈来确认基本人权并把它们建制化为宪法原则，然后在此基础上发展出道德向度、伦理向度和实用向度的法律内容，从而达到法律效果与政治效果的统一。

（作者单位：中南财经政法大学）

① 讲法治与讲政治并举就是既要讲政治又要讲法治，讲法治与讲政治并举的前提是讲法治与讲政治具有同等的地位，两者无前后、上下高低之分，两者在中国的法治建设和政治建设中的重要性无大小之分，同等重要。

第十二篇
形式法治下的法律数字理性

高一飞

内容提要：形式法治强调的是法律的严格执行，同样蕴含着法治精神。形式法治源于法的形式化，意味着形式合理性，与实质法治实际上是有机结合而非对立统一的关系。解决中国语境下形式法治的缺失问题，数字理性具有重要的作用。数字理性是指在法律研究或应用中，采取客观的、定量的数字思维方式，是追求法律的确定化及其数字产生过程的科学化与理性化的意识、能力及方法。其与法律的结合具有必然性。而其与形式法治的契合则主要表现在法律语言的明确性、法律标准的合理性、法律条文的具体性、法律结构的严密性以及观念的共识性五个方面。

关键词：法律数字理性；形式法治；实质法治

当前，法治在我国得到了空前的重视，对于法治的研究与实践也在不断深入。但无可否认的是，我国法律在运行层面的状况并不能令人满意，法律经常因为各种原因而被虚置，法院的判决也总是饱受质疑，法治建设进入到了深水区和攻坚阶段。从总体看来，中国法治的最大问题在于“有法不依”，因而破解中国法治难题的重要步骤在于树立形式法治观，首先力图实现形式上的法治。而在实现形式法治的过程中，数字理性将扮演重要作用。

一、形式法治及其中国语境

伴随着对实质法治的反思，人们开始关注形式法治。因而对形式法治的研究总是伴随着与实质法治的比较，并试图对二者的优劣取舍做一个判别。在此进路下，人们对于形式法治的主要批判通常来自于价值的祛除，但在笔者看来，这实际上是一种误读，因此有必要对形式法治进行一个简单的梳理。

（一）何为形式法治

形式法治简单说来不仅指法的统治，而且强调法治的程序性显现，重视法治的形式性，借用萨默斯的（Summers）的观点，形式法治意味着“通过恰当解释和应用众所周知的形式规则，在可行范围内对公民间及公民与政府间的基本社会关系进行认可和管理，全体官员的活动方式和范围受规则的限定，公民和官员如有违反规则，要由公正独立的法院和类似的司法法庭施行惩罚和其他补救措施"。① 而具体说来，形式法治包含了以下三层内涵。

一是包含着法治精神。尽管人们对于法治的定义莫衷一是，是"一个无比重要的、但未被定义、也不是随便就能定义的概念"②，但基本可以达成如下共识："法治是由最高权威认可颁布的并且通常以准则或逻辑命题形式出现的，具有普遍适用性的法律原则称为法治……法治有时被称为'法律的最高原则'，它要求法官制定判决（决定）时，只能依据现有的原则或法律而不得受随意性的干扰或阻碍。"③ 由此可见，法治在很大程度意味着形式法治，即法律具有最高的权威。也正是在此意义上，笔者认为形式法治是被法治这一范畴所包含的概念，与其在精神上有同质性。

二是形式法治源于法的形式化。本质上来讲，法律是一种规则和秩序，是一种摆脱了单纯的偶然性和任意性的有序化模式，这也就决定了法律必然具有某种固定的形式。换言之，法的形式化是法律发展和法治生成的必然要求。法的形式化始于罗马法，表现为建立了法律体系、明确了法律规范、确立了法律程序，法学家成为了一个独立的阶层，而越过中世纪，商品经济兴起，新的法权体系逐渐建立，个体逐步摆脱原有的依附关系与占有关系，获得了形式上的主体性与独立性。与此相应，法律形式化运动兴起，以建立形式化的法律体系，使得各种社会交往和联系表现为法律交往与法律关系，以满足商品化社会的需求。在此过程中，形式法治也得以确立——法的形式化"不仅仅指法律的外部形式，也在于法律权威的确立和法定程序的建立，即法治原则的实现"④。某种意义上来说，西方近代的形式法治实际上是市民阶层对抗专制的有力工具，"这种形式一致性使得法治天然具有遏制公权力的专横和保障个人自由的功能"⑤。

三是形式法治意味着形式合理性。按照形式标准与理性标准，马克斯·韦伯将法律分为四种类型，以此来分析不同时代、不同国家的法律。形式合理性作为一种客观合理性，意味着程序与手段的可计算性，本质在于"用规章取代特权"⑥，正是在此意义上，形式法治的核心在于形式合理性，即形式法治是根据形式合理性准则调节社会活动、社会关系的。而形式合理性不仅意味着"目的、手段和次要的伴随后果都被加以理性的思考和衡量"，⑦ 也意味着"法律表现为一种逻辑一致的抽象规则和结构，根据这种结构，能够认定特定案件和问题中的有效事实并解决这些案件和问题"⑧。故而形

① ［英］萨莫斯：《形式法治论》，载夏勇主编：《公法》第3卷，法律出版社2001年版，第113页。

② ［英］大卫·沃克：《牛津法律大辞典》，李双元等译，法律出版社2003年版，第790页。

③ 参见《布莱克法律辞典》(第5版)，美国西方出版公司1979年版，第1196页。

④ 周世中：《法的合理性研究》，山东人民出版社2004年版，第214页。

⑤ 张翔：《形式法治与法教义学》，载《法学研究》2012年第6期。

⑥ ［德］马克斯·韦伯：《经济与社会》(下卷)，商务印书馆1997年版，第172页。

⑦ ［德］马克斯·韦伯：《经济与社会》(下卷)，商务印书馆1997年版，第26页。

⑧ ［美］伯尔曼：《法律与革命——西方法律传统的形成》，中国大百科全书出版社1993年版，第655页。

式法治的建立过程也是形式合理性不断被认可的过程。

（二）形式法治的特征——兼与实质法治相比较

在学界的一般划分中，经常将形式法治与实质法治对立起来进行比较分析，但这种思路更多的是从结构上对二者的比较，重点在于二者的对立与区别，因而不可避免地忽视了二者的一致性，也造成了对形式法治的误读。而在笔者看来，二者的对立远没有那么激烈，许多实质法治观所倡导的理念，实际已然包含在了形式法治观之中。

首先，形式法治是严格依法而治。形式法治强调的重点在于“依法治国”，倾向于强调法律的工具作用。虽然不似实质法治一般将法律作为一种价值，但并不意味着价值的祛除，而是认为法的价值已经在立法阶段充分考虑，对于法的严格实施即是实现法价值的最好手段。所以说，形式法治强调依法而治并不意味着不考虑道德与价值因素，而是试图将价值因素前置于立法阶段进行考虑，以确保法实施的纯粹性。故而，形式法治观与实质法治观的区别不在于是否考虑价值因素，而在于将价值因素纳入法律考虑的阶段。所以笔者强调，依法而治依照的是“有价值的法”。

其次，形式法治强调法秩序的稳定性。形式法治要求法的实施过程中，严格依照法律的文字意义和逻辑含义实施法律。而与此相应，实质法治则鼓励特殊情境下根据实质正义的原则逾越现有法律体系进行自由裁量。无可否认的是，由于人类理性的有限，法律不可能调整所有的社会关系，因而形式法治的局限性即显露无遗。但随着 19 世纪以来自由法运动的开展，尤其是“二战”以后，形式法治理论已经摒弃了最初的“形式法治国”理想，注入了诸多实质的内容，将公平、正义等实质法治观的理念纳入法律原则之中，规则空白之时法官可依原则进行自由裁量①，从而在维护法秩序的稳定与克服形式的僵硬性之间作出平衡。因而，形式法治虽然强调稳定性，但也并非完全排斥自由裁量。

再次，形式法治强调法逻辑的严密性。形式法治观尤其强调司法过程中对于法律要件的细致分析和法律的严格适用，而排斥法的价值评判，以保证严格按照法律逻辑实施法律。实质法治观不主张绝对严密的法律推理，而是应当充分注重法理念的作用。但是，即便在最为极端的实质法治者看来，法理念也不能越过法制度直接作用于现实，还是应当在制度的框架内发挥作用。因此从思维方式上看，实质法治并非摒弃制度，而是不主张纯粹的、绝对严密的法律逻辑。

以上所述，笔者在指出形式法治的特征时，也试图澄清人们对其误读。也可以看出，形式法治背后总是具有某种实质法治的合理内核，实质法治也离不开一定的形式。一般情形下，二者并不是二元对立的，而是有机结合的状态。笔者无意于混淆二者的界限——对于其特征的研究，正是意在还原形式法治的特有面目。

---

①　当然，此处讨论的语境是大陆法系国家，因为形式法治本身就是大陆法系国家固有的概念。

（三）中国语境下形式法治的缺失

从文化上看，中国似乎很难接受不强道德内容的形式法治观。除去帝制时代的礼法传统，“在被迫发生的现代转型中，各种理念纷至沓来，但遵守成文法这一形式法治的底线要求却也并未成为精英阶层的普遍自觉意识”。① 在民主、自由、反专制等“正义”旗号下，法律被轻易地抛弃。② 而在20世纪80年代人文社会科学领域的“文化启蒙”中，学者们对于法治的理解也是趋近于实质法制观的，即认为法治必须趋向于自由、民主、人权、平等等宏大话语。“启蒙”从理念开始无可厚非，西方近代法思想由自然法到实证法的历程也印证了“从理念到制度”是人类认知的一般规律。但在中国，三十年后今天的讨论依旧停留在实质法治观层面——我们的国家已然发生翻天覆地的变化，但法理论界的历史却似乎停滞了，这也成为了当今法治建设步履维艰的重要原因：实质法治观使法律判断承担了过多的政治判断、社会判断和后果裁量的负担，不仅无法完成，还影响了法律判断的可预期性、处断一致性和稳定性，最终损害了法治——“一个包含了过多实质内容的、负担过重的法治概念会使法治更加不可能，因为基于正义观念和社会实效性而产生的对实定法的质疑很容易转化为不尊重乃至轻视的态度，这使得法律权威和法律秩序的建立变得更加困难”。③ 当下的中国现状恰恰印证了这一论断，人们在探讨法律时，通常为伦理所左右，法律也就成为了一个“可以被随意装扮的小姑娘”，正因为如此，人们开始认识到形式法治的重要性，并反思形式法治的建立

反观西方的形式法治，追求的是法律的至上性、普遍性、可计算性与可预测性。这与宗教仪式、商品经济等因素密切相关。但笔者认为，通常被忽略的一个因素在于数理精神：从毕达哥拉斯提出法的合理性标准在于客观的数，到亚里士多德的“几何正义”，以至边沁的功利主义、普芬道夫的“政治建筑学”，无一不沁透着数理精神，而笔者将其称之为数字理性。文化无法从根本上移植，但理性却可以在工具价值层面被借鉴，因而笔者提出，建立法治国家，首先在于形式法治，而在形式法治形成的过程中，数字理性应当被足够重视。

二、法律数字理性

（一）何为法律数字理性

法律与数字的渊源颇深，甚至有“无数字，不法律”的说法。但是对于二者之间关系的研究却未引起法学界过多的关注，虽然我们在法律活动中都会有意无意地运用数

① 张翔：《形式法治与法教义学》，载《法学研究》2012年第6期。

② 例如宋教仁遇刺后，在案件初步侦破并且司法程序已经启动的情况下，孙中山却拒绝黄兴等人建议法律解决的主张，自毁《临时约法》约定的法律秩序，发动“二次革命”，武力讨袁。

③ 张翔：《形式法治与法教义学》，载《法学研究》2012年第6期。

字理性，但从未对数字理性进行系统的概念界定，故进行一种分解式的概念梳理就显得尤为必要。

1. “数字”之意涵

数字可以简单定义为，用来表示数的书写符号。“数”含有数量、数目、计算的意思，“字”则意味着数字是一种符号，或者说是一种文字。可以说，数字对于人类的发展和文字的形成起到了重要的作用，而伴随着人类文明的几千年演进，数字则超越了其最初的符号功能，更多地代表着一种产生数字和运用数字的思维，富有深刻的哲学内涵，折射着共同体的文化特征——甚至有学者断言：“数是人类头脑所能达到的最完善的抽象境界”。① 这种功能的扩充与人类科学技术的不断进步遥相呼应，并共同推动了社会科学领域研究的精确化。因此，在本文的语境下，数字不仅表示数量与数目，代表着追求确定性、精确化的理念，即数字精神。而且包含着产生数字的思考方式和运用数字于实践的方法，也即数字思维。

2. “理性”之探究

理性产生于古希腊城邦公共政治生活的辩论之中，是从公共话语文化之中发展而来的思辨哲学系统。② 如果对西方文化观念史进行“关键词”式的研究，那么“理性”无疑会成为许多人的第一选择。“理性”可以说是西方思想史的一条主线——从最初的自然理性到上帝理性，再到之后科学理性，以及对于过分张扬个人理性而进行的反思与解构，都无一不昭示着理性之于西方思想的重要性。而也恰恰是这种重要性，使得理性这一概念在界定时显得困难重重——因为没有也不可能有甚至不应当有一个涵盖千余年文明史的全面概括，对“理性”精确定义的追求往往会使我们陷入“虚假的麻烦”之中。

因此，笔者将理性作为一种“范畴”进行理解。范畴具有较大的对象覆盖面，可以为讨论提供样式，也是思考论述的重要途径。在此定位下，理性就是“一种精神价值体系”，③ 而从词源上考察，现代意义上“理性”起源于西方，英文为 reason，reason 不仅表示理性，也有原因、推理的意思。由此我们可以看出，理性实际就是一个探求原因的推理过程，至于推理结果则不加以过多关注。因此本文中将理性简单定义为人类运用一定的思维方式探求事物原因的过程、能力与精神。

3. 数字、理性与法律

实际上，数字、理性以及法律相互之间具有密切的联系，数字思维是理性的一种，也是法律语言的重要表达方式。而西方整个法律体系，都可谓是建立在“理性”的基础之上的。

首先，法律与数字。法律与数字渊源颇深，尽管法律的产生与数字没有直接的关

---

① ［英］怀特海：《科学与近代世界》，何钦译，商务印书馆 1959 年版，第 34 页。

② 参见朱海波：《理性主义主义视角下的中西传统法律文化的差异》，载《比较法研究》，2007 年第 6 期。

③ 王申：《论法律与理性》，载《法制与社会发展》2003 年第 6 期。

系，但当法律逐渐成为一种社会控制与秩序调整的主要工具时，数字就进入了法律的视野。甚至可以说，法律与数字有天然的亲密感，尤其是经历过形式化的法律。不仅是因为法律的许多规定都必须与数字挂钩，更是因为数字思维在法律中被广泛应用，例如亚里士多德的几何正义以及功利主义学派对于幸福的计算与衡量，都透露出对数字的关切，体现着数字思维。自“法典化运动”以来，法律的形式化趋势日益明显，语言日渐精确严密，对数字的依赖也与日俱增。

其次，法律与理性。在西方世界里，理性可谓是法律的中心词汇。自然法学派的核心在于理性——无论是古希腊、古罗马的自然理性，还是中世纪的上帝理性，以至古典自然法学派的启蒙理性，还是随后兴起的技术理性。不管各派别的学者们如何认识法律，都无法否认理性（人的理性、自然理性、社会理性以及民族理性等）之于法律的核心作用，连著名的保守主义者奥克肖特也承认，“理性主义主导了西方的政治、法律文化，影响了当代欧洲的所有政治信仰——几乎所有政治和法律思想都是理性主义或近理性主义的”。①

最后，理性与数字。如上文所界定的那样，数字代表着一种思维，而这种思维的过程也就是理性运用的过程。可以说，数字本身就是理性的一种体现：我们走过自然理性与神学理性统治的时代，迈入启蒙理性时代，创造力学体系，衍生出实证主义观念，从而构造出法典理性与技术理性来进行社会治理。而计算机科技的兴起，使得人们愈发追求形式化和精密化，系统论随之成为社会科学关注的焦点，人类的理性中越来越多地含有数字追求与思维，数字理性随之兴起。

以上述的梳理为基础，笔者尝试对法律数字理性进行概念上的界定。法律数字理性是指在法律研究或应用中，采取客观的、定量的数字思维方式，是追求法律的确定化及其数字产生过程的科学化与理性化的意识、能力及方法。如果以数字的两个维度为中心，那么法律数字理性包括了对法律中的数字精神，即注重数字在法律中的作用和数字思维，即在法律思考、论证和推理中运用数学方法。

（二）法律与数字理性结合的机理

数字理性之所以在法律中扮演重要角色，缘于二者的结合存在某种内在的机理。笔者拟从两种路径对这种机理进行阐释。一是法制度的视角，即从法律和数字理性的特征出发，探求二者需求上的共生性——数字的哪些功能满足了法律制度的需求，而法律的哪些需要又为数字提供了发挥的空间；二是法思想的视角，即寻找西方法思想史中闪耀着数字理性的思想。

1. 法制度的视角

如果从法制度的视角出发，那么我们必须对“数字理性”和“法律”的特征有一个清晰的认知，进而发掘二者在制度功能上的一致性与补充性。

首先，数字理性的特征。第一，数字理性追求确定性，所谓确定性即无争议。由于

① ［英］奥克肖特：《政治中的理性主义》，张汝伦译，上海译文出版社2004年版，第2页。

数字本身简单明了，因而其可以解释的空间相对较小，故而人们很容易对数字语言达成共识，这也使得数字所承载的信息具有相当的确定性。第二，数字理性具有精确性。一方面，数字理性通常要运用演绎推理，其结论往往要通过严密的逻辑推理而得出，因此数字理性往往能达致精确的结果。另一方面，数字理性在表达过程中经常性地使用符号语言——符号语言无疑在现阶段语言系统中具有较高的精确性。第三，数字理性具有广泛应用性。虽然关于“数字理性”这一概念还没有进入社会科学的主流，但在社会生活当中，我们已经离不开数字，几乎所有研究都必须以数字作为基础性的工具。正如马克思所言，“一门科学只有当它达到了能够成功地运用数学时，才算真正发展了”。①

其次，法律对于数字理性的需求。一方面，法律作为一种规范，实际上是对人的行为的评价。对人的评价通常分为定性与定量（质与量）两方面，量的不同也会带来定性的改变。因此法律在评价人的行为时，必须借助于数字理性，以在形式上产生适宜的定量标准并运用于法律行为的评价之中；另一方面，法律是面向整个社会的，调整的是纷繁复杂的社会关系，因此从形式上来说，法律语言需要的是简洁明了、便于理解——法律的一个重要目的即在于定纷止争，调整与修复社会关系，如果法律本身就存有争议，又如何能够很好地实现其目的。数字理性追求高度的确定性与精确性，因而数字对于规范法律语言，增进其确定性具有重要作用——“数字是慎重的、有意的、而且经常是精心设计的。凭借数字的严密性和简洁性，许多比较复杂的思想就可以被准确地表达出来，这些思想如果用普通语言表达出来，就会显得冗长不堪。这种简洁性有助于思维的效率”。②

总之，数字理性和法律的结合与法律的性质、价值以及目标尤其是形式化属性具有密切关系，“一方面，现实存在的模糊性，导致我们必须通过数字化的形式以达致认识的精确性；同时，现实存在的内生秩序，使得通过数字化的形式来表达法律成为可能。另一方面，数字的格式化属性与法律所追求的客观性不谋而合，而法律的可操作性恰可借助数字的工具功能得以实现”。③

2. 法思想的视角

通过对西方法律思想史的考察，我们可以发现，法律与数字理性相结合并不是近几十年的事情，而是自古希腊始，并历经了多种流变，产生了多种面向，只不过其运用鲜有涉及具体的数字，而更多的是形而上的。

首先，古典自然法之中的数字理性。数字理性的重要维度即在于数学推理思维的运用，而数学推理则必须从公理入手——公理系统可以建造一个完整的、无矛盾、满足一致性的理论体系，而从不言自明的公理为起点证明定理以及命题，这与古典自然法学家从先验的理念推导出人的权利，进而建立一整套理论体系何其相似！“在称作理性时代

---

① ［法］拉法格：《回忆马克思》，人民出版社1954年版，第8页。

② 方延明：《数学文化导论》，南京大学出版社1999年版，第68页。

③ 曲笑飞：《法律数字化现象研究》，载《法律科学》(西北政法大学学报）2013年第1期。

的启蒙时代，数字方法甚至加上一些数学概念和定理，一并运用到了人文事物之中。"①从斯宾诺莎的《伦理学》到洛克的《政府论》，都无一例外的运用公理化的方法构建自身的政法哲学理论体系。这里需要特别强调的是深受笛卡尔主义影响的德国自然法（或者说德国启蒙主义），他们甚至可以说是开创了"理性法的体系学"，普芬道夫建立了所谓的"建筑学政治学"，"该体系的每个构成要素，都是从以数学的方式建立的各种定理出发，并能够还原到这些定理的"。②

其次，实证主义法学中的数字理性。虽然自然法的论证方式也是数字理性式的，但其作用更多的是体现在观念方面。而随着西方近代国家的先后建立，法典化的需求则日益明显，实证法学应运而生。实证主义法学的数字理性主要体现在科学精神，将法律与价值分离开来，并使得法学成为一门独立的社会科学，并寻求确定性。奥斯丁提出了"实际存在的法"与"应当存在的法"之分，并建立了一整套实证的法学体系，而这套理论也无疑是受到数字理性的影响：应然与实然之分实际是源于伽利略的第一性质与第二性质，第一性质是物质的真实特性，是由数学规律来处理的特性，第二性质则是具有主观性的。③ 此外，实证主义的兴起也是与脱胎于数学的力学体系的建立密不可分。而实证主义法学中的定量分析与逻辑推理，则俨然是数字理性的产物。

最后，功利主义法学中的数字理性。虽然功利主义可以作为早期实证主义法学的分支，但边沁的数字理性体现得更加全面也更加深入，因而单独列之。边沁创造了完全不同于古典自然法的理论基础——功利主义，并以苦与乐为核心，以定量分析与数值衡量为路径，建立了新的法学体系，意在通过"发现一种道德算术，这种算术可以使我们得到普遍同意的结果"。④ 而其中的道德算术，即是通过数字理性，运用定量分析的方法，对苦与乐进行度量。

综上可知，法律与数字理性的结合在制度上和思想上具有必然性。而在当代，随着法律体系的日益缜密和数字作用的不断扩大，我们在不知不觉地运用数字理性研究法律问题的同时，又赋予数字理性更多的功能，以承担起维护法律形式化与确定性的使命。

（三）法律数字理性的性质

法律、数字以及理性都是包含了诸多意义的词语，因此法律数字理性除了具有精神与思维两个维度外，其也具有多种面向。或者说，其性质具有多样性。

首先，数字理性是科学主义与经验主义的结合。数字理性的科学主义不仅体现在其运用科学的思维思考和决定法律数字的产生，也在于将数字或者说数学的思维运用于法

---

① ［美］克莱因：《数字，确定性的丧失》，李宏魁译，湖南科学技术出版社1997年版，引论第2页。

② ［日］大木雅夫：《比较法》，范愉译，法律出版社1999年版，第191页。

③ ［美］埃德温·伯特：《近代物理科学的形而上学基础》，徐向东译，北京大学出版社2003年版，第67页。

④ ［英］杰里米·边沁：《道德与立法原理导论》，商务印书馆2000年版，第1页。

律活动当中。而似乎更为重要的是，数字理性渗透一种精神，即严格在法律制度的框架内，尽可能地运用简单化、确定性的科学方式来解决法律中的争议问题，这恰恰是现阶段中国最欠缺的形式法治——我们依旧还是“春秋决狱”的思维，将法价值直接穿击法制度而作用于现实的法律问题。正因为如此，我们的法律制度才总是如此脆弱。

而数字理性同时也是经验主义的。尽管数字理性运用的是科学逻辑，但任何只追求科学纯粹性而排除价值取向的努力都会使我们走向“致命的自负”。社会科学毕竟不同于自然科学，因此“保守主义”的因子必不可少，况且人类的理性本身就是有限的。而法律数字理性的经验主义也是非常必要的，因为许多情况下科学视角是无法解释许多法律中的数字产生的，而是需要从文化与经验角度来理解，毕竟我们都是生活在一定的文化模式之中的。关键即在于，经验主义不等于意识形态与道德观念——这也是数字理性促进形式法治的关键所在。

其次，法律数字理性既是一种法律语言，又是一种法律思维。数字本身就是一种重要的科学语言，而数字理性不仅表示数目，也涵盖了公式、模型、定理等内容，这些语言要素的应用，有利于对现象和规律进行精确而简明的阐述。① 数字理性正是注重运用这些符号语言，在很大程度上摆脱了自然用语的多义性，从而提高了思维的效率。而通过这种语言，更多地也体现了一种思维方式，即通过建立数学模型、提供推理工具，进行数量分析等解决法律问题——尤其是其中的量的问题。因为数字本身就是一种关于量的表述，通过对客观对象进行量化，在量化基础上进行数量分析、测量和计算，也是数字理性的常用方式。

最后，法律数字理性兼具工具意义和价值意义。将数字理性应用于法律问题的探究，本身就带有工具理性的色彩，而数字作为符号，本身亦是一种工具，一种有利于法律确定性与形式化的工具。但其中却是承载着价值追求的，因为法律本身就是有价值取向的，数字也是带有深刻的文化内涵。② 而在当代语境下，法律数字理性更多追求的则是法律确定性。

三、法律数字理性与形式法治的契合

法律数字理性的主要作用在于促进法的形式化与确定性，因而对于形式法治具有重要的促进作用。而法律数字理性与形式法治的契合（也可以表述为形式法治对于数字理性的需求或数字理性在形式法治观下的应用）至少体现在以下四个方面。

（一）法律语言的明确性

语言作为文明的重要介质，在法律中也是不可忽视的重要元素，甚至可以说，法律

① 何柏生：《数学精神与法律文化》，上海人民出版社 2005 年版，第 7 页。

② 关于数字的文化内涵，可以参见何柏生：《神秘数字的法文化内涵》，载《政法论坛》2005 年第 4 期。

语言是法律实施的载体，赋予法律以形式意义上的生命。而法律语言作为“法律性质的中心”①，对于形式法治无疑具有重要的作用：如果法律语言明确易懂，尽可能地消除了歧义与模糊性，那么法的实施过程就会顺畅许多。而法律数字理性强调数字语言在法律中的重要作用，对于法律语言的明确性具有重要意义。

首先，数字语言表达准确无歧义。正如我们所说的那样，“一就是一，二就是二”，数字具有极强的客观性，因而在表达时会最大限度地减少含糊不清与模棱两可，增强法律语言的确定性，从而在形式上促进法律的确定实施，推动形式法治的实现。其次，数字语言表达简洁，易于理解。由于数字本身没有太多实质意义，故能够简洁地传递立法意图，并能够为守法者无歧义地理解，这也减少了宏大的道德词汇对法律的“侵略”，也因此有利于明确和统一法律语言的意涵。

（二）法律标准的合理性

随着法律“控制”社会的范围愈加广泛，法律也愈发地离不开数字，尤其在法律标准的设定方面，数字通常扮演着决定性的作用。例如刑法中的数额犯认定、税收中征收标准以及行政法中的处罚幅度。作为法律标准的数字，对法的实施以及社会关系都会产生直接或间接的深刻影响。例如，将现有盗窃罪的入刑起点大幅提高，短期内的盗窃案件必然会增多。所以说，形式法治的实现，首先需要一套形式合理的法律，这也意味着作为法律标准的数字规定必须合理。

法律数字理性强调在数字产生的过程中运用理性，而非臆想。标准的产生过程应当是理性运用的过程——无论是技术理性还是经验理性：我们可以根据社会发展状况，通过实证调查、科学分析、严谨论证，来得出一个标准；也可以传承习惯，基于经验得出一个标准，但标准必须是理性的产物，而非主观臆断的非理性结果。只有如此，法律才能更加纯粹，形式法治也才能找到实现的基础。

（三）法律条文的具体性

改革开放之初，邓小平曾提出立法“宜粗不宜细，易简不易繁”，以适应当时的格局。但随着社会分工的日益细密与社会关系的日益复杂，法律就需要不断地细化。而在形式法治的语境下，条文的具体性不仅仅指规范内容的详尽、明细，也意味着对法条抽象性的排斥。法作为一种行为规范，必须是具体、明确地表达某种。“如果使用抽象语言，势必造成人们理解上的混乱，无所适从，进而导致行为上的混乱。”② 这就意味着尽可能减少“弹性规则”与“可塑性规则”——这也是形式法治的内在诉求。而数字作为一种最无争议的法律语言，当然有助于减少“弹性规则”，减少法律在实施阶段的塑造性。

① 吕世伦主编：《西方法律思潮源流论》，中国人民公安大学出版社 2008 年版，第 276 页。

② 周世中：《法的合理性研究》，山东人民出版社 2004 年版，第 241 页。

（四）法律结构的严密性

法律结构是指法律各个组成部分的搭配和排列，既包括法律规范内部各个组成部分，也包括法律与法律之间，一方面“如何合理安排法律结构，使其形成层次分明的、逻辑合理、前后照应、严谨一致的有机组合与排列搭配”①，对于法的形式化至关重要，另一方面，形式法治要求各个法律部门之间应当协调一致、体系完整。这意味着法律的构建需要如工程一样精密。作为数字理性重要的一个维度，数学思维能够促进严密的法律结构的形成，普芬道夫、沃尔夫等人的努力已经提供了数学化的有益尝试：通过数学或者说几何学的方式，可以建立一个法学体系。而法律结构的严整性要求实际上就是几何思维的体现，数学思维所倡导的严密性、逻辑性以及在证明过程中所使用的方法，都为法律结构的合理化提供了宝贵的智识资源。如果立法者能够具有数学家一般的思维逻辑，法律必然会是前后照应、严谨一致的。

（五）形式法治观与数字理性思维

上述四个方面多是在制度层面探讨形式法治与数字理性的契合。而更为重要的是，二者在理念上的契合。形式法治强调一种客观性与纯粹性，以确保法律的严格遵守。而数字理性思维恰恰是追求客观合理性的思维方式，通过对“数”的注重达到客观严谨的效果。根本说来，二者在“客观”这一价值追求上达成了目的与手段的统一与共识——形式法治的倡导者必然不会无视法律中数字的重要作用，而一个数字理性的信仰者在法治领域也必然会首先倾向于形式法治。

四、结　　语

尽管形式法治观不可避免地存在着各种缺陷，诸如僵硬性、价值无涉性等，数字理性也不可能像莱布尼茨描述的那样，对社会问题进行几何学分析一样的推论——“万一发生争论，正好像两个会计之间无须辩论，两个哲学家也不需要辩论，他们只要拿起石笔，在石板前坐下来，彼此说一声：我们来算算，也就行了”。② 但在中国，“法学似乎总意图迎合多变的价值诉求甚至现实的利益诉求，从而也根本谈不上约束政治力量恣意性，无法构建起法治的学术基础”。③ 而在实践中，严格遵守和执行实定法的观念不仅没能成为共识，反而在各种政治效果、社会效果的“感召”下不断地妥协，各种僭越于法律之上的权力行为总能找到“适宜”的正当性借口——这些借口甚至来自于认真的论证。我们整日高举的“法治”大旗却由于我们不断的借口而亲手消解。

正是因为此，形式法治在中国才显得尤为重要，矫枉必然过正，只有确立了牢固的

① 周世中：《法的合理性研究》，山东人民出版社2004年版，第242页。

② ［英］罗素：《西方哲学史》（下卷），马元德译，商务印书馆1982年版，第119页。

③ 张翔：《形式法治与法教义学》，载《法学研究》2012年第6期。

形式法治观，首先将法律当做一种无例外遵守的冷冰冰规则，才有可能在此基础上进一步探讨公平、正义、自由这些宏大价值体系——这些价值的实现实际也是蕴涵于每一次严格的法律遵守之中的。而在此过程中，数字理性也理应得到更多的关注与研究。

（作者单位：武汉大学法学院）

第十三篇
“法治中国”的法理解读

杨汉臣

内容提要：“法治中国”是党的十八届三中全会上提出的一个全新的法治概念。其基本内涵是法治国家、法治社会与法治政府之间的协调推进与一体化建设。该概念的提出是对历史上长期存在的人治观念及其实践的深刻批判与否定，是对人类法治经验做法的传承与发展，同时也是对当前现实社会发展中存在的若干重大问题的聚焦与回应。建设和实现“法治中国”的重要意义在于：首先，有利于新的形势下增强党执政的合法性以及强化党的执政基础；其次，有利于推动和保障社会主义现代化建设理想目标，即“中国梦”的顺利实现；最后，有利于培育和塑造公民社会。

关键词：法治中国；法治国家；法治社会；法治政府

2013年11月12日十八届三中全会通过的《中共中央关于全面深化改革若干重大问题的决定》(以下简称《决定》)明确提出了一个全新的法治概念——“法治中国”。《决定》指出：“建设法治中国，必须坚持依法治国、依法执政、依法行政共同推进，坚持法治国家、法治政府、法治社会一体化建设。”作为我国未来十年全面深化改革的基本样本和中国共产党未来十年执政施政的基本依据，《决定》的历史标志性意义不容小觑。由此，首次出现在该重要官方文件中并得到强调的“法治中国”，其重要意义亦不容小觑。作为一项在中国特色社会主义法治建设进程中产生的新的法治概念，“法治中国”的基本内涵、价值属性以及现实意义有必要从法理角度进行深入的探讨和论证，以便为“法治中国”于现代化建设实践中的积极推进和顺利实现创造有利条件。本文的主要目的就在于进行这样一种尝试性的理论探索与研究。

一、“法治中国”的基本内涵

要正确认识“法治中国”的概念本身，首先必须明确该概念提出的背景。首先，从历史发展的角度讲，随着改革开放水平的不断提高，中国的法治建设由无到有、由低层次到高水平逐渐发展起来，并且日益步入法治发展的快车道。在这一发展过程中，“依法治国，建设社会主义法治国家”，“加快建设中国特色社会主义法治政府”① 等一

① 马凯：《加快建设中国特色社会主义法治政府》，载《求是杂志》2012年第1期。

系列具有鲜明中国特色的法治建设形式先后得到宪法和法律的承认并于实践中积极展开。这是“法治中国”提出的法治基础。另外，从现实发展的角度讲，当前我国面临全面深化改革的时代发展的使命，如何更好地实现社会各项事业的平稳、有序、积极地开展和推进成为“全面深化”改革的重大挑战。上述实践发展的巨大现实需要构成了“法治中国”提出的现实背景。由此背景出发可以得出三个规律性认识：首先，“法治中国”提出具有延续性。“法治中国”不是凭空产生的概念，而是在我国法治建设历史进程中提出的一项新的法治概念，与我国的法治国家、法治政府等具体法治建设形式是一脉相承的；其次，“法治中国”提出具有实践性，“法治中国”是为应对时代发展的挑战作出的理论层面的积极回应，具有十分强烈的现实问题意识；最后，“法治中国”提出具有宏观性。“对全面深化改革实践的积极回应”本身决定了“法治中国”只可能是一个全面涵括法治意义下的国家、社会与政府综合一体的宏观法治概念，唯有如此，才能确保“全面”深化改革的现实可能性。

由此可以推出一个重要结论：“法治中国”是现代意义上的法治建设在中国现实发展语境下的运用，是基于“法治国家、法治社会、法治政府”的建设实践进一步发展出的新的法治概念。鉴于法治国家、法治社会、法治政府建设的现实基础性，“法治中国”建成将有赖于法治国家、法治社会、法治政府之间的协调推进和一体化建设。坚持“法治国家、法治社会、法治政府一体化建设”乃是实现“法治中国”建设目的之必要。换句话讲，“法治国家、法治政府、法治社会一体化建设”的实质就是建设“法治中国”。“法治中国”是三者一体化建设的共同目的和价值追求。“三者一体”的基本属性反映出“法治中国”内涵的丰富性、多样性与有机性。具体来讲：

（一）法治国家是“法治中国”建设的目标

法治国家，又称为“依法治国”是德语中最先使用的一个概念。尽管人们对其准确含义认识各异，但一般都强调国家权力必须依法行使，强调对人权的积极保障。我国著名学者李龙先生就曾指出：“法治国家是全体社会成员特别是国家权力主体普遍地遵守具有秩序价值的良法体系以实现人权的一种国家类型。”① 因此，“法治国家”是一种强调法律至上权威，强调限制公权保障私权的理性化的制度安排。法治国家强调国家各项基本事务管理的法治化、规范化和有序化，其中关键是要求国家各项权力运用的程序化、法律化，以杜绝人治产生的潜在可能性。因此，法治国家是作为人治国家的对立面产生的，其本身体现出对人治状态的否定。我国由人治向法治转变的近代历史发展规律决定了法治国家事实上成为法治中国建设的基本目标。

就明确提出建设法治国家而言，我国起步较晚。1997 年 9 月，党的十五大报告在党的历史上首次正式提出“依法治国，建设社会主义法治国家”。江泽民同志指出：“依法治国，就是广大人民群众在党的领导下，依据宪法和法律规定，通过各种途径和形式管理国家事务，管理经济文化事业，管理社会事务，使国家各项工作都依法进行，

① 李龙主编：《政治文明与法治国家》，武汉大学出版社 2007 年版，第 62 页。

逐步实现社会主义民主的制度化、法律化，使这种制度和法律不因领导人的改变而改变，不因领导人的看法和注意力的改变而改变。”① 1999年3月，九届全国人大二次会议通过的宪法修正案第一次将“依法治国，建设社会主义法治国家”正式写入我国宪法。自此，“依法治国”成为我国社会主义现代化建设必须长期坚持的基本治国方略。如果大家注意到此时距新中国成立已经有60多年的漫长历史就会深刻认识到：在我国，法治国家目标的最终确立是长期艰苦探索的结果。由此也反映出人治思维及其实践的历史荼毒对我国社会主义现代化建设造成的历史危害性。在深刻总结历史经验尤其是“文化大革命”的惨痛教训基础上，党和国家领导人逐渐认识到只有制度化的法律及其实践才能够真正保障和促进社会主义现代化建设。为此，（党的十一届三中全会）明确提出：“为了保障人民民主，必须加强社会主义法制，使民主制度化、法律化，使这种制度和法律不因领导人的改变而改变，不因领导人的看法和注意力的改变而改变，做到有法可依，有法必依，执法必严，违法必究。”② 这种“不因领导人的改变而改变，不因领导人的看法和注意力的改变而改变”状态本身便体现出对人治做法的坚决抵制和否定。因此，我国真正意义上的现代化法治乃是发端于对人治传统得否定，同时也是对法治国家理想目标的向往和追求。

由此，我们的结论是在治国目标模式上，当“人治”逐渐被人们所遗弃，那么作为它的对立面，法治则凭借其理性化的制度构建，人性化的现世关怀而成为现代国家建设的基本目标。作为我国法治建设的最新发展形态，“法治中国”也必然要以“法治国家’作为现代化建设的基本目标，唯有如此，才能确保我国现代化建设能够获得制度化的保障和持久性的推动。

（二）法治社会是“法治中国”建设的基础

“依法治国的理念仅是从治国策略上的定位，这是一个法治国家最为基本的要素也是全民应取得共识的政治目标，然而，从宏观角度来看，法治目标不仅仅只有依法治国的理念，换言之，法治不仅仅等于依法治国这么简单的置换。”③ 上述文字实际上揭示了一项十分重要的内容，即社会主义法治并不能简单地理解为“依法治国”，尽管“以法治国”作为一项基本的治国方略对法治建设目标的实现具有积极意义。否则，这种对法治的狭隘化理解意味着对社会主义法治内涵中其他重要内容的忽略。其中，“法治社会”就是一项极为重要的内容，并且在“法治中国”建设实践中实际处于基础性的重要地位。

“法治社会”是一个使用宽泛的语词，一般用来描述一种符合法律秩序要求的社会状态。在日常使用上人们一般将“法治社会”理解为“法治国家”的内在方面。事实

① 江泽民：《高举邓小平理论伟大旗帜，把建设有中国特色社会主义事业全面推向二十一世纪——江泽民在中国共产党第十五次全国代表大会上的报告》，载《人民日报》1997年9月12日。

② 《十一届三中全会以来重要文献选读》(下)，人民出版社1987年版，第1187页。

③ 庄建平：《法治中国之内涵再认识》，载《法制与社会》2013年第20期。

上这种看法是值得商榷的。“法治国家”是一种相对宏观和抽象的表达，更加强调国家政治生活的规范性与有序性。而“法治社会”则是一种具体的，与人们的日常生活息息相关的法律运行状态。其强调的社会生活本身的法律化、秩序化状态。因此，法治国家与法治社会并非同一概念，并且法治国家并不必然能够涵括法治社会的基本要义。究其根源，“法治社会”与“法治国家”之间的差异性在根本上取决于社会与国家之间的差别对立。

社会的基本单位是原子化的个人，两个以上的人相互交往即可构成一个微型社会。由此，“社会”具有以下鲜明的特点：首先，就构成要素讲，社会的构成要素是且仅是原子化的个人。由此可知，不论时间、地点，只要存在两个以上的具体化的个人，就存在构成社会的潜在可能性；其次，就发生过程讲，社会的形成与“人”的形成是同步并且是自然发生的。马克思在分析人的本质时就曾指出“人”与社会的关系：“人的本质不是单个人所固有的抽象物，在其现实性上，它是一切社会关系的总和。”① 与社会的上述基本特征相异，国家是相对较晚才出现的特殊社会现象。首先，就国家的构成要素来讲，任何国家都是由以下四个基本要素构成：领土、人口、主权和政府。因此，同社会相比，仅仅有人的存在并不能够构成国家的存在。其次，就国家的产生而言，根据马克思主义基本原理，国家是社会阶级矛盾不可调和的产物。“确切说，国家是社会在一定发展阶段上的产物；国家是承认：这个社会陷入了不可解决的自我矛盾，分裂为不可调和的对立面而又无力摆脱这些对立面。而为了使这些对立面，这些经济利益相互冲突的阶级，不致在无谓的斗争中把自己和社会消灭，就需要有一种表面上凌驾于社会之上的力量，这种力量应当缓和冲突，把冲突保持在“秩序”范围以内；这种从社会中产生但又自居于社会之上并且日益同社会相异化的力量，就是国家。”② 因此，就二者的关系而言，社会先于国家存在并实际上构成国家产生的前提与基础。鉴于社会与国家之间存在的巨大差异性，将二者混淆为一物实则有违基本的科学精神。为此，有必要针对法治社会进行一番重新认识。

法治社会是随着近代西方资产阶级法治的确立而逐步形成的一种特殊社会状态。法治社会的特征突出体现在主张自由的市场经济以及倡导理性的公民社会两个基本方面。一方面，就市场经济来讲。市场经济是一种倡导自由竞争的经济模式，推崇市场价格的自发调节机制，即主张用“看不见的手”进行调节，反对政府的干预。“市场经济是最大的平等派。”正是自由、平等等内在价值和要求决定了市场经济事实上构成现代法治的必要基础和条件。另一方面，就公民社会来讲。“公民社会是同政治国家相对应的政治社会，其特征就在于它是由政治人（公民）组成的政治存在，而不只是纯经济的存在或作为自然人、私人的民事主体存在。”③ 公民社会是一种强调公共理性和公共精神至上的事物，是连接个人生活领域与国家生活领域的中间地带。公民社会一方面通过强

① 《马克思恩格斯选集》第1卷，人民出版社1995年版，第60页。

② 《马克思恩格斯文集》第4卷，人民出版社2009年版，第189页。

③ 郭道辉：《公民权与公民社会》，载《法学研究》2006年第1期。

调公共利益的重要性进而实现对个体利益膨胀的制约，另一方面通过主张公共自治进而实现对国家机器可能暴政的防范。因此从这个角度讲，公民社会是现代法治形成和发展的土壤和保障。这就是为什么市场经济和公民社会比较发达的国家也往往是那些法治比较发达的国家的根本原因。

从法治发展的视角审视我国改革开放三十多年的发展历程，两个方面的成就尤具历史意义：一是社会主义市场经济的确立和发展，二是公民社会的培育和形塑。尽管就目前来讲，二者尚未达到足够发达和完善的水平，甚至在某些方面依旧存在诸多缺陷和不足，但二者的长足发展事实上为确保我国法治建设不断取得进步创造了物质基础和精神保障。没有法治社会所提供的上述条件，则法治建设很难有效向前推进。如果我们已经充分认识到这一点，那么在“法治中国”更加自觉的建设中就会更加突出法治社会的基础地位和意义。

（三）法治政府是“法治中国”建设的保障

在我国法治建设实践中，“法治政府”是随着依法治国进程的不断推进而逐渐提出来的。2004年3月国务院发布的《全面推进依法行政实施纲要》确立了建设法治政府的目标，明确了国务院全面推进依法行政，建设法治政府的指导思想和具体目标、基本原则和要求、主要任务和措施。这是我国法治建设进程中第一次明确提出“建设法治政府”的奋斗目标。在此基础上，2006年10月党的十六届六中全会通过的《中共中央关于构建社会主义和谐社会若干重大问题的决定》进一步明确指出：“要加快建设法治政府，全面推进依法行政，严格按照法定权限和程序行使权力、履行职责，健全行政执法责任追究制，完善行政复议、行政赔偿制度。”有关“法治政府”认识的不断深化体现出我们党在法治建设方面的积极自觉。从根本上讲，建设和实现“法治中国”必须强调“法治政府”的保障意义乃取决于我国当前政府主导下的改革发展模式。如果抛开政府本身的法治化则“法治中国”不仅是存在严重缺陷和不足，并且将很难向前推进。

实际上，在法治建设过程中，法治化政府不论是对法治国家建设还是法治社会建设都具有积极意义。一方面，法治政府是法治国家建设过程重要环节，只有法治政府建立起来，建设法治国家的目标才有可能实现。① 另一方面，法治政府是法治社会建设的重要保障，在政府主导推进的法治建设进程中，只有政府自身实现“法治化”，那么法治社会的实现才可能顺利得到保障和实现。

针对“法治政府”的性质特征，有学者曾撰文归纳为五个方面：“（法治政府）从权力的来源来看，是民主型政府；从权力的性质来看，是有限型政府；从权力的功能来看，是善治型政府；从权力的本质来看，是责任型政府；从权力的发展态势来看，是平

---

① 马怀德：《法治政府特征及建设途径》，载《国家行政学院学报》2008年第2期。

权型政府。”① 上述见解围绕“权力”的不同状态归纳出“法治政府”的不同属性和特征具有一定合理性，但是这种区分同时还存在某些不足，即所划分子项之间具有一定的重合性。以第五个特征为例。由于“‘平权’指的是行政权与公民权之间的平等，可以说是对前述四种类型的最终描述。从现阶段来看，这一过程主要体现为行政权的限制和公民权的张扬。”② 因此，“平权型政府”实际上既与“民主型政府”交叉又与“有限型政府”交叉。结合马怀德教授有关“法治政府”“有限有为、透明廉洁、诚信负责、便民高效”③ 基本特征的归纳概括，本文认为“法治政府”事实上是以下三个具体政府形态的统一体：法律至上政府、为民服务政府、权力制约政府。

首先，法治政府是法律至上型政府。法治，首先是对政府而言的，并不是政府用法律监督和管理社会民众，而是社会民众用宪法和法律管理控制政府。法治的这一基本特征反映出法治政府社会状态下，宪法法律具有至高无上的权威地位。首先，政府权力的产生于法律的明确规定。一切权力都都必须追溯到具体的法律规范的明确规定方可证明其存在的合法性，否则就是非法的。权力法定是“法治政府”的首要前提和基础。其次，政府权力的运行遵循于法律的明确规定。权力法定并不意味该政府必然是“法治政府”，因为权力的产生与实际运行并非一回事。换句话讲，即使合法依据的权力也可能因为非法的行使而使之沦为暴政的工具。为此必须严格遵循法定程序、方式和步骤。法定程序不是影响行政工作办事效率的因素相反是统一有序的根本保障。再次，政府权力的归责依据于法律的明确规定。有权必有责，否则就是专制，就是独裁。在法治建设历史进程中尤其如此。鉴于政府权力的独特性，一方面并非任何人任何机构都可以追究政府的责任，同时也并非任何追究程序都可以适用于政府追责。为此必须由法律统一明确规定政府负责的法定主体、法定程序以及法定结果。总之，作为法律至上型政府，“法治政府”实际上就是一个严格实施法律规定的政府，一切决策活动、一切管理活动都必须具有明确的法律依据。

其次，法治政府是为民服务型政府。为民服务型政府之所以是“法治政府”一项基本特征主要取决于以下三点：其一，法治政府的一切活动的合法性来源是法律，而法律则是多数人民意志和根本利益的集中表达。换句话讲，我国的国家性质决定了法治政府实际上就是执行广大人民根本利益要求的政府。由于法治政府首先是法律至上的政府，故法治政府必然也就是人民利益至上的政府。其二，法治政府是中国共产党领导下的政府建设形式，而“为人民服务”则是中国共产党政府工作的根本宗旨。在中国就政府和人民之间的关系而言，人民是“主人”而政府则属于全心全意为人民提供服务的“仆人”。如果政府不是为了广大人民的根本利益服务则人民群众就有选举或组建新政府以替换该政府的权利和权力。因为我国的国家性质清楚表明一切国家权力都属于全

① 杨海坤：《行政法哲学的核心问题：政府存在和运行的正当性兼论政府法治论的精髓和优势》，载《上海师范大学学报》（哲学社会科学版），2007 年第 6 期。

② 熊文钊、郑毅：《建设法治政府的模式与政府法治论》，载《法学杂志》2010 年第 11 期。

③ 马怀德：《法治政府特征及建设途径》，载《国家行政学院学报》2008 年第 2 期。

国各族人民。其三，法治政府是合法性政府，然最终意义上的“合法性”不仅仅取决于某政府权力的各种状态是否完全符合法定要求更是取决于政府的产生是否获得了多数民众的普遍支持和认可。“政府的法治不仅体现在其人员组成的民主和决策形成的民主，更在于其权力来源的民主。”① 前者是一种政府权力运行合法性的判断，后者则是政府本身合法性判断的依据。因此，民主政府首先也必然是民主政府。在现代社会，某种非民主政府即使厉行法治亦不能保障是法治政府。由此可以看出“法治政府”潜在的民主性基础和内涵。

再次，法治政府是权力制约型政府。“任何权力都具有扩张性，而行政权又是公共权力体系中最为活跃也是最易扩张且最具侵害性的一种权力，对政府权力的有效监督是依法行政、建设法治政府的关键。”② 因此，基于政府权力的特性有必要予以监督和控权，唯有如此方有实现法治建设的本意。“法治政府建设的根基和要义首先就在于如何有效约束各种行政强制权力，而不在于政府服务的供给问题。”③

二、“法治中国”的价值属性

“法治中国”不是一个凭空产生的法治概念，而是与我国人治历史传统、人类法治经验做法以及社会发展现实问题存在天然的联系。由此角度来看，“法治中国”概念至少应当具有以下三个方面的价值属性：首先是对我国人治传统，特别是新中国成立以来社会主义建设进程中人治现象的反思与否定；其次是对人类法治经验做法的传承与发展；最后是对我国现实发展问题的聚焦与回应。

（一）“法治中国”是对我国人治传统的反思与否定

“法治中国”属于法治发展的范畴，是对历史上曾长期存在的人治传统和做法的反思与否定。但问题是只有搞清了法治与人治的现实分野才能谈得上对人治的反思和否定。只有明确了在我国政治生活实践中人治与法治之间的分水岭，那么在法治发展过程中才能更加自觉地抵制人治倾向的思维观念和行为，进而才能积极促进法治建设目标的全面实现。作为我国法治发展的最新状态，“法治中国”更是如此。凡是具有人治性质的现象，不论是抽象的思想观念还是具体的现实做法都一概处于反思与批判之列，而不论这些事物实际处在那个历史发展阶段或社会形态下。

鉴于1975年宪法继续强调社会主义社会长期存在阶级斗争，主张把无产阶级对资产阶级的全面专政扩大到整个上层建筑领域，并且在国体规定上依旧强调无产阶级专政的性质。上述主张反映在现实生活中就是继续推行暴力性质的革命。从科学认识的角度讲，不能认为凡是暴力性质的革命在本质上都是非法的，都是不合理的。对此需要区分

① 熊文钊、郑毅：《建设法治政府的模式与政府法治论》，载《法学杂志》2010年第11期。
② 杨小军、张鲁萍：《我国法治政府建设的回顾与展望》，载《社会主义研究》2013年第2期。
③ 贾焕银：《湖南法治政府建设实践的经验启示》，载《政法论丛》2012年第4期。

具体情形予以区别对待。一方面，在社会矛盾尖锐对立时期，现实中的法律制度非但不能有效保护基本人权反而进一步加剧社会群体之间的不平等。此时采取合法斗争的方式已经不可能有效维护广大人民群众的根本利益。进一步讲，由于诉诸现有的法律体系以求应得的法权保护而不得，那么诉诸暴力性质的革命则成为最后且必要的选择。可以说，此时的暴力革命乃是一种直接诉诸人类的自然本性以求取应得的权利和地位的最后手段。这种自然法论的立场赋予暴力革命以根本的合法性与合理性。事实上，西方资产阶级革命正是这一情形的历史表达。另一方面，在和平建设年代，由于暴力革命已经成功摧毁了尖锐矛盾存在的社会基础，此时依旧强调“无产阶专政下的革命”则是一种纯粹出于个人政治野心的政治阴谋活动。此时已经没有任何一种具有说服力的科学理论能够支撑其继续存在的合法性与合理性。这种“全面无产阶级专政”实际就是少数掌权者个人的专制。这种做法不仅严重损害了历尽艰辛树立起来的宪法和法律的权威，更致命的是对新中国成立以来的法治努力和历史传统的彻底否定和颠覆。这是一种恣意人治的典型表现。

由此可以推定，在我国，现代意义上的法治实发端于1978年十一届三中全会作出“拨乱反正”的历史决定之后，正如有学者指出：“中国法治的诉求绝非新近十多年来之事，而是与中国改革开放基本同步并行的一场看不见的革新”。① 尽管笔者不否认新中国成立以来的一段时间里我国在法治建设方面的积极努力和尝试，但不可否认，该时期不论是积极立法还是严格执法实际上都未真正强调亦未确立法律的至高权威性。而法治与人治的最根本的区别恰恰就在于法律权威的至高无上性，哪怕最高领导人的指示亦必须合法而不能逾越法律的红线。与之前的情形相反，在十一届三中全会上，邓小平同志明确且深刻指出：“为了保障人民民主，必须加强法制。必须使民主制度化、法律化，使这种制度和法律不因领导人的改变而改变，不因领导人的看法和注意力的改变而改变。”② 这句话已经初步透露出法律权威大于领导人权威的法治化特征。因此，可以说正是以此为契机我国开始探索法治化的治国理政道路。

结合当时的历史背景，很明显可以看出，党第二代领导集体之所以不遗余力地反复强调法制，反对人治，就是对我国人治传统尤其是新中国成立以来的社会主义建设过程中依旧存在的人治丑恶现象的深刻反思与坚决否定。在此基础上，1982年“根据党的十一届三中全会确立的方针政策，总结我国社会主义建设正反两方面的经验，深刻吸取十年‘文化大革命’的沉痛教训，借鉴世界社会主义成败得失，适应我国改革开放和社会主义现代化建设、加强社会主义民主法治建设的新要求，我们制定了我国现行宪法”。③ 现行宪法的制定为我国社会主义法治现代化建设开启了新的历史进程，具有极为重要的宪政意义。为适应新的时代形势的发展要求，全国人大先后对我国宪法个别条款和部分内容作出四次具有重大意义的修正。与此相应，我们党积极把握时代脉搏，顺

---

① 庄建平：《法治中国之内涵再认识》，载《法制与社会》2011年第20期。

② 《邓小平文选》第2卷，人民出版社1994年版，第146页。

③ 习近平：《在首都各界纪念现行宪法公布施行30周年大会上的讲话（2012年12月4日）》

应时代发展要求，先后提出“依法治国，建设社会主义法治国家”、“社会主义法治理念”、“领导干部要善于学会法治思维和法治方法”等一系列重大法治思想和理论观念。实现了法治理论建设与法治建设实践的积极互动，有力推动社会主义法治建设全面深入开展。由此逐步形成了一套完善的充满中国特色的社会主义法治建设理论与实践体系。这一体系的最新发展正是“法治中国”基本概念的提出。长达30多年的法治发展历程反映出“文革”结束以来我们党和政府在反对人治观念，否定人治做法方面始终不移的坚定立场。由此，对人治传统的反思与否定也构成“法治中国”首要价值属性。

（二）“法治中国”是对人类法治精神的传承与发展

“人类之所以选择法治，乃是因为法治构成了保障权利和维护治理‘最不坏的机制’。它既能确保形成于公民权利让渡的公共权力能够提供安全和秩序，又能有效防范公共权力失范与滥用可能给公民权利带来的危险和伤害。”① 要探求人类法治发展历史，就要探求西方的法律发展史；而要探求西方的法律发展史，则不能不回溯到西方文明轴心时期的古希腊，特别是该时期普遍实行的城邦宪法政治。

在希腊先哲有关法律或法治的众多表述中，亚里士多德有关“法治”含义的界定尤为经典：“已成立的法律必须获得普遍的服从；而被大家普遍服从的法律又应该本身是制定良好的法律。”② 因此，“良法之治”对整个西方后世的法治发展产生着深远影响。在此后数千年的发展过程中，“法治”始终占据举足轻重的地位。即使在基督教神学一统天下的中世纪，法律和法治思想依然被神学家诸如奥斯丁、阿奎那等人所重视并予以神学化改造，进而为基督教统治进行辩护。在西方法治发展过程中，近代资产阶级革命对于确立资产阶级的法治正统地位发挥着居功至伟的作用。在一定意义上讲，西方近代以来的资产阶级革命实际上就是法权革命的过程。从法律发展的角度总结近代西方资产阶级革命最大历史贡献，就是成功树立宪法的实际最高权威，有效实现对国家权力的法制化制约，广泛传播法治基本精神与理念价值。

与西方发达的法治历史不同，我国近代意义上的法治肇始于清末修律，传承于民国的宪法政治。这构成了我们新中国法治发展的基本历史背景。归纳来讲，该时期的法律实践活动具有以下几个鲜明的特点：一是法治历史短浅；二是法治精神淡薄；三是宪法权威虚无；四是法律形式明显。不论是北洋政府还是国民政府都在频繁地立宪即是一种有力地说明和诠释。因此，近代中国的法治发展史实际上是一个以法治的幌子掩饰人治的“立法闹剧”。是以，尽管我国近代以来纷纷仿照西方进行立宪，但近现代法治基本精神并没有有效地培养起来，法律的至高权威地位亦没有树立起来。这一历史现实决定了，新中国的法治发展是不可能在这一基础上成功衍生出符合现代法治本意的社会主义法治。

---

① 傅达林:《法治中国的蓝图》,载《法治周末》,http://news.hexun.com/2013-11-20/159835245.html,2013年12月8日访问。

② ［古希腊］亚里士多德:《政治学》，吴寿彭译，商务印书馆1981年版，第199页。

这一情形决定了我国法治现代化是不可能在近代中国“法治”基础上发生的，而只能是直接面向西方先进的法治原则和实践做法进行的积极学习、传承与发展。事实上我国当前法治建设实践中普遍存在的“遵守契约”、“法律面前人人平等”、“依法治国”、“宪法法律权威”、“尊重和保障人权”等许多基本的法观念都是西方法治的“舶来品”，体现出一种鲜明的对人类近代以来法治基本精神的学习、借鉴和继承。另一方面，在我国法治实践中，自“依法治国，建设社会主义法治国家”的提出，到“坚持法治国家、法治政府、法治社会一体化建设”的强调，无不凸显出鲜明的中国风格、中国气象。因此，我国社会主义法治建设不仅仅是对人类法治经验做法和基本理念精神的继承，更是基于特殊时代背景和具体现实国情作出的进一步发展。作为我国法治建设的最新发展动态，“法治中国”更不例外。

（三）“法治中国”是对我国现实发展的聚焦与回应

“实事求是”是中国共产党能够把握时代发展潮流，保持历史先进性的根本保障。这一原则理念同样贯穿到社会主义法治现代化建设过程中来。回顾我国新时期的法治发展历程，不论是十一届三中全会上法制建设的强调以及随后的全民普法宣传教育还是1982年进行的重新制定宪法，不论是1999年“依法治国，建设社会主义法治国家”的正式入宪还是“社会主义法治理念”的提出，都深刻体现出一个基本共性，即任一项法治观念或实践都是对当时现实社会发展背景的积极聚焦和及时回应。当前我们党的最高领导层审时度势，在我国法治发展的现有基础上及时提出一项更具宏阔性的概念——“法治中国”。无疑也反映出了这一规律特性。“我们所建设的‘法治中国’，无疑应是法治的普遍价值与中国的国情相结合、立足中华文明主体性的一种法治形态。”① 具体来讲，“法治中国”所面对的社会问题导向，即要解决的社会问题和现实主要体现在以下几个方面：

首先，改革面临全面深化。“改革开放是党在新的历史条件下领导人民进行的新的伟大革命，是决定中国命运的关键抉择。”② 我国三十多年的改革开放史根据改革的力度、深度及广度可以划分为三轮改革：80年代初“第一轮改革”主要是在党中央主要领导干部推动下进行的小心翼翼地摸索和尝试，是一种单纯的自上而下的拉动式、政策“强制”推动式的改革。90年代初的“第二轮改革”则是在邓小平同志“南巡讲话”为契机全国范围内进行的相对更大胆的推进，开始形成一种“上下结合、共同推进”的趋势。当前的改革即“第三轮改革”则已经形成一种全体社会共识，全面推进和深化改革既是社会普通民众的现实需求也是党中央当下的历史使命。“实践发展永无止境，思想解放永无止境，改革开放永无止境。”③ 我们必须顺应全面深化改革的时代潮

① 傅达林：《法治中国的蓝图》，载《法治周末》http://news.hexun.com/2013-11-20/159835245.html，2013年12月8日访问。

② 习近平：《在党的十八届一中全会上的讲话（2012年11月15日）》。

③ 《中共中央关于全面深化改革若干重大问题的决定（十八届三中全会决议通过）》。

流，以更加积极、更加主动的态度深化经济体制改革、政治体制改革、文化体制改革、社会体制改革以及生态体制改革。为此，“要坚持社会主义市场经济的改革方向，提高改革决策的科学性，增强改革的协调性，找准深化改革开放的突破口，明确深化改革开放的着力点，不失时机的推进重要领域和关键环节改革，继续解放和发展社会生产力，继续推动我们社会主义制度的自我完善和发展，坚决破除一切妨碍科学发展的思想观念和体制机制弊端”。① 但是需要认识到，仅仅强调全面深化改革本身是解决不了全面深化改革本身所遇到的问题和阻力。首先，改革必然意味着要改变目前的既得利益格局，而既得利益群体势必会积极阻挠甚至设法破坏。如果这一利益问题处理不好则可能引发更严重的社会后果。其次，当前的改革要求“全面深化”，那么就意味着在政治等较为关键且敏感的领域也需要稳步深入推进。这时如果没有统一的制度化的规定则很难有效实现此类领域改革的目标。再次，改革的成果本身也需要得以巩固和强化，如果以为改革成功过就大功告成而放松警惕则很可能意味着历尽艰辛所取得的改革成果得而复失。这就需要通过法律规范的形式予以承认和保护，防止潜在的保守势力的反扑。上述全面深化改革过程中所可能面临的种种问题凸显出当前的法治建设必须要充分考虑到全面深化改革中的各种问题。在改革之前要为改革创造积极条件；在改革之中要为改革提供充分保障；在改革之后则要及时巩固改革成果。

其次，发展面临全面推进。发展是社会进步的动力。改革开放三十多年以来，我国的综合国力，人民的生活水平以及社会生产力水平得到前所未有的巨大发展。其变革之深，发展之速，规模之大，影响之广实是人类历史所罕见。根据有关调查数据显示，中国的 GDP 从 1978 年的 2683 亿美元，猛增到 2010 年的 5. 879 万亿美元，30 余年间增长了 20 余倍，平均增速接近 10%。2010 年中国经济总量首次超过日本，已成为世界第二大经济体。这是 2010 年中国经济发展中的一件具有标志性的大事，也是中国经济发展的一个里程碑。② 三十多年的巨大成绩归根结底取决于我国各项工作都始终坚持“发展才是硬道理”的真理性认识。尽管成绩如此骄人，但发展中存在的问题并不令人乐观。长期以来我国的发展严重依赖于廉价的社会劳动力、大量的自然资源以及各种积极刺激性政策。生产低端化，成本高昂化，浪费普遍化，污染严重化是这一发展生产方式的典型特征。这种发展生产方式是一种严重不可持续的发展方式。为此，我们必须注意扭转发展观念，注意生产结构的调整和转型，积极向高效化、高能化、高端化的产业类型转型。在全面推进发展过程中必须注意以下几个方面：首先，区域之间的全面协调可持续发展。我国的当前的发展依旧是严重片面、失调的发展，其中区域发展就是一个具有典型的例子。区域发展的失调既有历史文化原因又有地理区位原因当然也有政策倾斜因素，但无论出于什么原因当前社会条件下实现区域之间的全面协调可持续发展都是一项迫切的时代发展使命，而不仅仅只是科学发展观的基本要求。其次，产业发展之间的全

① 习近平：《在党的十八届一中全会上的讲话（2012 年 11 月 15 日）》。

② 《今年中国经济总量超日本，成为全球第二大经济体》，http：//finance. sina. com. cn/roll//20101207/09449066225. s html。

面协调可持续。现代国家的基本特征是第三产业高度发达，第三产业相对比重较少。而我国作为一个农业大国的历史传统以及人口规模庞大的现实国情决定了农业在我国的基础地位不可动摇。同时作为现代化发展国家我们还必须强化第三产业的发展水平，提高在国民生产总值中的贡献比例。与第三产业不负责生产具体产品不同，作为一种实际生产部门，第二产业部门的实际生产水平往往决定了一国的实际硬实力发展水平。如何实现三者之间的全面协调推进则是一个亟待深入考虑和解决的重要问题。总之，如何实现发展的全面推进不仅仅是如何发展的本身问题而是涉及如何更加合理、有效、科学地实现不同发展事项之间、不同发展领域之间的有机联系和综合推进。在计划经济已经逐渐退出历史舞台的时代背景下，单纯凭借国家政策已经很难有效实现发展的全面推进。这一基本现状决定了只有依靠规范化的、制度化的法律规制才可能实现不同领域、不同层次发展问题的全面统一、协调有机以及可持续性地发展和推进。当前的法治中国建设在这一问题上体现出了更加有效的能动意义。

再次，稳定面临全面创新。稳定是发展的前提与基础。我国国土面积较广，人口规模庞大，现实情况复杂、发展差异明显，任何区域性、局部性问题如果处理不好都可能诱发大规模的影响社会稳定的严重社会问题。同时由于我国属于后发型发展中国家与世界发达经济体尚存在巨大差距，为了实现快速发展以弥补这一差距更需要和平稳定的发展环境。和平稳定的发展环境既包括稳定的内部环境又需要和平的国际环境，其中前者是关键。正是基于这一特殊国情的科学认识和把握，江泽民同志特别强调指出：“保持稳定，保持全党全国各族人民的团结，是我们事业顺利前进的必要前提。只有稳定，才能有计划有步骤地实现我们的奋斗目标。没有稳定，什么事也办不成，已取得的成果也会丢失掉。从这个意义上讲，稳定是压倒一切的，这是一条基本经验。”① 在过去很长一段时间以内，维护稳定成为各级地方政府一度高度警惕的重要工作，甚至成为某些基层政府工作的重中之重。现实工作中，各级政府不惜花费巨大人力物力财力创建各种维稳机制，创新各种维稳手段。但是维稳效果却并不令人满意，甚至某些维稳工作让人怀疑其科学性与效益性。究其根源可以发现，过去的维稳工作在本质上是一种简单粗暴的暴力维稳机制。这种做法的后果是不断激起民众对政府不满和怨言，其直接后果是严重损害党和政府在群众中的政治威望，其长远危害则是动摇我们党的执政根基。这也是为什么过去一段时间以来具有重大影响性的群体性事件频发，并且这些群体事件大多直接涉及政府有关部门或工作人员。在倡导为民服务的政府管理之下出现如此反感政府及其工作人员的情形无疑是值得反思的。这种僵化的高压严打式的维稳方式无异于厉行人治。当整个社会迫于强制压力转向沉默后，看似一派安静与和谐实则是最危险的。为此我们首先应当明确：稳定是必要的，但是要看怎样的稳定。这就需要回归到我们党强调稳定的本旨上去。我们党强调维护稳定不是为了稳定而维护稳定，而是为了更好的实现改革开放，为了更好地实现社会发展而采取的必要性措施。如果因为维护社会稳定而影响到改革开放的进程和社会发展效益则有本末倒置的嫌疑。如果不能深刻认识到这一

① 《江泽民文选》第2卷，人民出版社2006年版，第571页。

点，则现实生活中就会发现越是维稳就越是混乱，最终形成一种恶性循环。此种维稳做法的不合理性决定了我们必须进行全面的革新，而革新的基本标准和保障就是法律的规制。一方面，维稳工作的权力来源与限度必须法定化；另一方面，维稳工作方式的手段和程序必须法定化。任何权力的行使与运用都必须严格限定在法律范围内，在确保维稳目的合理性的同时保障基本的人权不受非法侵犯。

三、“法治中国”的现实意义

（一）“法治中国”与中国共产党

“法治中国”是中国共产党在领导建设中国特色社会主义法治国家历史进程中提出的一项新的法治建设指导规划，反映了中国共产党在建设法治国家道路上的与时俱进性。从根本上讲，建设“法治中国”对于新的发展形势下增强党执政的合法性以及强化党的执政基础都具有十分重要的意义。

首先，建设“法治中国”有利于新的发展形势下增强党执政的合法性。在历史上，具体社会背景以及时代诉求决定了中国共产党不可能通过诉诸当时国民党政府的法律系统以获得最基本的政治权利和其他基本权利，尽管国民党宪法极其详尽地罗列了公民的各项基本权利。在白色恐怖主义时代武装反对国民党政府的反动统治既是受中国共产党带领广大工农群众推翻阶级压迫的历史使命驱使，也是维持自身存在和发展的现实紧迫需要。也正是在不断地领导武装斗争的过程中，中国共产党的政治威信逐步得以树立和强化。中国共产党领导的革命事业逐步获得广大人民群众的积极支持和广泛拥护。由此，中国共产党夺取政权并掌握政权的合法性便无可争议的树立了起来。革命战争时代的特殊社会背景决定了中国共产党作为执政党登上政治舞台的历史合法性。尽管如此，并不意味和平建设年代中国共产党执政的合法性依旧是建立在只有革命时代才可能被认为是合法的武装革命斗争上。如果忽视这种历史条件的差别就会对党的执政合法性造成严重的后果。其中对中国共产党执政合法性构成最严重挑战的就是“文化大革命”。“文化大革命”最根本的特点就是抛开法制，崇尚人治。“砸破公检法”、“无法无天”、“大字报批斗”等现象无不是当时社会人治的典型体现。以至于时任国家主席刘少奇手持新中国宪法亦难免遭受非人道待遇和残酷迫害。这种有法律但无法治的政治实践实际上是典型的人治。无疑，该做法与现代社会崇尚法治，反对人治的世界发展潮流是严重悖逆的。可以说“文化大革命”对中国共产党政治威望以及执政合法性构成最严重的损害。事实上成为新中国成立以来党所面临的最大的执政合法性危机。

当前世界发展的基本趋势决定了只有切实崇尚法律权威、严格约束权力的政府才是拥有合法性依据的政府。否则只能是一种人治下的政府。也正是对于现代世界治国理政方式基本转向的科学判断，同时也是对我国新中国成立以来人治现象的深刻反思，党的第二代领导集体坚决反对人治、强调法制的意义。国家社会各项制度的规范化、制度化是防范人治产生的根本前提。从 80 年代初制定新宪法和决定实施法律宣传教育到 20 世纪末提出“以法治国，建设社会主义法治国家”并将此写进宪法再到当前的“法治国家、法治社会、法治政府一体化建设”和“法治国家”的强调，反映出我们党对法治建设规律的不断深入认识和准确把握，也反映出中国共产党在推进法治建设方面的强烈意向和自觉意识。通过法律规范国家与社会各项权力从而有效防范人治复苏的潜在可能性。同时通过将党的主张即使写进宪法法律从而有效确保党执政基础的牢靠性。这一历史认识和实践过程的转变使得中国共产党的执政合法性由强调革命的的历史功绩转而寻求宪法法律的法理依据。这一转变深刻契合世界法制化发展的基本趋势。在不断推进法治建设中，中国共产党的执政合法性亦不断得到强化。

另外，建设“法治中国”有利于新的发展形势下强化党的执政基础。中国共产党作为执政党同西方资产阶级政党具有十分明显的差异。基于法制建设的基本完善，西方国家执政党的产生是民主选举的结果。而在中国，由于国民政府法制的建设的形式性和虚伪性，成立之初的中国共产党不可能通过合法的权利斗争方式争取实现自己的政治主张。采取合法权利斗争方式的不可能性决定了当时情形下唯有采取极端暴力的、“不合法”的武装斗争方式才是中国共产党的唯一出路。这也是毛泽东同志提出“枪杆子里出政权”的历史背景。事实上，正是不断领导武装斗争的过程中中国共产党逐步获得中国人民的支持。中国共产党之所以成其为执政党，是人民的选择，更是历史的选择。

尽管登上政治权力舞台的路径各异，但不可否认，不论是中国共产党还是西方民选政党执政的基础都是一致的，并且始终保持唯一。这种执政的基础就是普通社会民众的拥护和支持。与西方政党不同，我国实行一党制。尽管有利于保证执政的稳定性以及政策的连贯性，但却是无法摆脱一党专制的质疑。因此，作为一个代表最广大人民群众根本利益的政党，仅仅依靠政治的宣传和建设以证明其合法性是明显不够的。尽管不容否认，党和政府开展的各项民生保障和建设工程对于维护党的执政基础具有重要意义。但是必须看到这种做法是临时性的，并不是一种长效保障机制。而法律及其实践活动则是一种长效化的、制度化的保障机制。如果已经认识到加强法制对于强化执政基础的重要意义，那么我们党就会更加自觉地带头立法，带头守法，通过完善法律制度自觉地将手中权力“关进笼子里”。与此同时，将宪法规定的人民当家做主的各项政治权利切实有效地予以尊重和实现。因此不论是宏观的国家治理还是具体的社会管理，都需要有普通社会民众参与的可能性与现实性。事实上只有真正实现“民有民治民享”才是政治基础最牢靠的国家和政府。这一点无疑是执政党所必须认真考虑的。

（二）“法治中国”与“中国梦”

“中国梦”是习近平总书记2012年11月29日在国家博物馆参观“复兴之路”展览时提出的一个崭新的概念。习近平总书记指出：“大家都在谈论中国梦。我认为，实现中华民族的伟大复兴，就是中华民族的近代以来最伟大的梦想。”① 2013年3月17

① 习近平：《在参观〈复兴之路〉展览时的讲话（2012年11月29日）》。

日第十二届人大一次会议闭幕式上新任国家主席习近平再次强调“中国梦”的意义。“中国梦”的提出深刻契合时代历史发展的根本需求，反映了广大人民群众的共同期待。“中国梦”的概念也引起海内外评论者以及普通民众的广泛关注和热议。习近平总书记提出的伟大“中国梦”的核心是实现中华民族的伟大复兴，既包括内治的清平安乐也包括外政的尊严自主。事实上实现中华民族的复兴，再现中华民族的荣光是自近代以来无数仁人志士前赴后继始终坚持的理想，也是近代中国虽经过近百年的屈辱历史依旧能够奋发图强，最终重新屹立于世界民族之林的根本保障。“中国梦”基于其自身的理想共识性，成为新时期我们党凝聚人心、聚焦建设的重要的“法宝”。可以说，“中国梦”具有最大限度地为实现国家富强、民族复兴、人民幸福而凝聚人心的威力，无论面对怎样的挑战和困难，终究凭借中华民族深厚的历史文化积淀与智慧给人以希望、信心与力量。

需要我们注意的是，尽管“中华民族的伟大复兴”作为“中国梦”的核心毫无异议，但并不意味着“中华民族的伟大复兴”等同“中国梦”。否则无形中就会缩小“中国梦”的丰富内涵。“复兴”意指“衰落后再兴盛起来”，具有一种历史回归的属性。“中华民族复兴”无疑是指实现向历史上中华民族兴盛巅峰状态的回归。考虑到中华民族曾经的历史辉煌，回归到曾经的巅峰状态的确值得人们为之奋斗。但是，即使在中华民族鼎盛时期我们的法治也是惊人的脆弱，尽管我国历史上中华法系的法制成就同样令人赞叹。如果强调“中国梦”仅仅是指回归到那种社会、经济、文化以及政治盛世但法治脆弱的历史状态无疑是存在令人沮丧的缺陷。因此，我们所要力图实现的中国梦固然涵括了中华民族的伟大复兴但不限于此，而是在达到历史鼎盛状态水平基础上进一步补强和完善。

由于“中国梦”是在中国特色社会主义事业发展过程中提出的，中国梦的实现与中国特色社会主义伟大事业息息相关。鉴于中国特色社会主义是中国特色社会主义政治、经济、文化、社会、生态五位一体，那么寄托中国几代人奋斗理想的“中国梦”必然是一种政治清明、经济发达、文化繁荣、社会和谐以及生态良好的全面文明化发展状态。在上述全面文明化发展过程中，法治的真正树立与强化具有基础性、根本性的重要意义。强调法治的发达与完善也是对我国历史上有法律而无法治基本历史传统的辩证看待和发展。如果不考虑到这一层，那么实现“中国梦”就只能是一种单纯强调“复兴”的历史回归性运动，这是一种历史性的重复或者说回归，其实质是一种没有历史进步的循环运动。建设法治中国，实现法治中国就是实现对中华民族曾经繁盛状态的更高层次的发展和完善。是以，“法治中国”本身即是完整意义上的“中国梦”的有机构成部分。

（三）“法治中国”与公民社会

公民社会是一个复杂的概念。对此学界有不同的认识和看法。美国当代著名思想家希尔斯曾做过一个很简明的界定：“一个公民社会（civil society）就是社会成员相互之间的行为体现公民精神（civility）的社会。”① 这一定义虽则简单却把握住了“公民社会”的精髓，即“公民精神”。公民精神或称公民性，是一种强调公共理性至上的价值状态。俞可平从领域界定的角度指出：“我们把公民社会当做是国家或政府系统以及市场或企业系统之外的所有民间组织或民间关系的总和，它是官方政治领域和市场经济领域之外的民间公共领域。”② 由上可以看出，该论者是将“公民社会”视为国家系统和市场系统之外的民间公共领域。而何增科在此基础上进一步完善，更加强调社会成员的自由性以及公民社会的价值性。认为：“公民社会是国家和家庭之间的一个中介性的社团领域，在这一领域由同国家相分离的组织所占据，这些组织在同国家的关系上享有自主权并由社会成员自愿结合而成，以保护或增进他们的利益或价值。”③ 由此可以将“公民社会”的基本特征归纳为以下三点：第一，公民社会是一种崇尚公共理性的社会状态；第二，公民社会是一种非官方的公共领域；第三，公民社会的目的在于保护自由人利益。上述特征隐含的法治属性反映出公民社会的发展水平往往对于一国的法治建设产生深远影响。

从历史角度讲，公民社会是现代法治发展的重要社会基础和精神前提。关于这一点，有两个方面截然相反的例子足以说明：一是作为法治发展的先行者，西方法治发展史从正面说明了强调公共理性至上的公民社会对于现代法治发展的重要意义；二是我国的法治发展之艰难历史则从反面说明了缺乏理性精神的公民社会基础法治建设是很难向前有效推进的。根据辩证原理，公民社会与法治建设之间是一种互为基础、互相促进的关系。如果说西方法治的发展史反映出公民社会对法治建设的意义，那么在我国现实语境下则体现出法治建设对公民社会的能动性的积极意义。

从现实角度讲，我国的公民社会发展水平是极为有限的，而建设和实现“法治中国”对于公民社会的培育和形塑具有积极的保障和推动意义。鉴于我国公民社会发展的滞后性以及我国是政府主导下的发展模式，加强法治建设反过来对于现代公民社会的积极培育和发展便具有了积极的推动意义。事实上，我国目前公民意识的觉醒，权利意识的提升，公共意识的增强无不是近三十年法治建设和法制宣传教育的结果，而上述诸种观念意识恰恰就是公民社会的内在基本性要求。因此，加强和实现“法治中国”意味着在以往法治发展基础上更加强调公民社会发展的自觉性，更加注重公民社会发展的时效性，更加突出公民社会发展的重要性。在长期的发展过程，二者将实现共同发展与繁荣。这也是现代社会发展的必然趋势。

---

① Shils, Edward, The Virtue of Civility: Selected Essays on Liberalism, Tradition, and Civil Society, edited by Steven Grosby, Indianapolis: Liberty Fund, 1997, p. 322.

② 俞可平：《中国公民社会：概念、分类与制度环境》，载《中国社会科学》，2006 年第 1 期。

③ 何增科：《公民社会与第三部门》，社会科学出版社 2000 年版，第 64 页。

四、结　束　语

《中共中央关于全面深化改革若干重大问题的决定》的出台标志着中国共产党未来十年施政基本路线方针政策的确定。考虑到2020年前后特殊时间点的历史意义，中国共产党将会以极大的政治勇气和决心坚决推动该《决定》所确定的诸多目标的顺利实现。作为"全面深化改革"基本内容重要组成部分的"法治中国"建设同时也构成强化和巩固"全面深化改革"成果的重要前提和基本保障。需要明确的是，在围绕"法治中国"建设和实现过程中针对可能遇到的各种理论性或现实性问题或障碍进行论证研究是顺利推进"法治中国"建设的重要前提。为此就要确保相关理论研究的及时跟进，为"法治中国"建设的顺利推进以及目标的早日实现提供理论支持和智力支撑。

（作者单位：武汉大学法学院）

第十四篇
法治中国梦实现的必然路径之探寻
——社会公众法律信仰的培育

伊成儒

内容提要：法治中国梦是全国各族人民尤其是法律人多年来的共同期望，该梦想的实现离不开社会公众对法律的信仰。然而，在我国恰恰是公众的法律信仰缺失成为了法治中国梦实现的主要障碍之一。本文试图通过分析我国社会公众法律信仰缺失的历史和现实原因，为公众法律信仰的培育路径提出建设性建议，并希望我们能够以“薄熙来案的公开审判”为良好契机，循序渐进地培养社会公众的法律信仰。

关键词：法治中国梦；法律信仰；法律信仰缺失；法律信仰的培育

一、问题的提出

法治中国梦是国家的、民族的，也是每一个中国人的。每个中国人都是“梦之队”的成员，都是法治中国梦的书写者、参与者和实践者，都应当为实现法治中国梦贡献力量。① 实现法治中国梦离不开宪法权威的制度保障，离不开社会公平正义的价值取向，也离不开严格执法、公正司法的坚强堡垒，更加离不开社会公众的严格守法行为。② 而对法律的信仰则是社会公众严格守法以及严格执法和公正司法的内在动力。法治中国梦的实现离不开对社会公众法律信仰的培育。法治中国梦需要确立公民对法律的普遍信仰，如果一个社会中，人们心目中最高的力量是金钱或权力的威力，而不是法律的威严，那么这样的社会就不会是法治社会。同样，法治中国梦的目标也会与我们渐行渐远。

二、社会公众法律信仰的社会价值

法律信仰是指人们对于法律的信任、珍视、依恋和崇敬的情感。作为一种心理活动，法律信仰是伴随着人们对法律的理性认识而在内心自然产生的心理体验，是这种心

① 参见陈建荣：《同心共筑中国梦》，载《当代江西》2013 年第 3 期。

② 参见黄朴：《法治是实现中国梦的必然途径》，载《法治与社会》2013 年第 8 期。

理体验赋予法律以威严性、崇高性和神圣性。法律只有得到普遍的信仰，才能被切实有效地实施和遵守。“没有信仰的法律必将退化成僵死的教条”，“法律必须被信仰，否则它形同虚设”。① 卢梭说过，一切法律之中最重要的法律，既不是刻在大理石上，也不是刻在铜表上，而是铭刻在公民的内心里。小到文明过马路，大到依法治国，法治的根基在于公民发自内心的拥护，法治的伟力源于公民出自真诚的信仰。让公民信仰法律，法律须给公民以信心。这就需要执法者公正对待公民的合法诉求，像习近平同志所强调的那样，努力让人民群众在每一个司法案件中感受到公平正义。生活中每天都在发生的一个个“官司”，都是一面面法治的镜子，也是法治建设的一级级台阶。从执法到司法、检察机关，都应悉心聆听当事人的心声，善待他们的合法诉求，通过对一起起司法个案的公正审理，把法治精神、法治意识、法治观念深深熔铸于公众的心中。现实中，一宗错案的最终沉冤得雪，正是司法机关的合力行动，给人们的法治信仰输入了强大的正能量。②

中国要建成法治国家，不仅要有一套完备的法制体系，还要有社会公众对法律秩序所内含的伦理价值的信仰，即社会公众对法律、法治精神、法治理念的忠诚信仰。前者是法治得以实现的前提和基础，后者则是法治得以实现和法治精神得以形成的关键。任何信仰都是一种世界观和价值观，法律信仰是一种规范体系，也是一种意义体系。法律信仰最本质、最内在的特征，就是通过法律实现对人类终极价值的关怀。③ 比较遗憾的是由于历史的和现实的各种原因，我国的法制建设并未走向成熟，社会公众的法律信仰比较缺乏，从而也造成了我国司法实践中存在着法律不被遵循或者司法审判难以令人信服的窘境。

三、我国社会公众法律信仰缺失的原因

（一）中国传统文化的影响

1. 法治工具论

中国自古就没有西方社会古希腊、罗马时代的那种把法律等同于正义、民主、权利的至上观念，没有经历西方法律推崇自然法、推崇契约理性精神的历史背景和文化土壤，因而从古至今中国欠缺崇尚法律、信仰法律的传统精神就不足为奇，我国古代的治国学说主要体现为儒法之争。不论是成为国学正统的儒学还是推崇“法治”的法家，都认为法律是一种治国的工具，这一点和近代意义的“法治”都有着根本区别。法律工具论认为法律只是实现一定社会目标的工具和手段，一旦达不到预想目标，这一工具

① 参见［美］伯尔曼：《法律与宗教》，三联书店 1991 年版。

② 参见《尽心呵护公众对法律的信仰》，载《楚天主人》2003 年第 6 期。

③ 参见魏长领、喻岚：《政治文明、依法治国与法律信仰》，载《商丘师范学院学报》2012 年第 1 期。

就可能被废弃。政策、命令甚至长官意志都可与法律发挥同等的甚至更大的作用，“文革”期间曾把法律视为阶级斗争的工具，后来又砸烂公检法机关，这样的做法就是法律工具论使然。

然而，我们依靠法律移植建立了一套“西式”的法制，以实现中国“法治”。但是，现代的西方法治，实质是造成法律制度和社会关系、公众行为之间的一种良性互动局面，法律本身具有一种至高无上的权威性，而社会公众对这种“权威”的存在抱有一种积极主动的肯定感和认同感，换句话说，法律之所以被真实地遵守和执行，是因为其具有一种不容否认的神圣性，依赖于法律信仰的大众心理。但中国的法治理论仍带有一种明显技术主义倾向和工具主义倾向，而且政治结构的不合理，政权权力的无限扩大仍压抑着法律作用的有效发挥，权力与法律的争斗交错，法律与政策的混淆都使法律在新时代仍沦为权力的附庸或政策的补充物。人们在论及法律时，往往会不约而同地，条件反射式似地把它和“监狱”、“法庭”、“警察”等暴力机制联系起来，似乎法律的存在并不是因为要“保护”，而是要“制裁”，而人们遵守法律的原因也不是因为“信仰”，而是会被“强制”。法律及其制度性规则成为一副缺少“血肉”的骨架，一个完全异化、彻头彻尾的“法治怪物”，根本不可能获得大众的热情拥戴和信仰。面对缺乏精神意蕴的法律，社会公众只会心存恐惧，而不能产生源于内心的认同，这样的后果只可能是法治意义尽失而徒具形式。仅仅依靠法律制度的外在强制力量维持起来的法律“权威”是极不可靠的，也不可能获取其应有的神圣性，产生的“秩序”状态只会是短命的权宜之计，缺乏社会公众主动服从法律并积极参与其中而呈现出来的和谐状态，在人民和法律之间自然地表现出一种不可调和的紧张关系，使其从根基上丧失了存在和运作的基础。①

2. “权力本位”观念的根深蒂固

法律制度可以模仿，而信仰却难以模仿。以上千年的农业文明为依托而持续的以儒学为主导的传统文化教育的力量仍然强大。法从属于权，法自君出，传统的中国政治文化一直是一种权力信仰。现实社会中“官本位”意识的普遍存在，对法治的推行带来了巨大的阻却力量。“官本位”行为上的表现是“以言代法”，“以人代法”，把自己排除在法律约束之外，把法律当儿戏，言行常常游弋于法理之外，所造成的影响就是民众失去对国家法律的信仰，没有了依法治国的基础，使“法治”成为美丽的空中楼阁。②

新中国成立之初，由于受到封建社会权力支配法律的传统观念影响，在权力机关的意识里，法律从属权力，是直接服务于政治目的的统治工具。行政命令、长官意志、以言代法、以权压法、干涉司法机关独立办案的现象在实际中司空见惯，法律几乎不存在任何的权威。这种情况一直持续到70年代末期才开始有所改变。现实生活中，在社会成员意识里，“讼累”、“畏讼”观念根深蒂固。碰到事情，首先想到的是在相关部门有

① 参见王春风：《从法律工具主义论法律信仰的缺失》，载《法治与社会》2011年第10期。

② 参见李艳馨：《法律信仰缺失的原因透视——兼论高校法治教育的开展》，载《山西高等学校社会科学学报》2010年第11期。

没有关系人，进而是托关系，找熟人，而不是查阅一下法律法规，看一下应该如何维护自己的权益。在普通百姓的观念中，“清官情结”深入肌髓。遇到冤情，往往寄希望于上级领导和主管部门出面过问和解决，而不是走正当的司法途径，这无疑强化了权力机关为民做主的“救世主”角色意识。如此社会环境，法律的权威性根本无从树立。在并非少数的领导干部的潜意识里，“官本位”与“权本位”的观念普遍存在。诸如，在行政诉讼案件中，作为被告的行政机关拒不出庭；对人民法院的生效判决、裁定拒不执行。凡此种种，反映出的都是权力对法律权威的挑战与蔑视。畅游几千年的历史长河，在我国，权利崇拜从未有过断裂，法律信仰却始终找不到生根发芽的土壤。而这个无以植根的法律信仰，恰恰又是法治建设成败的关键。①

（二）现行法律制度的缺陷

1. 立法主体纷繁复杂，各地立法不统一

在我国，明文规定的享有立法权的机关数以百计。其余各国家行政机关有权制定规范性文件，这些规范性文件虽不具备法的形式权威，却正是大量执法人员据于执法的依据。现实中，只要是国家机关的红头文件就可以肆意剥夺公民的人身财产权利，完全具有法的实质权威。立法权的下放与对抽象行政行为监督的缺失导致因地设法，因地执法的地方保护主义盛行，导致了法律统一公正性的缺失。

2. 法律规定不完备

虽然我国已基本建立了法制的框架，但总的来说还是粗线条的，谈不上完备也就更谈不上成熟了。另外，我国的法律并没有较全面地涉及社会生活的方方面面，在不少新兴领域都没有相应的法律规制，造成了社会秩序的混乱。

3. 法律成本过高

在当前的环境与体制下，诉讼效率低下、案件久拖不决的情况较为普遍。当事人提起诉讼需要交纳诉讼费用、律师费、误工费等。同时，错案率居高不下，当事人因上诉、申诉而不得不承担的误工费用、交通费用也相当可观，而由此给当事人所造成的精神压力更是使当事人畏而怯步。高额的诉讼成本和冗长的诉讼周期已成为阻却当事人进入司法救助的高门槛。而当前对案件判决的执行不利更是使当事人雪上加霜。这都使得法律与普通大众越来越远。

综上，由于多种原因，法律缺乏应有的权威性，社会公众表现出对法律的冷漠、厌恶、规避或拒斥，而不是对法律的热情、规待、认同和参与。这种状况不加以改变，直接影响着我国法治化的进程。②

（三）司法公信力的缺失

1. 法律信仰与司法公信力的关系

① 参见张正文：《论我国公民的法律信仰及其培育》，载《价值工程》2010 年第 5 期。

② 参见荣荣：《浅谈法律信仰》，载《法治与社会》2009 年第 2 期。

法律信仰的形成首先要有良好的法律，这是法律信仰形成的前提；有了良法，还要有良法的公正和正常实施，这是法律信仰形成的现实基础，是一种动态正义。徒法不足以自行，法律的理念和意义的实现需要司法活动各个方面的配合，在有良好法律的状态下，司法权保持其独立地位，司法机关及法官能中立的对待案件双方当事人，不受外界的非法干涉和影响，只凭借内心的理性和对法律的尊重来审理案件，才有可能实现法律的价值，赢得公众对法律的认可和信仰。“人们只有忠诚地信仰法律，才可能对适用法律活动的司法产生尊重和信任。”

2. 我国现行的司法却存在的诸多的问题

第一，公众对司法不信任。主要表现在：一是少数司法机关和司法人员办案随意性较大，尤其是对一些非程序化、非规范化的工作方式的依赖，导致某些环节上司法不严格、不规范、不文明；二是个别司法机关和司法人员受利益驱动，司法不作为或乱作为；三是少数司法人员不注意司法的方式方法，不关注司法对象（包括单位、相对人及其亲属）的感受，习惯用威权压服的手段处理矛盾纠纷，结果是旧矛盾未了反增新矛盾；四是司法活动的透明度较低，社会公众对司法办案活动缺乏监督，进而对司法公正性产生怀疑，这都损害了司法机关的司法公信力。① 第二，公众对法官不信任。在社会公众看来，法官贪污受贿，难免会为了非法利益枉法裁判。震惊全国的湖北京山县佘祥林案以及河南省商丘市柘城县的赵作海案让社会公众对法官渐渐失去了信心。诸如此类的枉法裁判行为频见于报端，实在无法让公众相信法官能够维持司法公正，能够维护社会正义。第三，公众对司法既判力不认可。案件审理结束，当事人不服提起上诉，申请再审的概率较之以往大大增加，甚至还有很多人采取涉法信访、越级上访的方式以达到自己的目的。② 另外，司法执行难，有些当事人面对这法院作出的司法判决表示无动于衷，甚至通过隐匿财产等违法行为阻却司法判决的执行，造成了实践中许多“赢了官司，输了金子”。

四、法律信仰的培育

法律信仰不仅仅表现在对法律规范和法律制度的敬重和奉行，更表现在对法律规范和法律制度的合理性、价值基础、合法性的认同与笃信，以及对法治精神和法治理念的敬重、笃信和奉行。法律信仰的信仰特性在后者表现得更为突出，不能把法律信仰仅仅理解为对某种现成法律规范体系的信仰。法律信仰的确立是一个复杂的系统过程，既是一个法治环境不断优化、法律制度不断完善、法律规范日趋合理的过程，也是一个法律主体不断自觉、法律意识不断提高、法治理念不断普及、法治精神不断光大的过程。笔者认为，法律信仰的确立可以通过以下路径。

① 孙应征、刘国远：《略论司法公信力之构建》，载《江汉大学学报》2010 年第 1 期。

② 参见于慎鸿：《影响司法公信力的因素分析》，载《河南师范大学学报》2006 年第 4 期。

（一）完善我国的法律体系，提高我国法律的权威性和严肃性

法治中国梦有两项最基本的要求，一是要有制定得良好的法律，二是这种法律得到普遍的服从。所谓“良好的法律”，就是体现社会公平和正义的法律。历史和现实表明，法律只有能够维护和增进社会的公平和正义，才能得到社会最广大人民群众的接受、认同、维护、敬畏和遵守。只有在一个良好法律及其秩序的社会里，奖罚分明，各得其所，人们之间的利益关系得到合理而公正的处理，社会各方面的利益关系达到均衡，绝大多数人的需要、利益得到尊重，自由、权利得到保障，人们之间的“利益共同域”不断扩大，人们之间的凝聚力不断增长，个体与集体、国家的利益更加融合，人们的法律价值观念才能走向一致，人们对法律的信仰才能形成。为此，第一，实现立法公平，包括立法主体法定、立法程序民主公开和法律内容平等公正。人们对法律的信仰，在很大程度上是由于人们需要法律并实际感知到法所具有的神圣性、公正性和权威性，如果法律不符合“法”的要求，不体现公平、正义等终极价值，法信仰就无从建立。第二，健全法律体系。对于某些法律尚存空白的领域应加快立法规范，对于新法与旧法之间的冲突应尽快清理。

（二）破除权力本位，重点规范约束公权力，将其纳入法制轨道，树立法律权威

权力本位的传统法律文化深深地影响着现代人，人们在权力和法律面前总会出现权力高于法律、法律低一等的认识，从而对法律失去信心和认同感，进而便不会自觉地寻找法律的保护，也更谈不上对法律的尊重和信赖了。因此，应该严格限制的公权力的使用条件，将其适用范围限制在那些犯罪行为和严重违法行为之内。并且对于公权力应当在法律规定的范围内行使，严格按照法律规定的程序，有法律规定的主体行使，不得出现越权行使和违反程序行使的情形。在司法领域，要实现“公权力为私权利让路”，严格慎重限制公权力的介入。总而言之，权力来源于法律，权利要在法律规定的条件和范围内、依照法定的程序行使，一切违反法律行使权力的行为都要受到法律的制裁，从而树立法律的权威。

（三）增强社会公众的权利意识

增强社会公众的权利意识，重视社会主体的自我意识，这是培养法律信仰和培育法治精神的前提条件。社会公众的权利是一部法律的重要组成部分，一部没有权利内容的法律就激发不了公众对它的渴望。“为自己争自由，就是在为国家争自由，为权利而斗争，就是为法律而斗争。对个人权利的维护无疑具有眼下的正当性，但无形中营造了一种良好的社会氛围，为中国社会的发展奠定了一种心平气和的社会道义与心理基础。”应该说公众的权利意识和法律信仰是一种互相推动的关系，权利意识的增强必然会导致社会公众对法律的认同及法律所含的价值的褒扬，从而萌发了信仰的雏形；同样，采取对法律信仰的认同和鼓励也会引发起社会公众对权利意识的重视。我们说权利意识的培养主要在于主体——社会公众的自我意识的苏醒。然而，在现代社会实践中，立法者一

直崇拜和迷信国家政权的强制与威慑，而忽视了作为社会主体的社会公众的主体性与自我意识。社会公众在国家的强制和威慑下。无可奈何地被动服从法律，逐渐麻木了其自主判断的思维，也逐渐泯灭了其参与的热情，这样其独立的人格丧失了。而顺从的、充满奴性的依附人格便长成了，权利意识在其心中就荡然无存，那么我们所倡导的法律信仰就无从谈起。①

（四）提高司法的公信力，完备和完善法律监督制度

提升司法公信力是一项长期的社会工程，既需要司法机关和司法人员的不懈努力，也需要社会公众的良性互动；既要有科学完善的体制和工作机制，也要有良好的司法环境。因此，构建司法公信力应当充分考量当前影响司法公信力的各种因素，全方位、多角度地采取措施，以实实在在的努力获得人民群众对司法工作的最大信任。

第一，要牢固树立和落实司法为民理念，筑牢司法公信的思想根基。因为“司法为民”不仅是社会主义法治理念的本质要求，也是提升司法公信力的思想基础。第二，提高司法人员的综合素质。夯实司法公信的队伍基础法律是威严的，但又是由司法者操作的。司法者的言行关系着法律的尊严，司法者的形象在很多场合就是司法机关甚至法律形象的具体化。群众只有先信赖司法者，才会进而相信法律。第三，完善工作机制，为司法公信提供制度保障。制度是司法公信力建设的核心层面，司法机关的司法公信力要靠科学合理的制度及有效运行机制来塑造和体现。第四，推进阳光、公正司法。增强司法与公众的良性互动加强与社会公众的沟通互动、增加司法工作的透明度，是缓解矛盾，消除误解，增进理解，提升司法公信力的重要途径。第五，坚持情理并重，以理说法，增强司法的说服力。司法的每一环节应当加强说理成分，通过“融情、辨法、析理”，增强司法人员调解、裁决的合法性与合理性，拉近政法机关、司法人员与当事人之间的距离，避免、减少当事人对司法公正的无端猜疑和不必要的申诉上访，降低司法成本，节省司法资源，社会才会更加和谐。②

（五）加强法治意识教育和法治宣传

法律意识教育的具体任务就是将这些法律规范、法治理念、法律精神等内化为被教育者的内在认知、情感、意志和内心信念，从而使法律价值获得直接的实践性。人们接受教育主要是通过社会教育、学校教育和家庭教育这三个子系统来实现的。社会教育是党和政府等自觉地、有计划地对社会公民实施的宣传、灌输、指导的活动。学校是进行系统法制教育的重要阵地，要把法制教育渗透到教学过程的各个环节，科学地规划不同年龄阶段学生及各个学习阶段法制教育的具体内容，加强校规校纪建设，把家庭教育、学校教育、社会教育紧密地结合起来，促进法制教育的深化，增强学生的法律意识，提

① 参见周薇：《法律信仰的生成与培养》，载《吉林省经济管理干部学院学报》2008年第3期。

② 参见孙应征，刘国远：《略论司法公信力之构建》，载《江汉大学学报》2010年第1期。

高公民的整体法律素质。①

五、结　语

实现法治中国梦，建设法治国家，要求国民必须具有对法律的信仰，而法律信仰的形成不可能依靠外在的灌输而形成。在理论层面，这需要真实地以法的民主性来表达人民主权，以法的科学性来表达真理，以法的价值反映人的追求。公民在社会生活中，对这样的法律进行感受、认知、体验，形成对法律的上述基础观念，并在这些基础观念之上才能形成对法律的神圣信仰。而在实践层面，“薄熙来案的公开审理”成为了2013年8月份最受关注的社会话题，也呈现了一堂极好的普法课，公平、公开、公正的法治理念在本案的审理中得到了充分的落实和践行，是社会公众共同见证了中国法制下“刑如何上大夫”。这一次的审判，在依法治国的大背景下展开，无论从程序正义、审判过程乃至于法治理念方面都产生了一个良好的示范效应。这只是一个社会公众法律信仰培育的一个开始。我们应该抓住“薄熙来案公开审判”这一契机，循序渐进的培育社会公众对法律的信仰，让法律的魅力散发到中国的每一个角落，从而引领我们沿着法治中国的轨道前行。

（作者单位：武汉大学法学院）

① 参见刘建刚：《法律信仰的三大基础观念》，载《玉林师范学院学报》2007年第6期。

第十五篇
从国家与社会的关系探究我国法治一体化建设
——以网络公共舆论为视角

严姣姣

内容提要：公共舆论作为公共领域的重要构成要素，其实质是从文化层面对国家与社会两者关系的认识，进而影响到法治国家与法治社会两者的互动，即公共舆论的空间受到国家与社会互动关系的影响，而另一方面它又具有反作用，对法治的进程产生影响。在我国，网络公共舆论在公共决策、权力制衡、司法活动中起着监督、评价、整合作用的同时，也暴露出非理性、缺乏自律的缺点，因而通过推动网络公共舆论的法治化，实现国家的法治，逐步还权于社会，使得社会多元理论参与到法治国家的进程中去，实现法治社会与法治国家的良性互动。

关键词：法治；网络公共舆论；监督

随着科技的发展，我国从旧传媒时代进入新媒体时代或者自媒体时代，从传统的媒介，如广播、电视、报纸、杂志，进而发展到各类论坛、博客、微博。截至2011年6月，中国网民规模达到4.85亿人，网民每人每天平均上网时间2.7小时，互联网已经成为覆盖率仅次于电视的大众传媒。截至2012年6月30日，中国互联网普及率39.9%，持续高于世界平均水平。① 纸质媒体面临着网络媒体的挤压，而公众对于公共舆论的空间也逐步扩大。早期焦点访谈、南方都市报等传统媒体的先锋性作用，对于发挥公共舆论的监督作用有着很好的诠释空间，而继而兴起的强国论坛揭露孙志刚事件、微博反腐打假等，亦掀起了新的高潮，由于公共舆论的具有道德规范功能、社会整合功能、监督功能，因而关注网络公共舆论的兴起，有利于探究其在我国法治进程中的作用与功能，以促进我国法治一体化建设。

一、公共舆论的历史进程

公共舆论是公共领域的重要构成要素之一，探究公共舆论的历史进程必然要先涉及公共领域的来源，而这一概念首先由德裔美国学者汉娜·阿伦特在讨论极权主义等问题

① 陆学艺、李培林、陈光金主编：《2013年中国社会形势分析与预测》，社会科学文献出版社2013年版，第213页。

时提出，后经过德国哲学家尤尔根·哈贝马斯的深入研究，继而90年代在世界范围内掀起研究这一主题的热潮。

汉娜·阿伦特认为公共领域是众人共同组成的，指向一种公开化的公共共同的政治生活，这种政治生活通过言辞和劝说的方式，而不是通过暴力做出决定。① 在她看来，行动者必须开口说话才能与他人发生关联，参与共同行动，相互交流、辩论，彼此希冀认同。② 由此，在汉娜·阿伦特的公共领域理论中，公共领域的空间具有公平性和平等性，它向每一个公民开放，其实践活动是沟通和讨论。由于汉娜·阿伦特世袭了亚里士多德的古典分类，即在她看来，公共领域存在于市场经济行为和近代国家组织结构之外。

哈贝马斯继承汉娜·阿伦特的部分观点，并加以发展。他在认可国家与社会之间的区分的同时，将公共领域纳入到这一体系中，即形成了“公共领域—经济—国家”三元体系模式中，与国家相对应的是“公共权利领域”（政治领域），与社会相对应的则是涉及商品交换和社会劳动领域以及家庭、个人私生活和狭小的内心世界等私有领域③，而在这之间则还存在着沟通两者媒介的公共领域，“所谓公共领域是指介于市民社会和国家之间进行调解的一个领域，在这个领域中，有关一般利益问题和批判性公共讨论能够得到体制化的保障，形成所谓的公共意见”④。同时，哈贝马斯指出，构成公共领域的三个要素是公众、公共舆论以及公共媒介与公共场所。其中公共舆论的主要特征在于公众性、批判性以及理性，公众在对国家权力进行批判的过程中，作出独立于公共权力领域的理性判断。

以上我们可以看到，一方面公共舆论在公共领域中具有重要的地位，另一方面对于公共领域与公共舆论的探讨在本质上源于对国家与社会两者关系的思考。

西方早期关于国家与社会的关系研究多是从经济层面出发，更多的侧重于社会的独立与自治，因而引申到政治层面，涉及对于国家地位的认识问题，在实际运用于政治生活时，对国家权力的来源与方式具有一定的影响。随着政治文明的发展，从文化层面出发探究两者的关系则更侧重于强调理性讨论所带来的公共舆论空间与方式的重要性。

二、公共舆论的法治意义

尽管国家与社会的区分理论源于西方，但如上文所述，公共舆论的本质其实是从国家与社会这二者关系的认识出发，而且中共中央政治局就全面推进依法治国进行第四次

① ［美］汉娜·阿伦特著：《公共领域与私人领域》，刘锋译，三联书店1998年版，第86页。

② 朱士群：《公共领域的兴衰——汉娜·阿伦特政治哲学述评》，载《社会科学》1994年第6期。

③ 陈勤奋：《哈贝马斯的公共领域理论及其特点》，载《厦门大学学报（哲学社会科学版）》2009年第1期。

④ ［德］哈贝马斯：《公共领域的结构转型》，曹卫东等译，学林出版社1999年版，第2页。

集体学习时，中共中央总书记习近平明确提出“法治国家、法治政府和法治社会一体化建设”的理念，也可以看出官方认可两者的区分，而两者的关系也会影响到对于法治理念的认识。那么国家与社会的关系又是如何影响到法治国家与法治社会之间的关系呢？

第一，从法的地位出发，国家与社会的关系会涉及谁是法治主体的问题。遵循国家高于社会的模式，则实际上将法治的权力交给国家，亦隐含着国家权力可以无所不及和社会可以被完全政治化的逻辑，从而导致国家至高无上的地位，使得法律成为了附属品。法律是国家制定的，体现国家意志，依靠国家强制力实施的，实现国家职能的手段，逐而沦为了国家统治社会的工具，法律工具主义显然不符合现代法治的要求。因为真正的法治指“法的统治”，即法居于国家与社会的统治地位，而不只是国家用法来治，国家本身也是受到法的制约与监督。①

第二，从主体关系出发，国家与社会的关系会涉及公民与政府的关系。法治要求代表国家形象的政府“依法执政”、“执法为民”，确保政府的工作核心是以公民为出发点。国家与社会的良性关系，使得一方面公民遵守政府治理国家时依法所采取的规则与措施，另一方面政府也同时尊重公民的主体独立性，维护公民的自由空间，而不是像古代政府成为了一个无所不能、无所不管的“父母官”，使得社会中的任何个体或群体都无条件地听命并依赖于这样的政府指令，缺乏独立自主的活动空间，而一旦一个社会是依靠政治结构而规定的，那么面对国家强权的侵入，社会便会缺乏原则性的抵抗和道义或现实的制衡力量。② 此时，公民也就会缺乏制约政府行为的空间与能力，这显然不利于构建法治国家、法治社会。

第三，从法律关系的内容出发，国家与社会的关系会涉及权力与权利的互动关系③。国家来源于社会，个人权利是国家权力的基础，这也是法治的核心，国家运用权力是为了更好地保护个人权利，我们时常将个人权利比作一个大圆圈，则国家权力是圆中之圈，其面积的大小直接影响到个人的权利的范围。由于国家权力天然的属性，使得实际生活中我们要为权力戴上镣铐，不能让权力裸奔。用权力制约权力，用道德来制约权力④，以及通过权利来制约权利，后者由于属于外部监督而更具有实际效果。可见国家与社会的关系直接影响到实践中公民的权利意识以及权利对于权力的制约程度。

第四，从法的秩序出发，国家与社会的关系会涉及法的实效。法律作为一定历史时期的现象与产物，受到国家与社会这对关系的影响，而其本身又是两者的纽带。亚里士多德经典法治定义：法治应包含两重意义：已成立的法律获得普遍的服从，而大家所服

① 郭道晖：《法治国家与法治社会》，载《政治与法律》1995 年第 1 期。

② 唐宏强：《“国家—社会”两分构架及其方法论意义——就研究法律发展问题论之》，载《浙江大学学报（人文社会科学版）》2007 年 11 月。

③ 马长山：《西方法治产生的深层历史根源、当代挑战及其启示——对国家与市民社会关系视角的重新审视》，载《法律科学》2001 年第 6 期。

④ 关雁春：《公众舆论、市民社会与法治》，载《学术交流》2003 年 11 月。

从的法律又应该本身是制定得良好的法律。① 即良好的法律秩序与社会的认同性有着密切的关联，基于公民权利出发的权利本位理念有助于增加公民对法的认同感，从而在实践中遵守法律规则。

第五，从法的动力出发，国家与社会的关系会涉及法治的进程与模式。西方通常把国家与社会的关系分为四类：弱国家—弱社会、弱国家—强社会、强国家—弱社会以及强国家—强社会。② 在我国，长久以来国家所扮演的角色是全权性的，深入到社会的各个领域中，处于强国家—弱社会的状态，这使得我国的法治进程以政府推进型模式自上而下地进行，一方面它能够加快法治进程的速度，但另一方面它又不得不面临困境：政府既是法治的推动者也是法治的客体，这使得既得利益者面临镇痛，甚至会阻挠法治的进程，因此，我国法治的重心是治权，实现权力法治化。同时，逐步使社会的力量参与到法治进程中，参与和影响国家的决策，与国家形成良性的互动关系。

可以说，国家与社会的关系是法治国家与法治社会的逻辑起点，一方面国家在从上至下策动进一步法治化的同时，加速变更国家职能与转变国家角色，而社会成员借此充分利用这一契机，有意识地、理性地推动社会法治化的营建，双方逐步实现良性互动，继而推动法治一体化建设，实现我国的法治目标。即在这一过程中，国家通过变革而改变其原有的全权性，而这本身也在很大程度上有利于推进社会法治的建构。公共舆论作为“社会秩序基础上共同公开反思的结果”、“对社会秩序的自然的概括”、“它没有统治的力量，但开明的统治者必定会遵循其中的真知灼见”。③ 公共舆论在法治中的作用不仅体现对于公共权力的监督，凭借其社会评价、道德判决、意见制裁对权力产生威慑性的作用，在拓宽民主与法治的传播途径④的同时，塑造公众的社会法治认知结构，提高公众的权利意识与法治意识，并且为公共决策的科学化、民主化提供集体的智慧，并为司法活动的公平公正奠定道德基础与群众基础，增强法的权威性，树立法治信仰，实现服从到内化的过程。

由此，一方面，公共舆论的空间受到国家与社会互动关系的影响，而另一方面它又具有反作用，对法治的进程产生影响，成为衡量法治水平的重要标志。

三、我国网络公共舆论发展特点

公共舆论借助网络的平台，除了保有其原有的功能外，还依托科技的发展具有新的特征，同时也暴露出新的问题，尤其是在我国不健全的网络立法背景下，因而不少学者

---

① 亚里士多德：《政治学》，商务印书馆1965年版，第199页。

② 景跃进：《“市民社会与中国现代化”学术讨论会述要》，载《中国社会科学季刊》1993年总第5期，第198页。

③ ［德］哈贝马斯著：《公共领域的结构转型》，曹卫东等译，学林出版社1999年版，第35页。

④ 马长山：《公共舆论与和谐社会的法治秩序》，载《浙江社会科学》2006年第5期。

认为我国在构建起真正意义上的“虚拟公共领域”① 的路上仍任重道远。

（一）网络公共舆论的主体数量多且多样化

截至2011年，我国使用网络的人数大增，同时承载平台的种类与数量也呈现上升趋势，如国内的微博行业市场上微博产品已经达到了20余种。② 参与人数不仅规模庞大，而且发展迅速。如果说，对于论坛与博客，文字功底以及专业知识有所限制门槛的话，那么微博的出现则是贴近草根群体，篇幅字数的限制实际上是写作标准与准入资格的降低，为不同专业、不同阶层、不同教育背景、不同社会背景的个体参与讨论提供了机会，因而在网络迅速普及的同时，参与主体也呈现多样化的特点。而这一方面，有利于讨论角度的广泛化，涉及的领域范围更全面，集结多元话语；但另一方面，也容易使得讨论陷入稂莠不齐的漩涡，古斯塔夫·勒庞在《乌合之众》提出的集体心态值得我们引起思考。

（二）网络公共舆论的互动时间短且迅速

新媒体具有即时性、开放性、个性化等诸多特点，而其本质特征是技术上的数字化，传播上的互动性，或者称为交互性。③ 传统媒体划分了受众与传媒者，而新媒体则完全混淆了两者的划分，每个人既是信息的接受者，也是信息的发布者，同时可能成为信息的转载者，从而扩大了信息的来源与交换的频率，用“秒互动”形容也并非夸张。信息面临爆炸的同时，对于培养公民的权利意识有很大的促进作用，要求政府公开三公消费，通过各种途径获得政府信息以“有图有真相”的方式来拉近公众与政府的距离，使得公众舆论的监督在信息获得方面取得了技术上的进展，比如7·23温州动车事件的追踪、哈尔滨塌桥事件、王立军案件等。

但是，互动时间上的短暂与迅速也带来了不理智的讨论，片面的信息内容使得事情真相显得扑朔迷离，人们开始热衷于挖掘新奇的内容来吸引眼球，以赢得海量信息中的一席位置，这使得谣言四起，出现诸如灌水、拍砖等网络词语，继而又出现粉碎谣言的网络群体组织，比如谣言粉碎机、果皮网等，同时也带来了妖魔化各类传统媒介的反作用，转向对负面消息的热衷，甚至说，只有发布手段最残忍、情节最恶劣、贪污数目最大、情节发展最戏剧化的信息才是网民追求的目标，只要你是政府工作人员，那么你被曝光，一定是你贪污受贿，罪有应得；只要你是官二代，富二代，军二代，那么你被曝光，一定是你受到了特殊的保护，这使得互联网上显现“娱乐至死”之风，使得其在中国主要角色并非政治性，而更多地体现了商业化、娱乐化、地方化、碎片化的

① 罗坤瑾：《网络舆论与中国公共领域的建构》，载《学术论坛》2010年第5期。

② 谢耘耕、徐颖：《微博的历史、现状与发展趋势》，载《现代传播》2011年第4期。

③ 匡文波：《“新媒体”概念辨析》，载《国际新闻界》2008年6月。

一面。①

（三）网络公共舆论的匿名性且出现一定分化的倾向

网络虚拟性的一个重要体现即是网民可以选择实名注册或者选择匿名注册相应的网站、论坛等，因而掩盖了实际生活中的标识，这样一来减缓了人们对于公权力监督的心理压力，使得能够自由地发表自己的观念，二来由于遁去了现实世界的标签，人们依据自己的兴趣爱好形成网络上的标签，并结合成群体，使得网络公共舆论呈现出分化的倾向，只涉足自己感兴趣的领域，只与自己志趣相投的人交往，但这以可能丧失了倾听不同声音并理性地沟通的机会。尽管部分社交网络要求实名化，启动身份识别认证，增加可靠性，但是大范围的匿名化也使得主体在行使自己言论自由时可能越界，造成侵权、甚至犯罪。

哈贝马斯所强调的公共舆论是公众的、理性的、具有批判性色彩，尽管我们要认可在实际生活中公共舆论的监督作用、其他作用，但是我们也看到了我国现阶段尤其是网络公共舆论所带来的一些弊端，这些弊端甚至会消减公共舆论的空间，对法治的进程有弊无利，因此在认可公共舆论在我国的正面作用的同时，也应当认真思考如何通过促进公共舆论的法治化进程，从而使得其在发挥的作用能够更加趋向于积极的一面，以推动我国法治国家、法治社会一体化建设。

四、网络公共舆论与我国法治一体化建设的互动

如前文所述，公共舆论的空间与方式受到法治国家与法治社会互动关系的影响，而反过来，它又能促进两者的良性发展，进而通过推动法治国家建设的同时，还权于社会，使得权力呈现多元化②的状态，并因而实现法治社会的建设。一方面，国家承认公共舆论的作用，并为其提供制度性的法律保障，而另一方面，公共舆论具有制衡国家的力量，通过社会培育多元利益社团，参与到法治的进程中去。由于我国特殊的国情，不同于西方现代法治进程，在获得、维护和拓展公共舆论空间的过程中，社会或个人及社团表现出对国家的依附性及相对的脆弱性③，而在放权的过程中，亦要关注公共舆论的法律规制。

（一）网络公共舆论与公共决策

网络公共舆论的开放性使得立法机构能够尽可能地汇集我国当下的民意信息，2007年关于《就业促进法（草案）》的确立，自3月25日全国人大常委会公布后截至4月4

---

① 郁建兴、刘大志：《互联网与中国公民社会研究：反思与展望》，载《哲学研究》2011年第5期。

② 郭道晖：《权力的多元化与社会化》，载《法学研究》2001年第1期。

③ 邓正来：《国家与社会——中国市民社会研究》，北京大学出版社2008年版，第126页。

日下午3时，共收到了4713件，这些意见绝大部分是通过网络收到的。① 相同地，2011年8月30日刑事诉讼法修正案草案全文公布，面向社会征求意见，随即网络上掀起讨论的热潮，各论坛、微博都纷纷开辟相应版块来响应草案的讨论。我国处于社会转型时期，经济蓬勃发展的同时，也暴露了很多问题，尽管2011年3月10日我国对外宣布中国特色社会主义法律体系已经形成，但实际上立法上仍存在很多的不足。由于法律制定时信息获取不足、经济分析缺乏、利益保护的简单处理等②，使得部分法律条文成为摆设，有些甚至出现反作用。而公民的广泛参与立法活动，行使自身的立法建议权、听证权、讨论权，此时，公共舆论的扩展，一方面能够增加法律制定的科学性与合理性，使得法律有了广泛的道德基础与群众基础，以保证在实施中的有效性；另一方面，有助于提高公民对于法治意识，增加对于法律的信任感。当然，网络公共舆论的片面化，所谓“听一半、理解四分之一、零思考、却作出了双倍反应”，对此立法机关应当进行理性地筛选，同时在采纳比如网上微访谈等方式增加信息的公开度，使得民众能够更好地认识与理解立法政策。

（二）网络公共舆论与反腐倡廉

网络反腐是公共舆论在法治进程中一个重要的监督机制，“微笑局长成‘表哥’”成为2012年前20大热点事件之一，热帖数量超过百万，随后房叔的落马、“雷政富不雅视频”等，使得腐败案件延伸出一条“网络曝光—纪委介入—查实处理”的查处路径。网络公共舆论的威慑力使得一些缺乏新媒体下的政治敏感性的官员依然采用陈旧的管理观念和手段，缺乏民主意识和人文情怀，往往采取封、堵、压等方式应对已经出现的舆论事件的负面新闻③，但另一方面公务人员开通政务微博，及时公布政务信息，并且一些部级研修班，每日留出15分钟请专家介绍微博热点，养成官员使用微博的习惯。

我们应当肯定网络舆论的监督作用，在网络四通八达的当下，信息的透明与传播能力的增强，突破了个人发现能力、视野以及渠道的局限，网络监督功能的发挥助推或放大的其实就是公众监督权力的能力与速度，这种网络曝光密切监督社会的情形，使得一块手表、一个表情，都有可能成为反腐风暴的导火索，“附着信息效应”显著，人们越来越不能容忍贪污腐败的行为，但是在网络反腐专业化、常态化的同时，也带来了娱乐化。人肉搜索尽管可以在郭美美炫富事件、表哥事件中发挥揭露腐败的作用，但是它也混淆了公共领域与私人领域的界限，有时甚至使得本身事件的焦点发生变化。因此增加信息互动的同时，推动网络个人隐私的保护立法也至关重要。

---

① 邵晖：《中国当下网络公共舆论对民主进程的影响》，载《理论界》2010年第4期。

② 应飞虎：《权利倾斜配置研究》，载《中国社会科学》2006年第3期。

③ 肖文涛、许小美：《新媒体时代的网络舆论现状与引导对策》，载《行政论坛》2012年第6期。

（三）网络公共舆论与审判活动

近几年，公众对于司法活动的关注日趋增加，一方面这有助于监督司法公正，使得网络媒介起到人们对于司法权威心存怀疑的缓冲功能，但另一方面，司法被卷入舆论的漩涡，尽管人们更多关注的是司法过程是否存在腐败现象、是否保持司法的中立性原则，但在某种程度上讲，公众舆论的道德判决与社会评价功能还是对司法活动产生了影响。比如备受讨论的死刑，药家鑫撞车杀人被判处死刑的案件，很难说这其中没有非理性的成分参与。由于信息流通迅速，公众往往在案件还没有审判前就先对当事人进行“预判”，有时仅仅出于仇富、仇官的心理。诚然，“裁判不能因为欢呼、拉拉队而影响裁判不公”①，但是“碎片化”的信息来源、媒体倾向性的报道使得公众无法获得案件的全面了解，而我国法官的职业理性又不足以抵制舆论的纷扰、保持客观中立的立场，这使得司法对于网络公共舆论缺乏宽容，甚至采取躲避、暴力的方式来挤压舆论空间，这背后更深层次的原因在于司法缺乏权威性，因为公共舆论力量的强大一定程度上得益于司法的宽容，而这种宽容的背后是源于其司法权威的强大。因此一方面树立司法权威，实现透明司法，比如网上公开判决书，以及部分地方法院采取微博直播法庭审理的方式等，网络舆论众声喧哗的重要原因之一是现实中信息不对称所带来的，因而导致司法缺乏权威、裁判得不到信任。及时的通报制度、开放的查阅制度，在不涉及国家利益、个人隐私和商业秘密的信息的前提下，都应该对信息加以公布。同时完善陪审制度，以及规范民间的调解与仲裁，提高公众的参与度。

另一方面加强网络公共舆论的自律性，对于侵害他人利益的网络言论发布者进行一定的立法规制。网络的匿名性是其重要的特质，但是网络服务商却有着明确的可获得性，并且这些服务商有义务保证在自己网站上发布的信息合法性，遵循避风港原则、红旗原则，通过对网络经营者与信息服务提供者的经营责任的规定②，以及明确网络服务接入商的连带责任，但是前提是建立在保护言论自由的基础上，不能假借公共利益之名，打压网络舆论的空间。对于之前公布的《最高人民法院、最高人民检察院关于办理利用信息网络实施诽谤等刑事案件适用法律若干问题的解释》其中量化了诽谤罪情节严重的标准“同一诽谤信息实际被点击、浏览次数达到5 000次以上，或者被转发次数达到500 次以上的”，这是司法实践中对于网络犯罪变化的应对，当然这其中如何在实际运用过程中使之不成为口袋条款需要进一步落实。

本身这两者具有很好的合作互动空间，两者皆具有主导人们行为的功能，一方面司法在实现公平正义的同时，保护公共舆论的空间，使其趋向理性、批判性；另一方面，公共舆论也为司法正义提供了道德的基础。社会主义法治理念强调社会效果、法律效果、政治效果的统一，而从这个层面出发去探讨这三者的关系或许更有意义。

---

① 张涵：《论法治社会的舆论监督》，载《山东社会科学》2004 年第 1 期。

② 常健：《论我国网络舆论监测法律制度的完善》，载《华中师范大学学报（人文社会科学版）》2010 年 11 月。

总体上来说，去中心化、去行政化的网络公共舆论的出现，抛开了传媒舆论空间审查严格的限制，使得越来越多的舆论能够参与到这个新的平台上来，起到疏散社会压力的安全阀的作用。通过网络公共领域，国家与社会实现互动，一方面，作为公共领域新的拓展空间，通过公共参与、交流、辩论，进而影响到国家的各类活动，起到制约国家权力的监督作用，并推动国家的法治建设；另一方面，国家通过有意识地借助网络平台，尽可能地倾听民意、采纳民意，表现出还政于民、让权力回归社会的诚意，在提高公民法治意识的同时，加强网络公共舆论的自律性，推动社会的法治进程，继而实现法治国家与法治社会的良性互动。

（作者单位：武汉大学法学院）

第十六篇
论法治一体化视野下对检察机关程序性权力的制约

严本道　李晓华

内容提要：在中国的法治国家、法治政府与法治社会一体化建设过程中，司法改革历来都是社会关注的热点，司法改革的启动和深入，其逻辑起点与依归在于清理和修正旧有司法体系中不适应法治国家、法治政府与法治社会一体化建设的理念与机制。从司法改革的目标和我国的实际情况看，过分强调加强检察机关法律监督权容易忽视在法治社会建设的框架下对检察官权力进行科学合理的制约，检察官作为“法律监督者”，由于其行使的公诉职能和诉讼监督之间存在的天然冲突和矛盾，缺乏相应的权力制约机制，容易导致检察官权力的滥用，违背了司法改革和法治一体化建设的要求。

关键词：法治一体化；司法改革；程序性违法；司法民主；保障私权

法国著名法学家孟德斯鸠曾说：“一切有权力的人都容易滥用权力，这是万古不变的一条经验。”而制度则是对权力和恣意的一种限制，它所蕴含的公平与正义价值观是现代法治国家极力追求的目标。习近平总书记在党的十八届中央纪委二次全会上也强调，要加强对权力运行的制约和监督，把权力关进制度的笼子里。而在中国的法治国家、法治政府与法治社会一体化建设过程中，司法改革历来都是社会关注的热点，司法改革的启动和深入，其逻辑起点与依归在于清理和修正旧有司法体系中不适应法治国家、法治政府与法治社会一体化建设的理念与机制。法治一体化建设的要求之一是实现权力的有效配置和行使，司法改革的指导理念应当统一于法治一体化建设的发展思想，前者改革的成败对后者至关重要。对此，2012 年我国的司法改革明确了改革的根本目标是保障人民法院、人民检察院依法独立公正地行使审判权和检察权，建设公正高效权威的社会主义司法制度，为维护人民群众合法权益、维护社会公平正义、维护国家长治久安提供坚强可靠的司法保障。

虽然司法改革的决定进一步深化检察机关检察权的独立行使，但并非意味着检察权不受制约。从司法改革的目标和我国的实际情况看，加强检察机关的法律监督权成为合理配置公检法三方权力的趋势，一方面有利于检察官充分行使其法定权力以促进司法公正，但另一方面却忽视了在法治社会建设的框架下对检察官权力进行科学合理的制约，缺乏相应的权力制约机制容易导致检察官权力的滥用，违背了司法改革中规范司法行为和加强司法民主的要求。

一、检察机关滥用权力——法治一体化建设的挑战

改革开放以来的司法实践表明，实现中国法治的途径之一是限制公权，保障私权。从此次司法改革逾1.8万字的全文中有超过1/3的篇幅落脚于“加强人权保障”的部分来看，司法体制中的权力配置理念越来越能忠于宪法的精神，为法治一体化建设提供制度化保障。作为宪法赋予维护国家法制统一历史使命和法律监督神圣职责的检察机关，既是依法治国方略的推进者和保障者，也是实现依法治国的建设者和实践者。① 检察机关是国家的法律监督机关，掌握着国家赋予的重要权力，不可否认的是，这些重要权力仍然是由具体的个人予以实施，因此，检察权客观上存在着被滥用的风险，近年来多检察官滥用诉讼权力的现象屡见不鲜，从鞍山市检察官强迫警察作伪证并违法对其进行殴打和采取强制措施，陕西邱兴华案中检察官随意执法限制当事人申请司法鉴定的权利，到中国最大的一起迫害记者案——郑州殷新生诬告陷害案，再到阜阳“白宫”举报人案、“曹县帖案”等，检察机关恣意滥用权力的案例频繁见诸新闻媒体，在2010年社会广为关注的赵作海冤案中，也能清晰地看到检察机关程序性违法的影子。这提醒我们在关注加强检察官独立性的同时，社会各界应充分重视合理制约检察官权力，防止其不当行使权力损害人民利益。

以上笔者所举出的检察机关滥用权力的例子属于其程序性违法的情形，程序性违法在司法实践中并不鲜见，其含义有二：一是指侵权性违法，即警察、检察官、法官违反法律程序的行为，程度不同地造成了当事人和一般诉讼参与人的权利受到限制或者剥夺的违法行为。二是指公益性违法，即警察、检察官、法官违反诉讼程序的行为，尽管不具有明显的侵权后果，却违反了基本的法制原则，使得宪法与刑事诉讼法所确立的法律秩序和法律关系遭到不同程度的破坏。由于当前我国立法者和绝大多数社会公众更多的仍是在认识论的层面看待和考虑司法的性质和功能，而较少从价值论的角度去思考“重实体，轻程序”的弊端所在，这就给了法律监督者以可乘之机，利用玩弄程序的方式达到扩大公权，损害私权的目的。

二、程序性违法的成因：公诉职能与诉讼监督职能的矛盾

作为具有保障人权性质的刑事诉讼法，其对检察官的公诉活动，无论是在“胜诉”的可能性还是进展效率上都以其严格而复杂的程序性构成了一种法律障碍，因此不难理解检察官几乎具有天然的违法法律程序的动机。检察机关首先是一个侦查机关和公诉机关，检察官所做的行为一般不利于犯罪嫌疑人和被告人，其“诉讼监督”的性质就不可能具有最基本的中立性、超然性和客观性，而注定只能在追求公诉成功前提下的有限

① 王润生、顾忠长：《法治思维下的检察权优化与制约》，载《第九届国家高级检察官论坛论文集》中国会议，2013年。

监督,① 一旦诉讼监督职能和公诉职能之间发生冲突和矛盾，前者势必让位于后者，因而检察官滥用权力导致程序性违法的行为由此产生。笔者通过调查得知，公诉职能与诉讼监督职能两者博弈的结果主要表现在以下几方面：

（一）利用职权违法采取强制措施，超期羁押现象严重

“超期羁押”越发成为社会各界关注的问题，特别是一些新闻媒体对广西谢洪武案的报道，使得一起被未决羁押达28年的“超期羁押”案件得到披露。司法实践中类似的超期羁押案件屡见不鲜，检察官在办案过程中或因为收受当事人利益或为了摆脱诉讼规则的约束，不同程度地利用手中职权违法采取、变更强制措施，导致隐性超期羁押现象十分严重，犯罪嫌疑人、被告人为了免受长时间羁押而迫于无奈选择私下贿赂检察官。同时检察官为弥补办案时限的不足，常常通过违规操作向公安机关和法院“借期限”,② 达到规避法律的目的，例如在换押证上填写提前或者滞后的不真实时间，掩盖某诉讼阶段的超期或滥用退回补充侦查、建议延期审理来变相延长诉讼期限。为了规范公安司法机关采取强制措施的行为，最高人民检察院、最高人民法院和公安部连续多次发文命令治理现存的超期羁押问题，而检察机关本身享有未决羁押的权力，可能是超期羁押的始作俑者，那么这种由检察机关所主导的运动式治理方式无疑是不能从根本上解决问题的，由法律监督者本身来纠正自身问题，其注定不会产生长远和有效的法律后果。

（二）滥用公诉权

检察官滥用公诉权的常见形态有三种：（1）不该起诉而起诉，指违反《刑事诉讼法》规定的提起公诉条件，对应当不予起诉的案件而提起公诉的情形。湖北佘祥林冤案③就是当中一个典型的例子；（2）随意变更起诉，包括撤回公诉、变更公诉（狭义）和追加公诉等三种情形，广义的变更公诉在我国刑事诉讼法中没有直接性的规定，而主要是由“两高”的司法解释记加以明确和规范的。④ 撤回公诉是检察机关最常滥用的一种形态，实践中，由于撤回公诉并不意味着错案，不存在赔偿问题，所以已经异化为检察机关规避法院无罪判决和对被告人进行重复追诉的一种常规性诉讼手段。（3）恣意重新起诉。在二审审判实践中，检察机关发现案件事实不清、证据不足时，与二审法院进行沟通，商请法院以事实不清、证据不足为由发回重审，再撤回起诉，并在补充侦查后重新起诉，导致被告人的身份长期处于不确定状态，给被告人造成不良影响。

---

① 陈瑞华：《程序性制裁理论》，中国法制出版社2005年版，第106页。

② 张平、房国宾：《正当法律程序视野下检察权监督制约机制研究》，中国法制出版社2011年版，第195页。

③ 实践中出于地方保护主义或者其他政治因素，检察官违背管辖的有关法律规定，将案件提交至不具有管辖权的法院审理，以达到对被告人定罪量刑的目的。湖北佘祥林案件中，检察机关本应向荆门中院起诉，但最后在政法委协调下起诉到了京山县法院。

④ 周长军：《公诉权滥用论》，载《法学家》，2011年第3期。

（三）限制被害人、犯罪嫌疑人、被告人和律师的诉讼权利

陕西邱兴华案反映出检察官随意限制犯罪嫌疑人、被告人的诉讼权利。陕西农民邱兴华在陕西省安康市汉阴县凤凰山顶上的铁瓦殿道观杀死 10 人。① 事后案件侦查过程表明，邱兴华具有家族精神病病史，但负责起诉的安康市人民检察院与负责一审的安康市中级人民法院均未依职权提起司法精神病鉴定。最终本案二审宣判邱兴华被执行死刑。

该案属于典型的疑似“被追诉”案件，同时也暴露出检察官在行使公诉权时没有严格依据法律规定，该行使的权力不行使，行使的职权之间存在矛盾，首先，检察官在认为邱兴华精神不正常的情况下仍然决定起诉；其次，依照相关法律规定，邱兴华享有进行精神病鉴定的权利，但检察官未依职权提起。最终导致这起案件一直被认定为疑似“被追诉”的性质。判决后五位法学家联名发表了呼吁为邱兴华作精神病鉴定的公开信，其主要理由为精神病应是专业人员判断的问题，检察官、法官违反法律规定剥夺邱兴华享有精神病鉴定的权利。是否为邱兴华做司法精神病鉴定，不仅关系到邱兴华有无精神病的问题，而且关系到程序正义的问题。

辩护制度中的“三难”问题、管辖争议、滥用强制措施等都是司法实践中比较突出的问题，而检察官对律师辩护权的限制主要表现在对律师调查取证权、阅卷权和会见权的限制。尽管新颁布的《刑事诉讼法》扩大了律师的辩护权，由于检察官在审查起诉阶段的主导地位，而对辩护律师履行辩护职能缺少相应的配套制度作保障，相关规定不能被充分实施，如果缺乏对检察官权力进行制约的机制，取证难、会见难和阅卷难这“三难”问题将会一直或多或少地存在。

三、检察机关程序性违法的后果

（一）破坏法治一体化建设的完整性

法治一体化建设要求法治国家、法治政府和法治社会三者相互协调、相互作用，在法治国家的整体框架下，必须予以强调立法和司法。② 立法主要针对法律体系建设，法律本身的完善、法律体系的完整是建设法治国家、法治政府、法治社会的前提条件。而司法主要是运用法律解决纠纷的活动，公正高效权威的司法既是法治社会的重要保障，更是法治政府的推动力量。司法改革是法治一体化建设的其中一个方面，其价值目标在于要努力让人民群众在每一个司法案件中都感受到公平正义，③ 重点解决影响司法公正

---

① 陈卫东、程雷、孙皓、潘侠、杨剑炜：《司法精神病鉴定刑事立法与实务改革研究》，中国法制出版社 2011 年版，第 44 页。

② 大江网：《推进法治一体化建设》，［EB/OL］2013-04-01。

③ 凤凰网：《法治国家法治政府法治社会一体化建设》，［EB/OL］2013-02-26。

和制约司法能力的深层次问题。对检察机关的程序性违法行为不加以制裁无疑破坏了司法改革的目标，违背了法治一体化建设的要求，因为诉讼讲求公正与效率，其永远强调“迟来的正义非正义”。①

（二）违背“加强人权保障”的司法改革理念

加强人权保障是司法改革的重要目标，也是法治文明的必然要求，司法实践中存在检察人员滥用权力、越权办案，不按法定程序办案，受利益驱动办案，严重损害执法公信力的行为，超期羁押和刑讯逼供是典型损害犯罪嫌疑人、被告人人权的例子。长期以来，刑讯逼供屡禁不止的重要原因在于少数检察官认为通过刑讯逼供能获得有价值的证据，他们深信公安机关抓获的犯罪嫌疑人绝大部分都是有罪的，笔者在检察院实习期间，通过与几个检察官私下交谈得知，在以前的办案方式中刑讯逼供是一种常态现象，只要不造成犯罪嫌疑人身体明显伤害，都采用这种方式，在现今某些老检察官仍坚持这种想法。随着司法公开和对犯罪嫌疑人权利保障的重视，各地不断曝光因为刑讯逼供而造成的许多冤假错案，这无疑破坏案件实体真实的发现，损害实体正义的价值，违背人权保障理念。

（三）造成公民对司法公信力的质疑，不利于公民参与司法的实现

以人为本、司法为民，是中国司法工作的根本出发点和落脚点。因此社会公平正义的维护应当落实到每一起案件的办理过程中，体现在每一个司法行为上。作为法律监督机关的人民检察院，同样需要发扬民主，确保公正司法。“谁来监督监督者”体现了规范司法权力和加强司法民主的理念，孟德斯鸠在《论法的精神》中也曾明确指出：“从事物的性质来说，要防止滥用权力，就必须以权力制约权力。”程序性权利对于每一个公民都尤为重要，它是增强与公权力制衡能力的有力武器，如果被司法机关恣意剥夺当事人的程序性权利，公权力就会成为不受约束的对象，必然产生腐败，公民也会对司法活动失去信心，不利于公民参与司法的实现。

四、检察机关权力制约机制的实现目标与路径

（一）制约的目标与方向

1. 法治思维高于人治思维和权力思维

权力的高效、有序行使离不开对权力配置的认识和把握，权力如何配置，实现权力的有效制约是人类社会产生以来就不断思考的问题，也是研究权力结构的重要内容之

① 卢希：《检察权优化配置需要厘清的四个问题》，载《第九届国家高级检察官论坛论文集》，中国会议，2013 年。

一。[①] 十八大报告提出，法治是治国理政的基本方式，强调要提高领导干部运用法治思维与法治方式深化改革，推动发展，化解矛盾，维护稳定能力。法治思维与人治思维、权力思维是具有本质上相互对立的概念，指执政主体运用法治理论、法治价值、法治逻辑等来观察、分析、判断各种社会问题，并在一定的法治思维定势或法治理念指导下，根据法治原则和法律规范理性处置并解决各种社会问题的思想活动及其过程。而人治思维和权力思维，顾名思义，强调的是公权力和个人权力至上，国家机关是维护权威统治的工具，其制定的法律实质上服务于统治者，把公民权抛诸脑后。检察机关权力制约机制改革强调自觉养成用法治思维执法办案的目标，将“司法为民”的理念牢记于心，确保检察权在全面推进司法改革与法治一体化建设过程中真正受之于民、用之于民，服务于社会主义民主法治建设。

2. 防范检察权滥用行为

改革检察机关权力制约机制首先达到端正检察官执业态度，防止权力滥用，促使其依法行使职权的目的。由于自身享有法律监督的权力，部分检察官容易利用手中所掌握的司法职权，违反法律规范和职业道德规范，以非正当手段谋取个人或小团体利益。为了进一步规范检察官的执法活动，提高办案质量，国家和各地相继出台了许多法律法规来约束这些“监督者”。通过建立和完善符合我国司法实际的检察官权力制约机制，达到端正检察官职业态度，使之深刻认识到拒腐防变的重要性、紧迫性，确保按照法定权限和程序行使权力，防止检察权的滥用。要牢固树立没有不受监督的权力、没有不受监督的个人的观念，健全检察权运行制约和监督体系。

3. 公诉职能与诉讼监督职能的平衡

检察机关公诉职能和诉讼监督职能这对天生的矛盾不可能从根本上消除之，只能通过一系列手段来平衡两者的博弈。笔者认为公诉职能与诉讼监督应当分离，监督权行使和权力制约机制两者应当协调统一。从立法层面看，法律更多地强调检察官的法律监督权，容易忽略其负有被监督和制约的义务。有学者指出，过分制约检察官权力不利于发挥法律监督的职能，被约束的监督者无法充分发挥其应有的价值。但从实践层面看，陕西邱兴华案件正是反映出检察官没有充分行使法定的职权，其所在的环境并非是受到约束的环境，但判决结果并不合情合理。曹建明检察长在十二届全国人大一次会议指出一些检察机关和检察人员没有树立正确执法理念，服务大局、执法为民意识不强，就案办案、机械执法、不善于化解矛盾、不注重执法效果等问题不同程度存在，少数检察人员对群众要特权、逞威风，敷衍应付、冷硬横推。有的滥用权力、越权办案，不按法定程序办案，受利益驱动办案，以权谋私、以案谋私，严重损害执法公信力。法律监督权是国家赋予检察官的权力，部分检察官容易利用手中的权力进行权力寻租，合理制约检察官权力不应被忽略。由此可见，在权力运行法治化的框架下将两者协调统一，正确处理好检察官法律监督权行使和权力制约机制两者关系的具有十分重要的意义。

---

① 周永坤：《规范权力——权力的法理研究》，法律出版社 2006 年版，第 215 ~221 页。

（二）实现权力制约机制的出路

1. 公民参与司法：完善人民监督员制度

美国政治学家卡罗尔·佩特曼精辟地阐述了参与的民主理论："真正的民主应当是所有公民的直接的充分参与公共事务的决策的民主，从政策议程的设定到政策的执行，都应该由于公民的参与，只有在大众普遍参与的氛围中，才有可能实现民主所欲实现的基本价值如负责、妥协、个体的自由发展、人类的平等。"① 人民监督员制度借鉴了英美法系的大陪审团制度，大陪审团的基础理念是通过吸收普通民众参与司法活动，把普通民众的理性和社会价值观引入司法领域，使司法更贴近社会，反映民意，这与我国近年来倡导的公民参与司法相一致，将封闭性的权利对外开放，使之透明化，同时使社会力量参与进去。为避免该制度与人民陪审员制度一样流于形式，立法机关应当考虑将人民监督员制度纳入法律，赋予人民监督员具体、独立的行使纠正检察官不当行使职权行为的权力。笔者建议从以下三方面完善该制度：一是严格规定明确人民监督员选任的条件，保证人民监督员的独立性和公信度。二是扩大人民监督员监督案件的范围。将人民监督员监督案件范围由人民检察院直接受理的侦查案件扩大到普通案件上，体现程序公正的要求。三是赋予人民监督员意见的强制效力。这并不意味着人民监督员的意见有最终决定的效力，当他们对检察官作出的最终决定有异议时，可以向检察委员会或者上一级检察院申请复议、复查，检委会和上一级检察院应当按照法律规定启动复议、复查的程序。

2. 规范公诉行为：建立撤销起诉制度

对检察官权力的制约在英美法系和大陆法系国家已有相应的制度保障，主要表现在预审制度、撤销起诉制度和强制起诉制度，这些制度的主要目的是限制检察官公诉权的滥用。撤销起诉在美国法表现为法院基于控辩双方的动议，针对某一指控所做出的中止审理裁定。笔者建议可以适当借鉴撤销起诉制度，这与我国的司法实践情况最为相似。撤销起诉制度所针对的对象主要是涉及侵犯公民正当法律程序的行为，例如对同一行为重复起诉、剥夺被告人获得迅速审判的机会（在我国表现为超期羁押）、剥夺被告人获得律师帮助权等，法院有权审查检察机关的公诉行为是否违法，公安机关也有纠错建议的权力，被告人一方也有提起意见的权利，检察官的程序性违法行为直接影响公诉成功与否，以促进检察官依法行使职权。

3. 保障私权：增加程序性违法的司法救济途径

司法民主对案件实体和程序的正义均有重要影响，关系到法律能否被严格遵循。目前，案件当事人、诉讼代理人和辩护人对检察官的程序性违法行为和道德腐败行为只能通过走申诉和举报的道路，虽然我国《刑事诉讼法》和《律师法》规定了律师的阅卷权、会见权、通信权、调查取证权和辩论权等，也赋予了被害人、犯罪嫌疑人、被告人相应的诉讼权利，但具体的权利救济途径并未被拓宽，检察官由于其公诉职能，与犯罪

---

① 佩特曼（Pateman. C）著：《参与和民主理论》，陈尧译，上海人民出版社 2006 年版。

嫌疑人、被告人存在天然的对立关系，无法保持其最基本的中立性、超然性和客观性，容易导致行为不当，因而立法应增加犯罪嫌疑人、被告人、被害人和辩护人的救济方式，赋予他们相应的建议权，提高公民的案件参与度，同时禁止随意对待当事人不利于公诉结果的申诉，上级检察机关应当考虑将上述因素纳入检察官考核指标之中。

（作者单位：中南财经政法大学法学院）

第十七篇
武汉市推行重大事项社会稳定风险评估机制的成就、问题及完善对策研究

刘建平

内容提要：本文分析了武汉市推行重大事项社会稳定风险评估机制的背景，并就推行该机制取得的成就，存在的问题进行了研究，并就完善该制度进行了可行性研究。

关键词：武汉市；重大事项；社会稳定风险评估机制；成就；问题；对策

一、武汉市重大事项社会稳定风险评估机制出台的背景

根据中央、省委省政府的工作部署以及省维稳办《关于抓紧建立实施部门重大决策事项社会稳定风险评估机制的通知》精神，2009 年 8 月 21 日，武汉市委、市政府正式出台了《关于建立重大事项社会稳定风险评估机制的意见》(以下简称《意见》)，为落实该《意见》，2010 年 4 月 30 日，武汉市维稳办以武稳办发［2010］4 号文件的形式，要求武汉市主要市直机关，针对本系统涉及民生、涉及稳定的重大决策、事项，于 2010 年 6 月 30 日前，制定社会稳定风险评估办法。武汉市主要市直机关，武汉市各区政府，先后如期制定了市直部门或区级政府“重大事项社会稳定风险评估机制实施办法”，至此，武汉市重大事项社会稳定风险评估机制得以建立。该机制运行已三年半了，总的来讲，该机制对于武汉市的改革、发展与稳定发挥了巨大的作用。武汉这些年，处于大发展、大建设时期，涉及民生工程有几千个，许多重大决策无不与老百姓的利益息息相关。武汉市委、市政府为了在我市顺利推行重大事项社会稳定风险评估机制，先后召开了全市贯彻执行重大事项社会稳定风险评估机制动员大会，以及武汉市重大事项社会稳定风险评估理论研讨会，请专家学者就武汉市重大事项社会稳定的风险评估机制涉及的重大理论问题进行了研讨。按照中央的统一部署，自 2009 年以来，全国许多省市先后发布文件，宣布推行重大事项或重大决策社会稳定风险评估机制，各地的做法各不一样，其中，上海市、广东省、四川省的做法比较规范，有些做法，值得武汉效仿。各地专家学者分别从不同的角度探讨了重大事项社会稳定风险评估机制，并从积极的方面正面肯定。他们观点的共同点在于：认为构建重大事项社会稳定风险机制首先要确立评估的原则；要规范评估的范围；要明确评估的内容。要

有评估的责任主体、运作机制、操作程序、运行保障。他们观点的重大缺陷在于：没有将人大作为评估主体，没有发挥人大这个国家权力机关在评估机制中对政府的监督制约作用；没有论证将重大事项社会稳定风险评估机制先制定为地方性法规，待条件成熟后制定为全国性法律。

二、武汉市推行重大事项社会稳定风险评估机制取得的成就

（一）规范决策行为，实现风险评估制度化

武汉市委、市政府《关于建立重大事项社会稳定风险评估机制的意见》出台后，武汉市市直机关、各区积极响应，及时召开专题会议进行研究部署，纷纷成立重大事项社会稳定风险评估工作领导小组，在行政决策中引入社会稳定风险评估制度。如江汉区，根据《江汉区人民政府工作规划》的要求，及时制定了《江汉区人民政府重大行政决策程序规则》，将“建立区人民政府重大行政决策社会稳定风险评估制度”作为单独条款列入其中，明确规定“对涉及较大范围人民群众切身利益的重大行政决策可能引发社会不稳定问题，进行先期预测研判、预防化解”，特别强调“未经评估或者评估风险程度超出可控程度的，不得提请区人民政府常务会议或者全体会议审议”。

（二）创新工作思路，实现风险评估项目化

武汉市在推行重大事项社会稳定风险评估机制以来，各区探索出专群结合评估、分级分类评估、专家团专业评估、区主要领导主持重点评估、相关部门协同评估等多种方式，特别是对涉及重大政策调整、投融资管理等专业领域的重大事项，注重聘请专家评估组，从专业角度进行先期评估后，再组织相关部门进行评估。为提高风险评估质量，各区根据经济社会发展实际，坚持将风险评估落实到具体项目上，涉及经济、城建、民生、机构人事、信访、突发事件处置等各个方面，并且具体落实到评估项目上。如经济建设方面，具体包括重大投融资、重组改制、收购兼并、破产清算等评估项目；民生方面，具体包括劳动和社会保障、医疗卫生、食品安全、房屋管理、工商管理、环境保护、教育、计划生育、安抚优抚、慈善救济等评估项目。

风险评估项目化，极大提高了风险评估质量。如《精武路片储备项目风险评估报告》，不仅对项目的合法性、必要性、可行性进行科学论证，而且对潜在的拆迁政策、拆迁户期望值过高、房源不足、还建方案待深化、资金风险、旧房拆除危险、群体性事件 7 个方面的风险因素作了客观准确的分析和研判，相应提出了详细的对策措施。这份《精武路片储备项目风险评估报告》，为顺利推进精武路片拆迁提供了科学依据。

（三）拓展评估领域，实现风险评估常态化

武汉市自建立风险评估机制以来，风险评估范围逐渐覆盖了全市经济建设、社会建设、政治建设、文化建设等各个领域，全市各单位自觉将风险评估与本单位的实际工作

结合起来，在各自领域积极推行风险评估机制。

（四）突出重点，规范程序，做到评估工作科学化

评估工作涉及的领域比较广泛，必须抓住重点，只有实现重点突破，才能影响评估工作全局，才能带动评估工作全面健康运行。而要使评估结果科学化，必须使评估工作在规范的程序下进行。为此，武昌区注重把党委政府关注、人民群众关心的重大决策和项目列为重点评估内容，按照决策类、工程建设类、重大改革类等门类标准，深化实践探索，及时归纳提炼，分类规范评估程序。如针对重大工程建设社会稳定风险评估，武昌区摸索和规范了“四步工作法”：一是制定评估方案。对七个市级重点项目逐一制定了评估方案，明确组织领导、任务分工、评估内容、评估程序及工作要求等，把每一项评估工作、每一个环节都责任到人，确保评估工作责任落实，不走过场。二是全面公示项目情况。在工程所在区域内的主要路口、社区宣传栏、群众活动场所张贴告示，将各工程的立项、许可证及有关批准文件、主管单位、实施单位、评估机构、补偿（安置）方式等有关内容进行公示，同时，设立若干个政策宣传咨询点，随时接待拆迁户咨询。三是广泛收集意见和建议。先后从全区抽调1 000余名机关干部分成若干工作组，入户发送拆迁补偿安置方案相关宣传材料，广泛听取意见和建议。四是认真组织论证。在逐户了解人员结构、家庭状况、动迁诉求等情况的基础上，武昌区还邀请工程主管部门、国土规划、拆迁、公安及辖区企业、单位领导等对有关重点工程可能存在的社会稳定风险进行论证，对可能存在的不稳定风险以及风险程度、可控程度进行评估。如通过对东沙连通项目开展评估论证，认为稳定风险客观存在，但通过工作，仍在可控范围。

三、武汉市推行重大事项社会稳定风险评估机制存在的问题

（一）认识不到位，思想不统一

部分党政领导对稳定风险评估工作认识不深入，重视度不够，态度“暧昧”，必然导致评估工作“中梗阻”，领导缺位。加之近年来实施的一些重点工程项目，时间紧、任务重，上级过于强调工程开工时间和进度，便成为地方和部门领导敷衍搪塞风险评估的借口。个别单位负责人视稳定风险评估可有可无，甚至认为是多此一举。

（二）对稳定风险评估工作监督乏力

由市委、市政府出台的社会稳定风险评估实施方案，已明确规定各级人民政府负责领导和管理本区域内社会稳定风险评估工作。政府各部门应充分发挥职能作用，切实抓好管辖领域内重大事项的社会稳定风险评估工作，政府理应承担稳定风险评估工作监督之责。而目前，我市仅有市委维稳办在监督，其他部门和社会各界监督相对乏力。

（三）稳定风险评估制度有待完善细化

我市虽有市委、市政府社会稳定风险评估实施方案，也有市直机关、区级机关有关实行社会稳定风险评估机制的实施细则但未对具体事项特别是重大项目申报审批中必须有稳定风险评估报告等内容作进一步的细化规定，未对稳定风险评估报告党委政研、维稳、政府法制、发改等部门初审和市委、市政府集体会审等环节、部门间如何运作作补充规定，未对稳定风险综合评价指标和评价标准作详细规定，这都直接影响到社会稳定风险评估全面实施和深入推进。

（四）稳定风险评估质量整体不高

稳定风险评估业务培训次数不多、方式单一、对象范围狭小，加之大部分基层稳定工作分管领导时有变更、维稳办工作人员变换频繁，市委维稳办虽在培训方面做了大量工作，但基层对稳定风险评估业务仍了解不深、流程不熟，组织实施评估茫然。部分评估责任主体单位在工作中即使开展了重大事项稳定风险评估，但也不习惯编写评估报告。

（五）稳定风险评估专家库有待建立

一些重点项目、重大决策、重大改革等重大事项往往需要具有相关专业知识人员参与稳定风险评估，通过他们的专业分析才能发现隐患和问题，更好地制定规避、防范稳定风险的措施和对策，而我市这类“专家”重点分布在各部门，在稳定风险评估工作既很少利用，又没有设立专家库集中整合，更没有成立稳定风险评估社会中介组织。

四、完善武汉市社会稳定风险评估机制应采取的对策

（一）强化领导、严格问责

只有各级领导认识到位，重视到位，才能保证社会稳定风险评估工作安排部署到位，组织领导到位。要通过学习和培训，让各级党政主要领导充分认识开展重大事项社会稳定风险评估的重要性和必然性，自觉认识到抓好稳定风险评估、维护地方稳定是自身义不容辞的职责，真正做到真重视、真行动、真落实。二是纳入目标管理，加强考核。将稳定风险评估工作纳入各级党政年度工作目标考核内容，量化指标，与经济工作同安排、同部署、同考核，一级考核一级，一级对一级负责，实行目标化管理。三是严格责任追究。对贯彻执行稳定风险评估机制不力、酿成重大不稳定问题和事件的，辖区或部门党政主要负责人要视具体情况，严格问责。

（二）创新机制、理顺管理

机制是管理的依据，管理是机制的外在体现。好机制、强管理对一项工作的开展和

落实必然起到事半功倍的巨大作用。一是设立一个风险评估领导机构。成立市级稳定风险评估工作领导小组，由市委书记任组长，市长任副组长，分管稳定工作的市委常委和副市长等领导为成员，具体负责全市社会稳定风险评估工作的组织、指挥、协调、落实、监督和考核，下设办公室在市委维护稳定工作办公室。市委维稳办可适时向该办公室发函督促风险评估工作。各市直机关、区和市重点部门相应成立领导小组，具体负责辖区内和部门内稳定风险评估工作组织和实施，确保评估工作从上至下建有强有力的组织保障。二是出台两项配套规定。其一，随着经济发展步伐加快，招商引资、项目申报已成为各地政府工作重头戏，重大项目申报时必须要有稳定风险评估报告，由项目主管发改部门负责把关落实。其二，重大招商引资决定必须要有稳定风险评估报告，由主管招商引资部门负责把关落实。另有领导、上级维稳部门明确要求对某重大事项实施稳定风险评估的必须开展评估。凡未按要求开展稳定风险评估的，相关项目、招商引资方案不上会、不研究、不决策、不实施。三是开好三个工作会议。召开好市党政联席会，适时传达学习上级有关稳定风险评估工作的领导讲话、文件、会议精神，学习先进地区风险评估工作好经验、好做法，统一领导层认识，进一步分工明责，任务落实到人。召开好全市稳定风险评估专题会，各单位党政一把手、市级部门主要负责人参加，安排部署稳定风险评估工作，签订责任书，重申并强调相关工作规定和要求，以统一全市评估行动。召开好部门内部职工会，细化任务，明确人员，增添措施，保证工作落到实处。四是建立稳定风险综合评价指标和标准体系。建议对重大事项社会稳定风险通过设立 5 个大项（合法性、合理性、安全性、适时性和可控性）、14 个子项指标，按百分制评分方法进行综合评价。根据评分分值高低，将稳定风险大小分成级次，进而决定可实施、可部分实施、暂缓实施或不实施。

（三）开展培训、提升素质

稳定风险评估工作人员业务熟练程度、评估报告质量高低直接影响到评估审查、评估结论下达的有效性和准确性。为保障评估和评估报告的高质量，一是抓业务培训，从学习上保障。广泛组织评估工作人员及分管领导参加稳定风险评估业务培训，采取以会代训、举办培训班、现场会、赴外地学习观摩等灵活多样方式，了解评估概念、明确评估范围、熟悉评估流程、掌握评估技巧、会编评估报告，让评估工作人员熟悉评估业务。二是抓评估工作专业人才库建立，从人才上保障。在重点市级部门和区机关尽可能吸纳评估专业人才，组建评估工作人才库，针对涉及专业知识强、专业领域较多的重大事项，应充分整合应用评估人才库力量，集中办公评估，确保稳定风险评估全面、准确、无遗漏。三是抓基层评估工作办公人员稳定，从队伍上保障。各部门评估工作日常办公人员应相对固定，流动不宜过于频繁，以确保基层评估工作队伍的稳定性，防止因人员变换出现工作断档现象。四是抓评估工作经费落实，从费用上保障。进一步加大稳定风险评估工作经费保障力度，随时保障评估实施过程中必要的物力、财力所需，确保评估工作正常开展和日常办公运行。

（四）慎重决策、规避风险

稳定风险评估的目的就是为了对重大事项是否实施提供决策依据，调控规避各类风险，为重大事项顺利实施营造稳定环境。一是把好评估主体初审关。依据评估责任主体呈送的社会稳定风险评估报告等资料，严格按照重大事项稳定风险综合评估指标和评估标准评估，党委政研部门侧重从政策层面、政府法制部门侧重从法律法规层面、党委维稳部门侧重从稳定层面、发改部门侧重从已具备的时机和条件层面、环保部门侧重从环境保护层面，分别对重大事项实施或出台的社会稳定风险程度提出初审意见，并提交同级党委办、政府办汇总后，提请党委、政府或有权作出决定的机构研定。二是把好集体会审决定关。根据评估报告和初审意见，按照法定程序和民主集中制原则，党委、政府或有权作出决定的机构召开会议，并邀请人大、政协和社会各界的代表参加，对重大事项社会稳定风险程度进行集体会审，作出实施、可部分实施、暂缓实施、不实施的决定。并将决定情况及时反馈给该重大事项的评估责任部门，对下步维稳有关工作提出明确要求。三是把好稳定风险化解调控关。根据作出的决定情况，重大事项评估责任部门对虽存在一些矛盾和问题、但评估认定可实施或部分实施的重大事项，要及时研究落实解决矛盾问题的具体措施；对存在较大矛盾和稳定隐患、经评估认定暂缓实施和暂不实施的重大事项，要及时研究对策，化解矛盾，待时机成熟后实施；对符合有政策和法律法规规定、急需实施但又容易引发矛盾冲突的重大事项，要提前制订应急预案，有针对性地做好群众工作，严防重大事件发生。

（五）多管齐下、强化监督

集多方力量，加大对评估工作开展情况和稳定风险评估实施情况的监督，才能保证评估制度的落实和评估实施到位，真正发挥稳定风险评估在源头上防范化解不稳定因素的维稳作用。一是由党委、政府督查室、党委维稳办等部门，通力合作，督促重大事项责任部门及时研究制定评估对象的维稳措施，切实抓好落实。二是纪检监察机关通过了解社会稳定风险评估机制的落实情况，人大、政协通过了解社会各方面对重大事项涉稳问题的反映，维稳、信访部门通过工作渠道了解涉稳信息，新闻媒体通过接触群众了解社情民意，对重大事项社会稳定风险评估化解工作实施全程监督，并及时向重大事项责任部门反馈情况、提示稳定风险，提出调控风险的对策建议。三是在重大事项责任部门建立涉稳信息直报点，设立有人大代表、政协委员、社会各界人士和群众代表参加的维稳信息直报员，及时发现并向同级党委、政府、维稳办报告重大事项实施过程中遇到的涉稳问题，研究和制定跟进措施，有效调控稳定风险。四是在重大事项出现严重稳定风险的情况下，由重大事项责任部门及时召开联席会议，研判形势，通报情况，形成共识，商议共同做好防范化解稳定风险的具体措施。五是建立落实稳定风险评估化解机制的定期报告制度，由各单位每月将开展工作的情况报告市委维稳办，及时发现和纠正偏差，反馈工作中存在的问题及工作建议，督促落实整改措施。

（作者单位：中共武汉市委党校）

第十八篇
环境法治研究
——以环境法益为视角

杜　寅

内容提要：环境法意味对传统法学的继承与超越，任何研究方法如果割裂环境法与传统法学的个性与共性关系都必将陷入困境。本文试图回归传统功利主义法学，以环境法益为基点，思考和解释环境权、环境法独立性、环境法的目标。

关键词：利益；环境利益；环境权；环境法

18世纪法国唯物主义者爱尔维修认为，利益是社会生活的基础，是社会生活中唯一的、普遍起作用的社会发展动力和社会矛盾根源，一切错综复杂的社会现象都可以从利益那里得到解释。① 利益分析是依据利益原则揭示出人们社会生活背后的利益动因，找出利益关系所赖以表现出来的生产关系，然后从这种利益动因和利益关系出发来说明各种社会关系和社会历史现象。② 功利主义法学派是最重要的法学流派之一，利益分析是一种重要的法学研究方法，法律所保护和调整的利益是法学研究中重要逻辑起点。

环境法随环境危机产生而产生，随着法学、环境伦理学、环境科学的发展而发展，一方面是对传统法学理论的继承，另一方面是积极吸收环境科学、环境伦理学的成果从而实现对传统法学理论的发展和超越。环境法自诞生之日起就伴随综合性的特征，表现为调整手段的综合性、权利的概括性、价值的多样性。这常常让人们难以认清环境法的本来面目。笔者试图运用传统法学的利益分析法，以环境法所保护的利益即环境利益为基点去探求环境法的本来面目。

一、何为环境法益

要回答环境法益是什么，那么首先要回答“利益”是什么。

（一）何为利益

“所谓利益，就是指一定的社会形式中有人的活动实现的满足主体需要的一定数量

① 王伟光：《利益论》，人民出版社2001年版，第11页。

② 王伟光：《利益论》，人民出版社2001年版，第127页。

的客观对象”①，“利益是适合社会主体存在与发展的因素或者条件”。② 利益是主客观统一的范畴，具有主体性、客观性、社会性。所谓主体性，是指需要是主体的需要，各种客观要件或因素只有适合主体生存与发展时，才成为利益。所谓客观性，是指主体的需要不是凭空产生的，而是在一定的社会物质生活条件下主体的客观需求。社会性是指一定社会主体的利益时在一定社会条件下产生和发展的，每一时代的一定的主体都具有一定的社会内容。利益是人们行为的内在动力。利益意味着社会主体对一定客观需要的认识以及在此基础上进行一定意志、追求一定目的的活动。

（二）从环境利益到环境法益

利益不仅被法律所调整、保护，还被诸多行为规则所保护、调整，例如道德、宗教。但被环境法所调整而形成的环境利益因具有法律的强制力保护而区别于道德、宗教所保护的利益。环境利益即环境法所保护、调整的利益。环境利益的外延小于利益，但层次高于利益。环境利益除了具有利益的属性外同时还兼具法的属性。利益属性是环境利益的内核，赋予环境利益以内在价值；法律属性则是环境利益的外在形式，赋予环境利益以外在强制力保护。

正如马克思所说“立法者应该把自己看作是一个自然科学家。他不是在创造法律，不是在发明法律，而仅仅是在表述法律，他用有意识的实在法把精神关系的内在规律表现出来。”③ 利益在未由立法者制定法律予以保护以前就已存在，立法者只是发现、表述利益，通过具体的法律规范、法律制度表现出来。由于立法者主观意志、认识能力的差异，利益有的可能会上升为法益，有的则可能未能上升为法益。因此“必须使法益概念规定中包含法益形成、确定判断的客观价值基准及其连接点”④。正如虽然在社会的现实生活中存在着各种各样的生活利益，但是它们并非都作为法益而被承认。

某种利益要上升成为环境法所保护形成的环境法益必须通过双重承认：一方面是社会的承认，社会的多数成员承认该利益是社会生活上重要的存在，因而有必要通过环境法来保护它。如果通过了要保护性的社会的承认，该生活利益就获得了“社会的要保护性”。⑤ 另一方面，某生活利益仅仅获得了“社会的要保护性”，它作为环境利益的条件还不够充分。如果想要成为环境利益，进而还必须通过要保护性的“环境法的承认”这道关。也即是说，必须要被评价为是作为值得通过环境法保护的存在而得以承认。当通过要环境法的承认这一道关的时候，该利益就被赋予了“法的要保护性”，从而成为环境法益。

---

① 苏宏章：《利益论》，辽宁大学出版社 1991 年版，第 21 页。

② 吕世伦、文正邦主编：《法哲学论》，中国人民大学出版社 1999 年版，第 232 页。

③ 《马克思恩格斯全集》第 1 卷，人民出版社 1995 年版，第 347 页。

④ 张明楷著：《法益初论》，中国政法大学出版社 2000 年版，第 154 页。

⑤ ［日］関哲夫：《法益概念与多元的保护法益论》，载《吉林大学社会科学学报》，2006 年 5 月第 46 期。

社会承认的过程一个进行社会意识形成、判断的过程。环境法承认的过程“即所谓法的讨论的机能。在环境问题领域，法通过真挚的对话过程促进社会意识的形成，保障分析问题的社会机会和场所，因此法具有从体制上提供探索解决问题的方向性的可能性。这种讨论不只是单单地从法中探求抽象的环境正义，而是将视野瞄准环境问题的特殊性，更为现实地探求在现代文明中人类对自然应有的态度”。① 因此环境利益不是一个固定不变的范围，随着包括环境伦理、环境道德等社会意识的发展，越来越多的利益经由环境法的调整而形成环境利益。这是一个由层级低到高、范围由小到大动态的、发展的过程。

需要指出的是，法律利益不仅包括通常意义上的物质利益还包括精神上的利益。日本刑法学者木村龟二认为，法律利益是指法所保护的利益或者价值，法以外的道德、宗教等具有文化价值的东西，经由法承认的价值也包含在内。法律利益并不限于刑法的保护，各种法领域都以其独特的方法保护法益。环境利益不仅包括与环境相关的物质利益还包括各种与环境相关的精神上的利益或者价值。例如，黄山迎客松所具有的景观价值、武汉大学樱花给人们所带来的精神享受、活熊取胆事件中所涉及的人类对动物的一种怜悯心。

二、环境权利泛化困境下的环境法——环境权利与环境利益

（一）环境权利泛化的困境

另一个与环境利益密切相关的概念是环境权利。在近代个人主义和自由主义思潮的影响下，权利被认为是法律的核心概念，是自由的基础和扩展。把所有的法律关系用“权利”来进行表示，是近代民法的思考方式。② 而这种思考方式也深深影响着环境法的研究，环境法将“环境权”作为研究的重点。

环境权最初被规定于1972年人类环境宣言中——“人类有权在一种能够过尊严和福利的生活的环境中，享有自由、平等和充足的生活条件的基本权利，并且负有保护和改善这一代和将来的世世代代的环境的庄严责任”。③ 但实际上《人类环境宣言》是全人类为共同解决环境问题而签署的纲领性宣言性文件，通篇几乎都是关于人类对地球环境所负担的共同义务的阐述，并没有形成也不可能形成当前广泛讨论的“环境权”的理论基础。

当前我国学界对环境权的研究实际上存在着“权利泛化”的趋势，即泛化者将一些法定权利以外的应受法律保护的一些正当利益，未经法定程序，扩大、推广到法定权

---

① 山村恒年等编：《自然的权利》(日文版)，日本信山社1996年版，第16~17页。

② 大村敦志：《民法总论》，北京大学出版社2004年版，第34页。

③ 《联合国人类环境宣言》，1972年。

利形态，以法定权利的救济方式来寻求救济的现象。①“泛化”者往往忽视或不知法定权利与自然权利的区别，同时也忽视或不知法定权利的限定性，而任意逾越了法定权利的边界，从而戏剧性地创造出了前述“权利”。②以环境权为重要内容的环境法学的发展，其背景是现代社会人们权利欲望的膨胀，学者热衷于对一种尚无法作为权利存在的东西进行权利化实验，因此其结果也无非是理论与实践的脱节。③

（二）剥去环境利益的“权利”外衣

如何认识环境权利本质，笔者认为应当站在一个更高的层次或者说是更加本质的层次，用利益分析的方法，从“利益—权利”的关系来分析环境权是什么的时候，我们才会发现“环境权”并非“权利”，其本质是一种环境利益。

“法律通过调整人们的行为进而调整人们的利益关系达到配置、确认、实现法益，控制利益冲突、维护人类社会利益一致关系，促使人类社会总体法益的最大化这一目标。法律借以配置、确认、实现法益的基础性手段就是权利和权力，权力和权利是法律中最基本的法现象。”④可以说权利是法律利益配置基础手段之一，是法律直接承认的私人利益或者是法律承认的私人利益主体赖以谋求利益之手段。

“权利的基本要素首先是利益，利益既是权利的基础和根本内容，又是权利的目标指向，是人们享受权利要达到的目的（以及起始动机之所在）。”⑤所有的权利都是法律利益，但并不能反过来说所有的法律利益都是权利，法律利益除在法律上表现为权利外，还表现为权力以及弱保护法律利益。为了简单明了地揭示权利与法律利益的联系和区别，法律利益的公式可表示为“法律利益=权利配置的利益+权力所配置的利益+弱保护法律利益”。

其中，所谓弱保护利益是已纳入法律保护范围，但法律只提供相对薄弱、不完整之保护，如反射利益、不特定多数人共享之利益、形成权利过程之利益、公序良俗所保护之利益等法律常提供相对权利、权力较低层次之保护。⑥例如，《物权法》所规定的建造建筑物，不得违反国家有关工程建设标准，妨碍相邻建筑物的通风、采光和日照。我国《物权法》对此所做的规定实际上并不是赋予公民通风、采光和日照权，而是对公民所享有的通风、采光和日照环境利益所作出的规定，作为不动产所有权的一种反射利益存在，提供一种较低层次的保护。

在这三个层次中，权利、权力是法律利益在法律中最主要的表现形式，但我们亦不

---

① 唐先锋：《试析国内“权利泛化”现象》，载《人大研究》2004年第7期。

② 郭英华：《环境权还是环境法益？——权利泛化背景下对环境权的反思》，载《内蒙古社会科学（汉文版）》，2008年版，第29期。

③ 郭英华：《环境权还是环境法益？——权利泛化背景下对环境权的反思》，载《内蒙古社会科学（汉文版）》，2008年版，第29期。

④ 董兴佩：《法益：法律的中心问题》，载《北方法学》2008年第9期。

⑤ 吕世伦、文正邦主编：《法哲学论》，中国人民大学出版社1999年版，第544页。

⑥ 董兴佩：《法益：法律的中心问题》，载《北方法学》，2008年第9期。

能忽视对法律利益的保护及实现，有时为加强保护法益之保护，就要把它们上升为强保护法律利益即权利、权力之层次，予以完整、强有力的保护。① 这种对不同法律利益保护程度的差异是由法律的价值取向所决定的。以权利形态表现的法律利益在整个法律利益体系中处于高级状态，表现为私法对其保护的相对周全以及在人们法律意识中的普及性。而针对弱保护法律利益，法律相对规定的比较少，甚至某些情况下只存在于习惯法之中，而且其形态较为模糊。

三、环境法的独立性——独立环境利益的形成

我国法理学理论研究深受部门法研究范式的影响。确定某一部门法的归属往往依据给定的标准和模式。这是长期以来我国法学理论研究的一个基本出发点。这种以确认部门法归属为主要内容和基本目标的理论分析方法，实际上已经成为我国法学理论研究中的一个基础性的研究范式，并对法律规范性质和归属的理论研究走向产生了明确而积极的支配性影响。因此，对于环境法这样的新兴法律领域而言，为了争夺环境法理论研究独立的话语权，必须不遗余力地争取独立部门法的地位。为此我国环境法学者纷纷从调整对象、调整方法等角度极力地论证环境法的独立法律部门地位。“就环境法的理论研究而言，无论是调整对象还是调整方法，将其作为对环境法进行部门法划分的标准在理论上都是难以自圆其说的。”②

（一）部门法研究范式之困境

调整对象作为传统部门法划分的首要标准，其实际上隐含一个基本前提，即社会关系的构成要么是公的要么是私的。对于环境法而言，则无法满足上述研究思路。从现实中来看，环境保护而产生的社会关系在公与私的考量方面表现出一定的不确定性，双方当事人的相互地位有一定的复杂性。以污染防治为例，除了传统的行政许可手段外还包括行政指导、排污权交易等诸多手段。排污者与行政部门的关系除了服从与管理外还包括合作关系。二者的协商合意逐渐成为污染防治的重要途径。新型的环境保护的社会关系已经打破了传统法学研究中对社会关系的基本类型划分，公与私的因素都在环境保护社会关系中均有体现。正是这一特点决定了用部门法的研究范式去套用部门法只能事倍功半。

除了调整对象作为进行部门法划分的主要依据之外，调整方法也往往被作为划分部门法的标准。环境问题的特点和内在规律决定了环境法调整方法的综合性与法律制度的综合性。因此，对该问题的法律调整不可能只局限在要么公要么私的视野内，而必须遵

① 郭英华：《环境权还是环境法益？——权利泛化背景下对环境权的反思》，载《内蒙古社会科学（汉文版）》2008 年第 29 期。

② 张璐：《部门法研究范式对环境法的误读》，载《甘肃政法学院学报》2009 年第 104 期。

循两种混合和兼容的思路，力争实现利益的共生”。① 环境法这样的理论进化趋势也必然决定了在法律调整手段的选择上，只能是综合性的，根据实际的需要选择强制程度不同的调整方法与手段。

套用部门法的研究范式不仅难以自圆其说而且导致了环境法研究思路的封闭性。主要表现在抛开传统法学理论资源与研究方法，构建并发展环境法自身特有的逻辑结构和理论体系。在对环境法理论封闭的自我求证过程中，割裂的环境法与法学理论个性与共性的关系，过分关注于环境法理论的个性。“这种结果是大量的经济学、伦理学、工程技术等方面的内容在环境法的研究成果中占据了大量的篇幅，手段和目的的混同严重影响了环境法理论作为法学理论应有的在质和量方面的规定性。”②

笔者认为，任何割裂环境法与传统法学理论共性与个性的研究方式都必将陷入困境，对环境法独立性的研究应当回归法最本质、最原始的起点——环境利益。

（二）独立的环境利益的形成

正如“法的基础是社会关系，即人与人之间的必然联系。而社会关系实质上是一种利益关系，这是因为他们的主体都是人；利益是人们发生联系的出发点和归宿。这种利益关系决定着法的产生和发展，而且决定着法的本质和特点”。③

可以说，环境利益决定着环境法的本质和特点，决定着环境法的产生和发展。环境法是否具有独立的环境利益是环境法独立的基本前提。那么环境利益是不是独立的法律利益呢？或者说环境利益与传统部门法所保护的利益有什么不同？为什么传统法律部门无法调整环境利益呢？针对上述问题，笔者将从以下两个方面进行论述。

1. 环境利益的生态价值

环境利益与传统部门法所保护的利益有什么不同？

笔者认为，环境利益与传统宪法、民法、行政法、刑法等法律部门所保护的法律利益最大的不同在于是否具有生态价值即“人类社会系统对自然生态系统服务功能客观需要的主观价值反映”④。相较之传统经济价值，环境利益的生态价值“反映了人类社会系统和自然生态系统两个整体之间的关系。从生态服务功能的需求主体来看，具有整体性。从生态服务功能的需求内容来看，具有整体性。”。⑤ 这两种整体性反映在环境法中表现为环境利益的公共性与整体性。这种公共性表现为，环境利益的主体不是社会上的某个人或某些人，而是不分利益、不分团体的整个人类，只是需求的程度不同。而整体性一方面表现为，任何一部分环境利益都是生态系统的一部分，脱离系统的部分将丧失生态价值，同时无法人为地将部分与整体割裂开；另一方面表现为，人类不是对生态

---

① 张璐：《部门法研究范式对环境法的误读》，载《甘肃政法学院学报》2009 年第 104 期。

② 张璐：《部门法研究范式对环境法的误读》，载《甘肃政法学院学报》2009 年第 104 期。

③ 周佑勇：《行政法原论》，中国方正出版社 2005 年版，第 95 页。

④ 程宝亮、高丽：《论生态价值实质》，载《生态经济学》2006 年第 4 期。

⑤ 程宝亮、高丽：《论生态价值实质》，载《生态经济学》2006 年第 4 期。

系统某一部分服务功能的需求，而是对整体的有益于人类的服务功能的需求。例如，大气、森林、流域所具有的生态价值，任何人无论生理、社会背景如何都必须享有这些生态价值；任何人都能够自由的享用这些要素所带来的生态价值，在经济学上是不具备排他性的；最后，其中的任何一个要素或者要素中的任何一部分都无法被人为地割裂开，都是地球生态系统的一部分，如果强力割裂开那么其就会失去原本所具有的生态价值。

2. 传统法律部门之不能

即使环境利益具有生态性，那么传统法律是否能够调整新型的环境利益呢？

工业革命之前，人类的社会发展比较缓慢，生产力相对低下，人类尚不具备较大的干扰生态系统的能力，只是主动地适应自然，人类尚不能从主观上感受到对生态服务功能的需求。工业革命之后，在强大的生产力的推动下人类社会的发展速度不断增加，超过了以往任何历史时期。人类在创造工业文明的同时，造成生态失衡和诸多生态服务功能的弱化，给人类的福利带来很大负面影响。人类此时才意识到生态资源和生态服务功能的稀缺性和重要性，意识到生态价值。

传统的法律部门正是以财产利益和人身利益为核心而构建的，并未将环境利益纳入考量，或者仅仅将环境利益作为一种弱保护法律利益提供一种较低层次的保护。因此，无论是从调整手段还是理念上都无法适应对环境利益的保护。例如，传统民法理论是建立在排他性的所有权理论的基础之上的，其所保护和调整的核心利益为财产利益或者人身利益。而对于大气、河流、湖泊、地下水等共有物品，按照传统民法所有权理论它不可能产生具有排他性的所有权，正因如此，这些环境利益没有也无法被民法所调整和保护。同样，诸如行政法等典型的公法所保护的社会公共利益虽与环境利益在形式上具有相似性即具有公共的特性，但实质上亦是不同的。因为公法所调整的利益无非是民法所不能调整的个人的财产利益与人身利益的集合。

可以说，环境法是现代社会经济发展导致利益剧烈冲突的产物，即环境法是由于出现了既有法律制度不能调整的新的利益——环境利益以后，为了满足对于新的利益进行调整以及协调新旧利益的需要而产生的法律部门。调整、保护环境利益正是环境法作为一个独立的法律部门或者称独立的领域法、问题法的价值所在。

四、环境法的目标——环境利益损失最小化与结构最优化

“法律并不产生利益，而是承认、界分和保障利益；法律的目的，是在以有限的资源满足无尽的人类需求的过程中将阻碍和浪费减至最少，即保护利益以维护和促进文明。”

——庞德

（一）环境利益损失最小化：环境法的效率价值目标

民商法强调物尽其用，是“两利相较取其重”，强调利益最大化的，尤其是正当合

理的。环境法则相反，是“两害相比取其轻”，强调损失最小化。① 这是因为，环境利益的载体即环境要素往往除了具有环境利益外同时还具有较强的经济价值。只是在环境危机产生之前，人们并未发现其所具有的环境利益，由于没有需求也自然没有将环境利益纳入法律调整的范畴。随着环境危机的产生，环境利益逐渐为世人所认识，并纳入法律所调整、保护的范畴，但这并不意味着其经济利益的丧失。例如，森林一方面具有含蓄水源、吸收二氧化碳等生态价值但更为重要的是其经济价值。因此很难将环境利益与经济利益在同一载体上剥离开。这意味着环境法在保护、调整环境利益的同时，必须将密切联系的经济利益纳入衡平与考量的范围。

环境利益与经济利益虽然在一定程度上、一定层面上存在冲突，但不可忽视的是环境利益和经济利益均属于正当利益，两种利益之间的关系的发展是以人类改善生活质量的需求为根本动力的。正如，排污行为一方面侵害了环境利益，另一方面却提高了经济利益。而环境法可以为之确定一个科学的环境标准，使排污行为限定的在自然自净能力的范围内。这样一方面保证了经济利益，另一方面将对环境利益的损害降到最低。或者通过对产品落后生产过程、生产工艺的淘汰制度直接减少污染物的排放，从而将环境利益的损失降到最低。正如“代表正义的法律意味这样一种制度，它意味着那样一种关系的调整和行为的安排，它能使生活物质和满足人类对享有某些东西和做某些事情的各种要求的手段，能在最少阻碍和浪费的条件下尽可能多地给以满足。”② 因此，环境法的目标在于实现相对环境利益损失最小化，把环境利益的牺牲与摩擦降低到最低的限度。

（二）环境利益结构最优化：环境法的公正价值目标

任何事物都有质和量的规定性，都是质与量的统一体，环境法的目标自然也不例外。如果说环境利益的最小化是就环境目标量的规定性而言，那么就其质的规定而言就是环境法对环境利益的公正配置。“就环境和自然资源要素自身的特点来看，环境资源自身功能的多样性及其开发利用的多目标性决定了其承载的利益必然是多重的”③，同时环境利益的主体也是多元的包括个体、公司、集体、民族、国家等。那么环境法就不仅要对利益主张的正当性进行判断，而且还必须在多种正当的环境利益主张中进行衡量与取舍。笔者认为，环境法利益的衡量的公平应当包括以下两个方面：

1. 紧迫利益优先

在环境法利益衡量的过程中，环境法并不是将所有环境利益都视为处于同一承认、保护水平之上，并且在质、量的估价上也是有可能的。④ 在多元的环境利益中，哪些利

---

① 李启家：《中国环境法的代际发展》，载《上海法治日报》，2009 年 3 月 11 日 B05 版。

② ［美］庞德：《通过法律的社会控制/法律的任务》，沈宗灵等译，商务印书馆 1984 年版，第 34 页。

③ 吕忠梅：《环境法原理》，复旦大学出版社 2007 年版，第 146 页。

④ 董兴佩：《法益：法律的中心问题》，载《北方法学》2008 年第 9 期。

益能够得到承认，得到承认的利益在何种程度上能够得到保护，要联系特定时空下的法律先决条件进行考察。法学中关于利益学说有一个理论值得我们注意。即美国的社会学家马洛斯的六大需求学说，即需求层次论。马洛斯为我们建造了一个需要的金字塔。他指出，当低级需要得到满足以后，“其他（高一级的）需要就立刻出现了，而且主宰生物体的是它们，而不是生理上饥饿。而当这些需要也得到了满足，新的（更高一级的）需求就又会出现。以此类推，我们所说的人类基本需要组织在一个有相对优势关系的等级体系中就是这个意思”。① 一般理解认为环境是人类生存和发展的需要（物质基础），因此环境法也是关于人类生存和发展的需要的部门。那么我们可以根据人们对环境利益需求的层次，将环境利益分为与生存相关的环境利益和与发展相关的环境利益。

1998 年诺贝尔奖获得者阿马蒂亚森认为贫困不单纯是一种供给不足，更多的是一种权利分配不均，即对人们权利的剥夺。生存利益是最基本需求。人先得生存下来才能谈生活质量，才能谈发展，才能谈人的尊严。例如，在著名的欧洲捕兽夹法案例中，绝大多数发展中国家更关心本国饮用水的是否纯净，空气是否清洁，而绝对不会关注于用于生产皮毛的动物是否死于捕猎夹这种欧洲人认为残忍的方式。所以，与生存相关的环境利益永久的拥有绝对优先；与发展相关的环境利益应当永远让位于与生存相关的环境利益，任何理由都不能够凌驾于人类摆脱贫困的要求之上。

2. 利益缺损填补

利益缺损补偿是指环境法应当在正当的经济利益与环境利益之间建立一种有效可行的补偿救济机制，使得两种利益中因任何一者增进而造成的另一者的缺损均能得到有效补偿，从而达到两种利益的分配公平。② 这种补偿应当是充分的补偿。罗尔斯的《正义论》里面提到合理的充分的补偿。那么什么是合理充分的补偿呢？阿马蒂亚·森说的补偿不是一时的经济补偿，而是可持续的发展能力的补偿。例如，现在进行农村的土地整治和使用权流转的实践。这会使农村土地有可能升值，产生土地的超额价值，就是土地红利。这个红利怎么分配？仅仅给经济补偿不够，因为仅给补偿的话，对土地开发的红利，原来失去土地的农民是无法享有的。可以考虑的解决办法之一是实行土地入股，农民做股东，永远享受土地红利，可以分红。为了保证获得红利，他还可以制止任何伤害其红利的行为。仅仅给他们补偿金钱，不够他们养活家人和子孙后代。所以补偿要补偿生存能力而不仅仅是金钱，这个是永续性的、可持续的、更有意义的。能力补偿应当包括两个方面，一个本身的行业可以持续，第二个他要有足够的能力可以转换行业，不至于为了生存而发愁，至于能力不够而找不到工作则是另外一个方面的事情了。所以第二代环境法关注的补偿，正是一种可持续的发展的能力补偿。③

环境法的目标，就其质的规定性而言，就是环境利益的公正配置，也就是环境利益结构的最优化；就其量的规定性而言，就是环境利益总量损失的最小化，也就是环境利

---

① 弗兰克·戈布尔：《第三思潮：马斯洛心理学》，上海译文出版社 1987 年版，第 46～47 页。

② 李丹：《环境立法的利益分析——以废旧电子电器管理立法为例》，中国政法大学 2007 年。

③ 李启家：《中国环境法的代际发展》，载《上海法治日报》，2009 年 3 月 11 日。

益配置效率的问题。环境利益损失的最小化、结构的最优化就是环境法恒定不变的双螺旋价值追求。

五、结　语

环境利益是对诸多环境法律现象进行分析的逻辑基点，是环境法的中心问题，能够反映和揭露环境法的本质。环境利益与利益分析法是我们正确认识和解释环境法基本理论问题的一个重要角度和重要方法。需要指出的是，笔者认为环境利益与环境道德、环境伦理存在密切的关系，这种关系贯穿于环境法始终。在环境利益形成与衡量过程中，环境道德、环境伦理如何发挥作用、作用机制需要进一步探讨和研究。

（作者单位：武汉大学法学院环境法研究所）

第十九篇
新经济时代的地方法治环境研究
——以武汉和重庆为例

周　昕

内容提要：随着第三次工业革命兴起，以信息技术和市场创新为核心要素的新经济浪潮已经到来。在新经济时代，法律能够整合社会资源，协调利益冲突，激励创新活力，促进科学技术的高效运用。以武汉和重庆为例，随着新的社会关系和利益冲突不断出现，不少地方立法的内容难以适应科技发展的新形势，执法、司法等领域面临着新经济带来的多重挑战。优化地方法治环境，应按照"效益优先、依法治理、政府主导、公平竞争"的原则，在地方科技法制工作中加大促进科技成果转化和技术转移力度，增强企业的可持续创新力和市场竞争力，依法建构多元化的科技投入机制和财政供给机制，提升政府科技管理和知识产权保护水平，营造公正和谐的地方司法环境。

关键词：新经济时代；法律应对机制；地方法治环境

随着第三次工业革命兴起，以信息技术和市场创新为核心要素的新经济浪潮已经到来。截至2013年6月，新经济时代的代表——ICT企业苹果（Apple）的市值达到6 235亿美元，是2012年重庆市GDP（1 868亿美元）的3.33倍；谷歌（Google）的市值达到2 764亿美元，是武汉市GDP（1 284亿美元）的2.15倍，这充分说明新经济不仅是全球经济体系中新的增长极（Growth pole），也是提升城市竞争力、激励企业创新活力的源动力。

在社会文明的漫长演进中，法律和经济的关系密不可分。新经济时代的市场经济首先是法治经济，这既是市场经济本质属性的客观要求，也是党的十八大报告提出"加快建设法治国家"、"走中国特色自主创新道路"的应有之义。由此可见，在深化改革开放、发展创新型经济的今天，探讨法律对于新经济时代的价值功能、内在关联和实施路径，具有重要的理论和现实意义。本文以武汉市和重庆市为例，对新经济时代的地方法治环境进行探讨。

一、新经济时代的法律解读

（一）什么是新经济

所谓新经济（New economy）是指在经济全球化背景下，由信息技术革命带动的、以高新技术产业为龙头的经济，是信息化带来的经济文化成果。“新经济”一词最早来源于美国《商业周刊》1996年12月30日的报道。新经济时代的市场模式具有低失业率、低通胀率、低财政赤字、高增长率的“三低一高”特征。自1990年以来，在以硅谷为代表的信息技术产业（ICT）集群的孵化下，美国经济增幅一度保持在4%以上，而失业率降至4%，通胀率只有1.9%。1996年，美国信息技术产业产值为6 750亿美元，占GDP的比重达到8.8%，成为美国最大的产业。在欧洲，新经济同样呈现出迅猛发展的势头。2008年，欧盟有约5万家高新技术制造企业，75.6万家高新技术知识密集型服务企业。为遏制希腊债务危机，欧盟委员会于2010年推出了“欧洲2020战略”（Europe 2020 Strategy），将“发展高新技术产业为主的智能增长”作为三大重点领域之一。①

在中国，以互联网、光纤通讯、智慧城市为代表的新经济浪潮也开始兴起。2012年全国高新技术产业总产值突破10万亿元。仅2012年“光棍节”期间，ICT企业“淘宝网”电子商务交易额达191亿元，超过传统购物天堂香港21天的零售总额。② 这充分说明，新经济已经吹响了时代的号角，正在深刻地改变着人类社会。

新经济之所以“新”，源于推动其产生与发展的核心要素——信息技术革命具有划时代的意义。新经济时代具备知识经济的典型特征，主要表现为信息技术对市场经济的巨大驱动力和发展模式上的可持续性。信息技术革命以微电子技术为基础的计算机与光纤通信技术为代表，催生着传统市场结构发生颠覆性的变化与转型。卡尔·波普尔认为，必须将信息从现实世界中分离出来，作为与物质和意识并列的世界构成的第三要素，这从哲学的高度证实了信息技术革命所具有深远而重大的影响。托夫勒认为，人类社会在经历了农业文明、工业文明之后，正在进入信息技术时代，即“第三次浪潮”。③ 在“第三次浪潮”的推动下，信息技术革命不仅改变了人类对自然资源的利用方式，也通过改变人类的信息传输、储存方式，不断拓展信息瓶颈，实现信息技术效益最大化，进而深刻影响经济社会组织方式。由此可见，新经济的本质就是信息化与全球化；其核心是科技创新及由此带动的一系列市场领域、管理领域的创新。

（二）新经济与法律的关系

罗斯科·庞德认为，法是最基本和最重要的社会控制路径，④ 是由国家制定或认可，并由国家强制力保证实施，以规定当事人权利和义务为内容的具有普遍约束力的社会规范。从经济与法的关系来看，一方面，法的起源、本质、作用和变迁，都要受到经

① 金融危机影响下欧洲高新技术产业现状［EB/OL］. http://finance. ifeng. com/roll/20120327/5815037. shtml. 2013-05-12.

② 孙伟：《从淘宝2012年“11.11”购物狂潮看网购经济现象》，载《中国外资》2013年第3期。

③ ［美］阿尔温·托夫勒：《第三次浪潮》，朱志焱译，生活·读书·新知三联书店1983年版，第16～40页。

④ ［美］罗斯科·庞德：《通过法律的社会控制》，沈宗灵译，商务印书馆1984年版，第3页。

济的制约。马克思认为，法在任何时候都不得不服从经济条件，“并且从来不能向经济条件发号施令，它只是表明和记载经济关系的要求而已”①。法作为上层建筑的一部分，是由经济基础决定的；法要具有尊严和权威性，必须正确反映经济关系和社会发展的客观规律，符合经济基础和生产力发展的要求。另一方面，法对于经济具有能动的反作用。法通过确认经济关系，确立市场经济的基本走向和基本原则；通过确认和维护市场主体的法律地位，规范市场主体微观经济行为；通过对市场进行宏观调控，矫正市场经济的弊端，引导市场经济良性运行。早在党的十四大报告中就明确指出：“社会主义市场经济体制的建立和完善，必须有完备的法制来规范和保障。要高度重视法制建设，做到改革开放与法制建设的统一，学会运用法律手段管理经济。”在新经济时代，法律能够整合社会资源，协调各方利益，激励创新活力，确认和保障科技创新在市场活动中的优先地位，协调科学技术与人的各种关系，促进科学技术的高效运用。具体而言，新经济与法律的关系表现在如下方面：

一是新经济的自由性需要法律加以保护。自由和创新都是市场经济的价值指向。作为一种创新的市场模式，新经济首先要求法律承认和尊重市场主体的意志自主性，依靠法律确认市场主体从事自由竞争的资格和应履行的义务，充分尊重市场主体自由主张创新权利（主要表现为知识产权）；同时，也严格界定市场主体行使权利的原则、方法和权利救济的具体程序。离开了法律保障，新经济的自由性便无从谈起。

二是新经济的契约性需要法律加以确认。契约是市场的法律原型，市场经济最本质的法律特征就是经济关系的契约化。波斯纳认为，契约法的基本功能在于“阻止人们对契约的另一方当事人采取机会主义行为，以促进经济活动的最佳时机选择，并使之不必要采取成本昂贵的自我保护措施”。② 在新经济时代，契约仍然是市场活动的基本形式，是实现资源配置的主要手段。通过契约形式建立经济关系、评价和规范经济行为，是市场经济区别于其他经济体制的关键所在。离开契约，新经济就不可能存在；而契约必须以法律对契约原则、方式和结果的确认和保护为前提。

三是新经济的竞争性需要法律加以规范。通过竞争达到优胜劣汰，促进资源合理流动，是提高市场效率的本质要求。但是，竞争必须是公平、合法的竞争，否则将陷入市场失灵的怪圈。2010 年备受网民关注的“3Q 大战”，就是新经济时代高科技企业恶性竞争，侵犯消费者权益的典型案例。腾讯 QQ 和奇虎 360 是目前国内最大的两个客户端软件。2010 年 11 月，腾讯发布公告，在装有 360 软件的电脑上停止运行 QQ 软件；360 随即进行技术反制，发布直接针对 QQ 的“隐私保护器”软件，导致数千万网民的切身利益受到影响。③ 在新经济时代的市场竞争中，一些企业在“经济人”诱因驱使下，采取不正当手段扰乱市场秩序，破坏市场公平。因此，需要运用法律手段来规制高科技

① 《马克思恩格斯全集》(第 4 卷)，人民出版社 1958 年版，第 121 ~ 122 页。

② ［美］波斯纳：《法律的经济分析》，蒋兆康译，中国大百科全书出版社 1997 年版，第 117 页。

③ 叶丹：《3Q 大战续集：一场价值 2.75 亿元的“审判”》，载《南方日报》2012 年 9 月 20 日。

竞争，及时规范和制裁不正常竞争行为，实现趋利避害。

四是新经济的平等性需要法律加以维护。平等性是法律的基本价值指向，也是WTO法律框架的核心原则。法律确认市场主体之间的平等地位，破除贸易壁垒和经济垄断，倡导无歧视的市场环境，是新经济时代对市场主体要素的基本要求。只有当所有市场主体都平等享有权利、履行义务，新经济模式的效益最大化才能实现。以知识产权保护为例，为维护市场主体的平等性，我国实行了知识产权司法保护和行政保护“双轨制”的模式。自2008年发布《国家知识产权战略纲要》以来，我国对知识产权的司法保护和行政保护呈现逐年强化的趋势，其目的也是为了最大限度地保障市场主体平等参与创新活动、平等享有创新权益、平等履行市场义务。

五是新经济的开放性需要法律加以引导。新经济倡导全球经济一体化的发展趋势，一方面要求形成统一开放的国内市场体系，另一方面也要求打破国别界限，实现国际国内市场无缝对接。在这一过程中，法律发挥了重要的资源整合功能。应充分统筹国际国内两种法制资源，尽快融入以市场一体化和贸易无歧视为特征的现代国际经济法律体系。中国自加入WTO之日起，便承诺全面实施《与贸易有关的知识产权协议》(TRIPS)，并积极履行WTO法律框架所规定的知识产权保护义务。此外，我国早在1984年就加入了《保护工业产权巴黎公约》；1989年加入《商标国际注册马德里协定》；1992年加入《伯尔尼保护文学和艺术作品公约》，这些都是为了体现新经济的开放性而进行的法制探索。

由此可见，法律是市场经济的基石，新经济时代的市场经济首先是法治经济。法治经济是新经济模式与法治的有机契合，以尊重市场规律为前提，“倡导用法治思维和法律手段解决市场经济发展中的问题，通过立法、执法和司法以及法律服务调整经济关系，规范经济行为，指导经济运行，维护经济秩序，服务经济发展，促使市场经济沿着法治轨道有序发展”。① 新经济时代的法律应对机制，充分实现了成熟的市场创新理念、优化的政府治理流程与严格的法律保障体系三者有机契合，灵活运用法律手段协调创新活动中产生的利益冲突，切实保障创新权利，将政府、企业和个人的创新活动与法治各个环节紧密联系在一起，进而实现科技发展带来的经济社会效益最大化。

二、对新经济时代地方法治环境的反思——以武汉和重庆为例

建构新经济时代的法律应对机制，首先要从制度层面出发，为发展创新型经济营造良好的外部环境，包括政府管理环境、市场环境、法治环境等，其中又以法治环境对新经济的影响最为重要和直接。所谓地方法治环境，是指在一定地域范围内，通过倡导法治理念、贯彻法治原则、实施法律规范所形成的特殊社会环境，涵盖地方立法、执法、司法、法律监督、守法等各个环节，是地方社会管理趋向现代化进程中所形成的制度化特征，也是区域竞争力的重要组成部分。

① 刘武俊：《“市场经济就是法治经济”再认识》，载《北京日报》2012年5月14日。

在新经济时代，随着生产要素变动、社会关系变革和利益冲突不断出现，导致地方经济社会发展面临着科技创新带来的多重挑战。以武汉和重庆为例，武汉作为我国中部地区的中心城市，两院院士数量居全国第四，部属高校数量居全国第三，高校在校生人数居全国第一；重庆作为直辖市，科技人员聚集，电子信息研发实力突出，科教资源优势在西部位居前列。然而，这两个城市的新经济发展整体规模却相对落后。2013 年 5 月 19 日中国社科院发布《2013 年中国城市竞争力蓝皮书》，详细评价了近 300 个中国城市的综合竞争力状况，而武汉和重庆均未进入综合经济竞争力 10 强；在城市知识竞争力中，武汉仅位居第九，重庆则被排除在十强之外。① 究其原因，由于法律的相对滞后性，导致地方法治环境尚不优化，存在亟待突破的体制机制瓶颈，不少地方立法的内容难以适应新经济时代的新形势，与科技创新和市场管理相关的立法内容滞后、立法技术落后、知识产权保护不力、守法成本过高、救济渠道不畅等问题日益突出。具体而言：

一是在地方立法层面，促进科技成果转化和技术转移力度不够。普遍存在着科技成果“供体”有效供给不足、“受体”有效需求不旺、“媒体”整体素质不高、“载体”连接状态不佳等问题，缺乏相应的创新应用法律促进机制和利益协调机制，导致大量具有自主知识产权的专利技术未能及时转化为生产力，核心技术向产业化转移进展缓慢，战略性新兴产业缺乏足够的法制支撑。截至 2013 年 7 月，武汉市已获授权的国内专利数量为68 567项，重庆为82 457项，不仅大幅落后于北京（353 345项）、上海（363 921项）和深圳（266 067项），也落后于广州（125 638项）和杭州（123 190项）。② 据民建武汉市委员会统计，“十五”期间武汉市共有2 566项科技成果通过鉴定，其中 1634 项获国家级和省级科技进步奖，但科技成果转化率只有 10% 左右。③

从武汉、重庆和深圳三个城市地方立法比较来看，武汉市现行有效的地方法规为 89 件，涉及科技成果转化和技术转移的立法为 8 件；重庆市现行有效的地方法规为 197 件，涉及科技成果转化和技术转移的立法为 9 件。而深圳市现行有效的地方法规为 169 件，涉及科技成果转化和技术转移的立法为 16 件，其中《企业技术秘密保护条例》、《创业投资条例》等都是在全国率先出台，不仅在立法数量上远超武汉和重庆，从立法质量、立法技术和立法涉及领域来看，深圳也具有明显优势。

二是在市场主体层面，企业创新动力未能充分激活。目前武汉、重庆两市科技企业正在逐渐“做大”，却未“做强”，企业技术创新能量的进一步释放仍面临一系列瓶颈障碍。从具体高新技术统计单位来看，一是技术密集度（即 R&D 占销售收入的比重）较低。目前武汉市高新技术产业的技术密集度只有 1.9%，重庆为 2.2% 左右，远低于

---

① 城市竞争力蓝皮书：港深沪综合经济竞争力最高［EB/OL］. http://www.chinanews.com/gn/2013/05-19/4832769.shtml. 2013-05-28.

② 中国专利信息中心. 中国专利数据库［R］.［EB/OL］. http://www.cnpat.com.cn. 2013-03-18.

③ 民建武汉市委员会. 关于加强科技成果向现实生产力转化的建议［R］.［EB/OL］. http://www.whmj.org.cn/show.asp? id=1946&t=9. 2013-03-18.

国际公认8%的水平。二是大量企业缺乏自主创新能力。目前武汉市只有32.9%的企业设有专门的技术开发机构。三是激励企业创新开展创新活动的地方立法滞后，导致行政审批手段繁琐、外部激励机制不到位、企业创新成本过重。目前武汉、重庆两市涉及企业创新活动的地方法规大多创制时间较早，立法内容滞后。例如，《武汉市经济技术开发区条例》制定于18年前；《武汉市科学技术进步条例》制定于16年前；《重庆市科学技术投入条例》制定于15年前；《重庆市经济技术开发区条例》制定于13年前，且较少修订，无法适应新经济时代发展战略性新兴产业的步伐，难以满足科技企业尤其是中小微民营科技企业的创新需求。

三是在知识产权保护层面，执法监督长效机制尚未建立。从武汉、重庆两市知识产权保护情况来看，专利侵权、假冒商标、侵犯商业秘密、技术垄断等违法行为逐年呈递增趋势，知识产权执法工作存在“管”、“罚”主体同一化、部门设置分散化、保护标准多样化等弊端，执法监督缺乏长效机制，难以适应知识产权案件侵权主体多元化、侵权手段多样化的趋势。行政救济模式较为单一，司法救济途径较为狭窄，有的企业“赢了官司，输了经济”，导致创新主体的合法权益得不到及时、充分的保护。

四是在科技管理机制层面，科技融资和公共服务平台建设缺乏法制保障。当前武汉、重庆两市在科技投入财政保障机制，风险投资和创新融资平台建设，金融机构开展知识产权权利质押，企业股权激励机制，高新技术企业评定与审核机制，中小企业技术改造报批与审核机制，人才、技术、资金跨区域自主流动与合作机制等领域仍然存在立法缺位，《科技进步法》、《专利法》、《商标法》、《政府采购法》等法律缺乏行之有效的落实措施，执行效果不理想，大量中小微民营科技企业陷入融资渠道单一、创业门槛过高、综合税负过重、自主创新乏力的怪圈。

三、优化地方法治环境，积极应对新经济时代挑战

党的十八大报告明确指出：全面建成小康社会，必须“坚决破除一切妨碍科学发展的思想观念和体制机制弊端，构建系统完备、科学规范、运行有效的制度体系，使各方面制度更加成熟更加定型”。在新经济时代，牢固树立法治经济的指导思想，不断优化地方科技创新法治环境，既是党的十八大报告提出“加快建设法治国家”的重要内容和价值目标，又是“走中国特色的自主创新道路”的制度动力和根本保障。优化地方法治环境，是指依据地方经济发展、社会变迁和科技变革的客观情况，以规范调整新的社会关系、提升区域创新能力和市场竞争力为目标，对现行地方法律体系进行调整、补充和完善。应遵循“效益优先、依法治理、政府主导、公平竞争”的原则，将发展壮大新经济的各项工作都纳入法治轨道，在地方立法中进一步凸显科技创新和成果转化在经济社会发展中的核心地位；强化企业作为核心创新主体的地位，进一步激活企业的创新源动力和市场适应力；建构多元化的科技投入机制，进一步强化自主创新的财政保障供给；优化市场外部执行机制，促进创新要素合理流动，实现创新资源优化配置；提高市场监管水平，合理统筹科技基础能力建设、公共科技服务平台和企业基础创新支撑

平台建设；改善执法、司法环节，探索建立知识产权执法长效机制和知识产权纠纷调解机制。

（一）突出重点，在地方科技法制工作中加大促进科技成果转化和技术转移力度

科技成果转化是指对具有实用价值的科技成果进行的后续试验、开发、应用、推广直至形成新产品、新工艺、新材料，发展新产业等活动。建构科技成果转化法律促进机制，既是实现科技与经济有机结合的最佳途径，也是发展新经济模式的客观需求。2012年，武汉市高新技术产业产值同比增长32.1%，高新技术产业增加值同比增长26.0%；重庆市电子信息产业高速发展，“5+6+700”产业集群初现规模，电子信息产值占比提高到17%。面对新经济时代对地方法治建设提出的挑战，应进一步消除制约高新技术产业发展的机制性障碍，在地方法制工作中充分发挥政府的主导作用、市场在科技资源配置中的基础性作用和企业在技术创新中的主体作用，充分发挥地方法规、规章和规范性文件对科技资源的整合作用和对创新权益冲突的协调功能，积极探索建立和完善立法的成本效益分析、社会风险评估和立法后评估制度；在立法中加快构建促进科技成果转化和产业转移的激励机制，积极发展技术市场，完善技术交易规则，健全科技成果登记制度，方便科技企业转让和购买先进技术，为地方科技成果转化和技术转移营造积极的法治氛围。

（二）多措并举，增强新经济时代企业的可持续创新力和市场竞争力

党的十八大报告明确指出：要“毫不动摇鼓励、支持、引导非公有制经济发展，保证各种所有制经济依法平等使用生产要素，公平参与市场竞争，同等受到法律保护”。企业是新经济模式的核心，也是产学研一体化中直接面向市场的创新主体。一方面，在地方立法中进一步突出企业的核心地位，加大对企业技术创新活动的支持引导，对法规中明显滞后的内容及时予以更新，对体现战略性新兴产业和经济结构调整的内容予以补充完善。对武汉和重庆而言，应尽快修订完善十余年前制定的较为陈旧的地方立法；借鉴深圳经验，在时机成熟时出台《科技创新促进条例》、《企业技术秘密保护条例》和《创业投资条例》，依法确认和保障企业的自主创新权。另一方面，应按照2010年《国务院鼓励和引导民间投资健康发展若干意见》的规定，推动民营企业加强自主创新和转型升级，贯彻落实国家对软件、集成电路、发展循环经济等新经济领域的财税激励政策；鼓励民营企业增加研发投入，提高自主创新能力，掌握拥有自主知识产权的核心技术；加大对企业创新投入的所得税前抵扣力度，积极为高新技术产品、标准和服务开拓市场渠道；探索建立财政性资金采购创新产品制度，对本地科技企业开发的、符合政策采购标准和目录、具有自主知识产权的产品，实施政府收购和订购制度，重点扶持具有地方特色和竞争优势的新经济产业发展。

（三）强化保障，依法建构多元化的科技投入机制和财政供给机制

融资渠道单一、财政供给不足是制约企业开展创新活动的重要原因。2012年，武

汉市专门出台了《促进东湖国家自主创新示范区科技成果转化体制机制创新若干意见》，明确提出建设多元化的科技投入体系，加快科技创新与金融信贷的结合，推进创业投资体系建设。下一步，应在地方立法中进一步凸显科技投入的重要性，将其作为财政预算的重点体现出来，在财政预算编制和执行中充分满足法定增长的刚性要求，充分发挥政府科技资金的引导和示范作用，向高新技术产业和战略性新兴产业适当倾斜，逐步完善创业投资风险补偿制度、财政科技投入对创业投资的跟投制度和创业投资退出机制，引导形成多元化的社会融资渠道。

（四）依法行政，提升政府科技管理和知识产权保护水平

一方面，严格按照《中华人民共和国科学技术进步法》的规定，立足地方科技事业发展实际，加强前瞻性预测和发展需求研究，增强科技决策和项目组织实施的科学性。明确新形势下科技计划项目管理主体职责，建立以科技产业化和经济社会效益为项目绩效考核标准的项目管理新机制，将成果转化及产业化能力作为检验科技工作成效的主要标准。另一方面，建立健全知识产权执法长效机制，加大对涉及民生、重大项目及涉外等领域的侵权假冒行为的打击力度，建立健全知识产权侵权预警机制和重大经济社会活动的知识产权特别审查机制，对重大自主创新的产业化项目提供全方位的知识产权服务，进一步完善知识产权部门与海关、工商部门以及公安、检察机关的工作协作机制和信息共享平台，对侵犯知识产权的违法犯罪案件在证据收集、数额认定、法律适用等方面达成共识，实现行政执法与刑事司法、民事司法无缝衔接，整合法治资源形成保护知识产权的合力。

（五）严格司法，营造公正和谐的地方司法环境

2009年3月，最高人民法院发布了《最高人民法院关于贯彻实施国家知识产权战略若干问题的意见》，从六个方面对人民法院贯彻落实《国家知识产权战略纲要》提出了具体要求。2009年5月，最高人民法院发出了《关于做好调整和完善知识产权案件管辖制度相关工作的通知》，要求地方法院在继续坚持技术类案件指定管辖制度，严格控制新增专利案件管辖权中级人民法院数量的同时，按照既方便当事人诉讼又方便法院审理原则，开展跨区管辖工作。目前，武汉市中级人民法院正在开展知识产权案件“三审合一”审判模式改革，并于江岸区法院设立全省首家基层法院知识产权审判庭，收到了良好的效果。应重点发挥知识产权刑事司法保护的职能作用，协调“行政——司法双轨制”造成的诉讼裁判冲突，减少知识产权犯罪结果要件权衡与民事侵权责任认定的尺度差异，坚持司法为民的基本原则，完善知识产权审判的诉讼指引制度，积极开辟审理执行“绿色通道”。

（作者单位：中共武汉市委党校）

第三部分　法治政府建设

法治政府建设是法治国家和法治社会建设的关键和基础，尤其是现代社会行政权力不断扩张，已全面介入国家、社会甚至公民生活的当下，“万能政府”不仅有其时代的必然，更有福利社会公民生活与政府行为间唇齿相依的客观联系。政府在国内集宪法法律执行者、社会秩序管理者、公共服务提供者、公民安全守护者等于一身的多重角色，在国际上承担着代表国家推动国家间的合作、维护国家利益和主权、维护世界和平等义不容辞的义务。但法治政府在今天的语境下显然更侧重于对政府行为的规范化、人性化和文明化上，也即是政府行为的合法化和合理化的问题。常态下这些要求仅是底线，但在目前经济体制深刻变革、社会结构深刻变动、利益格局深刻调整、思想观念深刻变化的形势下，要切实做到实属不易。因为，无论是国家、社会还是公民，所有的满意与不满意最终都汇集于政府一身来求解。因此，法治政府的建设不仅需要在理论上廓清相关问题，更需要在实践上体现智慧和策略；不仅要为规范和限制政府权力列出权力清单，更需要为政府权力的公正和高效行使出谋划策，尤其是面对转型中国的非稳态特征，为政府职能良好运行提供可操作性对策。本部分的文章在这方面做了有益的探索。

第二十篇
法治一体化背景中的法治政府

申来津　邹译萱

内容提要：本文认为，我国法治建设遵循“法治政府—法治国家—法治社会”的进路逻辑，构建法治国家和法治社会必先建成法治政府，法治政府建设是法治国家、法治社会的基础性工程。

关键词：法治建设；法治一体化；法治政府

法治政府是一种理想的政府运行状态，是最佳的政府模式选择，也是世界各国政府追求的目标。法治政府是政府的法治化，是法治精神向国家治理领域的延伸和渗透，法治政府区别并优于其他任何政府形态，本文认为，我国法治建设遵循“法治政府—法治国家—法治社会”的进路逻辑，构建法治国家和法治社会必先建成法治政府，法治政府建设是法治国家、法治社会的基础性工程。那么，究竟什么是法治政府，法治政府的价值取向是怎样的，本文基于法治一体化背景，从法治政府的应然表达和价值取向的视角对这些问题进行尝试性探索。

一、法治政府的应然表达

法治政府思想滥觞于古希腊的理想主义和自然法观念，历经古代、近代和现代的发展日臻完善。在世界法治潮流的大背景下，我国也开始了对法治理论和实践的探索，新中国成立之后，特别是改革开放以来，我国法治化进程不断加快，学界对法治政府的认识更是观点纷呈，归纳起来主要包括：（1）法治政府指政府的一切权力来源、政府的运行和政府的行为都受制于法律，因为“政府所有的一切权力（职权）既然只是为社会谋幸福，因而不应当是专断的和凭一时高兴的，而是应该根据既定的和公布的法律来进行”。①（2）法治政府是指法律独立于政府之外，而政府要受法律的支配，建立法治政府是依法治国的主要内容。法治政府的标准应该是：法律由代表全体人民利益的立法机关所制定，体现全体人民意志，政府的行政权力由这种法律所赋予，政府组织的设置、权力的行使和利益的取得受这种法律的制约；政府严格忠实地服从和执行这种法律，成为人民实现民主权利的工具；政府的行为受到人民的有效监督，政府的错误行为

① ［英］洛克：《政府论》(下篇)，叶启芳等译，商务印书馆1964年版，第86页。

能够得到有效救济，政府要承担相应的法律责任。（3）法治政府是按照法治的原则运作的政府，基本特征是把自身的权力自觉限制在法律的范围内，严格依法办事，防止权力被滥用，应当是有限政府、有效政府、诚信政府、责任政府和服务政府。他们对法治政府内涵的认识都关注到了政府受法律支配的问题，当然这也是法治政府的基本价值理念，但随着社会的发展，"福利国家"思潮的流行，公民自由权本位向社会权本位的发展，使我们不得不从全新的视角去审视现代政府的权力配置和运行，明确其应然形态和运作规则。

以民主、自由、平等、理性、文明和秩序为主动脉的善法，以法律至上为圭臬的公权力运行模式，以正当法律程序为命脉的权力防线是法治的核心构成要件，良法之治、法律权威、依法办事、法律平等、权力制约、人权保障等是法治的重要原则，法治政府应彰显法治的价值理念和要求，摒弃传统治理模式的束缚，弘扬公平和正义。就本质而言，法治政府应是指政府机构的设立和运作，包括政府立法、司法和行政在内的政府整体行为与个体执法行为都合法化、合理化、规范化的政府，是依据体现广大人民意志、意愿和民主、公平、正义等价值理念的法律而设立和运作的政府，是以良法之治、政府受法律控制、控权护权统一、保障公民权利、行政救济和司法保障为价值取向的政府。当然这里所说的法治政府是实质上的法治政府而非形式上的法治政府，形式上的法治政府是依据实定法实现政府所有目的的政府，即依据法律推行政府事务和职能、确保"依法律"，对人民的权利、自由的规制有法律根据，同时只要以法律的形式，便可以对人民的权利、自由予以制约，形式上的法治政府并不以保障人民的权利自由为目的，相反它还通过法律对人民的权利自由进行限制。实质上的法治政府是指依法拘束和限制权力，保障人民自由和权利的政府，而保障人民的自由和权利才是法治的内容和目的。实质上的法治政府意味着抑制专断权力，在宪法之下给予个人权利最大限度的保障。因此我们在对法治政府进行定义和制度、体制设计时就应充分考虑我们的法治理想，而不能假法治之名行非法治之实，形式上的法治政府比完全不讲法治的政府要进步，但是它还不是严格意义上的法治政府，或者说在严格意义上它仍然是非"法治"政府。

二、法律至上——法治政府的逻辑

在法的超然性意义上，古希腊人信奉自然理性，后几经发展形成自然法观念即自然理性法则——世界本身的运行规律和自然秩序，由此形成了法律只有合乎自然法才是合理的观念，也由此形成了正义的观念。自然法是实在法的尺度，是社会正义的基础，也是判别人类社会政治准则、政治行动和程序合法性的根本依据，在以后就延伸为法律的正当性问题。在西方法治政府理念下，法律的正当性是指符合自然法和自由主义精神，或指能保障公民基本权利和体现"公益"，在认定良法的条件下，"依法而治"或崇尚"法律至上"才有法治政府，如果法律本身是恶法，那么依法而治的政府也不是法治政府。

马克思曾说："在现代国家中，法不仅必须适应于总的经济状况，不仅必须是它的表现，而且还必须是不因内在矛盾而自己推翻自己的内部和谐一致的表现。"① 对于一个法治政府来说，仅仅强调法的普遍性、稳定性和一致性是不够的，从某种程度上讲，这仅仅是法治的形式而不是内容，"人民的恶是由统治者造成的，统治者的恶是由法律或法令造成的"②，哈林顿的这一名言是对良法作为法治政府精神底蕴的另一种表述即法律体现实质正义，法治政府之大厦，必须建立在体现实质正义的良法基础上。亚里士多德曾说法治包含两层含义："已制定的法律必须获得普遍的遵守，而获得普遍遵守的法律必须是制定得良好的法律"，其实质就是把公平、正义、民主、公共利益等作为良法的基本价值。霍布斯也说过：良法就是为人民的利益而又清晰明确的法律。良法是有效规范权力，实现法治的必需。法治的基本要义之一就是良法，法治不是一般意义的依法而治，以法而治，或以法治人，而是良法之治，即在强调形式法治的同时追求规范之善，以为评价实在法，指导实在法、限制实在法、纠正实在法之圭臬。法治政府承认法律的最高权威，要求政府依照法律行使权力，其前提条件就是法律必须符合一定的标准包含一定的内容：正义。阿奎纳宣称："人法……如果违背理性，就应称之为非正义的法律，而且它具有的并不是法律的性质，而是暴力的性质。"尽管一个法律制度的存在与否，可以不以正义为其条件，但是如果一个社会根本无视正义观念具有的主要实质性价值，那么它便不是一个法治国家，也就谈不上法治政府的存在。可以说要想实现真正意义上的法治国家，大量蕴含正义的良法的存在是其前提条件。而要想制定出良法，提高立法质量就成为当务之急，而要提高立法质量，增进对立法的理解和认识，推进和完善立法，就需要有科学的立法理念、健全的立法制度和先进的立法技术，使法的形式具有相对独立性和形式合理性，法律体系具有的完整性。

三、政府受法律控制——法治政府的内核

如果说良法之治是法治政府的基础，那么政府受法律控制则是法治政府的核心，有良法而政府不受法律约束，法治政府依然是一句空话。

限制政府权力历来是法治理论的逻辑重心，纵观西方法治政府的历程我们可以明确感知法治政府建设主要围绕一个问题而展开——限制政府权力。法治政府要求政府必须接受各方面的约束，最根本的是接受法律的约束，各部门横向之间权力分立且相互制衡，在纵向权力结构上又有明确的划分。潘恩说过"在专制政府中，国王便是法律，同样的，在自由的国家中，法律便应该成为国王，而不应该有其他的情况"。③ 君主权力受到法律约束，人民的自由、平等及公共利益得到保障，强调法律在确定国家与个人权利、义务方面的重要性，主张政府运行必须遵循既定的法律程序和依法行政原则。法治政府基本的表征就是政府把自身权力自觉地限制在法律的范围内，防止权力滥用。卢

① 《马克思恩格斯选集》第4卷，人民出版社1995年版，第70页。

② ［英］哈林顿：《大洋国》，何新译，商务印书馆1996年版，第204页。

③ ［美］潘恩：《潘恩选集》，马清槐等译，商务印书馆1981年版，第35～36页。

梭说："统治者是法律的臣仆，它的权利都建立在法律之上。同时由于他享受着法律的一切好处，他若强制他人遵守法律，他自己就得更加严格地遵守法律……所以，一个管理完善的政府，根据任何理由，也不准有人不遵守法律。"① 法治政府的理念固然承认并重视民众守法，但其重点不是"治民"而是"治官"，其基本的精义在于"治国者先受制于法"，它不是强调政府要维护和执行法律秩序，而是政府本身要服从法律制度。法治政府的基本内涵就是政府受到法的支配，政府在一切行为中都受到事前规定并宣布的规则的约束，以使人们能够准确预测政府在某一情况下使用强制权力，并据此来安排个人事务，这就要求政府要依法设立，"科学合理设置政府职责、机构和编制，实现政府职责、机构和编制的法定化"。政府由法律控制、政府依法管理、政府对法律负责。政府行为遵循职权法定原则包括政府抽象行政行为和具体行政行为要有法律依据，"法无明文规定即禁止"、"法无明文规定不处罚"，在政府决策过程中做到心中有法，厉行依法决策。

法治是处于相对软弱地位的人民保护自己合法权益的屏障。我们所追求的社会主义法治，也绝不仅指政府有法可依，利用法律治理国家，而主要是指政府受法律控制，政府模范执行法律，受制于法。

四、控权护权统一，保障公民权利——法治政府的要求

控权护权统一是法治政府中行政权运作的内部要求，当行政权与管理对象——行政相对人发生关系时，其运行的外部要求就是保障公民权利。

受自然法"契约观"及自由主义思潮的影响，控权成了规范和设计国家权力及运作状态的现实要求，这种传统设计与时代的政治、经济、文化和法律等环境相契合。要求权力控制与权力保障相结合，通过制度设计保证政府权力运行的高效化和民主化，使制度设计超越专横地行使政治权力加以限制的古典主张，从批判的怀疑主义转向思考一个良好的社会如何得以维系、一种良好的政治体制如何通过制度设计在经济效益与公民精神两个方面加以构建。在这种大环境下，国家权力与公民权利同步增长成为可能的新观念逐步扩展，保障国家权力有效行使充分实现公民权利成为新理念，即"权力既受到制约又能能动进取，也就是说，既能积极促进社会福利，与此同时，又不限于仅仅在其组织的最好的公民之间分配利益的专制之中"。② 这似乎与传统法治政府限制政府权力的理念、权力控制的古典正统理论相背离，传统法治政府强调严格限制政府权力以保障人民根本利益。但控权、护权统一并不是要求扩大政府权力，而是达到政府权力控和护的完美结合。控权、护权统一是法治政府在和平与发展成为时代主题、经济全球化呈现强劲趋势时代背景下的理性选择，它使政府权力运行摆脱传统控权理论形成的"消极政府"观念影响，进而充分发挥国家权力系统协调和平衡功能，形成高效运行的政

① 汪太贤：《西方法治主义的渊与流》，法律出版社 2001 年版，第 393 页。

② Ranls. John A.：Theory of Justice，Cambridge Mass，Harvard University Press，1971，51.

治权力，更好地维护人民权利和加强宏观调控。

公民权利是社会个体自主和自由在法律上的反映，任何一个人，一个生活在现实社会中的个人都有诸如财富、安全、健康、快乐等基本需要，他们进行各种活动与他人交往的目的正在与获得这种需要，但成就需要因素的复杂性和多样性使得结果却不一定完全像人们所期望的那样——每个人都得到实现，这就需要政府的保障作用，而人治政府是不可能做到这一点的，它的凭个人意志和少数人意志的统治只会侵害公民的基本权利。洛克说统治者无论有怎样正当的资格，如果不以法律而以他的意志为准则，如果他的命令和行动不以保护他的人民而以满足自己的野心、私愤、贪欲和任何其他不正当的情欲为目的，那就是暴政。在现代民主社会，一切公共权力及其运作必须建立在以民主理论为指导的合法性基础之上，否则，它将失去存在的依据和理由。按照现代民主理论，政府存在的唯一合理性就是使人民生活得更加幸福，充分保障人民的各项权利。现代政府的目的，就是要充分发挥国家对公民权利的保障功能，避免公共权力对公民权利的侵犯，实现人的全面自由发展。人类社会的基本政治关系是人民与国家的关系，在宪法上即为公民权利与国家权力的关系，虽然宪法的内容涉及国家和社会生活的各个方面，但其主要包括国家权力的正确行使和公民权利的有效保障两大方面，而保障公民权则始终处于支配地位。对公民权利的确认和保护是当今各国宪法的重要组成部分。建设社会主义法治国家，首要的就是国家确认、尊重公民法定权利，并创造一切积极条件确保其充分实现。如果公民的法定权利无法得到尊重和实现，则法治国家就成为一句空话。如果违背了保障公民权的目的，政府就谈不上代表人民利益。在彰显“人性化”的今天，法治政府应以保障公民权利为根本目的。

五、行政救济和司法审查——法治政府的保障

权利和权力的关系是公法领域最基本的关系，也是宪法的基本矛盾关系，二者既相互斗争又互相渗透。权力天生具有无限扩张的倾向，而首遭其害的就是人权。“无救济即无权利”，健全的权利救济机制是公民权利实现的可靠保证，也是法治政府的司法保障，如果基本人权都得不到保障，法治政府就成为一纸空文。

行政救济是公民、法人或者其他组织认为行政机关的行政行为造成自己合法权益的损害，请求有关国家机关给予补救的法律制度，包括对违法或不当的行政行为加以纠正，以及对于因行政行为而遭受的财产损失给予弥补，使行政权与公民权处于动态平衡等多项内容，实现形态主要有行政复议、行政诉讼、行政赔偿等。它不仅对行政相对人参与社会政治、经济、文化活动的预期具有规定意义，更为重要的是从控权视角来看，有利于规范行政行为及其行政主体的自由裁量权，保证政府行政权正常运行和政府管理所体现的职能与预期目标最终实现，是国家民主和法治的重要标志。我国现行的行政救济制度，从个别看，它们在消除行政纷争、稳定社会秩序等方面，都不同程度地发挥了积极作用。但从整体看，情况却不容乐观。面对现实，我国法治下的行政救济应整合行政救济机制、扩大行政救济范围、提升行政救济层次、强化行政救济权威。

司法审查是国家通过司法机关对其他国家机关行使公共权力的行为进行审查监督，从而纠正违法行为并对权益受害方给予补偿救济的法律制度，“是指当事人请求有关法院对行政主体或下级法院对事实或法律适用的裁决是否正确进行审查的活动”①。西方学者都将司法视为法治实现的最终屏障，把司法权定性为最后的国家权力，司法权具有否定立法权和行政决定的政治功能，并以此为指导建立了司法审查制度。目前，司法审查制度是现代法治国家普遍采用的一项重要法律制度，目的是在行政机关和公民之间建立一个有效的调整机制，确保国家权力正确行使，保障公民合法权益，并通过法院的审判活动对公民在受到国家行政机关的非法侵犯时予以救济。按照现代法治行政的精神，政府的行政行为必须接受法院的司法审查，立法机关对行政行为的政治监督、社会舆论的监督以及公民批评等监督形式与审判机关的司法审查相辅相成，共同构成法治行政的基本保障。我国的司法审查制度虽然已经确立，但还很不完善，还不能适应我国政府法治化要求，不能保障法治行政模式的实现，需要进一步改革和完善。首先应该是行政司法审查标准的完善；其次是对部分抽象行政行为也应进行司法审查；再次是对政府的终局性行政决定也可提起司法审查的要求。司法审查制度使公民具有了直接寻求救济的机会，可以“民告官”，请求法院审查行政行为，是民主原则的重要体现。

法治政府作为一个新的理念已经从政治哲学和道德范畴融入到我国的政府实践和法律体系中，且具有鲜明的时代特征。但我国的法治政府建设尚处在初始阶段，法治政府的建构是一项规模宏大的系统工程，正如党的十八大报告在谈到“2020 年实现全面建成小康社会宏伟目标”时指出的“依法治国基本方略全面落实，法治政府基本建成”，这说明建设法治政府是一项长期而艰巨的任务。但我们相信，法治理想终将引导我们进入法治国家、法治社会。

（作者单位：武汉理工大学文法学院）

① Black's Law Dictionary，1979：762.

第二十一篇
我国法治政府建设存在的问题及对策研究

杜文帅

内容提要： 法治政府建设是当今世界各国政治生活中十分关键的一环，也是建设法治国家的一个重要组成部分。经过长期的探索和努力，我国法治政府建设取得了可喜的成绩，但不可否认，就目前来说我们仍然面临着一些难题或者不足。本文在对法治政府概念进行简要论述的基础上，从文化以及行政立法、执法、司法四个方面分析了我国在构建法治政府过程中存在的问题，并提出了相应的解决思路，希望对我国建设法治政府提供一些借鉴。

关键词： 法治政府；问题；对策

2012年11月，党的十八大报告明确提出我国到2020年要全面建成小康社会的奋斗目标，并将法治政府基本建成作为实现这一目标的重要标志。2013年2月23日，习近平总书记在中共中央政治局集体学习时又强调：要全面推进科学立法、严格执法、公正司法、全民守法，坚持依法治国、依法执政、依法行政共同推进，坚持法治国家、法治政府、法治社会一体化建设，不断开创依法治国新局面。

将依法治国确立为党治国理政的基本方略，积极推进依法行政，建设法治政府，是国家治理和社会发展进程中具有深刻意义的重大变革。这一治国方略的确立既是社会主义市场经济发展的需要，也是对公民权利意识逐渐增强的积极回应，同时也是达到政治、经济、社会、文化等诸多领域公共事务治理规范化、制度化、高效化目标的必然要求。而作为依法治国的一个重要环节，构建法治政府势在必行。

建设法治政府既是建设法治社会的基础，也是建设法治国家的关键。当今社会，政府影响深入到社会各个领域，可以肯定的是，没有政府的法治化就没有社会的法治化。在现今的各个国家当中，行政权由于其性质所决定，相对于其他权力而言更容易被滥用，加强对行政权的规范和约束，对实现国家的法治化具有不可替代的意义。

一、法治政府概念概述

关于法治政府的内涵，理论界尚没有形成统一的定论，比如有学者认为，所谓法治政府，是指依法治理的政府或法律之下的政府；① 也有学者认为，所谓法治政府，就是指整个政府的设立、变更、运作都是合法化、规范化的，在政府整体行为中强调政府抽象行政行为和政府决策的合法性、规范性，在政府个体行为中主要指政府执法行为的合法性、规范性。② 尽管学者们观点不尽相同，但一般认为法治政府至少意味着法律是政府权力的来源，并且政府的行为与权力运作由法律加以规定。具体来说，笔者认为法治政府的内涵至少包含以下几个层面的含义：

（一）机构设置法定

法治政府赖以存在的唯一根据是法律，依法设立行政机构是构建法治政府的必要前提。要建设法治政府，其相应机构设置和人员编制等都应当依法进行，政府不得自己擅自设立。

（二）权力来源法定

政府的权力来源于法律，政府行使的任何权力都必须有明确的法律依据或者权力机关的明确授权，任何超越法律之外的政府权力都是不正当、不合法的。

（三）行为程序法定

政府依法取得权力是实体法定的要求，政府依法实施和运用权力，符合法定的程序，则是程序法定的要求。法治政府行使职责必须符合法定的步骤、顺序、时间和方式等法律程序上的规定，完善信息公开制度，有效保障公民、法人和其他组织的知情权、表达权、参与权和监督权等权利。

（四）行为内容法定

法律是所有政府行为的行动指南，政府在行为时要做到严格依法决策，严格依照法律规定的行为内容履行职责，不断强化政府工作人员的法治思维，不断增强政府工作人员运用法律手段解决实际问题的能力。

（五）行为责任法定

权责统一是构建法治政府的必然要求，因此政府要对自己的行为负法律负责，对于任何不作为、不尽职尽责、滥用权力以及失职、渎职行为，政府都应该承担相应的法律责任。有权力必须有责任，用权力必须受监督，违法必须要纠正，只有这样才能构建起法治政府相应的监督机制。

---

① 刘旺洪：《法治政府的基本理念》，载《南京师大学报（社会科学版）》2006 年第 7 期。

② 孙武：《对和谐社会中法治政府的定位思考》，载《法制与社会》2009 年第 5 期。

二、我国法治政府建设存在的问题

（一）文化理念方面

1. 官本位思想根深蒂固

中国经历的两千多年的古代封建社会，官与民之间一直是服从与被服从的不平等关系，而不是平等主体间的契约关系。在传统意识当中，官永远是高高在上，而民则是处于官的下层。随着新中国的成立，人民当家做了主人，官则变身为人民公仆。但是，这更多地体现在理论之上，现实的实际情况往往相反。一些政府人员尤其是领导干部官僚主义思想严重，有的甚至利用手中的权力欺压百姓，以权谋私，“权为民所用，情为民所系，利为民所谋”的口号早已被他们抛在脑后，在平时的工作中也表现得横断专行，他们不忘的是自己的“父母官”地位，却无视人民的权利。还有些干部做表面功夫，很少深入基层了解实际，更不必说解决群众的实际困难。甚至有些领导干部听到自己的负面评价，看到上访群众，不是认真反省自己，妥善解决问题，而是野蛮对待，将群众视为“刁民”①。理论上的美好图景在现实中落空，其重要原因就在于中国长期的封建历史社会背景，即使在讲求法治的今天，官本位的思想恐怕也一时难以改变。

2. 公民法律意识不高

观念上的法治是现实法治的灵魂，法治政府的建设同样少不了法律文化的支撑。几千年的封建传统使广大人民群众对法律的信仰度不高，在自身的权益受到侵害时，人们也往往不倾向于用法律武器来维权。随着改革开放后我国法治建设的起步，虽然广大公民的民主法制意识不断提高，群众依法办事、政府依法行政的局面逐渐形成，但是不能否认的是，公民的法律意识和法制观念还比较淡薄，与法治国家的建成我们的距离还很大。近些年来，虽然国家和各个地方分别颁布了许多法律法规，但有些往往难以实行，其中的一个重要原因就是公民的法律意识跟不上。法治政府是法治国家的一部分，法治政府的建设同样离不开广大公民的守法意识、护法意识和用法意识，即使国家法律以国家强制力为后盾，如果缺少了应有的法律文化思想，其效果也会大打折扣。

（二）行政立法方面

1. 立法观念层面

行政权是一种强制支配他人的权力，权力天生具有扩张性，如果不被有效监督和制约则很容易出现权力的滥用，滋生腐败。我国受传统封建思想文化的影响，政府往往被视为人民的“管理者”、百姓的“父母官”，行政立法的普遍价值取向是“官本位”，而现代法治要求的民权意识则比较淡薄。在立法实践中，立法者总是偏向以行政管理为

① 韩兆柱、李双军：《提升我国政府执行力的障碍因素和对策》，载《学习论坛》2010年第2期。

中心，把行政立法作为谋求有效管理的工具，出现权力扩张的趋势。但是作为行政管理相对方的公民、法人和其他组织，法律则过分强调他们的义务，其合法权益往往得不到立法者的关注。这种思想表现在行政立法的内容上，就是不能正确处理行政机关权力与相对人权利之间的关系，过多对政府的权力进行设置，对政府责任的规定则不足；重视对公众义务的规定，缺乏对公众权利的保障。这种现象造成行政权难以受到法律的束缚，行政机关权力被任意扩大，相对人的各种权利却不能运用行政权来得以保障，使法律法规保障、救济公民权利的功能弱化，反而异化成为治民甚至与民争利的工具，最终使行政立法出现了严重的以权谋利的倾向。行政立法出现的这种倾向，其后果是十分严重的，这不仅无法在当时有效保障公民的应有的合法权益，无法实现政府服务公众的基本职能，也使得法律的公平、正义价值受到扭曲，甚至会使公民丧失对法治建设的信任。

2. 立法体系层面

整体上来看，我国行政法律规范之间的冲突比较多见，行政立法中存在的部门垄断主义、地方保护主义等现象比较突出。我国实行条块分割和分层管理相结合的行政立法模式，加上有立法权的行政主体较多，而法律对中央与地方以及中央各部门之间的立法权限划分不明晰，哪些事项应该由国务院以行政法规的形式加以规定，哪些事项应该由国务院各部门或者地方各级政府以规章形式规定并没有可参考的法律标准，导致国务院的行政法规与法律之间、规章与行政法规、法律之间、规章与规章之间存在大量规范性的冲突，这些法律冲突损害了法律的统一性和权威性，也是与当今法治政府建设的要求相背离的。与此同时，行政立法中保护部门利益、地方利益的现象普遍。《立法法》虽然规定不同部门规章之间、地方政府规章与部门规章之间具有同等法律效力，但具体的细节没有进一步规定，使得在实际操作中遇到许多棘手问题，比如一些地方和部门往往会借助法律赋予的立法权，不恰当地扩大自身的权力，擅自设定罚款、行政许可、审批、强制措施等，这些都严重损害了政府的公信力，破坏了我国法律的和谐统一，也严重损害了法律的公正性、普适性。

行政立法体系存在的另一个问题是立法质量不高。随着我国市场经济的深化改革，许多新的政府规定需要出台，然而，在现实中出现了只讲求立法数量不关注立法质量的现象。统计显示，最近几年国务院差不多每6天就出台一部新的行政法规，某省甚至出现的一夜出台8部规章立法奇迹。① 虽然这种现象已经被遏制住，但根本症结还没有被根除。行政立法速度如此之快，数量如此之大，又没有全国统一规范的立法程序等的标准，加上各地立法人员素质不一，立法技术也是参差不齐，这就更加导致了行政立法整体上质量的下降，具体表现为法律法规内容不够科学、合理，可操作性不强，在形式上重复或疏漏，难以达到当初的立法目的。

3. 立法程序层面

---

① 杨解君著：《走向法治的缺失言说——法理、行政法的思考》，法律出版社2001年版，第46页。

行政立法应该遵循明确、严格的立法程序，这是立法科学化、公开化、民主化的体现，也是现代法治文明在立法上的基本要求。根据民主法治的原则，国家一切权力属于人民，行政立法自然也应当体现人民的意志，反映人民的诉求。但由于行政机关普遍实行的是首长负责制，行政机关在作出决定时的民主决策意识往往较差，并且行政机关在制定法律时往往从自身行政管理的角度出发，而对行政相对人的考虑则不够。另外，我国公民在行政立法过程中的有效的民意反馈机制还不健全，不能够及时地将自己的建议和意见反映到立法之中，而没有畅通的信息交流渠道，即使行政机关具有公正、严谨的态度，也不能凭借自身的主观看法表达各种复杂的利益诉求。除此之外，我国行政立法的监督机制在实际操作中发挥的作用也很有限，这也为行政立法的合法性、合理性埋下了许多隐患。

（三）行政执法方面

行政执法是行政主体与广大人民群众直接接触的过程，也是体现政府形象、考验政府依法执政能力的重要一环，行政执法水平的提高对于建设法治政府具有不可替代的意义。现阶段我国行政机关行政执法方面存在的问题主要有以下几点：

1. 行政执法人员素质有待提高

行政执法人员是政府各项行政行为的实施者，行政执法人员的素质高低，直接影响我国行政执法的水平。虽然经过多年的改进和完善，我国行政执法队伍在人员建设方面取得了很大进步，但我们也应该清醒地认识到，我国行政执法人员整体素质并没有达到理想要求。当前执法人员素质方面存在以下问题：第一，行政执法的理念相对滞后。部分执法人员法律意识淡薄，具体表现为缺乏依法行政的理念和正确对待公民权利的现代法治精神，在执法活动中往往出现行法依权不依法、依人不依法的现象，甚至出现法律虚无主义的倾向。第二，执法人员法律素质和业务水平不强。在我国目前的行政执法人员中，有很大一部分文化水平不高，也没有受过专业的业务培训，特别是法律专业的知识相对缺乏，这部分人员在行政执法过程中往往表现出随意性大，出现错裁、错判的概率较大。不仅如此，在出现问题时他们看待问题较简单，处理矛盾时也比较武断，缺乏应对突发事件的灵活应变能力和现场控制能力，稍有不慎就会与执法相对人产生纠纷，甚至出现较严重的执法事故。第三，一些执法人员服务与责任意识淡薄，工作态度不认真，存在着严重的政府权力本位思想，与现在倡导的建设法治型政府、服务型政府的理念背道而驰。这部分执法人员习惯以管理者的身份出现，意识不到执法人员更重要的是服务者，他们在处理问题时往往会使执法人员和行政对象对立起来，使相互间的矛盾激化，给政府的形象带来了很大的负面影响。

2. 行政执法体制不完善

体制是影响行政执法质量的关键性因素，行政执法体制的完善与否直接反映于行政执法的实际效果中。作为政府职能部门的行政执法机关，不论在横向部门之间还是在纵向部门之间都应该相互配合、相互制约，共同服务于政府行政职能的有效发挥。然而在实际生活中，行政执法的状态并不是这样，归根结底在于行政执法体制不够完善：首先，从行政执法体系的外部分析，行政执法机关设置比较混乱，既有行政机关、政府部门，也有法律、法规等授权的事业单位，还有企业或其他组织，这导致了政事、政企不分的乱象。其次，从行政执法体系的内部分析，执法部门间职能界限划分不明，既实行纵向集权、条块分割的模式，部门间也存在壁垒，缺乏相互配合的协调机制。行政执法的不协调已经成为当今一个严重影响行政执法效果的突出问题，它往往存在于不同的行政部门交叉管辖的领域，在利益的驱动下，各行政主体往往各自争夺执法权，造成行政管理的混乱。不仅如此，在行政执法体系的内部甚至还存在同一职能部门上下级间职责划分不清的问题，由于没有明晰的职能划分，不同的上下级执法部门之间常常有利抢着管，没利相互推。伴随市场经济的不断改革与发展，相应配套的法律、法规、规章等立法文件也逐渐增多，各部门慢慢形成了“分兵把守，各管一摊”的局面，由此带来的后果则是行政执法机构臃肿，相关部门之间出现职权重叠，执法队伍分布相对分散，在各自开展行政执法的过程中，必然导致行政效率下降，影响行政执法整体水平的提高，甚至会诱发以权谋私、受贿腐败的情况。由此可见，行政执法体制不合理，严重影响了行政执法质量和法律、法规、规章实际执行的效果，在新的改革背景下，如何冲破重重阻力，科学合理地完善行政执法体制，使各个行政执法机关能够在法律配置的执法权条件下各尽其职，是今后中国法治政府建设必须面临的一大难题。

（四）行政司法方面

行政司法是指行政机关根据法律规定，依照一种准司法程序，处理行政纠纷或者部分特定民事纠纷的行为。根据行政司法所具有的不同法律特征，行政司法通常可以被分为行政复议、行政调解、行政裁决和行政仲裁四类。① 目前，我国行政司法方面主要存在以下问题：

1. 行政司法独立性与专门性不强

对部分行政纠纷和特定民事纠纷进行裁定是行政机关的法定职能之一，这要求行政机关保持公正的立场，而实现行政司法的公正首先要求行使裁定权的行政机关具有独立性，行政司法机关如果不独立，保证行政司法的公正性就会成为一句空话。目前，我国行政司法部门独立性不强，比如行政裁决和行政复议的机构都隶属于其相应的行政机关，行政司法部门的成员也通常是该部门的工作人员，这样一种体制下很难保障行政裁断具有公正性。其次，行政司法机关的专门性也是实现行政司法公正、正确的必要保障。在我国，行政复议机构和行政仲裁机构基本上是专门性比较强的机构，但是其他同样具有行政裁定权的机构除了商标评审委员会和专利复审委员会之外都不是专门的裁决机构，这与我国建设法治政府的理念是格格不入的。

2. 行政司法程序不够完善

同普通司法程序相同，行政司法也要求具有比较严格的程序，通过行政司法程序的正义性保证结果的正义性。相比较来说，我国目前的行政复议和行政仲裁程序还是比较

---

① 应松年、袁曙宏著：《走向法治政府》，法律出版社 2001 年版，第 271 页。

完善的，而至于行政裁决和行政调解程序，在我国现有的法律法规中却很难找到相对应的具体规定。我国长期受重实体轻程序这一传统观念的影响，这就导致行政机关不能够对行政裁决和行政调解的必要程序引起足够重视，实际操作起来具有很大的随意性，这种缺乏公正、合理程序的行政裁决和行政调解，其结果的公正性与合理性可想而知，这也是现实中为何不少公民对行政裁决和调解机构不信任的原因之一。

三、我国法治政府建设的相关对策

针对我国在法治政府建设过程中存在的上述问题，笔者将相关对策总结如下：

（一）文化理念方面

1. 转变政府人员行政理念

政府工作人员首先要摒除法律工具主义的理念。法治关注权力和权利的配置，其基本功能是保障最低限度的人的基本权利和自由。① 法律具有工具性和目的性双重属性，在法治社会中，应该将两者结合，使政府和大众意识到法律不仅仅是制裁，更是公民权利的有力保障，同时具有限制和约束政府行为的作用。法律是政府的价值准则，同时也是社会其他系统的价值准则，法律具有的权利保障机能、公正价值和程序化属性是检验社会其他系统合理与否的重要参照，其对权利、利益的保护以及对权力的制约也是考量社会其他系统合理程度的标尺。从这个意义上说，法律作为一种规范化、程序化的利益和权利安排，应该是法治政府的目的。② 其次，政府工作人员应该树立起社会优位理念，彻底摒弃官本位的思想。社会优位理念要求：政府应该是服务社会的，而不是社会要为政府服务；社会才是终极目的，政府只是服务社会公众的工具而已。政府同法律一样，只有受到社会的信任和尊重才会是有效的，依法治国，建设法治政府不需要处处都有警察。国家真正的主体是社会公众，具有社会优位理念也就是政府为广大公众服务的理念，这对于转变政府及其工作人员行政模式，构建法治政府具有重要作用。

2. 强化公民法律意识

法治诞生于人的理性的意识，以科学的精神为核心，以人权思想、权利义务观为基本要素孕育出现代法治意识，而法治意识又促使法治制度的产生。③ 公民具有较高的法律意识是法治文化的重要表现。公民能够认识到并足够重视自己的法律权利，用法律武器积极同各种侵犯自身权利的行为作斗争，并且在思想上对国家、社会法治运作给予充分肯定，这是构建法治政府的思想文化基础。在现今社会，也只有公民具有法律主治观

① 俞可平著：《依法治国与依法治党》，中央编绎出版社 2007 年版，第 48 页。

② 沈荣华著：《现代法治政府论》，华夏出版社 2000 年版，第 246 页。

③ 何勤华等著：《法治的追求——理念、路径和模式的比较》，北京大学出版社 2005 年版，第 122 页。

念，整个社会才能在法律的基础上和谐有序。①

提高公民法律意识，首先应该加大法制宣传教育力度，增强公民的法治观念。贺卫方教授曾提出："法律教育的目标不外乎两个，一是为法律行为培养新人，二是为更广泛的社会成员提供法律知识与意识上的训练。"② 由此可见，法律教育对于提高公民法律意识起着至关重要的作用。应该通过电视、图书、咨询、报刊、广播等多种形式对公民进行法制宣传与普法教育，不断提高公民的民主意识和法治意识，使自由平等、民主法治等观念深入人心，鼓励公民在实际参与过程中提高自己运用法律的能力，为建设法治政府构建良好的外界环境。其次，应该强化公民的权利意识。权利是法的核心内容，强化公民的权利意识，前提是要赋予公民法律上应有的权利。结合中国实际，我们应该着重保障公民的知情权、参与权、表达权与监督权。当然还要保障公民救济权，它是保障行政相对人个人权利或利益的重要途径，保障了公民的救济权才能确保公民的其他权利得以实现。强化公民的权利意识还应该注意从保障公民集体利益转向保障公民的个人利益。最后，应该注重公民法律意识的内化。公民法律素质的提高，少不了外界影响与自我修养的结合，应该内化法律的精神，加强公民知法、学法、用法的自觉性，真正在公民内心建立起对法律的信仰。

（二）行政立法方面

1. 正确定位行政立法

亚里士多德曾指出，法治应当包含两个方面的含义：一是已经颁布的法律得到公众的普遍遵守，二是公众所遵守的法律本身应该是制定得良好的法律。③ 建设法治政府要求行政立法中的法必须是良法，而良法应该具有规制行政权和保障公民权的价值取向。以往人们在意识中往往会将行政法看做"管理法"，这种潜意识的想法使行政立法的定位出现偏差，要建设法治政府，必须坚持以人为本的原则，正确定位行政立法，使制定出来的行政法规真正成为保障公民权利的"权利法"。法治的基本特征是法律至上，而法律至上突出表现为宪法至上。在我国，宪法是根本大法，具有最高的法律效力，它是制定其他一切法律的依据，也是一切国家机关、企事业组织、社会团体和公民的最高行为准则。行政立法是有权的行政主体依照法律规定制定行政法规、规章的活动，必须根据宪法的规定进行。我们都知道，宪法可以看做是公民权利的保障书，"在国家法律体系中，宪法不仅是系统全面规定公民基本权利的法律部分，而且其基本出发点就在于保障公民的权利和自由"。④ 行政立法在依据宪法制定行政法时，宪法的这种保障人权的价值取向就应该被具体化为行政法规、规章的权利本位的价值取向。由此可知，行政立法应该从过去制定以政府权力为本位的"管理法"的活动向制定以公民权利为本位的

---

① 冯梦成：《和谐社会的法治构建》，载《实事求是》2005 年第 4 期。

② 贺卫方著：《法律教育散论》，湖南出版社 1996 年版，第 138 页。

③ 亚里士多德著：《政治学》，商务印书馆 1965 年版，第 199 页。

④ 周叶中著：《宪法》，高等教育出版社 2000 年版，第 36 页。

“权利法”的活动转变，实现行政立法观念的重新定位，这也是我国构建法治政府的一项基础性工程。

2. 完善行政立法体系

法治政府应该被作为社会关系的调节器，要以公平正义价值作为尺度，体现法律的稳定性、强制性和规范性特点，通过行政立法和行政执法等活动整合社会资源，调整部分社会关系，平衡社会各种利益，达到维护社会秩序、构建和谐社会的最终目的。健全行政立法体系，首先应该在行政立法的全过程中贯穿公平正义的价值理念。立法的本质是把广大人民的意愿和诉求在民主与法治的框架中表达出来，再通过一定的程序有效整合并上升为国家意志。在行政立法整个过程中，要始终坚持以人为本，把最广大人民群众的根本利益作为立法的根本出发点和立足点，充分发扬民主，坚持群众路线，努力构建与拓宽群众参与行政立法的渠道，并防止地方保护主义、部门主义以及假借行政立法扩张职权的现象发生，让民众能够最大限度地有序参与到行政立法的过程中来，能够通过各种渠道如参加听证会等有效并充分地表达自己的意志或诉求。其次，要积极完善行政法规、规章公布制度。在新制定的行政法规、规章被通过后应该及时对外公开发布，让群众第一时间知晓、了解这些法规、规章的内容，并自觉遵守和践行。若行政法规、规章没有按照规定进行公布就不能认定其具有法律效力。最后，应尽快启动制定行政程序法的立法工作，以法律形式规范行政机关相关工作的必要程序，使依法行政有相应的程序法可依。

3. 健全参与主义立法模式

受长期传统观念的影响，我国公民参与立法的意识比较淡薄，这使得行政立法机关往往不以公民权利为本位，而是从部门利益或地方利益出发，表现出较强的行政主义立法倾向。因此，应尽快启动行政程序法的立法工作，以法律形式规范行政机关相关工作的必要程序，完善参与主义立法模式。根据国家民主法治原则的要求，凡是法律关系到公民权利义务的事项，必须得到公民的同意，公民参与是公民表达自己意愿的有效方式，是一切国家事务存在的合法性基础。行政立法的参与主义立法模式意味着“社会主体都能涉足行政立法领域”，它可以保障公民实际参与行政立法，防止行政立法的肆意，保证行政立法的民主性与科学性。要完善行政立法的参与主义立法模式必须从以下几个方面入手：首先，在提出立法议案时，赋予利害关系人和其他相关公民行政立法动议权，使他们可以根据自己的需要提出立法议案或建议。其次，在审议立法草案时，将听取相关人的意见作为审议阶段的必经程序，由有关法律加以明确规定。凡是涉及公众权利、利益的事项一般均进行通告和评议，比如可以通过举行听证会、座谈会、设立公开信箱等方式广泛听取公众意见，并由具体规定保证过程的平等性、客观性和公正性。最后，在通过立法草案时，将行政立法会议作出正式表决的过程予以公开，并允许公众参与旁听；在正式行政法规、规章的草案通过后公布时，及时附带公布此次立法过程中公民的参与情况、公民意见的采纳情况以及采纳的根据、理由等，为立法机关、司法机关事后进行监督审查提供基础。①

① 董兴佩：《论行政立法的公众参与机制》，载《学术交流》2004 年第 2 期。

（三）行政执法方面

1. 提高执法人员素质

行政执法要想顺利开展主要决定于行政执法人员的素质。法律规范的有效实施离不开具有较高素质的行政执法人员，执法者素质的高低直接影响到行政执法的质量，直接影响着依法行政的水平，也直接影响政府自身的形象。一次不公正的执法给整个社会所带来的负面影响远远超过十次文明并且严格的执法给社会带来的正面影响。由此可知，建设法治政府，完善行政执法，首先必须重视行政执法队伍的建设，提高行政执法人员的政治、法律和业务素质。第一，更新行政执法人员理念。行政执法要求执法者和执法相对人具备一些基本的行政法理念，比如宪法至上观念，民主参与观念，行政权限观念，平等观念，行政服务观念，证据观念，程序观念，政府诚信与形象观念，责任观念，信赖利益保护观念，权利救济观念，接受监督观念等，努力消除行政执法者的官本位思想和特权主义思想。第二，提高执法人员的业务素质和法律知识水平。要保证行政执法者能够通过多种途径学习法律、法规，行政机关也要对其进行全面的法律知识教育和业务培训，不断提高执法队伍整体的法律意识与法制观念，增强其理解、运用法律的能力，同时确保执法人员熟练掌握与自身执法工作相关的法律、法规和规章，在执法过程中严格依照法律规定正确适用法律，切实做到依法行政。

2. 改革行政执法体制

科学完备的行政执法体制是行政执法的基础，顺畅的行政执法体制直接决定着行政执法的效果。当前来说，行政执法主体已经发展成为一个以行政机关为主，包括委托和授权组织在内的组织体系，要理顺行政执法体制首先要突破体制困境，努力使行政执法体制既符合当前社会发展的需要，又可以保障行政执法的水平。具体来说要做到以下几点：第一，进一步规范执法机构设置。应该明确行政主体各个职能部门的权责，对于不应当具有相应执法权的部门或组织，要一律进行改制，使其退出行政执法领域。各个执法主体应进一步明确其自身的职能，明确自身相关的执法权限和依据，具体分解各个执法职责，确定各自执法岗位，严密控制执法程序，并细化具体执法标准，真正改变以前出现的职责不明，岗位分配不清，行使权力层级混乱等现象。在此基础之上，针对那些有可能与其他执法部门或组织出现职能交叉的情况，要积极与相关主体协商解决职能交叉的协调问题。第二，完善行政执法体系内部关系，包括上级与下级执法组织之间，不同专业执法组织之间，不同综合执法组织之间，专业执法组织与综合执法组织之间的关系。针对那些确实涉及不同部门的行政执法问题，要建立部门之间常态化的沟通协调机制，确保各个不同执法组织间能够相互配合，避免相互推诿，更有效地提高行政执法的效率。第三，适应公共管理逐步社会化的总体发展趋势。政府应根据情况适当提高对社会公共组织的利用程度，进一步规范对社会公共组织的委托，实现增强社会自治能力的目的。

(四) 行政司法方面

我国正处于社会转型期，经常会出现各种社会矛盾，政府负有化解社会矛盾，维护社会稳定的责任。政府形成便捷高效的防范和化解社会矛盾的机制是法治政府建立的标准之一。要形成有效的政府解决纠纷机制，主要应从以下几个方面着手：

1. 健全行政机关调解、裁决民事纠纷制度

行政机关在履行职责时经常会涉及各种民事纠纷，行政机关调解、裁决民事纠纷具有方便、高效、迅速、价廉、保密性好等特点，在化解民事纠纷中发挥了不可替代的积极作用。我国法律、法规也充分肯定了这一制度。但是，行政机关调解、裁决民事纠纷的制度也存在许多不足之处，使此项制度作用的发挥受到了很大的限制。针对存在的问题，可以采取以下措施：第一，完善行政机关调解、裁决民事纠纷的具体程序规定，做到有法可依，有章可循；第二，借鉴国外经验，在现有的行政机关之外建立具有独立性的行政裁决机构，由其专门负责行政裁决事务；第三，研究行政裁决与法院一审裁判具有等同性的做法，允许当事人在对行政裁决不服的情况下向法院提出上诉，改变以往将行政裁决视为居间裁决的做法。

2. 完善信访制度

信访是连接政府和群众的重要纽带，同时也是防范与化解社会矛盾的有效方式。在信访制度发挥其积极作用的同时也暴露出了不少问题，对此，要树立服务观念、强化效率意识，进一步改进信访制度，使其发挥更大作用。具体而言，要努力做好以下几点：第一，要妥善处理信访相关事项，保障信访人、举报人和其他相关人的人身安全与权利。第二，要鼓励、引导当事人采取法律手段解决信访事项。对那些可以通过行政复议、诉讼等程序解决的信访事项，行政机关要明确告知信访人、举报人申请行政复议、提起诉讼的权利。第三，努力推进信访工作改革，加强信访相关干部人员建设，提高信访工作的效率与水平。

3. 整合政府各项解决纠纷制度

第一，进一步扩大行政复议与行政诉讼受案范围，改变行政复议和诉讼门槛过高、限制过严的弊端，对当事人积极进行相关的法律引导。第二，对信访、调解、复议、裁决以及诉讼进行整体系统设计，确保解决纠纷的各种制度、各个环节相互补充、相互协调。在此，着重要注意防止信访和复议、诉讼之间的恶性循环。第三，在各种监督、救济和解决争议的机制中，要注意充分发挥各个环节应有的作用。比如针对我国现阶段信访机构比较分散，缺乏统一的协调机制，可以参照国外，建立像议会行政监察专员的制度来完成各地、各部门信访工作的统一协调任务。

四、结　　语

法治政府是伴随着人类社会发展必然产生的一定阶段的历史产物。在当今世界民主国家的政治生活中，各国都致力于建设法治国家，而政府作为法律的执行机关，其在一

国法治建设的进程中的地位无疑是十分重要的，法治政府建设是法治国家建设的关键环节，有助于推动政府职能的转变，实现政府依法行政，因此，法治政府建设既是实现法治国家的手段，同时又是法治国家本身的重要组成部分，构建法治政府具有不可替代的历史和现实意义。

目前，我们党和国家也已经充分认识到了构建法治政府的重要意义和紧迫性。经历了改革开放三十多年的发展，我国已经具备了法治建设的良好基础，构建法治政府的工作也取得了很大的成绩。但无可否认，就当前来看我们仍然面临着各种困境或者挑战。当然，构建法治政府并不是一朝一夕就可以完成的，它需要一个过程，需要建立在一定的基础之上，我国法治政府建设的道路还很漫长，因此，我们应该在分析当前我国法治政府建设情况的基础之上，针对存在的问题，着眼于长远，从不同的方面分层次、分步骤地有序进行。

（作者单位：中南财经政法大学法学院）

第二十二篇
论以法治思维推进政府职能

何士青　叶根茂

内容提要：政府职能是政府的角色定位，它因治国方式和政府模式的差异而具有不同的内容和特征，法治之下的政府职能具有法定性、规范性和多样性。当今中国正在走进一个法治时代，法治政府建设是法治一体化建设不可或缺的方面。法治政府建设不仅要求全面推进依法行政，而且要求依法界定和全面履行政府职能。以法治思维推进政府职能是法治政府建设的要求，其路径主要有树立以人为本的政府理念、确定以发展为目的的职能内容、完善以法治为主的职能履行方式、提高行政机关工作人员尤其是行政机关领导干部的法治思维能力。

关键词：政府职能；法治政府建设；法治思维

习近平在中共中央政治局第四次集体学习时指出："我们要全面贯彻落实党的十八大精神，以邓小平理论、'三个代表'重要思想、科学发展观为指导，全面推进科学立法、严格执法、公正司法、全民守法，坚持依法治国、依法执政、依法行政共同推进，坚持法治国家、法治政府、法治社会一体化建设，不断开创依法治国新局面。"① 行政机关作为实施法律法规重要主体的地位使得法治政府建设在一体化建设中具有极为重要的地位。法治政府建设是一项复杂的系统工程，不仅要求提高政府制度建设质量，而且要求推进政府职能全面履行。推进政府职能全面履行要求行政机关工作人员特别是领导干部树立法治思维，"提高运用法治思维和法治方式深化改革、推动发展、化解矛盾、维护稳定能力，努力推动形成办事依法、遇事找法、解决问题用法、化解矛盾靠法的良好法治环境"②。

一

政府职能是在一定的历史时期由社会的政治、经济、文化状况所决定的政府对国

① 新华社北京2月24日电：《习近平在中共中央政治局第四次集体学习时强调：依法治国依法执政依法行政共同推进，法治国家法治政府法治社会一体化建设》，载《人民日报》2013年2月25日。

② 习近平：《在首都各界纪念现行宪法公布施行30周年大会上的讲话》，载《人民日报》2012年12月5日。

家、社会、公民所应该承担的职责和应当发挥的功能的总和，它揭示了政府工作的基本内容和主要任务，决定着政府机构、人员编制和运行机制等。从实质上说，政府职能是政府的角色定位，这种定位主要通过政府与国家、政府与社会、政府与公民等关系表现出来。具体地说，在政府与国家的关系上，政府职能意味着政府是国家行政权的行使者、国家行政事务的管理者、国家意志和法律的执行者；在政府与社会的关系上，政府职能意味着政府是社会事务的管理者与服务者、社会稳定和良性发展所需政策、法规以及相关制度的提供者；在政府与公民的关系上，政府职能意味着政府是公民合法权利的保护者、弱势群体的生活救济者。

国家行政事务的纷纷复杂使得国家职能具有丰富的内容。马克思主义创始人将政府职能分为两个方面：一方面，政府是执行统治阶级意志的工具，具有维护统治阶级利益的政治统治职能；另一方面，政府是社会生活的组织者，具有执行公共事务的社会公共职能，对社会的经济、文化、教育、卫生、体育、科技、交通、邮政等方面的公共事务进行管理和服务。这两方面的职能既相互区别又相互联系，其区别主要表现为政治统治职能表明政府职能的阶级性、政治性，社会公共职能则表明政府职能的公共性、服务性；其联系主要表现为政治统治职能制约着社会公共职能，社会公共职能则是政治统治职能的基础，诚如恩格斯所言："政治统治到处都是以执行某种社会职能为基础，而且政治统治只有在它执行了它的这种社会职能时才能持续下去。"①

政府职能不是由人的主观意志决定的，而是多种因素相互作用的产物。一个国家的政府承担什么样的职能，受到该国的政治、经济、文化以及政府理念等多种因素的影响和制约，这些因素的变化必然导致政府职能的转变。有学者写道："当一个社会处于转型阶段，社会、经济、政治、文化等领域实行大规模变革时，旧的体制关系必然发生松弛和解体。这时，国家政权的重要作用就在于通过对社会变革的启动、对整体与分步进展的设计、对各类相关政策的制定来创建新的体制因素。同时，还要改革政府结构，确定政府的新职能，建立政府、市场与社会之间的新关系，从而使新的体制因素衔接，配套并完善和稳定。"② 在当今中国，生产力的进步、市场经济的发展、加入经济全球一体化以及由此而引发的观念革新，要求推进法治国家建设，加强法治政府建设。国务院《关于加强法治政府建设的意见》指出："贯彻依法治国基本方略，推进依法行政，建设法治政府，是我们党治国理政从理念到方式的革命性变化，具有划时代的重要意义。"③ 法治政府是法治之下的政府，法治之下的政府职能克服了人治之下政府职能的随意性、模糊性、全能性，彰显出法定性、规范性、公共性等特征。

法治之下的政府职能具有法定性。法治的精义在于治国者先受治于法，政府的行为受到法律的约束和控制，"在政府实施决策的过程中，不允许有丝毫的奇想和任意性；

---

① 《马克思恩格斯选集》第3卷，人民出版社1995年版，第523页。

② 严强、孔繁斌：《政治学基础理论的观念——价值与知识的论辩》，中山大学出版社2002年版，第271页。

③ 国务院：《关于加强法治政府建设的意见》，载《人民日报》2010年11月9日。

它必须是非个性化的国家机器，法律是它的唯一驱动力"①。在法治之下，政府职能的确定遵循法律创制原则和法律优越原则，前者表明法律对于政府职能的设定与实施具有绝对有效的拘束力，政府职能不可逾越法律而存在；后者意味着政府职能的存续必须具备明确的法律依据，任何下位阶的其他法律规范，均不得随意创制与法律相抵触的政府职能。这两项原则表明政府职能法定，排除政府职能设定或履行的任意性。

法治之下的政府职能具有规范性。政府职能法定使得政府职能具有规范性，政府对公民、社会、市场的管理有合法的依据，政府依法处理与公民、社会、市场的关系，政府行为依法受到约束，政府对其职能的履行因此具有规范性，既不能超越法定的职权或违背法定的程序，又不能消极渎职、玩忽职守、不履行其应该履行的职能。在政府与社会的关系中，政府是行使公共权力的"公共组织"；社会是以民间的、自愿性的、非营利性的、自律性强、功能较齐全的中介组织为主要表现形式的"第三部门"。凡是某个社会组织能够做的事情，政府就不能越俎代庖；凡是社会组织所不愿做或不能做的，就是政府所应当做的。可见，政府职能的规范化，政府与市场的适度分野，有利于形成相互补充、相互维系、相互制衡的良性互动型发展模式。

法治之下的政府职能具有公共性。在法治之下，政府是公共利益的最大代表，政府执行人民意志、服务人民往往通过履行其职能来体现，政府职能因此而具有公共性。当然，强调政府职能的公共性，并不否认其政治性。前已指出，政府职能是政治职能和公共职能的统一。但是，在不同历史条件下，政府职能的重心有所侧重，在法治之下的政府职能是公共职能，正如有学者所说的："政府一出现就以公共的面目存在，并以具有普遍性的公共利益与私人利益相脱离的独立形式存在，政府成为社会普遍利益和普遍意志的代表。当然，在阶级社会中，政府被统治阶级所操纵，它不可能真正代表社会的普遍利益和切实反映社会的普遍意志。因而使政府实际表现为一种'虚幻的共同体形式'。即便如此，政府仍然具有了'普遍性'的外观。……在现代社会，政府的公共性质越来越为人们所关注，而且极力维护政府的公共性已经成为政治发展的一个必然趋势。"②

二

任何政府都应该担负一定的职能，职能内容和重心因政府形式不同而有所不同。然而，历史和现实表明，并不是任何政府都能合理界定和切实履行其职能，一些国家社会动荡、政局不稳，与该国政府职能定位失误不无关系。当今中国正在走进一个法治的时代，法治政府建设是这个时代的重大课题。早在2004年3月，国务院就发布《全面推进依法行政实施纲要》，明确提出建设法治政府的奋斗目标。2010年10月，国务院印

① 辛向阳：《政府理论第一篇》，山东人民出版社2003年版，第104页。

② 张康之：《政府的责任在于培育成熟的社会》，载《浙江学刊》2000年第2期，第20~22页。

发《关于加强法治政府建设的意见》，强调“各级人民政府及其部门要把全面推进依法行政、加强法治政府建设摆在更加突出的位置”①。法治政府是一种与国家的政治构架和法律运作紧密相关的制度理念和制度设计，以良法为前提基础，以法的统治为重要标志，以行政权规制为基本原则，以公民权利保障为根本目的。法治政府对政府职能提出了更高要求，推进政府职能是法治政府建设的基础工程。

众所周知，法治政府具有丰富的内容，如果说依法行政是其形式要件和前提基础，那么政府职能规范是内容要件和关键核心。第一，法治政府的合法性来源于人民的同意，因而法治政府应该坚持权为民用、执政为民，满足公民的正当需要，保障公民合法权益，维护社会公共利益。否则，法治政府就会因失去民意的支持而失去其合法性。第二，法治政府是良法统治下的政府。良法是人民利益和意志的体现，是社会公正和公民权利、自由的保障，是规范人们行为、调节社会关系、营造社会秩序的良方，依法行政、良法统治的基本特征使政府必然以实现人民利益、保障公民权利、实现社会公正、营造社会秩序为己任。第三，法治政府的权力受到法律控制，只能在法律规定的范围内行使，按照法律规定切实履行其职能，既不失职、渎职，又不越权、越位。如果政府不履行其职能，则意味着政府失职、渎职；如果政府管了不该管之事，则意味着政府职能的异化。第四，法治政府是责任政府，“政府能够积极地对社会民众的需要作出回应；政府应积极履行其在整个社会中的职能和义务，正确地做事、做正确的事；政府机关及其工作人员违反法律规定的义务，违法行使职权时应承担否定性的法律后果”②。不切实履行其职能，不对公民承担责任，就不是法治政府。

法治政府建设是对我国政府体制的变革和创新，意味着我国政府体制将发生深刻变化，这种变化的每一个方面都与政府职能转变密切相关，都要求转变政府职能。法治政府建设意味着从全能政府转变为有限政府，这一转变要求实现政企分开和政事分开，政府与社会的关系基本理顺，充分运用间接管理、动态管理和事后管理等手段对社会事务进行管理。法治政府建设意味着从管制政府转变为服务政府，这一转变要求在继续加强经济调节和市场监管职能的同时，完善政府的社会管理和公共服务职能，充分发挥行政规划、行政指导、行政合同等方式的作用，逐步建立统一、公开、公平、公正的现代公共服务体制。法治政府意味着从封闭政府转变为“阳光”政府，这一转变要求行政机关在实施行政管理时，除涉及国家秘密、商业秘密或者个人隐私外，应当公开政务信息；依法保障行政相对人、利害关系人的知情权、参与权和救济权。法治政府建设意味着从权力政府转变为责任政府，这一转变要求行政权力与责任紧密挂钩，与行政权力主体利益彻底脱钩，实现权力与责任的统一。

政府职能的依法全面履行对于法治政府建设的意义是不言而喻的，有利于实现政府和社会、市场、公民利益的“多赢”。首先，有助于政府角色的重新定位，还政府以本来面目，发挥社会自我调节机能，维持政府与社会之间的适度张力，从而使政府功能得

---

① 国务院：《关于加强法治政府建设的意见》，载《人民日报》2010年11月9日。

② 张成福：《责任政府论》，载《中国人民大学学报》2000年第2期，第75～82页。

到更好发挥，政府的良好形象和政府威信也由此得到强化。其次，有利于明确政府与市场的边界，谋求二者间最佳的“耦合度”，保障以市场调节为基础、政府调节为补充的市场体制走向，从而在建设一个灵活、高效和强大的政府同时，充分激活市场经济的内在潜力。再次，有利于加速瓦解以政府为中心的一元化的传统社会结构，形成“国家—社会—市场”三元互动型的现代社会结构，从而使得多元主体各得其所、各展其长、合作互动，实现国家、社会与市场的共进发展。最后，有利于政府权力的合法、合理行使，使政府成为“有限”和“有为”相统一的政府，公民权利由此得到保障。

然而，由于旧体制的惯性，虽然我国在改革开放的过程中，进行了多次政治体制改革，政府职能也较以前有了很大改进，但与法治政府的要求相比还有较大距离，目前中国仍处于社会转型时期，新旧两种体制仍在进行此消彼长的斗争。一方面，计划调节的范围日渐缩小，但旧的体制弊端依然存在；另一方面，市场调节的范围正不断扩大，但市场经济体制仍为雏形。这种“双轨制”局面使得旧的政府职能无所适从，新的政府职能又定位不准。政府的“经济人”特征凸显，政府角色越位、错位和缺位的异化现象屡见不鲜，政府职能及其履行的泛滥化、随意化和趋利化的现象也比较严重。“当前，我国经济社会发展进入新阶段，国内外环境更为复杂，挑战增多。转变经济发展方式和调整经济结构的任务更加紧迫和艰巨，城乡之间、地区之间发展不平衡，收入分配不公平和差距扩大，社会结构和利益格局深刻调整，部分地区和一些领域社会矛盾有所增加，群体性事件时有发生。”① 改变政府职能异化现象、推进政府职能的依法全面履行，既是法治政府建设的题中之义，又是经济、社会和人的全面发展的必然要求。

三

在中国历史上，工具主义的法律思维源远流长，这种思维方式在今天仍有较为广泛的影响。有学者写道：“数千年来，官员总是说，刁民可恶，不治不行。——所以，官员总是把法律当做管理百姓的工具。数千年来，百姓总是说，贪官可恶，不治不行。——因此，百姓总想叫法律严格对待官员。”工具主义的法律思维忽视了法律的内在价值和精神实质，在高扬人权法治的今天以法治思维取而代之是历史的必然。法治思维是依法治国对所有社会主体的要求——正如党的十八大所指出的：全面推进依法治国，需要“增强全社会学法、遵法、守法、用法意识”；法治思维更是对行政机关工作人员的要求，它是推进政府职能转变和履行的思想保障。因此，国务院《关于加强法治政府建设的意见》要求行政机关工作人员特别是领导干部“切实提高运用法治思维和法律手段解决经济社会发展中突出矛盾和问题的能力”。

所谓法治思维，是指在法治理念的基础上，运用法律规范、法律原则、法律精神和法律逻辑对所遇到或所要处理的问题进行分析、综合、判断、推理和形成结论、决定的思想认识活动与过程，它是合法思维、人本思维、公正思维、责任思维等的有机统一。

① 国务院：《关于加强法治政府建设的意见》，载《人民日报》2010年11月9日。

以法治思维推进政府职能是事关宏旨的：第一，法治思维的重心在于合法与非法的预判，即把合法性当做思考问题的前提。行政机关工作人员在行政管理中运用法治思维，必然审视行政行为的目的、内容、手段、程序、职权等是否符合法律的规定和要求、是否符合法律的要旨和精神。第二，以人为本是法治的核心价值，人的尊严和自由借助权利语言、人的愿望和要求通过转换为权利诉求而依赖常规化和程序化的立法活动、司法活动和行政管理。行政机关工作人员在行政管理中运用法治思维，必然将保障人权、维护公民合法权益作为出发点。第三，法治以公正为原则对资源、社会合作的利益和负担进行的分配，并确定一套和平和公正解决冲突和纠纷的程序和规定，追求执法公平、司法正义。行政机关工作人员在行政管理中运用法治思维，必然平等对待行政相对人，着力从法律上、制度上、政策上努力营造公平的社会环境。第四，法治是保证执政者履行和实现其责任的责任机制。行政机关工作人员在行政管理中运用法治思维，必然通过行政权运作最大限度地满足公民合理需要、防止权力滥用导致对公民、对国家、对社会的危害，对于导致危害社会结果的滥用权力行为承担法律责任。

以法治思维推进政治职能，需要从多方面努力。笔者以为，以下几个方面是重中之重，并由此成为它的基本路径。

一是树立以人为本的政府理念。公民作为自然人，需要有维持其生存和发展的基本手段，需要稳定的生活环境，需要有保护自己合法权益的途径和渠道，这些既有赖于公民个人努力，更有赖于政府提供。这就要求政府树立以人为本的职能理念，惟其如此才能改变以政府为中心的单向管制型传统职能，构建以公民权利、公共利益、社会需求为取向的服务型新型职能。政府从对社会的全面管理、对经济的直接控制中退出来，把本应由市场调节、公民自治、社会中介管理加以解决，且市场调节、公民自治、社会中介管理能够解决好，甚至能够解决得比政府更好的事交给市场、公民和社会，以服务公民、市场、社会为宗旨，以履行社会公共职能为重心，搞好市场监管、经济调节、社会管理和公共服务，实现政府的“归位”。

二是确定以发展为目的的职能内容。“政府的职能最先作用于政治领域，因而政府机构的设置以政治、军事部门为多。随着经济科学技术的发展，政府的经济职能和社会职能日益扩大，这时，政府便大量增加经济和社会领域的机构，以适应社会经济发展的需要”① 在处于社会转型时期的中国建设法治政府，尤其需要确定以发展为目的的政府职能内容。国务院《关于加强法治政府建设的意见》指出：“各级行政机关要自觉在宪法和法律范围内活动，严格依照法定权限和程序行使权力、履行职责。要全面履行政府职能，更加重视社会管理和公共服务，着力保障和改善民生，切实解决就业、教育、医疗、社会保障、保障性住房等方面人民群众最关心的问题。加大行政执法力度，严厉查处危害安全生产、食品药品安全、自然资源和环境保护、社会治安等方面的违法案件，

① 转引自李郁芳：《体制转轨时期的政府微观规制行为》，经济科学出版社 2003 年版，第 12 页。

维护公共利益和经济社会秩序。”①

三是完善以法治为主的职能履行方式。政府可以运用经济手段、行政手段、法律手段等多种方式履行职能，但法治是最佳方式。履行职能的方式以法治为主，是法治政府的要求，也是法治政府的标志。按照法治政府的本质要求，政府职能的界限与确立应当适用职能法定的原则，奉行法律创制原则，也即法不授权即禁止，政府履行职能从行为到程序、从内容到形式、从决策到执行都必须符合法律规定，确保行政权力在法律和制度的框架内运行。为此，应该坚持宪法至上，尽快制定危机管理法、行政程序法等，完善行政复议法、行政处罚法、国家赔偿法等，对政府职能的内容、政府职能部门的法律地位和相互关系以及职责权限、政府行使职能的方式和程序等作出更加合理的、更加明确的规定，使政府职能有法可依，使政府各职能部门职能分明、各行其职，确保政府履行职能行为的规范进行。

需要指出的是，以法治思维推进政府职能，必须提高行政机关工作人员的法治思维，尤其是提高行政机关领导干部的法治思维能力。领导干部在治国理政中的特殊地位以及其所具有的人性弱点，使得提高领导干部法治思维能力成为法治政府建设的重中之重。毛泽东同志曾说过：“政治路线确定之后，干部就是决定的因素。”邓小平 1989 年提出：“任何一个领导集体都要有一个核心，没有核心的领导是靠不住的。”领导干部是行政管理、行政执法的决策者、组织者，掌握和行使领导权、决定权，对其主管的工作担负全部责任。然而，领导干部也是一个利益主体，与常人一样有欲望、有热情，因而在行使权力时常常发生偏向，致使他不能很好地履行其职能。防止领导干部滥用权力、保证领导干部依法决策，就必须提供领导干部的法治思维能力。一方面，必须对领导干部进行法律宣传教育，弘扬社会主义法治精神，树立社会主义法治理念。中共中央政治局有关法治的集体学习，对于推动全社会特别是国家公务员学习法理知识、树立法治观念起到了良好的示范作用，一些部门已经建立了领导干部的学习法律知识的制度。另一方面，必须加强依法治理，提高领导干部依法决策、依法行政、依法管理的水平以及运用法律方法和法律手段解答社会问题、处理社会矛盾的能力，规范领导干部的职务行为，对于以权代法、以权压法、以权废法的行为追究法律责任。

（作者单位：华中科技大学法学院）

① 国务院：《关于加强法治政府建设的意见》，载《人民日报》2010 年 11 月 9 日。

第二十三篇
法治政府建设中“旋转门”腐败与法律矫治

孔　哲

内容提要：愈来愈多政府高官弃政从商现象引发的“旋转门”腐败问题对建设法治政府提出了新的挑战。针对法治政府建设中的“旋转门”腐败问题，要从多角度分析问题产生的原因，并从离职公务员权力消磁、完善“旋转门”条款、推动“旋转门”腐败风险和收益的平衡发展等多方面探寻法治政府建设中“旋转门”腐败现象的法律矫治措施。

关键词：旋转门；腐败；法治政府；法律矫治

建设法治政府是建设民主法治社会的前提，也是建设法治国家的重要组成部分。近年来，我国法治政府建设取得了一定进展，但仍存在一些问题。法治政府建设多集中于宏观角度以及立法、执法体系的完善，在一定程度上忽视了作为公权力代言人与执行者的公务员在法治政府建设中的重要作用。在法治政府建设过程中，公务员存在难以抵御公权力衍生的腐蚀性诱惑，将私益凌驾于公益之上，甚至把公权力作为追求私益的工具等诸多问题。本文以公务员尤其是政府高级官员弃政从商的旋转门现象为视角，分析旋转门腐败并提出法律矫正措施，以期能够存进我国法治政府的建设。

一、法治政府建设中“旋转门”现象的现状分析

旋转门现象，是指个体在公共部门和私人部门之间双向转换角色、穿梭交叉为利益集团牟利的现象。① 一方面，随着民主政治的发展，政府职能范围的不断扩大，政府工作需要吸纳具备专业知识的人员；另一方面，随着市场经济的发展，公务员的职业规划和执业理念发生转变，越来越多的公务员离开政府部门转投其他领域来实现自身的价值。但就我国来说，由于政府部门进入门槛较高，难度较大，特别是高官的产生是由内部任免的，所以我国旋转门多体现政府高官弃政从商的旋转门现象。

（一）实践分析：我国高官弃政从商的“旋转门”现象日益增多

旋转门现象在中国政坛早已经不是新景象。我国公务员弃政从商现象早在 20 世纪

① 荣伟：《旋转门的“神话”》，载《侨园》2013 年第 5 期。

80年代中期就出现了，但公务员弃政从商还处于半遮半掩状态，方式以平级调到国有企业任职为主；到90年代，改革开放步伐加快，整个中国社会进入了价值标准多元化的时代，公务员弃政从商的旋转门潮开始掀起，特别是政府机构改革，精简公务员队伍，以及《个人独资企业法》与相关法律法规的出台，为公务员弃政从商提供了契机和制度保障。① 据新华社报道，“从2000年1月到2003年6月，全国各地（不包括中央部委及所属单位）共有10304名科级以上党政领导干部辞职下海，并且辞职下海的干部呈逐年增加趋势”。②

近年来，高官弃政从商旋转门现象日益增多，并且主要集中在东部沿海经济发达地区。2003年，温州市副市长吴敏一、林培云，秘书长何包根和副秘书长王运正同时辞职下海，他们被合并称为“温州现象”。③ 2003年末，广东佛山市顺德区常务副区长刘知行辞去公职，就任广东美的集团副总裁一职。④ 2007年，被调任温州市农业局局长不满一年的瑞安市前市长叶春江毅然辞职，加盟金龙鱼公司，成为又一名“下海”官员。⑤ 2010年，证监会23名官员下海，在34家企业中任高管职务。⑥

（二）法律分析：我国存在专门的“旋转门”条款

旋转门条款主要涉及对公务员离职后规定期限内从业予以禁止或限制。我国旋转门条款立法始于1993年国务院颁布的《国家公务员暂行条例》第73条规定，国家公务员辞职后，两年内到与原机关有隶属关系的企业或者营利性的事业单位任职，须经原任免机关批准。1995年人事部颁布《国家公务员辞职辞退暂行规定》第8条规定，国家公务员辞职后，两年内到与原机关有隶属关系的国有企业或营利性的事业单位工作的，须经原任免机关批准。

2005年《公务员法》第102条是我国旋转门条款发展的重要成果。该法第102条规定，“公务员辞去公职或者退休的，原系领导成员的公务员在离职三年内，其他公务员在离职两年内，不得到与原工作业务直接相关的企业或者其他营利性组织任职，不得从事与原工作业务直接相关的营利性活动。公务员辞去公职或者退休后有违反前款规定行为的，由其原所在机关的同级公务员主管部门责令限期改正；逾期不改正的，由县级以上工商行政管理部门没收该人员从业期间的违法所得，责令接收单位将该人员予以清退，并根据情节轻重，对接收单位处以被处罚人员违法所得一倍以上五倍以下的罚款”。此外，2009年《刑法修正案（七）》增设第388条第3款，“离职的国家工作人员或者其近亲属以及其他与其关系密切的人，利用该离职的国家工作人员原职权或者地

① http：//leaders. people. com. cn/GB/107021/7456196. html。

② 龙太江、博岚岚：《公务员辞职后的利益冲突问题》，载《探索与争鸣》2007年第6期。

③ http：//www. infzm. com/content/5815。

④ 吴学安：《“辞官从商”亟待规范》，载《检察日报》，2003年12月16日。

⑤ 同上。

⑥ 赖智慧：《23名前证监会官员下海任34家公司高管》，载《人民文摘》2010年第9期。

位形成的便利条件实施前款行为的，依照前款的规定定罪处罚"，将受贿罪主体延伸至离职的国家工作人员或者其近亲属以及其他与其关系密切的人。此款也是我国规制旋转门现象的重要条款。

有些政府官员弃政从商现象较为普遍的省份，也出台了相关的旋转门条款。如浙江省在2005年7月，出台了名为《浙江省贯彻实施〈关于党政领导干部辞职从事经营活动有关问题的意见〉的若干规定（试行)》的规定。该规定从条件、程序、辞职后从业行为等方面提出具体的限制和监督要求。对官员"下海"也作出了明确从业限制：党政领导干部辞去公职后3年内，不得到原任职务管辖的地区和业务范围内的企业、经营性事业单位和社会中介组织任职，不得从事或者代理与原工作业务直接相关的经商、办企业活动。①

（三）"旋转门"腐败已严重阻碍我国法治政府的建设

旋转门是一把双刃剑。一方面，旋转门开启了畅通的高官领域的权力退出通道，对防止权力腐败有积极的效果；但另一方面，尽管旋转门为反腐败带来了正面效应，但旋转门也会滋生权力腐败现象。②

高官弃政从商的目的不再是想在事业中实现自己的个人价值，而是利用虽过期但是具有准公共权力为自己谋得私利。旋转门权力腐败主要分为三种形式：一是"洗钱"，以经商之名，将在位时收受的贿赂进行洗白；二是"权力投资"，在位时为企业谋取了不正当利益，辞职后再到该企业工作，进行灰色权力期权交易，收取利益；三是"利用剩余政治资源"，利用其行政关系网，为企业牟利。

公务员腐败具有极大的危害，尤其是对法治政府建设。腐败现象会毒害政风，腐蚀政府队伍，削弱公务员依法行政的意识，引发政府信任危机。由于旋转门腐败极具隐藏性、后发性和难控性，其法治政府建设的危害性和破坏性更大。旋转门中的处级以上干部都掌握了相当一部分实权，某些时候他们甚至负责解释政策，如果用于钻营，他们通常比普通人更善于发现和利用政策漏洞。因此，他们与其他市场竞争者之间是一种信息不对称、地位不平等的关系，严重损害着市场经济的公平性和正义性，也加剧了公众和市场参与者对政府的不信任。③ 而且，通过旋转门这种隐性腐败还会引出公务员的显性腐败，揭露出更多官商勾结和滥用权力的事实，威胁了法治政府的建设。此外，旋转门腐败数量日益增多和其背后巨大利益的诱惑，导致越来越多的公务员弃政从商，严重削弱我国法治政府建设的队伍力量。

---

① http：//www. infzm. com/content/5815。

② 蔡宝刚：《"过期"权力腐败与法律矫治》，载《江苏社会科学》2011年第2期。

③ 孙玉松：《两高新规剑指官员期权腐败》，载《今晚报》，2009年10月23日。

二、法治政府建设中“旋转门”腐败产生的原因

（一）“旋转门”现象中存在利益冲突

旋转门现象中存在利益冲突是旋转门腐败产生的根本原因，即旋转门现象中造成个人利益与公共利益之间的冲突。腐败的本质和目的是利用公共权力谋取不正当的私人利益①，旋转门腐败亦是如此。

在旋转门腐败中，弃政从商的官员已经不再代表政府行使公权力，但其公权力丧失具有滞后性，仍然具有延伸公权力或衍生的准公权力。美国社会学家赖特·米尔斯在其著作《权力精英》中，将选择循环的商界高层、政治家和军事领袖称为美国的“权力精英”，即人们常说的“第四权力中心”，认为他们才是真正掌握国家权力的人。② 因此，弃政从商的官员可以利用准公权力为自己谋取私利。他们或是进行洗钱和灰色期权交易，抑或利用以前的关系网络为任职企业获利，并在市场竞争中占据有利位置。同时，弃政从商的高官成为各大企业竞相追捧的对象，企业的此种行为下海高官提供谋取私利的机会和滋生腐败的温床。

（二）现行“旋转门”条款的缺陷

旋转门条款具有预防腐败、防止公权力剩余资源的私有化等功能，我国目前虽然存在旋转门条款，但其具有缺陷和局限性，严重影响旋转门条款功能的发挥。其是造成旋转门腐败的主要原因。

1. 缺乏规制“旋转门”专门规范体系

我国旋转门条款散见于《公务员法》、《法官法》、《刑法》等法律法规和党政文件中，没有形成专门的“旋转门”规范体系，并且由于此种规范体系的缺乏导致了现有旋转门条款适用存在诸多问题。首先，《公务员法》第102条作为旋转门条款的基础条款，规定过于简单和笼统，不便于现实操作。其次，不同旋转门条款规定的不一致导致适用的冲突和矛盾。例如，如何处理旋转门条款立法和党政规定的冲突、特殊公务员旋转门条款与一般旋转门条款的冲突以及旋转门上位条款和下位条款的冲突。

2. “旋转门”条款的规制限度模糊

第一，规制对象较为笼统。我国《公务员法》第102条将旋转门条款规制对象划分为领导公务员和一般公务员，并对其分别规定了三年和两年的竞业冷冻期。此种划分较为笼统，不能具体区分职务特殊和职位较高的公务员离职后的限制，也没有对聘任制公务员单独进行规制。

第二，规制方式的不确定。目前世界范围内旋转门条款的规制方式有多种，美国依

① 蔡宝刚：《“过期”权力腐败与法律矫治》，载《江苏社会科学》2011年第2期。

② 荣伟：《旋转门的“神话”》，载《侨园》2013年第5期。

据规制对象的身份和职务，设定不同的限制性规范；英国则采取许可制，对公务员离职后特定从业予以事前审查；日本等多数国家则采取原则禁止、例外许可的方式。① 但我国旋转门条款并没有对规制方式进行明确规定，1993 年《国家公务员暂行条例》第 73 条规定务员辞职后两年内到与原机关有隶属关系的企业或者营利性的事业单位任职，须经原任免机关批准，类似于英国许可制模式，而 2005 年的《公务员法》第 102 条则采用美国式禁止模式。由于旋转门条款对规制方式规定的不确定，不利于旋转门条款的完善与发展。

第三，规制范围的模糊性。规制范围是旋转门条款的立法重点，但我国目前旋转门条款规制范围存在诸多问题，本处仅以《公务员法》第 102 条为重点进行分析。一方面，“原工作业务”的界定。第 102 条规定的“与原工作业务直接相关”范围较窄，可能会因为在离职前短时间变动工作而造成遗漏，难以实现旋转门条款的防治目的。另一方面，“营利性活动”的界定。第 102 条规定“不得从事与原工作业务直接相关的营利性活动”，其中“营利性活动”与非营利性活动的区分较难，而且弃政从商的公务员入职非营利组织从事非营利活动，也会存在滥用准公共权力，破坏公平竞争。

3. 违反“旋转门”条款的责任机制存在缺陷。

我国《公务员法》第 102 条和《刑法修正案（七）》对违法旋转门条款的责任制度有规定，但存在较大缺陷。第一，处罚力度较轻。《公务员法》第 102 条规定了违反旋转门条款应承担行政责任，但是离职公务员作为规制对象，仅在公务员主管部门责令限期改正，逾期不改正的情况下，由工商行政管理部门没收从业期间的违法所得，而接收单位却由工商部门根据情节轻重处以违法所得一倍以上五倍以下的罚款。《刑法修正案（七）》规定离职的公务员利用其原职权或地位，为他人获取不正当利益，可构成受贿罪，但是其比照受贿罪处罚的证据要求较高且适用范围小于违反旋转门条款涉及的领域。第二，缺少离职公务员从业情况报告义务及责任的规定。信息不对称是旋转门条款实施的关键，有关部门无从掌握公务员离职后的动向，难以实现有效地规制。②

（三）公务员“旋转门”腐败的低风险与高收益

公务员旋转门腐败的高收益与低风险是造成旋转门腐败的内在原因。旋转门腐败在法治政府建设存在空白地带，公务员制度安排有缺陷，法律制度不健全，违法成本低及旋转门腐败极具隐蔽性等多方面因素作用下，使公务员弃政从商进行灰色期权的风险和成本较低。此外，公务员的薪资待遇远低于公司高级管理者的各种待遇，并且公务员尤其是高官是各大公司竞相追逐的对象，公司会提供更为优厚的待遇。公务员面对低风险和高收益的旋转门腐败诱惑时，往往会抛弃公务员廉洁性要求，放手一搏。

---

① 闫海：《我国旋转门条款的反思与重构》，载《法治研究》2010 年第 1 期。

② 闫海：《我国旋转门条款的反思与重构》，载《法治研究》2010 年第 1 期。

（四）政府和公众对“旋转门”现象的认知存在偏差

政府在法治建设过程，偏重宏观法治政府建设，而忽视了对公务员廉洁性建设。政府在反腐建设过程中主要采取德治反腐，对公务员提出忠于职守、勤政为民、无私奉献、廉洁奉公等职业道德要求，极度缺乏法治化反腐的意识。① 公众对旋转门现象也存在一定的认识偏差。公众一般认为旋转门现象有利于公务员外流，可以打破公务员身份和职位的固定性，从而减少腐败发生的可能性。但公众忽视了现有公务员弃政从商“人走茶不凉”的现象，利用其离职后的准公共权力，进行钱权交易，从事极具隐蔽性的旋转门腐败。

三、法治政府建设中“旋转门”腐败的法律矫治措施

（一）加强弃政从商公务员的权力消磁

弃政从商公务员公权力的表面退出并不能消除实质上的腐败可能，而且产生了旋转门腐败这种新型腐败，因此，加强弃政从商公务员公权力消磁是减少旋转门腐败的重要法律矫治措施。对弃政从商公务员消除的主要方法是明确不同类型的公务员不同期限的任职冷冻期和任职类型限制，只有通过对公务员离职后竞业限制，才能使其所具有的准公权力慢慢褪去。

（二）进一步完善“旋转门”条款

完善我国“旋转门”条款最好的选择是制定专门的旋转门法。在旋转门法中，第一，要明确规定规制方式。我国旋转门法的规制方式可以借鉴日本式原则禁止、例外许可，即与原工作业务直接相关的职务性范围予以明确禁止规定，而对于地域性范围则采取许可方式。此外，经过许可也允许有关公务员离职后在相关国有企业、事业单位任职。第二，明晰规制限度。对要离职公务员“原工作业务”应为界定为现职和辞职前三年内担任过的其他职务。并且对离职公务员即将任职的岗位不应区分营利与非营利，一体予以限制，并加入许可方式以避免矫枉过正。第三，完善旋转门腐败的责任制度。要加大旋转门责任处罚力度，如可以规定有关部门有权没收离职公务员违反旋转门条款的违法所得，并视情节轻重处以一定的罚款，并适当地降低或取消离职后的待遇。接收单位明知相关人员违反旋转门条款，仍然接受任职的，应承担一定行政责任。此外，还可以增加离职公务员从业情况报告义务及责任相关规定。

---

① 蔡宝刚：《“旋转门”调控与法治化反腐——美国经验和中国借鉴》，载《法学》2010年第1期。

（三）推动"旋转门"现象中风险和收益的平衡

防止公务员旋转门腐败的根本措施是通过制度创新，平衡风险和收益的关系，即提高旋转门腐败的成本和风险，降低旋转门腐败的收益。一方面，积极推行依法治腐，完善旋转门立法，加大查腐治腐的力度，使旋转门腐败成为被查出概率极高，政治风险极大，经济成本极高，逃避受到法律制裁惩治的程度极小，个人及利益相关者的精神或名誉受到严重损害的行为。① 另一方面，可以采取逐步完善公务员薪酬和奖励制度，将公务员廉洁性作为薪酬和奖励制度的标准。此外，可以推行官员官邸制，切实使官员享受福利住房，提高廉洁的收益。

（四）加大宣传"旋转门"腐败的危害性

在建设法治政府过程中，政府应加强对旋转门腐败这种隐性权力腐败的认识和规制。在政府内部，对旋转门腐败现象和危害进行宣传和教育，做到旋转门腐败的事前预防。在社会公共领域，也要对公众进行旋转门腐败进行定期宣传，使公众对其旋转门现象有理性的认识，并形成全社会对旋转门腐败的事中和事后的有效监督。

（作者单位：武汉理工大学文法学院）

① 胡鞍钢，过勇：《公务员腐败成本——收益的经济学分析》，载《经济社会体制比较（双月刊）》2002 年第 4 期。

第二十四篇
论加强政府网站功能的制度保障

刘一纯　黄　晟

内容提要：政府网站具有信息公开、在线办事和互动交流三项基本功能，这既有规范性文件的依据，也有宪法原理的根据。发挥政府网站的功能是法治政府建设的必然要求，以制度保障政府网站功能发挥是法治的重要体现。有关政府网站的现有制度体现于一些政府文件，存在着文件约束力不足、缺乏关键机制和规范不统一等问题。应采取提升现有文件的效力层级、完善有关内容和重要机制、建立统一管理办法等措施来加强对政府网站功能的制度保障。

关键词：政府网站；功能；制度保障

早在2006年12月，国务院办公厅就指出："2006年1月1日中央政府门户网站正式开通，标志着由中央政府门户网站、国务院部门网站、地方各级人民政府及其部门网站组成的政府网站体系基本形成。"① 而据中国互联网络信息中心发布的统计报告，截至2010年底，我国拥有的政府域名总数已达64290个，县级以上政府机构的网站平均拥有率达到85%以上，我国已形成中央、省、市、县、乡五个层级的政府网站体系。②

政府网站成为各级政府及其部门发布政府信息、提供在线服务、与公众互动交流的重要平台和窗口，在提高行政效能、提升政府公信力等方面发挥了重要作用。随着各级政府网站的普遍开通，国务院办公厅先后发出了国办发〔2005〕31号、国办发〔2006〕61号、国办发〔2006〕104号和国办函〔2011〕40号等文件，对政府网站的建设和管理提出了明确具体的要求；一些省市政府也陆续制定了各自的政府网站《管理办法》，为政府网站建设和管理的规范化提供了一定的依据，同时也为政府网站功能的发挥提供了制度保障。然而，自政府网站体系基本形成以来，就一直存在着政府网站的基本功能没有得到充分的问题。笔者认为，在进一步推进法治政府建设的背景下，充分发挥政府网站的功能，首先要加强制度保障。

---

① 国办发〔2006〕104号《关于加强政府网站建设和管理工作意见》，http://www.gov.cn/gongbao/content/2007/content_521577.htm。

② 中国互联网络信息中心：《中国互联网络发展状况统计报告》，2011年1月[R/OL].(2011-01-19)]. http://www.ennie.net.en/dtygg/dtgg/201101/0110119328960192287.

一、政府网站的基本功能及其制度保障的意义

（一）政府网站功能的依据

1. 有关文件所定位的政府网站功能

从中央和各地关于政府网站的有关文件看，政府网站功能基本可以定位为：信息公开、在线办事和互动交流。国务院办公厅在2006年下发的国办发〔2006〕104号《关于加强政府网站建设和管理工作意见》（以下简称《意见》）中，将政府网站功能概括为发布政务信息、提供在线服务和与公众互动交流三项基本功能，并分别提出了各方面明确具体的规范。如针对信息公开功能，明确其应遵循“严格依法、全面真实、及时便民”的政务公开要求的原则，以有关规范性文件和国民经济统计数据、重大工作部署等重要信息、政府负责人简介、机构职能等概况信息、有关政府重点工作和公众关注的经济社会发展中的热点问题以及重大突发公共事件的政府权威信息为此功能的主要内容，应实行“编制信息公开目录，明确责任部门、公开范围及公开时限；制定信息分级分类管理办法”，并“建立健全信息采集、编辑、审核、发布、共享等方面的规章制度”。针对在线办事功能，除了提出应遵循的原则和应发挥的功能内容之外，还提出了应按照“一点受理、抄告相关、并联审批、限时反馈”、“前台一口受理、后台协同办理”的模式，以“在线申请受理、状态查询和结果反馈”的一站式服务，来发挥这一功能，并应通过开发利用教育、科技、文化、卫生、社会保障、公用事业等与公众生活密切相关的公益性信息资源，提供各类便民服务。对于互动交流功能，除明确了应遵循的原则之外，还提出了互动交流的具体方式方法。一些省市政府发布的政府网站管理办法也对政府网站功能进行了定位。例如，《湖南省政府网站管理办法》将政府网站功能阐述为：政府信息公开、网上办事服务和政民互动三项基本功能，并在随后的第三章“网站内容”中分别予以规范。《广东省政府网站管理办法》将政府网站功能界定为“信息公开、网上办事和网络问政”。因此，尽管部分地方政府网站管理办法中对其功能的表述存在差异，但阐述政府网站功能的相应内容也与前述《意见》基本一致。可见，“信息公开、在线办事和互动交流”作为政府网站的三大基本功能已经成为共识和惯例。

2. 政府网站功能的宪法原理

前述政府文件所确定的政府网站三项基本功能也是宪法原理的必然反映，是宪法对于各级政府的要求。国家的一切权力属于人民；各级各类国家机关依据人民的意志而建立，为人民服务是其活动宗旨；人民通过各种途径和形式行使权力，对国家机关及国家工作人员实行监督，行使公权力的行为应接受人民的监督，国家机关及国家工作人员负有自觉接受人民监督的宪法义务。① 这些是宪法的基本精神。《宪法》第41条更是明确

① 石毕凡：《诽谤、舆论监督权与宪法第41条的规范意旨》，载《浙江社会科学》2013年第4期。

具体地确认了公民对国家机关及其工作人员进行批评、建议、申诉、控告和检举的权利，这些从基本政治制度和公民权利的角度确立了阳光政府和服务政府的原则。在互联网时代，借助政府网站这个重要平台，政府及时公开有关行政活动信息，使公众能了解政府的运作情况，知晓行政权力行使的过程和结果，为公众对政府的有效监督提供了新的渠道；由于能够比较及时和方便地了解政府信息，掌握政府工作动态，民众不仅可以便捷地行使批评、建议、申诉、控告和检举的权利，还可以直接参与政府的社会管理，从而使民主的广度得到了极大的扩展；大量行政行为通过网络来处理，作为行政相对人的民众可以节省大量时间和精力，便捷地办理有关行政事务，不仅提高了政府的服务效率，也降低了各种成本。因此，政府网站的基本功能正是对宪法规定的落实，是阳光政府和服务政府的践行。

（二）政府网站功能制度保障的意义

1. 发挥政府网站功能是法治政府建设的必然要求

法治政府应当是透明政府，只有透明的政府才能让权力在阳光下运行，才能更好地接受社会监督，确保政府权力依法行使。因此，《国务院关于加强法治政府建设的意见》中指出，要“进一步加强电子政务建设，充分利用现代信息技术，建设好互联网信息服务平台和便民服务网络平台，方便人民群众通过互联网办事”。政府网站“信息公开、在线办事和互动交流”三项基本功能就是以互联网为平台加强和社会公众的联系，接受社会各界的监督，以提升政务透明度、政务效率和科学民主决策水平，为公众知情权、参与权以及监督权的行使提供了新的渠道；同时，因有了公众的知情、参与和监督，政府进一步提高了政务透明度和效率，减少了失误甚至过错。这样的良性机制符合法治的基本要义，从这个意义上说，政府网站的功能的发挥是推进法治政府建设的必然要求，也是符合信息化时代法治建设的潮流。

2. 以制度保障政府网站功能发挥是法治的重要体现

制度权威是现代法治的题中要义，它既是法治的核心构成，也是法治追求的重要目标。① 通过法律制度来保障政府网站功能的发挥与实现既是我国法治建设的迫切要求，也是法治政府的重要体现。因此，国务院办公厅在《关于印发2012年政府信息公开重点工作安排的通知》中明确指出，要“推进制度建设，提高工作质量与实效”，制定和完善《政府信息公开条例》实施办法，也就是国务院各部门和各省市地方的政府网站管理办法。因此，通过制定保障政府网站功能和信息公开的法律法规，以规范化的制度形式明确确立政府网站的各项职能，才能最大限度地实现“信息公开、在线办事和互动交流”，从而为保障公民的知情权、参与权和监督权提供新的、多样化的渠道。目前，《政府信息公开条例》、国务院办公厅下发的关于政府网站建设的一系列意见和各省市地方的政府网站管理办法等文件已经初步构成了我国规范政府网站的规范体系，这为保障我国各级政府网站功能的发挥和推进法治政府建设起到了一定的规范作用。因

① 黄龙：《制度权威的法治意蕴》，载《民主与科学》2004年第3期。

此，虽然这些文件不属于法律法规，尚不能被称为法律制度，但从这个意义上宽泛而言，也可以说是法治的一种体现。

二、政府网站功能相关制度的现实考察

（一）政府网站基本功能存在的问题

虽然政府网站的开通已近十年，然而，其基本功能还没有得到充分发挥。根据中国政府网站绩效评估的历年报告，截止到2012年，政府网站基本功能方面依旧存在着诸如信息公开不足、在线办事不便、互动交流有限等突出问题。

在信息公开方面，从2012年的绩效评估结果看，我国各级政府信息公开的总体水平仍然不足，涉及公众切身利益的、需要公众广泛知晓的诸多政府信息没有得到及时有效的公开。具体表现在三个方面：其一，多数政府网站未设立信息公开专栏，政府重点信息公开情况有待加强。数据显示，仅有20%的政府网站设置有重点信息公开专栏①，多数网站不能就三公经费、保障性住房分配政策等重点信息进行有效公布。其二，基层政务公开不足，公开内容粗略。目前，仍然有60%的地方政府网站尚未开展基层政务公开工作②，政务公开体系建设在基层的覆盖面较窄，所公开的内容还存在程序不规范、内容简单粗略等问题。其三，部分网站未能提供行政权力运行状况。仅有部分政府网站能够细化、量化行政裁量基准，公开裁量范围、种类和幅度。

在在线办事方面，2012年中国政府网站绩效评估结果显示，49%的政府网站实用性不够，主要体现在服务栏目无内容、深度服务缺失、办事指南不规范、服务机构与实际不符、收费标准不准确、服务无法访问、服务标准规范较差等方面。③ 多数政府网站的服务资源仍不够实用，不能为用户办事提供有效实用的信息，只有不到20%的地方政府网站能够为用户提供较为实用的服务资源。④ 政府网站实用性低，直接导致公众无法及时有效地通过政府网站了解和获取所需要的信息服务资源，也就不能达到“及时便民”的政务公开要求。

在互动交流方面，仍有一部分政府网站缺乏有效的公众参与渠道，一些政府网站设置的互动栏目实为“挂羊头卖狗肉”，缺少实质性互动内容，无法保障公众意见和建议得到及时处理与反馈。2012年的政府网站绩效评估数据显示，部分政府网站特别是区县级网站互动交流情况相对较差，大多数网站未提供民意征集和在线访谈渠道，且互动

---

① 中国软件测评中心：《2012年中国政府绩效评估》，2012年12月[R/OL]. (2012-12-05). http://www.cstc.org.cn/zhuanti/fbh2012/zbg1/3.6.2.html.

② 中国软件测评中心：《2012年中国政府绩效评估》，2012年12月[R/OL]. (2012-12-05). http://www.cstc.org.cn/zhuanti/fbh2012/zbg1/3.6.2.html.

③ 林莉君：《我国政府网站存在四大问题》，载《科技日报》，2012年12月11日第5版。

④ 中国软件测评中心：《2012年中国政府绩效评估》，2012年12月[R/OL]. (2012-12-05). http://www.cstc.org.cn/zhuanti/fbh2012/zbg1/3.6.2.html.

答复质量低、民意征集和实时交流访谈效果不明显。公众不能参与有效的互动，政府网站就不能真正在政府和社会公众之间起到“桥梁”或者“纽带”的作用，这就无法体现政府网站为民服务的功能定位。缺乏有效的互动，公众意见和建议就无法得到及时处理与反馈，政府也不能通过网络广泛听取与吸纳公众意见，这势必对一些重大问题的科学决策产生一定的消极影响，也不利于政府工作的改进与优化。

（二）有关政府网站的政府文件

政府网站功能的发挥需要制度加以保障和规制，前述现实问题的存在与我国目前对政府网站的制度保障不足不无关联。目前我国直接规定了政府网站功能及相关问题的制度主要体现于国务院办公厅文件和一些地方省市政府的政府网站管理办法。从法治政府建设要求的角度来看，这是完全不能适应的。问题主要表现在：

其一，效力十分有限。除了2008年颁布实施的《政府信息公开条例》的个别条款涉及政府网站外，直接对政府网站这一对象加以规范的首先是国务院办公厅下发的几个文件，分别是2005年6月的《国务院办公厅关于做好中央政府门户网站内容保障工作的意见》(国办发〔2005〕31号)、2006年9月的《关于进一步做好中央政府门户网站内容保障工作的意见》(国办发〔2006〕61号)、2006年12月的《关于加强政府网站建设和管理工作的意见》(国办发〔2006〕104号）和2011年4月的《国务院办公厅关于进一步加强政府网站管理工作的通知》(国办函〔2011〕40号)，其次就是一些省市颁布政府网站管理办法。前者即国务院办公厅下发的文件，且不说其内容上缺乏作为规范应有的要素，仅从形式上看，由于发文主体作为国务院内部机构，不是《立法法》所确立的有权制定法律、法规、规章以及规范性文件的主体，其所制定的文件只对国务院各部门、地方各级行政机关及其公务员有约束力，而后者中，有的属于地方政府行政规章，有的连政府规章都算不上，其效力和权威以及影响力十分有限。因此，理论上讲，这些文件是难以达到法律法规的运行效果的，对于政府网站功能的保障作用也极其有限。

其二，缺乏关键机制。一是缺乏追责机制。要有效保障政府网站功能的发挥，除了确立有关基本原则、提出有关具体要求乃至规定方式方法等之外，最重要的是需要建立责任追究机制，通过追究责任的机制来实现有效的规范和制度保障作用。而就目前的有关文件而言，在中央层面上，国务院办公厅的文件只提出了“谁主管谁负责、谁运行谁负责”的要求，并没有明确具体的责任追究机制；在地方层面上，仅有部分地区如天津、湖南、江西、安徽等地在当地的政府网站管理办法中专章阐述了责任追究机制，还有一些地区欠缺规定或者表述不明确。二是缺乏监督机制。要充分发挥政府网站的三项基本功能，还需要相应建立监督机制。在目前的文件一般只规定了政府网站的主管部门，而关于监督方面的内容，如监督的责任主体及其权限问题、监督的范围、方式及后果问题等，完全没有涉及。由于缺少监督机制，政府网站是否落实了国务院办公厅的有关文件？是不是按照各省市的管理办法操作的？由谁和怎样去督促落实和遵守？问题和答案都飘在风中，政府网站的运行质量就只好依赖于领导的认识和意愿以及工作人员的敬业态度和认真精神这些不确定、靠不住的东西。

其三，管理未能统一。大多数省市的政府网站管理办法文本在体例上采取“总分”的结构形式，开篇设有总则，末尾设置有附则。从内容上看，总则部分基本上阐述本规章的制定目的、适用范围、遵循原则以及相关基本概念；分则作为主体内容对网站内容、运行管理和维护以及考核机制等方面进行规范；最后的附则则规定了执行日期等具体事项。但分地区规范的结构形式、内容机制等方面还存在着不统一、不一致的地方。以海南省为例，该省于2006年出台的《海南省人民政府门户网站管理办法》，在结构形式上未采取通行的总分式结构，条理不够清晰，重点不够突出。在内容上，首先该管理办法仅以省级政府门户网站为主要规范对象，涵盖面和适用性相对较窄；其次，该管理办法对有些内容规定得较简单，有些内容诸如运行维护等方面还规定得过少甚至是空白。不利于实现各地的政务信息共享和业务协同，也不利于社会公众准确定位有效的服务信息。

三、政府网站功能制度保障的加强

政府网站是各级政府在互联网发布政务信息、提供在线服务、进行互动交流的重要平台。在法治的要求下，要充分发挥政府网站应有的功能，首先要加强其制度保障。可以通过提升现有文件的效力层级，完善相关机制和内容，统一网站的规范化管理制度等措施来加强政府网站基本功能的制度保障。

（一）提升有关文件的层级

在宪法之下，属于我国法律渊源、具有法律效力的规范依次包括法律、行政法规、地方性法规、部门规章等层次。就此而言，国务院办公厅下发的几个“意见”均不属于上述几个有法律效力的文件，只是中央政府对内有效的文件，并不具备法律效力，无法达到有效保障政府网站功能的作用。同时，“意见”的规定相对比较原则，具体操作性还不强，无法分别针对政府网站“信息公开、在线办事和互动交流”三大基本功能作出有区别的规制，使其功效发挥到最大。目前，急需加快政府网站规定的立法进程，至少由国务院以行政法规的形式将现行的“意见”、“通知”等上升为具有法律约束力的规范，通过规范中所建立的制度来明确规定政府网站运作的权限、原则、标准、内容、方式等问题，为充分实现政府网站的功能提供制度依据。

（二）统一地方管理办法

统一地方管理办法并不是指由中央制定统一的政府网站管理办法，而是指各省市的管理办法要体现出对国务院有关行政法规所确立的制度及其原则等的共同遵循，对一些最基本最重要的问题以相同内容和表述显示出相同的管理规定，从而使各地的管理办法得到统一。从法治的统一性要求看，政府网站管理办法的统一符合我国法制统一的要求，也有利于通过统一性来显示政府网站的独特性，进而强化其权威性。为此，各地的政府网站管理办法要以宪法、法律为指导，将《政府信息公开条例》等有关法律法规的原则和精神落实到位；要综合考量各地的实际情况，在适当创新形式，使管理办法体现本地特色从而更好地为本地群众服务的同时，以国务院行政法规及其他相关规范性文件为依据，对各自的管理办法进行修改完善。比如，统一的管理办法可以首先实现政府网站在外观标识上的统一，就像目前我国各地的派出所的外观标识统一为在警察蓝底上白色字书写的派出所名称和警徽组成一样，让网民从纷纭繁复的网站中一眼就能确定其是正规的政府网站；其次是要在一些基本栏目和内容上统一起来，将一些栏目和内容作为政府网站的必备项，并统一其版式等形式；最后，在信息更新时限、在线办事期日和互动交流的及时性等方面也应该做到有统一要求。

（三）完善相关内容和重要机制

对于政府网站的三项基本功能，在制度的制定过程中应当就相关内容和有关机制分别予以完善。针对信息公开功能，管理规范不仅要确定公开信息的范围和类型，还要明确政府信息公开与保密的原则和标准，将建立健全政府信息公开目录作为一项基本要求在规范中予以明确。针对在线办事功能，主要是在管理规范中明确规定办事程序，根据办理项目、难易程度、审批机关不同而规定并明确不同事项的办事程序①。针对互动交流功能，则要在制度中明确或者规定公众意见处理的责任主体、预期效果、处理时限等具体要求，促使政府能够及时获知并处理公众意见，使之形成良好的政民互动。在制度中还应当建立责任追究机制，对违反规定的情形予以惩戒；要建立监督机制，对政府网站的实际运行进行监督，通过这些重要机制的运行，保障政府网站基本功能得到充分实现。

（作者单位：华中师范大学法学院）

① 陈小筑：《中国政府网站建设与应用》，人民出版社2006年版，第123～124页。

第二十五篇
行政法治的前提：公民社会的崛起

周　文

内容提要：我国已经初步形成较为完整的行政法体系，但是行政法治现状仍然不尽如人意。本文从行政法治的前提入手，结合西方国家经验与教训，分析得出公民社会的崛起对行政法治的重大意义，进而从政府定位与行政法角度提出促进我国公民社会崛起的途径。

关键词：行政法治；公民社会；政府定位

一、对中国行政法治的现状描述及反思

（一）现状：制度繁荣背后的窘况

从1989年《行政诉讼法》颁布起，中国的行政法体系一步步得以完善。《国家赔偿法》、《行政处罚法》、《行政复议法》、《立法法》、《行政许可法》、《公务员法》、《治安管理处罚法》、《行政强制法》等相继出台。《行政程序法》也将呼之即出，不可否认，以制度建设为起点我国的行政法治建设取得了巨大的成就，行政法部门法的出台逐步唤起了整个社会的法治观念，公民权利意识和自主意识开始苏醒，公民权至上、有限政府、责任政府、阳光下的政府等行政法治理念轮廓逐步清晰、深入人心，政府也开始自觉贯彻落实依法行政。然而中国行政法治并没有伴随部门法颁布的繁荣景象而逐步实现，这些法律并没有实现我们在其出台时对其赋予的高期望。《行政诉讼法》实施过程中的“三不现象”，《国家赔偿法》被称为“国家不赔法”，《立法法》的出台也不能够解决行政机关越权立法、抢占权力的情况，部门之间混乱的关系未能理清，“麻旦旦案件”、“900车主状告保监局案”、“陈超诉劳动教养委员会案”等行政蛮横执法、随意执法、漠视公民权益现象的不断出现时刻地拷问着我们的行政执法现状。制度繁荣的背后我们不得不面对和承认行政法治发展的窘况，制度的繁荣没有带来行政法治的良好实现，现实与理想，制度与现实之间相去甚远，无法保持一种良性的互动。

（二）反思：呼唤公民社会的崛起

尽管中国的行政法治建设从一开始就致力于填补立法空白，逐步完善行政法制体

系，但是这些努力都是一种精英作业，尽管这种努力也尝试着回应社会的需求，但是由于公民社会的缺乏，公民参与的有限性，公民意愿的表达是非常的有限的。所以立法很少能够很好地兼顾社会的需求，从而实现与社会的良好对接。其次，公民社会的缺位，导致有效制约行政权力外部机制的残缺，无法实现对于行政权力的有效制约。因为行政机关自觉守法的几率是极其微小的，而且很多时候的制度也是由行政机关自行确立的。所以，除了设置有关的制度确保行政权能够自行守法，构建一个完善的外部机制对于确保行政法治的实现也尤为重要。这个外部机制是由司法的力量、社会的力量共同构建的。而一个强势的公民社会的存在则是构建这一有效的外部机制的重要因素。同时，公民社会的缺位导致我国的政府转型遭遇困难，行政负担加重，无法实现新的社会环境下行政法治的目标。所以对于中国的行政法治而言，也许今天的窘况是众多因素共同作用的结果，但公民社会力量的缺位是一个不容忽视的重要原因，中国的行政法治建设呼吁中国公民社会的崛起。

二、公民社会的概念

对于西方学界理论中的“civil society”，国内有学者将其译为市民社会，有学者将其译为公民社会，在经历了一系列的学术争议后，逐步得出了一些共识，即这两种译法之间并不存在根本的矛盾，不论是公民社会还是市民社会，都是区别于国家与个体的一个公共领域，二者的区别仅仅在于前者强调的是其经济属性，而后者强调的是其政治属性、自治属性。

国家与社会的分离导致了社会中作为个体的人同时具备了市民与公民双重角色，并以基本权利和公民权的形式予以体现。首先，国家与社会分离，产生了一个免予国家权力干预的领域——市场，“市民”角色由此诞生。“市民”相信作为“经济理性人”的个人完全可以在民事领域中通过契约的履行实现自身利益的最大化，所以国家只拥有制定法律以保护市场外部秩序，为私人契约履行提供条件和保护的权力。国家服务于个体，除了不得干预其自由外，更为重要的是要对个体的需求作出回应。所以个体必须享有表达其意愿的相关权利和渠道，向国家反映其利益诉求并要求国家作出恰当的回应。这时个体将以“公民”的角色出现，公民通过行使其选举权、表达权、监督权等政治权利，作为平等的个体参与国家的民主决策过程和政治生活。当个人的力量显得孱弱时，个体通过行使结社自由权，通过自治组织，非政府公益组织等将个人组合为超个人的集体，将共同的个体利益整合为更具说服力和博弈能力的集体意识，寻求在国家层面得到充分实现，从而为更好地追求权利的自我实现提供了渠道。

哈贝马斯曾经指出：“私人自主与公共自主之间互为前提。民主与法治国家之间的内在联系在于：一方面，公民要想恰当地使用他们的公共自主，就必须在私人自主的基础上保持充分的独立；另一方面，公民如果想要享受私人自主，他们就必须恰当地运用他们的公共自主。所以说，自由基本权利与政治权利是密不可分的。”① 个人想要获得

① ［德］哈贝马斯：《后民族结构》，曹卫东译，上海人民出版社 2002 年版，第 137～138 页。

充分、良好的发展，“市民”和“公民”的角色对于其而言都显得十分重要。“市民”角色适用于平等的市场领域，其强调个体之间的平等博弈和对于国家的消极防卫权，而“公民”角色适用于政治场域，强调对于国家政治生活的参与和利益表达，是对国家的积极促进权。不论“市民社会”还是“公民社会”都是一个独立于国家，免受国家干预并以塑造“有限、有效”的国家为目标的公共领域，区别仅仅在于处于其中的个体行使的权利是基本权利还是公民权。

公民社会成为联结公民与政治国家两极之间的中介，公民通过积极行使享有的政治权利参与到国家政治决策与管理中，其所结成的各种利益团体以帮助政府预备法律草案，推动议会决议，利用其所具备的专业知识帮助政府具体决策等方式使得其所代表的利益得以发出声音并与其他平行的利益竞争博弈。所以有学者指出：“公民社会的建设乃是宪政建设的基础。”① 尽管目前有关公民社会的定义见仁见智，众说纷纭，但它所表达的比较公认的核心思想是：它是介于国家与家庭之间的一个中介性社团领域，这一领域由同国家相分离的组织所占据，这些组织在同国家的关系上享有自主权并由社会成员自愿结合而形成，旨在保护或增进他们的利益或价值。其实践指向在于，强调公民的政治参与以及公民对国家公权力的监督和制约，亦即强调独立主体的政治与社会权利。

三、西方行政法治建设历程的回顾与反思

公民社会的概念逐步得以明晰，在对其概念的梳理中也许不难窥见公民社会对于行政法治所具有作用的基本轮廓。但这样的讨论并不足以说明公民社会与行政法治之间深刻的联系的，在强调公民社会的重要性上说服力是极其有限的，必须进一步寻求二者的联系所在。在对于美国和二战前德国行政法治发展的历程的回顾中，我们更容易发现公民社会在法治建设中所发挥的重要作用，并最终更为清晰地梳理出公民社会与行政法治之间的联系所在。

（一）美国经验

有人说，美国是幸运的，在没有经历任何大的动荡的前提下就成功地构建了一个法治国家，从建国之日起，一个足够成熟的公民社会就得以形成。正如一位历史学家对美国社会所进行的评价：“英裔美国人本来已经开化，来到新大陆后又继续繁衍子孙，尽管年年迁往内地的荒野定居，但他们也把原有的知识带来，并继续尊重知识，因此美国社会没有摇篮时期，他在建立时就已经是成年。”② 即美国坐享了英国资产阶级革命的胜利成果，建国就具备了宪政思潮弥漫于整个社会这一天生的优势。英国清教徒的主力其实一直是该社会的中产阶级，他们基本上受过良好的教育，所以当他们踏上北美大陆

① 范亚峰：《百年中国宪政经验论》，http：//www. gongfa. com /bainian. htm，最后访问时间：2007 年 7 月 16 日。

② ［法］托克维尔：《论美国的民主》，董果良译，商务印书馆 1996 年版，第 351 页。

时都带着良好的秩序和道德因素，这实际上就蕴含了深厚的法制理念，也为其创制良好法制提供了智识支持。由于这样的特殊背景，使得美洲大陆的移民对于不平等的贵族制度和无秩序有一种天生的排斥，并且努力创制制度防止这种现象的出现。他们深知财产是这个社会一切不平等的根源，所以各州基本上废除英国的继承制度，限制继承法已被默认的财产的自由流通所取代。另外，继承法在这块领土上的实施，使得在法律规定平分遗产的社会，土地集中在少部分人手中的几率大大降低，从而最终在作为一切平等基础的财产上平等的实现。① 财产和学识上的平等，这就使得美国社会出现独裁权威的可能性大大降低，因为人人平等，谁也不比谁高，所以个人所真正信服的只有自己，认为只有自己的理性才具有正当性。这就无形当中，增强了美国国民的参与意识和热情，增强了制度理性在美国社会的说服力，这些都是法治建设所不可或缺的核心因素。②

个体间平等地位的获得是美国公民社会得以形成的前提。但是更为重要的是，美国公民的政治参与意识和能力来自于实践的磨炼。统治美国的那些伟大的政治原则实际是先在各州的政治实践中产生和发展起来的，而这种发展与公民社会的努力不无关系。其实在独立战争之前，作为宗主国的英国就允许各州在除外交以外的所有事物上实行自治，在独立战争爆发以前，大多数殖民地已经实行了数代人的自治。更为重要的是这种自治是乡镇、县、州三级的自下而上地实现自治，乡镇是自由人民的力量所在，是将自由的概念带给人民，教导人们安享自由和学会让自由为他们服务的最重要的阵地。正如托克维尔所言，实际上，在美国社会中，“美国人是通过参加立法活动而学会法律，通过参加管理工作来掌握政府的组织形式，社会的主要工作每天都是在他们的监视下甚至可以说是通过他们的手来完成的”。③ 一个成熟的公民社会基本上在美国建国初期就得以确立，公民的声音总是能够为统治者所听到并接受。制度本身就是在公民社会的推进下得以形成的，民众对于制度的实施不存在心理障碍，社会也就有了充分的动力来维护这种制度的稳定性。加上民主制度的落实使得公民社会禁止统治者朝令夕改成为可能，制度得以在社会生活中生根。制度的稳定实施又使民主的社会环境得以强化，为进一步产生良好的制度营造了更为优良的社会环境，在这样的良性循环中，美国的行政法治得以不断前行。

（二）德国教训

与美国不同，“二战”前的德国的行政法治建设并没有在人民主权的思想的指导下进行。行政法萌芽时的德国仍在实行君主立宪制，提倡主权在民会抵触国家当权者的利益，德国公法学者基于对法国大革命后的暴民政治的排斥，对于公民社会的成长一直处于漠视甚至是抵制的态度。对人民主权观念的淡漠，对公民政治自由的限制，以及长期处于专治统治之中的社会现实，使得德国人民没有成为成熟的政治民族，缺乏能够对国

① ［法］托克维尔：《论美国的民主》，董果良译，商务印书馆1996年版，第55～57页。

② ［法］托克维尔：《论美国的民主》，董果良译，商务印书馆1996年版，第2、3章。

③ ［法］托克维尔：《论美国的民主》，董果良译，商务印书馆1996年版，第353页。

家权力形成制衡的强势的公民社会，使得国家无法接受民主，全社会自然无法形成稳固的基本权利价值观。公民社会没有成长起来，国家主导法治的发展成为必然，从而导致德国的行政法治呈现出与美国相异的自上而下的发展逻辑。自上而下的发展路径缺乏人民主权理论作为支撑，从而导致了对于法律的司法审查也就不具正当性。国家的立法权成为脱离了任何力量拘束的“脱缰的野马”，随着法律的工具价值论盛行，国家可借公益的名义制定损害基本人权的法律。在这样的法律统治之下，公民基本权利与自由长期遭到漠视，宪政意识在社会中处于长期缺位的状态，法治建设只关心如何使行政机关严格遵循法律，而不关心法律的内容，成为了形式意义上的法治建设，法律距离正义越来越远，最终导致了纳粹上台后“恶法之治”的推行。

四、公民社会对于行政法治的意义

回顾美国行政法治的成功经验以及反思二战前德国法治建设的失败为我们开具了一副良方：所谓的善法必须是符合社会需求的法，是公民权益的实现。所以公民的利益诉求得以充分、合理的表达，社会具备与国家相博弈、制约国家的能力是善法之治得以产生、良好行政得以实现的必要前提。

首先，公民社会是公民与政治国家之间的连接器和矛盾缓冲器，有利于社会秩序的维护、节约治理成本。公民社会在公民与政治国家之间架起了对话的通道，为公民的利益表达提供了形式与渠道，保障公民利益的畅通表达。其次，公民社会构成了对国家权力的重要制衡力量，能够确保国家权力不被滥用，达到维护人民权益的目的。为维护自身的独立和利益，公民社会必然要求对国家权力进行有效的制约。很早以前就有人指出了制约权力最有效的方式就是“以权力制约权力”。这种制约除了建立在国家权力层面的三权分立基础上的权力制衡，对公共权力的制约还有另外一种重要的有效方式，即“以社会权力制约国家权力”。社会权力实际上就是作为国家主人的人民以公民社会为媒介，通过行使自己享有的监督权、批评权、建议权以及选举权等，借由公民社会的集体力量与政治国家抗衡，从而迫使国家守法的一种权力。

公民社会是以公民权利实现为存立动因的，它所有的行为动机都在于确保国家权力的运行能够促进公民权利的实现，一个成熟的公民社会的存在不仅仅能够防止政府权力滥用，还能够辅助、敦促政府完成不断扩展的社会责任，行政法治所不断追寻的良好行政在其推动下，逐步得以实现。

五、如何培育中国的公民社会

（一）中国公民社会的现状：孱弱的政府主导型的公民社会

近些年，尽管大量的社会自治组织出现，但是我们总是很无奈地发现：这些社团、民间组织体现出对政府强大的依赖，很多时候不仅没有代表其成员实现其利益索求，反而充当起政府利益的代言人。北京市出租车涨价过程中，其行业协会就毫不犹豫地站在了政府一边，与司机们反对涨价，要求降价的利益索求完全背道而驰。妇联、共青团、村委会、居委会等这些本应该为服务于其成员利益的社会自治组织却与政府之间有着密切的联系，甚至被贴上"政府部门"的标签。所以，中国的公民社会尽管已经出现，但并没有发挥其对于行政法治应有的作用，导致我国的行政法治遭遇现实与理想之间巨大差距的窘况。原因何在？事实上中国公民社会目前显示出的尚不具备非政府性、非营利性、自治性和志愿性等公民社会所应该具备的基本特征，从根本上说是因为其是一种典型的"政府主导型的公民社会"。这种政府主导型公民社会享有的自治性、独立性是极其有限的，也就不可能具备有效监督行政机关依法行政，推进行政法治发展的能力，甚至一旦国家权力稍有所扩张，这样的公民社会就有被吞噬的危险。

（二）中国公民社会发展的关键：政府定位

上文指出，对于中国的公民社会而言，"政府主导"是其最为显著的特征，所以文章的落脚必然会回到型塑成熟的公民社会中政府的角色应该是如何的。市场经济的改革对于个体权利意识，公民精神的唤醒，注定了中国社会必然要向成熟的公民社会转变。这种必然将政府置于一个非常纠结的矛盾立场：一方面，政府出于稳定政权的考虑，仍然对于公民社会的过度强大所可能带来的反政府主义、无政府主义保持最为高度的警惕，所以对于社会自治力量的发展持保留甚至反对的态度；另一方面，政府也认识到一个成熟的公民社会其实是有助于其良好行政的实现的，甚至是不可或缺的，各种社会自治组织如果能够在良好的制度环境中生长，能够发挥政府智囊、监督者、公务助手和与公民沟通桥梁的重要作用，帮助政府减少腐败，实现良好行政，缓和社会矛盾，完成对社会的生存照顾任务。面对这样的两难，政府应该如何选择？笔者认为，对于政府而言，面对即将崛起的公民社会，其能够做的就是顺应历史发展的潮流，在承认其必然性的前提下，为公民社会的成长提供良好的外部环境。尽管成熟的公民社会的崛起，总是意味着时刻有一股力量在不断地揭露政府统治的伤疤，会对政府统治的合法性带来不利影响，但这种影响事实上是短期的，是一个帮助政府排毒的过程。

（三）促进中国成熟公民社会的崛起：在行政法的制度框架内寻求出路

行政法的目的在于为行政行为提供指导，在制度范围内回答实现行政法治的过程中政府应该如何做的问题。因此笔者期望在行政法的框架内，从制度角度探索能够促进中国公民社会得以成长、壮大的路径所在。笔者认为，从行政法角度看，促进中国公民社会的成长，需要从以下几个方面努力：

首先，应该重视行政民主化发展，为行政相对人参与行政管理过程创造制度保障，确保公民意愿表达的顺畅性和有效性。我国的行政民主化建设应该关注以下几方面的问题：第一，普遍推行行政公开，确立政务信息公开原则；第二，建立相关的制度确保行政机关对于公民的意见予以充分的重视，从而确保公民享有的建议权、听证权能够得到确实的实现和落实，如政府对公民意见的强制反馈制度的建立，案卷排他制度的建立；

第三，为公民意见的表达提供畅通的渠道，为各种利益的博弈提供必要的制度场域，如行政立法过程中公民的参与制度。

其次，完善行政诉讼制度，确保公民诉权得以充分的行使。目前中国的行政诉讼制度，如前文所述，由于产生过程中强烈的国家主义的功利色彩，立法目的和制度设置上都具有很大的模糊性。这样的制度设置不仅无法很好地监督行政机关依法行政，相反，很大程度上限制了公民诉权的行使和司法机关权力实施，所以我国的行政诉讼制度急待改进，受案范围，原告资格、审查标准必须予以必要的扩大，以确保公民诉权行使的顺畅，为公民社会的发展奠定基础，实现司法对行政的有效制约。另外，公益诉讼制度的建立也成为我国行政诉讼必须面对的一个问题，这一制度的建立除了是回应社会发展的需求，从公民社会的角度理解，该制度的建立能够提升公民的社会责任感，社会事务的参与意识，有助于培养公民的政治热情。

另外，顺应权力社会化的发展潮流，为社会中介组织、行业组织及其他社会自治组织、利益团体的发展提供制度保障，规范其发展。我们一方面要鼓励、促进社会力量的崛起，为各种自治组织、利益团体的成长提供良好的制度环境，减少对社团组织设立的制度障碍，加强公私合作，为社会力量的发展创造宽松的发展环境；另一方面，也必须加强对社会组织的监管，引导其向正确的方向发展，确立这些组织的违法责任机制，借助有关制度明晰社会组织的责任问题，为其违法侵权行为提供救济机制。

六、结　　语

任何一国的行政法治的实现都离不开成熟的公民社会的推进，但“政府主导、社会缺位”是中国行政法治发展最为显著的特征，这一特征也成为备受指责的中国社会缺乏宪政文化的证据之一，成为中国行政法治发展遭遇瓶颈的原因所在。但是中国的公民社会已经存在。尽管仍然十分孱弱，仍然不够强大，但是，中国的公民社会走向成熟已经成为一种必然，最终崛起的公民社会将帮助政府实现依法行政，成为推进行政法治建设进程的重要力量。

（作者单位：中南财经政法大学法学院）

第二十六篇
论美国公民对警察执法活动的监督与制约

唐杏湘

内容提要：为了加强对警察不正当执法行为的监督，克服警察内部监督机制缺乏公信力的缺陷，美国近20年来都着重发展公民对警察执法活动的监督制度，所以，充分发挥公民的监督作用警察执法监督体系的一个突出特点。美国目前主要设立两种不同模式的公民监督组织，对警察的整体执法活动和涉及个别警察的不正当行为的投诉案进行外部监督。另外，通过支持其他公民社团自发参与监督，设立活动日等形式来提高公民参与监督的积极性。这些做法都值得我国进行研究和借鉴。

关键词：公民审查委员会；警察局法律顾问委员会；公民社团

一、美国重视公民监督警察执法活动的成因分析

"一切有权力的人都容易滥用权力"这是孟德斯鸠的名言。警察机关作为国家机关的一个组成部分，掌握有广泛的公共权力。如果警察不能依法正当行使职权，必将会侵犯公民的权利，引发公众对执法机构的不信任危机爆发，而且政府还会因为警察的不正当行为承担不必要的赔偿金额，比如说纽约市政府，近10年来总共花费10亿美元对因警察的违法或不当行为的受害者进行国家赔偿①，这使得政府不能把有限的资源全部地投入到改善民生生活中。因此，如何对警察权力进行有效的监督和制约，一直是美国重点关注的问题。从美国长期的实践做法来看，重视公民监督，充分发挥公民监督的作用是美国近20年来警察执法监督系统一个长久的特点，而美国之所以会形成这一特点，主要源于对警察机关内部自我监察组织的公正性不信任。

在美国，为了保证警察的执法能得到有效的展开，立法机关鉴于在立法时不能全面地预见警察执法时所面临的形势，所以立法赋予警察拥有广泛的自由裁量权。但是立法对警察的自由裁量权规定过于模糊，在执法实践中极容易为警察的不正当执法行为提供条件，导致发生了很多警察过度行使自由裁量权而出现了大量的不正当执法行为，主要表现为虚假供述，错误逮捕，伪造证据，非法拘禁，恫吓，威胁，警察暴力，警察腐败，政治镇压，种族歧视，性虐待，滥用监视权，恶意起诉，过度使用武力，对其他警

① 林荫：《纽约警察头上紧箍咒多》，载《文汇报》2010年7月5日。

察的不当行为不干预，非工作时间的不当行为等①。当这些不当行为发生后，必然会有公民的利益受到损害。利益受到侵害的公民自然会进行投诉。对于这些投诉，虽然在警察机关内部也设有专门监察机关来处理，但是由于这些监察机构的组成人员与受投诉的警察都属于同一系统内部的成员，因此，这种内部监察决定的公正性并不容易得到公众承认，经常受质疑，甚至还可能引起公众的游行示威抗议，使警民关系日趋紧张。如2012年3月27日，加利福尼亚州洛杉矶市，上百位美国市民身着连帽衫在市政厅前为遇害的无辜黑人少年特雷沃恩·马丁摇旗呐喊，寻求正义。因为在佛罗里达州白人协警乔治·齐默尔曼开枪杀死马丁后，警察当局起初以自我防卫为由拒绝对齐默尔曼实施逮捕，遭到美国各地游行抗议②。可见，仅仅依靠警察内部的监督机关来对警察的不当行为进行制约，是难以让公众信服的。

因此，只有加强警察机关的外部监督机制，才能消除这一弊病。于是，加强公民对警察不正当行为的监督，建立和完善公民对警察不当行为的制约机制，就是一种理想的选择。因为公民监督这种方式与警察内部自我监督方式相比，公民监督具有很多优势。首先，公民监督具有主体广泛性的特点。主体广泛性是指参与监督警察执法的主体人数众多，即一国之内的全体公民都可参与监督警察执法的活动，这使得警察的执法行为无时无刻都处于被监督的范围，减少了警察不正当执法的机会。其次，公民监督具有灵活性。即公民进行监督的时候，可以不受时间、地点、空间限制，只要公民愿意，随时随地都可以对警察任何执法活动进行监督。而且监督的方式也比较灵活，只要不违法，公民可以采取任何一种最便利的方式进行监督，而不必拘泥于某法定形式和法定程序，提高了监督者的监督积极性。再次，公民监督具有经常性，即公民的监督活动是可以持续进行的，是长时间进行的，而不是一次性的监督，或者短时间内的监督。只要公民愿意，可以就某个执法行为和某些执法行为进行多次的监督，从而促使警察能够做到公正执法。由于具备这些特点，公民监督被认为是一种有效的外部监督警察执法活动的方式，它能提高公民对警察正当执法的信心，有利于缓解警民之间的紧张关系。为此，近20年来，美国一直重视发展公民监督警察执法的制约机制的建设，为其他国家建立和完善本国公民监督制度提供了一些值得借鉴的经验和做法。

二、美国公民监督警察执法行为的方式

从美国实践中的做法来看，美国公民对警察活动进行监督的方式主要有三种：

（一）建立官方认可的公民监督机构，这是公民监督采用的最主要方式

目前，在美国主要存在两种不同的公民监督机构模式。一种模式是成立由全职雇员

① 崔海英：《美国警察不正当行为及其对策解读》，载《政法学刊》2011年第5期。

② 萨拉·玛丽亚·格拉诺夫斯基：《“拦截搜身”政策首次被判违宪背后——被盘查的美国黑人青年》，载《凤凰周刊》2013年第25期。

组成的警察局法律顾问委员会（Civilian Advisory Boards），这是一个监督警察行为的独立机构，该审查模式由洛杉矶县警察局（Los Angeles Sheriff's Department）在1993年所创建。它起源于1991年黑人罗德尼·金（Rodney King）事件。罗德尼因醉驾疯狂飙车，在讯问的过程中被四名白人警察殴打而引发了洛杉矶黑人大暴动①这一悲剧性事件之后，洛杉矶县行政管理委员会和警察局对警察部门的工作进行了审视，着重检查了几方面问题，如涉及警员的枪击、使用暴力、问题警员、警员培训、警察部门内部的风气，以及建立更有效的公众问责制的必要性等。审视结果报告建议建立永久性的公民监督机制来加强公众问责制，包括建立一个监督警察行为的独立机构。于是洛杉矶县警察局成立了被许多专家认为是现行最为有效的公民监督警察的机制——警察局特别法律顾问委员会②。它的主要作用是针对警察局的常规工作，如使用强力、针对警察部门的诉讼、警察局内部人事问题、地方派出所管理等问题进行监督，着重找出造成问题的原因，并通过采用公开监督报告和提出合理化建议的形式促进警察工作的完善，促进和监督警察机关制定符合本地特点的执行规则，使得警察的执法更为人性化。

另一种模式是公民审查委员会（Citizen Review Boards）。这一公民监督机构的成员主要是由当地的市议会或者市长通过任命的方式产生出来的，而且全部由非专职的、公民志愿者所组成，它专门负责处理和监督公民对警察不正当行为的具体申诉案件。在具体个案的监督过程中，拥有比较大的权力。它不仅可以参与警察机关内部的调查活动，而且在对警察机关内部的调查结果不信任时，还可以自行组织调查小组，对具体情况自行调查，以此来保证公民审查委员会的独立性和权威性。这一机构大约出现在20世纪20年代的洛杉矶，当时洛杉矶酒吧协会自行创建了一个申诉委员会，其职责主要是关注公民宪法权利受到警察不当行为侵害的投诉案件，这是公民审查委员会产生的最初形态，但当时它只是一个没有权力的、不受官方承认的组织。后来在1948年，华盛顿哥伦比亚特区出现了第一个得到官方承认的公民审查委员会，这一机构才得以发展，但它的发展过程是曲折的。在这期间，有些地方的公民审查委员会由于得不到官方的支持，经历了由立到废，由废再立的变化过程。但不管怎么样，到2003年仍然有美国3/4的大城市都成立了公民审查委员会③。可见，该机构具有十分强大的生命力，这也意味着它的监督作用得到公众的认可。所以，它也成为美国公民监督警察执法行为的一个重要模式。

（二）除了官员承认的公民监督机构外，其他的公民社会团体也自发地组织起来对警察执法行为进行监督

为了帮助普通公民或受歧视的公民抵制和控制警察不当行为的发生，美国许多民间

① 罗德尼·金：《从暴乱到救赎》，载《羊城晚报》2012年6月27日。

② 《监督警察：公民促进公道执法》，http：//user. qzone. qq. com/1287437064/blog/1308270357。

③ Joe Farrow，Trac Pham. Citizen Oversight of Law Enforcement：Challenge and Opportunity. The Police Chief，2003，（October）.

机构也采用多种方式积极参与监督警察执法行为的活动。其中有一些激进的社会组织会采用一些比较激进的方式来对警察活动进行监督，如美国在20世纪60年代末期成立的黑豹党成员，经常携枪跟随警察巡逻，以便在必要时给最容易受种族歧视的非裔美国人提供帮助。但这种做法过于暴力，不宜提倡。因此，其他社会组织则选择采用相比较缓和方式来达到监督的目的。如警察守望（Copwatch），则选择采用巡逻方法，用摄像机拍下警察的执法行为作为监督。在纽约，也有越来越多的活动家和市民开始参与到监督警察合理执法的巡逻队中，他们也并不像20世纪60年代在加州奥克兰保护黑人免受警察暴力的黑豹党那样手持步枪，他们大多使用录像机。在哈莱姆区，马尔科姆·X草根运动组织开车巡逻街道；而在布鲁克林区的贝德福德—斯泰弗森特，年轻男性和女性成群结队地步行巡逻来监督警察。纽约公民自由联合会甚至开发了一款苹果手机软件来方便警察监督员们将遇到的非法拦截搜身事件直接传送到该联合会律师管理的数据库中①。可见，不同的社会团体以积极的态度加入到监督警察执法的工作中来，使得警察的执法活动受到了更为广泛的监督，在一定程度上也加强了公民集体的监督力量，促使警察不敢随意执法，在一定程度上降低了警察不公正执法的概率。

（三）建立沟通平台，倾听公众的诉求

为了能加强与公众的交流，倾听和了解公众对警察执法的要求和诉求，美国很多组织都会提供专门的网络沟通平台。如前面所提到的警察守望这个组织，就建立有专门网站（Copwatch.com），在这个网站里除了揭露警察局的一些黑幕外，还传授公民如何收集警察不正当执法行为的证据，以及当自己遭遇到警察的非法执法时，可以采用哪些应对措施保护自己。而且民众还可以通过这些网站表达他们对警察不正当执法行为的不满，有些公民的抱怨就可以成为追查警察不当行为的线索。

另外，每年的10月22日是“全美反警察暴力日”，民众在这一天走上街头游行，控诉不良警察的丑行，反对警察滥用暴力。这些游行示警活动对在岗的警察起到了强烈的警示作用。② 因此，通过构建专门的沟通平台，为公民监督警察执法活动提供了便利的途径，提高了公民监督的热情和意识。

三、对我国的启示

在我国，公安机关是具有双重性质的国家机关，它既是国家的行政机关，同时又是国家的司法机关。因此，警察作为国家重要的治安行政和刑事司法力量，同样拥有广泛的权力，为了确保将警察的权力限定在法定范围内，就必须加强监督和制约，特别是来自警察机关体系的外部监督。虽然我国警察执法的外部监督制约机制已经历了几十年的

---

① 萨拉·玛丽亚·格拉诺夫斯基：《“拦截搜身”政策首次被判违宪背后——被盘查的美国黑人青年》，载《凤凰周刊》2013年第25期。

② 林荫：《纽约警察头上紧箍咒多》，载《文汇报》2010年7月5日。

发展，也初步形成了具有自身特色的警察执法外部监督制约网络，在预防权力滥用，提高执法效率方面也发挥了重要的作用。但是从实践中的监督情况来看，仍然存在着很多急需改进的地方，通过对美国公民监督警察执法的制约机制的认识和了解，可以有助于我们从更多的角度来思考我国公民监督警察执法的制约机制应如何作进一步的完善。具体来说，我国现行的公民监督警察执法的制约机制可以从两个方面加以完善。

第一，进一步完善我国公安系统的现行特邀监督员制度。在公民监督的实践中，我国实际上也存在着与美国公民审查委员会相类似的外部监督力量——特邀监督员。它是公安部在 1998 年所采用的一种加强警察执法外部监督的举措。但从该制度运作的实践情况来看，特邀监督员所起的监督作用远远达不到理想的效果。原因有三个：一是组成成员的构成过于精英化，领导化，没有像美国那样着重强调平民化。在美国，公民审查委员会成员全部是由普通公民担任，警察和国家机关的工作人员不会成为考虑对象，以此来保证公民审查委员会的。而我国目前很多地方的特邀监督员的成员主要集中在人大、政协和政府各机关的主要负责人，而真正来自于社会普通公民的成员少之又少，有的甚至根本就没有。如 2011 年北京市交通执法总队发布的消息，其聘请的 9 名社会监督员为“市人大代表、市政协委员，市政府法制办、西站地区管委会、市公交保卫总队、市非紧急救助中心、西城区人民法院、首汽集团、市长途汽车公司相关负责人”①。大部分的监督员都来自于人大、政府各部门，而且大多数都是各部门的官职不低的人。这样的选聘做法，可以说在一定程度上是剥夺了普通公民担任社会监督员的资格，是有悖于特邀监督员制度设立的初衷。从 1998 年《公安部聘请特邀监督员的办法》的规定内容来看，当初设立特邀监督员的目的主要是，要求各地公安机关从社会各界聘请特邀监督员对各级公安机关的执法活动进行监督，以此来加强对警察执法行为的外部监督力量。如果特邀监督员都集中从担任国家机关领导职务的官员中选择，只能给人形成官官相护的感觉，达不到加强警察机关外部监督的作用。而且警察执法的对象主要是普通民众，他们是执法的直接承受者，普通公民对警察执法是否公正最具有发言权。因此，对警察执法的外部监督主体应当以普通公民为主，而不是国家机关体系内的各级官员。所以说，目前的特邀监督员在成员构成方面存在着不合理因素，影响了监督职能的发挥。二是《公安部聘请特邀监督员的办法》中没有明确规定特邀监督员的信息公开制度。因此在实践中，对于特邀监督员的相关资料，我国采用了不同于美国的做法。美国对于公民监督机构成员的相关信息，采用的主动公开的做法，而我国很多地方选择对特邀监督员的个人信息实行保密。即各地公安机关对特邀监督员的联系方式都不主动公开，有些地方甚至在公民提出要求公开的申请后，都被公安机关以保护特邀监督员个人信息为理由加以拒绝②，使得公民无法向监督员反映意见和建议，而特邀监督员也无法起到下情上达的作用。但是按《公安部聘请特邀监督员的办法》的规定来看，特邀监督员的职责之一就是反映、转递人民群众对公安机关和公安民警违法违纪行为的检举、控告；

① 胡涵：《公开社会监督员信息市民申请被拒》，载《新京报》2013 年 10 月 30 日。

② 胡涵：《公开社会监督员信息市民申请被拒》，载《新京报》2013 年 10 月 30 日。

以及反映人民群众对公安工作和队伍建设的建议、意见和要求。很明显地，如果不公开特邀监督员的联系方式，公众发现警察有违法违纪行为都无法向监督员反映，如此一来，特邀监督员形同虚设，其监督的效果当然令人怀疑。而且公安机关不愿公开特邀监督员的做法更让人怀疑，公安机关是不是真心愿意接受公民的监督，还只是走个过场而已。所以，要能充分地实现特邀监督员的监督作用，必须要建立相关的信息公开制度。三是《公安部聘请特邀监督员的办法》中对特邀监督员开展工作的方式规定不明确，开展活动的随意性大。在现实中，从媒体报道中可以看到，特邀监督员经常性的监督活动主要就是参加座谈会提意见和建议，或者是由公安机关邀请社会监督员参与执法审查的活动等宏观上的监督活动。而对于具体个案的监督，特别是投诉警察不当行为的具体个案的监督，则极少看到相关报道。但在美国，法定的公民监督组织除了从宏观上对警察活动进行监督外，它还可以对投诉警察的具体个案进行审查和监督。如美国的公民审查委员会，它的任务就是对警察投诉的个案进行审查，并通过对具体个案的审查来实现对警察不正当行为的监督，以此来增加处理结果的公正性，树立公民对警察机关的信心，这一点是值得我们借鉴的。

因此，为了能使我国现行的特邀监督员充分发挥外部监督作用，我国应当针对上述问题，积极找寻对策加以解决。具体来说，完善的对策应当包括：一是改变现行特邀监督员倾向于从国家机关或领导者选任的做法，全面采用由普通公民担任特邀监督员的方式来凸显特邀监督员的平民化特征，实现真正意义上的公民监督。二是推行特邀监督员的信息公开制度，以保证民众能随时向其反映问题和建议，有利于监督员能及时向警察机关反馈建议，并就民众提出的问题加以重点监督，这样监督活动才能做到有的放矢，而不会流于空洞。三是应当在相关法律法规中明确规定，涉及警察不当行为的具体个案审查过程，必须允许特邀监督员参与其中，以利于其发挥监督职能，从而保证处理结果的公正性。

第二，应当鼓励、支持和促进各种公民社团参与监督活动。从美国公民监督制度的发展实践情况来看，美国公民社团在推动公民监督机制发展的过程中起到了十分重要的作用。如美国公民审查委员会，最早就是在洛杉矶酒吧协会推动下产生；此外，还有很多的公民社团通过录像、拍照、跟随巡逻等各种方式参与监督活动，这种集体监督相对于公民纯粹以个人的身份进行监督，更具有威慑力，从而会给警察在无形中形成压力，促使其不敢随意执法。所以，支持公民结成团体进行监督这一做法是值得我国借鉴的。因此，我国必须尊重和保护公民的结社权，引导民众结社，不要妨碍民众的结社自由，不能为了强调社会稳定而剥夺公民的结社自由权，否则容易出现社会冲突。现代社会处于社会多元要素利益博弈的状态，公民社团是现代社会利益博弈的必要条件，公民只有结成社团，才能形成博弈的力量。公民社团的主要部分是利益团体。现代社会给公民以自由的结社权，来营造社会利益博弈的平衡条件，用利益博弈来释放，消减社会矛盾，从而避免社会矛盾积压，聚集产生的社会破坏力。让社会矛盾力量通过利益博弈不断达到新平衡。如果不断掩盖矛盾，压制矛盾，不让民间产生自由的社团，无疑是在制造社会冲突，引发革命。所以，我国应当为公民结社自由权的实现积极创造各种条件，允许公民通过结成社会团体的方式来更好实现监督作用，这也是我国当前促进公民监督制度发展的一个重要举措。

第三，建立有效的公民监督意识的培养机制。因为意识决定行为，具备强烈。监督意识的公民往往会自觉自愿参与各种民间监督组织，并自发地参与各种监督活动，从而努力使自己的监督权得以实现。但不具有监督意识的公民，往往不会主动参与各种监督活动，从而使自己的公民监督权虚设。而美国的公民监督能发挥这么大的作用，这是因为美国公民具有比较强的监督意识。在美国人心里，他们认为法治的精神在于强调政府守法。因为政府是不能完全信任的，它们会滥用权力，为此公民必须时刻运用自己的监督权来监督政府活动，保证政府活动不会偏离正常轨道。因此，要完善公民监督制度，必须重视对公民监督意识的培养。目前我国对公民监督意识的培养主要是通过各种媒体的宣传来进行的，但是对公民监督意识的培养不能仅仅停留在媒体的书面宣传上，还应当考虑构建其他有效机制来促进公民监督意识的形成。

首先，要构建公民监督保护机制。如果没有有效的公民监督保护机制，无法帮助公民克服监督容易受到打击报复的心理。因为公民监督的对象是警察，而警察掌握有公权力，一旦被举报后，极有可能会动用手中的公权力对举报公民进行打击报复，如2003年厦门市民邵某因举报警察叶某反而被行政拘留的事件，就说明了公民在行使监督权时，遇到打击报复的可能性是存在的。因此，如果不从立法上尽快建立完善的公民监督保护机制，这很容易打消公民参与监督的信心和积极性的，这极不利于培养公民监督意识的。为此，我国可以在借鉴美国《吹口哨人保护法》有益经验的基础上，尽快制定相关法律，通过明确对监督公民的具体保护措施，以及明示打击报复者予以重罚的制裁手段，使公民能够提升监督的热情和信心。

其次，应当建立鼓励公民参与监督活动的激励机制。激励机制作为对人的一种评价，也是一种教育方法。国家通过建立激励机制，可以对某些公民的监督行为（如经常参与各种监督活动、积极提供警察不当行为的真实线索等），进行表彰和给予一定奖励，这会给获得表彰的公民带来了强烈的荣誉感，同时增加其继续参与监督活动的信心和决心。而其他公民通过对这些带有“正能量”事件的感观，也能很快形成感性认识，引起深刻的情绪体验，从而激发他们强烈的责任心，提高他们参与监督的意识。而且激励机制有时起到的效果往往是惊人的。如武汉市实行举报闯红灯可奖励50元的措施后，激发了市民的监督热情，1天接报300起①。可见，公民的监督行为如果能得到激励和肯定，势必会激发公民监督热情，这也将更有助于提高公民监督的积极性和主动性。所以说，合理的激励机制是提高公民监督意识和意愿的一种有效方式。但是在制定激励机制的时候，还应注意把握一些原则：一是实事求是的原则；二是公平合理的原则；三是适时适度的原则；四是物质和精神奖励相结合的原则。只有这样，才能制定出合理有效的公民监督激励机制。

---

① 肖娟：《武汉规定举报闯红灯可奖50元1天接报300起》，载《武汉晚报》2009年9月15日。

最后，我们还可以学习美国的做法，建立一个反警察不正当执法的宣传日，在各社区开展各种活动，呼吁公民走出家门，积极参与监督活动，从而提高公民的监督意识。

（作者单位：中南民族大学法学院）

第四部分　法治社会建设

从法治国家到法治政府，再到法治社会，这可以视为改革开放以来中国法治的路线图，这种步步为营、层层递进的法治方略极具中国特色。传统的国家与社会的二元结构和区别治理理论，对国家采取防守式，对社会采取放任式，即是对国家这个庞然大物的“利维坦”需要法律时刻加以控制，而社会作为天然的人类生活场域，当以自治为圭臬。然而在社会生活被唯利是图的去道德化倾向不断侵蚀的当下，传统的道德底线一再被突破，自治的社会日渐走向自甘堕落的道德盲区。特别是近30多年来，中国人口的全国性、季节性和区域不均衡性的城乡流动和区际流动带来了深刻的社会问题。乡土社会精英外流、农村空巢和管理空洞化现象，一方面加剧了城乡差别，另一方面大量涌入城镇的“新移民”也为城市管理带来新的问题和挑战。同时法治的推进也在挑战长期以来的单向度的管理模式，需要广大公众共同参与的新的社会治理模式，即由管理向治理的转变。而劳动教养等不合法的社会管理制度的废除，更为社会治理的法治化提出了新的重大课题。如何建成法治社会？或许这是一个长期的研究和实践课题，但不可否认的是近年来的探索已初见成效，理想的状态已初露端倪：本部分涉及的网格化管理模式的探索、风险社会的法治评估、基层治理的法治转型、司法与舆论的协调发展、借助法律保障的道德重建、坚持私权优位的制度构想、法治精神与群众路线的对接、世道人心与法律信仰的交互作用等研究成果，既是一种有价值的艰辛的探索，也是对中国社会进一步走向法治的些许贡献。

第二十七篇
论社会管理的法治意义
——以网格化管理为视角

武小川

内容提要：社会管理与法治处于双向互动之中，法治既保障也限制着社会管理创新，社会管理也可能对法治产生积极或消极的影响。网格化管理作为社会管理创新的一种具体模式，在社会管理实践中取得了良好效果，有必要深入研究其对法治的影响。网格化管理对法治的积极意义在于：通过完善信息收集，维护法治秩序；通过优化行政程序，规范权力运行；通过创新维权机制，简化权利救济；通过完善基础设施，扩展实质自由。但是，网格化管理在地方制度创新与协调之间、政府部门与社会主体之间、行政机关与司法机关之间的潜在冲突也会对法治造成消极影响。

关键词：网格化管理；法治秩序；权力；权利

法社会学家埃利希在其著作《法律社会学原理》中开宗明义："无论在当下还是在其他任何时候，法律发展的重心不在立法，不在法学，也不在司法，而在社会本身。"法治与社会处于复杂的互动共生之中，一方面，法治以其制度化、规范化为社会发展提供秩序和导向，另一方面，社会的发展和变革也不断改变法治的内容。自国家提出"社会管理创新"以来，法学界对社会管理创新的法治保障研究已论著颇丰。但这些论著大多从法治高度对社会管理创新的当为、不当为以及何为宏而论之，一方面少有从实证层面对具体的社会管理创新模式进行论证，另一方面也忽视了社会管理创新之于法治的意义。本文在进行实地调研的基础上，拟结合宜昌网格化管理的经验①，从法学角度探讨作为社会管理创新具体表现之一的网格化管理对法治的可能影响。

---

① 关于宜昌网格化管理的制度和实践介绍，参见湖北省宜昌市创新办：《宜昌市加强和创新社会管理探索与实践》，三峡电子音像出版社2012年版。关于宜昌网格化管理调研的相关成果，参见汪习根、武小川：《论社会管理创新的法治路径》，载《中国法学》2012年特刊。汪习根：《论社会管理创新的法律价值定位——基于"宜昌经验"的实证分析》，载《法学杂志》2013年第3期。汪习根、钱侃侃《网格化管理背景下的制度创新研究——以全国社会管理创新试点城市宜昌为样本》，载《湖北社会科学》2013年第3期。

一、网格化管理概述

为应对城市化进程中人流、物流和信息流的规模和速度的空前提升对传统城市管理模式带来的冲击，北京市东城区2004年研发了“万米单元网格管理法”，“运用网格地图的技术思想，以一万米为基本单位，将东城区所辖区域划分成若干个网格状单元，由城市管理监督员对所分管的万米单元网格实施全时段监控，同时明确各级地域负责人为辖区管理责任人，从而对管理空间实现分层、分级、全区域管理”①。它以计算机网络技术为基础对城市进行空间划分，实现城市管理技术的创新。城市管理信息化要求政府建立相配套的管理流程、管理体制和考核体系，从而促使城市管理从管理主体单一（政府）、管理机构分散（部门）、管理手段单一（强制）、管理程序随意（人治）的传统模式向管理主体多元化、管理机构协同化、管理手段多样化和管理程序规范化的新型模式转变。

万米单元网格管理法极大地提高了城市管理的效率，在建设部的推广下，各大城市结合本地情况纷纷建成城市管理信息系统及相应的管理机构。2009年年底全国政法工作电视电话会议提出了“社会矛盾化解、社会管理创新、公正廉洁执法”三项重点工作。网格化管理开始从城市管理上升到社会管理，从偏重管理扩展到强调服务，主管部门也从建设部变为综合治理委员会。各地以此为契机，或构建新的网格化管理体系，或在原有的网格化管理基础上吸纳更多的政府部门参与，扩大网格化管理平台的信息收集和信息共享范围，在强化秩序监管的同时加大公共服务力度，以扭转前期网格化管理“重管理、轻服务”的现象。

网格化管理在全国的推广和普及，极大地丰富了网格化管理的内涵。各地政府在结合地区实际的基础上对网格化管理进行了大量创新，诸如网格划分依据及大小、网格负责人招录及职责、管理机构设置及地位、参与部门数量、管理服务范围、考核评价体系等都存在差异。但总体而言，以信息化为基础对城市进行空间上的网格划分并构建相应的管理机制后所形成的兼具管理和服务功能的社会管理模式可以统称为网格化管理，其共性如下：第一，结合信息技术，将管理空间细化为“网格”；第二，政府力量下沉，充实基层管理力量；第三，推行电子政务，规范管理流程；第四，扩大民众参与，培育社区民主和自治；第五，扩展社会服务，提高人民生活质量。

网格化管理在理论上的创新和实践上的效果引起了学界的广泛关注。目前研究网格化管理的学术成果主要集中于行政学和社会学领域，而这些理论成果又大多专注于特定地区的制度介绍与经验总结，缺乏从特殊到一般的理论归纳与反思。下文将从法学视角出发，在肯定网格化管理对法治的积极意义的同时，分析其对法治可能产生的不利影响。

① 陈平：《网格化——城市管理新模式》，北京大学出版社2006年版，第51页。

二、网格化管理的法治意义

1. 完善信息收集，维护法治秩序

尽管社会管理创新强调管理主体的多元性，但政府在社会管理中仍发挥着主导作用。作为行政活动的内容之一，社会管理对政府而言就是将与社会管理相关的法律和政策从文本转化为现实的过程。徒法不足以自行，社会管理从文本向现实的转化离不开政府对相关事实的收集、整理和分析。所以信息对于社会管理具有前置性意义。“不论是在政府决策、商业战略还是家庭购物层次，严重的信息短缺对工作、教育、研究、创新以及作出经济决策构成威胁。我们大家迫切需要的一件东西，就是更多的信息。”① 政府的社会管理活动需要及时掌握瞬息万变的社会生活的基本情况，了解公众生产生活的现状、不满和需求，这是正确作出管理决策的前提。无论是管控还是服务，都需要充分的信息。只有掌握他人足够的信息，才能形成有效的管控。只有了解他人的需求，才能更合理地提供公共服务。更全面更丰富的信息可以消除社会管理中的各种不确定性。对社会毫无所知的政府是不可能将社会管理政策转化为现实的。如果政府不能获得有关食品安全、环境污染、违规建房、医疗、失业情况、教育需求等信息，规定食品安全、环境保护、城市规划、社会保障和教育的法律便形同虚设，其决策往往就不能正确反映公众利益、社会诉求，从而导致社会秩序混乱。

信息化和社会流动性的增强使信息的数量和速度都出现了爆炸式的增长，政府越来越难以全面及时地收集和更新信息，从而难以有效地调整和引导社会秩序。其次，随着人权观念的普及，严刑峻法已逐渐失去合理性，以威慑和恐怖来维护社会秩序已不再有效，这迫切需要政府及时收集信息，进行事前预防。综上，提高政府的信息获取和处理能力是新的时代背景下实现法治秩序的必然要求。

管理者对社会信息的缺乏使法律的贯彻实施面临着信息不对称的挑战。“信息是个人行为受到监督的基础。”② 影响行为可观测性的因素包括：（1）侦查技术的进步；（2）更多的监督者；（3）特定的制度安排，如连带责任；（4）时间和距离，时间越长、距离越近，行为的可观测性越高。③ 网格化管理亦从上述四个层面完善了信息收集机制。第一，采用即时信息采集设备。宜昌的网格化管理为每个网格管理员配备“社区 e 通”。“社区 e 通”通过 3G 网络与社区综合信息采集核查数据库相连，采集房屋楼栋、门牌地址、人员迁入迁出、出生、死亡等信息，亦可拍摄环境污染、公共设施破损、违法行为等报送相关部门处理，实现信息的动态采集，克服了政府掌握社会信息静态、滞后的缺陷。第二、增加网格管理力量。政府机构整合综治、公安、民政、人社、

---

① 约翰·希利·布朗、保罗·杜奎德：《信息的社会层面》，王铁生、葛立成译，商务印书馆 2003 年版，第 13 页。

② 张维迎：《产权、政府与信誉》，生活·读书·新知三联书店 2001 年版，第 6 页。

③ 参见张维迎：《信息、信任与法律》，生活·读书·新知三联书店 2003 年版，第 197 页。

计生等基层社会服务管理资源，与网格管理员实行工作对接；将热心社区工作的党员、居民小组长、楼栋长、志愿者等按网格编组，组建了包括社区综合信息员、环卫监督员、治安巡防员、民间调解员、劳动保障服务员、社会养老服务员、计生服务员、心理咨询员在内的“新八大员”志愿者队伍，配合网格管理员开展社情信息收集等服务管理工作。以基层警务为例，过去一个社区民警需要单独管理3 000人，推行网格化管理后，一个社区民警指导10名左右网格管理员，每个网格管理员又有8名志愿者协助，从而极大地充实了基层管理力量。第三、建立网格管理员考核机制。张维迎将连带责任分为基于信息的连带（由获得信息成本较低的人承担连带责任，如保甲制度）、基于行为的连带（团队活动中由监督者对团队活动承担连带责任，如职务连带）、基于效用的连带（以事前威慑的方式扩大连带范围，如诛九族）。网格管理员进行考核兼具基于信息的连带和基于行为的连带两种性质，一方面网格管理员对网格管理员进行日常巡查，获得网格内的信息所需成本较低，另一方面，网格管理员亦是管理者，通过政府购买服务的方式具有一定的管理职能。网格化管理对网格管理员实行月度考核和年度考核，建立网格管理工作抽查制度，以确保获取的社会信息的真实性和准确率。“对于抽查中发现信息采集数据不合格的，一年内，第一次由各社区网格管理监管分中心发出警示，第二次给予黄牌警告并扣除当月月考核奖金，第三次则依照劳动合同与该网格管理员解除劳动合同关系。”① 第四，网格化管理细化了管理空间，使经常性和全面性的信息收集成为了可能。网格管理员实行“一日双巡”制度，每天上午、下午在网格内各巡逻一次，每次不少于两小时。同时，小范围内常态化的巡查有助于网格管理员融入社区，使官方的间断式、职权式的信息收集模式转变为邻里的日常式、交流式信息收集模式。相对狭小的网格空间、相对充足的接触时间以及相对熟悉的交流对象极大地提高了信息收集的全面性和有效性。网格化管理实现了政府信息采集的全面、准确、及时、高效，使社会管理可知、可防、可控。

2. 优化行政程序，规范权力运行

全面而丰富的信息是社会管理的前提，但它并不能保证社会管理的启动，亦不能保证社会管理的公正性。在日常生活中，一些本属于行政机关职责范围内的事项或应限期完成的事项被以各种借口不予解决或久拖不决。“知”与“行”之间的鸿沟仍需要一定的制度设计加以弥合。尽管法治的定义纷繁不一，但权力制约却是其核心要义。电子信息、通信技术和互联网技术的发展催生了电子政务。电子政务具有极强的操作性、程序性和可监控性，通过在计算机程序中先行设定行政机关的职权范围、办事程序、办理期限，可以有效克服权力不作为和乱作为。

宜昌在网格化管理中大力推行信息化建设，在矛盾联动化解和综合服务管理中实行“首办负责、限时办理、全程监督、分级考核”，通过再造行政工作流程，保证了行政权力在案件受理、处理和考核三个阶段的合法高效运作。在案件受理阶段，通过“首

① 湖北省宜昌市创新办：《宜昌市加强和创新社会管理探索与实践》，三峡电子音像出版社2012年版，第80页。

办负责”机制限制了行政机关受理案件的恣意性。政府部门之间职能交叉和职能不清是社会管理需要解决的突出问题。在面临具体的社会问题时，政府部门“踢皮球”的现象时有发生，降低了解决社会问题的效率。通过完善立法和加强部门协调可以有效减少职能交叉或职能不清，但是这种解决方案具有事前预防的性质。社会管理创新要求政府部门对出现的社会问题作出快速反应，立法或部门协调往往不能满足此种要求。“首办负责”为职能交叉或职能不清提供了及时有效的事后救济。网格管理员收集到需要解决的社会问题后，会根据网格化管理信息系统预先设定的职能列表将社会问题报送给相关部门，而那些需要部门之间相互转办或者协调处理的社会问题，则由首先接到系统指令的部门负责处理，从而有效防止了部门之间的推诿，提高了解决社会问题的效率。在案件处理阶段，通过“一门受理、分线处理、一笔审批、统一回告”的方式规范了职能部门内部的工作流程。“一门受理是指各单位要明确由信访科或办公室统一受理社区上报的社会矛盾；分线处理是指受理单位将矛盾纠纷及时分流到相关部门予以办理；一笔审批是指各单位要明确一名分管领导具体负责矛盾联动化解工作；统一回告是指统一由各单位受理部门负责将化解工作回告社区或直接向群众反馈。”① 在案件考核阶段，建立限时办理、超时预警、按时回告机制。建立社会管理服务电子监察系统，全过程记录各级各部门服务流程和服务质效。服务流程图对不同工作预先设计相关的完成时限，从服务指令下达开始，管理系统逐步记录每个执行环节的工作进展、服务对象相关评价，并进行跟踪督办。监察记录作为部门考核、干部评价的重要依据，有效确保了各项工作的有效推进。

3. 创新维权机制，简化权利救济

案件情况的复杂性和职能机关的交错性使当事人难以确定案件的性质和主管部门，高额的诉求成本使很多人选择不了了之，权利无法得到救济；若坚持寻求权利救济，在各部门相互推诿或不予受理的情况下，可能导致干群关系紧张，从而引发新的社会矛盾。

按照内部性和外部性的理论，外部性是指某一经济主体不经交易而对其他经济主体施加的利益或成本，分为正外部性和负外部性两种；而内部性是指由交易者所经受的但没有在交易条款中反映的利益和成本。② 公民与政府的互动可以视为经济学上的一种交易：公民向政府交纳税收以购买“实现合法诉求”的权利，政府则承担“实现合法诉求”的责任。以行政许可为例，行政许可申请人向政府提出申请，由于政府扮演着分配公共资源的角色，所以政府颁发许可证会给除政府和申请人以外的其他可能的申请人或社会带来一定影响。其他受影响的个人或社会并未参与申请行政许可的交易，他们所受到的利益或不利益便是外部性。但是由于政府审批程序的繁复性或工作人员消极办

① 湖北省宜昌市创新办：《宜昌市加强和创新社会管理探索与实践》，三峡电子音像出版社2012年版，第48页。

② 程启智：《内部性与外部性及其政府管制的产权分析》，载《管理世界》2002年第12期，第62页。

公，申请人会面临多次补交材料、超期办理等额外的成本支出。这些额外成本是在交易之中产生并由交易人承担，便体现为内部性。当这种负内部性过于高昂，公民将会选择放弃合法诉求或者减损其合法诉求，从而使权利无法实现或得到合理救济。

中国的大部制改革，整合分散的职能部门，简化案件受理流程，建立便民服务中心，是缩减公民与政府互动中的负内部性的体现。网格化管理进一步拓宽了实现权利的渠道，实现负内部性的转移。第一，在社区中探索“双代服务”，社区和网格管理员作为沟通居民与政府的桥梁，一方面通过行政机关的授权可以代为处理某些行政事务，另一方面根据居民的要求可以代为办理某些申请及投诉。目前，宜昌的网格管理员能为居民代办居住证、工商营业执照、计划生育服务证、老年优待证、流动人口婚育证明等十多类证件，提供为新生儿上户口及医保、及时处理城市管理问题、出国出境人员资格初审等近十项服务。民众实现合法诉求的途径从原来向主管部门反映扩展到向网格员管理员反映，由网格管理员代为诉求，解决了不知如何投诉，向谁投诉以及难以得到合理答复的问题。第二，在政府机构内部探索建立“信访代理”服务机制，在基层综治信访维稳中心推行“首问负责、全程代理”，第一接访人负责掌握群众诉求，进行现场调处或者代理解决。

通过“双代服务”和“信访代理”，原本由公民承担的负内部性被转移到政府。由于网格管理员接受过系统培训，职能部门接访人熟悉部门事务，代理制度一方面可以降低民众维护权利的成本，另一方面也有助于权利诉求的理性表达。在宜昌乌龟碑社区开展社会矛盾联动化解工作的最初三个月，受理各类社会矛盾 147 起，比以往增加了 5 倍，其中有近 40% 的社会矛盾是辖区居民通过电话、短信、互联网等现代通讯方式直接向社区反映，有 52% 是社区利用各种力量排查收集，仅有 8% 的矛盾是居民上门反映。网格管理员的日常排查和手机办公，使居民足不出户便可反映问题、知晓案件处理过程、评价案件处理结果，解决了过去居民“到处跑，门难找”的问题，促进了权利的合理表达和高效救济。

4. 完善基础设施，扩展实质自由

自由有多种定义。如果把自由理解为与法律秩序相对立，那么法律秩序的增强就意味着自由的减弱；如果把自由扩展至隐私，那么信息获取与隐私保护之间也存在冲突。以人为本的科学发展观，继承了马克思的人的全面自由发展的理念，它不仅要保证公民免于国家和他人的强制，还要为公民自我实现提供资源和机会。以人为本，“就是要以实现人的全面发展为目标，从人民的根本利益出发谋发展，促发展，不断满足人民日益增长的物质文化需要，切实保障人民群众的政治、经济和文化权益，让发展的成果惠及全体人民。”社会管理创新一方面是为了解决矛盾，维护社会稳定；更重要的则是坚持以人为本，逐步提高人民的生活质量。用以赛亚·伯林的术语说，就是不仅要保护公民的“消极自由”，还要促进公民的“积极自由”，尽管两种自由之间存在无法避免的冲突。

阿玛蒂亚森·森批判了以经济增长为中心的发展观，将发展视为“扩展人们享有的真实自由的一个过程”。①真实自由便是实现个人所欲求的生活方式的能力（capability）。经济的发展并不必然导致能力的提高。“即使一个村里没有学校，附近没有医院，村民的收入仍可以通过增加他对市场上可获得的物品的购买力而得到增加。但这种收入增长可能根本不能充分解决他的教育和医疗权利，因为收入的增长保证不了这些东西。”②诸如国防、治安、环境保护、教育、医疗等公共产品无法通过市场机制得到有效配置，“为了实现社会公平和正义，市场机制的深远力量必须通过创造基本的社会机会来补充。就一般的发展中国家来说，极其重要的是，需要通过公共政策创新来创造社会机会。”③医疗保健、教育、社会保障等社会机会的创造和扩展不仅直接提高人们的生活质量，而且还影响着人们的经济生产能力和政治参与能力。“以马歇尔学派为代表的社会自由主义者认为，贫穷终将对公民充分行使公民地位和政治地位造成妨碍，所以必须建立福利国家以使相对贫困之人能够真正享受充分自治、自由和参与的条件。”④

网格化管理以全程化服务为核心，充分利用社会管理综合信息平台，以人口信息为基础，及时了解民众诉求，健全基本公共服务保障体系并推进基本公共服务的均等化，促进社会公平正义。合理配置医疗卫生资源，健全以县级医院为龙头、乡镇卫生院和村卫生室为基础的农村医疗卫生服务网络，完善以社区卫生服务为基础的新型城市医疗卫生服务体系，促进城乡居民基本公共卫生服务的均等化。网格化管理根据综合信息平台收集的人口数量、年龄阶段、身体特质等信息以及网格周边的购物、医疗、健身、教育等公共设施状况，合理分配公共资源，打造“一刻钟生活服务圈”。在幼儿较多的地方修建幼儿园、在残疾人较多的地方修建康复室、在缺少医疗、购物等服务的地方修建医疗室或购物中心。针对不同群体和不同年龄阶段提供精细服务和特色服务，比如服务老年人群体的“银手杖工程”、服务生活困难家庭的“爱心超市”、服务农民工子女的“爱心小课桌”等特色服务品牌。公共资源的均衡分配缓解了因贫富差距产生的社会不公，减少了社会矛盾的诱因，同时亦为公民参与公共活动提供了基础，促进社会管理创新价值目标的最终实现。

三、网格化管理需要进一步探讨的问题

网格化管理仍处于试点推广阶段，对网格化管理的建议大多针对具体的制度设计，

① 阿玛蒂亚·森：《以自由看待发展》，任赜、于真译，中国人民大学出版社2002年版，第1页。

② 阿玛蒂亚·森：《资源、价值与发展》，杨茂林、郭婕译，吉林人民出版社2008年版，第464页。

③ 阿玛蒂亚·森：《以自由看待发展》，任赜、于真译，中国人民大学出版社2002年版，第136页。

④ 德里克·希特：《何谓公民身份》，郭忠华译，吉林出版集团有限责任公司2007年版，第23页。

但对网格化管理可能产生的问题重视不足。网格化管理作为一种有意识的制度设计可能会产生一些无意带来的后果。"负面影响是并非有意造成的这个事实并不意味着它们就完全不可以被预见到。对这些后果的更清楚的理解，本来可以使人们对拟议中的改革所可能涉及的方面有更好的概念，甚至可能引导人们制定防范性或纠正性的政策。"① 本文从法治的视角出发，认为网格化管理存在以下三个方面需要关注的问题：

1. 推广上的两难困境：地方创新与区域协调之间的关系处理

就设计初衷而言，网格化管理是一种属地管理，通过细化管理单元，对辖区内的人、事、物等进行全方位监控和服务。目前来看，网格化管理处在市级创新试点的阶段，因此许多体制和机制创新必须遵守国家层面或省级层面的管理制度。在国家层面，计划生育管理和进京上访所导致的考核责任仍由户籍所在地的单位承担。这样，网格化管理就肩负着属人管理和属地管理的双重任务。而在流动性增强、人户分离增多的情况下，网格化管理的属人管理就越来越难以贯彻执行，最终导致管理者与责任者的分离。在宜昌韩家坝社区的调研发现，该社区的网格化管理对本社区内居住人员的计划生育状况进行全面、动态的信息收集，但是却因本社区户籍人口在上海违反计划生育而受到上级部门的批评，影响网格化管理的考核成绩。这一案例暴露了网格化管理与非网格化管理之间、不同的网格化管理区域之间的冲突。

网格化管理地区投入大量的管理成本进行属地管理，但仍承担了部分属人管理责任。网格化管理地区成功的属地管理降低了外来人口违法行为，使外来人口户籍所在地的政府机构免于承担其户籍人口的违法责任；但是网格化管理地区却会因户籍人口在非网格化管理地区或其他网格化管理地区的违法行为而承担责任。要解决地方政府在网格化管理中的成本与收益不一致的情况，就迫切需要在全国范围内建立统一的网格化管理模式。

然而建立全国统一的网格化管理模式，就算不考虑国家是否可以承担其构建管理平台和人力成本，也面临着整合不同的网格化管理模式的差异的困难。网格化管理在全国得到广泛推广，但是各地在社会管理创新的口号下力求创新，造成了体制、机制上的差异远大于共性。各地的网格化管理大多符合本地实际，建立统一的网格化管理模式一方面会地方网格化管理模式面临机构设置和人员配备重新洗牌的混乱局面，另一方面也可能产生脱离各地实际的反效果。

2. 治理主体的可能错位：法治国家与自治社会的关系厘定

"压制型社会运用新的监视工具会使社会更加受到压制，而民主型、参与型社会借助技术的力量将进一步分散其政治权力，从而增加社会的开放性和代议性。"② 社会生活的流动性和复杂性使政府难以依靠独断的权力维护秩序，信息收集和权力行使越来越

① 阿玛蒂亚·森：《以自由看待发展》，任赜、于真译，中国人民大学出版社 2002 年版，第 259 页。

② 曼纽尔·卡斯特：《认同的力量（第二版）》，曹荣湘译，社会科学文献出版社 2006 年版，第 333 页。

需要借助国家权力以外的力量。网格化管理鼓励建立枢纽型和社区性自治组织，通过委托或授权的方式将部分行政职权下放到社区，吸纳志愿者以及各类非政府组织参与社区的信息收集与处理。这在一定程度上有利于社会自治意愿的培育和社会自治能力的提升，增加社会治理的民主化程度，为法治的实现奠定社会基础。

然而，网格化管理与社会自治也许并非简单的正相关关系。“从积极的角度看，网格平台为政府与社区自治组织之间提供了‘联结点’，营造了两种力量交互作用的空间，形成‘官民共治’的格局。而从消极的视角审视，则会发现由于政府力量的强力下沉，容易导致基层社会自治空间的萎缩和板结化，不利于社区自治力量的生长。”①政府主导下的网格化管理是中国传统的城市管理“一竿子插到底”的全方位管理思想和方式的延伸，可能导致“社区行政化”，削弱社区自治能力的可能性。②

就算网格化管理实际上推动了社会自治，也并不意味着法治赖以存在的民主政治得到同步发展。信息获取依赖社会、权力行使受到监督、志愿活动的扩展、生活水平的改善，并不等同于公民政治能力的提升。网格化管理可能将居民的视野和兴趣限制在狭小的网格之中，减少他们对国家、省、市等更大单元的兴趣和关注度，导致“政治冷漠”，使法治失去民主活力。

频发的群体性事件因其盲目性、暴力性引起了政府的关注，成为网格化管理的促成因素之一。通过全面动态的信息收集和提高服务质量，网格化管理模式可以及时发现并缓和社会矛盾，有效防止群体性事件。但是这种模式同样可以被用来消解合理的公共意见和集体行动。而合理的公共意见和集体行动，是法治政府有效的外部监督和改革动力。

3. 权利救济的场域乱象：行政权威与司法权威的相互竞争

目前的社会管理创新是由政府主导和推行的，预防和化解社会矛盾是社会管理创新的一个重要任务和考核指标。政府通过直接参与矛盾化解（如信访和行政调解）以及通过鼓励和引导民间自我化解矛盾（如第三方调解机构）极大地提高了矛盾化解率，减少了进入司法机关的矛盾和纠纷，缓解了法院的工作压力。随着社会结构的转型，纠纷的内容和性质日趋多元化。网格化管理创新和完善了多元化纠纷解决机制，为当事人提供更多的权利救济途径。“对于社会或集体而言，其实并不存在最具效率、最为合理的单一纠纷解决方式，一个社会要有效地管理多种纠纷，关键在于能够提供多元化的纠纷解决机制，以便让不同的行动者根据不同的纠纷选择最为合适的化解途径和方法。所以在社会建设中，构建起多元矛盾纠纷解决机制，对有效化解社会矛盾，构建和谐社会意义非常重大。”③

---

① 田毅鹏：《城市社会管理网格化模式的定位及其未来》，载《学习与探索》2012 年第 2 期，第 28 ~ 32 页。

② 潘晓娟：《社区行政化问题探究》，载《国家行政学院学报》2007 年第 7 期，第 33 ~ 35 页。

③ 陆益龙：《纠纷管理、多元化解机制与秩序建构》，载《人文杂志》2011 年第 6 期，第 163 ~ 171 页。

在任何社会中，法院都不是解决纠纷的唯一机构。但是现代法治社会中，多元化纠纷解决机制必须以不损害司法权威为前提。网格化管理建立了联动式的纠纷排查和处理机制，规定“小事不出社区、矛盾不上交”，这在一定程度上激励了各级部门积极化解矛盾，然而却有可能对司法权威带来副作用。传统的司法权威理论关注司法的独立性，网格化管理并没有对司法独立构成威胁，它既未在制度上贬低司法权力也未在审判中施加不当影响。毋宁说，网格化管理并非干预而是排斥了司法。

第一，网格化管理的纠纷解决机制可能降低公民对司法救济的兴趣，误导权利救济方向。与司法机关相比，行政机关的纠纷处理程序具有较少的规范性，加之掌握着更多的权力资源和财政资源，行政机关在某种程度上拥有更强的纠纷解决能力。然而，在面临“小事不出社区、矛盾不上交”的要求或其他考核时，尤其在涉及行政机关的违法行为时，为了维护政治上的稳定或者逃避不当执法的责任，各级部门可能会避开合法的解决途径，试图通过私下补偿或赔偿的方法平息纠纷。这种策略如果失败，行政机关依法行政的形象必然受损，会进一步加剧公民与政府的不信任和对立；如果成功，则会吸引更多的公民放弃正常的救济方式而达成法外协议，甚至会刺激更多的人以“维稳”为由勒索行政机关。如果公民丧失通过司法实现利益最大化的信心，在纠纷发生时优先选择行政处理，那么就有可能减少针对行政机关违法行为的诉讼，降低对行政行为进行司法审查的可能，不利于行政机关的改革和完善。

第二，网格化管理的纠纷解决机制可能影响司法裁决的终局性，使纠纷得以延续和激化。由于审判时限、证据认定等方面的限制，法院的判决结果往往体现了法律正义而非实质正义。在法治社会中，司法并不是以其正确性而是以其终局性实现定纷止争。网格化管理对纠纷未加辨识，有些纠纷已经经过司法机关作出终审判决，而再将此类纠纷纳入各部门的考核之中，实际上是对司法终局性的否定，从而影响司法权威的树立。

四、结　语

网格化管理是政府进行社会管理创新的一次有益探索，无论在理论上还是实践中，均对维护社会秩序和保障公民权利发挥了积极作用。然而，在法治视角下，社会管理只是法治社会的一个部分。从法治的视角观察和评价作为社会管理创新具体模式之一的网格化管理，就必须分析它对法治其他内容的影响。网格化管理影响了公民或社会与政府、政府与司法之间的互动方式，这种影响是否会以及在多大程度上会转化为实际上的不利后果仍有待观察。当然，任何一种社会管理模式都不可避免地带有某种消极影响，期待网格化管理可以完美解决所有问题是不切实际的。网格化管理作为一种正在探索中的管理模式，应该被给予更多的研究和关注。

（作者单位：武汉大学法学院）

第二十八篇
何为法治社会
——以“坚持法治国家、法治政府、法治社会一体化建设”为背景

朱卫兵

内容提要：习近平总书记在中共中央政治局第四次集体学习时提出要坚持法治国家、法治政府、法治社会一体化建设，不断开创依法治国新局面。这一新的法治目标应该说是具有跨时代的意义的，尤其是“法治社会”被执政党第一次提出，而且是在新一届领导人上台后就立刻提出这一宏伟的政治目标，这足以说明执政党建设“法治中国”的坚定决心。法学理论界对于“法治国家”“法治政府”的研究已有多年，硕果颇丰，对于法治国家、法治政府的内涵、外延以及具体实践已经取得了高度共识，可是，法学理论界对于法治社会的关注并不多，提到“法治社会”一词，许多学者还是限于“国家—社会”一体化的大社会概念，实际上仍只是讲“法治国家”或“国家的社会”而已，并没有抓住其实质要义。“法治国家”、与“法治社会”同在一个国家实体之内，它们究竟有无区别？有什么区别？二者又有什么联系？为何要将其“一体化建设”？如何才能将其“一体化建设”？为何要建设法治社会？如何建设法治社会？这些都是需要好好研讨的。

关键词：法治社会；法治国家；法治中国；全球化；和谐社会

一、何为法治社会

在习近平总书记习提出要“坚持法治国家、法治政府、法治社会一体化建设”后，法学理论界对此予以高度关注，专家学者都纷纷发表自己的看法，并撰写了一些专业的论文对此提出自己的真知灼见，其中在《法学杂志》2013年第6期上，以“法治国家、法治政府、法治社会一体化建设专题研究”为典型代表，在此专题中，刊登了基本能够代表当今法学理论界关于这一问题的最高研究水平，其中包括中国法学会行政法学研究会副会长、北京大学法学院姜明安教授的《论法治国家、法治政府、法治社会建设的相互关系》、中国法学会行政法学研究会副会长、中国人民大学法学院莫于川教授的《法治国家、法治政府、法治社会一体化建设的标准问题研究———兼论我国法制良善化、精细化发展的时代任务》、清华大学法学院副院长余凌云教授的《法治国家、法治政府与法治社会一体化建设的途径》。此外，还包括中国社会科学院法学研究所所长李

林、中国人民大学法学院教授杨建顺在接受《法制日报》记者采访时对这一问题提出的看法。

姜明安教授认为，过去我国的学者对于法治国家、法治政府、法治社会三个概念基本都是单独使用，很少有人将其放在一起使用，因此，学者们都没有对三者进行严格的区分。但是，现在习近平总书记提出要对三者"一体化建设"，那就不得不将三者放在同一时空下，进行内涵上的区分，搞清楚三者的关系及异同。基于此，姜明安教授提出，"要在同一时空同一语境解析法治国家、法治政府、法治社会的含义，可能要遵循以下三个步骤：首先要探讨国家、政府、社会的不同内涵和外延，其次要研究法治国家、法治政府、法治社会中法治的共同要件，最后要分析法治分别与国家、政府、社会组合后法治含义重心的差别，法治与国家、政府、社会组合后形成的法治国家、法治政府、法治社会三个概念的异同。"① 通过以上的三步，姜明安教授得出了结论："法治国家、法治政府、法治社会三个概念在同一时空使用时，法治国家包括整个国家权力（国家立法权、监督权、重大问题决定权、行政权、司法权等）的法治化；法治政府仅指国家行政权行使的法治化；法治社会仅指政党和其他社会共同体行使社会公权力的法治化。"②

莫于川教授在其论文中论述的是"法治国家、法治政府、法治社会一体化建设的标准问题"以及"我国法制良善化、精细化发展的时代任务"。他认为，在今天的中国，民主法制发展道路已经确立——"依法治国，建设社会主义法治国家"已经写入宪法，社会主义法律体系已经形成，完成了"有法可依"的要求，"可是，我国已有的庞大法律体系的品格和质量如何？法律效果与社会效果是否统一？立法目标是否实现、能否实现？是否存在立法越多距离法治目标越远的问题？这些疑难问题未必都能说得清楚"。③ 基于此，莫于川教授认为"法治国家、法治政府、法治社会一体化建设"的最重要的问题是法治的标准问题，最重要的时代任务是"我国法制良善化、精细化发展"。莫教授认为在全球法治发展化背景下出现的世界正义项目和法治指数运动可以给研究我国法治建设的标准问题以启发。总的来说，莫教授的论文所关注的重点是"法治"，因此并没有严格区分法治国家、法治政府、法治社会的概念和内涵，他认为"法治社会是与人治社会相对而言的，它是指国家权力和社会关系按照明确的法律秩序运行，并且按照严格公正的司法程序协调人与人之间的关系解决社会纠纷，在法律面前人人平等，而不是依照执政者的个人喜好以及亲疏关系来决定政治、经济和社会等方面的公共事务。"法治社会有两个含义：其一，是指某个地方在社会自治层面、社会发展方面、基层民主进步、公民社会建设方面达到了高度法治水平，也可称之为社会法治；其二，是指某个地方实现了

---

① 姜明安：《论法治国家、法治政府、法治社会建设的相互关系》，载《法学杂志》2013 年第 6 期。

② 姜明安：《论法治国家、法治政府、法治社会建设的相互关系》，载《法学杂志》2013 年第 6 期。

③ 莫于川：《法治国家、法治政府、法治社会一体化建设的标准问题研究——兼论我国法制良善化、精细化发展的时代任务》，载《法学杂志》2013 年第 6 期。

人们期盼的法治状态，也可称之为法治地方（法治湖南、法治江苏等）。在这一常用含义上，法治社会乃是从特殊角度对法治国家的观察和表述，如果形成了一个又一个法治社会，最终也就形成了法治国家。但是，这种含义上的法治社会，也常被批评为法治的碎片化现象。”① 显然，莫教授将法治社会与法治国家混同起来了。

余凌云教授在其论文中论述的是法治国家、法治政府与法治社会一体化建设的途径问题，他认为，“法治国家、法治政府与法治社会一体化建设的重要途径就是必须全面推进科学立法、严格执法、公正司法、全民守法”。② 余凌云教授所关注的重点也是“法治”，没有在概念上进行严格区分。他认为“法治社会，一方面，公民必须自觉将遵守法律作为自己的心理和行为依赖路径，养成遵从法律、依法办事的习惯；另一方面，公民能够通过法律规定的途径，通过有序的公众参与和民主形式，表达意愿、意见和建议，并能够被有效地凝练在立法和政府决策之中。”③ 从余教授的论述中，我们可以看出，他将法治社会与法治国家对立起来了，他所认为的法治社会是从公民的角度出发的，即形成公民社会的法治化。

李林教授认为，“国家、政府、社会是研究法学和社会学的三个核心词。自国家产生以来，这三个关键词都存在彼此之间的关系和如何建设的问题。在全面推进依法治国、加快建设社会主义法治国家这一基本方略的指引下，法治国家、法治政府、法治社会应该是一个统一体，而不是像某些国家，将国家与社会的概念对立起来，或者把国家与政府，又或者政府与社会的概念对立起来，形成一种分裂的关系。在我国，这三者是统一的整体，这是在讨论三者关系时的一个重要前提”。④ 李林教授的“统一整体”的观点显然是正确的，但是他是从三者的关系层面来看待的，我们在将三者统一起来之前，必须将其分离开来，搞清楚各自的内涵，绝对不能混为一谈，这样才能更好地研究三者之间的关系。

国内知名法学家郭道晖教授早在 1997 年出版的《法的时代精神》一书中就提到“中国法治进程的最终目标——法治社会”这一开创性理论，他在书中写道：“作为法学界，需要研讨的是，在市场经济体制下，如何在对‘国家与法’这一主题关注的同时，进而加强对‘社会与法’的研究，以此展望当代中国法治的新走向，由法作为国家单向控制社会的工具，转到法成为国家与社会双重与双向控制的工具，由逐步实现法治国家，到最终形成法治社会。”⑤ 这一精辟论述完全预言了我国这十几年来的法治进程路径——党的十五大（于 1997 年 9 月召开）明确提出“依法治国，建设社会主义法治国家”的目标，新一届党的总书记提出“坚持法治国家、法治政府、法治社会一体

① 莫于川：《法治国家、法治政府、法治社会一体化建设的标准问题研究———兼论我国法制良善化、精细化发展的时代任务》，载《法学杂志》2013 年第 6 期。

② 余凌云：《法治国家、法治政府与法治社会一体化建设的途径》，载《法学杂志》2013 年第 6 期。

③ 杜晓：《权威解析三个“法治”为何要“一体化建设”》，载《法制日报》2013 年 3 月 1 日第 4 版。

④ 杜晓：《权威解析三个“法治”为何要“一体化建设”》，载《法制日报》2013 年 3 月 1 日第 4 版。

⑤ 郭道晖：《法的时代精神》，湖南出版社 1997 年版，第 505 页。

化建设”（于2013年2月）。

郭道晖教授认为，“所谓法治社会是相对于法治国家的独立实体，是指社会的民主化法治化自治化。法治社会的核心是公民社会，它能运用公民的政治权利和社会组织的社会权力，以及国家和社会多元化的法治规范，进行社会自律自治，分担国家权力的负担，特别是监督、制衡国家权力，改变权力过分集中于政府的状态”。① 他特别强调，决不能将法治社会片面地解读为国家以法来管制社会。正如过去把依法治国歪曲为依法治民，而不是依法治权治官那样。

通过对各位教授的观点进行比较分析，可以看出，对于法治社会的内涵并没有形成一致意见，其中主要是两种观点：一种是将国家与社会混为一谈，法治国家包含法治社会、法治社会等同法治国家，以莫于川和李林教授为代表；另外一种是将国家与社会对立来看，二者属于不同的范畴，这以郭道晖和姜明安教授为代表。笔者认为，在一体化建设的背景下，必须将“法治国家”和“法治社会”二者严格区分开来，二者并不是同义词，更不是包含关系，二者的关系应该辩证统一的来看待。之所以这么说，是因为这其中有一个非常明显的逻辑，郭道晖教授根据马克思的国家发展学说，阐述了这个逻辑，“就整个人类社会的历史发展过程而言，社会与社会权力是先于国家和国家权力而产生的；国家和国家权力最终也是要消亡的，从而法治国家也是要消亡的；但人类社会不能一日无法治，治理社会事务和维系社会秩序的社会规范与权威总是不可少的；也就是说，法治社会将是永存的，从而作为取代国家权力的强制力的社会权力——社会强制力也是始终必要的。当然，国家和国家权力的消亡是遥远未来的事，或许只是一种猜测。但是，也不能不看到，在经济日益全球化的情势下，民族国家的概念也正经历着需要重新界定的命运。现实的要求是，在建设法治国家的过程中，如何重视同时促使法治社会的形成；在逐步削减国家法律和国家权力对社会的过度干预，给社会自主自治权力与社会规范让出适度空间。”②

综上所述，我们可以归纳总结出法治社会的真正内涵：法治社会是指各类社会主体（包括社会基层群众性组织、各企业组织、各社会团体等非政府组织）及其社会权力，依照国家的法律和社会自治性的规范，进行自主、自治、自律，同时对国家权力进行监督与制衡，以及各社会群体和公民个人的思想、观念、行为、习惯都渗透着民主的权利和权力意识与法治精神，形成社会化的法治文明。

二、为何要建设法治社会

（一）全球化时代背景下的“法治中国”建设

1. 法治中国

---

① 郭道晖：《法治国家与法治社会、公民社会》，载《政法论丛》2007年第5期。

② 郭道晖：《法治国家与法治社会、公民社会》，载《政法论丛》2007年第5期。

习近平总书记提出“坚持法治国家、法治政府、法治社会一体化建设”这一最新目标是为建成“法治中国”这一终极目标而服务的，因为“法治中国”是将中国建成社会主义和谐社会的最有力保证。何为法治中国？法治中国与法治国家这两个概念都内含“国家”，它们有无区别？郭道晖教授认为，“法治中国”是一个更广袤的概念，它涵盖法治国家、法治政府和法治社会，是一个与“法治世界”相对应、相衔接的大概念。建设“法治中国”是在当今世界高度全球化背景下的必然发展趋势，我们的党和国家领导人将“法治中国”的建设提上政治日程，准确地把握住了这一潮流，是非常高瞻远瞩的。

2. 全球化

“全球化理论”是西方国际关系学理论之一，于20世纪90年代形成。布朗提出了“世界政体论”，认为全球化必将超越现代民族国家体系建立世界政体。沃尔兹提出了“全球化治理论”，认为全球化必将创造一种全球范围内的治理体系。总的来说，全球化是指当代人类社会生活的各个方面，包括经济、军事、政治、文化等，日益突破传统民族、国家的界限，在全球范围内全方位展开的历史现象和发展趋势，这是人类发展的历史过程。从本质上看，全球化是世界或全球趋于一体。

当今世界，民主和法治已经不限于一国国内问题，已然发展成了世界性问题。不仅要求国家（内部）的民主化法治化，也呼唤着世界范围的民主化法治化。国际法已不限于双边或多边的规则，而发展为全球共同遵守的“世界法”。“关于世界法，向来是人类的理想。康德从人类理性的同一性理论出发，也认为人类的普遍理性与权利，可以将地球上所有民族组成一个联合体，这个普遍权利即‘世界公民的权利’。”“马克思、恩格斯从生产和经济社会的实际发展作出了相同的预测。他们在《共产党宣言》中就指出资本主义是世界性现象，并预言过：‘随着贸易自由的实现和世界市场的建立，随着工业生产以及与之相适应的生活条件的趋于一致，各国人民之间的民族隔绝和对立日益消失了。’”① 按照目前的发展趋势，法治主义会超脱国家范围的局限，扩展到全球社会，构造未来“法治主义的世界化”和“大同法治世界”的前景。虽然“法治主义的世界化”和“大同法治世界”还只是美好的前景，但是这是一个必然发展趋势，中国如何才能在未来汇入“大同法治世界”之流，中国人民如何才能顺利转换成“世界公民”的角色，这首先需要中国加快法治建设，早日实现“法治中国”，为日后的法治世界打下坚实的基础。而“法治中国”的建设，需要法治国家、法治政府、法治社会的共同支撑。

（二）和谐社会应当是法治社会

2006年10月11日中共十六届六中全会审议通过《中共中央关于构建社会主义和谐社会若干重大问题的决定》，该决定阐明了社会和谐是中国特色社会主义的本质属性，是国家富强、民族振兴、人民幸福的重要保证。构建社会主义和谐社会，反映了建

① 郭道晖：《公民权与全球公民社会的构建》，载《社会科学》2006年第6期。

设富强民主文明和谐的社会主义现代化国家的内在要求，体现了全党全国各族人民的共同愿望。强调我们要构建的社会主义和谐社会，是中国共产党领导全体人民共同建设、共同享有的和谐社会。

和谐社会的建立必须以法治为中心，构建一个秩序井然、公平公正、人民的权利得到充分保障、人人能够安居乐业、和睦相处的社会，可以说和谐社会就是法治社会，只有加强法治，才能保障社会有秩序的运行，确保社会和谐稳定、国家长治久安、人民享有殷实安康的生活。

（三）社会问题需要借助社会权力来解决

法律并不是万能的，许多的社会问题和矛盾，都不能依靠国家法律来解决。例如，在道德领域、在民间日常纠纷中、在维护社会团体内部的秩序上，完全是可以依靠传统的习惯规则、按照乡规民约、按照社团章程、组织纪律等社会自律规范来调整。法律在介入社会问题之前，应当正视自己的局限性，给道德、习惯等自发性社会规范提供充分发挥其作用的空间。

（四）急需扭转“社会溃败”的局势

我们知道，刚刚成立的新中国是个“全能主义国家”，政府无所不能，几乎你能想得出来的所有事情，皆在政府的规划之下。大如产业结构、资源分配，小如个人的娱乐方式、家庭生活，全都离不开国家的指挥布置。这样的全能政府最终导致了新中国成立后的30年历史是“以阶级斗争为纲”、否定法治、不断折腾的历史，发生了大跃进、三年大饥荒、十年文化大革命这些惨痛的历史事件。正如西班牙学者奥尔特加·加塞特便已经在《大众的反叛》一书中发出警告：现代国家作为一种人造之物可能超出人类可以控制的范围，变成一台可以操控一切的庞大机器。① 在加塞特看来，威胁文明的更大危险是：国家干预、国家对一切自发的力量越俎代庖，因为这等于取消了历史的自发性，而从长远来看，维持、滋养并推动着人类命运的正是这种自发性。当这种自发性被国家的干预打断，就不会有新的种子能够开花结果。社会不得不为国家而存在，个人将不得不为政府及其而存在。就这样，国家为了满足自己的需要，对人类生活推行进一步的官僚化。

十一届三中全会之后，国家确立了以“以经济建设为中心”的基本国策，走上了改革开放的道路，取得了许多举世瞩目的经济成就，国家经济实力和综合国力日益增强，与此同时，我们必须注意到，“让一部分人先富起来”及“发展是硬道理”等政治口号本身所具有的模糊性与开放性使一些权力部门在追求经济效益最大化时完成了政府向经济主导型的转变，甚至出现了“GDP压倒一切”的势头，最终，随着腐败日益严重，贫富两极分化，社会矛盾加剧，产生许多新的社会问题乃至社会危机。面对日益激化的社会矛盾，防止出现大的社会动荡，政府提出了“稳定压倒一切”的“维稳”思

---

① ［西］奥尔特加·加塞特：《大众的反叛》，吉林人民出版社2004年版。

路，而由于各级、各地政府部门“维稳”的手段不合法更加激化了这个矛盾。清华大学社会学系教授孙立平认为，事实上中国目前最大的威胁可能不是社会动荡，而是社会溃败。他认为，近些年来，中国社会溃败的迹象已经明显呈现。其中最核心的是权力的失控，这种失控表现为，政府权力成为不但外部无法约束而且内部也无法约束的强大力量。与此相关的是，这种社会溃败已经蔓延到了社会生活的各个领域：潜规则盛行于社会就是最好的证明——关于这一点，只需要看看书店里有多少书是“厚黑学”、“成功学”；社会底线失守，道德沦丧——“小悦悦事件”；职业操守和职业道德的丧失——食品安全问题；整个社会的信息系统已经高度失真——假新闻层出不穷。而解决“社会溃败”的唯一途径就是利用现代法治社会的社会价值观念、社会纪律、社会权力和社会组织来重建一个良好社会。

三、建设法治社会与建设法治国家

（一）建设法治国家与建设法治社会的关系

由于法学理论界对于法治社会的内涵莫衷一是，必然导致在建设法治国家与建设法治社会的关系上也出现分歧。

姜明安教授认为“建设法治国家是建设法治政府的前提，建设法治政府是建设法治国家的关键”。①

李林教授认为，“在法治国家、法治政府和法治社会的建设中，究竟哪一个是重点、是基础、是关键，法学界一直有不同看法。有的认为法治国家建设比较重要，也有的认为是法治政府，还有的认为是法治社会。这次提出‘一体化建设’，就从全面推进依法治国的战略布局角度提出了新的要求。‘一体化建设’说明三者都是非常重要的，不存在主次关系，应该协调推进”。

杨建顺教授认为，“从我国法治国家理论发展可以看出，很早以前，对于法治国家、法治政府、法治社会的概念与关系就已经开始进行研究，并且法治国家、法治政府和法治社会的建设问题一直是学术界以及社会各界关注的事情。就法治国家来说，我们国家在宪法上早已确立了建立法治国家的宏伟目标，在法治建设上来说范围大一些，是我国法治建设的总目标”。②

郭道晖教授认为，“法治社会是相对于法治国家而言。我们要建设法治中国，单有以国家法律为主导的法治是不够的，也不能适应当代社会经济与政治的发展要求。它必须有法治社会作为其辅助与互动的基础力量。我们在建设社会主义法治国家时，必须同

① 姜明安：《论法治国家、法治政府、法治社会建设的相互关系》，载《法学杂志》2013 年第 6 期。

② 杜晓：《权威解析三个“法治”为何要“一体化建设”》，载《法制日报》2013 年 3 月 1 日第 4 版。

时促进法治社会的形成”。

通过对各位教授的观点进行比较分析，可以看出，对于建设法治国家与建设法治社会的关系主要有三种观点：一是二者处于同等地位，不存在主次，需要同步进行；二是建设法治国家才是总目标；三是建设法治社会才是最终目标。

笔者认为，通过上文对法治国家、法治社会的内涵进行辨析后，建设法治国家与建设法治社会的关系应该是处于同等地位的，应该共同推进，最终实现“法治中国”。这里有必要澄清的是，上文中提到的郭道晖教授在其《法治的时代精神》所论述的“中国法治进程的最终目标——法治社会”这一理论在当时的背景下，是具有划时代的意义，郭教授之所以将“法治社会”作为最终目标，是因为他认为单纯的建设“法治国家”并不能真正实现“法治”，中国的“法治进程”要想取得质的飞跃，必须建设“法治社会”。只有完成了法治社会的建设，中国的法治进程才算成功完成，即我们今天所说的实现“法治中国”。

（二）法治国家与法治社会的一体化建设

1. 法治国家要以法治社会为基础

国家权力与法的本源是人民。人民是国家的主人，社会的主体。国家立法不应只是国家意志或统治阶级意志的体现，而应是全民的、全社会的共同意志的体现。法的施行，也有赖于全社会、全体民众的支持。法不应只是控制社会的工具，也是社会制约国家权力和社会自治自卫的武器。因此，国家的法治化，不能没有社会的参与，不能搞脱离社会的法治化。否则，法治国家就是空中楼阁，只是一种难以兑现的承诺。

2. 法治社会的形成，需要法治国家的主导

在西方发达国家，其社会法治文明是在有悠久历史的市场经济与市民社会的基础上，社会自发地形成的。在中国，由于长期以来，国家对社会的严密统制和市场经济发育较晚，民间社会作为一个相对独立的力量从国家一统天下中挣脱出来，主要是靠国家的“放权”和“松绑”。因此，中国法治社会的形成，有赖于国家权力的主导作用。

法治社会是相对于法治国家而言。单讲建设法治国家，没有法治社会作为其互补、互控、互动的基础力量，法治国家也很难建立。何况，按照马克思的预想，国家最终是要“消亡”的，而社会永存，社会也不能无法治。所以今日提出建设“法治社会”的目标，是对建设法治国家在理论上迈出了有远见的一步。如果党政领导干部在法治思维上懂得运用国家权力，能充分重视公民社会、法治社会的巨大潜力，改变对国家权力与社会资源的垄断，促使权力和法治的社会化多元化，部分地放权于社会，或委托、授权于社会组织，承担一些国家与社会事务的管理，强化社会对国家的监督，那么，建成法治中国就不至于举步维艰了。

（作者单位：华中科技大学法学院）

第二十九篇
刍议法治一体化建设之实践路径
——私权优位

何小锐

摘　要： 在国家和社会二元分层的结构之下，落实到法治实践中，法治一体化建设的本质是公权与私权各司其职，相互尊重。我国当前，公权侵犯私权成为法治一体化建设的一大阻滞，公权屡屡侵犯私权并不是因为公权强势，而是因为私权不彰。故而，应该发展壮大社会团体组织，将私权利集中行使，并在社会中大力培育财产权、人身权不可侵犯的私权理念，平衡公权与私权的关系，这是法治一体化建设的必由路径。

关键词： 法治一体化建设；私权；公权

一、引　　言

法治一体化建设指的是法治国家、法治政府和法治社会一体化建设，这一提法是习总书记在中共中央政治局第四次集体学习时强调的，“坚持依法治国、依法执政、依法行政共同推进，坚持法治国家、法治政府、法治社会一体化建设，不断开创依法治国新局面”。① 法治社会的提法进入我们的视野，法治国家、法治政府和法治社会三者是何种关系？法治一体化建设应该如何处理这三者的关系？这是本文的逻辑起点。法治的生命在于实践，法治一体化建设决不能空中楼阁，停留在理论的探讨中，而应具体到法治的实践中。法治的实践包括权力与权利的配置，公民私权利屡屡遭到公权力的粗暴侵犯和干预，这体现了法治社会之下公权和私权的不对等关系，而进行法治一体化建设首要的就是要正确处理这一关系，那么如何处理这一不对等关系则是本文的逻辑终点。

二、法治国家、法治政府和法治社会三者的关系探析

（一）法治国家、法治政府和法治社会三者关系

学界关于法治国家、法治政府和法治社会的关系的探讨不是很多。莫于川教授认

① 习近平在中共中央政治局第四次集体学习时强调：依法治国、依法执政、依法行政共同推进法治国家法治政府法治社会一体化建设，载《人民日报》2013 年 2 月 25 日。

为，“建设法治国家是根本任务和远大目标，建设法治政府是核心任务和关键环节，建设法治社会是基础任务和普遍要求，它们的建设标准有同有异，互系互动，异曲同工”。①

具体而言，法治国家是现代社会在政治法律制度上的一种模式选择，是近代以来一种最进步最文明的政治法律制度类型，具有一系列明确具体的标志和要求，因而法治国家是一项治国的基本追求战略目标。法治国家需要达到何种目标？这没有一个固定的标准，是因国而异，因时而异的。我国学者李步云教授提出了法治国家的十大标准，引起了较为广泛的社会共识。这十大标准是：“（1）法制完备；（2）主权在民；（3）人权保障；（4）权力制衡；（5）法律平等；（6）法律至上；（7）依法行政；（8）司法独立；（9）程序正当；（10）党要守法。”②

法治政府是法治一体化建设的核心任务和关键环节。加快建设法治政府，是全面推进依法治国的中心环节。要求进一步深化改革，强化对行政权力运行的监督和制约，以建设法治政府为奋斗目标，全面推进依法行政，全力建设法治政府，不断提高政府公信力和执行力。具体来说，需要按照国务院全面推进依法行政实施纲要第5条提出的6项具体要求，做到合法行政、合理行政、程序正当、高效便民、诚实守信、权责统一。

法治社会是法治一体化建设的基础任务和普遍要求。法治社会是与人治社会相对而言的，它是指国家权力和社会关系按照明确的法律秩序运行，并且按照严格公正的司法程序协调人与人之间的关系解决社会纠纷，在法律面前人人平等，而不是依照执政者的个人喜好以及亲疏关系来决定政治经济和社会等方面的公共事务。③

笔者大体同意莫教授的看法，从法治一体化建设的主体范围上来看，法治政府和法治社会是法治国家的组成部分，法治国家的实现也有赖于法治政府和法治社会的实现。从法治一体化建设目标上来看，法治政府和法治社会的最终目的是为了法治国家的实现。在我国自上而下的权力运行体制之下，法治政府就在其中扮演着核心和关键环节。从法治一体化建设的最终力量来看，法治一体化建设需要社会民众的广泛参与，需要社会公众法治意识的提高，需要依靠广大人民群众，只有广大人民群众树立了法治观念才能产生巨大的力量推进法治国家的建设。因而，法治社会是法治一体化建设的基础任务和普遍要求。在莫教授的基础之上，笔者认为，要实现法治一体化建设的目标，必须将法治一体化建设请下“理论范式”的楼阁，转而回到法治实践的“凡间”，因而就有必要探讨在法治实践中法治国家、法治政府和法治社会的关系。

（二）法治国家、法治政府和法治社会一体化建设的实践本质——公权与私权的平衡

法律是调整个人之间、个人和团体之间、个人和国家之间的社会关系的一种工具。

① 莫于川：《法治国家、法治政府、法治社会一体化建设的标准问题研究——兼论我国法制良善化、精细化发展的时代任务》，载《法学杂志》2013年第6期。

② 参见李步云：《依法治国的里程碑》，载《人民日报》1999年4月6日理论版。

③ 莫于川：《法治国家、法治政府、法治社会一体化建设的标准问题研究——兼论我国法制良善化、精细化发展的时代任务》，载《法学杂志》2013年第6期。

按照调整对象的不同可以划分为公法调整的范畴和私法调整的范畴。与之相对应，公法主体在公法域范围内享有的就是公权力，私法主体在私法域范围内就享有私权利。公权与私权的划分是法律空间领域的最基本的分类，二者有不同的作用空间和作用主体。

所谓公权，是由国家依法赋予，并由国家强制力作为后盾，以管理社会公共事务和谋取公共利益为目的的一种国家强制权力。公权的来源主要是指组成国家的公民出让自己的权利的一部分（仅是一部分），授予国家或是国家的管理者用来维护全社会的福祉以及整个社会秩序的安定有序，而公民所让渡给国家或是国家管理者的这些部分私权的总和就是所谓的公权。私权，也叫做私权利，是与公权对立的一种权利。它是指社会全体在社会生活中所享有的各个方面权利的总称。私权的主体主要是公民，但是，也不仅仅局限于此，各企业、各社会组织，甚至国家也可以作为私权的主体。内容上来说主要包括财产权和人身权。① 公权与私权是法治实践的两个最基本的概念，是公权与私权主体享有法律上的利益的一种法律工具，是法治秩序得以维护的重要手段。

笔者在此基础上认为，具体到法治实践中，法治一体化建设本质上就体现为公权和私权的配置。正如前文所分析的，法治国家是法治一体化建设的长远目标，目前国家和社会二元分层的观念已经越来越成为学界共识，“市场经济不仅催生了法的统治和法治政府，更为重要的是，在西方，市场经济的发展和发达也打破了国家和教会一统天下的格局，市民社会得以形成，国家与社会呈现二元化格局”。② 就法治政府和法治社会的关系而言，法治政府是国家公权力的行使者，其行使的目的一方面是为了国家的治理需要，保障社会的有序运行，另一方面则是为了保障私权利的实现。法治社会则代表广大公民是私权利的行使者，其行使私权利的目的是通过享受私权利，实现自身生存和发展的需要。由此可见，法治政府和法治社会同国家和社会二元分离的社会结构是相对应的，法治政府和法治社会的关系体现为公权和私权的配置关系，法治一体化建设从权利和权力的法治实践视角来看则体现为公权和私权的平衡关系。法治一体化实质上是公权和私权一体化。从这个意义上讲法治国家、法治政府和法治社会的关系则体现为公权和私权的关系。那么，公权和私权到底应然是一种怎样的关系，实然又是一种什么关系？这是推进法治一体化建设首要解决的问题。

三、公权与私权的应然关系——互相平衡、互相尊重

公权是社会个体部分私权让渡的总和，公权来源于私权，公权代表国家的整体利益。公权具有国家强制力，是私权的保障与坚强后盾，私权的让渡又是公权的根本来源，二者相互联系，缺一不可。正如刘曙光所说，公权与私权之间的关系，是各种社会关系中最重要的关系，只有公权与私权之间和谐了，才能推动和促进私权与私权之间的和谐。那么，在应然层面，公权与私权是何种关系呢？

---

① 陈影影：《公权与私权》，载《经营者管理》2009 年第 8 期。

② 肖北庚：《法治社会：法治演进的逻辑必然》，载《法制与社会发展》2013 年第 4 期。

（一）从结构层面讲，公权与私权呈反比例关系，相互制衡

所谓结构上的反比例关系，是指在公权与私权共同组成的二元并立的结构体中，公权的范围越大、势力越强，私权的空间就缩小、势力减弱，反之，公权的势力范围缩小、势力减弱，私权力的范围就扩大、势力增强。① 只有从总体上使公权与私权保持势态均衡，使私权有足够的力量（扩大广度对抗强度）抗衡公权，才能排除公权对个人生活空间的任意干预。只有公民权利自由不断扩展，才能对国家权力进行有效的制衡，各种权力制约的机制和制度才能发挥作用。

（二）从效力的来源看，私权是公权的本源和基础

私权是公权的本源和基础，公权是私权实现的有力保障。从根本上讲，国家的一切权力属于人民，人民作为一个抽象的整体享有国家权力。从具体途径上看，公民通过行使选举权、被选举权，选举代表组成人民代表大会，人民代表大会是我国的国家权力机关，由它来决定政府及其他国家机构的组成，并授予各个国家机构相应的行政权、司法权、军事权。显然，公民的选举权、被选举权等个体权利的行使是国家权力的基础。这是保证公权来源于人民、为人民谋利的重要环节。

（三）从设置的目的来看，公权存在的目的在于保障私权的实现

尽管私权是公权的本源，但是私权体现为个体意志，分散由个人行使，处于弱势地位，需要公权的保障。公权对私权进行保障在立法、行政、司法、军事方面都有体现，而以行政保障和司法保障最为鲜明。行政权涉及社会生活的方方面面，对行政相对人的私权会产生直接的影响，行政保障是私权的基本保障。行政机关颁发行政许可，使公民、法人或其他组织获得从事某一活动的权利；有关机关维护社会治安、维护交通秩序、维护市场秩序，制裁一般违法行为，从而保障公民人身、财产安全和安定的生活。此外，通过实施行政救济，对权利的缺损进行救援和补救。比如，通过行政复议撤销原行政决定，给予权利人以补偿或赔偿。② 发挥公权对私权的保障作用，要求公权必须依法行使，严格程序，提高效率，限制自由裁量权，排除司法擅断，消灭各种腐败现象，做到司法公正。

由以上论述可知，公权与私权的应然关系是二者相互尊重，互相平衡。“现代法治的核心就在于权力制约和权利保障，而权力制约和权利保障不仅需要横向的权力内部的分权，更为关键和基础的是纵向的权力外部的社会分权。”③ 在权利配置上，应该坚持

---

① 袁祖社：《权力与自由》，中国社会科学出版社 2003 年版，第 192 ~ 193 页。转引自李新刚：《公权与私权和谐是社会和谐的基础》，载《理论研究》2005 年第 5 期。

② 公丕祥：《法理学》，复旦大学出版社 2003 年版，第 209 ~ 210 页。

③ 冯向辉：《中国法治社会根基的可贵探求——评〈国家、市民社会与法治〉》，载《学习与探索》2004 年第 1 期。

私权优先的原则。首先，只要是合法取得的私权，应当受到全面充分的保障，在与公权发生冲突时，私权优先；其次，对于法律没有明文列举的权益，适用“法不禁止即自由”的原则作出权利推定，公权不得干涉，更不得实施法律惩罚；再次，只有在法律有明确规定的情况下才能依照法定程序对私权进行限制和剥夺。在公权力的行使上，应该以保护私权为最终目标，在没有法律规定的情况下，公权不得干预私权的行使，更不得侵害私权，公权应该受私权的制约和监督，私权对公权的制衡是公权制约体系中的基础。只有维护公权与私权的平衡才能充分发挥公权的作用，才能维护私权主体私权的实现，在法治一体化建设的维度下，才能实现法治政府和法治社会二者力量的平衡，真正实现法治国家目标的实现，这才是真正意义上的法治一体化建设。

四、我国公权和私权的实然关系——法治一体化建设的阻滞

公权与私权的应然关系是我们一直追求的理想目标，然而现实的法治实践中更多见到的是公权与私权不平衡这一实然关系。在我国社会中，公权力始终处于优势强力的地位，公权粗暴干涉甚至侵害私权的现象屡见不鲜，“公权与私权不和谐是导致当前诸多社会矛盾和冲突的根本原因。”① 这已经严重影响到了我国社会的稳定和谐，更加成为法治一体化建设的阻滞。当前我国公权对私权的侵害表现在如下几个方面。

（一）公权侵犯私权的表现

1. 公权的扩张和滥用侵害私权现象严重

我国传统的权力崇拜观念、等级观念、草民意识的影响，私权受到公权侵犯的事件时有发生。有的利用地方立法权任意扩充公权，搞地方保护；有的在法无明文规定的情况下，干预公民私权范围内的事务，如延安发生的夫妻在家中看黄碟被查处一案，曾经引发广泛关注；还有的违法行使职权、不正当行使职权，侵害公民人身、财产权利，比如强制拆迁、土地征用和城管维护中的暴力执法，均引发了较大民怨，官民对立情绪严重。②

2. 公权的怠于行使导致私权无法获得有效保障

公权力的重要职能就是保护私权的实现，因此公权主体必须积极履行自己的权力。对公权主体而言，其权力同时意味着职责，权力不能随意放弃，公权的怠于行使会使私权失去公权的保障，难以得到实现和维护。如 2005 年 6 月发生的黑龙江沙兰镇洪灾，

① 李新刚：《公权与私权和谐是社会和谐的基础》，载《理论研究》2005 年第 5 期。

② 例如，某省的一个县里，政府为了搞开发建设，动员居民拆迁。由于补偿安置不合理，有些居民拒绝拆迁，政府竟打出口号，“谁影响我县发展一阵子，我就影响他发展一辈子”，并与之配套推出“四包两停”措施，即该县所有的国家公职人员要承包做好其家属和亲戚的拆迁工作，做不好的，停职停薪。再如，西南某地区为了加强对网络的管理，通告规定市民在家上网必须先向公安机关登记，对拒不登记者，轻者警告，重者停机半年。以上两例均属公权粗暴干涉私权的例证，这样的例子在我国比比皆是。

当地党委书记和公安机关负责人因接警不及时救助被立案审查。

3. 公权的异化致使私权受到侵害

公权的异化一方面表现为公权机关为本地方、本机关、本部门谋利益，比如形形色色的地方保护和部门保护现象；另一方面集中表现为权力腐败，以权谋私、权钱交易以及公款吃喝、公款旅游、公车私用等。① 权力异化可以直接损害公共利益，比如挪用公款；也可能直接侵害公民的私权，比如徇私枉法裁判。

4. 公权与私权不平衡导致对公权的制约不力

恩格斯认为公权是“从社会中产生但又自居于社会之上，并且日益同社会相脱离的力量”②。从一定层面上，我们可以这样理解，由个体私权让渡而来的公权凭借国家强制力凌驾于社会之上，日益与公民的私权脱离，他们之间的联系逐渐被他们之间的冲突对立所淹没。从我国社会总的情况看，公权与私权不平衡、不和谐，公权过于强大，私权的广度和保护力度不够，权力崇拜观念强烈，私权观念严重缺乏。③ 在公权与私权发生冲突时，私权主体缺乏进行抗衡的足够的信心和社会支持，致使监控权力的各项制度难以落实。

（二）公权与私权失衡的根本原因——私权力量薄弱，私权理念缺乏

虽然，主流观点认为，公权与私权失衡的原因在于公权力量的强大，“一切权力必然导致腐化，绝对权力导致绝对腐化。要防止滥用权力，就必须以权力约束权力。”④ 权力对于权力的滥用者来说具有很大的诱惑力，公权本身具有很强的国家强制力，拥有了公权，就能更好地为自己的私权利服务，这也是公权极易被滥用的原因之一。但笔者不同意这一观点，笔者认为，公权与私权失衡的根本原因不在于公权的过分强大，而是在于私权力量过于薄弱，私权理念十分缺乏，才引致公权的乘虚而入。理由有如下几点：

其一，马克思主义哲学认为，内因是事物发展的根据，外因是事物发展的条件，内因通过外因起作用。就公权与私权的关系而言，私权受到侵害的根本原因是民众自身理念的缺失和私权分散导致的力量弱小，公权只是在这一基础上对私权产生侵害，假如私权的力量足够强大，那么必然能够同公权相抗衡。

其二，公权缺乏制衡才导致私权受到侵犯。而私权对公权的制衡是公权制约体系中的基础，不管是需要排除权力干预的私权，还是要求权力主体积极作为的私权，都可以起到制约公权的作用。因为私权和公权在结构上是负比例关系，私权力量的弱小不能有

---

① 谢晖：《价值重建与规范选择——中国法制现代化沉思》，山东人民出版社1998年版，第194～195页。

② 《马克思恩格斯选集》第4卷，人民出版社1995年版，第170页。

③ 梁慧星：《靠什么制约公共权力的滥用》，载《人大报刊复印资料：宪法学、行政法学》2004年第10期。

④ ［法］孟德斯鸠：《论法的精神》，张雁深译，商务印书馆1961年版，第154页。

效地对公权产生制衡才导致公权侵犯私权成为一种常态。而公权的自我约束和监督同样是要建立在私权的监督基础上才能发挥作用。

其三，私权是公权的来源，公权的目的是为了保障私权的实现。因此可见私权在理论上具有优位性，而现在私权反而受到侵害，原因就在于私权没有进行斗争。著名法学家耶林认为，我们需要为权利而斗争，为权利而斗争是对自己的责任，是对国家的责任，是对社会的责任。公权的性质和属性决定了其容易被滥用，最有效的防范方式就是为私权而斗争。

因此，公权与私权失衡的根本原因是私权力量薄弱，私权理念缺乏，私权分散行使，既不能达到私权维护自身利益的目的更不能起到私权限制公权的作用，而正是公权与私权的这种失衡状态使得法治政府和法治社会两极分化对立，矛盾冲突多发，引起社会不和谐，使得法治政府不能依法执政，法治社会下的公民也不能有效维护自己的权利，离法治国家的目标渐行渐远，法治一体化建设受阻。

五、法治一体化建设的治本之策——培育私权

公权与私权失衡成为法治一体化建设的最大阻滞，正确的做法应该是大力培育私权理念，为私权的行使提供更好的平台，发挥私权对公权的基础制约作用。笔者认为，可以从两个方面培育弘扬私法。

（一）培育弘扬私法优位的理念，在私法受到侵犯时能够捍卫私权

其一，应该鼓励公民同侵犯私权的行为作斗争。事实上，国家已经通过法律明确规定了私权不可侵犯。改革开放以来，我国开始注重协调公权与私权之间的关系，主要体现在颁布法律积极维护私权。2003 年我国宪法进行了修正，第 13 条和第 33 条明确规定："公民的合法的私有财产不受侵犯。""国家尊重和保障人权。"以及 2004 年 7 月《行政许可法》的实施，2007 年 3 月 16 日《物权法》的通过，《民法通则》第 5 条规定"公民、法人的合法民事权益受法律保护，任何组织或个人不得侵犯"，并对侵犯私权的行为规定了具体的保护措施。2004 年 3 月，"公民合法私有财产权不受侵犯"这一突破性的规定载入了我国宪法修正案，使私有财产上升为宪法权利。这些法律规定都在缩小公权范围、扩大私权的空间，限制和规范公权的使用方面有着极为重要的作用。私权应受保护的观念是有法可据的，因此当合法私权利受到侵犯时应该拿起法律武器，通过行政复议、行政诉讼等合法的法律途径同公权力进行抗争，才能有效地对公权力进行限制，维护私权。具体而言，公民的私权包括合法的财产权、人身权，应该受到法律的保护，公权力应该给予足够的尊重，未经法律明确规定和法定程序不得侵犯。

其二，应强调私权优位的理念。强调私权神圣、私权优先要求公权机关及其工作人员履行职务时应当时刻关注其职权范围内有关公民的权利，保证手中的权力不背离为人民谋利益的根本目的，不能以"人民利益"或"公共利益"为借口侵害某一公民的权益。保护公共利益是私权优先的唯一例外，因此，适用私权优先原则必须要明确和严格

限定公共利益。“公共利益的合法性应该包括内容的公共性、范围的确定性和实现程序的正当性。”① 公权与私权发生冲突时，只要公权所指向的利益没有被确认为合法的公共利益，公权应当受到限制，私权应当获得实现和维护。比如房屋拆迁缺乏合法合理依据，房屋所有人的权利可以排斥任何外来侵犯和干预。

（二）应该发展壮大社会团体组织，将私权集中行使，壮大私权力量

历史表明，“权利有效的制约权力尚需社会从个体到组织体的演化，近代工商文明的发展使这种演化成为现实，高度发达的组织成为制衡国家权力的强大动力，尤其新闻组织、政党组织，其他压力集团使国家权力的运行摆脱了前资本主义时代权力中心的局面”。② 因此，通过社会团体、民间组织、政党组织等社团组织依法进行的各种活动来集中行使私权是一种有效的平衡制约公权的手段。此外，可以通过人民代表大会集中公民权利形成人民权力。人民代表大会是人民代议机关，人民的意愿和心声由人大来反映集中是理所当然。人民代表大会也是公权机关，通过人民代表大会集中公民的权利，实际是借助一种公权来制约另一种公权。第三，借助社会舆论进行监督制约。通过新闻媒体对公权侵犯私权的行为曝光，形成舆论压力，迫使有关部门纠正错误，解决问题。这种方式往往能起到立竿见影的效果，已经发挥出重要的作用。

六、结　　语

法治国家、法治政府和法治社会一体化建设的逻辑起点在于正确认识三者之间的关系，法治一体化建设需要落实到法治实践中来，具体体现为公权与私权的平衡制约关系。只有正确处理公权与私权的关系才能实现法治一体化建设的目标。而我国当前，私法理念不彰，私权屡屡受到侵犯，只有弘扬私权观念，培育私权精神才能平衡私权与公权的关系，最终促进法治一体化建设目标的实现。

（作者单位：武汉大学法学院）

① 刘曙光：《论公权与私权的和谐以及私权优先原则》，燕南网（http：//www. yannan. cn）

② 谢晖：《法学范畴的矛盾辨思》，山东人民出版社 1999 年版，第 264 ~ 265 页。

第三十篇
世道人心与中国法治社会的建构

韩向臣　任颖

内容提要：中国社会的转型已进入关键时期，社会矛盾层出不穷，而作为社会治道的法律却不能够很好地发挥作用，甚至有时更是对社会的前进与发展构成阻碍。整个社会的急功近利固然是重要原因，然而，对于国人世道人心的忽视与违逆无疑在法治社会的建构中构成一大妨害。我们中国的法治要摆脱西方话语权的控制，建构属于自己的法律理想图景，进而促进中国法治社会的形成和完善，必须关注当下社会的世道人心，法治，必须对国人现实的生活予以充分的关怀。

关键词：人心；法治；社会生活；理想图景

中华民族有着泱泱五千年的历史与文明，曾在人类历史上绽放出无限的光芒。但是随着西方近代化的开始，随着工业革命和民主革命的展开，我们东方这个曾经的强国终于惨败于西方的坚船利炮。于是，有识之士奋而反思，洋务运动、戊戌维新、辛亥革命，终而有“德先生”与“赛先生”指明我们前进的方向。自一八四零年鸦片战争至今，已有一百七十余年的历史，中国的近代化与现代化伴随着屈辱与痛苦。有感于人治的弊端，我们遂大倡法治。《中华人民共和国宪法》第5条规定：“中华人民共和国实行依法治国，建设社会主义法治国家。”然而，在被西方列强乃至东方倭国欺压了百多年以后，我们在器物方面已然更不如人，加之导师们“物质决定意识，经济基础决定上层建筑”的谆谆教诲，我们更觉自己的一切都不如别人。法治建设尤其是法典条文，先是追随苏联“老大哥”，再而学习日本与欧美，这本无可厚非，但是学到照搬照抄的地步，便已是无益于法治社会的建设。当前中国法治社会建构过程中的种种问题，很大一部分原因便是法律规定与平常百姓生活的冲突。因而，有能力者在为中国法治社会的建设添砖加瓦抑或大力推进时，莫要忽视了我们黎民百姓的生活，亦即我们当下世俗社会的世道人心。

一、人心与法治

（一）人心的含义

我们中国人常说“世道人心”，韦政通在《中国哲学辞典》中将“人心”解释为：

"一种能感通的心意活动。"① 落实到具体的社会中来，便成为黎民百姓们的日常生活与社会情感。"一时代一民族必有一时代一民族之生活样法及其判断与评价，而蔚成一时代一民族之世道人心。法意者，此世道人心之于规则诉求也，其意在安放事实，服务人生，而熨帖人心。法制因此而铺设，法律遂成一时代一民族之自然言说。"② 在这里，法律不过是一时代一民族世道人心的具体呈现，只有能够反映当下世道人心的法律才有可能成为一种好的法律。

东西方虽同处一个世界，但毕竟相隔甚远，远古时代的各自独立发展，造成了不同的文化与生活，二者并非不可调和，不过也不是这一二百年间便可融合为同一的。我们中国人的生活样法自不同于欧美，而欧美社会为其人民所制定的法条准则，自然也不可生搬硬套于我们的社会生活。否则，到头来，我们不但将永远处于一种追随者的地位，唯西人马首是瞻，而且，也将会失却文化的自主性，迷失在今天这所谓的"多元世界"而毫无自己立锥之地。

（二）立基于人心的法治社会

我们中国本没有西方人所讲的意义上的"法治"，而且，即便是西方人，也不过是在近代以来，才逐步地进入法治社会。同时，西方学者也并没有给"法治"下一个准确的定义，《布莱克维尔政治学百科全书》认为，法治（Rule of law）"是指人们提出的一种应当通过国家宪政安排使之得以实现的政治理想"③。也有学者认为，法治（Rule of law）"是指所有的机构，包括立法、行政、司法及其他机构都要遵循某些原则。上述原则一般被视为法律特性的表达，如正义的基本原则、道德原则、公平和正当程序的观念。它意味着对个人的最高价值和尊严的尊重。"④ 西方国家高举民主与法治的大旗，虽对世界其他地方的人民大加蹂躏，自身却取得了举世瞩目的成就，其在"国家内部"实行的民主与法治功不可没。如今，西方的法治社会建设已日渐成熟和完善，而我们依然步履维艰，小心翼翼地在建构法治社会的道路上前行。

梁漱溟先生有言："人非社会则不能生活，而社会生活则非有一定秩序不能进行；任何一时一地之社会必有为其所为组织构造者行诸于外而成其一种法制、礼俗，是即其社会秩序也。"⑤ 所谓法治，不过是你我在人间的一种生活方式，是此时此地我们人生与社会中的一种比较有效的秩序。换言之，在前现代社会，法治并不是我们的生活方式，或许，在将来的某一天，人类也会发现一种更好地东西来取代法治。但是在当今世

① 韦政通：《中国哲学辞典》，台湾水牛出版社1993年版，第14页。

② 许章润：《说法·活法·立法（增订版）》（序言），清华大学出版社2004年版，第7页。

③ ［英］戴维·米勒、韦农·波格丹诺主编：《布莱克维尔政治学百科全书》，邓正来等译，中国政法大学出版社1992年版，第675页。

④ ［英］戴维·W. 沃克著：《牛津法律大辞典》，李双元等译，法律出版社2003年版，第990页。

⑤ 梁漱溟：《乡村建设理论》（1937），收见《梁漱溟全集》第2卷，山东人民出版社1989年版，第162页。

界，法治的确是我们实现中华民族伟大复兴的不二选择。我们中国法治社会的建构，必须立足于我们中国人自己的人心与人生，使法治社会服务于国民的生活与民族的发展，而不是学者或是官员们沾沾自喜于对西方法治社会的理论或实践，对我们的国情世情却多有不知。

二、世道人心与法治社会的双向互动

（一）法治社会的建构依赖于世道人心

纵观西方近现代历史，可以发现，任何国家的法治化都不是一蹴而就的，需要几代人甚至是几十代人的努力。西方国家依照民族自身的存在方式，在不断地摸索与实践中设计了自己的社会制度与法律原则，虽同为法治的国度，但在法律体系上，宏观来看，有大陆法系和普通法系之分，从细处看来，一国一族之法律制度亦是各有特色，《法国民法典》和《德国民法典》开两派风气之先，《瑞士民法典》却是后来居上。他们从来就不是抄袭前人的制度，而是努力地使前人的成果服务于自己国家的法治进程。我们学习他们，不仅是要学习其制度成果，更重要的，是要学习这种难能可贵的独立探索的精神。例如萨维尼所领导的历史法学派，虽然在一定程度上迟缓了《德国民法典》的诞生，但他们埋首于德意志民族的历史典藏，发掘民族的精神智慧，深刻洞悉了德意志人民的生存方式与现实需要，这些成果，使后来者在制定民法典时，得以立足于德意志民族的世道人心，从而制定出一部属于自己民族的《德国民法典》，并在世界上产生巨大影响。由此可见，只有我们的成果能够服务于本民族的发展，服务于本国公民的生活，才谈得上有价值，才谈得上让其他民族与国家来认同和借鉴。

如今，我们已进入建设社会主义法治社会的关键环节，“从法学的立场观察，此刻中国正处在由传统伦理文明秩序向现代法律文明秩序的转型之中，确切而言，恰为这一进程的收尾阶段”。① 国家领导人提出要“坚持依法治国、依法执政、依法行政共同推进，坚持法治国家、法治政府、法治社会一体化建设”。建设法治社会需要各方的协调配合。由于我们奉行的是一种政府主导型的法治建设路径，因而，政府在我们今后的法治进程中依然起着至关重要的作用。我们应当看到，中国特色社会主义法律体系虽基本形成但依然有不少漏洞；政府虽倡导以人为本，但“不以人为本”的现象依然层出不穷；民众对政府的不信任与日俱增；群体性事件愈演愈烈……诸多社会问题出现在我们法治社会建设的进程中，政府若能解决的好这类问题，我们的法治将会提升很大一个台阶，解决不好，则可能出现任何混乱的事情。

“中国现代法治的建立和形成最需要的也许是时间，因为任何制度、规则、习惯和惯例在社会生活中的形成和确立都需要时间。”② 不错，我们是需要时间。自近代以来，

① 许章润：《国家建构的法理图景》，载《读书》，2010 年第 6 期。

② 苏力：《法治及其本土资源》，中国政法大学出版社 1996 年版，第 21 页。

我们真正的着手建立法治至早可以从清末立宪算起，距今不过才一百年，与西方国家几个世纪的“为权利而斗争”相比时间还太短。况且，清末立宪运动被辛亥革命中断，国民政府在战火之中建立起来的“六法全书”在新中国成立之后又被废除，随之而来的反“右”运动与十年“文化大革命”，更是使整个社会的法治趋于崩溃。准确来说，我们现今的法治建设成就不过是改革开放三十年来的结果。时间太短，而且我们很着急，我们在接受西方的法律文明成果之后，还没来得及咀嚼便已咽下，却不知道自己的身体到底适不适合西方人所生产的东西。立基于西方人人心与人生的法律文明之树，经过我们国人特有的实践方式，不加甄别的施行于民族社会，终于还是在这里水土不服，法治社会建设矛盾重重。

关乎世道人心，法治建设才可畅通无阻。“中国人不是同西方走一条路线”①，文化的不同，便已决定了我们彼此生活样法的不同。“中西本质之不同好像是这样的：西方人较长于进取与工作而拙于享受，中国人则善于享受有限之少量物质。”② 虽然随着市场经济的建立与发展，国人对于物质的渴求与日俱增，但于平常百姓而言，衣食无忧、生活安稳、社会和谐便是足以乐天知命。然而，不幸的是，我们这些黎民百姓恰好处于中国社会的转型时期，欲求安稳而不得，今天要“变法”，明天要强拆，整个社会都处于剧烈的变动过程中，在一片欣欣向荣的景象中，小民生活的艰难与困苦很容易遭到漠视。倘若法治社会的建构，不能够很好地解决百姓的生活，不能使百姓“衣食足、仓廪实”，那么，这样的法治谁需要呢？要知道，在任何社会，统治者毕竟只占一小部分，天下苍生才是所有制度与秩序的最终归宿。而我们建设的法治社会，也只有服务于黎民百姓，使百姓安居乐业，才算得上是一个成功的法治社会。

近年来，政府的不少行为违逆人心，导致民意沸腾，给法治社会的建设造成了巨大的阻碍。以群体性事件为例，这类事件多起因于重大的严重威胁环境的项目、“强拆”等，而民众在利益诉求无处安放时，便只好以聚会游行甚至冲击政府部门的方式来表达自己的意愿。这不仅浪费了巨大的社会资源，而且使社会陷于某种混乱的状态，官民之间的冲突，自然无益于社会的法治。我们讲“法治国家、法治政府、法治社会的三位一体”，但是，公权力对民权的肆意侵犯，司法权相对于行政权的软弱，民众的利益无处诉求，还能怎么办呢？只有以最直接的方式来发泄心中的不满。一个没有权力限制、不能够顺乎民意人心的政府是不足以堪当法治建设的大任的，因为它只会加剧社会的矛盾与冲突。有学者认为，“法治政府建设成功与否是衡量法治国家建设成功与否的最重要的指标”③，这一点至关重要。政府作为社会发展的强力推动者，只有当政府真正实现了自身的法治，才有可能实现整个国家与社会的法治。

当然，我们在这里必须强调，顺乎人心并不是要求一切制度与法律的制定与施行都

① 梁漱溟：《东西文化及其哲学》，商务印书馆 1999 年版，第 72 页。

② 林语堂：《吾国与吾民》，群言出版社 2010 年版，第 83 页。

③ 姜明安：《论法治国家、法治政府、法治社会建设的相互关系》，载《法学杂志》2013 年第 6 期。

要以所谓的“民意”为本，民意，只不过是中国人人心与人生的一部分内容，并且深具变化性、不可测性。在当前法律界，尤其是司法界，动辄以民意来扭曲法律，法律或轻或重，让人无法预测，出现了诸多的司法不公正现象，这无论是一种对于生搬硬套西方法律的矫枉过正，还是统治当局所谓对于民意的尊重，都只说明了我们法治思维和法治意识的匮乏与无力。我们要建设法治社会，必然要求我们坚持法律至上，在立法、执法、司法的过程中，体察世道人心，而不是肆意歪曲法律，破坏法律的统一和安定。人心不是民意，世道人心所呈现的，是我们作为中国人所特有的一种生存方式，是不同于西方的一种心理认知态度与生活样法。“西方反自然的虚构、设计图纸，改造、革命于大地以复活。中国则顺应自然，道法自然。”① 未来中国的法治，必然是一种顺乎人心、关怀世间的法治，是中国人可以安放心灵，活出一个真正的自己的治道。

（二）世道人心需要法治社会的关怀

建构法治社会，或者说的更具官方特色一些，是法治国家、法治政府、法治社会的三位一体化建设，在依赖于世道人心的同时，也需要对中国人的人心与人生予以关怀。社会的心灵是强大的，但同时又很脆弱。近代以来，随着国门大开，各种思想在这里接触与碰撞，旧的传统已经被打破，新的秩序尚未形成，在这种条件下，世风人心也不免遭受冲击。近年来，社会所普遍关注的道德沦丧问题，即是一种不容忽视的表现。当前，处于法治社会建设关节点的我们，也不得不关注在世道人心方面出现的支离与混乱。否则，曾经的“礼仪之邦”难免沦为他人的笑柄。

世道人心虽不可察，但是，它所反映出来的一些东西，是值得我们去关注与呵护的。在推进法治建设的进程中，我们不能不考虑到国人所向往和享受的社会生活。“人生真正的目的，中国人用一种单纯而显明的态度决定了，它存在于乐天知命以享受朴素的生活，尤其是家庭生活与朴素的社会关系。”② 国人需要这些，因为正是这些，才使得我们成为中国人。

随着法律在社会生活中发挥越来越多的作用，法律深刻地影响着世道人心的发展与转变。在这种时刻，倘若不能够注意到这一点，法律则有可能将我们导向一种世人所不愿的场景。以南京“彭宇案”为例，彭宇帮扶老人却遭到他人的控诉，法官更是以匪夷所思的逻辑推理判决彭宇败诉，整个社会为之哗然，虽然人人皆为彭宇鸣不平，但当众人见他人摔倒，已经不敢不假思索的上去帮扶一把。仅仅一个司法案例，却导致我们整个的社会风气为之一变：助人为乐已不再受到提倡，帮助他人却要担上被人讹诈的风险。这里，我们便看到了司法的巨大社会效果，只不过是消极的而已。古人讲：恻隐之心，人皆有之。而如今，或许恻隐之心尚有，但我们已不敢将之付诸行动，久而久之，此一人世间人与人的互助与和谐关系必将消亡殆尽。法律何以有如此巨大的能力？它不过是抓住了人心的薄弱环节，当一种好意的施惠非但不能够带来他人的赞赏，却反而受

---

① 于坚：《还乡的可能性》，商务印书馆2013年版，第64页。

② 林语堂：《吾国与吾民》，群言出版社2010年版，第83页。

人污蔑，如此这般，自然无人再做。人与人之间的关系遂变得愈来愈陌生。这样的社会，必然不是人们所喜闻乐见的。

任何一种良好社会秩序的建构，都必然是对于当下吾国与吾民生活样法的现实关怀。我们古人讲“五百年必有王者出”，这是百姓寄希望于大能力者匡扶天下、行大道于世间的美好愿望。在开始法治社会的进程之后，我们更多地依赖于制度来保障社会的安宁与和平，引导社会的前进与发展。在一个“礼崩乐坏”的年代，制度对于世道人心的安抚与向善有着更为重要的意义。法律不是为了法律而存在，它是为了人类普遍的善而存在和发展。

现如今，中国法理学界越来越关注司法层面的理论与实践。司法对于世道人心的深刻影响已经不言而喻，在加以重视的同时，发挥司法对于社会生活的引导作用，是法治关怀国人生活的重要体现。

三、中国法治社会建构的理想图景

中国法治社会的建构，必将立基于中国人的人心与人生，并服务于公民的社会生活方式，这一点，前面已经谈得够多，这里也不必重复。然而，一味的描述其目的与存在价值，未免陷于空谈，因而，在此之外，我们不应该忽视具体的法治社会的建构层面和其理想图景。

关于法治，亚里士多德说得最好：“法治应包括两重意义：已成立的法律获得普遍的服从，而大家所服从的法律本身又应该是制定得良好的法律。”① 这话已经过去了两千多年，到今天依然放之四海而皆准。虽然依据亚氏的标准，我们中国在这两点上做得都不够好，但我们毕竟在努力去做了。在三十多年的时间中能够取得今天这样的成就，已颇属不易。徐友渔先生说，他“短期内期望的是一个低调的法治社会”②，能有公正的法律和公正的司法机关来解决各类矛盾。现在，我们正在朝着这个目标迈进，在做到这一点之后，我们应该更加关注法治对于世道人心的慰藉，对于社会生活和谐、人们安居乐业的追求。

我们中国建构属于自己的法治社会的理想图景，颇为重要的一点，就是要摆脱西方话语模式的控制。“中国法学之所以无力为评价、批判和指引中国法制或法律发展提供一幅作为理论判准和方向的‘中国法律理想图景’，进而无力引领中国法制或法律朝向一种可欲的方向发展，实是因为中国法学深受一种我所谓‘西方现代化范式’的支配，而这种‘范式’不仅间接地为中国法制或法律发展提供了一幅‘西方法律理想图景’，

---

① ［古希腊］亚里士多德：《政治学》，吴寿彭译，商务印书馆1965年版，第199页。

② 徐友渔：《现实的期望：一个低调的法治社会》，载《爱思想网》，访问时间2013年12月10日。

而且还致使中国法学论者意识不到他们所提供的并不是中国自己的‘法律理想图景’。”① 多年以来，我们汲汲于吸收和引进西方的法治理论与制度，忽视了对于本土资源的发掘和重构，以适应西方人社会生活方式的法律来作用于与其不同的中国人，致使我们今天尚还没有建构出一幅属于自己的法治图景。现在，我们应该重新检视法学研究的发展进程，思考国人生活的内在需求与心理期待，而不是亦步亦趋于西方的经典条文与“普世”制度。

“牟宗三先生说，中国文化的开端处着眼点是在生命。”② 我们在构想未来法治中国的理想图景时，这一点是不容忽视的。中国的法文化，只是中国文化的一个组成部分，它依赖于也服务于中国文化的建设和发展，对于生命的关怀，对于世道人心的深刻洞察，对于国人生活样法的重视，都将深刻的体现于法治文化之中。也许这些我们还不曾具备，但这却是我们前进的必由之路。

总而言之，在当下的中国，法治社会的建设已在逐步推进，世道人心与当前法治的冲突也在时刻警醒着我们，要努力构建中国人自己的法治理想图景。世道人心与法治的建构必须统一起来，唯有二者之间的双向互动，才能够有效的推进法治建设的发展。而中国人的人心与人生，也必将在法治的中国获得进一步的展现与提升。

（作者单位：武汉大学法学院）

① 邓正来：《根据中国的理想图景——自序〈中国法学向何处去〉》，载《社会科学论坛》2005年第10期。

② 于坚：《还乡的可能性》，商务印书馆2013年版，第57页。

第三十一篇 法治的集与分

——以法治社会统分关系的实践为视角

顾松柏

内容提要：本文从分析法治的整体性与法治的局部性含义入手，对于两者的关系做出一些讨论，提出这两者间应该是“双向多线”影响的关系。接着，对于当下所提出“法治中国”的政策，本文认为建设“法治社会”是构建法治中国的主要关键所在，而新的“建设法治中国”政策与要求给予了法治社会的构建新的意义。最后本文试图使用笔者对于法治整体性与局部性关系的观点来解决法治实践中的一些问题。

关键词：法治；法治社会；整体性；局部性；协作

一如我们现在所熟知的诸多法律专业词汇都来自于西方词汇的翻译一样，而今的“法治”一词也并非汉语中原有的“法治”的概念，而更多的可以理解为英文中“rule of law”这样一个概念。在第九版的布莱克法律辞典（Black's law dictionary），给了“rule of law”如下解释：“1. A substantive legal principle〈under the rule of law known as respondeat superior, the employer is answerable for all wrongs committed by an employee in the course of the employment〉. 2. The supremacy of regular as opposed to arbitrary power〈citizens must respect the rule of law〉. — Also termed *supremacy of law*. 3. The doctrine that every person is subject to the ordinary law within the jurisdiction〈all persons within the United States are within the American rule of law〉. 4. The doctrine the general constitutional principles are the result of judicial decisions determining the rights of private individuals in the courts〈under the rule of law, Supreme Court caselaw makes up the bulk of what we call “constitutional law”〉. 5. Loosely, a legal ruling a ruling on a point of law〈the *ratio decidendi* of a case is any rule of law reached by the judge as a necessary step in the decision〉. ①”而在我们一般意义上的中文“法治”一词，则会选取其中的第三个含义。换句话来说，“法治”的观念可以被认为是指“立法权为制定的法律应当应用到每个人——立法者，从最高级别到最低级别的行政官员，警察，法官，军人，等等——身上这个命题②”。

① Black's Law Dictionary ninth edition. 2009. p. 1448.

② ［美］斯科特·戈登：《控制国家——从古雅典至今的宪政史》，应奇、陈丽微、孟军、李勇译，江苏人民出版社2008年版，第7页。

但是"法治"这一观念的实践并非如同其定义一般容易，正如同在词典中对于"rule of law"的解释一样，除了一个较大的法治发展框架之外，在很多具体的领域也存在着法治原则的实践，而这些实践似乎是与从整体的观点来看待法治存在差异的。因此，为了更好地理解法治的观念以及如何实践法治理念，笔者认为有必要对于法治的整体性与局部性关系这一问题进行探讨。

一、浅谈法治整体性与局部性——从"无"到"有"的过程

在探讨之前，应当确定一些概念的含义，以便不至于探讨失去了指引的方向。法治的整体性是以整体性方法论的角度看待的法治，主要指从国家这一层面上来探讨和实践法治，是将国家法律生活各方面整合起来并纳入法治体系中的法治概念；而法治的局部性是所谓的"具体法治"，其包含区域性的法治发展概念，以及部门法或某一领域的法治原则发展的有关的法治概念。总的来说，笔者认为，探讨两者的关系，一方面是讨论该如何将地区性、部门性的具体法治实践进行整合，从而制定或推导出宏观的法治理念；另一方面则是在对待地区性、部门性的具体法治实践时，又该如何将宏观的法治观念结合具体情况而加以实践。

（一）从无到有的法治整体性

任何事物都不会凭空出现，一定都会有其逐渐形成的过程。在我国，法治观念的形成经历了很长时间，从一开始所追求的"法制"到"法治"是一种质变的飞跃。但是纵观世界的发展，如同分形现象在社会生活领域上所展现的一样，在较大或者较高层面上的现象，往往是在较微小层面上现象的一个扩大化、变化的投影。比如在中文中的"国家"一词，"国"的基础是"家"，是以家庭为单位的人的集合；同时，传统意义上的国，其构成模式也同家一样，以父权模式存在的皇权，以辈分模式一般存在的等级差序。因此，笔者认为，正确的看待法治的整体性，并非是从"法治是一种指导进行法律生活的理论原则"的角度，而应该是从法治理念从整体上是对于法律（或曰"秩序"）一直追求"公正"的体现。

在很多有关于国家权力的产生与主权归属的理论当中，不少的理论假设了一种无公共秩序的状态，人们的生活处于一种只能依靠自助和自救模式下才能实现其追求的"公正"；在格劳秀斯的有关国际法理论中，也往往会将国际社会假想为这样的一种状态，作为平等主体的人格化了的国家，其之上并无更高形式的权力或势力，而其保护其权利、实现其利益的形式就是依靠自己自我救济，无论其行为是同他国的合作还是自己使用武力进行强迫或者自卫。在这里，并不存在公权力主导的公共秩序这一状态是与有公权力主导的秩序呈相比对的两种相反的状态，这种关系可以被认为是"有"与"无"的关系，是一种简单的客观事实判断，而非是价值判断。笔者窃以为，"公正"这种概念，其根本的含义还是立足于社会资源的分配，而法律或秩序的建立是提供了一种可以作为范式或者可以被执行的固定的分配方式。因此，这种突破是从无到有的一种突破；

而法治整体性上，其理念亦是对于法律理念的从无到有的整合性突破。

法治的观念是丰富的，即便仅仅是对所有阶层的社会成员都平等的适用法律这一原则，虽然看起来似乎仅仅是对于“平等”这一概念的实践，但是其背后却是对于国家公权力的限制、对于人权与一般市民权的保护以及国家制度稳定等诸项社会生活发展要求的集合。笔者认为，整体性的法治观念来源于某些公认的基本法律原则，是对于这些基本原则的提炼与整合，而这种提炼与整合并非是简单的机械相加，而是从更高一级政治共同体的角度出发，整合的过程包含了对于为实现这些原则的制度性配套保障建设等。各种可能相互独立的理念在更大的目标之下被整合起来，产生出新的理念与原则性指导概念，而这些指导概念可以被适用于更大范围的概念。但是，在某些问题上，整体性并非简单的整合，可能更为恰当的形容，是具体或局部法治的更大规模的“投影”，一如对于中国古代而言，一套用于家族内的某些专门事务的规则是“宗法”，而同样的秩序模式被适用于全国性范围的话，则成为了“王法”。因此笔者认为，法治的整体性存在两个方面，一是对于诸法律原则的吸收与整合，二是某些区域性做法的改良全国性推广。

（二）化整为零的法治局部性

本文撰文之初，对于法治的局部性的概念与定义存在疑虑，与整体法治相对应的概念似乎是“具体法治①”，而具体法治的主要中心则是对于法治理念的具体行为实践，无论是立法实践、执法实践或者是司法实践。而结合法治的整体性观念，具体法治的立足点在于实践法治的表现，而法治的局部性的重点则是在于：一要贯彻整体法治的要求与需要，二要针对其他的部分寻求更多的协作。

正如同上文笔者所述那样，笔者认为，在一国以内法治原则的形成是来自于对于诸种法律原则的吸收，以及对于某些在规模上无法称之为“法治”的某些做法或者理论的扩大化的投影。对于整体来说，局部的划分可以是从功能上的，也可以是从空间上的，但是无论怎样，当一个整体业已存在之时，为了促进其自身作为独立体的发展，极度依赖局部协作的状况。尽管机械论认为可以将“局部”视为零件而作简单的功能性替换，但是实际上，对于已经成熟或完备的整体而言，各个“局部”都是不可或缺的。一如一国倘若突然失去了具体的社会福利制度，或失去了金融市场管理制度，而是仅仅依赖信仰或者道德等其他手段在维系基础的社会福利或者经济生活，其带来的损失和破坏是难以想象和记录的。因此，法治原则在其发展与成熟之后，适用的过程则是需要在各个层面都将其进行贯彻，唯有此才能保证法治的整体性有一个安全或者稳定的环境。

另一方面，无论是根据功能还是根据空间进行划分，各个部分都应当是组成整体的构成元素，而这些元素发挥其功能或者实现其价值，则是需要各个部分之间的相互协作，而不是互相构成竞争或者冲突之势。因此，法治的局部性在这个层面上，将法治原则所包含的各个法律原则进行了分解，在自己的领域内予以施行，在有所区别相互差异

① 卓泽渊：《论法治的整体性》，载《现代法学》2003 年第 2 期。

的情况下进行协作，或者可以认为是在不同的方面以不同的形式实现了法治的基本要求。

（三）法治整体性与局部性关系的思考

一般的整体与部分的观点认为，部分是整体中的某个或者某些要素、方面，以及发展全过程的某一阶段；整体则是构成事物的各个要素，及其发展的全过程的有机统一；整体是部分的有机统一、集合。对于法治的整体性与局部性而言，笔者认为，两者的关系基本上是整体与部分的关系。

法治的整体性可以是地方区域性法治实践的一种在全国层面上的总结与完善，可以是诸条公认的法律基本原则理念的整合，也可以是国家机关、公民遵循的依法、守法准则的体现；法治的整体性可以是在区域或者是专门领域法治的统合，这种统合带来的是存在一种新的秩序模式或者准则；可以说法治的整体性来源于局部性的实践，通过局部性的实践不断成长。

而法治的局部性则是可以说是某些法治观念在某些领域的实践所产生的具体法治，或者是在法治理念在小范围内的某些实践，无论是哪一种，其都必须接受其构成的整体的法治原则的指引。另一个方面，在接受这种指引的情况之下，局部性亦意味着特殊性，这种特殊性使得局部不可能通过简单的功能机械相加构成整体，这种特殊性也意味着处理不当而产生冲突的可能。所以作为整体的局部性，一方面需要根据整体的原则指引发挥自己的作用，又需要和其他组成部分共同协作，才能实现自己对于整体的意义。

二、“法治中国”下的法治被赋予的新意义——从重视形式到重视效果

在刚刚过去的中国共产党第十八届三中全会上通过了《中共中央关于全面深化改革若干重要问题的决定》①，这一决定为今年上半年一时被热议的“法治国家、法治政府、法治社会一体化建设”的观念提供了很多卓有益处的具体指导思想指引。与此同时，笔者认为在本《决定》所列出建设法治中国等提法为我国的“法治”概念赋予了新的意义，而处理法治整体性与局部性关系则是应当服务于新提法之下的法治建设。笔者认为，如此一个转变是对于法治的理解的转变，或者说这种转变是一种从“治国”到“治国”的转变，从追求依凭法治理国的“治国”，转变为有着良好制度、被治理得当的“治国”；或者换句话来说，就是从对于治理国家的方式的追求，转变为了对于治理国家的效果的追求。

（一）法治中国与法治国家、法治政府、法治社会一体化

在以往的法治概念中并不会将国家、政府和社会这样三个概念同时提出，似乎在传

① 以下简称《决定》。

统的概念之中，国家是一种政治共同体、政府是这一政治共法同体的首脑与手脚、而社会是这一政治共同体的血肉。在法治国家、法治政府、法治社会一体化这样一个议题之中，其核心应该是从整体的角度全面地实践法治理论，从而打造一个“法治中国”。

一般而言，尽管我们在提及国家、政府和社会这样的三个概念时，往往会从两个方面来进行思考：一是国家是社会发展到一定程度之后才会产生的一种共同体，而政府则是被授权管理共同体的一种集合组织，而社会尽管已经包括了国家和政府的两个概念但是除了这些政治的提法之外，社会还有很多其他的一些因素和组成部分；二是国家是作为在一定的时间跨度中，一定区域间领土与其居住于领土之上人民的总和；在一国家之内，政府是管理者，而社会成员（或可以直接称之为公民）则是被管理的对象，尽管政府机构的构成是来自于社会，但是在一定程度上，可以认为两者的关系是相对、相冲突的。在近现代法学观念的发展过程之中，有关于政府与公民的关系的学说涌现了很多，不过总体而言，一般都是认为，应当对于政府的权力进行进一步的限制，而对于公民的权利予以保护，在政治权力之上的不平等使得为了贯彻法治反馈的法律追求“公正”的观念，需要在这一问题对于两者相对“不平衡”的对待才能实现“平衡”。因此，我们可以说在一国之内，实践“法治”这一原则，是一种“方式”，其目的是通过平衡各主体之间的关系，而实现以下两点：对于民众而言，完善一个合理的制度与秩序，提升法律的权威性；而对于公权力本身而言，则是限制不理智与逾越界限的部分，通过这种限制而防止权力可能滋生的腐败，从而从内部稳定已经建立起来的秩序。

但是在“法治中国”的新提法之下，我们看到，“法治”本身并不是某种方式，这种法治是一种状况。仅仅只是简要的阅览《决定》中有关于“推进法治中国建设”以及“强化权力运行制约和监督体系”的章节，就能够理解法治的含义悄悄地发生着变化。在当下，已经不再是简单地追求管理的方式，而是如何才能管理得更好。我们不难看到原先甚少提及的有关于保障人权、监督公权力的言论被体系化的提出，法治的原则不仅仅是将所有的社会成员置于同一标准之上了，而是开始关注实际的治理效果。而这次“法治中国”的提出，不再是拘泥于在国内贯彻法治原则，而是希望通过自己的努力融入世界法治国家的行列。因为就“法治中国”与“法治国家”这两个提法而言，似乎是重复的，而实际上“法治中国”更加具有国际社会视角的含义；因此，在理解建设“法治中国”这一个提法之上，似乎应该更具有更高的视角，将中国作为一个成员置于世界来看待这个问题。

（二）法治社会的新解读

当我们提及法治社会时，似乎是在提及一种社会治理模式，用法律治理这种手段或者在社会中充分的实践“法治”的原则。但是我们看到，在这次的《决定》之中，对于法治社会这一概念，除了最初的用法律来治理社会这样一个提法之外，更重要的是为了实现“法治社会”，寻求了一种“让权于民”的道路。其重点是在于，提高社会成员中一般民众参与国家政治的程度，加强社会组织民主机制建设，建立社会参与机制；另外则是诸如文化、医疗等方面增加民间机构在服务社会职能之上的作用。

我国并不是一个居民拥有充分迁徙权的国家，这一点无法否认，辽阔的国土使得各个地方的发展极为不平衡，虽然在现有条件下，我们能够看到劳动力的区域间迁移，但是我国的公民并没有“用脚投票”的权利，这一点是难以否认的。因此，在不对现有秩序作更大程度的改变或破坏的基础之下，给居民提供表达和参与治理的机会和渠道似乎是最好的解决现有存在社会问题的方法。我国已经建立了形式上较为完备的社区、街道一级民间自治组织，而剩下来需要做的则是更进一步的发挥这一制度的作用，让民众有充分地表达自己意思的机会。从法治局部性的角度来看这个问题，则是在法治的原则之下，指导作为国家构成部分的社会更好的实现贯彻法治的诸种理念，实现最佳的效果。

增加民间机构参与社会服务这一点，则是基于现在很多社会现实的要求的需要。长期以来，所谓“重点产业”都一直被国家所控制，这些有着战略性价值的产业被国家所控制是理所应当的；而诸如文化和卫生等社会服务机构主要为国际所设立，很大程度上是便于国家为实现这些方面自己有关政策而产生的。但是随着市场经济的发展，部分社会服务机构从国家全额负担不计支收的状况之下，开始追求经济利益，而当社会的力量由于国家的政策而无法进入相关产业的情况，使得这些拥有垄断地位的“产业”，出现了一些负面的状况。尽管在《决定》中，使用的文字是“引入竞争”，但是笔者认为，这并不是所谓的“竞争”。正如同我们从新闻之上可以得知，欧洲及美洲的一些国家，其政府采购军工产品是从民间的企业中进行采购，而研发的过程则是采取的民间企业与军方合作的方式，这种方式并不罕见。民间机构进入社会服务行业是一种民间机构与国家的一种协作，其目的并不是对于原有的产业结构产生影响，而是以更好的方式合理的使用国内资源。

三、法治社会中法治的分与合——另一种意义上的从局部到整体

建设“法治中国”虽然包含了若干方面，但其重点应当在于建设“法治社会”，不同于在一定等级制度下管理的政府组织，其变化可以基于内部规章或者其他在短期内可以实现的制度，在成员众多的社会之上，改变现有的状态，需要更多的精力，其对于建设“法治中国”也是能够提供最多助益的。一个政策的提出与良好的实施离不开一个好的理论支持，笔者认为，实践建设“法治社会”应当从更好理解法治的整体性和局部性这一角度出发。

（一）实现法治社会所要克服的若干问题

正如同笔者在上文中所提出的一样，理解法治整体性与法治局部性的关系是非常重要的，整体与部分的联系不是简单的机械的组成、或者仅仅看重部分以何种形式排列组成整体，而是一种“双向多线”的关系。因此，法治社会的实现，既需要作为整体的国家的一种指引与帮助，同时作为局部的社会组织或者较小的社会团体、或一个特定的区域在自我建设的时候，也需要根据自身的特点对于政策或法治观念正确的理解与适

用，同时也需要与同层次的相关组织或团体进行协作。不过现实总是残酷的，“发展”和成长从来就不是一条坦途，在建设法治社会的路途之上，仍有很多问题需要解决。

笔者认为，从整体性和局部性这两个方面来思考和观察，基本上也可以把问题分为整体和局部两个方面。从整体上来说，还是需要解决一些总领性的、指导性的问题，如何更好地保护公民的权利、更好运用法治的理论解决社会矛盾。从局部性的角度来看，区域性和行业性的不良竞争该如何解决，而不适用于本地区的政策或者法令又应当如何对于本地区的法治社会的建设产生积极影响。

（二）新政策与实现法治的整合与实践

法治社会是当下法治中国的必然要求，而实现法治社会则是需要众多不同角色的努力和不同角度和不同方面的全面地建设与发展。

在当下“法治中国”的理念之下，对于民间声音的在意程度有所提高，增加居民表达其意见与想法的相关政策则是这一点的反映，而如何做的原则则是通过这样的手段来了解实际存在的问题与居民的真实情况，从而对于验证其理论的指导性价值和作用起到了很大的作用。通过这样的一些途径，则可以对于指导性的政策有所完善。结合整体性的观点，这则是在法治的整体性形成方面，可以对于局部的状况与相关理论予以吸收。

而从另一种视角来看，法治的实现需要一种“协作”的态度。在较大的国家里，就很容易看见地方保护主义与部门保护主义，比如限制国内行政划分地区间的商品、资产流通，比如部门立法的过程中仅仅重视本部门的相关行政便利。尽管我们并非是生活在某种所谓的“乌托邦”之中，但是实际上，面对这种纷争，解决之道是摒弃局部之间的竞争，在整体的观念之下加强各部分的协作。

四、结　　语

整体与部分的关系一直都拥有各种理论，而法治的整体性与法治的局部性二者的关系并非可以完全套用整体与部分的一般理论，它们之间的关系具有特殊性。在建设法治中国的过程之中，尽管我们遇到很多难题，但是这些难题只要找到了相对应的解决指导方向，就可以迎刃而解。理解法治的整体性其性质与构成，可以让我们更加关注具体和基本的情况；而重视法治的局部性，则让我们可以从更高的整体的视角来看待局部之间的“冲突”，从而避免这些问题对建设法治中国所产生的影响。

（作者单位：中南财经政法大学法学院）

第三十二篇
风险社会视角下的法治社会构建

李　进

内容提要：乌尔里希·贝克提出的风险社会概念没有随着时间的发展退出人们的视线，反而越来越被更多的国家所接受。风险在社会的发展过程中产生了不断的演变，在结构和特征方面都有了新的发展和根本性的变化，针对这一问题，对于我们建设和发展法治来说是考验，同时也是一个很有效的突破点。本文将根据选择的我国现代社会具有重大现实意义的风险着手，研究和探讨在风险社会的视角下如何有针对性地构建法治社会。

关键词：风险社会；法治；群体性事件；舆论；司法

一、风险社会概念

"风险社会"（risk society）概念最早出自德国社会学家乌尔里希·贝克的《风险社会》一书，在贝克的这本书问世的同一年，切尔诺贝利核电站发生泄漏事故，造成了严重的后果，二十多万人紧急疏散，这一重大核泄漏事故无疑使得人们从心理上更容易去赞同和接受贝克的风险社会理论。

风险社会所代表的社会结构特征很好地体现了现代社会转型过程中所体现出的诸多特点和面临的考验，同时也为我们把握好当前社会形势，制定适应现代社会发展需要的制度提供了一个可供参考的理论前提。①"风险"并不是才产生不久的新概念，在人类的文明史上早已有之，正如贝克所说"人类历史上各个时期的各种社会形态从一定意义上来说都是一种风险社会，因为所有有主体意识的生命都能够意识到死亡的危险"。而对这种在各种社会形态都存在、具有共性的风险，并不是在这里需要着重讨论的命题，因为风险在社会的发展过程中产生了不断的演变，特别是在近代以后，风险在结构和特征方面都有了新的发展和根本性的变化：（1）人类在不断改造社会的过程中，越来越成为主导性的力量，在风险结构上则从自然风险占主导逐渐发展为人为的不确定性占主导；（2）现代社会的风险具有制度化的特征，近代以来一系列制度的创建是基于人类追求新事物和寻求安全两个需求不断博弈之后的结果，国家建立各种制度从初衷上

① 赵延东：《解读"风险社会"理论》，载《自然辩证法研究》2007年第6期。

更多的是为适应社会的发展和维护政权稳定，但是这一系列的制度也可能会造成新的风险，即制度本身可能存在的缺陷和制度在运转中的失灵。①

正如在前文中在谈到现代风险所具有的新的变化时所提到的，人类文明的进步和人类主观能动性的不断发展给社会风险赋予了新的内涵和表现形式。社会学研究中对风险的定义千差万别，但总的来说已经明显区别于纯粹自然意义上的灾难、危险或威胁，而是更多地与人类的行为和决策意义联系在一起。② 乌尔里希·贝克从哲学上对于风险概念作了解释："风险概念表明人创造了一种文明，以便使自己的决定将会造成不可预见的后果具备可预见性，从而控制不可控制的事情。"

中国社会目前存在诸多结构断裂和制度空白，因而很多风险也是一触即发，当前社会的风险防御机制和应对机制相应地也不够完善，因此，中国在社会转型和变迁时期所面临的风险有着深刻的社会根源。

依法治国是我国的基本国策，建设社会主义法治国家是我们党和国家在发展过程中所坚持和强调的，在这个语境下，"法治"所指代的是 rule of law，而不是 rule by law。官方和学界在关于法治的定义和目标从本质上是一致的，本文的重点不是在于剖析法治的概念和范畴，因此对于这点在此不作进一步的深入探讨。

本文的出发点是旨在厘清在当前风险社会的背景下对于建设社会主义法治的挑战和机遇，启发我们如何更好地去实现社会主义法治。

二、案例研究

我国在当前转型社会的时代背景下，社会风险由于内在的差异性和各种诱因和激发因素的不同而呈现出纷繁复杂的表现形式。我们现在越来越趋向于用"风险社会"这个概念来定义我们当前所处的社会，我主要想通过群体性突发事件和社会舆论这两个角度来探讨我国当今社会存在的主要风险。当然，就我国而言，存在着很多维度的风险，如在全球化的大背景下，社会风险早已经不限制在一国国内，风险的国际性特征越来越明显，同时我们也不难看出国际性的风险的影响更是具有牵一发而动全身的效应。

（一）群体性突发事件

群体性突发事件是指多人参与的、突然发生的且严重扰乱或威胁到社会稳定和公共安全，必须立即予以处置的事件。近些年来，我国发生了多起较大规模的群体性突发事件，引起当地社会秩序的混乱，同时也带给我们很多思考。2008 年 6 月 28 日，瓮安县城发生一起严重的围攻政府部门和打砸烧的突发事件，事件起因是对公安局作出的一名女学生的死因鉴定结果存疑，在一些人的煽动下最后造成了事态不断扩大；2008 年 7

① 参见贝克：《从工业社会到风险社会（上篇）》，王武龙译，载《马克思主义与现实》2003 年第 3 期。

② 夏玉珍、吴娅丹：《中国正进入风险社会时代》，载《甘肃社会科学》2007 年第 1 期。

月19日，普洱市孟连傣族拉祜族佤族自治县发生了执行任务的公安民警被500多名群众围堵的群众性事件，该事件最终导致2名群众丧生，事件起因是公安机关传唤几名犯罪嫌疑人后在当地进行法制宣传时矛盾激化；2009年6月17日至20日，湖北省石首市发生较大规模的群众与警察冲突，多名警察受伤，事件起因是死者家属及群众对17日晚一名厨师的死因存疑，而愈演愈烈的群众与政府之间的对立与冲突……近年在国内甚至国际上引起广泛关注的群体性突发事件还有不少，上述几起是影响比较深远也具有代表性的，我们可以从以下几个维度来大致分析群体性突发事件：

(1) 由点到面，多起群体性事件的直接起因都是单独的一个点，通过各种社会因素不断扩大为群体性事件；

(2) 迅速激化，之所以称其为突发事件，就在于从事件起因出现到酝酿发展为大规模的周期很短；

(3) 对公权力的不信任是多起群体性突发事件的催化剂，甚至可以说根结就是在此，如瓮安和石首直接诱因就是对于公安部门对死者的死因鉴定结果存疑。

(二) 社会舆论

随着科技的不断进步，传播消息的途径越来越多，传播速度也越来越快，因而社会舆论的影响力越发引起政府和公众的重视。从法学的视角来看社会舆论的功能和边界问题，我们很容易就联想到当前社会的一个争议的热点，即对于民意对我国司法的干预我们应该采取的态度。

在这个问题上，社会风险产生于一对矛盾，即公众的意志与司法的独立地位。在我国当前的社会环境下，我们会看到民意在司法领域中起到的作用越来越明显，很多案件中都可以看出民意在司法领域中发挥作用的影子，其中特别具有代表性的一起案件是邓玉娇案，2009年5月10日在湖北省恩施土家族州巴东县的两名政府工作人员被宾馆服务员邓玉娇刺成一死一伤，案件起因是被害人邓贵大、黄德智等人要求邓玉娇提供异性洗浴服务，遭到邓玉娇拒绝后双方发生冲突，后者在挣脱被害人的过程中用刀刺向了对方，最终造成邓贵大抢救无效死亡、黄德智轻伤。在邓玉娇案发后，社会上几乎是一边倒地同情和声援邓玉娇，而对于黄德智、邓贵大等人则是一边倒地被攻击。网络上出现了《烈女邓玉娇传》、《侠女邓玉娇传》、《生女当如邓玉娇》等赞美其的文章，在当时引发了网络舆论风暴，一审法院最后判决邓玉娇犯故意杀人罪，免予刑事处罚。在邓玉娇案发后一直到该案审理过程中，社会公众通过网络汇集成了一股很强大的民意，这无疑给司法活动施加了很大的压力。

三、风险社会下的法治构建

从乌尔里希·贝克的风险社会理论来看当今的国际社会，从某种程度上来说，我们可以认为世界各国都处于风险社会的范畴之下，中国自然也不例外。首先需要声明本文将风险社会与法治社会结合起来写，并不是意味着这二者是一对相对应的矛盾体，只是我们在当下谈论法治建设时不能离开对风险社会的理解和认识。在我看来，风险社会为我们构建法治社会无疑是增加了系统性的负担，现代社会的风险所具有的新的结构性特征和复杂性给法治过程带来了较大的考验，但同时也应看到一旦我们把握好“风险社会”这个切入点，对于建设我国的社会主义法治具有很重要的意义。正如我在前文中所提到的那样，在中国乃至全世界，社会风险对于国家安全、社会稳定和人民安居乐业而言都是一个很不稳定的因素。从前文提到的这几个具有代表性的社会风险着手进行研究，可以为我们有针对性地进行法治建设提供启发和指导性意义，我们应该认识到风险社会与我们所期望达到的法治国家、法治政府、法治社会三个维度的目标之间的联系，在当前我们来探讨我国的法治，对社会主义法治理念的基本理解是十分必要的，社会主义法治理念的基本内容是：依法治国、执法为民、服务大局、公平正义、党的领导。该理念的提出体现和强调的是法治的“中国”性和“社会主义”性质……贯彻现代法治理念要自觉将我国法治建设与中国的现实国情民情有机结合起来。① 结合社会主义法治理念以及我国当前所处的风险社会这一时代背景，我认为我们可以从以下几个角度来对法治构建进行重点把握：

（一）强化法律的可诉性

在现代法治社会中，公民所享有的诉权是国家为了保证宪法和法律所规定的公民权利具有“实权”性而设定的“权利救济权”，没有诉权的存在，宪法和法律所规定的其他权利就不可能成为一种现实的权利。② 而可诉性是法律的一个很重要的特征，我们现在回过头来看当前社会上所发生的一些事件以及具有中国特色的信访、上访，除了利益冲突以及其他一些因素，其实从某种程度上来说是在法律很重要的一环即可诉性上出了问题。

我国在建设有中国特色的社会主义的过程中也创造出了具有明显中国特色的信访制度，这在西方国家是没有的。在一个法律机制运转得很好的国度里，人们解决纠纷和寻求公权力保护的手段应该是将自己的利益诉求通过法律来表达，而不会将信访和上访作为维护自己权益的重要手段。我国从 2005 年开始实行“信访排名”制度，将信访率与地方官员的绩效相结合，在导致一些地方信访部门不惜采取各种手段“截访”，出现了诸如“上访妈妈”唐慧等一系列的恶性案件的同时，一些地方转换策略通过直接支付钱款或者谈条件的形式来变相满足相关当事人的诉求而不是通过法律的途径来解决纠纷，在信访制度上所体现出的问题很大程度上都是因为不仅从其本身乃至其实施过程中对法律可诉性的忽视所引发的。

在很多群体性突发事件中，不管是瓮安县还是石首市或是其他一些事件的发生地，人们为什么会选择通过这样一种方式而不是通过法律来表达他们内心的诉求？这其实需要引起我们的深思，我一直在思考这个问题，是因为偏远落后地区客观条件所限导致人

① 张文显：《社会主义法治理念导言》，载《法学家》2006 年第 5 期。

② 莫纪宏、张毓华：《诉权是现代法治社会第一制度性权利》，载《法学杂志》2002 年第 4 期。

们所接受的法律教育有限，还是人们认为自己所面临的问题难以走法律途径解决？也许还有其他原因，但有一点是毋庸置疑的，法律在制定出来并生效之后，发挥作用的一个重要方面就是通过当事人将自己的诉求诉诸法律，通过诉讼的方式来维护自己的权益，这一系列事件所反映出的一个问题是在这些事件中法律的可诉性由于内在和外在的原因没有真正得到落实。

因此，我国建设社会主义法治不容忽视强化法律的可诉性，并且对法律的可诉性效力进行必要的强化，在我看来，我们需要从以下几个方面来达成这一目标：(1) 在立法和制度设计上加强可诉性安排。一方面，在相关法律条文中进一步明确对于相应条款的违反所直接导致的后果和纠纷解决的途径，减少使用纯粹的宣示性条款；另一方面，在相关的诉讼法中进一步明确可以提起诉讼的纠纷范围，规范法院受理案件的行为。(2) 加强司法程序的可达性和高效化。司法程序的高效便捷是达到好的司法效果所必须具备的条件，而现实中的司法活动很多时候都难以达到这一标准。这直接导致的后果是公众很多情况下都不愿诉诸法院，而选择在政府门前“散步”、聚集群众进行抗议等更为快速有效的解决方式，因此法院在审理活动中需要有更强的吸纳性，而不是现状中的受理案件的排斥心理。

（二）塑造法律权威

依法治国要求国际的政治、经济运作、社会各方面的活动都要按照法律进行，而不受任何个人意志的干预、阻碍或破坏，而依法治国的本质是崇尚宪法和法律在国家政治、经济和社会生活中的权威。一个国家要实现法治，从直观的意义上来说必须得实现宪法和法律至高无上的地位，其他因素如权力等是在法律位阶之下，并受法律所控制和制约的因素，因而要塑造和强化法律的权威从法理和现实意义的角度都是毋庸置疑的。特别是在当前风险社会的时代背景下，法律权威在一定程度上的缺失是导致一些社会问题不断酝酿并最后发展成为群体性突发事件的重要原因。正如前文中所提及的，在瓮安事件和石首事件中，人们甚至是不约而同地纷纷走上街头去抗议、去声援素不相识的死者家属，通过制造出打砸烧等破坏活动把事情闹得沸沸扬扬，从而给当地政府部门和法院系统施压。虽然在一些事件中，不能排除存在别有用心的人在其中煽动一些不明真相的群众参与抗议或闹事，但是一个群体性突发事件的发生和演变的原因并不是这么简单。瓮安事件和石首事件的直接导火索是死者家属以及当地群众对公安部门进行的死因鉴定存疑，人们没有选择通过法律途径来发出自己的声音，而是走上街头去呐喊，我们不仅需要研究和解决案件本身，更重要的是要揭开其笼罩着的面纱，去探讨隐藏在案件背后的原因。

我觉得主要可以从以下几个角度来探讨造成这种思维的原因：(1) 公权机关在长期的工作过程中是否严格遵守宪法和法律至上原则，是否依法行使自己的权力？(2) 社会公众是通过什么样的视角和以什么样的态度来看待法律？(3) 法律与政策、相关部门出台的文件等在法理上的位阶没有太多疑问，但在现实社会中，特别是在整体发展比较滞后的地区，法律的地位是否一如应然中的至高无上？正如我在前文中所谈到的，现代社会的风险在结构和特征上都有了根本性变化的很重要的表现或者说是原因就是人为因素的不确定性，以及制度本身的缺陷和失灵。一部法律文件出台以后，在实际的实施过程中往往都不会像制度当时设计的那么顺利，很多不利的因素会阻挡法律的实际效果和有损法律的权威，而这些可以看做是各种社会风险综合作用的结果：公权机关在履行职权中的不以法律为最高标准，法律颁布并生效以后自身存在的缺陷，相关部门出台的政策、指导性的文件等对法律权威的挤压，社会公众法律信仰意识的有待加强等。针对上述所提出的主要风险和面临的现状，我国建设社会主义法治国家需要以此来着手进行系统性的安排：(1) 规范公权机关依法履行职责。法律授予其权力来进行政治、经济、文化和社会管理，同时必然要求其按照法律规定的程序和标准履责，针对现实社会中公权机关存在的“权大于法”、“官大于法”的思想都是必须予以根除的，同时需要加强对公权机关的监督，以期逐步实现公权力在法律之下的规范运作；(2) 尊重和维护法律最高的地位，弱化政策以及其他文件直接发挥作用的效力，取而代之的是将政策或者其他指导性意见通过法定程序转化为法律文件，经过这样的程序以后才能具有法律的权威性；(3) 进一步在全社会树立和强化宪法和法律至上的观念，树立和强化社会公众的法律信仰意识，加强对边远落后地区的法制宣传教育。

（三）公权力的定位

我国在建设中国特色的社会主义的过程中，需要同时实现经济发展、政治文明、文化进步、社会稳定以及人民生活水平提高等目标，而这一切从根本上都离不开法治，法治在公权力的范畴内承担着两项任务：一方面，它承担着对公权力的授予任务，即授权功能；另一方面，法治对公权力的另一重任务，即对公权力的限制、制约和监督。① 这两重任务直接关系到公权力在一国权力权利体系的定位，在一个法治国家，公权力从实质上必须来源于最广大的人民，并且维护人们最根本的利益；从形式上则必须由法律予以规定和确认，权力法定。

在当今中国的社会背景下，这两个方面都不容忽视，要实现公权力的规范运行，或者说如何实现“把权力关在笼子里”？这就必须从法治的维度上来规范公权力的定位及其运行过程。现实生活中之所以出现滥用权力、越权等权力腐化行为，其原因之一就是有些权力的法定权限不明确，存在许多权力漏洞，因而为权力腐化行为提供了方便；权力由国家法律授予和确认，可以排除其他非法治的权力获取途径，这是法治社会对权力的第一要求。如前所述，权力容易滋生滥用和腐败行为。

（四）民意与法律的关系

我们在谈到民意的时候，往往会提及卢梭，因为他创见性地提出了对公意和众意进行区分。“公意着眼于公共的利益，而众意则着眼于私人的利益，众意是个别意志的总

① 刘作翔：《法治社会中的权力和权利定位》，载《法学研究》2010 年第 4 期。

和。"①"公意是众意的最大公约数。"② 在我看来，对民意进行的这样的划分是非常具有先见之明和现实意义的，对于我们现在来厘清和处理民意与法律之间的关系具有重大启发意义。根据卢梭对民意的区分，我觉得我们可以从这两个维度来进行探讨，将民意划分为两个层次：私人利益的简单叠加形成的意志和代表公共利益的意志。

社会舆论对法律的运行过程产生的影响在信息传播迅速的现代社会显得十分突出，处理好民意与法律这二者之间的关系是十分必要的。在法律的运行过程即主要是立法、执法和司法的程序中，避免不了会遇到民意的问题，特别是两者之间有所背离的时候，而在汹涌的民意面前，从法治的视角来看应该如何抉择以达到好的效果。

一方面，我们应该对民意保持理性的态度，既不能不管三七二十一对其进行打压，也不能不作区分地去迎合；另一方面，我们需要区别对待两个范畴意义的民意，广义的民意即众意，狭义的民意即公意，从某种程度上来说真正的民意应该是狭义概念上的，是整个社会共同的意志，其体现的是全体人民的意志和愿望，公意的凝固化，就上升成为国家意志。因而狭义意义上的民意具有更重要的价值。比较具有代表性的一个命题就是近年来很常见的民意与司法活动之间的博弈，如邓玉娇案、彭宇案等在网络上引起广泛的争议，最终汇集成一股强大的"民意"，这种民意更多的应该是属于众意的范畴。公众舆论是社会秩序基础上一定程度上汇集的结果，公众舆论它没有上升为法律或者国家意志，我们必须保持清醒，并且严格审视众意的合法性、科学性和真实性。因为所谓的"众意"不能否认的是其在某些情况下具有欺骗性，容易发生打着"群众路线"的旗号而行寻私益之事。相较于公意，众意之价值大小，很大程度上依赖其真实性，只有真正地体现并准确表达了人民群众的思想、意志、利益和主张，才是应该被接受的众意。

我们在探讨群体性突发事件时会注意到其中举足轻重的群众作为一个团体的意志，对于这种意志我们应该做何种界定？群体性事件主要是针对政府或者政府代理机构，目的是要争取弱势群体的利益，群体性事件的发展反映的是经济发展过程中的社会分化、解体甚至断裂。③ 群体性事件得不到妥善解决会严重影响一定区域内的社会稳定，对于这种集体性的意志，我们除了在立法和制度设计以及制定公共政策时作一定的前瞻性安排，而在群体性事件已经发生时，及时进行疏导。公共危机治理至少包括两个方面：一是推进政治体制改革，当今公共危机的发展态势越来越取决于政府、媒体、企业、公民等多元力量的博弈；二是加强政府公关，每次群体性突发事件的解决并不意味着公共危机的结束，每次事件不仅直接造成社会秩序的混乱，更深远的是会造成公众对制度丧失信心。

---

① 卢梭：《社会契约论》，何兆武译，商务印书馆 2003 年版，第 35 页。

② 卢梭：《社会契约论》，何兆武译，商务印书馆 2003 年版，第 35 页。

③ 邱泽奇：《群体性事件与法治发展的社会基础》，载《云南大学学报》2004 年第 3 期。

四、结　　语

处于转型期的中国社会，面临着诸多安全隐患，但确保社会安全的准备并不充分，从而加大了风险威胁。关注社会安全，防范和化解社会风险，已经成为转型社会的重要议题。① 我国在实现社会主义法治的过程中，需要对社会风险的防范和化解予以重视，风险社会对于法治的进程而言既是不小的挑战，同时也是一个机遇。在当前社会转型的时代，也是一个法治发展的时代，本文只是从几个角度来探讨这个问题，希望从某些维度上来对法治社会的构建起到一定启发作用。

（作者单位：武汉大学法学院）

① 郑杭生、洪大用：《中国转型期的社会安全隐患与对策》，载《中国人民大学学报》2004年第2期。

第三十三篇
从法与社会看法治社会与群众路线

任　颖

内容提要：群众利益无小事，“门难进、脸难看、事难办”侵害的不仅是公民的合法权益，更是人们对社会制度的信仰。习近平总书记就坚持和发展“枫桥经验”作出重要指示，指出要“善于运用法治思维和法治方式解决涉及群众切身利益的矛盾和问题”，法来源于社会，法治社会与群众路线密切相连，离开法治的群众路线不能够满足人民合法权益保障的需要，也不能够防止群众运动的危害，脱离群众的法治不符合社会主义一切为了人、依靠人、发展成果人人共享的本质属性。因而，从法与社会的一般理论到中国特色社会主义法治的具体实践，中国共产党领导中国人民开创了社会主义法治新局面，打破了西方话语霸权，为世界法治文明发展作出了重要贡献，而这离不开群众路线的贯彻落实。法治与群众路线既相互对立，又相互统一，在社会主义基本制度基础上，共同服务于人民根本利益的实现与中华民族伟大复兴的宏伟目标。

关键词：法律社会学；法治；群众路线

习近平总书记指出要“坚持依法治国、依法执政、依法行政共同推进，坚持法治国家、法治政府、法治社会一体化建设，不断开创依法治国新局面”。在党的群众路线教育实践活动工作会议上强调，群众路线是我们党的生命线和根本工作路线，要牢记并恪守全心全意为人民服务的根本宗旨，充分调动最广大人民的积极性、主动性、创造性，“必须高举中国特色社会主义伟大旗帜，全面贯彻落实党的十八大精神，以马克思列宁主义、毛泽东思想、邓小平理论、“三个代表”重要思想、科学发展观为指导，切实加强全体党员马克思主义群众观点和党的群众路线教育”；10 月 11 日进一步就坚持和发展“枫桥经验”做出重要指示指出，50 年前浙江枫桥干部群众创造了“依靠群众就地化解矛盾”的“枫桥经验”，毛泽东同志进行了批示，要“善于运用法治思维和法治方式解决涉及群众切身利益的矛盾和问题”，创新群众工作方法，“把党的群众路线坚持好、贯彻好”。

一、法与社会的学说

法律社会学的兴起与批判分析法学和概念法学机械的、形式的法律命令说、规范说、规则说密切相关，运用语境论、整体论、谱系学、个案研究、定量分析等方法将法律的产生、运作、作用方式与社会实际效果联系起来考察，而塞尔兹尼克关于法社会学的发展阶段的理论符合认识从一般到特殊的认识过程，但并不尽然符合实际。我们需要根据马克思主义唯物史观对其进行辩证分析，其关于法与社会相联系的观点值得借鉴，但以资本主义制度为基础的阶级本性决定了其未从生产资料所有制层面揭示法与社会及人本身的关联，而是以形式平等的法治掩盖实质的剥削与压迫，法官造法亦不例外。

在欧洲，维科《新科学》对人类行为产生社会制度及民族文化价值观念、孟德斯鸠《论法的精神》对法律与民族的自然和文化关联、休谟《人性论》对个体行动与社会惯例产生法律、贝卡利亚《论犯罪与刑罚》对欧洲法律制度联系社会进步进行改革、孔德对社会有机体秩序与进步、斯宾塞与梅因的社会进化论与法律发展的密切关联的论述，奠定了法律社会学的基础。耶林《作为目的之手段的法律》对法律平衡个人利益与社会公共利益、康特诺维茨《为法律科学而斗争》对法官造法与自由法运动、冈普洛维茨《社会学大纲》和《国法总论》对各集团相互作用的政治与法律领域的社会学研究、埃利希《法律社会学基本原理》对由包括道德与习惯等在内的行为规则与内部秩序“活法”联系起来的社会、塔尔德《社会的逻辑》与《比较犯罪论》对社会心理学发展法律思维模式、郝里欧《行政法概要》与《公法原理》结各祁克的组织理论和狄骥的社会团结思想对国家社会主义法律、狄骥《国家、客观法和实在法》对作为法律基础的人们在社会中相互依存的论述，以及赫克的利益法学、富克斯的自由法运动、耶利内克的心理法学、哈格斯特罗姆为代表的北欧斯堪的纳维亚现实主义法学都以法与社会的相互联系基础上的发展展开论述，理论叙事引起法学的社会学视角转换；

在美国，实用主义哲学皮尔士观念的意义在于实际后果、詹姆斯有用即真理、杜威科学即认识和改造世界的工具等经验主义主张影响广泛，格雷《法的性质和渊源》认为法官界定权利义务的规则即是法，一些大法官如霍姆斯的《普通法》中论述了法律的生命是经验、《法律之路》指出法律即法院实际上在做什么，司法实务领域最高法院确认了布兰代斯以社会经济数据论证妇女工时法，在其影响下，卡多佐《司法过程的性质》列举了司法的哲学方法、进化方法、传统方法和社会学方法，在《法律的生长》指出法官根据生活经验评估社会利益冲突，萨姆纳《民俗论》、蒂玛谢夫《法律社会学的生长和范围》等与庞德欧洲边沁的功利主义一起影响着庞德的法律社会学研究，20世纪初庞德创立社会学法学，提出社会学法学研究的八项原则，发展到20—40年代表现为弗兰克和卢埃林的现实主义法学，50年代有罗伊温格计量法学以符号逻辑解决法律问题，《法律与社会评论》等用社会学方法理解法的产生、运行与作用方式的法律与社会运动，60年代有舒伯特司法行为主义，70年代有批判法律运动，与自然法学理性法、分析法学形式规则说不同，其采用的是法与社会关联的视角，只是侧重于人与社会的不同侧面展开思考与论述。

在当代，法律社会学从帕森斯与卢曼《法律的社会学理论》的系统理论、哈贝马斯与布迪厄的司法化理论、福柯的法律与规训理论，到伦纳与奎尼的新马克思主义理论、美国的批判法学与女权主义法律理论、吉尔兹与桑托斯的法律多元主义，在不同的社会发展阶段，统治者倾向于采用不同的理论模式来解决社会矛盾或危机，如20世纪

80年代系统论在欧美的复兴，但不论是实证或规范、形式或反形式、个人或共同体视角的法社会学研究都没有脱离社会领域与经验范畴，弗里德曼等编写的《法与社会：法的社会研究读本》、昂格尔《现代社会中的法律社会理论批判》、诺尼特和塞尔兹尼克《变迁中的法律与社会》、亨特《法律与社会探索：迈向一种法的构成理论》、布莱克纯粹社会学主张也不例外。

马克思的法律理论建立在社会存在决定社会意识这一原理基础上，《资本论》在批判自然正义的基础上指出正义的物质基础及规则在维持社会物质生产方式中的积极性与消极性、《哥达纲领批判》论述了权利受社会经济结构制约、《〈政治经济学批判〉序言》指出法的关系根源于物质生活关系，并依照经济关系将社会形态划分为人的依赖性、物的依赖性到人的自由与全面发展的理想社会，恩格斯的《法学家的社会主义》说明了马克思理论以阶级属性和社会物质占有状态为基础，正如马克思在《共产党宣言》中所指出的，资产阶级的法律、道德、宗教等都是资产阶级利益的体现，这对我国当今的法治与社会建设仍有指导意义。

在中国，先秦诸子儒道墨法各家的礼法主张与变法举措、秦汉至清末独尊儒术与经学决狱、近代康梁与孙中山引入资产阶级法学及马克思主义的传播离不开忧国忧民的现实思考，但皆是从维护封建专制统治角度出发，真正意义上的中国法社会学在20世纪30年代以瞿同祖《中国法律与中国社会》、张知本《社会法律学》为代表，对作为社会生活规范的法律反映一定的社会结构，与道德等规范有密切联系、共同调和全体人民的利益，经历十年动乱与“文革”的挫折后，直至党的十一届三中全会拨乱反正，法治建设逐渐恢复，当时开设的课程叫“法学基础理论”，关于法社会学的讨论以介绍西方与中国研究成果与现状为主要内容，1987年第一次法律社会学年会召开，开始关注职能机关的法过程，进入90年代法律社会学更多地以理论建构的形式出现，如季卫东《法律秩序的建构》论述了规范信仰、民主与公正秩序，强世功《法制与治理——国家转型中的法律》的自由主义、国家与社会理论研究，其后，以苏力《法治及其本土资源》、朱景文《比较法律社会学的框架和方法》等为代表展开法社会学经验层面与现实角度的研究。①

二、法治社会贯彻群众路线的基础

马克思指出人民群众是历史的创造者，毛泽东同志指出只有人民才是创造世界历史的动力，社会主义法治以人为本，法治赋予群众工作新内涵；法律调整人们之间的权利义务关系，社会秩序、群众路线亦建立在清晰权利与义务界分上，法律具有国家强制性，而法律权威则来源于公民切实的遵循与敬畏，离不开群众路线基础。

① 周旺生、朱苏力主编：《北京大学法学百科全书：法理学·立法学·法律社会学》，北京大学出版社2010年版，第72、707、727、760、1083页。

（一）社会主义基本制度

以社会主义基本制度为基础，马克思主义信仰是人民的信仰，依靠人民，为了人民。

1. 经济基础

经济基础的公有性质决定了上层建筑的人民性，权力的主体是人民，党和国家是为了保障人民利益存在的。不同于资本主义私有制基础上一切为了维护资产阶级利益与统治地位的上层建筑，社会主义经济基础以公有制为主体，人民是国家的主人，法与国家的设立是为了维护人民根本利益；不同于中国传统社会自然经济基础上封闭的宗法等级秩序、计划经济与人治的密切联系，社会主义市场经济奠定了独立意识与民主权利的重要基础，奠定了法治方式贯彻群众路线的物质生产方式基础，同时，根据马克思主义基本原理，上层建筑对经济基础有反作用，法治方式贯彻群众路线的基础也有利于巩固社会主义经济基础与共同富裕目标的实现。

2. 坚持马克思主义与坚持群众路线相统一

意识形态的社会基础保障法治方式贯彻群众路线的正确的政治方向，从而保证法治与群众路线的稳定推行，以及国家的长治久安、人民的生活幸福。宪法规定的社会主义基本经济制度奠定社会主义信仰的物质基础，写入宪法的中国特色社会主义理论体系奠定社会主义信仰的理论基础，法治方式定纷止争、维护合法权益奠定社会主义信仰的实践基础。坚持马克思主义信仰与中国特色社会主义道路须立基于坚实的社会与群众基础，只有全心全意为人民服务，想人民之所想，急人民之所急，“最美村官”评选中群众才会说出这样的官越多越好的评价，也只有群众从内心拥护坚持马克思主义信仰，坚持中国特色社会主义道路，才能防止如戈尔巴乔夫领导下放弃马克思主义、脱离群众导致的苏联解体与东欧剧变的深刻历史教训出现。

3. 坚持党的领导与严格依法执政实践

实践是检验真理的唯一标准，中国共产党以马克思主义为指导，领导中国人民经过28年艰苦卓绝的斗争，取得了社会主义革命的伟大胜利，实现了民族独立、人民解放；党的十一届三中全会重新确立马克思主义实事求是思想路线，在改革开放与社会主义现代化建设的探索中，开辟了中国特色社会主义道路，取得了社会主义物质文明建设、精神文明建设以及民主政治实践的卓越成就；在新的历史时期，中国共产党以马克思列宁主义、毛泽东思想、邓小平理论、“三个代表”重要思想、科学发展观为指导，立党为公、执政为民，民主领导、科学决策坚持党的先进性建设，加强社会建设、保障公民权益，必将取得新的、更加辉煌的成果。

（二）程序正当与实质正义的统一是法治方式贯彻群众路线的价值基础

从希腊城邦民主政治共同体生活、罗马共和国开始尊重个人权利与契约关系并授予公民权、罗马帝国皇权与教权摧毁公民意识、中世纪等级神化与分封依附的个人而非公民观念、文艺复兴后的城市复兴与商业革命促生新兴资产阶级民主自由与宪政法治、进入垄断资本主义时期社会本位；资产阶级自由主义的正义观只关注程序正义，阶级本质决定了其借形式理性表现公正的选择是必然，根据李龙教授《法理学》的分析，资产阶级用形式平等掩盖实质不平等、用流通领域的平等掩盖生产领域的剩余价值剥削、用法律面前人人平等掩盖法外特权。形式法治、工具理性在自由资本主义向垄断资本主义过渡时期已经表现出了对平等自由权利的反蚀，福利国家模式一定程度上缓解了资本主义社会的矛盾，但也并没有、也不能够使其得到彻底解决，《德里宣言》与德沃金权利论亦如是，福利国家社会本位代替个人自由、世界一体化与福利国家危机伴随新自由主义与社群主义，但阶级本质决定了资本主义多文化主义不可能真正实现平等，其积极的政治复兴也只是缓解资本主义社会矛盾、维护资产阶级统治的工具，尤其是政治领域个人价值与社会价值、自由与责任缺乏统一的基础决定了其民主法治的形式性与虚伪性。

传统中国封建专制统治以宗法等级为核心，奉行农民平均主义的正义观，权利与自由是维护统治阶级利益的工具，面临民族危亡，洋务派师夷长技、戊戌变法与辛亥革命仿行西方政治制度引入了形式法治意义上的民主与自由，直至以马克思主义为指导的中国共产党领导的中国革命的伟大胜利，建立了新中国，人民真正成为国家主人，通过人民代表大会和政治协商会议等民主形式管理国家事务和公共事务。

从阶级社会国家与社会、人权与公民权、普遍利益与特殊利益的对立，到国家与法为人而存在，成为人的自由的产物，人权和公民权统一于人的自由发展，国家与社会统一于人民根本利益。从义务本位到权利本位再到以人为本，显示了中国特色社会主义法治尊重并保障公民主体地位与各项自由权利，不同于资本主义社会以经济人假设为前提，以钱为本，马克思主义的正义观既强调起点、过程公平，也关注结果公正，公平正义包括社会公平、环境正义等广泛方面。

在社会管理创新领域，南京取消台账，避免群众路线流于形式主义，金碑银碑不如老百姓的口碑，群众意见才是评判群众工作的标准，毛泽东同志指出，没有调查就没有发言权，要真正深入普通百姓调查研究，防止干得好不如编得好、跟台账玩命、没事找事、“一菜七八吃”的形式主义，工作下基层、跑现场，评判标准也要真正下基层，才能抵制四风，真正解决群众关心的实际问题。

（三）制约公权力与保障权利合法行使

毛泽东同志在《关于领导方法的若干问题》中指出正确的领导意见是从群众中来的。西方文艺复兴时期新兴资产阶级启蒙思想家提出三权分立以制衡权力、维护自己的政治权利，社会公众监督公权力运作，实行民主决策、民主监督执行，充分尊重公民的意见，维护公民的知情权、参与权、监督权，保障权力行使代表最广大人民群众利益。

一方面，通过宪法法律赋予的权力及公民权利监督公权力的行使，不受制约的权力会导致侵害甚至暴政、人治，防止“多数人的暴政”侵害公民合法权益、扰乱安定有序的社会秩序与积极健康的社会氛围，在5月1日《精神卫生法》出台后出现的精神病排查指标分到各社区的现象，违反了公共卫生服务的基本原则，极易引起对包括精神病患者在内的公民合法权益的侵害。

另一方面，权利的行使同样需要受到合法监管，群众有追求经济效益、改善自己生活的权利，但像拉“绝户网”式的捕捞方式造成近海鱼类数量明显减少、鱼越来越小，反而侵害了捕鱼效益、生态效益，这不仅关系到可持续的发展，更关系到人类自身的生存。

(四) 主客体范式向主体间性与平等对话转变

人与人真正实现平等，从把人当做客体与监管对象到人真正成为主体，注重平等主体之间的平等性与人性化服务，从以权力为中心真正转到以人为中心，权利制约、监督权力。政治体制、经济体制、文化体制、社会体制改革在法治与群众路线联系上统一起来，这种机制的转变背后不仅仅是法条对人权、民主、宪政等现代法治原则的保障，更是在社会主义生产方式基础上，如何对待人、人的地位，以及人与人之间、人与社会之间、人与自然之间关系深层文化的转变，就其具体内涵包括以下几个方面。

1. 在人与人、人与自然、人与社会和谐基础上实现社会的有机整合

一方面，法律的平衡功能促进多元利益协调与社会资源整合，协调多元权利的维护在当今社会尤为重要，同样是合法利益在有限资源面前也会出现冲突，依照法律价值位阶协调与平衡，整合社会力量与资源。环境安全与民族问题结合起来，成为影响政治结构稳定性的重要因素，并成为一些社会群体性事件的诱发因素。

另一方面，通过法律的社会整合是贯彻民主和法治原则的有机整合，这就不同于专制下扼杀自由、消除异己、维护阶级统治的“高压整合”，社会主义制度下充分表达民意的法律创造出个人生活与社会统一、个人自决与社会公决、个人发展与社会进步有机结合的规范环境。①

2. 多元规则内部的和谐

阶级社会有中国传统封建社会的义务本位、资本主义社会统治阶级的法外特权与被统治阶级失衡的权利义务设置；在社会主义社会，中国改革开放后从权利本位到以人为本的发展体现了马克思主义权利与义务相统一的基本观点，社会主义制度为实现权利与义务的和谐奠定了基础，由之，多元规则的相互协调，实现有机结合，也即在各权力与责任自界限范围内，互相弥补局限性，共同保障公民合法权益，服务于党和国家事业的大局。

3. 防止不法侵害与合法权益之间、权利和义务之间的协调、平衡

封建社会后期手工业与农业分离，地理大发现和资本主义的发展、农业与工商业的分工使商品经济需要以平等、自由、权利为基础的规则保障，这就形成了不同于自然经济或产品经济权利与义务不平衡的规则状态，不同于西方个人本位、自我中心、竞争文

① 张文显主编：《马克思主义法理学——理论、方法和前沿》，高等教育出版社2004年版，第343页。

化，中国传统文化群体本位、考虑别人、和谐文化为以工业为基础的现代文明提供了长久发展的文化路径，以人为本与民主法治精神相一致。

三、法治社会建设与坚持深入贯彻群众路线

根据马克思主义主义基本原理经济基础决定上层建筑与对立统一规律，坚持中国特色社会主义法治与坚持深入贯彻群众路线在相互统一与相互制约的基础上，实现维护社会主义基本制度，巩固党的执政地位，坚持马克思主义信仰，通过理性化、规范化途径解决利益冲突，保障公民合法权益，为全面建成小康社会，实现中华民族伟大复兴的中国梦奠定坚实的基础。

（一）中国特色社会主义法治的人民性与历史合法性是一致的

中国共产党的领导是人民的选择、历史的选择，中国特色社会主义法治是党领导中国人民探索社会主义道路的重要成果。根据马克思主义唯物史观，与资本主义法治不同，社会主义法治建立在社会主义公有制基础上，决定了其真正从人民根本利益出发，实视社会公平，坚持民主立法、科学立法、执法为民。

1. 作为其指导思想的马克思主义、毛泽东思想与中国特色社会主义理论体系是以人为本、服务人民的理论信仰

法治的指导思想中国特色社会主义理论是坚持群众路线的成果，毛泽东同志提出从群众中来，到群众中去，胡锦涛同志提出科学发展观以人为本，为了人、依靠人、发展成果人人共享。根据马克思主义唯物史观，在阶级社会，法与社会的观点是为统治阶级利益服务的，是实现其剥削的工具，只有在消灭了剥削和压迫的社会，法与社会的关联才是建立在以人为本的基础上的，是为了人、依靠人、发展成果人人共享的存在，中国传统社会以小农经济为基础，自给自足，中央与地方的连接不仅建立在专制集权基础上，更依赖植根于日常生活的伦理观念，决定了其上层建筑以礼与法实现治理、维持统治，不论是韦伯的《新教伦理与资本主义精神》、滋贺秀三的《清代诉讼之民事法源的考察——作为法源的习惯》将传统中国视为行政与司法一体、不据法裁判的“卡迪司法”，还是黄宗智的《中国民事判决的过去与现在》、张伟仁的《中国传统司法与法学》则将传统中国司法视为与西方唯法的形式理性不同的情、理、法的结合，乡绅里长用宗法伦理止争与封建中央集权治理同时存在、并行不悖，法与社会的礼制紧密相连，《管子·心术》“法出乎权”揭示了其以法治国的专制属性，《权修》也有法以立朝廷为用的论述，《韩非子》中有法、术、势三者以法为本，但仍以君为主，为维护封建君王专制统治而存在，其《扬权》一文明确指出法为帝王之具；鸦片战争西方的坚船利炮打开中国的大门，也冲击着传统的治理模式，在救亡图存的奔走呼告中，戊戌变法、沈家本修律、仿行宪制、辛亥革命、《中华民国临时约法》一系列移植西方法律与政治制度的活动为近代中国引入了机器大工业与商品经济基础上的法治形式的文明，但并没有落地生根。

2. 中国特色社会主义法治的形成过程集民意、为民利

从社会主义革命的伟大胜利到中国特色社会主义建设取得的辉煌成就，离不开人民群众的参与与支持，毛泽东同志指出人民是历史的创造者。革命战争时期毛泽东同志1927年《湖南农民运动考察报告》强调农民运动力量、在中共七大总结世界反法西斯战争胜利经验时明确提出只有人民是创造历史的动力，到社会主义建设时期江泽民同志在党的十一届三中全会召开二十周年大会人民是改革的力量源泉及实现好、维护好、发展好最广大人民群众切身利益的讲话，邓小平同志指出要发展社会主义民主、健全社会主义法制，以经济建设为中心，立足中国现实，总结社会主义实践经验，辩证分析中国传统文化与西方法律文明成果，坚持党的领导、人民当家做主和依法治国的统一，十五大明确提出并写入宪法的扩大社会主义民主、健全社会主义法治、依法治国、建设社会主义法治国家，指出依法治国即人民群众在中国共产党的领导下，依照宪法法律管理国家事务、经济文化事业及社会事务，社会主义法学话语体系作为理念指导的依法治国、执法为民、公平正义、服务大局、党的领导。

3. 中国特色社会主义法治坚持党的事业至上、人民利益至上、宪法法律至上

党的领导、人民当家做主与依法治国相统一这一根本原则体现党领导的群众路线与法治的联系。

（1）中国共产党的成立与发展壮大、中国革命的胜利与社会主义建设取得的伟大成就离不开人民的支持，在长期的革命与社会主义建设实践中，中国共产党领导中国人民探索形成了指导法治实践与社会建设的中国特色社会主义法治理念，其根本原则为党的领导、人民当家做主与依法治国的统一，其具体体现在三者至上的统一，即党的事业至上、人民利益至上、宪法法律至上。

（2）中国特色社会主义法律体系是国家意志、人民意志与客观规律的统一。一方面，社会主义制度保障人民真正成为立法主体，公共空间真正成为平等协商与对话的平台，哈贝马斯交往行为理论以平等协商基础上达成共识视解决所面临的理论矛盾与社会问题；另一方面，中国特色社会主义法律体系的完善来源于紧密依靠群众的社会实践，而践行法治的评判标准在于群众满不满意，阶级社会的法治国是为统治阶级利益服务的，是奴役人民的工具，其不可能真正实现法治社会，而在消灭了剥削与压迫的社会，国家实行法治是为了在社会中形成代表广大人民利益的社会秩序。

4. 打破西方话语霸权，用中国话语体系解读中国奇迹，树立理论自信、制度自信、道路自信，实现马克思主义中国化、时代化、大众化

实践证明，坚持中国共产党的领导与中国特色社会主义道路，我们比任何时候都更加接近国家富强、民族复兴、人民幸福的中国梦的实现，党和人民坚强团结，定能迎来更加美好灿烂的明天，百年兴衰，中国人民历尽苦难才有今天的国际地位与发展成就，一方面，我们不能让这大好前程被非法政治势力扰乱，正如《求是》“巩固党和人民团结奋斗的共同思想基础”指出的，采取意识形态渗透涣散人心以西化、分化中国；另一方面，我们也清醒地认识到客观存在的矛盾和问题，各方面的制度完善、结构调整、机制健全都须加强，但正如毛泽东同志所指出的，这是人民内部矛盾，实践证明中国人

民的幸福要依靠中国共产党领导的中国特色社会主义道路来实现和维护。①

（二）二者相互统一

坚持中国特色社会主义法治与坚持深入贯彻群众路线二者统一于发展进程，发展需要法治保障，而解决群众困难的根本在于发展，具体表现在以下几个方面。

1. 法治的社会根基在群众

唐代魏征说过“水能载舟，亦能覆舟”，毛泽东同志指出只有人民“才是创造世界历史的动力”，根据马克思主义唯物史观，一方面，人民群众创造了历史，另一方面，经济基础决定上层建筑，法律是社会物质生活条件的反映，在社会主义社会，法律建立在社会主义公有制基础上，与上层建筑的其他领域共同促进解放生产力、发展生产力、

① 中国特色社会主义法治与西方资本主义法治有着根本的区别：第一，经济基础，资本主义法治建立在资产阶级私有制基础上，根据马克思主义唯物辩证法，其代表统治阶级的意志、维护统治阶级的利益。第二，理论基础，17、18世纪资产阶级反对封建专制统治所举自由、平等、理性、人权大旗、社会契约论奠定了资本主义法治发展的理论基础，这种以形式理性掩盖实质不平等、以交换与流通领域的平等掩盖生产与分配领域的剥削的法治形式，建立在霍布斯《利维坦》人性恶的基础上，自然状态下人与人的关系好比狼与狼的关系，所谓订立契约、建立国家就必然带有管制、统治甚至专制的色彩，而非卢梭《社会契约论》为保持自然状态“黄金时代”人们依照“公意”订立契约、主权在民，亦非洛克自然状态“亦好亦坏”。第三，人权，作为资产阶级反对封建专制锐利思想武器的天赋人权确实发挥了其积极的历史作用，从格劳秀斯提出人权概念、斯宾诺莎对其进行解释，到洛克《政府论》人权理论系统化归纳为以个人为基础与生俱来的、普遍的生存权、自由权、平等权、财产权，1776年美国《独立宣言》、1789年法国《人权与公民权利宣言》与1791年美国《人权法案》将人权理论规范化、法典化，再到“二战”期间美国罗斯福提出言论自由、宗教信仰自由、免予匮乏的自由、免予恐惧的自由，并于1941年罗斯福与丘吉尔在《大西洋宪章》对这四大自由进行了确立，“二战”后，1945年联合国成立，《联合国宪章》序言即规定了人权，东京审判与纽伦堡审判旨在保卫人权，人权的内涵也在不断扩展，如安全权、和平权、发展权；在中国共产党的领导下，如陕甘宁解放区已有保护人权方面的法律规定，争自由、争民主、争人权，解放后，《宪法》规定公民基本权利，1990年以后人权白皮书，资产阶级的立法建立在性本恶基础上，马克思的人权观点是历史的、具体的，人性由具体历史条件决定，随着物质生活条件的变化而变化，一个人从先进分子转变成腐败分子并不能说性恶或善，而是物质决定论下意识变质所致。第四，民主，孟德斯鸠指出没有制约的权力导致腐败，以此为基础，资本主义国家采用三权分立、多党制等政治制衡方式，但这并不能改变由其经济基础决定的维护统治阶级利益的根本属性，作为其政治民主代表的总统选举需要的资本支持规模越来越巨大，选出来的人自然要听命于支持他的资本家，维护他们的利益，党派利益之争使制衡成了拖后腿，福山指出在债务上限问题中美国制约平衡制度的“政治僵局恶果”已经显现，将党派利益置于国家之上，少数人可以阻止对大多数人有利的行动，政府停摆、主权信用评级下调。中国特色社会主义法治是党的领导、人民当家做主与依法治国的统一，党的意志、人民意志与国家意志一致，人民民主要求选举民主、协商民主、自治民主，要求执法为民、执政民主，在党的领导下，能够全民一心、协调一致办大事、服务大局。第五，法治主义的内涵不同，良法包含程序性和价值判断的要求，亚里士多德提出法治主义两个原则，一是法律应当得到普遍的遵守和服从，二是人民普遍服从的法律应当是制定良好的法律，在资本主义社会，服从的是统治阶级的意志，在消灭了剥削的社会人们服从的是自已的意志。

消灭剥削、消除两极分化、最终实现共同富裕的目标的实现，离开了群众是不可能完成的。

(1) 法来源于人的存在、为了人而存在。从源于希腊城邦民主生活的亚里士多德的良法之治、资产阶级启蒙学者的社会契约论思想、中国传统社会先秦管仲的法度之制与法家的垂法而治、近代为救亡图存引入西制孙中山先生提出五权宪法，根据马克思主义基本理论，阶级社会的法是维护统治阶级利益的工具，包括柏拉图晚年从人出发的法律思想也只是哲学王统治的完善。马克思指出法律最初是人与人之间的契约，在《黑尔法哲学批判》揭示了法根源于物质生活关系、《德意志意识形态》从市民社会出发阐明法的物质根源，在此基础上恩格斯论述了法律是生产、分配、交换的共同规则的概括与发展；党的十一届三中全会确立了经济建设为中心，社会主义市场经济奠定了中国特色社会主义法治的物质基础，党的十五大确立依法治国建设社会主义法治国家，1999 年写入宪法，2011 年中国特色社会主义法律体系形成，坚持党的领导、人民当家做主与依法治国的统一，坚持依法治国、执法为民、公平正义、服务大局、党的领导。建设社会主义法治国家、尊重人民的历史地位，首先就要确保公民权利、防止不法侵害、维护社会公平。一方面，坚持民主立法、科学立法；另一方面，坚持执法、司法为民。

(2) 法治需要群众的参与和监督。人是法律领域的主体，人民是国家的主人，城乡基层自治、企事业单位的民主管理、学校的学术自治等都是在保障基本人权与坚持人民主权的根本层面将法治与群众路线连接起来。第一，国家主权在民，中国特色社会主义法治道路的主体是群众；第二，法律权威源于公民对法律至上的尊崇，庞德强调法律的生命在于经验，党中央强调法律的关键在于实施，风成于上，俗化于下，坚决反对四风与干部的大局意识、政治素养与群众意见密不可分；第三，监督公权力依法行使的力量在群众，法律保障群众合法权益要落实到群众的日常生活中，这也是民主宪政的根本要求。

2. 群众路线的核心是保障群众权益，其实现需要法治的规范化、制度化保障

“群众利益无小事”不仅仅是一种方针政策或工作方法，还需要法律化、制度化保障，成为一种行为规范和制度因循，“门难进、脸难看、事难办”侵害的不仅是公民的合法权益，更是对社会制度的信仰。法治方式贯彻群众路线给公民合法权益的保障提供了法治保障，党领导下的群众工作切实解决群众遇到的难题，坚决反对四风，在坚定人们社会主义信仰的同时，坚持了马克思主义法是由人的存在决定的，是由社会决定的，而不是相反，这关系到国家政治稳定与人民生活幸福。中国特色社会主义法治保障人民根本利益，从法与社会的学说回到中国特色社会主义法治的具体特征，从而根据马克思主义基本原理对立统一规律，结合为精神病患者提供公共卫生服务中出现的问题，分析了坚持中国特色社会主义法治与坚持深入贯彻群众路线的关联与界限，二者都关系到党的执政地位的巩固与国泰民安，必须长期有效的深入开展与坚持下去，含糊不得也马虎不得。

3. 在其基础上，二者共同促进马克思主义中国化、中国经验马克思主义化的实现

第一，法治方式贯彻群众路线对于群众利益、公民权利的切实保障巩固着人们的理论自信、制度自信、道路自信，一个国家的文化自信、文化自觉、文化自强源自群众，这不仅关系国际地位与形象，更关系国家长治久安与长足发展，精神作为文化的核心，对物质文化、制度文化产生影响，因此，意识形态问题是十分重要的问题，从20世纪20年代新文化运动中外马之争、科学与玄学之争、问题与主义之争，30年代救亡压倒启蒙下从张之洞中体西用及洋务运动师夷长技、甲午中日海战后戊戌变法与辛亥革命学习西制到失败后鲁迅与严复对国民性和文化深层反思，至80年代真理标准大讨论、人道主义与异化问题大讨论，直到90年代从文化激进主义到文化保守主义肯定中国传统文化，如李泽厚从思想启蒙到《告别革命》，我们找到了立足本国实际的中国特色社会主义道路，总结中国经验、中国模式、中国道路。

第二，人权与公民权、人民主权与基本人权在社会秩序基础上的沟通与对立统一。中国传统封建社会以农业文明为基础，强调宗法等级秩序、集体与整体观念，近代西方资产阶级革命推行市场贸易与自由商品交换，强调平等与个人主义，直至中国特色社会主义奠定多元规则、多元权利、主权与人权、国家与社会协商对话以及和谐统一的基础，不同于自由及福利国家范式，中国特色社会主义法治建立在真正的自由平等基础上，实现个人自由与集体自由的统一、形式理性与实质理性的统一、多元权利及国家与社会的良好协调，人民主权不同于神权、王权等阶级权力，以人民当家做主为基础的政治、法律制度源于人、为了人、发展的成果人人共享，注重平等理性对话、自主自由、民主权利，维护广大人民最根本利益，为实现多元权利、自主选择与利益协调奠定了坚实的基础。

第三，以群众为广泛参与为基础的自治与民主奠定法治国家、法治政府、法治社会一体化建设的基础，法治国家、法治政府和法治社会建设实际是法与国家、法与政府、法与社会的关系，而依法治国、依法执政、依法行政的实现以国家与法代表的根本利益为基础，归根结底，是社会物质生产方式决定的人与人、人与国家、人与社会的关系，事实上，其不仅包括了制约权力与保障权益，还包括国家、人民、政府与政党的关系，包括合法权利相互间的关系，中国特色社会主义法治以人民根本利益一致性奠定了个人与国家、个人与社会、国家与社会沟通的基础。

第四，中国特色社会主义社会体制建设以及法治国家与法治社会、自治与他治、自由与秩序的实现，以提高公民法治意识与参与管理、自我管理的能力为重要基础，加强监管与提高公民法治意识与自治能力缺一不可，一方面，自治不是监管撒手，而是综合治理，提高管理水平、应急能力；另一方面，自由也不是丧失风格与品质，各地建立的新闻道德委员会就是针对群众关心的出版新闻行业为经济效益侵犯广大读者尤其是青少年，享有积极健康公共文化生活的权利，以行业自律与社会监督承担宣传领域的社会责任，在格祺伟案中，舆论监督、正义成了敲诈勒索的工具，网友、阅读者成了被愚弄、被牵着鼻子走的玩偶，大量针对党政机关、企事业单位的负面新闻又在传统息事宁人想法的支配下，助其屡屡得手，即是警示。

（三）二者相互制约

与此同时，法治与群众路线又表现出相互制约，共同实现制约权力与保障权利，共同服务于党和国家事业大局。化解纠纷与危机预警的强大力量在群众，稳定政治与社会秩序的强大力量在群众，最了解事情原委、最先感受到事态变化的也是群众，但也出现了利用群众关心问题以舆论监督之名行编造故事、谋取私利之实的不良现象，法律规范、公序良俗需要保障包括网络在内的舆论空间的自由，提高公民法律意识与辨别能力，发挥社会力量让非法势力无处遁形。

1. 法治对群众路线的保障

（1）法治精神与基本原则防止“多数人的暴政”。民主不仅要实行程序正当基础上的多数人决定，更要保障少数人的合法权益，防止多数人的暴政，依法治国确实应当在国家层面上提出，但社会也需要法的治理，以国家强制力为后盾的确定性、规范化的原则，将法治精神与法律原则贯穿在实施的整个过程中，这就能有效防止如希特勒愚弄、欺骗人民，诬陷、杀害无辜，给世界人民造成巨大伤害，以及“文革”及“群众运动治国”侵犯公民合法权益等现象重蹈覆辙。

（2）法治明确司法与社管的界限。司法受干预或主动揽案件不是法治领域的群众路线，司法关注法律体系的一致性与法律权威，司法职业共同体强调被动性、中立性、客观性，正是以此属性服务群众，比如我们就不能把主动上门服务、“宅急送”式的网格化管理模式应用到司法领域，否则，造成司法权力对于百姓日常生活的不当干涉，出现主动包揽案件等违反法治精神、法律原则与法律作为最后防线的意义，苏力在《不走回头路》、陈忠林在《中国法治应该怎样向前走》中分别论证了人民参与与司法公正、与防止走向人民对立面的联系，贺卫方、张千帆在《自律还是监督——司法改革的路径之争》中指出司法应当有独立的运作体系，宪法第135条规定：“人民法院、人民检察院和公安机关办理刑事案件，应当分工负责，互相配合，互相制约，以保证准确有效地执行法律。”

（3）法治防止以群众路线之名行张扬私利之实以及个人自由的无限制扩张。危害他人权利的自由只会带来对自己权利的侵害。一方面，自由不是丧失品质，自由不是无边界肆意，要防止散布虚假恐怖信息把他人合法权益不当回事儿，扰乱社会公共秩序，甚至如印度因散布虚假信息引发骚乱和踩踏事件，致人死伤的现象。而要将网络等媒体建设成为对话、协商的平台，便民高效地及时反映民情、化解矛盾、预警危机、有效监督，① 就必须对用网络进行欺诈、散布谣言或非法政治势力危害国家安全及其他网络犯罪，侵害公民财产权甚至生命健康权等合法权益，侵犯公民享有积极健康的公共文化空间的权利的行为进行打击。印度因为谣言发生踩踏悲剧，扰乱社会秩序甚至在与警察的冲突中危害到公共安全。另一方面，法治方式贯彻落实政策规定，如真正从人本身出发

① 既包括公共服务满足积极健康的公共文化空间的需求及监管的“他律”，也包括公民参与管理以及自我管理、自我服务、自我发展的“社会自治”与自律。

提供公共卫生服务。

2. 群众路线对法治的监督

（1）群众工作弥补法律局限性。第一，情法融合、服务优先的群众工作有助于提前预警并采取合理措施避免损害发生或扩大、及时化解矛盾纠纷、实现源头治理，从而弥补法的被动性局限，在保障由政府提供社会管理与服务的同时，也要看到社会力量是巨大的，引导其理性化、规范化解决日常生活中遇到的各种问题、预防与调解矛盾纠纷、恢复社会秩序与和谐安定，对于突发事件预警、冲突及时有效控制与最终解决、社会秩序恢复有着十分重大的意义。

第二，协商机制、平等、自主的治理关系奠定了相互沟通与理解、自我节制、相互宽容的正当性确证，哈贝马斯的《交往行为理论》指出生活世界协商功能的发挥能够防止“生活世界的殖民化”，推动社会化协调发展，一方面，法律有滞后性，死规定难为死大活人现象，广东高州病危老人因被要求亲自取款而猝死在银行、工行陕西分行老人被120和儿女抬进银行改密码、83岁脑梗瘫痪老人被要求亲自参加特病医保年审体检。另一方面，如公众参与城市管理的百姓城管、摊点自治，反而没有了过去强制管理下的垃圾乱丢与占道经营现象，沟通顺畅了，老百姓的抵触情绪没了，互相理解、互相支持，秩序自然好了。

第三，解决冰冷规定与热情服务之间的矛盾，情理与法理的一致方面避免形式法条主义违背法律原则与精神，在贯彻群众路线过程中，主动开门走出去，热情把人迎进来，一些地方的干部自费吃住在村里，与老百姓一起干活、一起聊天，就地解决群众困难，让群众路线越走越宽广。

（2）群众路线防止法律万能对主体性的侵蚀。一方面，法律至上与法律万能有根本的区别，后者意味着排除道德、惯例等规范的专制，埃里克森在《无需法律的秩序》、巴尔在《三种不同竞争的价值观念体系》、奥斯特罗姆在《政治文明：东方与西方》中对支持法律的道德共识、保持社会秩序的道德、宗教、惯例等规范的重要性，以及唯法律理性导致人成为被法律主宰的客体，不断寻找法律条文的漏洞，从而法律会更加严苛规约、侵蚀人的主体权利与自由，在这循环中形成法治乌托邦，割裂了法律与民间秩序的联系，更侵害了主体精神与法律价值；① 另一方面，群众路线防止法条主义反噬法治精神，一味追求法条的形式符合要件，容易引发策略性规避，这样法条就需要更加严格，从而引起人们新一轮的规避行为，恶性循环，而立足群众需要的实质正义能够避免这一弊端。

（3）群众路线防止法律领域“断头案”。提高群众法律意识是建成法治社会的关键，司法、执法力度再严格，老百姓如果不知道，就成了断头案，还会重蹈覆辙，胡万林非法行医被判处15年有期徒刑后，又以“神医”身份出现在书刊、会议，推行所谓包治百病的疗法，河南青年云旭刚通过网络接触痴迷辍学，参加胡万林等人组织的研讨会过程中被发现因芒硝中毒死亡，要真正让群众路线常态化，让老百姓在生活中享有高

① 马长山：《法治的社会维度与现代性视界》，中国社会科学出版社2008年版，第67页。

效便民、合法的服务，建立维护信任、平等，留言趁着新闻披露赶紧把证办了含有多少的辛酸与不信任，同时，出现了很多断头案，职能部门并未彻查并作出处理。这就要求各方切实践行法治国家、法治社会原则，贯彻落实党的群众路线，切实解决群众生活困难，保障公民合法权益的实现。

（作者单位：武汉大学法学院）

第三十四篇
通过阶层的法律治理
——中国法治社会的建设路径

邓经天

内容提要：本文通过运用“结构—功能”范式，阐释了“阶层”作为“法治社会”建设的路径可行性问题。通过分析可以发现，阶层结构与法治功能之间存在互动关系，功能适应结构表明阶层的存在确实能够体现法治精神和追求目标，结构影响功能也证明法治理想和法治追求对阶层结构的合理化建设提出了要求。由此得出中国现阶段法治社会的建设，应该是以“阶层”作为法律治理对象的建设，通过对阶层法律治理来建设法治社会，是中国法治社会的基本路径。

关键词：结构—功能；阶层；阶层社会；法治社会

一、引　　言

法治社会作为静态结果上的存在，是法治运行和法治建设的动态过程。但是法治社会如何建设，是一个宏大的问题。本文的整体思路是遵循“结构—功能”范式，将“阶层”作为结构，认为它能够影响“功能”发挥。“阶层”具备既作为不可否认的现状，也作为开放可变迁的结构的双重意义，并且这个双重意义使得功能既体现在现阶段的社会结构中，也使得更为合理的社会结构促进功能的进一步发挥成为可能。

“法治”在本文中是作为与“结构”相对应的“功能”范畴，是理想、精神和合理现状的共同组成部分。一方面，并不否认现阶段“法治”精神和“法治”的某些合理现状符合了当下阶层为主要构成要素的社会结构；另一方面法治的理想和精神延伸也要求社会结构作出合理化变革，这就要求阶层在结构、位序两方面都要促进法治建设，从而实现法律自身追求的价值。

二、中国语境下“法治社会”与“阶层”之辨

在分析法治与阶层之间的关系之时，需要厘清中国社会环境中“法治社会”与“阶层”的真实语义。理论上来说，中国学界强调社会与国家的区别，因此区分了“国家”与“社会”这一对概念；中国近代史的曲折发展，也使得“阶层”一词的观念内

涵呈现模糊倾向。

（一）法治社会独立于法治国家

“法治国家”和“法治社会”的区分，在理论上渊源于“国家—社会”范式。只有分析这一范式，才能在逻辑上确定“法治国家”与“法治社会”的关系。国家与社会相分离，是法治国家和法治社会概念的分化的根本原因。从理论基础上来说，“国家与社会”作为普遍使用的理论分析框架是90年代社会科学主要的重要成果之一。① 其基本观点是“市民社会与国家相对，并部分独立于国家。它包括了那些不能与国家相混淆或者不能为国家所淹没的社会生活领域”②，“国家—社会”的分析框架之所以适应中国学界的理论土壤，一方面与以传统马克思主义所坚持的“国家与社会始终对立”的国家哲学相适应，恩格斯说国家是“从社会中产生但又自居于社会之上并且日益同社会脱离的力量”；另外一方面也与西方主流的以“社会契约论”为基础的国家哲学相勾连，认为国家乃是建立在社会基础之上，社会是存在于国家之前，独立于国家的人类生存结构。这两种分别以唯物主义和唯心主义为基础的国家理论，在中国20世纪90年代通过“国家与社会”的分析框架在形式上达成一致，构成了“国家与社会”理论的两项基本内容：即存在状态上，国家与社会的两实体的对立；层次效力上，社会对国家有决定意义，“社会是什么”决定了“国家与社会的关系是什么”，进而决定了“国家是什么”。③

（二）阶层的内涵表达

“阶层”具有两个层面的意思表述，它既是社会的结构形式，也是社会的组成要素。英文class具有“阶层”和“阶级”的双重内涵，但是在中文的使用中，阶层和阶级在历史沉淀中被赋予了不同的含义。中国当下的“阶层”概念并不带有身份上的等级观念，而仅表征经济地位的差距。在中国和在西方，古代社会中的“阶级”就是指在社会上存在的身份等级④。而工业革命之后，“由身份到契约”的变革中，阶层是按照一般概念的“社会资源与社会机会”来区分的，而阶级则是按一种特殊的社会资源——生产资料来分层的结果⑤。韦伯主义传统对阶层的划分的主要依据是人们在市场中的能力或市场全力（market power），阶层的分类基本架构是职业结构⑥。在中国，特别是改革开放前的政治运动，表明中国语境下“阶级”仍然带有身份上的等级差异、利益上的冲突对立等特点。而“阶层”常常被认为是不那么具有冲突性并带有等级性

① 强世功：《法制与治理——国家转型中的法律》，中国政法大学出版社2005年版，第6页。

② 邓正来：《国家与市民社会：一种社会理论的研究路径》，中央编译出版社2005年版，第3页，第459~460页。

③ 强世功：《法制与治理——国家转型中的法律》，中国政法大学出版社2005年版，第8页。

④ 郑杭生：《中国社会结构变化趋势研究》，中国人民大学出版社2007年版，第29页。

⑤ 郑杭生：《中国社会结构变化趋势研究》，中国人民大学出版社2007年版，第8页。

⑥ 郑杭生：《中国社会结构变化趋势研究》，中国人民大学出版社2007年版，第5页。

质的群体概念①。

三、法治社会的现状——社会学视野下的中国阶层

社会建设需要立足于具体历史情境下的社会现实。法治社会的建设需要立足于当下中国的社会阶层结构。中国社会科学院的“当代中国社会结构变迁研究”课题组通过调研和分析，认为中国现阶段阶层社会结构初步形成，但是阶层组成的社会在结构方面并不合理。

（一）阶层社会初步成型

社会阶层是社会学研究中的重要对象，社会阶层的产生、流动和变迁一直是社会学前沿的研究方面。法治以“公平正义”为主要目标追求，如果意图通过制度改革达到这个目标，就应该认识社会学视野下的阶层现状。

中国社会科学院社会学研究所“当代中国社会结构变迁研究”课题组于2002年出具的《当代中国社会阶层研究报告》指出，自1979改革开放以来，“中国的社会阶层结构发生了深刻的变化”，“原来的‘两个阶级一个阶层’（工人阶级、农民阶级和知识分子阶层）的社会结构发生了显著分化，一些新的社会阶层逐渐形成……以职业为基础的新的社会阶层分化机制逐渐取代过去的以政治身份、户口身份和行政身份为依据的分化机制。这些迹象表明，社会经济变迁已导致了一种新的社会阶层结构的出现，并且，这种结构正在趋于稳定”。② 但是该报告进一步指出，“中国的社会阶层结构与现代化进程还不相适应”，中国现有阶层结构不合理，存在引发社会危机的结构性因素，并且社会阶层结构中的社会地位尚未得到全社会的充分认可。③ 报告中明确指出，中国新的社会阶层结构已经出现并且日趋稳定，但是其结构并不完全合理，尚有改进的可能性。

此外，课题组还对职业划分标准做了深层次分析，“提出了以职业分类为基础、以组织资源、经济资源和文化资源的占有情况为标准的社会阶层划分的理论框架……在当代中国社会中，对这三种资源的拥有情况决定了各社会群体在阶层结构中的位置以及个人的综合社会经济地位。根据这种分层原则，我们勾画了当代中国社会阶层结构的基本形态，它由十个社会阶层和五个社会地位等级”④。其中组织资源主要是指行政组织资源和政治组织资源，课题组将其称为“主要指依据国家政权组织和党组织系统而拥有的对社会资源（包括人和物）的支配能力”。但是由于本文所述“法治社会”乃是基于“国家—社会”理论而阐释，而社会理论中最为重要的就是国家与社会相分离的观念。

① 陆学艺：《当代中国社会阶层研究报告》，社会科学文献出版社2002年版，第5页。
② 陆学艺：《当代中国社会阶层研究报告》，社会科学文献出版社2002年版，第4页。
③ 陆学艺：《当代中国社会阶层研究报告》，社会科学文献出版社2002年版，第61～99页。
④ 陆学艺：《当代中国社会阶层研究报告》，社会科学文献出版社2002年版，第10页。

该报告用社会学对“社会”的理解，将组织资源的占有情况作为区别社会阶层的标准之一，但是按照“国家—社会”理论，组织资源的占有和分配恰属于“法治国家”理论范畴。因此在社会层面，本文接受课题组所提出的“职业分类为基础”，但是在标准上以“经济资源和文化资源的占有情况”作为社会阶层划分的理论框架。按照此分类，不影响五个社会地位等级划分，但是将组织资源的占有为主的“国家与社会管理者阶层”排除在社会阶层建设之外，认为应作为法治国家的所属部分，将剩下九个社会阶层构成中国的社会阶层现状。

此外，对中国社会阶层的现状，其他学者也有相似性描述。如李培林就认为改革开放过程中，“先富起来”的一部分人确实存在，但是“不是一个具有共同社会地位和共同利益要求的‘利益群体’或‘压力集团’。他们实际上还只是一个分散在不同社会阶层中的泛化群体”。① 孙立平教授也认为“一种新的、具有自致性和可变性的、以职业身份为标志的身份系列正在逐渐取代以往各种身份类型”。② 同时在社会结构方面，认为“总体性精英过多垄断了社会资源，因为，它侵犯了社会众多阶层的利益”。③ 在90年代的资源重新聚集忠诚中，“形成了一个具有相当规模的弱势群体”。④

（二）阶层社会尚不合理

在《当代中国社会流动》第二章中，中国社会科学院概括了当代中国五次社会流动，将1978年至1991年概括为“社会分化与流动模式的转换”时期：农村经济体制、国有企业管理体制、教育升学体制和干部人事体制等社会体制都发生了重大改变。由此进一步推动了1992年至今的“新的社会阶层结构的初步成型”的时期。新阶层结构初步成型，但是其中的问题仍然不容忽视。第一，教育机会结构不公平，不仅表现在公共教育资源配置的不公平上，也表现在教育获得机会的直接分配上。⑤ 教育机会结构不公平直接影响到的是“城乡二元”的结构壁垒，间接影响到将来社会中个人的阶层流动机会的多寡和流动能力的强弱。第二，在某种意义上，这也意味着中国社会较为稳定的流动阶梯的成型。⑥ 这也就是作者所提到的“阶层结构和阶层位序的定型化”。有关阶层结构和阶层位序定型化弊端，最为重要的就是社会流动的缺失和经济公平实现困难；社会流动的缺失与阶层的固化二者可能呈现出恶性循环，流动的缺失加速阶层的固化，阶层的固化进一步阻截流动的机会。更为严重的后果是，虽然我国30多年的法治建设，破除身份制度和社会个人人格平等方面的建设颇有建设，但是经济层面的不平等可能重新导致隐性身份制度的出现。

---

① 李培林：《另一只看不见的手——社会结构转型》，社会科学文献出版社2005年版，第71页。

② 孙立平：《现代化与社会转型》，北京大学出版社2005年版，第172页。

③ 孙立平：《现代化与社会转型》，北京大学出版社2005年版，第261页。

④ 孙立平：《现代化与社会转型》，北京大学出版社2005年版，第262页。

⑤ 陆学艺主编：《当代中国社会流动》，社会科学文献出版社2004年版，第91页。

⑥ 陆学艺主编：《当代中国社会流动》，社会科学文献出版社2004年版，第93页。

社会科学院研究认为，“中国现代社会阶层结构的发育还只是一个自发演变的过程”。中国改革开放以来的政策绝大部分以促进经济发展为主要目标，国家主要进行的是经济体制改革和以经济发展为目标的政治体制改革，“国家并没有自觉到用运动相应的社会政策去引导和协调这一过程”。自发生成的社会结构符合了国家整个的经济发展和文化进化历史，具有强大的稳定性，阶层社会的治理必定困难重重；这同时也意味着中国在“社会”层面的建设略显粗糙，暗示着中国将来的社会层面的建设大有可为，可以通过有形的手来推动社会阶层建设，促进阶层合理化发展。

四、阶层社会的初步成型——法治精神的合理化表达

从上述的社会学研究中不难发现，三十多年法治社会建设背后，阶层的产生和形成已经是不容否认的事实。但是阶层的存在是否就一定意味着对法律价值的背离？笔者认为并不能如此武断认为。就现阶段的社会现状而言，中国三十年多年法治社会建设至少在以下四个方面体现出了对法治精神的追求。

（一）平等

在当下中国阶层形成条件下，“法律面前人人平等”赋予了个人最基本形式上的平等。不仅如此，“平等”的法律精神还体现在各部门法中，通过各部门法对整个社会生活的调节以促进整个社会将“平等”信念化，制度化。

首先，从身份不平等到身份平等。改革开放之前，特别是十年“文革”期间，社会生活中公开划分阶级，所以称之为“阶级”，是因为这期间的身份制度下，人与人所享有的权利和义务有相当大的区别，并且在整个社会公开承认不平等。这种趋势在“文革”中达至顶峰，划分“红五类”和“黑五类”，红五类：工人、贫下中农、军人、干部、烈属。黑五类：地主、富农、反革命、破坏分子、右派。这种划分不仅是依据身份而直接决定了社会层次的高低，而且直接影响到个人利益的分配，例如在升学方面，红五类就比黑五类更具有优势地位。在正式的生活中，红五类往往占据着核心位置，是社会中的主流话语权掌控者和决定者，而黑五类只能被动响应和接受。改革开放之后这种情形发生了改变，开展了大规模的平反工作，并且在政治上解放了知识分子，不再是资产阶级知识分子。尤其是1982年宪法第33条第2款规定：“中华人民共和国公民在法律面前一律平等。”以最高层次的根本大法肯定了个人的地位，任何公民都不允许以其民族、种族、性别、出身、职业、宗教信仰、教育程度、财产状况和职务高低等为理由认为公民与公民存在贵贱之分，高下之别。

其次，“平等”以基本原则的地位贯彻到各个部门中。民法是与生活最密切相关的法律，平等原则也体现出了日常生活的最平凡样态。《民法通则》第3条规定：“当事人在民事活动中的地位平等。”民法的平等原则所强调的是民事主体地位的平等和人格的平等，主体平等乃是民事法律关系成立和有效的基本前提。另外，平等原则是民法其他基本原则的理论基石；“民法中其他基本原则包括意思自治、诚实信用、公序良俗和

禁止权利滥用原则。这些原则与平等原则共同构成民法的基本原则体系，它们不仅与平等原则有实质性联系，而且在一定程度上，是从平等原则中推导出来的。”① 我国《刑法》第 4 条规定“对任何人犯罪，在适用法律上一律平等。不允许任何人有超越法律的特权”。这一条集中体现了刑法中的平等原则。需要注意的是这一条包含两个含义：第一就是这种平等限定在“适用法律”方面，所有罪犯平等适用法律。第二就是，任何人都不享有超越法律的特权，这一方面强调权利的平等，其实质就是反对特权，否定以言代法、以权代法等违反平等原则的行为。

在当下的阶层社会结构上，个人的法律地位在形式上趋向于平等。特别是宪法确立的平等原则在理论上为个人的平等提供了最高层次效力的理论支撑。并且就现状来说，当下社会无论是在平等观念的传播，还是个人的社会地位现状，都与改革开放之前社会中所呈现的身份地位先天的不平等有天壤之别。

（二）稳定

中国的社会结构一直很稳定，“从秦汉帝国建立一直到今天，中国社会深层组织方面一直没有改变，这就是社会的整合建立在人们对某种统一意识形态的认同之上，我们称之为意识形态与社会组织一体化”②。法治社会建设之所以重要，就是它为中国阶层社会建设提供了新模式和新内容。

当下中国的阶层社会所体现出的是动态的稳定结构，而法治社会的建设就是为了保障这种动态的稳定。一方面，从改革开放这个重要的时间节点开始，中国传统社会的超稳定结构开始有所改变，即在当下的社会阶层中原来社会意识开始松动，其中法治思维的引入使得社会意识在近 30 年内完成了新一轮的整合，这种深层次的意识改变将法律作为社会最基本的社会准则，将法治的精神在全社会加以内化。将来最有可能实现的结构就是法治意识、社会组织、行为观念一体化。从外在机理上来说，30 年来社会结构发生了多次动荡，但是社会结构趋于稳定，社会由原先的压抑型稳定模式向开放、动态稳定模式转换。这种动态模式中，最重要的部分就是法律为动态中产生的纠纷提供了最有效的纠纷解决方案。不是忽视纠纷和压制社会情绪，而是通过法律来进行纠纷解决和社会情绪的有利疏导，这种法律通过理性和制度化的纠纷解决和情绪纾解为社会阶层结构的合理进化提供了条件。

此外，当下社会以市场经济为主要建设手段，并不是自给自足的社会。中国作为世界第二大经济体，建设过程中所导致的社会分工越加细化，各行各业的协作也越来越频繁，实际上通过协作的方式来稳定社会已经是经济维稳的重要方式。法律为社会的继续发展提供了方向，社会结构的变化方向，即阶层的发展趋向已经能够通过法律有效的控制。法律不仅仅为经济活动提供了重要的任意性规范来尊重经济活动主体的要求，例如

---

① 郑晶晶：《论民法中的平等原则》，载《法制与社会》2006 年第 10 期，第 194 页。

② 金观涛、刘青峰：《开放中的变迁——再论中国社会超稳定结构》，法律出版社 2011 年版，第 3 页。

合同法，通过任意性规范在刺激阶层追求自己利益的同时，也不触犯其他阶层的利益。法律也通过强行性规范来保障社会环境，也如通过刑法来打击犯罪，所针对的不仅仅是经济环境，乃是保护社会作为一个整体的集体情感①，通过刑罚制裁某个阶层的损害整个社会所依存的情感基础的行为。

（三）自由

中国社会当下不仅有阶层之分，还有身份之别。其中以户籍制度为代表的先赋性规则在社会发展中已经逐渐失去原有的管控效力。在当下阶层社会，法律由如何保障自由，实际上演变成如何促使阶层之间自由流动的问题。

首先是户籍制度对公民迁徙自由的限制弱化，也就是剔除先赋性规则的影响。在中国区域发展及其不均衡的情况下，个人寻求经济地位的提升的最基本的自由就是迁徙自由，特别是对于农民来说迁徙自由权的缺乏直接促成了农民在经济、社会等方面的不平等地位。对于经济发展需要大量劳动力的现实，中国逐渐开始了对户籍制度的改革。我国开始逐步改革户籍管理制度，1984 年，国务院颁布了《关于农民进入城镇落户的通知》；1985 年，公安部发布了《关于城镇暂住人口管理暂行规定》；1997 年，国务院批转了公安部《关于小城镇户籍改革试点方案和完善农村户籍管理制度的意见》；2001 年，国务院批转公安部《关于推进小城镇户籍管理制度改革的意见》，小城户籍制度改革全面推进；特别是 2011 年国务院办公厅下发了《关于积极稳妥推进户籍管理制度改革的通知》，使得户籍制度对迁徙自由的限制越来越小。迁徙自由使得不同区域的个人有机会在经济更加发达的地区实现改变经济地位的梦想。

其次，阶层间自由流动的实现需要社会结构的整体支撑。经济结构方面，所有制的改变直接创造了新的阶层产生所需要的生态土壤，宪法第六条确定了我国基本经济制度和分配制度。基本经济制度改革后，非公有制经济使不同社会阶层产生，并且阶层之间的差异性越加明显。在中国社会科学院所作的研究调查中，用社会学的方法和数据分别分析了“阶层”的流动背景和流动特点。并且认为中国现阶段②“经济改革以来的社会结构更加开放……经济改革之前高，然而，从社会流动的机会来看，依然存在一定的社会封闭现象”，“欠公平，社会结构变迁呈现出复杂性特征”。整体社会结构上来说，中国的社会结构还是以开放为主。法律所需要做的，就是创造一个更为自由的流通环境，通过后致性规则的制定，促进了阶层之间自由流动。

（四）效率

首先，法律对私有财产权的保护从无到有和分配制度的多元化，刺激个人的生产效率。生产资料所有制的改革的影响深远，从公有制万流归宗到确立“以公有制为主体，

① 涂尔干认为“一种行为触犯了强烈而有明确的集体意识，那么这种行为就是犯罪”。涂尔干：《社会分工论》，生活 · 读书 · 新知三联书店 2000 年版，第 43 页。

② 本报告于 2004 年发表，至今相隔 10 年左右时间。

多种所有制经济共同发展的过程"的基本经济制度。同时基本经济制度的改变带来了分配制度的重大变革。"多重所有制"所引发的对私人财产所有权的承认和保护，解放了个人对利益的追求的原始本性，对个体来说无疑是极大的鼓励。2004年3月14日，十届全国人大二次会议表决通过的《中华人民共和国宪法修正案》公布：《宪法》第22条、第13条"国家保护公民的合法的收入、储蓄、房屋和其他合法财产的所有权"，"国家依照法律规定保护公民的私有财产的继承权。"修改为："公民的合法的私有财产不受侵犯。""国家依照法律规定保护公民的私有财产权和继承权。"2007年10月《物权法》"明确物的归属，发挥物的效用，保护权利人的物权"，其中物的归属是物权法解决的重要问题之一。多种分配方式并存的分配制度也使得个人在体力和智力两个方面最大程度的开发，以期待更多分配收入的增加。

其次，各种法律法规促使社会分工部门之间协作机制的完善。《合同法》为各个部门提供了基本的协作方式：合同。《合同法》详细规定了合同的订立、合同的效力、合同的履行、变更、转让、终止、违反合同的责任。并且提供了15种典型合同，极大方便了各部门之间的协作。我国颇具特色的经济法部门，主要通过运用经济手段来影响社会各部门的协作。《反不正当竞争法》第二章的"不正当竞争行为"，主要意图就是禁止处于相同经济领域企业彼此之间不正当竞争，促进企业之间进行以合理合法的手段进行协作，禁止那些以损害同类竞争者为手段的不合理协作方式。如第8条规定：经营者不得采用财物或者其他手段进行贿赂以销售或者购买商品。在账外暗中给予对方单位或者个人回扣的，以行贿论处。但是也不否定"经营者销售或者购买商品，可以以明示方式给对方折扣，可以给中间人佣金。经营者给对方折扣、给中间人佣金的，必须如实入账"。

五、合理的阶层社会结构：法治理想与精神的持续追求

不合理的阶层结构，是法治社会建设的现实动因。法治是一个追求"公平"和"正义"等超验价值的过程，不合理的阶层结构中无可避免的泯灭了部分人的合理利益，弱化了这些价值在社会中的现实体现。建设合理有序的阶层社会，或者说实现对合理有序目标的追求，就需要通过法律手段来进行阶层建设。

法治社会的建设过程就是一个建设结构合理有序的阶层社会过程。在这个过程中，既有促进阶层生成和分化的法律，也有意图控制阶层在一定程度之内的法律。通过法律建设阶层社会就在"促进"和"控制"这两个方面体现出来。

（一）通过私法对阶层分化的默许

阶层法治的基础必定是以阶层社会的存在为绝对现实。以个人为主要对象的法治化是无法实现的，只有以阶层作为媒介手段，才有连接具体个人和抽象的法治精神。法治建设的直接调控对象是作为集体的阶层，而不应该是分布在社会中的原子化个人。现阶段对阶层的继续分化保持默许态度，实际上是为了保持"存在"的状态，维护接下来

法治社会建设的基础。

私法主要调整的是平等个人之间的身份和经济关系。私法背后所体现出来的，是对个人身份平等的肯定和保护，私法正是在“平等”意义上体现出了最大追求，才使得这种肯定和保护乃最大限度保持社会关系活力。而纵观法治发展史，对阶层生成分化重要的法律就是私法。私法将“平等原则”和“意思自治”原则贯穿理论和规则的各个方面，整个社会也在“大社会”的框架下最大限度避免了国家的干预。早期自由主义经济学家提出了“小政府，大社会”的理想主张，声称“管的最少的正是最好的政府”，政府的职能并无其他，而是“守夜人”。使得社会生活在私法的调节范围中；更是将经济方面也纳入到私法控制的范围中。在私法自治精神主导的社会中，经济完全成为个人的事情，国家与政府不能干涉。

在私法成为社会控制的主要法律时，对阶层生成分化起到了重要作用。在自由竞争的过程中，生产资料的流动越加频繁，整个社会在生产资料不断流动中也生成了诸多阶层，而这时候的阶层地位的高低正是由生产资料占有的多寡为主要依据。微观上来说，个人如何提高效率涉及个人自由实现的问题。阶层社会中，在法律平等的基础上，通过调动中低层社会成员的积极性，形成隐性鼓励机制。社会中的个人能够通过最大程度的努力使自己获得向上流动的可能，这对于社会成员来说乃是最大的鼓励。“在开放性社会里，后致性规则是主要社会流动规则。”① 通过后致性规则的法律保障，再辅以个人后天的努力，能够上升到更高社会层级的愿望是个人最大程度为社会作出贡献。对于中上层的社会成员而言，他们竭力避免向下移动，时刻为自己所处的地位担忧，也会竭力工作。这两种“向上移动的愿望”和“避免向下移动的紧张”促使社会个人层面积极工作，最大程度地提高工作效率。

（二）通过社会法对阶层分化的控制

社会法以“公平”为主要目标追求，主要解决由于私法追求“平等”而导致的破坏“平等”的现实要求。自由资本主义阶段经济领域依靠私法给予的最大限度的自由，但是却造成了贫富分化后阶层的尖锐对立，引起了诸多社会矛盾。此后法律在应对阶层分化中的过程，除了继续通过私法默许阶层分化外，另外还采用了社会法对阶层分化的控制，并且通过社会法来防止社会某些领域出现阶层分化，保障底线公平。

第一方面，通过法律保障底线领域的平等。社会法通过社会保障、社会保险等制度，保障每个人在处于困难处境时在某些领域维持正常生活，在某些社会领域保障全体公平，保障其不受阶层分化的干扰。中国在2010年颁布了《中华人民共和国社会保险法》，是中国特色社会主义法律体系中在社会法领域的基本法律，是国家通过法律建设阶层社会的重要法律文件。具体规定了5种基本的社会保险类型：基本养老保险、基本医疗保险、工伤保险、失业保险和生育保险；并且对社会保险基金的来源和社会统筹进行了详细规定；更通过明细社会保险经办和监督的主体及行为，坚定了中国在社会保险

① 陆学艺：《当代中国社会阶层研究报告》，社会科学文献出版社2002年版，第2页。

领域信心。社会法部门作为中国社会主义特色法律体系的组成部分，还通过社会保障法、劳动法、残疾人保障法等法律的具体实施，保证任何社会主体在任何情况下都能够享受到国家对其的帮助。

第二方面，促进社会结构的合理化。结构合理化主要是通过法律协调政治政策，最终影响整体经济发展方向和产业结构变化，目标是促进中国中产阶层的扩大。改变以往金字塔形或者洋葱型的社会结构形态，实现橄榄枝型的社会结构理想。

私法所促生自发形成的阶层结构并不一定是合理的，这不仅涉及建设机制问题，也涉及整个社会的文化历史问题。社会学认为合理的阶层社会在结构上应该呈现橄榄枝分布状态，顶层和底层的人群相对较少，存在较大数量规模的中间阶层。多数学者认为中产阶级的发展壮大是西方法治生成和发展的重要因素，观点主要集中在两个方面：首先在社会结构方面，“中产阶级作为市民社会的主体、市场经济的中坚、理性精神的代表，构成了法治社会的结构性支撑”。① “中产阶级的形成对于社会具有深远的影响，它成为当代西方国家维护社会稳定的最要力量。”② 其次在于中产阶级的理性精神，中产阶级的思维方式恰好符合了亚里士多德的假设：“过美、过强、过富、过贵或太丑、太弱、太贱、太穷的人们都是不愿顺从理性的指导的。”只有中庸的阶层“最能顺从理性”。③

六、小　　结

法律虽然对社会阶层的产生与分化能够起到促进和控制作用，但是决定阶层存在的却是更深层次的经济原因，在生产资料制度不发生变革的现状下，法治社会的建设过程是通过法律控制阶层分化，保障阶层结构合理的过程，因此既要肯定建设阶层社会的重要意义，又不能忘记其只能在阶层社会存在的这个大前提下发挥重大意义。在“结构—功能”这个基本范式下分析“法治社会”与“阶层社会”之间的关系。

社会的发展一直处于“过程”中，人类的智识在预测社会的发展进程方面极其有限。社会发展到阶层社会这一阶段，起到决定力量的因素是经济，而在当下时空中这种决定力量难以人为动摇。以阶层为基础，社会建设方可能继续推进，法治社会建设亦不例外。社会层级化乃是经济不平等在社会方面的具体显现，法治社会的建设正视这个基础并力图通过法律手段追求法学意义上的公正合理，进一步说乃是“功能”对“结构”的更高要求。

通过本文分析，发现社会分层与法治建设并不相悖，阶层社会可作为法治建设继续

① 关雁春：《中产阶级——现代法治的社会结构性支撑》，黑龙江大学2004年硕士论文，第1页。

② 李强、陈振华：《20世纪西方社会结构一个根本性的变化——析西方国家的中产阶级》，载《红旗文摘》2003年版，第35页。

③ ［古希腊］亚里士多德：《政治学》，吴寿彭译，商务印书馆1965年版，第57页。

推进的基础，并且法治精神和法治追求能够从阶层社会得到体现。具体对中国来说，改革开放之后的所有制变革对社会阶层的产生和形成产生了极其重要的影响，多年的经济建设使得中国阶层化的社会结构初步形成，但尚不完善，尽管理论上来说能够体现法治的追求，但是不难发现当下社会法治建设面临了更大困难。接下来的法治建设更多考虑“阶层”因素，中国形成阶层社会是历史的必然也是法治建设的机遇。将这种阶层社会通过法律手段加以控制，防止阶层僵化，创造公平合理有序的社会大环境；追求开放的社会，在开放的社会中保证阶层的流动，使整个社会产生活力。在这种开放的社会中，各个阶层之间的流动过程就是追求自由、平等价值的过程。这种非哲学意义上的自由平等，也正是作为有限智识的人类在世俗社会中可能接受、追求、可实现的自由平等。在阶层社会的大环境下，这就是法治社会所最终追求的目标，也是最可能实现的理想社会。

（作者单位：武汉大学法学院）

第三十五篇
法治模式下的基层村域治理
——基于南街模式的评判

张　星　金　鑫

内容提要：在依法治国方略确立后，法治成为我国社会的治道模式。法治模式不仅要符合基本层面的制度规定，而且要求符合本质层面上的宪法法律精神。我国宪法及相关法律要求村民对村内事务进行民主管理、村委会由村民民主选举产生并接受村民监督、村委会服务于农村经济建设等。南街模式背离了宪制精神，却得到了村民的支持。这种现象的背后是对历史逻辑的承接，汉承秦制和张勋复辟两段历史揭示了内在原因。启示之一是法制统一对于大国治理极其重要；启示之二是民众的物质生活必须得到满足，民主道路势在必行。南街模式并不应被全面否定，反而可能成为法治中国实现的试验田。由南街模式转向法治模式，可以推论出基层村域治理转向法治模式的一般步骤，而这在整体上也契合了中国的法治发展过程。

关键词：南街模式；法治中国；法治模式；民主

一、法治模式语境下的基层治理

我国《宪法》第111条规定："城市和农村按居民居住地区设立的居民委员会或者村民委员会是基层群众性自治组织。"《村民委员会组织法》第2条规定："村民委员会是村民自我管理、自我教育、自我服务的基层群众性自治组织，实行民主选举、民主决策、民主管理、民主监督。"由此可见，在中国广大的农村地域里，通过村民委员会实行村民自治是当代中国基层治理的一般模式。这种治理模式基于宪法及相关法律而具有合法性，并以民主自治作为内核，可谓基层治理的法治模式。

自20世纪80年代初人民公社解体后，国家权力下放至乡镇，不再包揽农村的各项活动。在这种背景下，居民委员会、村民委员会等群众自治组织应运而生。

对于基层治理的法治模式而言，法律权威不容置疑，宪法法律规定是第一位的。具体来讲，基层治理的法治模式包括两方面内涵：一方面，村委会的任何自治行动都须在法律允许的范围内进行，这是最基本的要求；另一方面，亦即更高的要求是，村委会的任何自治举措都要符合宪法法律精神，不得背离宪法法律赋予自治权力之目的。

无论是法治模式的基本要求，还是法治模式的更高层面要求，都必须重点关注法律规定。这是因为，即便是更高层面的要求，也须在基本层面的法律要求达致以后进行。基本层面的要求是根基，只有满足基本层面要求，才可能追寻更高层面的要求。但这并不意味着满足基本法律规范，就等同于法律实效的优良。唯有在满足基本法律规定的同时，把握法律之精神和目的，才能使纸面上的法得以圆满实行。可以说，符合基本层面的法律规定属于形式合法，符合法律本旨和目的则属于本质合法。仅有形式合法而缺失本质合法，可谓实质上背离法律目标；仅有本质合法而缺失形式合法，则必然遭受法律的否定。对于当下的中国而言，要构建法治中国的蓝图，不仅需要重视形式合法，更须重点关注本质合法。唯有使形式合法与本质合法并存于一体，才能产生良好的法律效果，为民主法治的建设和推进提供强有力的保障。

在这种法治模式的语境下，以宪法及相关法律为据，可对中国农村基层治理的法律要求作出归纳——亦即法律对农村基层治理的基本要求。依照宪法及相关法律规定，基层村委会应保障以下工作的顺利开展：

第一，保证村民对村内事务进行民主管理。《村民委员会组织法》第1条明确规定："为了保障农村村民实行自治，由村民依法办理自己的事情，发展农村基层民主，维护村民的合法权益，促进社会主义新农村建设，根据宪法，制定本法。"村民委员会是村民实行自治的载体，目的在于保障村民的民主管理和决策。立法者的思路在于，以法律形式来保障基层村民的民主管理，通过法律保障基层民主。

第二，村民委员会由村民民主选举产生，接受村民监督。根据《村民委员会组织法》第11~12条，村民委员会主任、副主任和委员，由村民直接选举产生；村民委员会每届任期三年，届满应当及时举行换届选举；村民委员会成员可以连选连任。此外，村民委员会由村民选举产生，其为广大村民服务，职权活动需要接受村民的监督。通过法律规定可知，无论是选举过程，还是任期规定，都是为了保证基层村民的民主自治。

第三，村民委员会服务于农村经济建设等事业的发展，保障各项公众事务通过民主方式开展和解决。《村民委员会组织法》第8条规定："村民委员会应当支持和组织村民依法发展各种形式的合作经济和其他经济，承担本村生产的服务和协调工作，促进农村生产建设和经济发展。"据此可知，村民委员会的设立是为了保证村民民主参与本村生产工作，也是为了便于村民实现自治。

对于基层村域治理而言，法治模式的推行势在必行。这不仅仅是因为宪法法律层面的"纸面"规定，更重要的是，对于全国各地域的经济、社会发展而言，法律的落实是一种重要的宪制规约——也是一种大势所趋的必然需求，从而也只有在这种宪制规约得到强有力的实施和贯彻落实后，方能推进法治中国梦的实现。

二、背离宪制精神的南街模式

（一）南街村基本概况

1. 南街村的地理位置

南街村的闻名遐迩，始于其宣称走共产主义路线，号称中国的“红色亿元村”。南街村位于临颍县北部、颍松大道南边，南街大队下设15个小组，村集体的大量土地都投用于南街村企业发展，少部分用于种植。南街村交通便利，紧靠107国道，西临京广铁路，东临京珠高速公路。全村有回、汉两个民族，920户，本村村民有3400多人，外来务工者加入南街村成为“荣誉村民”者约有1000人，南街村总人口（含本村村民与外来务工者）近万人，南街村有600亩耕地，总面积1.78平方公里。①

2. 南街村的荣誉

南街村曾获得许多荣誉，这些荣誉级别之高、数量之多，可谓新中国农村发展史上绝无仅有。如“全国模范村民委员会”、“全国文明村”、“中国十大名村”、“国家级生态村”、“全国优秀乡镇企业”等光荣称号。媒体报道方面，南街村也得到了海内外的争相报道。《人民日报》、《光明日报》、《中国青年报》、中央电视台等多家新闻媒体都对南街村做了大量报道；美、英、法、德、日等20多个国家的数十家新闻单位也都到南街村开展过实地采访。

3. 基础设施和精神文明建设

南街村基础设施完善，质量优良，主要体现在道路、日常生活服务、环境卫生、住房建设方面。具体而言，南街村街道宽阔平坦，道旁绿树成荫，厂房住宅鳞次栉比；日常生活服务方面，南街村很早就实现了“三通”，村内设有中国农业银行；宗教风俗方面，村内建有清真餐厅和清真寺；环境卫生方面，南街村村内道路绿化面积广，道路干净整洁，由专人打扫，路面卫生程度优于临颍县城区道路；住房建设方面，南街村村民住宅始建于1993年，目前建有村民楼26栋，共计1248套住房。村民楼有三室一厅90平方米和两室一厅75平方米两种户型，室内家具、电器、中央空调等均由集体统一配备，每套住房根据村民家庭人口、年龄等，以公共福利形式分配给村民。

文化生活方面，南街村办有村艺术团、军乐队、文化园、医院、康寿乐园等。教育方面，南街村的教育体系完备，教育水平高。南街村现建有幼儿园、南街村初中、南街村高中等学校，学校的体育场、宿舍、教室等硬件设施一应俱全，师资队伍和升学率等不逊于县办学校。此外，南街村还设有河南省南街村集团博士后科研工作站技术中心。

4. 独具特色的分配模式

目前，南街村企业集团有26家公司，着力开发食品、饮料、酒类、印刷、医药、化工、旅游、工艺品等行业，不断取得经济发展的新突破。

南街村实行的是“工资+供给”的分配制度，村民们免费享受水、电、气、面粉、节假日食品、购物券、住房、上学、医疗等多项福利待遇，生活上无后顾之忧。这种分配模式的最大特点是工资低、福利好，许多南街村自产的产品都以福利形式发放到村民手中。

---

① 据南街村官网，http：//www. nanjiecun. cn/about. asp？id=1。

（二）宪法法律本旨的落空

我们很难在南街村中看到宪法和法律制度的运行，更多地看到了毛泽东思想、共产主义思想和口号的宣传，这里的宪制实践基本上观察不到。如果说在改革开放初期阶段，南街村大肆宣传红色道路和毛泽东思想治村还有历史的考量，那么，时至今日，在中央明确追求法治中国目标的背景下，则显得多少有些突兀。① 对于法治中国的蓝图规划而言，宪法法律的统一推行和实施，保证宪制在实践上的运行，是民主政治的重大课题，也是基层治理的重要关节点。

南街村治理模式更多的是延续历史实用主义。实用主义的效用往往会吸引到民众，但这并不利于宪制的实践。因为宪制是立法层面的理性制度设计，尽管很慢或者很难短期奏效，但宪法法律制度的设计往往是长远考量的结果。南街村的成功被誉为“南街模式”，讲究思想统一、奉公无私，无论是生产决策还是政治生活，都同毛泽东思想挂钩，保证党群干部的思想纯洁。仅从形式上观察，南街模式取得了成效，尤其是经济方面的成效，但问题却出在非经济层面的宪制实践方面。

首先，南街村的群众对权威人物和领导的绝对服从，几乎没有反对意见。根据调查所得，南街村村民几乎没有反对过村委会决议。这可能是因为村民对村委会统筹安排的事务不太了解或不太懂，比如要投资什么产业、引进什么设备、如何分红等。在领导者看来，这些专门性事务虽然重大，但交给众多村民集思广益，难免拖延时间、降低效率。最好的方法就是领导提议，群众一致通过。在这个过程中，似乎没有什么不妥。但这种做法显然背离了宪法法律目的，或者说，这在形式上看似合法，实则背离了宪制的本旨。宪法所规定和追求的基层群众自治，是为了保证基层民主自治，但这没有在南街模式中得到体现。

其次是选举的架空。南街村的老班长王宏斌在任至今，期间基本上没有举行过换届。村民们的说法是，由王班长来领导发展，他们会“更放心、更踏实”，所以选举不选举都一定是他干。换句话说，即便进行选举，选上的人也极可能仍是王宏斌。领导人威望高，这当然值得肯定，我们完全赞赏甚至钦服王宏斌的个人魅力。他不仅担任南街村的党委书记，而且是南街村下属数十个企业的决策者，他能够稳定本村民心，兢兢业业为南街村村民谋福利，为南街村的发展谋取机会，这都值得肯定。

我们否定的不是个人，而是否定南街模式中的问题，尤其是使中国的宪制设计落空的做法。这种落空首先就是对法治模式基本层面要求的违背，如没有民主选举、没有民主决策等。但这还不能触及南街模式的本质，因为南街模式的本质在于主张权威人物思想治村，而非倡导宪法法律制度治村。从新中国成立后颁布宪法，到改革开放后逐渐确立依法治国，这是一个艰辛而曲折的选择过程，从中得到的实践经验表明，宪制的贯彻落实逐渐成为中国由大而强的必然路径选择。在民众基本生活保障问题得以解决的前提

① 党的十八届三中全会会议公报原文表述是“推进法治中国建设”，载 http://news.xinhuanet.com/house/tj/2013-11-14/c_118121513.htm。

下，宪制须得到贯彻落实和统一实施显得非常重要。在宪法颁布实施数十年的背景下，南街模式却盛行至今日，这确实存有令人吊诡之处。要明晰这种理论上矛盾、实践中畅行的做法，必须结合中国历史予以揭示和说明。

三、历史维度的解读：南街模式的存在逻辑

法律不仅仅关涉具体的制度，更关系到国家昌盛和民族自强，想一想百家争鸣时期的各家学说思想——尤其是儒墨道法，哪一家不是在为天地立心、为生民立命？那些在今日被称为思想家的代表者（如孔子、墨子、韩非），又有哪一个不是在考虑社会治理问题？道家宣讲的无为而治，儒家追求的君子之治、贤人政治，法家倡导的王权霸术，这些在今日看来可称作法理学内容的问题，哪一个不是关于治道模式？

由此便可理解探讨南街模式的价值和意义，因为南街模式也是一种治道模式。如果"存在即为合理"这句话还具有道理，那么分析南街模式就富有价值。南街模式固然违背了宪法法律精神，却又在现实中得到了南街村村民的认同，这难道仅仅是理论研究者和现实实践者之间的矛盾和差异？我们能做的可能不仅仅是否定和批判，更重要的可能是论证和说服。为了揭示矛盾产生的逻辑和原因，我们有必要考虑两个重要的历史事件。须知，历史法学派早就提出任何民族的法都具有独特的精神，他们将民族精神视为真正的法律权威。① 这种论点自然不科学，但又富有启发性——历史确实能带给我们许多启示，揭示一些理论难题。

（一）汉承秦制的成功

汉承秦制，是指西汉建国后逐渐继承了秦王朝确立的制度，包括政治制度、经济制度和法律制度等。汉承秦制更多地意味着对秦王朝制度规范的认同。尽管西汉武帝之后，开始推行"罢黜百家，独尊儒术"的意识形态，但我们同样认同西汉以降实施"外儒内法"的策略。更进一步而言，汉承秦制发生的原因在于秦朝确立的制度对于大国治理而言，具有重要价值和作用。

秦朝虽二世而亡，但秦始皇确立的制度是不可磨灭的功勋。他确立的一系列制度，对于地域辽阔的国家而言，具有重要的稳定作用。他推行的措施包括：统一货币、统一度量衡、统一民众思想等。诸多措施中，笔者最赞赏的则是他推行的统一法制。姑且不论秦朝法律制度的严苛酷烈，单论那种统一带来的优势——统一的法律制度在地域差异较大的土地上运行，确保了一种内在文明的生成，用今天的话来说，即向心力。中央政府强力推行的制度，必须得到遵行，这种法制统一的观念对于大国治理具有非凡意义，尤其是在古代社会交通条件不发达的情况下。如果我们还能够考虑到秦朝建立在长期战乱纷争后不久，那么就更容易理解为何要修建长城、北击匈奴，这些措施都有利于国内的稳定。稳定，对于大国治理而言是第一位的，而法制的统一必然加强和巩固这种稳

① 谷春德主编：《西方法律思想史》，中国人民大学出版社2006年版，第267～270页。

定。因为法制统一能够促使民众产生对法律制度的统一遵守，对某种行为产生统一的心理态度，从而保证全国上下一盘棋，保证中央决策在地方实施的令行禁止，这在古代社会里显得非常重要。历代统治者无不在为此筹划，想一想“举孝廉”和科举制，那是为了保证民众对中央政府的向心力和认同，是一种更伟大的宪制实践。① 如果理解法制的这种基本功能，这种抛开良法恶法内容之争的基本功能，那么就很容易看到法制统一对大国的核心价值：维护稳定，保证社会成员的统一价值观念。

这当然不是否定地方的变通，因为大国的地域性差异决定了变通的必要性。但这种变通不能以牺牲决策的统一要求，换言之，国家强力推行的统一法制是不容变通的，允许变通者须在法律允许的范围内，这在古代社会中表现为皇帝的允可。这很容易得到例证。例如，国家和法律产生后，国家公权对复仇的一般态度是禁止，任何私自复仇的行为都应该受到法律的惩罚。即便有官员同情为血亲复仇的复仇者，他们也无法从法律上为复仇者开脱罪责，因为法制的权威必须得到服从。唯一能够变通的做法就是皇帝的赦免，如《魏书》上记载孙男玉为夫报仇，以杖殴杀仇人，按律当斩，但皇帝下诏：“男玉重节轻身，以义犯法，缘情定罪，理在可原，其特恕之。”② 除此之外，历史没有告诉我们更好的处理方法。

从结果上看，汉承秦制是成功的，而且奠定了中国封建制的制度基础，为封建制发展提供了制度框架。封建因素并非不能给我们带来启示，至少，汉承秦制给我们带来了这样的启发：对于大国而言，法制的统一具有稳定社会、凝聚人心的重要作用。

如果说秦汉时期的中国版图算得上大国，那么今日的中国自然是世界性大国，法制的统一实施就显得更加重要。

（二）张勋复辟的失败

另一则公案是张勋复辟的失败。1917 年 6 月，张勋利用黎元洪与段祺瑞的矛盾，率 5000 “辫子兵”，借“调停”为名，于 6 月 14 日进北京。入京后，张勋急电各地清朝遗老进京，筹备复辟封建帝制。同月 30 日，他在清宫召开御前会议，并于 7 月 1 日撵走黎元洪，把 12 岁的溥仪抬出来宣布复辟，改称此年为宣统九年，通电全国改挂龙旗，自任首席内阁议政大臣，兼直隶总督、北洋大臣。康有为被封为“弼德院”副院长。结果复辟仅 12 天就破产了。

鸦片战争后中国历史上有两次复辟，一次是袁世凯的复辟，另一次即张勋复辟。但两次复辟均以失败告终。在今日看来，这段公案似乎仅关涉到帝制复辟的不可行，但这种看法实则看浅了现实的复杂性。事实上，当时的中国基层民众确实有着对帝制复辟的需求，至少是情感和心理上的需求。辛亥革命下的共和国没有搞好共和制度，战乱依然存在，不稳定的局面并没有结束。“之所以在两年之内接连发生两次帝制复辟，当时的

---

① 苏力：《精英政治与政治参与》，载《中国法学》2013 年第 5 期。

② 魏收：《魏书》，中华书局 1974 年版，第 1980 页。

中国，的确也存在需要帝制的民情。”① 对于广大民众而言，他们最需要的是生活，这是现实问题逼迫下的选择，虽然我们可以在今日用“眼光狭隘”来批判和否定他们的选择。现实动荡不安，决定了民众期盼安稳。相较于封建帝制下的长期稳定，北洋时期的战乱和共和方案并没有给他们带来福利，这影响了他们的选择。

这段公案已经给了我们启示，即广大民众更需要解决现实生活问题，尤其是现实生活的稳定和物质需求，只要能实现这个目标，走共和道路还是封建帝制道路，并不是最重要的。这不是妄断，因为鲁迅先生也揭示过这样的矛盾现实，想一想《阿Q正传》，鲁迅先生也曾为此而感慨。② 但对于没有接受过先进理论的民众而言，现实生活才是他们的第一选择。既然民众可以为了物质诉求而放弃共和道路，那么张勋复辟为何又失败了呢？这自然要归功于中国的知识阶层。在变革动荡时期，知识阶层（也即我们所言的理论家、思想家等），都是社会前进过程中的中流砥柱。他们有着家国情怀，会尽心尽力地为国家民族之发展出谋划策，其中的漂洋归来者看到现实弊病就会大声疾呼，希望唤醒民众。张勋复辟开始后，作为知识阶层密集的报人，开始写文章予以有力批判，最有影响者莫过于梁启超。“复辟也许是得民心的，但却根本不得报人心。”③ 以梁启超为代表的知识阶层和政治精英，在当时的中国社会里奋起反对复辟，最终引领民众追求自由、民主和共和。

张勋复辟这段公案留给我们的启示很丰富，我们不妨总结为：一方面，民众为了现实物质利益，可能屈从于权威统治，这是张勋复辟的发生带来的启示；另一方面，对于中国而言，民主、共和、自由、平等已然成为历史的必然趋势，张勋复辟的失败已经证明了这一点。

（三）历史承接下的南街模式

以上两则历史事件带来的启示是：

第一，法制统一实施对于稳定社会、凝聚民心具有重要价值。法制统一实施和社会稳定是相互的，二者不能分离。法制必须在稳定的社会中发展，因为不稳定的社会局势只会引发较多的私力救济，这也是为何战乱局势下法律几乎难以存活；对于社会而言，法制的统一推行有利于民心的凝聚，有利于共识的达成，而且这种共识会在法制统一实施的过程中不断强化。试想，我们今日是否还会认同在刑罚上实施凌迟？显然不会。这种条件反射式的回答已表明，我国刑法制度的推行已经逐渐统一了民众在该问题上的思想和价值观念。

第二，民众为了现实物质利益，可能屈从于权威统治，但朝着民主、共和、自由、平等的方向发展已成为历史必然趋势。民众的这种“目光短浅”是广泛存在的，而非仅仅存在于小农阶级或农民阶级身上。由于反抗无力或缺乏组织性，民众往往选择屈从

① 张鸣：《说不尽的复辟》，载《读书》2013 年第 12 期。

② 鲁迅：《呐喊》，人民文学出版社 1979 年版，第 68～114 页。

③ 张鸣：《说不尽的复辟》，载《读书》2013 年第 12 期。

于权力，无数的历史经验都可以证明这一点。对于革命时代而言，强化民众的组织性，同反动势力作斗争，就是为了克服这种轻易地妥协和服从。对于和平时代而言，则应强化民众的民主权利，让人民真正当家做主，可以对公权力进行有效监督和制约，这也是朝着民主共和道路前进的必然趋势。

汉承秦制和张勋复辟两例看似跨度很大，实际上，它们带来的启示是贯通的。中国的历史并不断裂，中华文明也是世界范围内唯一能够绵延存在的文明体，文明和历史逻辑也是延续至今的。只不过，这种延续可能带来的未必都是益处，有些延续反而可能成为障碍，尤其是成为法治现代化的障碍。

如果上述分析有道理，那么南街模式的存在就不难理解了。对于南街村村民而言，他们面临的最现实问题是衣食住行，是物质生活问题。在这一点上，王宏斌带领群众发家致富，借助于各种渠道获取资源，让南街村在全国乃至世界范围内闻名，从而使南街村获取大量的资金支持。借助于资金的涌入，在改革开放初期进行企业生产，自然是“早起的鸟儿有虫吃”，南街村企业集团确实获取了巨大经济效益。

1994 年 3 月 8 日，《中国青年报》以《昨天的梦，今天的梦》一文报道该村，轰动海内外。一石激起千层浪，南街村开始有全国性的知名度。按照南街村党委书记王宏斌的说法，“目前南街这个做法和提法，通过新闻媒体的报道，可以说轰动海内外，惊动了上层。在国内，国家级的各大新闻单位没人不知南街村。从我最近收到的来信，除了西藏自治区、台湾省没来信外，其他省市、自治区都有来信，已经轰动全国各地。在海外，我到中南海汇报工作，东京当时就报道了。美国之音播南街村连续播放了三天，香港《大公报》刊登有南街村的事迹……关于惊动上层，也可以说惊动了中国的最上层”。①

南街村走红后，大量的中央领导人、省部级领导等前来调查走访，进一步促使南街村靠近政治力量。这在居民区的“幸福长廊”得以体现，长廊内张贴有许多国家领导人参观来访的照片。来访的领导人有：时任中共中央政治局常委、国务院副总理李克强；原中共中央政治局常委、国务院副总理李岚清；时任中共中央政治局委员、中央书记处书记、中宣部部长刘云山；原中共中央政治局常委罗干；原国务院总理朱镕基；原中共中央政治局常委、国家副主席曾庆红；原中共中央政治局常委宋平等。据相关资料介绍，邓力群的儿子曾于 1995 年到南街村搞调查；毛泽东的后裔也来南街村参观过，并被南街村授予“南街村民”的荣誉称号，他们表示非常高兴。② 南街村辐射的政治高层可谓罕有，中国大地上几乎难以存在第二个同等待遇的村落。

从中央到地方，从高层视察到基层支持，南街村的历史机遇、时代背景等都是不可复制的，从而使南街村企业发展走上了不同寻常的道路。特殊的时代背景下，南街村倡导红色革命思想；在改革开放浪潮中，主张集体经济模式；在引发争执中，获取大量的

① 陈敬编著：《南街十问》，名家出版社 2003 年版，第 234 页。

② 曹锦清著：《黄河边的中国：一个学者对乡村社会的观察和思考》，上海文艺出版社 2000 年版，第 138 页。

媒体资源、政治资源，随之而来的则是知名度大大提升及银行贷款。因此，南街村主要借助了媒体报道、政治资源、银行贷款的力量，三种“外力”相互促进，直接好处是源源不断的资金贷款。临颍县本地群众反馈的信息是：“其实，临颍本地人都清楚，至少还有两个村——北徐庄村和龙堂村，和南街村情况类似。北徐庄村一开始也是按照南街村的模式，靠贷款建了造纸厂、面粉厂、挂面厂、武装部、民兵连……现在北徐庄的十几个厂大部分都停产了，没有停的面粉厂等是让外人承包了。”①

凡此种种均表明：南街村模式，绝非普通村镇企业可以走得通。南街村在获取大量贷款后发展企业，获取大量的经济效益，这才是其发家致富的根本秘诀。“改革开放后的南街村，不是集体化导致了共同富裕，而是村办企业的利润导致了初步共同富裕之后，再重新实现了集体化。这个集体化体现的只是内部的分配方式问题。”②

从这些信息中，我们可以感受到南街模式的秘诀：以物质利益来满足村民需求，而民主、法治并不成为发展重点。南街村村民正是类同于中国历史上的广大民众，他们更多地关注物质生活，并不关心法制是否统一、制度是否落实、民主是否有效运行——而这正是南街模式的关键问题所在。据调查，目前国家已经不再重点支持南街村的发展模式，南街村的资金筹措逐渐成为企业自身发展的关键。南街模式主要依赖于满足民众的物质诉求，如果在物质利益满足方面出现问题，这种模式必然会面临“破产”。

四、富有希望的民主试验田：南街模式转型

（一）南街模式的问题

对于理论研究者而言，提出问题和进行批判可能是比较容易的，困难倒在于说服和论证，在于提供富有成效的建议。笔者并不是为了全盘否定南街模式，毕竟，这是一条运行至今、得到了南街村村民广泛赞许的道路。“为了正义，哪怕天崩地裂”，或许并不适合于南街模式的变革。相对于否定和批判而言，提供建议和改进措施会显得更有正能量。要改进，就要首先提出不足。

首先，对于法制统一的践行而言，南街村做得很不够。这是从形式上就能观察到的。南街村已经很长时间没有举行过村委会换届选举，《村民委员会组织法》规定的提名候选人、投票等一系列选举活动在南街村是不存在的。已经60多岁的“老班长”王宏斌一直是村里的一把手。“班长”王宏斌作为南街村的权威人物，也掌握着南街村的发展步伐。由于王宏斌崇高的个人威望，以及南街村村民的普遍信任，使南街村党委、村委和企业董事长的职务集于王宏斌一人之身，“党政企三位一体，相互渗透沟通，统

---

① 《“南街村”神话并未终结》，载《南方周末》，http://www.infzm.com/content/10828。

② 李甫君、李作家等：《从南街村的“幸福生活”看其致富本源》，载《新华每日电讯》2005年11月12日第6版。

领着整个村庄的政治、经济和社会生活"①。对权威人物的过分依赖难免会带来个人意志的专断，如在2003年，王宏斌不顾其他班子成员反对，执意斥资2000万元要造永动机。

其次，对于法治的落实，尤其是对宪制精神的落实——对民主精神的追求，南街村做得更少，甚至是与宪制精神相悖。南街村的每一个地段都彰显着毛泽东思想和王宏斌的治村理念，这在本质上属于权威治理模式。这种模式必然带有强烈的宣传和说教形式，例如，在南街村面粉厂的门口牌子上写着："毛主席语录：政治工作是一切经济工作的生命线。"南街村集团南德调味品公司的标语是："做人，做事，做产品。做好人，做好事，做好产品。毛泽东思想统帅一切。"南街村之所以强调毛泽东思想，与其坚持的集体主义发展道路和发展初期所处时代有密切联系。南街村在20世纪90年代走红，很大程度上与其宣传毛泽东思想、集体主义发展模式有关。当时，中国已转向市场经济的发展轨道，南街村宣传毛泽东思想和集体主义道路很快吸引了全国上下的目光。这固然为南街村的闻名中外带来了轰动效应，也给南街村带来了许多投资，但这条路不能持续不变。因为市场经济的深入发展和法治建设的加速，在客观上要求经济发展转型和治道模式转型。这对于中国大局是如此，对南街村而言，亦是如此。

（二）有利条件与实施步骤

南街模式的成功转型，意味着从封闭的企业管理模式、权威治道模式转向开放的市场竞争模式、法治模式。这种转型不仅仅是个别性的，而更可能是一个"样板"。这对于中国执政党而言，具有非常重要的价值。有观点指出，法制的权威可划分为约定俗成的权威、理性权威和齐步权威。② 对于现实中的南街模式而言，其更多依赖于传统领导人的权威，还未上升为法制的理性权威。而笔者要提出的完善方案，正是为了促使其转向理性权威。

南街模式实施至今已有三十多年，在治道模式转向法治模式的过程中，具有其他村域没有的有利条件。显然，南街村的经济发展水平高于一般村域，这也最容易引起关注。但笔者以为，南街模式带来的最大有利条件，尤其是为转向法治的理性权威和民主治理，不在于经济发展水平，而在于南街村村委领导班子的高度权威性。依照齐步权威的内涵，如果南街村村委领导班子能够统一全村成员思想，转向民主治理模式，遵循和依照宪法法律规定开展村内事务，那么法制的齐步权威就能很快得到树立。

因此，南街模式转向法治模式的步骤应当是：

第一步，借助于村委会已有的高度权威来确立法制的齐步权威。所谓齐步权威，简言之，即借助于权力而强制性要求社会成员训遵循法律制度的基本要求，如交通规则中的车辆向左还是向右的规定等。这一步无异于领导人自主放权，本质上是转变日常决策模式，由领导人权威转变为法治权威至上。我国的社会主义法律体系已经初步建立，迫

① 许一鸣：《浅析南街村和华西村村民自治特点》，载《学术探讨》2008年第11期。

② 季卫东：《论法制的权威》，载《中国法学》2013年第1期。

切需要切实推行。对于基层治理而言，对宪法和法律视而不见、见而不行，可谓对法治建设最大的阻碍。如果领导班子能够自觉转向法制权威，统一村民的思想，则将大大有利于民主的开展。

第二步，依照宪法法律规定，践行宪制精神，推行民主。宪制的本旨在于民主，使民众的权利由纸面规定转化为现实享有。相对于整个国家而言，民主在具体的、个案的村域里更容易实现。历史上的民主，也往往容易在小范围内实现。民主决策的效率可能会低于权威人物独断决策，而且民主决策需要付出较高的成本，需要运行一段时间才能产生较好效果，但民主决策有助于减少矛盾，有助于决策科学水准的提高。例如，领导班子直接决定投资某产业领域，可能带来亏损，而且很容易引发村民的内心不满，如果能够在决定投资前开展民主决策过程，听取村民的不同意见，那么即便最终经营亏损，也容易得到民众的支持。践行宪制精神，意味着对宪法和相关法律对选举、事务管理、任期等事项的切实落实。这种落实一旦形成惯例，将激发村民对村务管理的积极性。

因此，南街模式转型分为两步走，其步骤是先确立法制权威、落实法律制度，再广泛开展民主。① 这个过程的第一步是为了顺应依法治国的方略，保证我国宪法法律的统一实施，树立法制权威——这正是基于汉承秦制得到的启示，法制权威的统一性不容变更；第二步是为了落实法治模式的目的，彰显法治的精神，践行宪制的本旨，使民主扩展到日常生活和公共事务管理中——基于张勋复辟事件的失败结局可知，推行民主势在必行。

（三）基层村域法治模式的一般步骤

南街模式转型分为“两步走”，但这只是适用于南街村个案。如果要从中获取一般性的法治推行模式，则需要在前提上与南街村看齐，即要树立村民委员会的足够权威。

这对于当下的中国而言，基层自治组织的权威性不高自然成为一个重要问题。在传统社会里，基层治理依靠于乡绅大户、门阀势力，他们的权威性自然是足够高的。但新中国成立后，村民委员会是依法成立的自治组织，村内的党委书记、会计等职务都是服务于村民的。但与传统社会中的乡绅治理、家族统治相比，村委会的权力已经大为弱化，这在本质上是国家权力在基层社会被弱化。② 众所周知，法律是由国家公权强制推行的制度，如果国家权威在基层不能得到很好的树立，那么法制的推行就成为了问题。这当然不是说要建造“大政府、小社会”，而仅仅是具体地指向中国的基层农村，在那里，国家公权力并非强有力的存在。从法律规定上看，村委会也仅仅是群众自治组织，村长、镇长等也并不属于国家权力体系中的角色。因此，村委会要引领村民转向法治模式，当务之急就是加强自身权威。

---

① 此处的分析完全是基于现实调查和历史片段启示，但结论导向却与季卫东先生的结论不谋而合！季卫东：《论法制的权威》，载《中国法学》2013 年第 1 期。

② 关于国家权力在基层社会的弱化，已有许多学术论著，如陈柏峰：《“有才无德”村干部：悖谬及原因》，载《武汉科技大学》(社会科学版) 2011 年第 4 期。

如何加强村委会的权威呢？对策可能很多，但关键的措施则在于经济发展。南街模式就是一个明证。当村委会能够力排众议、引领本村经济快速发展时，当本村村民在村委会带领下满足物质需求时，村委会的权威就会不言自明地得到确立。在此处，张勋复辟事件又一次提示我们，民众必须获得物质生活方面的满足，这是树立权威的前提。

因此，对于中国众多的基层村域而言，要转向法治模式，就需要分为三步：第一步，由村委会带领群众致富，实现小康，从而确立自身权威；第二步，由村委会权威转化为法制权威，事务管理转向依法而行，这也即确立法制的齐步权威；第三步，由法制的齐步权威转向民主管理，通过扩展民主生活方式、落实人民的民主权利，从而促成齐步权威转向理性权威，实现民主和法治。

五、余论：法治中国的实现

对于南街模式而言，两步走是建立在南街村经济水平较高的基础上，如果该基础不存在，那么两步走就必须转向三步走。这也意味着，法治模式的转型成功，依赖于一定的经济发展水平。毕竟，法治和民主是耗费社会资源的过程，也是一个内部系统逐渐完善的过程。

如果我们能够跳出前文所讨论的南街模式，跳出基层村域法治模式的一般步骤，那么宏观层面的内容将得到展现：对于整个中国而言，国家经历了由贫穷到 GDP 全球第二的历史过程，国家和执政党的权威在建国后逐渐稳固确立，这难道不是领导力量权威确立的第一步？在社会经济水平逐步提高后，执政党开始倡导依法治国，提倡建立健全社会主义法律体系，这难道不是在落实法制权威的确立？

因此，我们可以将整个中国的发展缩影予以印证：中国正在努力形成法制权威，这是当下极为关键的一步。如果这一步走得稳健，那么未来必走向民主权利之落实和民主生活的扩展——或许，这正是法治中国的实现过程。

（作者单位：中南民族大学法学院）

第三十六篇
司法和舆论的出牌逻辑

聂长建　李国强

内容提要：不同的事务有不同的逻辑，不同事务的出牌逻辑是不可能一样的。舆论和司法也是异质的，它们的出牌逻辑也是不一样的，舆论绑架司法和司法统摄舆论都是不当的企图。司法界最需要的是“做好”而不是“说好”，如果我们真正对自己有底气，那就要相信司法相对于舆论的优势就是“此时无声胜有声”。

关键词：司法；舆论；逻辑

一

在媒体网络高度发达的今天，舆论和司法的关系极其微妙，判决书的背后，我们看到舆论对司法的影响。许霆案一审本是判处无期徒刑，许霆幸运地得到媒体的关注，二审改判5年有期徒刑，而此前云南的何鹏——一位和许霆性质相同的人因为没有媒体的关注而不幸地已度过了8年牢狱之灾。当然也许正因为许霆案，这位曾经不幸的人又幸运地提前出狱了。同样可能是出于媒体的关注，云南李昌奎案件在省高院再审改判为死刑。舆论应当有其力量，但这种力量如果达到左右司法判决的程度，对法治未必是一件好事。司法就不应该受到舆论的干预，但如果观点再向前推一步，以司法来左右舆论的企图，我们认为也是错误的。

不同的事务有不同的逻辑，不同事务的出牌逻辑是不可能一样的。一事务如果能按照另一事务的逻辑出牌，必须要求这一事务与另一事务是同质的；如果强令一事务按照与其不同质的另一事务的逻辑出牌，这是违反逻辑的，也是行不通的。诸如，道德不能按照法律的逻辑出牌，反之亦然；公平不能按照效率的逻辑出牌，反之亦然；哲学研究不能按照艺术研究的逻辑出牌，反之亦然；治国不能按照用兵的逻辑出牌，反之亦然（老子不是讲过“以正治国，以奇用兵，以无事取天下”吗?）；一个安享天年的悠闲老年人也不能按照青年人创业拼搏的工作逻辑出牌，反之亦然。

以此类推，舆论不可能按照司法的逻辑出牌，因为，舆论和司法也是异质的：舆论是朴素的，司法是智慧的；舆论是热情的，司法是冷静的；舆论是直观的，司法是理性的；舆论是煽情的，司法是克制的；舆论是无章法的，司法是讲程序的；舆论只是说说而已，而司法是动真格讲效力的；舆论可以仁智互见，司法则要求一个确定性的结论；

人人都是舆论的“适格”主体，但只有司法机关才是司法判决的“适格”主体。司法权在本质上是判断权，要想保持这种判断的准确性，就应该让这种判断于无外在干扰的宽松状态中进行，对司法判断的干扰是多方面的，如来自上级机关的权力型干预，来自亲朋好友的情感型干预，来自黑恶势力的威吓型干预，来自媒体的舆论型干预等，舆论型干预与前三种干预形式的显著区别为：(1) 前三种干预多在私下进行，暗中打招呼，没有文字或声音记录；而舆论干预是明里进行，是公开的口诛笔伐，声音历历，文字赫赫；(2) 前三种干预人数少，仅仅局限于一个由领导、亲戚、朋友构成的熟人小圈子或恶势力的生人小圈子；舆论干预的人数多，是一个由社会各阶层构成的声势浩大的生人大圈子，即使熟人之间基于各自的立场和利益而引起的口水仗也是司空见惯的；(3) 前三种干预可以各种理由回绝，至少我们能够达成一致的理念：前三种干预都是对法治的破坏，所以是暗里而不能上台面的，抵御前三种干预是坚持法律至上、维护法律权威的需要，可以理直气壮地拒绝前三种干预；舆论干预几乎是不能回避的，人们一般不把舆论干预当做是对法治的破坏，在“人民司法”的旗帜下，舆论干预司法被当做是司法的人民性而受到力挺，甚至不乏舆论干预司法的正面例子，如云南的李昌奎案件，随着法治的进展，前三种干预将日渐式微，而舆论干预会在长期内保持强大的影响力，这是司法必须直面的；(4) 前三种干预存在着变数，如领导调整、朋友交恶、黑势力的衰败都导致干预的弱化，这些情形对于舆论干预是不存在的，所以说，舆论干预是最为强势和稳定的干预形式；(5) 前三种干预是显而易见的违法行为，司法屈从前三者干预必致腐败不公，而舆论干预虽然是不适当的，但并不是非法的，舆论以适当的形式可以对司法有积极作用，司法并不完全排斥舆论。但舆论对司法干预的危害也是显而易见的，有可能迫使法官放弃自己的职业立场而走进大众狂欢，唯舆论导向马首是瞻，司法试图通过满足民众舆论的“人民性”获得判决的合法性，司法的这种被扭曲的“人民性”使其丧失独立的立场，完全遵守和盲从舆论恰恰是对舆论的不尊重，因为舆论本身是泥沙俱下的，作为技艺很强的司法应该独具慧眼，对舆论进行鉴别和筛选，择其善者而从之，择其不善者而改之，如此才能提升舆论对于司法的价值，才是对舆论的尊重。米斯指出：“在法官作出判决的瞬间，被别的观点或被任何形式的外部权势或压力所控制或影响，法官就不复存在了。法官必须摆脱胁迫，不受任何干涉和影响，否则他们就不再是法官了。”① 权力型、情感型、威吓型和舆论型四种干预对于司法来讲都是不适当的，但是权力机关和舆论对于司法的监督还是必要的，干预一般是指强制司法怎么做，而监督一般是指阻止司法不去做有失公正的事，干预导致司法腐败，而监督则有利于司法公正。反对舆论干预司法，绝不是说要舆论在司法面前沉默不语，舆论在司法面前并非缩手不出牌，而是理直气壮的出牌，只是舆论和司法的出牌逻辑不同罢了。

① 科特威尔：《法律社会学导论》，潘大松等译，华夏出版社 1989 年版，第 266 页。

二

泸州婚外“同居”案是舆论影响司法的案子。黄永彬 1994 年与原告张学英同居，2001 年 4 月 22 日，黄永彬去世，张学英手执黄永彬于 2001 年 4 月 17 日立下并经过公证的遗嘱向黄永彬的原配蒋伦芳要求获得黄永彬的遗产，并在蒋伦芳拒绝后起诉至法院。一审法院以遗嘱违反公共秩序、社会公德为由，驳回了原告张学英的诉讼请求，二审法院维持了这一判决。一审判决宣布时，现场 1500 名群众以热烈的掌声表达对判决的支持，媒体用“婚内财产岂容送二奶”、“‘第三者’因遗赠纠纷状告合法妻子”等有道德判断和倾向的标题，称赞判决谴责了包“二奶”和充当“二奶”的行为，谴责了违反公序良俗的行为，树立了人们正确的道德观念，是大快人心的。判决是符合民意的，但民意并不都是理性的和合法的，法官应参考和吸收民意，但过犹不及，为民意所左右的判决是经不起法理的推敲和时间的考验的。本案的判决确实有司法被舆论绑架之嫌，法官为了观众的掌声而驳回张学英的诉讼请求，并搬出了“公序良俗”这条在本案中并不适当的法律原则。

中国作为大陆法系的国家，法院判决所依据的法律规范，具有优先性的应该是法律规则而不是法律原则，“法律原则不同于法律规则，后者有相对确定的行为规则（行为模式或权利义务的规定）和裁判规则（法律后果的规定：肯定后果和否定后果）。所以．从法理和逻辑上讲，我们不可能不讲情境优先选择法律原则是法官裁判的依据。相反，愈确定、具体的规范愈有适用的优先性，这不仅符合事物的性质（*Natur der Sache*），而且也是人类的认识论和逻辑规律所要求的。况且，任何法律规范背后都有其不同的利益和价值基础，法律原则所代表的利益和价值也不是在任何时候都优越于法律规则所体现的利益及价值”①。实际上，由于法律原则的弹性过大，只有法律规则被穷尽的情况下才能适用法律原则，本案的法律规则并没有穷尽，《继承法》第一章第 7 条规定：“继承人有下列行为之一的，丧失继承权：（1）故意杀害被继承人的；（2）为争夺遗产而杀害其他继承人的；（3）遗弃被继承人的，或者虐待被继承人情节严重的；（4）伪造、篡改或者销毁遗嘱，情节严重的。”《继承法》并没有规定继承人因为同居而丧失继承权。也许法官从经典的埃尔默②案受到启发，但这两案并不相同，“如果判处埃尔默享有继承权是严重违背道德和法律精神的；而在同居案中，判处张学英享有继承权并不严重违背道德和法律精神，本案的情境尚未严重到改变法律规则的地步，本案

① 舒国滢：《法律原则适用中的难题何在》，载《苏州大学学报》（哲学社会科学版）2004 年第 6 期。

② 该案发生在 1882 年的美国纽约州，埃尔默的祖父立下遗嘱给他一大笔遗产。埃尔默为防止祖父改变遗嘱，就将其杀害。审判的法官对是否赋予埃尔默的继承权展开争论，最后从“任何人不得从其错误行为中获得利益”这条原则出发，剥夺埃尔默的继承权。

没有提供道德和法律原则介入的充足理由"①。此案对于埃尔默案是东施效颦。我们相信法官是知道《继承法》的，也知道《继承法》里丧失继承权的四条"但书"规定里并没有"同居"这一项，但是观众的掌声太大、媒体的声音太杂，法官害怕和不愿意承担舆论道德谴责的压力，甚至迎合舆论方向，就弃《继承法》里的法律规则不用转而引用了《民法通则》里的法律原则了。

法官判案正确与否，应该把注意力放在法律规范和案件事实上，而不是媒体舆论的导向上，司法不应该被舆论绑架，被舆论牵着鼻子走。那么是否可以反过来说，司法就应该统摄舆论，"让舆论按照司法的逻辑出牌"呢？② 我们认为，这个观点依然是扭曲司法和舆论的关系，不符合司法和舆论的运行逻辑，也许就是满足法律人的内心自卑而又外表自大的虚荣心理：既然法治社会法律至上，与法律相牵连的一切都应该以法律为中心，法律主宰一切！

在法治社会，是不是一切都要以法律为中心？如果社会舆论对司法并不买账该怎么办？事实上，就连作者也承认令人尴尬的事实："在迄今为止所有引起巨大新闻效应的案件审理过程中，几乎可以说舆论总是决绝地站在司法以及司法结论的对立面。"③ 也就是说，司法在舆论面前没有什么威信，所以就大张旗鼓地宣扬舆论按照司法逻辑出牌，而迫使舆论就范？在笔者看来，这种企图是不合理的，这种手段也是不可取的，到头来的结果是弄巧成拙。司法与其无理要求舆论不如严格要求自己，如果我们把案子办得很扎实，有理有据、有说服力、有可接受性，舆论也未必非要站到司法的对立面；即使出现这样的情况，司法机关也很有底气地予以抵制。司法应该有这样的高姿态：不对舆论要求什么，也不惧怕舆论的七嘴八舌，却能够通过舆论反思、检查和改进自己，但不能让舆论丧失自我。不怕和接受"火炼"方能证明自己是不是"真金"，这是司法机关应有的中庸之道的心态：既不自大，也不自卑，只是自信。

三

如果反对舆论支配司法，这种提法的企图是可以理解的，也是值得提倡的；但至少不要走得太远，犯了"过犹不及"的错误。作者的真正意思说"在西方法治发达国家，我们何曾见过司法官被舆论所左右？"④ 但也不能反过来说，西方的司法能够左右舆论，也就得不出"让舆论按照司法逻辑出牌"这样经不起推敲的结论。

首先，"让舆论按照司法逻辑出牌"是不可能的。我们的现代社会是个高度分工的社会，法律人只占极少数，大部分网民不懂法律，你硬是要求他们的舆论按照司法逻辑

① 聂长建：《法律原则适用的道德强度研究——基于中外两个继承案的考察》，载《道德与文明》2011 年第 6 期。

② 周赟：《让舆论按照司法的逻辑出牌》，载《检察日报》2011 年 10 月 20 日。

③ 周赟：《让舆论按照司法的逻辑出牌》，载《检察日报》2011 年 10 月 20 日。

④ 周赟：《让舆论按照司法的逻辑出牌》，载《检察日报》2011 年 10 月 20 日。

出牌，那真是强人所难非君子之所为也。不懂法律的人怎么能一进入舆论领域就变得懂法律了，这不是说网民太伟大了，只能意味着咱们的司法逻辑太容易了，一学即会甚至不学也会的1、2、3和A、B、C，唯有如此，网民的舆论才能按照司法逻辑出牌。但是，我们理性地思考一下，这可能吗？李昌奎案被作者当做“兴奋点”——舆论不真的是按司法逻辑出牌吗？但就连作者也承认是因为李昌奎本身确实“一穷二白”，至于作者说，“因而只能就案件本身说事儿，进而使得相关舆论‘不得不’专业化”①，我们看作者也太乐观了，网民的专业化进程也太快了，司法专业化不简直成为“快餐食品”了？其实，在此案中，网民依然是直观朴素的，只是云南省高院的二审改判本身就不是按司法逻辑出牌，网民碰巧撞对了，因而仍是门外汉而不是一下子就变成了专家。网民专家化、舆论专业化在我们看来是“被制造”出的专业神话，也就是作者所说的噱头、无厘头，外行看热闹是滑稽地“搞笑”的，内行看门道肯定是不幸地被“笑搞”了。作者信心满满地说：“李昌奎案的出现以及随后的舆情却似乎表明：一种按照司法逻辑的舆论在当下中国并非遥不可及的梦。无论是传统媒体，还是网络舆论，对于李昌奎案的讨论都基本限定在案件本身。即便这次舆论似乎仍然决绝地站在司法的对立面，但却更多的是按照司法的逻辑来怀疑最终的判决结论……最无厘头的理由大概是‘是否终审法官故意标新立异、要出风头’？这与此前相关讨论动辄并且几乎总是拿‘官二代’等非法律因素（与庭审以及案件结论本无法律上关联的因素）说事儿的舆论可以说有天壤之别。”② 其实，仔细分析，作者的论据是无法支撑论点的，道理很简单，本案的被告不是什么“官二代”、“富N代”、“什么什么背景”等，而是家境贫寒的农民，也就不可能有“我的爸爸是李刚”这样的雷语，像“官二代”等非法律因素在本案中确实是空白，本案的法官既不可能屈服于权力，又不可能收买于金钱，排除了这两种可能性，那么第三种可能性自然就是“终审法官故意标新立异、要出风头”，③ 我们也认同作者的这种推测，除此之外也确实找不出有说服力的解释。因此就算网民在本案中讨论的是案件本身的问题，那也是因为本案没有“官二代”等案件之外的问题，不能断定说舆论已经按照司法的逻辑出牌了。

其次是法律人也没有权利要求“让舆论按照司法逻辑出牌”。我们当今的社会是法治社会，但也是民主社会、市场经济社会、市民社会、生态社会、和谐社会，我们的社会涉及政治、经济、文化、生态等诸方面，法律只是其中之一，我们只是站在法律这个视角来说称为法治社会，站在其他视角上又是另一种称呼了，所以法律人当然是法律至上，但不能要求站在其他视角的人也这么看，法律视角与其他视角处于平等的地位，法

---

① 周赟：《让舆论按照司法的逻辑出牌》，载《检察日报》2011年10月20日。

② 周赟：《让舆论按照司法的逻辑出牌》，载《检察日报》2011年10月20日。

③ 2011年7月12日，云南高院的一位负责人在接受《新快报》记者采访时表示：“10年之后再看这个案子，也许很多人就会有新的想法。”“我们现在顶了这么大的压力，但这个案子10年后肯定是一个标杆、一个典型。”（刘子瑜、都力维：《我骑虎难下，但死刑是时候改变了》，载《新快报》2011年7月13日。）这种“标杆”的抱负，也可以被解读为标新立异，“出风头”就言重了。

律无权要求舆论唯其马首是瞻。我们并未看到有什么研究经济的学者说：舆论要按照经济逻辑出牌；没看到有什么研究政治的学者说，舆论要按照政治逻辑出牌；没看到研究文化的学者说，舆论要按照文化逻辑出牌；没看到研究生态的学者说，舆论要按照生态逻辑出牌。这些领域具有平等的“格”，都不具有支配其他的权力。如果单单我们的法学界提出“让舆论按照司法逻辑出牌”，那就是出“格”了。

再次，舆论不按照司法逻辑出牌更有利于提高司法质量。笔者也不赞同把“道不同不相为谋”绝对化，虽然舆论和司法是不同“道”的，一方都不应该谋求支配另一方，但双方是可以互相体谅、互相借鉴、交相辉映，不是争论“谁是老大”的问题，也争不出一个高低，就像水与食物比不出高低。让舆论按照司法逻辑出牌，言之凿凿的说司法高于舆论，这未免是法律人的自大了吧，反而弱化了舆论的监督功能和对司法的促进作用。我们要相信孟子所说的“生于忧患，死于安乐”，舆论保持对司法的强大批判力量，有利于司法的忧患意识，时刻自省和保持清醒，还是倾听舆论界的舆论吧。

四

不可否认，舆论也是万象加乱象，既有正义呼吁、真相揭露、民声呐喊等法治之春风拂面，又有“水军”搅浑、“愤青”唾沫、“砖头”飞蹿等法治之沉渣泛起，舆论的声音有沙子亦有金子，司法是要取金子而淘沙子。哈特也认为，我们应当使用我们的理性、共同理解和批评等所有的智能资源，在把一般的道德感情转变为法律之前，使之进行冷却、分类和提纯，防止普遍的道德建立在愚昧、迷信或误解之上。① 根据哈特的观点，普通人的道德判断也是不可靠的，可能是建立在个人癖好、偏见、自私、煽情、狂热等非理性的基础之上的，因而必须交给立法者运用理性的手段对之进行整理鉴别。许霆案二审改判居然被当做媒体或民意的胜利而非司法机关自我纠错能力的体现，这是一个非常危险的信号。“司法机关对民意的吸收应该具有主动性、自主性、独立性并对案件判决有最终的决定性，法院对民意舆论的回应应该是提高自身的司法水平，作出有理有据、集‘依法’和‘合理’于一身的判决，绝不是受民意舆论的干扰甚至屈从于民意而放弃自身的东西。”② 司法判决的权威性也要求“司法判决，更要注意修辞，通过修辞来说理、明理、辩理，以提高说服力和可接受性”。③ “法官不仅要依法作出符合法律正义的判决，更要通过法律修辞手段的使用说服当事人及社会顺利接受该结论。”④ 这就要求司法判决书具有很高超的语言修辞艺术，而舆论的语言尽管不乏精彩，更多的

① 张文显：《二十世纪西方法哲学思潮研究》，法律出版社 2006 年版，第 363 页。

② 聂长建、李国强：《司法判决有效性的平衡艺术和说理艺术》，载《理论与现代化》2011 年第 2 期。

③ 聂长建：《孔子的法律修辞学研究》，载《西北师大学报》(社会科学版) 2012 年第 6 期。

④ 侯学勇、杨颖：《法律修辞在中国兴起的背景及其在司法审判中的作用》，载《政法论丛》2012 年第 4 期。

却是“下里巴人”式的平实甚至粗俗，达不到司法判决所要求的“阳春白雪”式的典雅规范。

我国现行《宪法》第126条规定的“人民法院依照法律规定独立行使审判权，不受行政机关、社会团体和个人的干涉。”对此，有学者解释道：“我国1954年《宪法》第78条规定的是‘人民法院独立审判，只服从法律’。现在看来，现行宪法的规定还不如54宪法那么直截了当、简洁明了。依其字面可知，法院独立审判，不服从法律之外的所有因素的影响，包括媒体和民众。依我的理解，司法权的独立性确实包括了这一层意思：司法权独立于民众和媒体。但是，司法权独立于民众和媒体的理由，不同于司法权独立于政府、团体和个人的理由。”① 笔者赞成孙笑侠教授的这个判断，还想强调的是，无论是54年宪法还是82年宪法，在强调法院独立审判时之所以没有涉及舆论的影响，因为那时的媒体物质技术落后，舆论的影响确实很小，还没进入立法者的视野。如果没有电视、手机、互联网、微博等高度发达的舆论物质载体，舆论根本就不可能具有对司法如此巨大的影响力。随着传媒的发达和舆论影响力呈几何级的倍增，确实有必要在宪法和法律里厘定，司法的独立审判所排除的干涉究竟包括不包括舆论，媒体舆论干预司法的界限又在哪里，我们总不能把舆论的正常监督当做干预吧！正是由于对于舆论干预的性质没有明确的认识和界定，导致法官对舆论的复杂形态，“目前司法机关或司法官又有三种不良表现：害怕民意、讨好民意、无视民意。害怕民意就是担心得罪民意，因为我们历来有‘民意不可违’的观念，否则会引起’司法民主问题’、‘为人民司法还是为谁司法’问题。讨好民意就是迁就民众的不符合法律的要求，宁愿作和事佬，为尽量满足民众的法外要求而不惜扭曲法律甚至违背法律。但在有的场合，司法官顾不上民意，高高在上，脸难看，门难进，甚至民众告状难，诉讼权利得不到保护，陪审员形同虚设，等。”② 这就表明，在模糊不清的民意舆论面前，法官的心态就是复杂的、瞻前顾后的、摇摆不定，法官这种不独立的心态也会影响审判的独立性。

“媒体审判”是极端，但如果矫枉过正为“审判媒体”那也是另一种负面影响毫不逊色的极端。在传媒高度发达的今天，法官是不可能置之度外的，法官摆脱舆论的干预也不是回避舆论，不是也不可能“让法官做‘E时代’的鸵鸟，成为网络世界的绝缘体”。③ 法官是活生生的人，不可能闭目塞听，走到街上，不可能听不见纷纷的议论；打开电脑，不可能看不见沸沸的文字。在网络时代，法官不可能和舆论绝缘，摆脱舆论的干预也不是和舆论绝缘，而是对舆论的一种既不仰视又不俯视的平视视角和平和心态。法官面对舆论不要有压力，不要纠缠于人言可畏，不管舆论是和风细雨还是暴风骤雨，公正的司法是屹立不倒的参天大树，不公正的司法才是随风飘摇的墙头草。因此，

① 孙笑侠：《法的政治力学——民众、媒体、为政者、当事人与司法官的关系分析》，载《中国法学》2011年第2期。

② 孙笑侠：《法的政治力学——民众、媒体、为政者、当事人与司法官的关系分析》，载《中国法学》2011年第2期。

③ 林来梵：《法官不能成为“E时代”的鸵鸟》，载《民主与法制》2012年第22期。

对于法官而言，舆论不是压力，真正的压力是将法官的道德律、智力和法律输入进案件使之成为具有公信力的经得起舆论拷问的案件。

正如研究者指出："新闻报道与案件事实可能并不完全一致，存在一定差距，但只要传媒不是故意捏造、歪曲事实，就应该体谅和理解。"① 舆论不能左右司法，司法同样不能左右舆论，司法的专业性也决定了司法与舆论的异质性，"司法过程具有高度的专业性，正是这种高度的专业性，将司法过程与其他社会职业过程区分开来的同时，助长了司法与社会之间的隔阂"。② 非专业的舆论不能按照专业性司法的逻辑出牌，"让舆论按照司法逻辑出牌"的呼声反映了司法界对自己的期望过高，并把这种本是虚幻的感觉当做真实来对待了。我们认为，司法界最需要的是"做好"而不是"说好"，如果我们真正对自己有底气，那就要相信司法相对于舆论的优势就是"此时无声胜有声"。

（作者单位：中南民族大学法学院）

① 李磊：《传媒与司法关系思考》，载《理论探索》，2011 年第 5 期。

② 江国华：《常识与理性（八）：司法理性之逻辑与悖论》，载《政法论丛》2012 年第 3 期。

第三十七篇
法律信仰论批判
——一种形而上的视角

杨百胜 李 烁

内容提要：美国法社会学家伯尔曼在《法律与宗教》一书中基于西方社会所面临的“整体性危机”，重新审视和思考了法律与宗教在西方法律传统的形成和发展过程中相互依赖融合的关系，进而得出“法律必须被信仰，否则它将形同虚设”的结论，通过赋予法律神圣性、宗教性以期解决危机。这一独断论述在中国引起了极大的反响与共鸣，似乎中国现阶段的法治建设中的种种不尽如人意之处都可以归结于在中国法律未被信仰，似乎在中国只要法律被信仰，法治就足以形成，就臻于郅治万事大吉了。笔者经过分析论证以为这种论点不仅不成立而且危险，因为中国法治现状从根本上迥异于西方法治状况，“法律信仰”是一个根本上不适合中国国情的理念。故不对其进行批判，我国法治建设就无法跳出西方学者思维模式，也就无法构建成具有中国特色社会主义法治模式。

关键词：法律信仰、法治、自然法、宗教、法律信念

近来读了朱苏力教授一篇关于法律信仰的文章①，这让我想起了之前读过的一本薄书——伯尔曼的《法律与宗教》。这本书是美国著名法社会学家、比较法学家伯尔曼根据他在波士顿大学罗威儿神学院的一系列演讲稿汇编而成。这本书虽仅八万余言，薄薄的一册，但书中不仅系统地论述了西方法律与宗教在西方法律传统形成和发展过程中密切而复杂的关系，而且还在学理上对于二者之间更深层的内在的关系进行了分析。其实当时读完该书并无多大感觉，可能是我并没有领会书中所包含的丰富思想与深刻洞见。但是书中的许多精彩的句子确实引发了我感情上的共鸣，特别是“法律必须被信仰，否则它将形同虚设”这一句俘获了无数像我这样的法学人的心。这句话一时被我们视为至理名言而被广泛引用，以至于要为法律的信仰而奋斗终生。受此影响，同时也拜读了法学界一些前辈关于法律信仰的文章，其中绝大多数都是极力倡导法律信仰的，例如朱苏力教授的《法律如何信仰》，谢晖教授的《法律信仰的理念与基础》，许章润教授的《法律信仰——中国语境及其意义》等。而只有屈指可数的寥寥儿篇对法律信仰持

① 朱苏力：《法律如何信仰》，载左卫民主编：《四川大学法律评论》卷1，四川大学出版社1999年版。

怀疑和批评的文章，比如张永和教授的《法律不能被信仰的理由》①，魏敦友教授关于法律信仰批判的三篇文章②。关于法学界对于法律信仰的论战，似乎是“法律信仰论者”占了上风，法律信仰成为了主流话语。而现在时过境迁，笔者重读《法律与宗教》这本书时，倒是也少了些许对法律信仰的狂热感情，而多了一份冷静与哲思。在读这本书时更有意将法律信仰论放在伯尔曼视野下进行解读，读完之后突然发现我们所理解的“法律信仰”远非伯尔曼的初衷，“法律信仰”这一命题也并不是可以超越时间、空间的真知灼见，更绝非不容怀疑的真理、定律。

一、法律信仰论缘何在我国能够引起巨大反响

20 世纪 90 年代初，梁治平翻译的《法律与宗教》中译本出版以来，“法律必须被信仰，否则它将形同虚设”这一命题引发了学界关于“法律信仰”问题的大讨论，法律信仰论成为中国学者研究探讨的法学理论。何以伯尔曼的这一命题而非其他命题(《法律与宗教》一书中作者提出来许多同样有意义的命题）能引起这么大反响，而成为中国法学理论。对于法律信仰理论产生的根源，许章润教授认为“20 世纪 90 年代以来，汉语法学界对于法律信仰的拷问，很大程度上，源于对现实法律无效的苦恼，对法律之治究竟能否行之于中国的困惑”。③ 诚然，法学界关于支持法律信仰论的文章虽然在思考角度、论证方法、侧重点上不同，但是他们都是基于对我国当前法治状况的一种担忧、焦虑，是一种因看不到我国法治的未来而产生的一种失望与忧虑。由于对现实中我国法治建设中产生的种种问题的无法解决，他们进而以期在精神、意识领域寻求对策以弥补现实中的不足。而法律信仰论正好是他们所认为的能够解决现实中问题的良策。面对现实中的无奈只好诉诸精神意识领域，我们姑且可以称他们为“法治浪漫主义者”。如徐显明、齐延平两位教授所言“法律信仰问题是法律学界长期关注的问题，我们完全可以说长期以来法理学界赋予了法律信仰太多的理想化重任”。④ 对此，朱苏力教授也认为法律信仰“这一句话更多地是表达了一种有理由的情绪与期冀”。可见法律信仰已绝非它本来的内涵，它更多地是寄托了一种对现实的不满与失望以及对我国法治的一种美好希冀。而正是这种理想与现实之间的差距，才有了法律信仰论存在的空间。但是我们必须明确，这种理想化的情绪终归是不现实的，对现实问题的解决也是无益的，理想不能代替现实，情绪也替代不了思考。我国法治建设中的种种问题还有赖于现实中的对策。

---

① 张永和：《法律不能被信仰的理由》，载《政法论坛》，2006 年第 3 期。

② 魏敦友：《法理论述的三重话语》，载《法制日报》2003-05-28。魏敦友：《理性的自我祛魅与法律信念的确证——答山东大学法学院谢晖教授》，载《广西大学学报》2001 年第 2 期。魏敦友：《再评“法律信仰”——向许章润先生汉语法学的进言》，载《福建政法管理干部学院学报》2006 年第 1 期。

③ 许章润：《法律信仰——中国语境及其意义》，广西师范大学出版社 2003 年版，第 7 页。

④ 徐显明、齐延平：《法理学的中国性、问题性与实践性》，载《中国法学》2007 年第 1 期。

魏敦友教授曾讲过，“理论的构造不能仅仅来源于现实的困境，而且同时来源于理论的传统，我们所认识的对象是什么，在很大程度上取决于我们认识对象的方式”。法律信仰这一理论的学术传统的来源以及构建在更大程度上是受伯尔曼这本《法律与宗教》的影响，具有极大的偶然性。伯尔曼在《法律与宗教》中认为，当前的西方社会当然也包括西方的整个法律传统正面临着一场整体性危机，其法律价值和法律思想正处在前所未有的危机中。他认为西方的全部文化正面临着一种精神崩溃的可能，“而这种业已临近之崩溃的一个主要之征兆乃是在于法律信任的严重丧失——不仅遵守法律的民众如此，立法者和司法者亦如此”。① 而解决这一危机的途径就是重新唤起人们对法律的情感与忠诚，唤起对终极目的和生活意义的信仰。也即“法律必须被信仰，否则它将形同虚设”这一命题。正如学界在法律移植过程中的其他的盲目照搬一样，我国学者于是照葫芦画瓢也将他们现实当中法治建设过程中出现的种种问题归因于我国法律信仰的缺失。我国当前的法治状况不容乐观，现实中有法不依、执法不严的现象屡屡发生，公民对待法律的态度是无知、偏见、冷漠、怀疑甚至是无视。甚至一些掌权者以言代法、以权压法，缺乏对法律所应有的尊重与忠诚。正是“法律形同虚设”的表现，于是这一切的原因便在于在我国法律缺乏其应受到的信仰。于是法律被信仰也就是情理之中、理所当然的了。

法律信仰这一法学理论它来源于伯尔曼“法律必须被信仰”这一理论传统同时又与我国当前法治现实的困境相契合。它在我国的确立虽然有一定的现实基础，但是在更大程度上是出于偶然的结果。我们在看待法律信仰论时，必须要考虑到伯尔曼的法律信仰论毕竟只是西方话语下的概念。它在学理上的准确内涵是什么，它对我国当前的法治困境有无现实的意义都是我们需要认真对待的问题。

二、伯尔曼《法律与宗教》语境下的法律信仰的内涵

上文提到伯尔曼法律信仰这一理论的提出是基于西方社会所面临的“整体性危机”。他认为“在最近两百年里，西方的法律正不断丧失其神圣性，日益变成功利的东西”，“然而仅凭理性的推导与功利的计算，又怎能唤起人们满怀激情的献身？不具有神圣意味的法律又如何赢得民众的衷心拥戴”，“虽然还不能说今天西方的法律已变作一纸空文，但是诸如犯罪一类严重社会问题的存在，不也反映出法律的无能吗”②。

而这一切问题都可归结于当前法律信仰的丧失，同时解决这些问题的关键在于法律的信仰重建。正是基于此，伯尔曼提出了“法律必须被信仰，否则它将形同虚设”这一命题。显然，如范进学所言“伯尔曼论证的宗教和法律之间的内在关联是有其根本

① 伯尔曼：《法律与宗教》，梁治平译，中国政法大学出版社 2003 年版，第 9 页。

② 伯尔曼：《法律与宗教》，梁治平译，中国政法大学出版社 2003 年版，第 4 页。

目的的，他论证的宗教和法律是西方社会的宗教和法律，而不是东方的，更不是中国的”。① 同样，伯尔曼通过对西方法律与宗教的勾连而得出法律必须被信仰这一命题也是西方的，它的这一理论仅是针对当前西方社会，针对当前西方传统法律价值所面临的危机而提出的自救措施，它并不是针对整个人类社会而言，并不具有普适性。也绝非必然适用于东方国家，适用于中国的。

其次，毕竟伯尔曼的法律信仰论只是西方的话语概念，我们必须要考虑它对于我国当前的现实——一个历史上最为繁复的急剧变革时代——究竟有多少可比性。而这首先在对于伯尔曼的就其语境视野下的“法律信仰”的内涵的清楚界定。

通读伯尔曼的《法律与宗教》，我们会发现，这本书中关于法律含义的直接表述共有三处，即伯尔曼视野、语境下的“法律”至少有三种不同的含义。关于这点也不足为奇，在该书中，伯尔曼使用了最广义上的法律概念，伯尔曼早在20世纪50年代撰写和出版的著作中就谈到要将法理学中的三个主要派别——自然法学、实证主义法学以及历史法学融合在一起的必要性和可能性，在本文中的“法律”可能就是伯尔曼的这种尝试的成果——一种融合了自然法、实证法以及历史法的整体法意义上的“法律”。关于伯尔曼的第一种意义上的法律是在论证西方法律与宗教的密切关系时提到的。为了将法律与宗教联系在一起，伯尔曼批判将法律仅仅看成是一种结构或是由政府当局制定的一套规则的观点，进而他认为“法律不只是一整套规则，它是人们进行立法、裁判、执法和谈判的活动。它是分配权利与义务、并据以解决纠纷、创造合作关系的活生生的程序”② 第二种意义上的法律是泛指一切关于正义的观念。第三也就是实际运作的法律，是法律过程或法律实现的东西。而当前学界在对法律信仰的探讨时并未深究伯尔曼使用的“法律的概念”，于是往往导致对伯尔曼的误读。最大的误读就在于伯尔曼“法律信仰”中的“法律”会被我们自然而然的视为现实的法律，即仅实证法学意义上的法律。故我们观念中的“法律信仰”也已不是伯尔曼的初衷。“因为在这种整体法意义上的‘法律’，远非国家制定的实证法所包含，从立法、执法司法守法、公民从事的各种法律活动或法律行为以及所体现的公平正义观念等整个法律制度和理念都是伯尔曼所理解的‘法律’”。关于他在书中特别使用最广泛意义上的法律是否有人为加大法律与宗教的关系之嫌，在这里不作论述，但是伯尔曼这种意义上的法律的概念已经超越了其本身的内涵，成为了一个外延宽广的多维概念，成了一个无所不在、无时不在、无所不包、统摄一切的泛化的概念。同时它更是一种抽象的情感的表达。试想这种抽象泛化意义上的法律又如何信仰。即使信仰又是对哪一部分法律的信仰。

就中国的法律传统而言，并不存在类似于西方的自然法的观念，法律形态一般仅仅就是指人定法。故我们当前所言的法律信仰，有意或无意的将“法律”局限于人定法，国家法，这也无可厚非。因此无论是法律信仰论者还是法律信仰批判论者，他们当中有

① 范进学《“法律信仰”：一个被过度误解的神话——重读伯尔曼〈法律与宗教〉》，载《政法论坛》2012年第2期。

② 伯尔曼：《法律与宗教》，梁治平译，中国政法大学出版社2003年版，第11页。

许多人在对法律信仰的论述中都不可避免的有失偏颇。伯尔曼在之后的一次访谈中谈到他法律信仰语境下的法律是指自然法。他在我国山东大学作学术报告时，谈及法律信仰问题时，也是持有这个观点。其法律信仰应该是一种对自然法的信仰，换言之，伯尔曼的法律信仰论绝非强调人们对人定法或国家法的信仰，而应当是在通过自然法观念去论证实在法的正当性，而为实在法树立权威性以避免其沦落。但是，学术界自然法的含义却一直充满着争论，从亚里士多德到现代一直如此。其中，在圣·托马斯·阿奎那看来，自然法是“人类普遍的和根深蒂固的品性——其中包括人类合群的理性冲动——强加在立法者权力之上的一整套现实的障碍”① 而在启蒙时代，自然法往往理解为“一种符合正义要求的、完整的和既有的规则体系”。②

在这个过程中，自然法思想也曾有过低潮，但在20世纪，又有了复兴，这时各个学派的观点也还是有许多差异。尽管如此，如果说自然法可以信仰，那倒也可能。因为自然法本身就是一种超越时空的、具有彼岸性的抽象的永恒的价值正义体系，可以说自然法思想本身是人类一个美好的愿望，是人们在对社会法的现象的理性认识的基础上油然而生一种神圣体验，是对法的一种心悦诚服的认同感和依归感。很显然，自然法在很大程度都符合宗教的超时空性、彼岸性等一般特征。所以，退一步说，信仰法在西方社会或许是可能的，毕竟西方有着自然法传统。但是对于我们这个不具有自然法观念的国家就很难说了。

三、我国学者在法律信仰论这一命题中所存在的悖论

虽然伯尔曼视野下的法律指自然法，但是我国学者法律信仰视野下的法律大多是指现实中的人定法、国家法。因此下面仅就实在法是否可信仰的问题展开论述。

首先，法律并非是一成不变的，是随着社会的发展而不断更新的，是在批判中不断完善的，这一点大家都不否认。可问题是许多法律信仰论者竟然将“批判”、“怀疑”此类含义的词人为的纳入他们所谓的“信仰”当中。例如朱苏力教授就是持法律信仰论的，但是他又提出区分法学家和普通人的信仰方式，他认为除了一般的信仰外，法学家还有其他特殊的信仰方式，“法学家的职责在很大程度上就是在一个法律学术传统中（这很重要，这是他可能挑剔的基础），以一种近乎挑剔的眼光来审视法律，以似乎是不相信任何法律的态度和研究活动这种特定的方式来实现他对法律的追求和信仰……如果没有怀疑，还谈得上什么信仰呢!”显然他认为法律信仰要包含对法律的怀疑与批判。根据《现代汉语词典》的解释，信仰“对某人或某种主张、主义、宗教极度相信和尊重，拿来作为自己行动的榜样或指南。我们都知道每个词语都是在历史发展过程中一些类似含义的集合，是被人们普遍接受的具有稳定性的含义符号。我们无论从哪个方面看，“信仰”这个词语本身不具有批判、怀疑或类似于这些词的含义。甚至我们可以

① 博登海默：《法理学：法律哲学与法律方法》，中国政法大学出版社2004年版，第286页。

② 博登海默：《法理学：法律哲学与法律方法》，中国政法大学出版社2004年版，第287页。

认为它们之间的含义存在着对立，在某种程度上讲它们是一对反义词。“那些主张‘法律信仰’的同时，又主张法律批判精神的论点，是对信仰基本特征的违反，是自相矛盾的。”① 这只不过是为了论证自己观点，弥补观点不足的一种牵强附会，自圆其说的说辞罢了。

其次，我国学者视野下的法律信仰中的“法律”主要是指实证法，法律的正当性无法自我证成。故实证法中又必然包含有违人类公平正义的价值的恶法，而对于此时的恶法应不应该信仰？又应该如何信仰？人是有理性的动物，不会主动去做那些对自己不利的事，面对那些恶法，人们通常作出的选择是不去遵守，而是去“温柔的抵抗”。的确，在我国当前法治状况还堪忧的情况下，许多良法都面临着不被遵守的问题，又更何况是那些有违人类公平正义的“恶法”。既然恶法连最起码的被人遵守的做不到，又何谈被人们信仰呢？法律信仰论者强调法律必须被信仰的原因很大程度上认为这是我国法治建设的需要，试想，要是恶法被信仰的话，这也与那些法律信仰论者的良好的初衷是背道而驰、南辕北辙的了。在一个恶法被信仰的社会还是一个法治社会吗？

最后，有信仰就要盲从、迷信，信仰的主观性极易导致其走向狂热，狂热的结果就是对事物的认识丧失基本的理性分析与判断，迈入盲从甚至是迷信的误区。同时信仰会产生法律万能主义、法律完美主义，既然是我们信仰的对象，那么它自然也就是无所不能、完美无缺，是超凡的，例如对神对宗教的信仰都是这样。但是针对现阶段我国当前的法治状况，法律万能、法治完美主义是极大的危险。而且法律自身也有局限性，它并不能解决一切问题，正所谓“徒法不足以自行”，社会问题的解决也还有赖于道德的作用。

四、法律信仰论是一个被错误引进的与我国实际不相符合的理念

首先，我国自古以来就是自然经济，一家一户为生产单位和消费单位的封闭分散的自给自足的小农经济。这一生活方式的本质特点决定了以血缘家族关系为基础的宗法关系和人身依附关系，不仅是维持单位生产的条件，更是调整人与人之间关系的基本准则。人们主要靠人伦道德来维护人与人之间的和谐的关系。同时，在我国古代由于商品经济的不发达，法律的作用也不明显，至于在定纷止争方面的作用，甚至不及乡约民规和“野俗滥礼”。于是乎，轻视法律的作用也就成了中国人的传统。比如我国古代的息讼、无讼观念就是这一传统的体现。息讼和无讼作为古人的一种理想存在于中国数千年，而这种理念或者说是处理纠纷的方式方法已经随着时代和民族精神一起融进了每一个中国人的思想。即使是在现在，虽然进入了社会化大生产时代，但是由于传统观念的根深蒂固，即使是在现代“打官司”也被认为是一件很没面子的事。这种现象在农村

① 李春明、王金祥：《以“法治认同”替代“法律信仰”——兼对“法律不能信仰”论题的补充性研究》，载《山东大学学报》2008 年第 6 期。

地区尤其明显，人们只是在迫于无奈、“走投无路”的情况下才不得不诉诸法律的帮助。关于这一点费孝通在《乡土中国》中《无讼》一文中写到“中国正处在从乡土社会蜕变的过程中，原有对诉讼的观念还是很坚固地存留在广大的民间，也因之使现代的司法不能彻底推行”。虽然该文是写于半个多世纪前，但是对于现在的情况仍然没有多大的改变。无讼、息讼仍然是中国乡土社会的传统。① 以上的意思就是说，轻视法律的功能是我国的传统，以前是这样，在短期内也还会是这样，在这样的情况下，谈对法律的信仰是不现实的。

其次，上文谈到，伯尔曼的法律信仰在于对自然法的信仰，但是笔者以为我国法律传统中从来就没有过真正的实质的自然法观念。关于我国到底有没有自然法传统，学界各执一词。笔者认为存在自然法观念的学者大多都不过是机械僵化地在我国古代法律中寻找西方或者说是现代法律中“相对应的概念”。例如他们将传统的儒家和道家作为自然法思想在中国的反映，比如孔子之“礼乐不兴，则刑罚不中”中的“礼乐”，老子之“人法地，地法天，天法道，道法自然”中的“自然”，墨子之“法仪”与“天志”中的“仪”、“天”等。笔者以为这是没有真正理解自然法的实质的表现。有学者曾将自然法划分为形式和实质两种。形式上就是指将法律分为理想法与人定法，把法区分为价值与实体，理想与现实。而实质意义上的划分除了形式上的要求，更强调的是自然法的内容。例如自由、平等、人权、法治等诸如此类的终极正义。退一步而言，即使说我国古代存在自然法的观念，上文的“礼乐”，“自然”，“仪”“天”都也不过只是形式逻辑意义上的自然法。在实质范畴和内容意义上的诸如自由、平等的自然法思想在中国古代社会是没有的也是不可能有的。因而在中国的法律体系中并没有那种独立于政治上的实在法而存在的正义体系，不存在这种永恒的正义。

我国自古就形成了法律即刑与惩罚的实证法文化传统，在中国人的传统观念里法律是由人制定的。法律工具主义根深蒂固，法律只是为规范社会行为而制定的准则，也用于调节社会的矛盾。当统治者制定的法律是恶法的时候，老百姓忍无可忍便会揭竿而起，推翻这个统治者，中国古代历朝历代都是这样。因此来讲，无论在哪个朝代，它从没走上过神坛，也不会走上神坛。总而言之在世俗化的中国人的观念里不存在这种对法律的极端信仰。

最后，西方的法律信仰源于宗教信仰观。“西方文明始于希伯来。希伯来的法律与宗教是不可分的。《摩西五经》所记载的，既是上帝的诫命，又是人间的法律，这就是律法。”② 因为与宗教的紧密的关系而赋予法律的神圣性，所以伯尔曼强调“没有信仰的法律将退化成为僵死的教条”以期重新唤起人们的法律的信仰。但是，我国传统观念深受儒家思想的影响，而儒家文化强调天大，地大，人更大，通过修身养性，我们每个人皆可以达到超凡入圣的境界，也就是“人皆可为尧舜”，这是对每个个体的人的自由意识和自主价值的终极肯定。故在传统中我们中国人都是世俗的真正的人，在我们的

① 费孝通：《乡土中国》，人民出版社2008年版，第70~71页。

② 伯尔曼：《法律与宗教》，梁治平译，中国政法大学出版社2003年版，第5页。

观念中是不存在上帝的，或者是类似上帝的精神寄托。试想既然人皆可为尧舜，也就不需要类似于上帝这样的精神信仰了。另一方面，虽然我国古代存在宗教，但是古代中国的几个宗教难以一家独大，而形成了多元化的特点。我国没有类似于西方基督教这样真正意义上全面的、国家的宗教。统治阶级为了统治的需要往往会赋予其政治理论，使其上升为官方的信仰。我国历史上各个宗教的兴衰往往出于统治阶级的需要或者是统治者的个人偏好。究其根本而言我国的宗教不过是统治者的工具，是根本不干涉也不可能去干涉现实政权的，法律的权威不是来源于宗教也从不需要来源于宗教。我国的法律与宗教是没有多大关系的，因此伯尔曼法律与宗教的勾连也是绝对不适合我国的。我国当前也存在着许多法律不被遵守的问题，但是我们的问题绝非是由伯尔曼所言的宗教与法律传统的断裂造成的，我国不存在所谓的“整体性危机”，中国当前社会法治建设中所产生的问题是任何一个社会在转型时期都无法避免的，是一种中国社会传统性质的与社会的急剧的变革之间的矛盾在短期内无法解决所造成的结果。

当然，我国学者希望引入法律信仰这一理论来解决我国法治建设中的问题的良苦用心值得肯定，但是对于法律信仰这一理论的探讨不能脱离我国的语境，因为这一命题来源于我国这一语境，同时也将会成为这一语境的组成部分。否则就有病急乱投医之嫌。如吃错药的话，不仅不能药到病除，更有可能会加重病症，这个道理对于稍微有生活常识的人都知道。同样如果错误的引入一个根本上与我国实际问题不相符合的所谓的“良策”的话，这样不仅无益于现实问题的解决，甚至会使问题恶化。

五、走出依附西方学者的思维定式，结合实际重新审视我国对待法律的态度

正所谓“先破后立”，许多学者在对法律信仰怀疑批判的同时，也尝试着用其他的词来代替“信仰”作为人们对待法律的态度。比如魏敦友教授就主张以法律信念取代法律信仰。魏敦友教授认为，法律信念要求我们对我们所生活的世界的原则、规则（共识与合意）加以批判的论证、而不是盲目的信仰。他认为信念是指“自己认为可以确信的看法”它与信仰的最大区别在于信仰意味着批判的丧失，而信念则是建立在反思批判的意识之上。可惜的是，魏敦友教授对我国该如何培养法律信念未作进一步论述。显然，用法律信念取代法律认同确实有了一些进步。一方面解决了法律需要批判与信仰之间的矛盾，可以自圆其说，另一方面似乎与我国的传统现实的差距不那么大。但是，笔者以为，这还是真正没有跳出西方的所谓的“法律信仰”思维框架，他一方面强调要破除法律信仰和迷信，另一方面又主张“法律信念”，很难说没有自相矛盾。因为无论是“法律信仰”还是“法律信念”都是建立在人们对现实的法律概念，法律实施状况，法治建设成就，以及法治生活方式的一种发自内心的认同感的基础上。冰冻三尺非一日之寒，水滴石穿非一日之功，这种认同感的培养绝非三年五载所能为之，还需要我们长期去努力。故对于我国法治之现状谈法律信念实乃奢侈品，对于现实状况的改善也只能是鞭长莫及了。用吉林大学的彭诚信先生的话说，中国的法律人还面临一种困

境，是法律人尤其是学者（又尤以法学基础理论学者和法律文化学者为甚）有着“习惯于提出恢宏理论而不运用于解决具体实际问题的共有通病”。①诚然，针对我国的法治现状，空谈法律信念而不谈具体的解决方法也是不切合实际的，这对现实问题的解决也是无益的。在我们这个法制并不健全的国家里，尚存在许多有法不依、践踏法律的现象，连做到最起码的法律遵守都尚有困难，又岂敢奢谈法律信念。当初新中国成立后要制定宪法，梁漱溟老先生是不赞成制宪的，他不是反对制宪而是他认为中国当时实行宪政和法治的时机还没到来。同样，当下强调法律信念也还为时尚早，与其挂羊头卖狗肉，不如挂狗头卖狗肉。还是老老实实的结合现实，做一些更实际的努力。比如说，针对民众对法律的冷漠，要在加大法制宣传力度实行普法教育的同时，一方面要促使执法机关严格执法，依法执法，树立执法机关信誉，另一方面，在立法上务求法律源于老百姓的生活，务求合情、合理。只有这样老百姓才会对法律有尊敬感、熟悉感和亲切感，只有这样的法律才是老百姓自己的法律，而不是法律人的法律。总之，针对现阶段我国的法治建设中的问题，至少可以从现实的立法、守法、执法等几个方面着手，为什么需要诉诸这种抽象的虚无的精神层面上的“信念”呢？笔者认为，我国现阶段提出的“有法可依，有法必依，执法必严，违法必究”这一口号则现实可取。针对这些问题，一方面它对主体进行了区分，强调了守法者、执法者、违反者怎么样，而非一股脑的什么信仰、信念啊，这样是比较有操作性的。另一方面，这也是现实法治中的一些最基本、最普遍的，实实在在的、活生生的问题，也是当前最亟须解决的问题。

当然以上笔者谈了这么多也并不是否定法律信念这一命题的提出的意义，只是因为法律信念绝不是一蹴而就，它的建立需要一个漫长的过程，法律信念可以作为我国法律人奋斗的目标。因为在当下的中国的法治建设中最迫切的问题并不是缺少法律的信念，而是许多实实在在又难以解决的更现实的问题，试想这些最基本的守法、执法问题都没解决，又何谈法律信念呢？通过现阶段我国法律人的努力解决好当下这些立法、守法、执法等更为实际的问题，我想那时离法律信念的树立也就水到渠成了。

（作者单位：湖北大学政法学院）

① 彭诚信：《何处寻找法意韵》，载张文显、李步云主编：《法理学论丛（第二卷）》，法律出版社2000年版，第383页。

第三十八篇
法治社会建设中法律作用的限度及道德要素的补充
——基于小悦悦事件的反思

朱永生

内容提要：法治社会不是完全依靠法律来治理的社会，更不意味着建设法治社会就要推进法律对市民生活的全面渗透，相反，在一个法治化运作的社会中，法律的张力必须控制在合适的限度内，在某些私人自治与事关道德的领域，法律应该保持距离。在我国转型期社会问题层出不穷的背景下，提出法治社会的命题要避免异化为通过法治建设来解决一切社会问题的偏见与妄想。只有对法律规范在法治社会中的作用合理定位，才能最大限度地实现法律制度体系对法治社会的支撑。

关键词：法治社会；法律的限度；道德；法治文化

两年前的小悦悦事件引发的社会讨论不应该是“具体问题具体分析”，它是当前中国社会治理问题的缩影。在法治社会的理念下，深入反思小悦悦事件及其产生的社会效应，对科学认识法律制度体系在法治社会建设中发生作用的限度以及在法治社会建设中如何处理这有限性，让法律范畴与道德范畴无缝对接于法治社会建设的系统工程中，具有重要的现实意义。

一、小悦悦事件回顾与后续社会效应评析

2011 年 10 月 13 日下午，广东佛山，两岁小女孩王悦被一辆面包车撞倒和碾轧。两名路人先后路过，均对倒地的悦悦不理睬，接着悦悦被一辆车再次碾轧。之后 5 分钟往来的十余个路人无一人伸援手，直到一位拾荒阿姨看到并救起悦悦，后王悦因抢救无效死亡①。小悦悦事件后，人们的第一反应就是整个社会系统基本道德伦理的缺失，但

① http：//www. sun0769. com/subject/common/2011/10191745/，最后访问时间 2013 年 12 月 5 日。

是马上又有一种声音认为：南京彭宇案①让许多人在助人为乐面前望而却步，然后一段“撑腰体”② 在网络迅速走红。有人说“撑腰”仅靠一句话是不够的，应该有一种制度设计来常态化地为好人好事“撑腰”。经过网民的讨论与反思，一种声音逐渐响亮：应该有一种措施来为社会的道德观念提供保障，以免除行善人的后顾之忧，而类似法律的制度化建设无疑比北大副校长的话要行之有效的多。随后将法律与这起事件联系的观点开始层出不穷：苏州大学的张成敏教授在他博客里发表了一篇《“正当的冷漠”是法学的必需》的文章，中国政法大学何兵教授发表了《“见死不救”要从制度突破》的评论，华东政法大学姚建龙教授则用一篇《父母法律责任越小，孩子越危险》的文章作为此次事件中法学人的声音。

从法律角度解读小悦悦事件的几种典型观点如下：

张成敏教授用缜密的法律逻辑和严格证据规则对网络上的视频进行了证据学意义上的分析，最终推论出18路人没有义务给予小悦悦超出正常范围的注意，同时拾荒大妈面对媒体说的话有渲染的成分，客观上造成了路人冷漠的效果，而且她不正确的“拉”、“抱”等救助动作是导致小悦悦死亡的重要原因。张教授说面对舆论的道德大批判，法律人应该有冷静、理性的思维，正当的冷漠是法学的必需。姚建龙教授则认为，“路人再冷漠、再混蛋，也只是路人，能真正照看好小悦悦的，首先是父母甚至只能是父母，而不是路人”。“如果我们的法律和司法没办法将小悦悦父母这样的监护人送上法庭，就不可能避免悲剧的重演，而我们也只能去谴责路人。这需要的不仅仅是理念的变革，法律的完善，更需要儿童福利体系的健全。”“按照中国人的传统观念，这时还去责难小悦悦父母，甚至极力主张把他们送上法庭，无疑是一种在伤口上撒盐的‘不道德’行为。但撒盐是必要的消毒措施，否则伤口容易发炎、扩散——烂得更厉害。”何兵教授认为针对“见死不救”和“撞死不如撞伤”的怪现象，加强制度建设要比舆论的道德谴责更有实效性。还有网民建议将见死不救罪入刑，并引经据典说法国1994年修订的《法国刑法典》就有“怠于给予救助罪”的规定；美国州法律有规定，发现陌生人受伤时，如果不打“911”电话，可能构成轻微疏忽罪。

不管是立法惩治见死不救者还是立法奖励见义勇为者，这都显示出民众（至少是大部分网民）法治观念的强化。作为一个法学专业的学生，“法律的信仰”一度让我对任何形式的思想品德教育嗤之以鼻，我认为这是借思想道德建设之名行把法治理念扼杀

---

① 南京彭宇案，是2006年末发生于中国江苏南京市的一起引起极大争议的民事诉讼案，彭宇案后，其他地区也有类似事件发生。2006年11月20日早晨，一位老太在南京市水西门广场一公交站台等83路车。人来人往中，老太被撞倒摔成了骨折，鉴定后构成8级伤残，花了不少医药费。老太指认撞人者是刚下车的小伙彭宇，并将其告到法院索赔13万多元。

② 2011年10月18日，北京师范大学教授、经济学家董藩转发这样一条微博：“北大副校长：‘你是北大人，看到老人摔倒了你就去扶。他要是讹你，北大法律系给你提供法律援助，要是败诉了，北大替你赔偿！’”后，“撑腰体”迅速成为微博最热的句式。该微博迅速被网友转发，这条微博同时也衍生出了许多的不同版本，用各大学校长、各地域代表、各领域代表等的口吻，为扶起跌倒老人的善行做全方位保驾护航，这样的语句格式被称为“撑腰体”。

于摇篮之实。但是法律一元价值论也让许多学习和研究法律的人思想被意识形态化。教授学者们的观点充满了法学的理性思辨，有理有据，可是在小悦悦事件中，这样的讨论总是显得隐隐之中缺少点什么。我认为小悦悦事件中暴露出的社会道德观念问题是不可回避的事实，无论它是否还与其他各种因素有什么样的关系，道德问题应该首当其冲。但是法律的"理性思考"总是以理性地表达观点为中心而很少正视道德建设本身，往往只顾"发出不同的声音"。法律与社会的关系究竟是怎么样的？普通人的道德观念在法律面前的地位是什么？一些法律精英在法律的框架和体系内论证严密的结论是完全符合社会现实的吗？单靠法律层面的建设可以在多大程度上解决各种各样的社会问题和纠纷？

二、法治社会建设法律的作用有限度

法律是一种社会规范，是一种指引人们行动的命令。"这种命令的意义不是在于描述人们事实上的行为，而是表达一种要求，这种要求是不能被不一致的行为所证伪的。就作为有实效的，被实现的规范秩序这一特性而言，受国家强制力保证的法与其他社会规范，尤其是伦理规范和习俗规范是一样的①"，法律作为社会规范的一种，在治国理政时在全球范围内都得到了提倡与崇尚，这说明法律相对于道德约束必定有不可替代的优越性。法律规范的明确具体、公开普遍与可造作性是偏向于抽象、模糊的道德法则所不可比拟的，因此法律能够成为社会关系最重要的调整方式，当前我国提出法治国家、法治政府和法治社会三位一体化建设的战略构想，最基本的原因无疑是基于法律相比于其他社会规范的优越性。但是法律规范在法治社会建设中的作用是有限度的，社会生活的方方面面总是有法律无能为力或者心有余而力不足的地方，法律作用的限度是源于法律规范相对于社会生活的局限性。实际上关于法律局限性的认识从法律产生之初就一直存在，并且法律发展的一个基本动力就是克服其局限性的努力。柏拉图曾指出，每个人个性的差异性、行为的多样性以及人类事务无休止的变动性，使得人们无论在任何时候用什么技巧都不能制定出绝对适用于所有问题的规则②。

第一，法律调控范围的局限。法律规范作为调整社会生活众多规范中的一种，它的作用是其他规范不能代替的，但作为规范它又不是唯一的，还有道德、习惯、政策、教规、纪律、乡规民约等；法律只是处理各种社会问题众多方法中的一种，除法律方法，还有行政、思想教育、宗教、舆论等方法。对社会的整体而言，虽然法律是处理社会问题的主要方法。

第二，法律本身具有滞后性和保守性的局限。正如萨维尼所指出的："法律自制定公布之时起，即逐渐与时代脱节。"法律作为一种社会规范本质要求它必须稳定，必须

---

① 齐佩利乌斯、Reinhold Zippelius、金振豹：《法学方法论》，法律出版社 2009 年版，第 9 ~ 11 页。

② 柏拉图：《理想国》，商务印书馆 1986 年版，第 97 页。

能给人一种安定的预期①，因此，将永远滞后于现实的发展，对很多层出不穷的新问题和新情况，无法进行及时调整。对一些已有行为，法律的有关规定也会因为年代久远而显得不合时宜。

第三，法律实施条件的局限性。“徒法不能自行”，文本上的法律规范要想贯彻到社会现实中，需要一系列的精神和物质条件。比如它需要公民具有一定的法律意识与法律思维②，需要社会具有一批专业的高素质的法律人才，需要法律文化的弘扬和长期的制度建设，还需要与之相适应的物质基础。而这一切在当今中国社会是无法做到完全的。因此法律实施的效果也不尽理想，虽然说我们建设法治社会的目的就是要完善法律运行的条件，但是我们不能在进行这一行为的过程中脱离这一既存的事实。

法律的局限性根源于人的主观能动性在一定时期内的有限性，因此法律相对于社会生活的实际，总是不可能完美。法治的社会也必然是接受这些局限并且能够将其他社会控制因素的作用与法律实现良好互动的社会。

三、我国社会在提倡法治过程中对道德问题的关注不足

在当代中国，“法律信仰”问题已经从一种似是而非的误解发展为一种思想体系③。许多人包括一些法学家就是在这种体系之中对社会问题发表观点的。这种“法律信仰”有一种倾向就是认为社会道德和文化比较抽象，不客观，是一种“不靠谱”的约束力。这种价值倾向认为“道德滑坡”的提法如同“道德”本身一样，主观性太强，没有客观的量化标准。很多事件表面上是道德问题，而本质是因为制度的问题、法律的问题，很多不良社会现象都是法律不完善，制度不健全，民众法治观念缺乏造成的。因此我们不应该整天把那些毫无执行力的道德说教挂在嘴边，而要加快立法、加强执法、完善制度建设。这种“法律信仰”在媒体和公众舆论中可以找到越来越多的“志同道合”者了，小悦悦事件后有网友也说：拒绝冷漠，温暖你我，不仅仅靠大道理，在目前的社会环境下，我们不缺社会道德观念，我们缺少的是如何为这些道德观念提供有力的后援。但是，道德是一种比法律（或其他任何社会规则）更基础的东西，如果最基础的东西出现了问题，那么建立在它之上的东西可以反过来挽救和保障它吗？显然是不大现实的。

现在我们提倡理性的思维，在事实的真相没有出现之前不轻易做价值判断——不随便用道德的大帽子压人。我们反对那些不厘清事实便想当然地认为别人的道德素养有问题的行为，但是我感觉现在一部分人正在把这种理性的思辨扭曲为对道德本身的排斥。那些提出要加强道德建设来解决问题的观点大多遭到了洪水猛兽式的讽刺与批判，就像一开始有人“动不动就拿道德说事”一样，这种讽刺与批判往往未经过任何辩证的思

---

① 秦国荣：《法治社会中法律的局限性及其矫正》，载《法学》2005年第3期。

② 郭道晖：《法治国家与法治社会、公民社会》，载《政法论丛》2007年第5期。

③ 范愉：《纠纷解决的理论与实践》，清华大学出版社2007年版，第57页。

考。温家宝总理"我认为房地产商作为社会的一个成员，你们应该对社会尽到应有的责任，你们的身上也应该流着道德的血液"这句话一出，各种讽刺"道德血液"的言论铺天盖地，引发"反道德"浪潮，这时没有"不同的声音"出来说道德观念的建设可以起到辅助作用。还有一篇题为《老温，食品安全与道德无关》的帖子说："老温，你面对越来越严重的食品安全问题，居然想以一个'道德滑坡'的理由来转移公众注意力，总理呀，假冒伪劣盛行、诚信缺失，这看似道德问题，却并非道德问题，也实在不是人的问题，而是制度的问题，重要的是制度约束！"我们不可否认制度建设的必要性，但是这种极端宣称"食品安全与道德无关"的观点也未免太过绝对！"更重要的是，当代社会治理的难题和困境显然已经不仅仅是法律的缺位使然，更重要的是由于精神信仰的缺失，人际关系中主流道德失范、诚信无可依存，共同体解体、社会自治能力软弱，法律本身不仅无助于这些价值与和谐因素的建立，甚至可能在其功能日益提升的同时，对它们给予致命的打击乃至是破坏。而法律依赖症在其摧毁社会自治能力的同时，并不能自然地确认法律的权威。"①

四、道德要素对建设法治社会的意义

对于人们为什么要遵守法律这个问题，一般认为，法律的惩罚性和由国家强制力保证实施是一个重要的原因，当然，人们不一定是害怕受到惩罚才不得不遵守法律，对法律的信仰也许是一个更为积极和持久的推动力②。但是道德观念是不是支撑人们遵纪守法的最基本的力量？或者说是对自然法的信仰实际上让人们从内在世界信服于法律？法律不能干涉人们的思想，道德在大多数情况下干涉的正是人们的思想，而且"思想决定行动"；法律只明确规定人们不得做什么，道德存在的价值却是引领人们在不做什么的基础上还应该做什么或者即使法律允许也不得做什么；《论语》有云："取乎其上，得乎其中；取乎其中，得乎其下；取乎其下，则无所得矣。"道德和法律在实际运行中也是满足这一"定律"的，法律是道德观念的底线。对行为准则的要求，道德的思想约束居其"上"，法律的行为约束处其"下"，法律要得到普遍的遵守和良好的运行，做到了"取其上"才能保证"得其下"，当一些行为没有违反法律但是受到道德谴责的时候，不能认为这就是有人所谓"站在道德的制高点对他人指指点点"的"道德焦虑症"的表现。法治社会不意味着对所有的道德批判都盲目地以"理性"和"事实判断"的名义加以排斥也是值得提倡的。"取乎其下，则无所得"，只靠法律本身来维护法律的运行是有很大问题的，而道德必须是拔高的，它总是和高尚如影随形，我认为接近道德底线的道德不是道德，因为道德观念与法律规则不同，它要在社会中产生一种具有某种支配性的力量，绝不是徘徊在底线的边缘就可以达到的！

有的人习惯性的排斥"道德建设"而"动不动就拿法制不健全"说事，很难相信

① 哈罗德·J. 伯尔曼：《法律与革命》，贺卫方、高鸿钧、张志铭译，法律出版社2008年版，第4页。

② 李小群：《公民意识与法治国家的构建》，载《江淮论坛》2009年第5期。

这些观点的表达者就是真正的信仰法律者，有的人只不过是对重建道德失去了耐心和信心。他们提法律更重要的是表达对道德的不满，对社会现状不满，从心理上要求立即解决所有问题，越快越好，而法律制度的建设相比道德约束力可以立竿见影、药到病除。但是边沁告诉我们“要理解法律，特别是要理解法律的缺陷”。法治比德治来得更靠谱，但是法治要真正实行却不单单是“法的统治”，标榜现代法治社会的美国没有我们所谓的传统道德但是他们却有源远流长的宗教，“惯常的公式是，法律最终以道德为基础，道德最后建立于宗教之上”。根据伯尔曼的观点，在美国，一个宗教与法律相互影响的法治国家里，道德是联结宗教与法律的桥梁，道德是法律的基础，这可以证明在一个法治国家里道德的重要性。而当今中国可以说道德的影响力和法治的影响力都还很小但是却在相互削弱（尤其是所谓“法律信仰”对道德影响力的削弱），我认为这是一部分法学人应该反思的。当我们社会的道德折腰的时候，如果还不能认识到道德自身建设的重要性而只是寄希望于法律的制度化的保障，这不是一种正常的现象。道德是法律的基础，道德观念可以成为法律规范的拐杖，但是法律却不能撑起道德的腰！

康德说：“有两种东西，我对它们的思考越是深沉和持久，它们在我心灵中唤起的惊奇和敬畏就会日新月异，不断增长，这就是我头上的星空和心中的道德定律。”道德定律，这一古老而常新，没有强制力保证实施的定律，却具有强大而持久的生命力和影响力，虽然它往往体现于无形之中。冬天快来了，面对严寒，人们把室内通上暖气保持温度，而春天的到来也会给人们带来温暖。我认为这两种温暖可以用来类比法律和道德对于社会的意义（尤其是当前的中国社会），正值严冬的时候，人们要取暖，没人会寄希望于春天的到来，人们似乎对春天的印象已经模糊了，但是突然有一天，春回大地，一种力量从地表散发，温暖了室内和室外，哪里都是一样的舒适，这就是道德之于社会的影响力。曾经我疑惑而又惊奇地思考：春天来的时候，哪里来的能量让大地回春、让冰雪消融、让南雁北飞、让枯草重生？并且这一切都进行于悄无声息之中？当我们社会的道德体系重新建立之时才是我们社会的法治建设的春天真正到来之日。

五、结　语

作为一个法律的学习者，面对今天中国社会的现实，不应该再把自己限制于法律设定的框架和体系之中，建设法治国家、法治政府与法治社会的三位一体战略的实施不能脱离社会基本的道德理念建设。因为法律不能取代道德，而且也不能帮助道德挺直胸膛，相反在一个道德体系良好的社会环境中推行法治建设才能达到事半功倍的效果。“法律反映但并不决定社会的道德价值。一个公正合理的社会的价值将在公正合理的法律当中得到反映。社会越好，法律就越少。天堂里没有法律，狮子和羊羔躺在一起。一个不公正社会的价值将在不公平的法律中得到体现。社会越坏，法律就越多。地狱里没有别的，只有法律，在那里正当程序被小心翼翼地遵守着。”格兰特·吉尔莫的话是值得我们深思的。

（作者单位：中南财经政法大学法学院）

第五部分　法治一体化下的司法与人权保障

法治一体化对司法的人权保障提出了更高要求，正如习近平总书记指出的，要努力让人民群众在每一个司法案件中都能感受到公平正义，绝不能让不公正的审判伤害人民群众感情、损害人民群众权益。司法作为公民权利的守护神是近代宪法产生以来民主政治的重要标志和保证，它既防止了立法的专横，又时刻约束着行政权力的滥用。美国宪法之父汉密尔顿在美国宪法通过之时就深刻洞察到：坚定、一贯尊重宪法所授之权与人权，乃司法所必具的品质。现代以来，法院作为社会正义的最后一道防线，充分凸显出其对公民权利保障的无可替代的功能。著名法学家德沃金认为法院是法律的帝国，法官是帝国的王侯。现实中，司法的人权保障功能主要体现在法官这一正义的化身的方方面面。司法的各项制度作为司法的外表和特征向公众展示了确保看得见的正义实现的各种具体规定，但隐藏在制度背后、确保制度良性运行的法官却有着复杂的面孔。培根曾指出法官要以严厉的眼光对事，以悲悯的眼光对人，这至少道出了司法权威建构的二重维度。在我国，党的十八大以来，对司法改革和加强人权的司法保障的重视与法治一体化建设互相促进。法治的真谛是人权，而人权最终需要通过司法保障才能兑现为公民实有的权利。当下，中国司法肩负着党、国家、社会和公民太多的期许，如何造就与法治一体化相适应的法官群体？如何改进法院的裁判品质以提升司法公信力？如何回应和满足公民提出的新的权利诉求？如何通过公正司法最大限度杜绝冤假错案、确保每个公民的人性尊严？本部分文章的观点或许对解决上述问题有所启发。

第三十九篇
法治一体化建设与法官职业素养的提升
——基于司法公正的视角

陈焱光

内容提要： 法治国家、法治政府和法治社会一体化建设的法治建设任务对法官职业素养提出了更高要求。从司法公正的视角分析，司法公正与法官职业素养间的紧密关联具有深厚的历史渊源，法官的职业素养始终是司法公正的关键所在，二者之间具有内在逻辑必然性，深刻地认识和把握这种关联并有针对性地进行法官职业素养提升，必将有力推动中国的法治一体化建设。

关键词： 法治一体化；司法公正；职业素养；提升

法治国家、法治政府和法治社会一体化建设的法治建设任务揭开了新一轮中国法治进程的序幕，而法治一体化建设的最终目标是要更好地保障公民的各项权利，形成良好的社会生产和生活秩序。法治的实现有依赖于公正的司法。因为司法对法治建设至少具有三重作用：一是基础性作用，司法是有效地解决矛盾纠纷的最佳手段，是构建良好的社会秩序的根本途径；二是先导性作用，司法通过维护权利，保障社会稳定、促进社会发展；三是保障作用，司法通过不断维护和实现个体正义达致维护社会公正、实现社会正义。因此，司法是法治社会的重要基石。但司法正常功能的发挥需要诸多条件，在转型期的中国，权力尚未完全在法治的轨道上运行，其他国家权力干预司法的情况屡有发生，社会矛盾纷繁复杂，公民法律意识参差不齐，司法体制存在弊端，法官素质难以适应新的社会要求，尤其是法治一体化对法官提出了更高要求，如何从司法的核心因素——法官——这一关键点上寻求法治一体化建设的可行路径，是我国法治建设面临的重要课题之一，本文对此做初步探析。

一、法治一体化对司法公正和法官职业素养的新期待

中共十六届六中全会通过的《中共中央关于构建社会主义和谐社会若干重大问题的决定》指出："我国已进入改革发展的关键时期，经济体制深刻变革，社会结构深刻变动，利益格局深刻调整，思想观念深刻变化。"这种变化持续至今，同时，我国正处于发展关键期、改革攻坚期，同时处于社会矛盾凸显期。大量的矛盾需要解决，社会维稳压力居高不下。解决矛盾的方法很多，但人类自古以来最有效、最权威和最公正的解

决方式是通过司法途径。党的十八大以来，中央提出法治国家、法治政府和法治社会一体化建设的法治建设模式，对于司法提出了更高的要求。这种法治模式的转换也是基于中国社会的巨大变化和现实情形。最近一项基层调查发现，目前我国从上到下，干部群众，越来越多地从法治角度去理解和评判社会深刻变化、体制急剧转型和利益深度分化。而在另一方面，这样的民意对国家法律制度的要求也越来越高。解决、缓和转型中大量的社会矛盾，均寄望于法治建设的完善度。① 如果说法治的真谛是人权，那么保障人权的关键就是司法，而司法的核心是法官对案件的公正处理。所以，司法公正从根本上讲是法官的公正。正因如此，美国现实主义法学派的观点甚至偏激地认为，法律就是法院事实上作出的判决。美国著名法学家德沃金认为法院是法律的帝国，法官是帝国的王侯。法官对司法公正具有决定作用。在我国，法官同样是司法公正的关键，尽管实践中有司法体制内"审者不判，判者不审"及其他国家权力干预司法的弊端，但这些不是主流。因此，法官在中国法治建设中永远是中流砥柱、不可或缺的中坚力量。破解中国法治的难题都必须围绕"法官"这一核心主体来做系列体制和机制的改革与完善。

法治一体化建设对中国法治从整体上提出了更高要求，同样对司法也提出了新的挑战，它意味着法院将要解决更多的的各类纠纷，而这些纠纷在转型的时期不仅会集中爆发，而且特殊性大于普遍性，各种价值冲突也会愈演愈烈，相关的法规制度要么缺失，要么存在冲突。更有甚者，其他权力的野蛮干预和公民情绪性的过激反应也会危及法院和法官的安全，网络媒体的无序和无规制性炒作会让法官蒙受委屈甚至冤屈。所以，从一定意义上讲，法官也是弱者。但是，从行使国家权力的职责性而言，法官只能通过改变自身以适应和引领社会而不是相反。社会越是关注法院和法官，说明社会存在着越来越多的不公正，越来越需要司法来实现公正。因此，只有司法公正了，社会的诸多矛盾才能通过司法获得公正地解决，才能最终实现社会公正。所以，有观点认为，"一个社会是否公正，有两个基本要素可以衡量：一是民众自身生活的体验和从社会接受信息所感知的对社会公正的评价；二是司法制度的安排和实施是否在最大限度上表现出了公正的要义和精髓"。② 而司法的公正最终要通过法官在个案中的公正裁决加以实现。可以说，法官已被推上了法治一体化建设的前沿。

与国家和社会对司法公正和高素质法官的热切期待形成反差的是，当下法官的职业素养难以满足这种新的需求。我国法官职业素养目前存在的主要问题：一是法官的职业道德还需进一步提升。少数法官素质不高，还不能完全做到公正律己，铁面无私。有的法官仅仅把法官这一职业当成养家糊口的谋生之计，并非出于对法律的真诚信仰和不懈追求，而频频曝光的司法腐败的"窝案"，更加凸显法官素养提升的紧迫性。二是法官的法律素养和综合素养还不深厚。不仅法官中系统学习法律经历的人员比例不高，而且

① 《缓和社会矛盾寄望法治建设　法治标准亟待建立》，http://news.xinhuanet.com/legal/2007-05/08/content_6067993.htm。

② 董治良：《司法公正是法治建设的核心要求》，http://legal.people.com.cn/n/2013/1030/c188502-23369595.html。

囿于中国法学教育的专业细分特征，即使系统学习过法学知识的法官，其解决复杂法律正义的相关知识依然极为欠缺。中外司法经验告诉我们，许多法律问题的解决依赖于非法律知识和阅历的支撑。所以，法官需要更多其他领域的知识和智慧来辅佐法律问题的解决。三是法官的在职教育培训还不够系统、规范。虽然各级法院采取各种措施举办各式各样的培训班借以提高在职审判人员的业务素质，但这种培训往往是蜻蜓点水式的、即时性的、应急性的培训，缺乏系统性、更新性、制度性的教育，而且时间短、准备仓促，难以从整体上、结构上提高法官的素质。① 面对当下中国改革进入攻坚阶段，体制创新和深化改革必然触及的深层次矛盾和问题的解决；面对我国经济结构发生的重大变化，新经济组织、新社会组织、新的社会阶层及越来越多的“单位人”变成了“社会人”；面对社会背景和社会基础发生重大变化而来的利益关系更趋复杂、统筹协调各方面利益冲突举步维艰的现实；面对利益主体日益多元化，不同的价值观念、不同的利益诉求、不同的利益表达和利益维护方式等问题，最终都会以不同形式的法律纠纷呈现在法官面前，需要法官的理性、智慧和良心来一一化解或裁决，从而维护我们的法律秩序。而“整个法律秩序是一个假想为理想的统一制度，它由法律与法官法确定的关于人的行为的价值标准和要求组成”。② 司法权的价值往往透过法院的地位和法官的品格、人格、职业操守和司法技巧得以显现。所以，法院和法官是构筑国家安全、稳定发展和个人自由的重要稳定装置。域外的美国经验告诉我们，在美国并不太平的两百多年来的历史进程中“联邦最高法院仿佛是美国这只船的压舱物，使得美国社会的行进于动荡中还有稳健”。③ 因此，在当前深刻变化的社会背景下，唯有通过司法公正达到维持社会秩序的长期稳定，而司法公正要坚持司法以人为本、一心为民的司法理念，把法院建成以为民服务为宗旨的服务型机关，更关键的是要公正司法。而这一切的转变和目标的实现，关键还是法官素养的提升。法官的职业素养是一个包括但不限于法官的道德水准、职业能力和技巧、勤勉好学、人文修养等诸多有利于公正司法的知识和品格的集成。

二、司法公正与法官职业素养的历史透视

司法公正是人类社会有法律以来就不断追寻的目标和司法实践的永恒主题，而每个时代都试图将法与人（广义执法者）的关系进行有机统一、协调，以期通过公正的司法活动保证社会秩序的连续性和稳定性。司法作为处理人与人之间的纠纷关系的制度和实践形式，千百年来一直受到人文精神的熏陶和影响。在中国，“人文”一词最早见于

---

① 华冬梅:《从目前法官队伍的现状谈我国法官职业化建设的艰巨性》, http://hnfy.chinacourt.org/article/detail/2010/11/id/766364.shtml。

② ［德］伯恩·魏德士:《法理学》，丁小春、吴越译，法律出版社2003年版，第422页。

③ 参见龙显雷:《论美国宪政下的言论自由》，载《法商研究》1997年第2期。

《易经》："观乎天文，以察时变；观乎人文，以化成天下。"① 现代以来，人文就是人类文化中的先进部分和核心部分，即先进的价值观及其规范。其核心是"人"，以人为本，关心人，爱护人，尊重人。是一种基于人的类本性和社会性的人类关怀和生命关怀。人是衡量一切的尺度，人的天赋的、与生俱来的、不可剥夺的权利。承认人的价值，尊重人的个人利益，包括物质的利益和精神的利益。人文，首先是一种思想，一种观念，同时，也是一种制度，一种法律。人文思想是人文制度的理论基础，而人文制度又是人文思想的实现。人权观念的诞生以及人权的法制化、人权法的国际化、全球化，是人文真正确立的标志，是人文思想得以实现的根本保证。司法公正本质上是对人的平等尊重，以人文观念和制度为指导，司法才具有文明性、人道性和先进性。对个案而言，其判决才具有可接受性和正当性。

在中国，早在西周时期，统治阶级就强调执法的"明德慎罚"，强调法官通过"五听"并结合相关证据进行判决，到战国中期孟子就提出富有哲理、为人熟知的名言，"徒善不足以为政，徒法不能以自行"② 强调如果没有好的执法者，再好的法律也是一纸空文。而荀子更作一有趣比较："故有良法而乱者，有之矣；有君子而乱者，自古及今，未尝闻矣。"③ 在他看来，法和人之间，后者治理国家的作用大于前者，因为法律的运行要依赖于人的操作，"法不能独立，类不能自行。得其人则存，失其人则亡"。并进一步得出"有治人，无治法"的结论。治法是前提，治人是关键。北宋王安石认为，可行的"善法"要立起来，司法官吏必须依法办事，如果自行其事，擅作专断，则祸害无穷。因此，他强调指出，若"吏不良，则有法而莫守"，"若有司辄得舍法以论罪，则法乱于下，人无所措手足矣"。④ 到明清之际，王夫之主张良法与贤人的结合，"任人任法，皆言治也"如若只任法而不任人，则会导致酷吏滑胥舞文弄法，任意出入人罪。故而他总结道："法者非必治，治者其人也。"⑤ 及至清末，法学家沈家本在指出"治者，天下之程式，万事之仪表"的同时，十分强调法律的执行，认为"立法而不行与无法等"。"有法而不循法，法虽善与无法等"，他说："有其法者，尤贵有其人"，"用法者得其人，法即严厉，亦能施其仁于法之中；用法失其人，法即宽平，亦能逞其暴于法之外。此其得失之故，实筦乎宰治者之一心"。⑥ 他列举了唐朝不同时期司法官吏执法情况的不同，给社会带来不同的结果，凸显出司法官吏对司法公正的重大意义。到今天，我国专门的《法官法》、《检察官法》更是以法律形式对法官、检察官

① 作为一种社会潮流，作为一种普遍的文化，即更多的人、更大的人群共同具有并更为稳定的价值观及其规范，则始于15、16世纪的文艺复兴时期，形成于17、18世纪的约翰·洛克、亚当·斯密和法国启蒙运动以及美国的独立宣言和法国的人权宣言时期，反思于19、20世纪初的马克思、尼采、罗素所处的时期，发展于20世纪中后期的现代时期。

② 《孟子·离娄上》。

③ 《荀子·正制》。

④ 《荀子·正制》。

⑤ 《读通鉴论》卷十九。

⑥ 参见张国华主编：《中国法律思想史》，法律出版社1982年版，第466页。

的职业道德和业务素质等影响适用法律的因素进行了必要的规定，充分强调负责司法运作的人的作用。

在西方，法官一直被认为是正义的象征。古罗马的法学家西塞罗认为执政官是会说话的法律，而法律是不会说话的执政官。① 近代以来，对法官的选任一直构成西方司法制度的重要部分，对法官的道德和业务技能提出了比普通职业更高的要求，以确保司法正义。由于司法官员在社会生活中的极端重要性及普通法重视实务的特点，因此普通法历来强调司法官员必须由富有实务经验且道德学问优秀的人士担任。如英国对法官任职资格的规定，一般来说，全职的法官必须“具有法律知识和经验，判断和分析的能力，有良好的决定和交流技巧。富有权威、道德、公正、能够理解普通人和社会。性格温和，有礼貌和尊严，对社会服务具有责任感”。②

依法公正办案是法官的职责重心而不公的审判不仅对当事人而且对整个国家法制都是毁灭性的影响，“如果判决不公正，社会就可能使某个成员蒙受一种道德上的伤害”，“一位法官的点头，对人们带来的得失往往比国会的任何一般性法案带来的得失要更大”，③ 英国培根认为，为法官者应当学问多于机智，尊严多于一般的欢心，谨慎超于自信。而“一次不公的判决比多次不平的举动为祸尤烈。因为这些不平的举动不过弄脏了水流，而不公的判决则把水源败坏了”。④ 因为这将从根本上影响到社会公众对司法公正的信念。因此，美国著名法学家罗科斯·庞德认为：“（在司法活动中，）人比机构更重要。”

三、法官优良的职业素养是司法公正的重要保障

司法公正是良性司法制度运作的结果，而良性司法制度的建立必须立足于法官的客观现实状况。古今中外的法律制度无一不显示出不同国家的司法制度总是与其具体国情相适应的，无论是司法制度的宪法地位，还是司法体系的职能，都深深地烙上特定国家、民族的历史传统、民族精神、文化底蕴和司法官员的客观状况的印记，特别是法官的所具有的人文底蕴和沐浴其中的社会人文环境构成司法制度架构的基点。任何良性的司法体制必须以此为基点来架构从而实现司法正义。域外经验告诉我们，美国的司法制度曾被欧洲许多国家奉为模范，特别是司法审查制度，但实践证明，欧洲各国并未采取美国模式，而是从其法官及国家具体情况出发，创立或选择了宪法法院或宪法委员会或联合审查模式。而“嫁接美式制度于欧洲法律和政治秩序的尝试，就是在看来已引进

① 《西方法律思想史资料选编》，北京大学出版社1983年版，第79页。

② Honourable lord Justice Brooke（Sir Henry Brooke），Royal Courts of London，June 21，1966.

③ ［美］德沃金著：《法律帝国》，李常青译，中国大百科全书出版社1996年版，第1页。

④ ［英］培根：《培根论说文集》，水天同译，商务印书馆1983年版，第193页。

了那种制度的国家也没有成功"。① 而重要原因之一是"欧洲普通法院的法官无力实施违宪审查"② 同理，司法独立被认为是确保司法公正的最重要条件，西方经验提供了很好的证明，但这一制度的建立是与西方法官的高素质、生存的人文环境和相关制度保障分不开的。如法官遴选制度的严格和高标准保证了法官行使审判权的高水准；法官的社会地位和职业保障使法官始终处于上流社会从而保证了法官对其职业的尊重和行使审判权的谨慎，陪审团制度的设置和有效运作使法官的自由裁量权受到很大程度的限制，社会整体人文精神中蕴涵的对法官的敬慕和信任，正如美国法学家梅利曼指出："生活在普通法系国家中的人们，对于法律是熟悉的。在我们看来，法官是有修养的伟人，甚至具有父亲般的慈严。普通法系最初创建、形成和发展，正是出自他们的贡献"。③ 反观我国，法官的素质普遍较低，而"独立的司法是离不开一个高素质和有力量的司法群体的"④。日本借鉴西方司法制度，对法官的伦理制定了五项基准原则：一是法官在审判活动中的法律忠实性、独立性、公平中立性以及保持公正的义务。当然最终极的保证还是来自每个法官的良心及内心的自觉和自制。二是尽量避免在审判活动中作出可能有损于一般公众信赖的言行和态度，并且在广泛的非职务活动中也要求做到。三是法官有保持一定品质的义务。对审判的信赖是审判权威的基础，与对法官人格的信赖和敬意密切相关。四是有努力吸收不断变化进步的法律、社会、政治、经济、文化等相关知识和经验，并将其运用到审判中去的义务。五是审判应能迅速且有效地处理问题，法官应把审判置于优先于其他任何事情的地位，将精力倾注于审判活动中，并不懈地思考创新的做法。⑤ 同时，职业保障存在不足，党政对司法不正常的干预严惩扭曲了司法权的正常功能，导致严重的司法腐败，这一现实使人们无法相信法官审判案件的完全独立能够实现司法公正。因此，借鉴（乃至引进）西方司法独立制度，必须立足中国法官的现实状况，综合考虑中国文化传统、社会环境等给他们的恒久影响，在此基础上建立有中国特色的司法独立模式，确保司法公正的实现。因此中国的司法独立只能是相对的，起码基于当前中国的历史和现实，实行人民代表大会制度下的相对意义上的司法独立是唯一最佳选择。司法权的运作既要受国家权力机关的监督，也要受来自司法系统内部的监督，同时接受社会监督。

因此，西方司法体制中的合理和先进的经验必须结合中国的本土资源，加以有选择的吸收和变通，如果离开中国的历史传统和文化背景，离开当今中国的社会基础和人文环境，单纯强调接轨、照搬，则会使中国的司法改革走入歧途。只有把法官方方面面的情况考虑周详，结合中国的整体改革思路，采取渐进措施，积极稳妥地推进司法改革，

① ［美］路易斯·亨金、阿尔伯特·J. 罗森塔尔：《宪法与权利》，郑戈等译，生活·读书·新知三联书店 1996 年版，第 36～37 页。

② ［美］路易斯·亨金、阿尔伯特·J. 罗森塔尔：《宪法与权利》，郑戈等译，生活·读书·新知三联书店 1996 年版，第 37 页。

③ 参见刘立宪等主编：《司法改革热点问题》，中国人民公安大学出版社 2000 年版，第 296 页。

④ 贺卫方著：《司法的理念与制度》，中国政法大学出版社 1998 年版，第 6 页。

⑤ ［日］森际康友编：《司法伦理》，于晓琪、沈军译，商务印书馆 2010 年版，第 286～287 页。

才能确保改革成功和司法公正的实现。所以，司法改革说到底还是怎样提高法官素质、规范法官的行为，将外在制度化的规范融入到法官的工作中去。要始终坚持以人为基本立足点的改革思路和制度建构。庞德曾经说过："法律专业集团对社会整体化以及法制观念和司法方式的培养，始终扮演着一名举足轻重的角色。"① "司法改革千头万绪，核心还是提高人的素质问题，因为再好的立法也要由人来操作。"② 在日本，有学者认为司法制度改革能否取得预期的成果，取决于怎样得到足以肩负司法制度的人才。"为了使法官担负这样的重大职责，对于进行只受到'宪法和法律约束'的审判所必要的素养就是不可欠缺的。"③ 因此，设计得再好的、却缺乏良好人文根基的司法制度充其量算一个纸面上的蓝图，其追求司法公正的目标也不过是制度设计者一厢情愿的奢望罢了。

四、法官的职业素质与司法公正相关性的内在逻辑

随着依法治国方略的实施和司法改革的不断深入，司法官员的素质问题正在受到越来越多的关注，并成为世纪之交的改革热点和难点。可以有理由认为，司法改革的成败很大程度上也将取决于司法官员素质能否得到切实提高。并且，司法官员的素质最终也决定着国家的司法体系能否在全社会真正树立起崇高的司法权威。如果说掌握社会公正的人不懂得或者没有足够的能力来掌握社会公正，社会公正是不可能实现的。法官是法律理想的正义向现实的具体正义实现的桥梁。

（一）司法理念是法官素质的灵魂

高素质的法官首先必须具备良好的司法理念，它既是公正司法活动的重要基础，也是法官各项必备素质全面提升的关键。良好的司法理念主要有：（1）法律至上（权威）的理念。法官的法律至上理念是确保司法公正的灵魂，并指导法官的其他素质的全面提升和发展方向。法律至上理念既是依法治国，建设社会主义法治国家的必然要求，也是确保司法活动公正的最高原则，它要求"法官除了法律就没有别的上司"。④ 只有树立法官的法律至上的理念，才能抵抗一切试图凌驾于法律之上的权力的侵害。如果法律屈从于权力的淫威，则法治不复存在，司法公正更无从谈起。（2）法律平等的理念。法律平等理念的树立能够确保法官平等地适用法律，并保证当事人在诉讼中的平等地位。该理念对于实现"法律面前人人平等"这一现代社会法治的基本原则具有根本性的意义。如果法官不能依据平等原则适用法律，则以平等原则构建起的法律体系便会形同虚设，法律信仰及法律权威便会荡然无存。（3）价值中立理念。司法权实质上是判断权，

① ［英］科特威尔：《法律社会学导论》，华夏出版社 1989 年版，第 99 页。

② ［美］哈罗德·伯曼编《美国律师讲话》，生活·读书·新知三联书店 1980 年版，第 208 页。

③ ［日］森际康友编：《司法伦理》，于晓琪、沈军译，商务印书馆 2010 年版，第 288 页。

④《马克思恩格斯全集》第一卷，人民出版社 1995 年版，第 180 页。

其适用过程是对相互争议的双方当事人的主张进行是非判断的过程。只有在审判过程中，法官以不偏不倚的态度介入诉讼才能保证法律的正确使用和程序及结果的公正。(4) 司法公正理念。司法公正是程序公正和实体公正的统一，法官在适用法律时，必须时刻关注程序和实体的公正性；只有在程序和实体两个方面都实现了公正，司法公正才能真正实现。(5) 司法文明理念。司法制度是人类文明发展的产物，其制度的运作有着丰富的文明内涵，特别是法官将法的一般规定适用到错综复杂、各具特色的个案中的时候，法官的外在形象和适用法律的仪式规范有利于增强法律的权威和司法判决的公信力。如法官的处事态度、服饰仪表、语言、动作及使用的工具（如法槌）等外在的形象既体现了法律的严肃性、权威性也增加了人们对法院及法官的信任。

（二）法官的良好道德素质赋予司法公正以伦理秉性

古希腊著名思想家，亚里士多德说得好，公众视法官为“活生生的正义”，即人格化的法律秩序，法律秩序如果缺乏具有良好职业技术和道德素养的法官，犹如军队失去可以信赖的战地指挥官或者学校失去了能干、敬业的老师。作为正义化身的法官不管怎样，在我们的社会中，肩负着代表正义的职责。每当法官未能表现出诚实、精力、客观和耐心时，其缺点就十分显眼，并破坏公众对法律的信任。在美国，在所有法官从事的活动中，法官必须避免一切不当行为和看上去令人觉得不当的行为。法官的司法职责“高于一切其他的活动”。法官在一切非司法活动中必须品行端正，不得因其行为而“招致人们对法官的公正执行能力之怀疑，对司法机关形象之贬低，或有碍司法职责之履行”。① 在日本，“法官的职务特别要求廉洁、公正、透明和谨慎，不能作出让当事人怀疑或者可能让一般国民指责的事情”。②

诚实是法官的首要道德。若要不辱法官职责，法官必须是一个特别诚实的人，一个在财务、政治和为人处世方面特别正直的人。公正司法首先要求法官品性中的诚实、正直因素，尽管诚实品格非法律职业所特有，但对司法职业而言却至关重要。如果一个法官为任何形式的贿赂而动心，或者在涉及物质利益的诉讼过程和裁决中，偏向自己的亲朋好友，司法公正便荡然无存。因此，司法审判中最丑陋的字眼就是“里面有鬼”。正直的品行作为从事审判工作必不可少的条件，反映了对司法腐败可能对法律秩序产生的巨大危害的清醒认识。法院是社会正义的最后一道防线，法官是正义的代表。不诚实地适用法律必然导致司法腐败，而司法腐败的暴露会从总体上导致公众对法律程序产生怀疑、失去信心，并危及公众对法律的尊重。

由于法官的司法行为与争论之当事人的自由、生命与财产之得失直接相关，这就对法官提出了更高的道德要求。一般法律对法官自由裁量权设定了较大范围，因此法官的道德感和责任心就尤为重要。如果法官道德素质不过关，司法公正就难以实现，并且，

---

① 宋冰编：《读本：美国与德国的司法制度及司法程序》，中国政法大学出版社 1999 年版，第 209 页。

② ［日］森际康友编：《司法伦理》，于晓琪、沈军译，商务印书馆 2010 年版，第 277 页。

不公正的司法会带来严重的后果，即我们每个人都可能成为司法不公的潜在牺牲品。正如美国缔造者之一的汉密尔顿曾呼吁的，“各界有识之士自当珍视法庭正直不阿之风的存在与加强，事关切身利害，无人可以保证本身不成为不公正审判的牺牲者；如任不良倾向猖獗必将导致人心丧尽，社会不宁，这是人人皆可以感觉得到的”。① 即使今天看来这话仍不失其现实意义。

（三）高超的司法技能是司法公正的现实保障

从实践层面考察，司法权的运用过程实质上是一种判断权的行使过程。法官以其特有且丰富的法律知识和复杂的法律逻辑推理过程及司法直觉（经验）对充满争议的案件进行裁决，通过不断权衡各种冲突的利益并在不同效力规则的指引下，得出符合社会正义的终局性结论，因此，法官的业务素质如何将直接关乎正义实现的充分度。而法官的业务素质是经过长期的法律知识学习并与司法实践紧密结合而不断提高的过程。无论是大陆法系，还是英美法系国家，4～7 年的法律专业的艰苦磨炼是良好司法业务素质的基础，同时，法官从从业多年的律师中选任，不仅使法官能在审判时换位思考，充分尊重双方当事人及代理人，以利于平等对待当事人和代理人，确保程序公正，而且法官的律师经历丰富了法官的社会阅历、开拓了法官眼界，提升了法官对案件争议的辩证思考和认知力，从而使判决更合法、合情、合理，不仅为一方当事人提供了救济，而且也使败诉一方诚服，并且更重要的是这一公正判决极大地激起了公众对法律的信仰，对法院权威的确认。所以，一个人一旦成为法官，就会立即置身于一个强调技能和社会责任的环境之中。基于一般社会理念和司法的社会功能，当事人对正义寻求的最后救济便无可替代地落到法官身上。一个案件不管多么棘手，当事人中总有一方会胜诉。随着科学技术日益迅速地发展，社会每时每刻都在产生新的复杂的社会问题和人际纠纷，需要通过法官“一锤定音”，这无疑更需要法官敏感的社会洞察力、渊博的知识和审慎的作风，以应付复杂的社会纠纷的挑战。

法官高超的司法技能，包含着相互联系的四个基本方面：（1）运用丰富扎实的法律知识进行分析、推理的能力；（2）驾驭错综复杂的法律程序和证据的能力；（3）超凡的辨别事实和权衡相互冲突的证据的能力；（4）超凡的与陪审团和证人的沟通能力。

由于司法具有在是非复杂争议中行使判断对错的属性，在法律文件和规则浩如瀚海的社会里，必须长期刻苦钻研始能窥其堂奥。② 没有过硬的业务素质，法官会使其判决在通向正义的道路上困难重重，甚至会无果而终。

（四）超凡的个性是司法公正的特别保证

司法是法官将具有普遍性的法律规则运用到具体的法律关系中的过程，由于这一过程充满许多相互冲突的主张的认定和“无情”的结果。因此，这一复杂而艰辛的认知

① ［美］汉密尔顿、杰伊、麦迪逊：《联邦党人文集》，商务印书馆 1980 年版，第 395 页。

② ［美］汉密尔顿、杰伊、麦迪逊：《联邦党人文集》，商务印书馆 1980 年版，第 395 页。

与裁定过程需要法官克服许多常人难以克服的情感冲动。在法官目睹一幕幕人间悲剧的时候，法官要有超常的心理素质和理性明法析理，在判决时不仅应当晓之以理，裁之以法，而且时刻不忘给当事人以人文关怀，因为司法的目的是救济和拯救，尽管判定惩罚但绝不是摧毁。正如培根所说，“在有关人命的大案中，为法官者应当在法律的范围内以公平为念而毋忘慈悲；应当以严厉的眼光对事，而以悲悯的眼光对人。”① 同时，法官还要能承受来自社会各方面可能的压力。所以，良好的心理素质是法官非凡个性的首要条件。唯如此，法官才能不为情所困，不为其他压力所制服，而真正依法裁判，维护司法正义。

培根说，“耐性及慎重听讼是司法官的职务之主要的成分之一”。② 由于法官所面对的是形形色色的、性格、能力、社会身份各不相同的群体和个人，他们在审理过程中进行的辩论未必全合法官之口味，因此，法官为了查明事实真相，必须以极大的耐心和充分的谨慎去听取双方当事人或代理人的陈述并在庭审中耐心引导争讼双方正确运用诉讼权利进行诉讼。只有沉着公平的注意力和良好的记忆力，法官才能真正做到对公众负责，并能真正维护司法正义。如果法官在适用法律的过程中，表现出或心不在焉、或缺乏耐心、或过于激动等心理素质之不足，将严重影响司法结果的公正，有损法院的形象，并危及人们对法律的信仰。

（五）深厚而广博的人文修养是公正判决的有力支撑

公正的判决直接取决于法官的能力，它包括分析能力、作出理性决定的能力、法律知识、案件管理能力及对证据规则、诉讼实务和程序的掌握，还包括法官个人的特性，如独立性、人格、尊严、公平、正义感、倾听的愿望和与人交流的能力等。只有充满信心、技巧高超、深谙法律原则和司法程序的专业人士才能成为法官。个人的责任心要求法官对作出的决定及坚持的司法准则负有责任，这些责任包括维护便于民众接近且讲求效率的诉讼制度、在审判中有效地使用经济和行政资源。如果法院审判无视文化、性别或社会的差异也会使司法失去对公众的响应力。在中国古代，礼法互补、德主刑辅、执法原情的法制文化对维持中国社会的稳定起到了重要的作用，也有效地遏制和化解了社会矛盾和纠纷。而文化涵养在许多案件中以智慧断案的形式表现出来，既案结事了，又令公众交口称赞，有的还传为美谈。既起到普法的作用，又丰富了法律文化。因此，法官的素质应当有深厚而广博的人文修养来支撑。正如有学者指出的，在相当程度上，法官素质其实就是一种文化养成。其中有一些基本的元素，如信仰、知识、世道人心、历史感等，这些元素不仅在法官内心构筑了多维的价值体系，左右着法官的职业观和职业行为，同时也在外部影响着社会其他成员对法官的评价，甚至影响着人们对法律的认知。③ 美国新罕布什尔州高等法院首席大法官约瑟夫·雷都认为，作为一名法官，意味

---

① ［英］培根：《培根论说文集》，水天同译，商务印书馆1983年版，第195页。

② ［英］培根：《培根论说文集》，水天同译，商务印书馆1983年版，第195页。

③ 夏敏：《法官素质的文化内涵》，载《中国审判》2006年第7期。

着深厚和广博的人文素养，自信但不自负，果决但不草率，热情但不张扬。应融智慧、理解、同情、耐性、尊重、克制、保守、容忍、不害怕犯错、不滥用权力等品质于一身。法官还意味着保守主义：不是墨守成规、愤世嫉俗的保守，而是乐观向上的、充满活力的保守；意味着自由主义：不是玩世不恭、具有破坏性的自由，而是开拓进取、富有创造力的自由。但首先，意味着成为你自已，并确信有了你自己就有了一切。① 法官在裁判时必须主持公道，并参照民众普遍坚持的、历久不变的价值标准。这些恒久价值标准渗透在刑法和维护公民生命、自由、财产的法律中。法官在法律条文不明确时应遵循这些价值标准作出裁判。在判决的案件中不阐明审判适用的法律原则、不公布裁判的依据、不考虑社会和文化背景而机械裁判，其审判结果肯定不是高质量的。

（六）法官的司法活动勇于、善于和乐于向社会开放是司法公正的重要表征

公正司法不是私房菜，更不是法院自说自话，而是社会认同和可用感官感知的社会存在物。公正司法是可以也应该暴露在阳光下的司法。所谓公正不仅要实现，而且要以人们看得见的方式实现。在现代发达传媒的辅助下，法官可在个案作出裁判后充分地向社会展示和阐释作为法律评价依据的具体社会秩序的原则和要求，并借助适当的形式扩大展示和阐释的效果，强化冲突主体和社会成员对这些原则和要求的认同。同时，开放司法之门，为人们提供进入法院的便利。在审判中保持司法的独立并兼顾法院间的礼让和对公众负责，确保法院不仅审理案件且在人们心目中是维护正义的化身，以此赢得公众的信赖和信心。

综上所述，法治一体化的建设，急需与之相适应的司法体制，司法改革更需围绕法治一体化建设对法官的素质进行系统的提升，无论是制度先行，还是措施先导，抑或制度、机制并行。总之，这是一个对法官全方位的观念革新和素质重塑，对于让公民感到和实现每个案件的公平正义具有重大意义，对于重树中国司法的公信力更是具有紧迫和深远的积极意义。当然，法官素质的提升不可能在真空中完成，它需要一种制度性的保障，让法官不仅不受当事人的影响，也不受来自政府部门，甚至是同一司法部门内部的关于审判案件的不正当影响。

（作者单位：湖北大学政法学院）

---

① ［美］约瑟夫·雷都：《作为一名法官意味着什么》，载怀效锋主编：《法院与法官》，法律出版社 2003 年版。

第四十篇
从案例论行政诉讼裁判品质提升的法理路径

刘　祎

内容提要：行政诉讼的过程即法律适用的展开，而改善裁判品质，关键在于法律适用的质量，鉴于法律适用的目的，多数在于排除不当联结，而其法理基础源自宪法上效力优先原则、平等原则和保障人权的宪政精神。于是，为了保证行政诉讼的裁判质量，行政诉讼的法律适用不能仅停留于行政法内部，更要向宪法延展，如此，法律适用才不致偏离其法理基础，进而提升审判品质。

关键词：行政诉讼；裁判品质；法律适用；不当联结

基金项目：教育部人文社科2013年青年基金项目（13YJCZH112）；

一、“武汉市民状告车管所案”之案情简介

2月15日，黄先生来到武汉市交管局车辆管理所（下称“车管所”），申请核发车辆检验合格标志。车管所工作人员告诉黄先生，其小车有多起违章记录未处理，于是，车管所拒绝为有交通违章行为未处理的黄先生办理年检业务，拒绝为其核发检验合格标志。4月11日，黄先生向武昌区法院提起行政诉讼，认为车管所的行为违法，请求法院确认责令车管所限期为他的车办年检手续。6月15日，武昌区法院作出一审判决，确认车管所拒绝为黄先生车辆年检的具体行政行为违法，责令车管所履行法定职责。①

二、本案的法律争点

本案的争点有二：其一，车管所以黄某违章记录未处理完毕这一事实，依据《机动车登记规定》(以下简称登记规定）第40条之内容：“机动车所有人可以在机动车检验有效期满前三个月内向登记地车辆管理所申请检验合格标志。申请前，机动车所有人应当将涉及该车的道路交通安全违法行为和交通事故处理完毕。申请时，机动车所有人应当填写申请表并提交行驶证、机动车交通事故责任强制保险凭证、机动车安全技术检

① 参见：《违章未处理，年检被拒：武汉市民告赢车管所》，载《长江商报》2011年6月24日第5版。

验合格证明。车辆管理所应当自受理之日起一日内，确认机动车，审查提交的证明、凭证，核发检验合格标志。”拒绝为其办理年检，是否合法？其二，本案事实及相应的法律问题为《道路交通安全法》(以下简称《交通法》) 第13条第1款、《登记规定》第40条、《行政许可法》第16条等几部法律规章所覆盖，应当如何作出正确的适用？上述问题的解决直接关系到该案裁判质量的优劣。

三、行政诉讼即法律适用

这是一例典型的行政诉讼类法律适用案件。所谓行政诉讼之法律适用，是指法院按照法定程序将法律、法规或参照规章的规定具体运用于各种行政案件从而对行政机关具体行政行为的合法性进行审查的专门活动。① 法律适用的内容主要包括两个方面：一是各类法律规范在适用中的地位问题，即法律、法规、规章及其他规范性文件彼此之间地位的比较。二是法律冲突的解决，即法律规范间的平级冲突和层级冲突的解决。② 法律适用，最后所要实现的效果便是对上述法律争点的解决。

《行政诉讼法》规定了行政审判的法律适用准则，“人民法院审理行政案件，以法律和行政法规、地方性法规为依据”。(第52条) “人民法院审理行政案件，参照规章”。(第53条)。此后《立法法》(2000年) 又明确了法律冲突的解决原则——“效力优先原则”，即高位阶法规范的效力优先于低位阶法规范，故下位法抵触上位法者无效。这一原则的基础正是宪法的效力最高性。以宪法作为顶点而形成的国家法秩序，为保证法体系的稳定统一和宪法价值自上而下的传递与落实，必须确定上位法（宪法）不得抵触的优越地位，否则一旦法律可以违宪，行政法规、规章可以违法，那么任何一个国家都无法形成稳定的法秩序，法院在相互抵触的规范漩涡中也无法作出正确合理的裁判，法也就丧失了行为规范的本质属性。可以想见，这样的裁判的结果是毫无质量可言的。所以“依据法律、行政法规、地方性法规”的含义就是要遵守效力优先原则，“对于任何案件，法院都必须首先依据法律的规定作出定性和处理，而不能拒绝适用法律”。③ 而对于法律、法规以下的规章，则可以参照适用。“参照，是指参考并仿照规章的有关精神审理行政案件，但不能完全依据规章，即人民法院在审理行政案件时，并不是无条件地援引和适用规章而是要进行一定程度的审查。”④ 换言之，法院对规章拥有一定程度的司法审查权。法院对规章的审查权力是：当法院认为该规章同上位法相抵触时，可以不予适用；规章的内容违法的，可以判决根据该规章作出的具体行政行为违法。

具体到该案，根据效力优先原则，法院首当其冲的应当适用全国人大的立法《交

① 应松年：《行政诉讼法学》，中国政法大学出版社2007年版，第266页。

② 广东省律师协会：《行政法律师实务》，法律出版社2010年版，第20页。

③ 应松年：《行政诉讼法学》，中国政法大学出版社2007年版，第268页。

④ 林莉红：《行政诉讼法学》，武汉大学出版社2009年版，第55页。

通法》的相关规定，即第13条第1款："对登记后上道路行驶的机动车，应当依照法律、行政法规的规定，根据车辆用途、载客载货数量、使用年限等不同情况，定期进行安全技术检验。对提供机动车行驶证和机动车第三者责任强制保险单的，机动车安全技术检验机构应当予以检验，任何单位不得附加其他条件。"《登记规定》，因为属于公安部的规章，地位上低于《交通法》，应当审查其与上位法是否抵触；如若抵触，应当不予适用而直接适用上位法判断受诉行为的合法性。那么，《交通法》规定了年检的条件，并禁止下位法增设条件。《登记规定》作为规章，不仅与《交通法》规定相抵触，也与《行政许可法》第16条相违背（规章可以在上位法设定的行政许可事项范围内，对实施该行政许可作出具体规定。法规、规章对实施上位法设定的行政许可作出的具体规定，不得增设行政许可；对行政许可条件作出的具体规定，不得增设违反上位法的其他条件。)，增设了违反上位法的其他条件——"申请前，机动车所有人应当将涉及该车的道路交通安全违法行为和交通事故处理完毕"。所以法院应当适用《交通法》和《行政许可法》而对《登记规定》不予参照，判决被告行政不作为违法。

综上，从裁判权的角度观察，行政诉讼的审判过程，便是法律适用过程。法律适用的正当与否直接关系到案件的裁判结果，武昌区法院作出的一审判决，由于法律适用得当，得出了公正合理的判决，法律效果、社会效果俱佳。法律适用的重要地位，由此可见一斑。而要准确把握法律适用，应从其法理基础入手。

四、厘清法律适用之法理基础，提升裁判品质

在这起案件中，法律适用的效果在于排除不当联结，这也是多数行政诉讼案件所要处理的问题。所谓不当联结系指行政机关的行政行为与人民的给付间，并无实质的内在关联者，特别从法律授权观察。由此导出行政法基本原则之一"不当联结禁止原则"①就此案而言，《道路交通法》设立车辆年检制度的目的是检查机动车的技术状况是否合格，督促车主加强日常维护保养，保持机动车的良好状态。规章也应围绕这一目的展开。而交通违法行为未处理与机动车是否符合国家安全技术标准没有实质的、必然的联系。② 如是，该措施属于典型的捆绑行为，目的在于减少行政机关的工作量。对于行政工作中的繁难，行政机关不去提高行政效能，改善执法能力，反而在行政立法中作出种种有利于己而限制相对人权利增加其义务的规定，是典型的部门利益法律化。

通过法律适用以排除不当联结，其法理出自宪法的效力优先原则和平等原则。效力优先要求保持法体系的和谐一致，排除破坏法系统稳定的那些下位法。平等原则"考量人民与国家之地位并不完全平等，国家如可无限制地结合各种武器对付人民，则人民的地位将毫无保障"。③ 在三大诉讼法中，行政诉讼法被认为是其中唯一具有诱导制度

① 翁岳生：《行政法》，中国法制出版社2009年版，第173页。

② 广东省律师协会：《行政法律师实务》，法律出版社2010年版，第22页。

③ 翁岳生：《行政法》，中国法制出版社2009年版，第173页。

变迁功能的司法设置。其促进制度变迁，诱导改善的途径就是以行政诉讼的形式对行政主体的具体行政行为请求法院进行司法审查。进而督促行政机关检讨其违法行为和不当立法。所以，禁止不当联结是行政诉讼维护法体系稳定，具体落实宪法价值，监督行政立法的重要方式，而实现的具体技术便是法律适用。

进一步地从整个法体系来看，能够提升裁判品质，避免出现误判的法律适用，在内涵上不宜脱离宪法价值，反而应将行政诉讼法与宪法紧密镶嵌起来，避免法律适用的孤立或浅薄。理由在于，第一，法律适用绝非行政诉讼独有或原生的技术，产生它的母体应该是宪法。宪法被称为“控制法律的法律”其主要用意是为了防止法律对公民自由的过分限制。① 宪法为实现对下位法的控制，保障人权，就需要建立宪法监督制度实施宪法，而法律适用正是控制法律的技术。从1982年宪法第67条可判断，宪法对法律适用的规定既早于行政诉讼法也比其更权威。第二，法律适用的过程正是司法权监督行政权的运作，也是分权的具体实现。法院对规章拥有一定程度的司法审查权。盖规章的制定主体乃行政机关，在民意形成度上，与宪法、法律相差悬殊，往往容易逃逸出宪法、法律的范围，破坏国家法体系的和谐一致。故由法院对行政立法进行审查，体现了司法权对行政权的制衡，也符合宪法监督的本意。最后，孤立地看待行政诉讼的法律适用并不符合宪法对法体系的设置和理解。在那些存在司法审查的国家，行政诉讼往往是宪法诉讼的前置程序，受诉的违宪行为和法律只有在穷尽了行政诉讼之后才能进入违宪审查程序。法律适用在行政诉讼和违宪审查中是连续不停顿的过程。宪法作为一种秩序体系，一开始便把行政诉讼作为其内部实现来详加设置。尽管国内法院目前只有有限的审查权，行政诉讼也是独立于宪法监督之外的，但从未来发展方向看，扩大审查权和将行政诉讼与宪法监督联结起来应是符合宪法监督的客观规律的。

五、结　论

对于宪法与行政法的关系，法学界长期流传的一种说法便是“行政法是宪法的内部实现”，但怎么个实现法，却鲜有清楚的讨论。而这中间的钥匙，本文认为就是行政诉讼的法律适用。行政诉讼法，借由法律适用的技术，在审查行政机关所作出的具体行政行为的过程里，检讨其背后的法制基础与判断选择，依据法的效力优先原则、平等原则、保障人权制约公权的宪政精神，排除不当联结，进而得出公正的判断。在此程中，法律适用除了带给行政诉讼法丰富的宪政意义外，也会给裁判品质带来明显的改善。

另一方面，我们也看到，部分地方法院由于缺乏法律适用的修养，尤其对法律位阶和法律价值统一缺乏深刻的认识，往往将公民针对国家机关及其工作人员行使政治权利及自由所引发的争议，按民事案件裁决，从而得出许多既不合法又不合理的判决，如

① 张千帆：《宪法学》，法律出版社2004年版，第19页。

“灵璧骂案”、“汤山诗案”等。① 有鉴于此，行政诉讼的法律适用不能仅停留于行政法体系内，更要向宪法延展，在行政诉讼中持守宪法价值。尽管最高法院废止齐玉玲案批复之后，在审判中引述宪法规定似乎不再可行，② 但如果在需要法律适用解决规范冲突时，硬性阻断法官在说理部分引述宪法内容（如宪法的效力优先、平等、保障人权原则）来阐述判决理由，法律适用将成为无源之水无本之木，法律适用丧失坚实的法理基础，审判品质的提升恐将难于实现。

（作者单位：湖北大学政法学院）

① 王德志、孙宇：《宪法解释体制与宪法适用》，韩大元编《现代宪法解释基本理论》，中国民主法制出版社2006年版，第212～219页。

② 王锴：《宪法案例的拘束力——从最高人民法院废止齐玉玲案的批复谈起》，载《江苏行政学院学报》2010年第3期。

第四十一篇
论住房权的可审判性

李璐璐

内容提要： 住房权作为一项基本人权愈来愈受到国际上的重视。它的内涵与特征在一系列国际性法律文件中得以体现，如《世界人权宣言》、《经济、社会和文化权利国际公约》、《第四号一般性意见：适足住房权》、《住房权国际公约》等，许多国家甚至将其纳入本国的宪法，我国由于各种政治、经济、文化因素并未将其在宪法中予以体现，但由于在国际层面我国签署并批准了《经济、社会和文化权利国际公约》、在国内层面节节升高的房价使很多家庭面临"无房可居"的危险，住房权是我国需要在立法、司法、行政等各方面予以落实的一项权利。本文选取了司法这一角度，从住房权的概念和要素、可审判性的概念、住房权可审判性的理论前提、积极性质的住房权的可审判性、消极性质的住房权的可审判性几方面探讨此项权利的可审批性这一在学界有不少争论的主题。

关键词： 住房权；可审判性；积极性住房权；消极性住房权

拥有住房，无论是以所有的名义还是以使用的名义，是满足人们生存的"衣、食、住、行"中的"住"的需求的必备条件。在原始社会和农耕社会，不管是洞穴式抑或巢穴式的住房，"社会保障功能"是其唯一功能。随着社会的发展，建筑的艺术和技能不发展，直接导致的结果是人们的住房水平不断提高，房屋的价值显现出来，但其得到极大发展是在城市化、工业化时代。价值的地位超越了社会保障的地位，房价节节攀升，但所谓"三十年河东，三十年河西"，此时房屋的社会保障功能又再次被放在了第一位或者说相当主要的位置上，因为中低收入家庭已难以凭借自己的收入获得一个舒适的住宅，面临着生存危机，这种状况在第一次世界大战后达到了一个顶峰。住房权的概念在此过程中得以产生，它属于人权的一部分，被规定在《经济、社会、文化权利国际公约》中。本文拟对住房权及其最后的一道防线司法中的可审判性进行一些探讨。

一、住房权的概念和要素

《经济、社会、文化权利国际公约》第 11 条第 1 款将住房权是为保障"相当的生活水准"的重要条件。经济、社会、文化权利委员会第六届会议（1991）通过的《公约》第四号有关住房权的"一般性意见"认为，住房权是指一个人安全、和平和有尊严地居住于某处的权利。该意见指出："不应狭隘或限制性地解释住房权，住房权不仅仅意味着头上有一遮瓦的住处，也不应把住所完全视为一商品而已，应该把它视为安全、和平和有尊严地居住某处的权利。"① 根据该意见，我国不同学者对住房权的内容进行了归纳。有学者认为，住房权应该包括财产性权利和人身性权利两个部分，前者包括取得权、行使权、保护权，后者包括居民生命权和健康权、居民自由权、居民隐私权等。② 又有学者认为，住宅权、安全与健康权、不受非法侵犯与尊严权、住宅公平权、住宅救济权、住宅隐私权、住宅权的选择权。③ 对住房权可进行纷繁复杂的定义，但众多定义的核心为：公民有在平等条件下获得适当、足够的住房并合理使用的权利。其要素有：

（一）住房权应具有平等性

人权是最大多数人平等地享有的基本权利，住房权是人权的一部分，平等性当然是其应有之义。公民不因性别、年龄、学历、地位等因素在获得住房权时受到歧视性待遇。国家应制定相应的法律、法规、政策，使人人获得充足、舒适、可有尊严地生活与其中的住房。当然这种平等不是绝对意义上的平等，真正的平等只能是相对意义上的。相对的平等住房权要求给予弱势群体一些优先考虑，如精神病患者、灾区受害者、流浪者等，这些人是需要住房者中的最为迫切者，在其他人还可以被允许对住房权抱以期待的时间时，这些人可以说正在生死线徘徊，所以对其予以优先考虑更能体现住房权的平等的特性及人权的价值。

（二）住房应具有"价格可承受性"

即人们通过行使住房权获得的住房价格，无论是租房费用还是买房费用必须与家庭收入加上国家各种形式的补助所能承担的。根据多年考察，世界银行和联合国人居中心分别得出这一"可负担得起的"（affordable）合理的比值应为3～6（世界银行专家的说法为4～6）。即住房的价格是普通家庭年收入的3～6倍或4～6倍才是合理的。由此观之，我国各地房价已经远远超出这个合理范围，而北京、上海、广东等大城市的房价被称为天价也不为过，拥有一处住宅成为很多中低收入者的梦想。政府应采取相应的措施维护公民的住房权。

（三）住房具有"适宜性"

住房权不仅是指人们可获得一棚舍遮风避雨即可，更意味着居住于其中的人们的尊严获得很好的保护，这就意味着住房应具备一定的条件以契合住房权的内涵：

首先，住房要有适足的空间，即使不很宽敞，也不能过于拥挤，要有一定的行动空

① 《经济、社会、文化权利国际公约》国内实施读本，黄金荣主编，第104页。

② 孙宪忠、常鹏翱：《住宅权的保障》，载《南京大学法律评论》2001年卷。

③ 孙晓臣：《论公民住宅权》，山东大学2007年法律硕士论文。

间。工人住房建议书认为每人应该有一张床，这说明不仅住房权人在行动时要有一定的空间，在休息睡眠时同样地也应尊重其一定的自我空间。房间的大小、设计、材质等应符合当地的文化特色，能融入到环境中去。

其次，住房必须有一定的设备以满足卫生、安全、健康、舒适的需要。比如：防盗窗、洗涤设备、卫生间、厨房、排水设施等。住房应处在良好的地理位置中，避免被设计在危害气体的上风向里，并且要满足人们的通风、光照需求。这些设备及设计是维持人们有尊严的生活所必需的。

最后，住房应处于便利就业选择、保健服务、上学、消费等社会设施的地点，以利于人们学习、工作、生活。试想，若住房权人拥有一个住宅后，放眼望向四周以及更远全都是住宅，没有可参与外界活动的设施，除非要花费大量的时间、精力。如此住宅无论如何也不能说满足了人们有尊严地生活的需求。

二、可审判性的概念

住房权的可审判性，又有很多作者称为“可诉性”。其实，这两者的意思是不一样的，二者在某种程度上都可追溯于“Justciability”这个词，这个词的本义为“可审判性”、“可裁决性”。审判的主体是一国法院，而裁决的主体范围要比其宽泛得多，可以是行政机构，行业协会、立法机构等一系列有决断权的行政或非行政性质的组织。考虑到本文探讨的裁决主体为法院，所以就用“可审判性”一词。一些学者称为“可诉性”，即“就某纠纷或规范提起诉讼”。而众所周知，提起诉讼的条件与法院审判的条件是不同的，前者在某种程度上是为了便利起诉，后者则是考虑到司法资源的稀缺，司法程序的严苛、权威，谨慎考察的结果。“可诉性”的着眼点在于发生纠纷的主体，而“可审判性”的着眼点在于法院。不应认为哪一学者用了这两个词中的一个就是错误的，因为侧重点不同。因为本文着眼点在于法院，所以采“可审判性”一说。

三、住房权可审判性的理论前提

住房权属于经济、社会、文化权利的一部分，与后者相对应的是公民、政治权利。二者都是人权的组成部分，无孰优孰劣之分。但由于历史的因素，公民、政治权利在资产阶级反对专制政体，建立资本主义政治、经济体制的过程中预先发展起来并得以壮大。作为后来者的经济、社会、文化权利并未“居上”，得到西方国家相当程度的重视，被认为该项权利不可以对其提起诉讼和进行审判。原因在于，经济、社会、文化权利是一种积极权利，需要大量资源的消耗，国家必须积极履行一定的公共服务职能才能使其得以实现，但如何采取措施却要在很大程度上受限于一国的政治、经济、文化的发展水平，这使该类权利在很大程度上是一种期待性质的权利，没有实现的固定期限甚至实现的程度达不到也难以对政府加以进行苛责，进行审判就更是无稽之谈。而公民、政治权利则不然，因其为消极权利，不需要国家提供资源，政府只要充当好“守夜人”

的角色，不干预公民的行为即可予以实现，这样它也就具有的“可审判性”。

其实，公民、政治权利与经济、社会、文化权利并没有泾渭分明的界限，“审判性”是适用于二者的。就公民、政治权利而言，很多权利的获得既需要国家不予干涉，也需要国家提供资源完善获得权利的背景、基础。如言论自由权利，政府一方面不应干涉公民的适当的言论自由，另一方面则应通过各种渠道向公民提供各种信息，因为满足公民的知情权是公民获得言论自由的前提。再如集会游行的权利，合法的集会游行不仅需要国家不干预地“静观”，也需要国家在有人破坏该项活动时用积极的行动予以制止。对于经济、社会、文化权利，纵然国家要履行积极的作为义务以保障权利的实现，如加大教育资金的投放比例，提升教育水平；提高农业、食品工业的生产水平以满足人们的食物需求。但另一方面，经济、社会、文化权利在实现的过程中面临他人的侵害，如本应获得的社会保障费用被他人非法占有，强迫缔结婚姻过程中一方被重伤或致死，身体的健康权受到侵犯。

住房权作为经济、社会、文化权利的一部分，其具有审判性的理论前提就在于它和其母权利一样，与公民、政治权利的界限是模糊的，这就消除了两类权利泾渭分明时对住房权可审判性的否认。如前所述，两大类人权一方面都需要国家不予干涉个人的行为，另一方面也都需要国家采取一定的措施保障权利得以实现，住房权也是如此，它也有消极性质的权利和积极性质的权利。下面本文将对这两种性质的住房权的可审批性进行探讨。

四、消极性质的住房权的可审判性

消极性质的住房权是指该项权利可由住房权人行使，不需他人与国家的帮助，政府非依法定程序不得予以拆除，他人不得进行非法侵占、破坏或干扰等行为。如果这类权利遭到侵害，住房权人提起诉讼、进而由法院进行审判在我国是没有任何问题的。如果你的房子被承租人搞得满目疮痍，你可以提起民事诉讼；如果有人非法侵入你的住宅，情况严重，你可以搜集相关证据，然后向法院提起刑事诉讼；如果非经法定程序，你的房屋在相关部门的指令下变成或即将变为一堆废墟，你可以提起行政诉讼。我国的法律为消极性质的住房权提供了在某种程度上较为完善的保护，公民可通过各种诉讼保护自己的住房权不受非法侵害。

2009 年 8 月，在某市经二纬三路拆迁工程中，拆迁人某房地产开发有限公司及拆迁单位某拆迁办公室，在没有和被拆迁人陈某签订拆迁补偿协议的情况下，擅自拆除了其房屋。陈某对此提起了诉讼。后法院依照有关拆迁法规调查后认定：拆迁人某房地产开发有限公司、拆迁单位某拆迁办公室，在没有和被拆迁人陈某签订拆迁补偿协议的情况下，违法拆除陈某的房屋，应承担侵权责任。某房地产开发有限公司应根据被拆迁人的请求，给予合理的货币补偿。①

① 《遭遇拆迁之以案说法》，杨晓玲、史海涛、朱茜著，法律出版社 2012 年版，第 18 页。

上述案例是一个关于未依法律程序侵犯公民住所权的案例，最后原告的诉讼请求获得了法院支持。这样的例子在现如今城镇化和城市改造的浪潮中屡见不鲜，其他消极性住房权受侵犯引起的诉讼也是俯拾皆是，法律对次类权利有较为明确的规定并处在不断完善过程中，若法官秉持“依法治国”理念进行审判，住房权人的权利是能得到较好维护的。

五、积极性质的住房权的可审判性

积极性质的住房权需要国家积极作为方能得以实现。如对房地产市场进行调控以降低房价、建设各种形式的公共住房以供中低收入家庭所需，这种积极性质的权利对应的主要义务人为政府，因此其相对于消极性质的住房权具有更高一层次的性质，普通法律难以予以规定，于是国际上许多国家在宪法中对其进行了规定，充分体现着对于住房权这项人权的重视。诸如南非《宪法》第26条第3款规定：“除非有法院在经过对所有的相关情况进行考虑后发布的命令，任何人不得被驱逐出他们的住房，任何人的住房不得被拆毁。任何立法不得允许任意驱逐。”积极性住房权的可审判性在南非的格鲁特布姆案中得到很好体现。

格鲁特布姆案的案情是这样的：政府在强制驱逐命令最后期满的前一天用推土机铲平了该区一群妇人的临时的简陋的房屋，里面的生活用品也被毁坏，致使该群人陷入无家可归的状态。于是，她们请求开普敦高等法院向政府发布紧急命令，要求政府为其提供临时住处，直至她们获得一处固定的、可长期居住下去的住处。法院认为，对住宅需求的紧迫性决定了享有权利的优先性顺序，而开普敦市区的国家住房政策不但没有保障这种优先性，相反还将这部分人排除在政策的保护范围之外，因而是违宪的。但是“合理的政策请求权”说明，法院依然坚持经济和社会权利只是一种“政策性权利”即需要具体立法和政策制定后才能享有的权利。这种观念并不完全正确：由于对既有立法和政策具有了可以即刻行使的请求权，个人在经济和社会权利的享有方面的可控性得到了很大的增强。但如果没有这种政策请求权，那么这类可以“逐渐实现”的权利的实现就只能寄希望于立法和行政机关的主观意愿。而这种政策请求权的存在使得住房权这类经济和社会权利的“权利性”立即得到显著增强，并且使它们朝着具有完全主观性的理想权利大大迈进了一步。① 在该案例中，法院对住房权的保护是通过肯定对立法和政策的请求权的宪法性权利而得以实现的，许多学者认为积极性居住权这样的经济、社会、文化权利需要国家投入大量资源，政府如何采取措施、采取什么样的措施难以用明确的规范予以规定，可审判性存在障碍，但南非法院却认为任何带模糊性的法律法规都应受到宪法的约束，以保障人权的真正落实。

法国2007年1月17日通过了“可抗辩居住权”法案。该法案规定，从2008年12

---

① 黄金荣：《司法保障经济和社会权利的可能性与限度——南非宪法法院格鲁特布姆案评析》，载《环球法律评论》2006年第1期。

月 1 日起，在住房申请没有受到满意答复的情况下，五类住房困难户可向主管部门要求解决居住问题，如问题得不到解决，可向行政法院提起诉讼。①

我国并未将住房权规入宪法中去，更没有用宪法保护住房权实现的审判案例，这不能不说是一个遗憾。今后我们也应将积极性住房权纳入宪法中，建立对住房权的违宪司法审查制度，如此才能体现出宪法的威严、对人权的尊重。由于我国是人民民主专政的政体，人民代表大会产生国家机关，国家机关要对其负责，只有全国人民代表大会及常委会才能制定法律，只有全国人民代表大会常委会才能解释法律，我们可以由法院在审案过程中遇到的需要进行违宪审查的案子提交全国人大常委会审查，这种方法虽然切实可行，但效率低下，由于职能的不同，全国人大常委会未必如法院般对案情有透彻的理解从而正确地适用法律。所以，也许另一种方法会更好些：将对法律的审查分开来进行。对于法律、宪法的解释仍由全国人民代表大会常委会进行，法律以下位阶的规范则可由法院进行司法解释，这样就不会违背我国的人民主权的政体设计，又能使积极性住房权的可审判性得以实现。

（作者单位：武汉大学法学院）

① 汪玮（编译）：《法国近年来的住宅立法》，未刊稿。

第四十二篇
事实与逻辑
——独立司法与法治一体化之反思

王士钊

内容提要：要实现法治一体化，构建法治社会，法治国家和法治政府，就必须保障独立司法，即真正实现审判的独立。司法活动本就是对于法律事实的推理和还原，只有通过对程序的极致追求，才能尽可能复原事实的真相，起到惩恶扬善，平衡各方利益，维护社会稳定的作用，最终实现实体公正。在审判的过程中，如果法院和法官不能排除各种势力的干扰，独立地运用法律知识，正确地适用法律，作出合乎法理与情理的判决，那么如何能够真正实现我们的法治呢？失去了法律的权威与威仪，我们的法律信仰何在？更无须来进一步空谈法治一体化进程。我国的司法改革经历了一个由被动引进到主动改革的历程。可以说，当前独立司法是法治一体化建设的真实呼唤和不可或缺的保障，法治一体化建设也是实现独立司法的条件和背景。二者相辅相成，互为印证。

关键词：司法改革；独立司法；法治一体化；法治社会；法治国家；法治政府

一、绪　　论

当前，中国司法改革已经进入深水区，各种利益冲突异常尖锐。但是不管现实为我们法律人的梦想设置了怎样的重重障碍，我们也仍在努力前行。我们仍在路上。纵观我国司法改革现状，一个鲜明的特点就是政治主导型的自上而下的推进，可喜的是，继十八大提出全面推进依法治国方略之后，2013 年 11 月 12 日中国共产党第十八届中央委员会第三次全体会议通过的《中共中央关于全面深化改革若干重大问题的决定》，明确提出深化司法体制改革，加快建设公正高效权威的社会主义司法制度，维护人民权益，让人民群众在每一个司法案件中都感受到公平正义。任何价值目标的确定都应该以其客观的事实为基础，以客观发展规律为依据，司法改革的价值目标也是如此。公平正义一直就是人们所潜心追求的目标，司法的生命线就是司法公正，更是国家司法机关追求的终极目标。而要真正地实现司法公正，独立司法便成为程序上不可回避的保障。

然而，宪政、法治与人权，处于同一维度，难以分而别论。面对宪政仍未理清脉络，下定决心，而空谈法治，独立司法也成为一种奢望。独立司法不仅仅是司法问题，必须跳出法律固有思维的局限性，跳出法律谈法律，超脱司法谈司法，上升为整个社会命题。历史之所以难以理解，往往在于缺乏一种解读后的逻辑呈现。处于历史变革洪流中的我们面对风云诡谲的社会现象，更应该保持清醒的头脑。法治社会的推进，依然任重而道远。

当前形势下，我国的法治一体化建设被赋予更加具体而深入的内涵。法治国家、法治政府和法治社会一体化建设成为我国法治一体化建设的题中之义。但是从理论上，法治一体化建设基本原理仍然缺乏认识，其原则和规则尚不明晰，对于社会的需求我们依旧缺乏回应。我们的法治一体化建设依然面临着各种现实问题的挑战，迫切需要寻求一条符合中国国情的出路。本文仅从司法改革中尤为重要的独立司法出发，探求独立司法与法治一体化建设之逻辑，理顺其中真意，以期建言我国独立司法与法治一体化建设。

二、保障独立司法，实现法治一体化

（一）真正的独立司法：审判独立

笔者认同这样一种观点，独立司法具体是指，法官在审理案件的过程中要做到独立进行审判，只服从于法律，不受立法机关、行政机关以及其他社会团体和个人的任何干涉。① 独立司法最核心的内涵在于审判独立。而审判独立又包含法院独立和法官独立两个层面。法院独立是指司法权要掌握在与立法和行政相分离的专门化的司法机关手中，非司法机关的权力不得染指判决的过程。与此同时，法官独立要求法官决策中严格运用法律本身的条文和知识，细致地作出法律推理，也就是说，要体现法律思维上的独立性。

（二）独立司法与法治一体化逻辑探究

独立司法被国际社会所广泛接受，并逐渐成为我国法治一体化建设中不可或缺的一部分。但是这就产生了一个逻辑疑问，司法改革与独立司法的内部逻辑究竟是源于内部需求与外部逼迫的双重结果还是一种人云亦云的盲从？抑或是发自内心的法律信仰？存在即合理吗？价值在何方？

窃以为，要实现法治一体化，构建法治社会、法治国家和法治政府，就必须保障独立司法，即真正实现审判的独立。司法活动本就是对于法律事实的推理和还原，只有通过对程序的极致追求，才能尽可能复原事实的真相，起到惩恶扬善，平衡各方利益，维护社会稳定的作用，最终实现实体公正。在审判的过程中，如果法院和法官不能排除各种势力的干扰，独立地运用法律知识，正确的适用法律，作出合乎法理与情理的判决，那么如何能够真正实现我们的法治呢？失去了法律的权威与威仪，我们的法律信仰何在？更无须来进一步空谈法治一体化进程。我国的司法改革经历了一个由被动引进到主

---

① 王浩颖：《和谐社会背景下的司法改革问题研究》，河南农业大学 2012 年硕士论文，第 11 页。

动改革的历程。① 可以说，当前独立司法是法治一体化建设的真实呼唤和不可或缺的保障，法治一体化建设也是实现独立司法的条件和背景。二者相辅相成，互为印证。

（三）法治一体化不可回避的逻辑误区："制度崇拜"的独立司法

未知生，安知死。连独立司法究竟是什么都缺乏明确的定义和理解，民众对其赋予过多的政治理想和主观色彩，不得不说对于法律人来说是一种悲哀。独立司法只是一种国家治理的构架的完善，只是众多社会纠纷解决机制的一种。在传统上，司法被认为是社会纠纷解决的最后途径，因而也是社会正义的最后一道防线。② 但是它不是万能的，不能从根本上完全解决社会存在的众多利益冲突。西方最民主的国度，也存在着诸多和我们类似的社会问题，不能回避，只能面对。对独立司法过度的"制度崇拜"只能让我们沉醉在虚幻的梦境之中，难以自拔。司法生成于社会之中，而不是真空之中。因此，社会的任何变迁都难免要反映到司法之中去；与此相关联，任何司法问题，归根结底，都是社会问题或其变种，唯有在社会之中才有可能寻得正解。当今中国司法所遭遇的种种困厄，正是社会转型所引发的各种社会问题在司法领域中的反映，具有某种程度的历史必然性。欲化解这些困厄，绝非一蹴而就；亦非司法自身的修修补补所能达成。毋宁，它是要借整个社会的综合改革方可渐次成就的事业——唯有置身于整个社会综合改革的大视野之中，司法改革才有可能成就自身。法治一体化方能不再只是"空中楼阁"。

三、独立司法与法治一体化建设的价值逻辑冲突

（一）独立司法与民主的价值逻辑冲突

法治国家建设是法治一体化的一个重要方面，而法治国家必然呼唤民主。然而司法与民主无论在本质上还是历史上都没有必然的联系。不仅如此，司法领域往往被认为应当彻底隔绝于民主的模式和方法。由于司法以正义为价值，与民主的逻辑迥异，其保护少数人并克制多数人的暴政，不受一时一地的民主的影响。理论上看，令民主的方式介入司法判断的过程断然无益于司法目标的实现和属性的维持，甚至还可能为司法接近正义、捍卫法律徒增风险。毕竟，一旦处于无时不受人干涉或受人影响的情境下，裁判者要做到完全中立地作出判断、处理问题是不可想象的。正是与民主存有距离，司法才得以成为司法。③

当前，民意干扰司法的现象非常普遍，很多情况下，网络民意假借民主而干预司

① 李鼎楚：《事实与逻辑：清末独立司法解读》，法律出版社2010年版，第23页。

② 江国华：《常识与理性（四）：走向综合的司法改革》，载《河南财政政法大学学报》2012年第2期。

③ 韩轶、江国华：《司法民主：理论与现实的困境》，载《时代法学》2010年第1期。

法。但是民众具有非专业性，不具备专业素养和经验储备，而且民意具有不确定性和潜在的非理性，它在很大程度上受制于媒体，极易受到引导演变成集体无理性。同时，网络民意并不是真正的民意，由于民意的发表受制于表达渠道和知识结构，所以，往往表现出来的民意并不能真正代表大多数人的心声。因而，于司法而言，民主仅仅体现在人、财、物上，即司法机关的人事任免、财政经费和办公物资需要经过议会通过，然而具体到审判独立上，司法应该严格隔绝于民意。司法掌握在专业法律人士的手中是保证司法公正的前提。当然，在司法过程中也必须接受社会舆论的监督。

（二）独立司法与中央集权的价值逻辑冲突

我国作为一个单一制国家，法治国家的一个核心内容就是维护中央集权。中央集权是一个庞大的制度系统，主要是指中央作为政权的唯一渊源，在一系列体制内外的各种分权制衡中进行最终的权力控制，从而形成统一的政治认同，树立最高的政治权威。维系中央集权有三大骨干制度：官僚制度、中央决策制度、社会管理制度，三大制度相辅相成，互为支撑，形成一个有机体，决定着中央集权的效用，而中央集权效用的发挥直接关系到大一统政治的稳定与发展，其中的利弊得失，正是中国传统政治的特质所在。①

而独立司法要求各级人民法院在审判过程中同其他机关、团体、个人保持独立，不受其他权力和因素的影响。同时在司法机关内部，尤其在法院内部，上下级之间也必须保持独立，以杜绝相互的干扰。这种地方独立司法一定程度上制约了中央集权，同时削弱了中央的司法权集中。中央仅在司法解释和死刑复核权等权力上对地方司法权享有间接的控制，这相对于传统的中央集权，大权在握，高高在上的司法优越感有所下降。从现实出发，这种独立司法与中央集权的逻辑冲突构成了司法改革中众多矛盾的内在基础。我国作为一个传统的中央集权的国家，行政权过于庞大，已经严重干扰和影响了司法。因而，我国的独立司法仍然处于一种犹豫彷徨的状态。

（三）独立司法与党的领导的价值逻辑冲突

我国的法治一体化进程必须在党的领导下进行。法治国家，法治社会和法治政府的建设都离不开党的统筹和推进。共产党的领导与独立司法的相互关系，是政治体制改革与司法改革的共同难题。其难点在于如何既保证党对司法工作的绝对领导，又不致损害司法工作应有的独立性。解决这一难题依赖于两个方面的共同努力：一方面，党要改革对司法工作的领导方式；另一方面，司法机关要正确对待党的领导。为此，党需要通过党规规范对司法工作的领导，而国家也需要通过立法等措施，进一步保障司法工作应有的独立性。②

我国司法实践中，独立司法在曲折中发展，实现独立司法对我国实现依法治国，建

① 齐惠：《中国传统政治的特质——对中央集权的一种诠释》，载《民主政治》2012年第8期。

② 谌强：《论我国党的领导和独立司法》，武汉大学2005年硕士论文，第16页。

设社会主义国家宏伟目标具有重大的意义。党领导司法工作有其不容置疑的合法性。党在我国政治生活中的领导地位从未动摇，司法工作也是在党的领导下才得以开展。

现实中，坚持党的领导和实现独立司法肯定会有一些冲突，但是并不能因此而否认党的领导对于独立司法的重要作用。我们可以通过提高认识、改善党的领导方式、提出可行性建议和完善保障独立司法的法律机制等方面来解决冲突，实现党的领导和独立司法和谐共存，在党的领导与支持下实现独立司法，以独立司法来巩固和完善党的领导。

四、独立司法真正的改革路径：法治一体化

（一）宪政是独立司法和法治一体化的必然选择

宪政是以宪法为前提，以民主政治为核心，以法治为基石，以保障人权为根本目的的政治形态或政治过程。①《党建》杂志提出宪政主张就是要颠覆社会主义政权，而贺卫方教授则是在其名为《投票箱之妙用》的文章和在南洋理工大学学术研讨会接受记者采访时提到实行“宪政”之必要性，并对所谓“宪政”与“人民民主”对立的观点进行了批驳。其实，笔者认为双方交锋的宪政概念所指是有所区别的。《党建》杂志所说的宪政已经不是我们法律上研究的宪政了，这是借西方宪政模式提倡军队国家化和多党轮流执政，是一种西方思想入侵的危险信号，是反我党的言论，所以主流媒体在反对。但是我们法律上的宪政却不是只限于西方宪政模式一种，而是一种法治精神，可以发展为具有中国特色的宪政模式。未能意识到这一点也是论战不休的关键所在。但是不管怎样，宪政的推进是历史的必然选择，是独立司法与法治一体化的必然要求。

从司法改革角度来说，宪政的关键是独立司法，保证司法的独立公平公正。任何公民或者党派，组织、包括政府机构都不得凌驾在法律之上，享受法律以外的特权。保证一切依照法律办事。我们必须保证公民权利，保障媒体对政府活动的舆论监督，防止权力的相互交易。甚至防止宪政本身被权力边缘化。

同时，法治一体化建设的法律渊源不容置疑的应包含宪法，宪政本身也必然包含了法治社会，法治政府和法治国家的内涵。宪政是法治精神的突出体现，也是法治的必然结果，二者相辅相成，缺一不可。要实现独立司法与法治一体化，就必然推行宪政；欲真正实现宪政，也必然需要保障独立司法，确立法治一体化。这是历史出于逻辑的一致的必然选择，是不可阻挡的必然趋势。

（二）独立司法与法治社会

法治社会要求我们在处理社会问题时理顺社会与法治的内在逻辑。法律本身是对于法治社会的内在秩序和既有利益的确认和维护，但是同时法律也是对于现实的一种无奈的妥协。出于统治需要和稳定社会的考虑，也为了一定程度上定纷止争，法律不可能兼

① 周叶中主编：《宪法》，高等教育出版社、北京大学出版社 2005 年版，第 183 页。

顾所有人的利益。因此，法律只能保护大多数人的利益，往往在有意和无意间牺牲了个人的利益。在众多法律价值和利益面前，法律选择保护的法益往往具有顺序性。社会需求往往成为法治社会一个重要的价值考量，独立司法也必然需要建立在社会价值之上。就我国国情而言，从传统人治向现代法治转变有一个漫长的过程，全社会成员都需要从传统的人治思维转变为现代的法治思维。而要实现独立司法，必然思想先行。具备和运用法治思维必须全社会将自身努力与营造良好外部环境并举。实践证明，仅仅靠全社会成员通过自身努力来实现具备和运用法治思维是不够的，还必须营造一个有利于具备和运用法治思维的良好外部环境。即注重改善法治环境，通过外部制度环境，也包括独立司法来影响和促进全社会的法治思维；全社会的法治思维增强了，自然会改善法治环境；而法治环境改善了，又会反过来影响和促进全社会的法治思维，促进独立司法。这正是法治所需要的良性循环。

（三）独立司法与法治国家

权利本位是法治国家的明显特征，权利本位既是历史发展的必然，也是法治国家的实质要求。而要做到对权利的切实保障，加强权利本位观念，就必须对威胁权利的潜在因素即权力加以限制，因此对权力进行制约是法治国家的重要保障。只有建构起一种权利与权力的良性互动机制，才能真正实现法治国家所追求的公平与正义。独立司法正是在权利与权力的夹缝中日益成长壮大的，起着缓冲和调和矛盾的作用。独立司法一方面严格依据法律保障当事人的合法权益，成为人民权利保障之“盾”；另一方面，独立司法要求司法机关在司法活动中严格隔绝其他组织和个人的干扰，成为司法监督中不可或缺的重要一环，成为权力之“矛”，让权力被关在笼子里，不能越雷池一步。法治国家必然要求国家机器结构的完善，司法权的优化呼唤独立司法，只有独立司法，司法权才能独立，法治国家才能真正构建。法治国家的建设取得实质性进展，法治一体化才能不再长路漫漫。

（四）独立司法与法治政府

法治政府要求我们严格依法行政，在日常行政工作中贯彻法治观念，使法治思想深入人心。我国政府正在由传统型政府向服务性政府转变，法治思想也必须成为引领这场变革中的核心之义。由于政府的行政工作具有与人民群众联系密切，范围广泛，操作便捷等一系列其他方式无法比拟的优越性，推进法治思想，落实法治一体化的许多具体工作就必须仰仗政府的努力。这就要求：首先，政府应该廉洁自律，严格要求自身。“权为民所用，情为民所系，利为民所谋”，自我约束；同时不断提升自我，改善工作方式，使政府工作符合法律的要求，自觉践行法治信念。其次，政府应该自觉接受社会和舆论的监督，对于不同的声音和意见具有容忍义务，虚怀若谷，善于纳谏。其中最为重要的就是正视独立司法带来的司法监督和权力制约，政府应该适度放权，让司法权真正回归司法。最后，政府应该更加专业化和精英化。只有政府更加专业化，才能更加明晰自己的使命和权限，司法才能脱离政治的漩涡。与之相对应，司法人员也应当更加职业化。中国的司法之所以无从履行运送正义的使命，不是因为它的职业化，恰好是因为它的非职业化。① 独立司法离不开法治政府的构建，在当前的官僚体制下，如果没有法治政府的强力推进，司法改革之路也很难前行。

五、结　语

我们都有幸生在这个伟大的时代，我们都在目睹这一次翻天覆地的变革，我们正在经历着法治对抗人治的终极逆袭。这个特殊的时代赋予了我们法律人必须完成特殊的使命：那就是为我们这个民族和国家正本清源。本文从独立司法与法治一体化的角度进行了逻辑探析，独立司法与民主，独立司法与中央集权，独立司法与党的领导各个方面无不折射出现实的困惑。幸而，我们在迷茫中找到了归途，法治的回归，理性的呼唤，必将引领我们继续前行。法治一体化，即法治社会，法治国家和法治政府在独立司法这个角度终于找到了一个共同的基点。历史往往是充满了逻辑性的，那么究竟是独立司法选择了法治一体化还是法治一体化不可避免的倾向于独立司法呢？我想，这是个永恒的话题。

（作者单位：湖北大学政法学院）

① 贺卫方：《司法改革的难题与出路》，载《南方周末》2008 年 9 月 18 日。

第四十三篇
政治中的司法
——以行政诉讼为视角

谭　剑　吴俊颖

内容提要：法律是在一定的政治体制和氛围中执行，司法不可能彻底摆脱政治，但是也不应对政治亦步亦趋。在我国现实政治语境中，法院是党政主导下的治理机器的一部分，遵从政治是长期以来对司法的基本要求，也是十八届三中全会确定深化司法体制改革的基本遵循。行政诉讼系西方法制移植的产物，面临着与中国现实政治的糅合。在现实政治情境之下，以行政诉讼为代表的司法呈现出多中心主义、嵌入性和选择性的特点，三者分别构成了现行行政诉讼的实际功能、权力背景和运作机制。独立司法成为破解行政诉讼困境、回归其规范性本质的根本出路所在。

关键词：多中心司法；嵌入性司法；选择性司法；独立司法

法律是政治的体现，尤其是执政阶层主流意志的体现，政治决定法律，法律是在一定的政治体制和氛围中执行。从这一层面上说，法律——尤其是公法——不可能脱离政治。“公法并不是一个具备自身独特法律研究方法的自治和客观的领域，相反，我们最好是把它看做一种相当特殊的政治话语形态。”① 在西方国家，长久以来就强调法律应当保持与政治的适当距离，更不应当对政治亦步亦趋。政治与法律的适度分离，司法应远离政治的漩涡是法院的基本操守。然而，在我国内地地区，实行的是党的一元化领导，法院是党政主导下的治理机器的一部分，司法遵从政治却成为基本要求。②

一个国家法治水平的最高标准，就是法律能否有效地约束和管理政府。1989 年《行政诉讼法》的制定，标志着我国向现代法治迈出了历史性的一步。③ 然而，制定法

① ［英］马丁·洛克林：《公法与政治理论》，郑戈译，商务印书馆 2002 年版，中文版序言第 1 页。

② 什么是当前中国政治的最大实际？就是中国共产党作为唯一的执政党掌握着（甚至并将长期掌握着）国家政权，其长期执政却无重新选举的压力。

③ 新中国成立后，我国的法制建设经历了从“刀把子”到“指挥棒”，再到“马笼头”的发展过程。“刀把子”是阶级斗争年代法律作用的标志，这个时代法律的全部价值是秩序，因此也称之为“刑法时代”；“指挥棒”是指政府将法律作为行政管理的工具，官员视法律为对老百姓的指挥手段。从“刀把子”到“指挥棒”是中国法观念和功能的一个进步：法的观念得到强化，法的社会功能得以扩展，但是“指挥棒”并不是现代法治社会法律的功能。“马笼头”是指给“权力的野马”套上“法律的笼头”，因此，“马笼头”是宪政时代法律功能的标准，也是我国法律发展的方向。《行政诉讼法》就是以规范和控制权力为导向。

律只是法律变革开始的标志，而不一定是法律变革的本身。中国行政诉讼在20世纪90年代经历了一段长足发展的“黄金时期”，但进入新世纪之后却一直徘徊不前。这一时期，中国社会经济发展、公民权利意识高涨、法治国家目标得以确立，这些与行政诉讼发展的停滞不前形成鲜明对比。这些问题一直困扰着法学界和司法部门。行政诉讼作为一种正式的行政纠纷解决机制，为民众提供了争取权利、实现正义的平台，但是行政诉讼作为控制国家权力的制度安排，系西方法制移植的产物，面临着与中国现实政治幅度巨大的重构、调整和变更。在现实政治情境之下，中国内地的行政诉讼同时呈现出规范性、治理化和官僚化三个特点，彼此之间相互影响。行政诉讼如何回归其规范性的本质是中国社会长期面临的问题。与此前的研究不同的是，我们不是仅仅从法律文本展开研究，而是将行政诉讼放置于整个政治大视野下，来分析行政诉讼中的诸多现象和问题。

一、多中心的司法：行政诉讼的实际功能

司法是一种过程色彩很强的活动，其一方面是为社会自我管理和民众活动提供基本框架，这种背景下的司法活动的目的是解决纠纷；另一方面是作为政府政策的实现者，这种背景下的司法活动目的是社会治理。因此，包括行政诉讼在内的司法的功能是多元的，行政诉讼是一种多中心主义的司法。行政诉讼的多中心主义特征在于其背后的合法性冲突。行政诉讼制度被移植到中国后，经济发展的压力、政治控制的要求、民众对正义的渴望都体现在司法功能的多样性上。

（一）解决行政纠纷

诉讼制度被认为是维护社会正义的中流砥柱，也是一个国家文明和法治的表现。定纷止争是司法最基本的功能。就解决行政争议而言，行政诉讼是行政纠纷解纷机制的一个环节，除行政诉讼外，其他解纷制度还有调解制度、和解制度、协调制度、申诉制度、信访制度和行政复议制度等。

行政诉讼不是建立在法院比行政机关高明的基础上，在理论上，较之于其他行政争议解决途径，程序最为严格，地位最为超脱，从而其裁决最为公正、权威。行政诉讼在实体问题上体现了准则主义，从受理条件、审理标准、救济方式到法律效力都有比较明确的规定，减少了裁判的恣意性。正是如此，行政诉讼被称之为解决行政纠纷的“最后一条防线”。依据中国目前诉讼制度的安排，无论是基层法院，还是最高法院；无论是初审法院，还是上诉法院，他们都同时具有事实审判和法律审的功能。由此我们可以看出，各级法院一直以来都注重个案纠纷的解决。但是，由于现行行政诉讼制度在法律上和事实上的缺陷，行政诉讼的渠道并不是很畅通，社会公众对其公正解决问题的能力深表质疑，信访大行其道，行政诉讼这一正式的纠纷解决渠道面临着“体制性失效”的局面。

（二）促进社会进步

行政纠纷不同于民事争议，行政诉讼所涉及案件事实无论其复杂性、广泛性以及其结果的示范性都要远远超过普通的民事诉讼。行政诉讼所要解决的问题从传统的两极转向多极。在当代行政国家的背景下，行政诉讼在很大程度上起着促进社会进步的功能。现实中，党领导下的政府目前仍是具有强烈的管理者色彩，政府对社会和市场的管理已经逐步减弱，正在朝向市场监督者的方向转变。但是我国的市场化是由政府推动的改革，政府的作用依旧非常突出，政府是从传统的计划经济体制下的管理者转变成市场经济下的管制者。因此，我国行政诉讼既要纠纷解决，也要促进社会进步。

（三）扩大公众参与

现代行政法中，虽然公众参与行政的范围已经扩大了，但因行政机关享有很大的行政参与裁量权，因此扩大行政诉讼中的公众参与具有重要意义。因为在行政诉讼中，行政机关不能如同行政执法中那样，采取高高在上的态度，至少在程序和形式层面上在一种对等、理性的气氛中与当事者以及他们背后的国民进行对话，行政诉讼提供了这一对话的场所和机会。行政诉讼成为公民抗议的合法场所，以司法作为对话乃至是抗争、出口气的渠道也是公众参与的重要表现。公众在行政诉讼过程中通过对话和协商，进行利益的较量和协调，让公众在诉讼过程中表达出自己的意见，从而影响诉讼决定的作出。公众参与的最大作用就在于让更多决定在作出前获得不同意见的表达和利益诉求的展现，让不同的观点尽可能的达成一致，从而在最大限度内实现诉讼理性。

在现实语境下，法官的职业角色呈现多面性：一方面继续保持传统的“包青天”的形象，不简单是一个只问法律、不问政治的法律人；另一方面承担起向当事人和其他人解释法律、宣传法律精神的责任，在面对不可调和的利益冲突时，法官也不是一个只问条文，不管感情的铁包公，有时还是正义的裁判者，还是耐心的倾听者。法官的多重角色也进一步强化了中国行政诉讼的多中心主义特征。

二、嵌入性司法：行政诉讼的权力背景

中国的司法和政治的共生性十分突出，整个司法的组织结构、人事安排、审判过程、社会评价都和政治具有无法切割的关联性。司法是深深嵌在整个党政运作机制之中的，从来就没有形成独立运作的逻辑。法院是党的政法机关，必须服务于党和政府的工作大局。尽管法院在宪法上和政府是平起平坐，但是在现实中的地位可能还不如政府的一个职能部门。宪法中“人民法院依法独立行使审判权”是一种文字上的宣示而并非是已经兑现了的允诺。

在这一权力背景中，法院既是实现正义的中立机构，也是官僚机构的一部分，还是追求自我利益的一个部门。所以，在现实的行政审判中，它可以用上述三种面孔中的任何一种来阻却正义的实现。也就是说，在中国目前的司法制度中，上下级法院之间的官

僚化以及各级法院内部官僚化的强烈动力会阻碍其对司法正义的追求。上下级法院之间的监督与被监督关系的实践形态是非常丰富的。在面对上级法院的时候，下级法院会为避免将来的麻烦而在审判过程中主动请示，为防止成为错案追求制的牺牲品在疑难案件处理中提前沟通。同时，各级法院又完全会利用现代司法独立的名义来追求自己的利益，通过与当地党委和政府机构合作、巩固整个官僚机制的同时，有关自身利益考量的因素亦在其中。在具体的个案中，很多时候法院除了需要考虑上级法院的意见之外，当地党委和政府的意见可能对其资源的获取或政治地位的稳定更具关键。在条条块块产生摩擦的时候，当地党委和政府的意见更容易占据上风。

过去十余年的司法改革停滞的原因除了最高层的改革决心外，很现实很强大的困难在于，地方法院和地方政府已建立起互相服务、互相利用的共处模式，相对于利益而言，一些地方法院认为地方党政干预是可以忍受的。地方党政之所以能够有效地干预，是以制度和权力作保障的，而不是以情感为基础的。名义上独立审判的法院是无法加以抵制的，不是奉行“不抵抗主义”，而抵抗常常是无谓的。特别是在近几年形成的维稳格局下，法院作为地方权力机构组成部分的角色愈加明显，与地方党政的关系更加密切，更加离不开地方党政的帮扶。

三、选择性司法：行政诉讼的运作机制

嵌入性司法的背景决定法院在行政诉讼中，除了要考虑法律因素外，必然要同时尊重政策和顾及自身利益。当诉讼中的法律因素与非法律因素发生冲突时，基于自身利益的考虑，更多地会倾向于与政府机关合作。选择性司法就成为行政诉讼的运作机制。

在具体的行政诉讼个案中，法官不仅要关注法律文本的规定，还要考虑判决的可接受性等法外因素，即追求“案结事了”。法官对于可能选择进行权衡时所考虑的不仅仅是法律，而且包括这些法律可能带来的后果。法律效果与社会效果相统一的司法政策直观地揭示了法院的独特面向。在法律效果之外的社会效果尺度，可能是社会稳定、经济发展、与党委政府的关系、群众情绪等，这些因素都是外生于法律规范的情景性因素。① 行政诉讼中于法律效果之外对社会效果考量，鼓励了非法律因素合理、合法、制度性地进入司法过程。法院既要完成治理任务，又要履行法律职责，纠纷解决与规则之治存在较强的张力，这也是诸多法院在行政诉讼实践中大量实行“协调”，并极力要求于立法上取消“不得实行调解”的重要原因。两种效果统一的司法政策，导致了法院在行政诉讼上的角色紧张和人格分裂。

（一）选择性立案

行政诉讼受案范围狭小被经常提及，单纯从规则的角度来看，其重要原因在于立法

① 有关情景性纠纷与规范性纠解决，可参见［日］棚濑孝雄：《纠纷的解决与审判制度》，王亚新译，中国政法大学出版社2004年版，第7～18页。

本身的不完备。但是从经验的视角来看，很大程度上却是司法实践中的选择性立案所致。行政诉讼法所规定的有限受案范围在实践操作中又被人为地打了白条，从而导致行政诉讼立案情况的恶化。在司法抑制政策的指引下，各级各地法院逐渐形成了一些不予立案的习惯做法，其中最为典型的就是社会影响大而不立案，即遵循“立案政治学”。①

（二）选择性裁判

近年来，行政诉讼整体呈现出支持原告的判决比例下降的趋势。即便是那些行政行为明显违法的案件，法院也大多通过与双方的“协调”或者通过向党委、人大汇报等方式敦促“协调”而以撤诉的方式解决。即便将撤诉也算作原告胜诉，原告的“胜诉率”基本上保持在30%左右，而这还是有大量的“敏感案件”被法院以各种理由阻挡在立案环节的情形下。

（三）选择性执行

我国行政诉讼中的执行，既包括对已经生效行政裁判的执行，也包括对已生效的行政行为的执行（即非诉行政强制执行）。对于原告胜诉的案件，由于其执行对象是行政机关，往往存在执行难的情形；而对于申请人是行政机关的，法院的执行是积极、主动、及时、富有成效的，这与申请人是行政相对人时的消极、被动、低效率甚至无效率形成鲜明对比。在很多地方的基层法院，其行政庭的绝大部分精力为非诉行政案件所占据，有时一年都未曾办理一起行政诉讼案件。一旦非诉行政案件的数量压倒性地超过行政诉讼案件，法院运作的官僚化将会持续地存在。法院借助非诉行政案件巩固和强化了与法院的合作关系，但是却使社会公众对行政诉讼乃至整个司法制度的信任丧失。实践中，有部分行政判决执行不了，这进一步挫伤了当事人寻求行政救济的积极性。就法院判决的执行来说，案件被执行人的数量越少，判决的效果将会更为明显。案件被执行人的数量越多，法院越需要去对这些被执行人进行协调，而法院的协调能力在官僚机构中并不突出。要实现公民和行政机关的实质意义上平等的抗辩，中立的裁判者对于目前的法院来说似乎仍然是无法承受之重。

四、独立司法：行政诉讼的出路

民主和法治是现代国家的两个基本要素。法治，归根结底要由独立的司法来保障。无疑，独立司法是政治文明的一个重要指标。司法同政治的分离，是现代政治区别于传统政治的关键点之一。然而，司法独立本身并不是目的，而是实现公正的工具，司法独立——尤其是独立于行政机关——本身不具有终极意义的价值，而具有工具性价值。司

① “立案政治学”是指法院在立案时，不仅要考虑起诉是否符合法律形式要件，更要考虑立案带来的社会效果；不仅要考虑个案的公平正义，更要考虑当地的安定团结。

法独立的目的应当是确保法官能公正无私地解决争端，进而确保公民权利和自由不受侵犯。司法独立不过是自在自为的物质表现形式，法律存在的价值是追求正义和理性，独立的司法可以追求正义和理性的为目标，这是它的内在的价值和冲动。

司法是维护个人权利的最后一道保障。自然法学派追求的是一种自然的理性，而司法的过程也是一种追求理性的过程，它追求的理性就是“公平”、“正义”。虽然永恒的正义是不存在的，但是具体的正义却必须通过一个公认的机关给予确定，这个机关就是司法机关。司法机关只有独立的情境下才可能行使这项职能。司法的独立性是其公正性的必要条件，离开了独立性，公正性就失去了保障，就无从谈起。

我国嵌入性司法的现状决定了法院在权力结构中的弱势地位，导致法院在诉讼中于法律与政策、维护权威与实现权利之间游移的选择性司法。这种选择性的司法十分容易为权势者所垄断、曲解和滥用。现代法治的话语范畴提升了民众对法治的期望，但是由于嵌入性司法导致的审判不独立和审判无预期，公众对于法治的期望一再被打折扣。如果政府仍习惯于依赖传统的权力压制手段介入司法解决官民冲突，那么他的每一次“胜利”都会导致通过法制手段增强其统治合法性的可能性降低。人们由期待法律、追求法治，转变为对法律的失望和不信任，最终会导致对法律的唾弃。民众对法律的不信任和法治希望的丧失会助长革命意识。当一个社会不依靠法律的程序进行变革时，革命就要被推崇。

司法独立是法治社会的基本要求，同时也是实现公正走向正义的必经之路。从现实层面出发，三权分立式的司法独立为我国现行体制所不容，我国司法独立的路径，只能是在坚持党的领导下让法院更加独立。因此，中国内地的司法独立较之于西方国家更为复杂，西方的经验无法为我们提供全盘的借鉴。

党的十八大报告提出，要“进一步深化司法体制改革，坚持和完善中国特色社会主义司法制度，确保审判机关、检察机关依法独立公正行使审判权、检察权”。党的十八届三中全会通过的《中共中央关于全面深化改革若干重大问题的决定》进一步明确了深化司法体制改革的具体要求。针对近年来社会上反映比较多的是司法机关的人财物受制于地方，司法活动易受地方保护主义的干扰，影响法制统一，损害司法权威的问题。《决定》特别指出，要确保审判机关、检察机关依法独立公正行使审判权、检察权，其主要有两项内容：一是推动省以下地方法院、检察院人财物统一管理。二是探索与行政区划适当分离的司法管辖制度。这对于摆脱司法地方化、实现司法独立有积极作用，但是我们也需要看到，以“司法职权是中央事权”为基本指导原则的新一轮司法改革才刚刚吹响号角，在党委主导、行政权独大的情境之下，司法独立能够走多远未可确定。

“一个国家实行什么样的司法制度，归根结底是由这个国家的国情决定的。世界上没有也不可能有放之四海而皆准的司法制度。我国的司法体制改革，必须立足于我国仍处于并将长期处于社会主义初级阶段的基本国情，既认真研究和吸收借鉴人类法治文明的有益成果，又不照抄照搬外国的司法制度和司法体制；既与时俱进，又不超越现阶段实际提出过高要求。”① 在法治建设的问题上，我们就要放眼于社会发展本身，着重于本国的社会实际，以社会作为法律发展和完善的重中之重，真正把依法治国落到实处。但要做到这一点，要使我国从“人治”走向“法治”，使法律高于国家权力，真正发挥法律的作用，使人们发自内心地产生对法律信仰，我们还面临着巨大的挑战。

我们认为，司法独立并非是洪水猛兽，将官民纠纷交由独立的法院来解决，不仅不会导致天下大乱和政权丧失。从最实际的层面来讲，司法独立有助于巩固和维护党的执政地位。“司法机关担负着巩固共产党执政地位、维护国家长治久安、保障人民安居乐业、服务经济社会发展的神圣使命。”② 可以预言，保障司法审判的独立应当成为当前以及今后司法工作的关键内容之一，司法独立问题仍将在相当长的时期内成为中国宪政建设的重要方面。围绕司法独立而展开的司法改革，也仍将是一项复杂的系统工程。这项工程必须在宪政框架下统筹兼顾，整体推进。现代宪政所蕴涵的民主、法治与人权等原则和理念，将继续贯穿和支配着中国的司法制度；而通过司法实现社会正义，也正是宪政国家的应有状态。司法独立不仅继续充当着现代宪政的有力保障，也是宪政中国赖以实现的前提之一。

五、结　　语

行政诉讼的顺利开展，依赖于司法独立的落实。如果做不到真正意义上的司法独立，行政诉讼就会名存实亡。因为此时的行政诉讼可能沦为一个“忽悠”的道具。在我国建立独立的司法，不只是一个制度设计问题，而且还应当是一种社会力量对比和需要政治改革所引出的后果。这个过程不是自然形成的，而是需要通过不懈的努力和争取，期待于社会的成熟。它包括市场经济的发展、社会结构的变革、法治观念的普及、法院和法官地位的提高、司法功能的彰显，以及政治体制改革的真正实施。实现司法独立有赖于政治大环境的转变，离不开制度建设上的点滴进步，也有赖于实务界和法学界的大声疾呼，更少不了普通民众的积极参与。我辈法律人当殚精竭虑，为实现独立的司法而不懈努力。

（作者单位：湖北大学政法学院）

① 孟建柱：《深化司法体制改革》，载 http://cpc. people. com. cn/n/2013/1125/c64094-23643019. html（人民网）。

② 孟建柱：《深化司法体制改革》，载 http://cpc. people. com. cn/n/2013/1125/c64094-23643019. html（人民网）。

第四十四篇
法治国家视野下的公安刑事执法冤假错案的成因及防控对策研究

乐　岚

内容提要：针对近年来司法实践中若干刑事误判案件的披露和造成侵犯个人基本权利的冤假错案屡见不鲜的事实，本文对其产生原因及防止产生的对策作出了较全面的分析。

关键词：刑事执法；无罪推定；冤假错案

一、引　言

公平正义，既是司法工作的生命线，也是社会和谐稳定的基石。只有维护社会公平正义，才能实现长久稳定的和谐。近年以来，媒体相继报道的浙江张氏叔侄强奸杀人冤案、萧山5人劫杀冤案，将刑事司法过程中出现的冤假错案问题再次推到了舆论的风口浪尖。回顾近年来云南杜培武故意杀人冤案、湖北佘祥林故意杀人冤案、河南赵作海故意杀人冤案、河南平顶山天价过路费案等重大刑事司法错案，都再次纳入人民群众对司法机关公正性合理性的评判视野。尽管这些案件都是由人民法院作出了刑事判决并承担了错案纠正的责任，但公安机关在案件侦办过程中均不同程度地存在执法失误甚至重大问题。因此，有必要进一步加强和改进刑事执法工作，切实防止发生冤假错案，让司法成为维护社会公平正义的最后一道防线。

二、刑事冤假错案发生的主要原因

任何现象都有其存在的缘由，这是客观存在的，司法实践中冤假错案的产生亦有其存在的各方面原因。反思重大冤假错案，主要存在着以下几个方面的因素：

（一）执法理念存在偏差

冤假错案产生的执法理念偏差主要存在两方面：一方面有罪推定的执法理念。无罪推定原则是现代法治国家刑事司法通行的一项重要原则，是国际公约确认和保护的基本人权，也是联合国在刑事司法领域制定和推行的最低限度标准之一①。任何人在未经人民法院生效裁判确定有罪之前，应当被视为无罪。不能确定犯罪嫌疑人、被告人犯罪的，应当做无罪处理；罪轻罪重不能确定的，应当做罪轻处理。这就要求，在刑事诉讼中要树立以公民权利为核心的权利本位主义理念，只要不能确定犯罪嫌疑人、被告人犯罪的，公安机关应当撤销案件；只要不能确定犯罪嫌疑人罪重的，应当作出罪轻处理。然而，在我国司法实践中，在案件犯罪事实不清，证据不足，或者在被告人是否构成犯罪尚存明显疑点的情况下，通常采用"有罪推定"、"疑罪从有"、"疑罪从轻"等所谓"留有余地"②的方式处理。公安机关作为刑事犯罪的侦查机关，以打击犯罪的形式承担着保护公民权益的职责，在刑事案件侦办过程中往往偏重"入罪"，容易先入为主、有罪推定。虽然法律规定侦查人员必须依照法定程序，收集能够证实犯罪嫌疑人有罪或者无罪、犯罪情节轻重的各种证据，但是实际的侦查中往往重视了对犯罪嫌疑人有罪证据的收集，而忽略了犯罪嫌疑人无罪、罪轻证据的收集。西方发达国家在反省纠正刑事冤假错案过程中，也总结了一些导致错误发生的观念障碍："一是监狱里的每个囚犯都会声称自己无罪。二是我们的司法体制很少冤枉好人。三是有罪的人才会认罪。四是发生冤案是由于合理的人为过失。五是目击证人是最好的证据。六是错误的有罪判决会在上诉程序中得到纠正。七是质疑一个有罪判决将会伤害受害者。八是如果司法体制存在问题，体制内的职业人士将会改善它们。"③此外，还存在客观真实与法律真实之间的矛盾。从认识论上看，唯物辩证法认为，客观世界、客观事实是可以认识的，但这种认识的完成需依赖于人类实践活动的不断发展、不断深化，在特定的条件、特定的时间周期内所进行的认识总是具有相对性的。侦查机关搜集证据后，依照证据所证实的事实可能与真实事实一致，或者接近于真实事实，但也有可能与真实事实相悖，而多数冤假错案正是依据不合法，证据得出的法律事实远远地偏离了客观真实存在的事实。认识活动的相对性和诉讼证明的特殊性，决定了诉讼证明在多数情况下达不到证明结果与案件客观事实完全一致的程度，这也是客观存在的现象。

---

① 1948年联合国大会通过的《世界人权宣言》第11条第1款、1966年联合国大会通过的《公民权利和政治权利国际公约》第14条第2款等均明确规定了无罪推定原则。

② 例如：最高人民法院2008年12月1日发布的《全国部分法院审理毒品犯罪案件工作座谈会纪要》规定"在毒品犯罪案件中，仅有被告人口供与同案被告人供述作为定案证据的，对被告人判处死刑立即执行要特别慎重"；最高人民法院、最高人民检察院、公安部、国家安全部、司法部发布的《关于办理死刑案件审查判断证据若干问题的规定》第33条"在没有直接证据的死刑案件中，法院仅仅根据间接证据可以认定被告人有罪，但判处死刑时应当特别慎重"。

③ ［美］吉姆·佩特罗：《冤案何以发生——导致冤假错案的八大司法迷信》，苑宁宁、陈效译，北京大学出版社2012年版。

（二）办案素质能力欠缺

证据在事实认定中的重要作用在于“根据它们可以推断过去”。① 对一切案件的处理都要重证据，重调查研究，不轻信口供。在刑事追诉及司法实践过程中，那种以侦查机关获取的口供证据材料作为定案主要证据的观念，深深地影响着刑事司法审判的进程和结果，这也是导致冤假错案判决形成的一个主要原因。②《刑事诉讼法》明确地将所有证实案件事实的证据分为八大类，体现了当代司法实践和科技发展的现实水平。公安机关作为侦查机关，必须围绕法律的规定调查搜集证据，做到以证定罪。公安机关证据收集的是否确实、充分直接影响案件的办理，而侦查人员的办案能力又直接影响到证据收集的规格。只有被告人供述，没有其他证据的，不能认定被告人有罪和处以刑罚，这是刑事诉讼的基本立场。现实状况是在公安机关侦查过程中，除对物证、现场勘验、视频、电子等非言辞证据的搜集需要客观技术条件和侦查员自身素质有利结合外，对言辞证据的收集很大程度上取决于侦查人员的侦查技巧，而对取证过程的同步录音录像只是辅助证据的固定。在一些案件办理过程中，由于侦查技术水平和侦查人员素质所限，很多案件证据是通过犯罪嫌疑人的供述和辩解为线索获取的。口供查案仍是目前的现实状况，尤其是在犯罪嫌疑人作案水平和反侦查能力极高的案件，不能走出口供查案的模式，这就不能排除刑讯逼供、威胁欺骗等方式取得非法证据的可能。如果完全依口供查案，在完善的硬件配备的讯问场所，对讯问过程同步录音录像的条件下，获取其他证据的可能性越小，案件侦破的几率也就越小，迫于压力，只能获取非法证据，而办案实际过程中非法证据是很难被排除的。如果完全遵循证据的获取、证明规律，就可以避免冤假错案的产生，然而，正是由于受客观技术条件所限，加之人员素质的欠缺，刑事案件立案后侦查人员首先想到的是怎样获取犯罪嫌疑人的口供，将口供作为案件侦破的突破口，然后通过口供固定证据，在这种指导思想下，民警往往对现场一些关键性物证、书证、鉴定结论等缺乏应有的敏感，这种思想后果严重时会造成执法过错，有的甚至可能酿成冤假错案。而且，实物证据收集不及时、证据收集、鉴别手段落后等原因，也是可能酿成冤假错案的原因。据公安部刑侦局调查的情况，目前全国公安机关每年都有数十起命案因为证据问题诉不了、判不了，犯罪嫌疑人没有受到应有的惩罚，公平正义难以伸张，由此引发的信访问题难以解决。2009 年，最高人民法院通报的 37 件不予核准死刑的案件，都是因为证据问题，其中有 30 件属于现场勘察、检验鉴定方面问题，该发现的发现不了，该提取的没有提取，该检验的没有检验或者检验结论不准确。公安部刑侦局于 2010 年 10 月底开展了第 6 次全国命案卷宗评比活动，结果显示，尽管总体质量

① ［英］尼尔·麦考密克：《法律推理与法律理论》，姜峰译，法律出版社 2005 年版，第 84 页。

② 罗部兵：《共同防范冤假错案》，载《人民法院报》2013 年 5 月 25 日，第 2 版。

有所上升，但与2个“规定”① 的要求还有一定差距。参评的160件案卷，62件出现物证来源不明，58件里该收集的物证未进行收集，55件中该检验的物证没有检验，36件中现场勘察笔录记载的物证与物证清单记载不一致，83件对死亡时间未作分析或误差较大（如2010年1月2日发生在河南开封市龙亭区的董某等人抢劫、故意杀人案，尸检分析死亡时间在24小时至36小时，而实际死亡时间却是7天前的2009年12月26日，误差近一个星期)，142件进行了尸体检验的案件中仅有49件记录了尸体特征。这些侦查取证环节中发生的疏忽遗漏错误，都有可能直接酿成冤假错案的发生。

（三）法定程序执行不严

“正义不仅应得到实现，而且要以人们看得见的方式加以实现”，实体正义与程序正义为正义的一体两面。整个刑事诉讼的过程正是用设定的程序彰显正义的过程，《刑事诉讼法》设定的整个刑事诉讼侦查程序就如同一架设置精良的机器，机器正常的运转，自然产生合格的产品。司法活动一旦失去程序的公正性、独立性和严格性，实体正义就会失去客观的品质而成为强权者任意拿捏和随意塑造的道具。② 任何在侦查阶段不完全按照法律诉讼程序的行为，都埋藏了产生冤假错案的隐患。一方面，讯问、勘验、检查、扣押等措施的适用，必须严格依照法律规定的程序，尊重客观存在的事实，发挥主观能动性去获取符合法律规定的证据。依照法律规定的程序获取证据即是对案件事实的尊重，也是对侦查人员自身的保护。在取证的过程中，侦查人员主观能动性的发挥必须是在法律规定的框架之内，绝对不允许绕开法律规定的程序，非法地获取证据，当非法的证据编织成的证据链条，最终所证明的案件事实既不是法律事实，也不是客观事实，而是一种为达到某种功利性目的而预定的事实，冤假错案正是基于这种“预定”的事实而产生的。另一方面，刑事诉讼中必须保障犯罪嫌疑人依法享有的权利，尤其是要保证犯罪嫌疑人所聘请的律师的权利。在控辩双方权利得到完全行使的情况下，更接近法律对公平和正义的追求，辩护律师的职责赋予其为犯罪嫌疑人做无罪辩护和罪轻辩护的义务，因此，在诉讼过程中辩护律师权利行使是否充分，直接影响着侦查机关对相关事实的判断。然而，现实状况却不容乐观，对刑事辩护律师，仍排斥在侦查阶段之外，虽然新《刑事诉讼法》将律师参与刑事诉讼的阶段提前至侦查阶段，但是，以往的实践表明，这些权利的充分行使还需强有力的保障。侦查机关往往以各种理由限制律师对案件的介入，将律师权利的行使视为对侦查活动的阻碍。这就导致了侦查机关“选择性失明”，按照有罪的侦查思路，有意或无意地屏蔽了犯罪嫌疑人无罪或者罪轻的信息，在侦查过程中忽视犯罪嫌疑人及其委托的辩护律师的权利保障，对犯罪嫌疑人

---

① 2010年5月30日，最高人民法院、最高人民检察院、公安部、国家安全部、司法部联合发布了《关于办理死刑案件审查判断证据若干问题的规定》和《关于办理刑事案件排除非法证据若干问题的规定》。

② 杨兴培：《从赵作海案所想到的：迫切需要实现司法观念的现代化转变》，载《法治研究》2010年第9期，第53页。

的辩解及其委托律师所提供的无罪、罪轻证据或者意见或建议而不予注重审查，忽视案件办理的细节，从而致使整个侦查活动偏离了法律设定的轨道。正如“张氏叔侄强奸致死案”中的被告之一张高平在重审法庭上所说的，“你们今天是法官和检察官，但你们的子孙不一定是，如果没有法律和制度的保障的话，你们的子孙也可以被冤枉，也可能徘徊在死刑的边缘”，这也再次让我们深切感受到严格执行法定程序，遵循程序正义的重要性和紧迫性。

（四）外部环境压力过大

冤假错案产生，除却上述三个方面的原因之外，侦查机关所受的外部环境压力充分发挥了催化剂的作用。随着近年来“稳定压倒一切”的观念一再深刻强化，如何确保社会稳定成为执法机关必须承担的首要任务，使得刑事司法掺杂了过多的案外因素，既掩盖了本可以查明的案件事实，也扭曲了法律规范应有的内涵和要求。一方面，社会舆论和群众对实现正义的期望值不断提高和对犯罪嫌疑人“妖魔化”，影响甚至“绑架”着侦查机关对案件的侦办思维。如“唐慧案”① 当事人在众多媒体的强烈炒作支持下，对刑事办案施加巨大压力。警方开始以“介绍、容留卖淫”立案，其后罪名逐渐上升至“强迫卖淫”。2008 年 6 月 6 日，永州市中级人民法院对“乐乐案”作出一审判决。秦星、周军辉被判处死刑，陈刚、刘润被判处无期徒刑，兰小强、蒋军军分别被判处有期徒刑 15 年和 16 年。此外判处六名被告人共赔偿被害人 9 万元（被告人秦斌当时逃逸，2010 年归案）。但唐慧的诉求是判全部七名被告死刑，2009 年 2 月 11 日，永州中院对此案作出第一次重审判决，维持了原判。重审判决后，从 2 月 16 日起，唐慧坐到永州中院刑一庭庭长张晓龙的办公室，在此吃住 18 天。永州中院下达的第二次重审的判决除维持秦星、周军辉死刑，陈刚、刘润无期徒刑外，原来被判有期徒刑的蒋军军、兰小强被改判无期徒刑，2012 年 6 月，历经 6 个合议庭、18 位法官审理之后，此案终于走完常规诉讼历程。二审维持了一审最后一次重审的判决，为终审判决。多名受访刑法学者均认为，如此重判实属罕见，“舆论炒作过程中有意避开唐慧无理取闹、向法律施压的问题，导致 6 名加害者被重判，让加害者在某种程度上变成了受害者”②。此外每当有恶性杀人案件发生，案发地公安机关都承担着巨大的压力，一来有公安部的“命案必破”的原则要求，二来有上级机关要求限期破案的督办令，三来还有被害人和

---

① 2006 年 10 月，时年仅 11 岁的永州女孩乐乐（化名）失踪，被朋友周军辉骗奸并被胁迫卖淫。受害人母亲唐慧乔装打扮确定情报后，请两名亲戚扮成嫖客救出了女儿。此后，唐慧为女儿的遭遇奔走各处屡屡上访。2008 年 4 月，其女儿案件由永州市人民检察院向永州市中级人民法院提起公诉，但唐慧对判决结果不满，继续上访。2012 年 8 月湖南省永州市公安局零陵分局以“扰乱社会秩序”为由，对唐慧处以“劳动教养 1 年 6 个月”。此决定在 2012 年 8 月 8 日经湖南省劳教委复议依法撤销。唐慧因此提出国家赔偿。两个多月后，永州市劳教委决定对唐慧不予国家赔偿。唐慧不服，提起行政诉讼。2013 年 4 月 12 日，唐慧诉永州市劳教委一案在永州市中级人民法院一审败诉；2013 年 7 月 15 日，二审在湖南省高级人民法院公开宣判，唐慧胜诉。

② 《唐慧赢了，法治赢了吗?》，载《南方周末》2013 年 8 月 1 日第 1 版。

群众、媒体舆论伸张正义的强烈呼声，承办人员自然而然会采取一切手段去取得“证据”，以求快速破案了事。① 因此，当重大案件发生致使社会舆论一片哗然关注之时，“舆情民意”将成为案件“超速”侦办的发酵剂，公安机关为此承担着巨大的政治压力和社会舆论压力，甚至不惜动用一切政治和社会资源消除办案分歧、协调统一口径，“从快、从重、从简”的办案思维恰好迎合了疏导舆论和民意的需求。效率与质量总有矛盾之处，对于命案，当侦查活动在追求效率的时候，难免会出现取证质量上的瑕疵，正是这些瑕疵证据所编织的证据链条所指向的“案件事实”成为冤假错案产生的一诱因。另一方面，不合理的社会综合治理指标和执法考评中不合理的案件打击指标成为冤假错案产生的又一温床。考核指标是反映一个单位工作成效的最直接、最显现的方式。但是，当考核指标脱离实际之后，对执法机关来说，就是一种负担。办案单位为完成不符合客观实际的指标，往往造假应对，尤其是绝对化的指标考核对公安司法机关办案增添了无形的压力，甚至会形成外在的干预因素，进而可能影响到办案质量。

三、防控刑事执法冤假错案途径

冤假错案的产生稀释着社会公众对法律公平正义的信赖，更侵蚀着社会对政府和司法机关的信任，与现代法治精神相悖离。笔者认为，在公安机关有必要通过以下几个途径防控冤假错案。

（一）进一步增强法治思维

侦查机关和侦查人员要从贯彻落实依法治国方略、维护社会公平正义的高度，充分认识冤假错案的严重危害性，进一步端正执法为民思想，增强法治思维，树立正确的侦查观，从源头上防止冤假错案的产生。一是坚持无罪推定原则。不能确定犯罪嫌疑人犯罪的，应当做无罪处理；罪轻罪重不能确定的，应当做罪轻处理。这就要求公安机关在刑事诉讼中，只要不能确定犯罪嫌疑人犯罪的，就应当作出无罪处理，撤销案件。只要不能确定犯罪嫌疑人罪重的，应当作出罪轻的处理。案件调查要以事实根据，以法律为准绳。二是严守程序正义底线。在侦查阶段所强调的程序正义，就是要既重视实体，也要重视办案程序，依程序办案。依客观实际办案，也只有合理、合法的侦查程序才能调和法律事实与客观事实的矛盾，这就要求公安机关严格依照刑事诉讼法的要求，保障犯罪嫌疑人及其辩护人的诉讼权利；严格依照《刑事诉讼法》关于强制措施的规定，对犯罪嫌疑人适用强制措施；严格依照刑事诉讼法的规定调查取证，使得刑事诉讼活动按照法定的运作机理进行运转，为社会产出合格的司法产品。

① 叶青：《从冤假错案的纠正看中国刑事司法体制的改革动向》，载《探索与争鸣》2011 年第 12 期，第 70 页。

（二）提升依法办案能力和水平

侦查阶段防控冤假错案的产生，要做好以下两个方面的基础性工作：一是强化侦查人员的素质。法律理论水平是侦查人员作为执法者必须具备的基本条件和基本要求。侦查人员只有学法、懂法才能做到有法必依、执法必严、违法必究。这就首先要培养专业化的审讯技能。审讯技能是侦查人员依法履行职责，完成工作任务的基本能力，是侦查业务知识和专业技能的综合体现。侦查人员必须在熟悉侦查业务知识的同时，认真学习侦查技能、犯罪心理学知识，刑事科学和社会生活知识。并从实践需要出发有针对性地加强可操作性和技术性的专业训练，实现专业素质的提升。其次要有科学严谨的思维方式方法。在侦查活动中分析案情时，思维方式方法不同，其成效则大不相同；而思维方式方法正确与否，则与知识积聚、个人经验直接相关。作为一名侦查人员要想立于不败之地，能应对各种犯罪案件，必须经过艰苦的磨炼和揣摩思考。最后要有丰富的社会阅历。社会阅历即侦查人员的社会知识积聚。犯罪侦查工作具有社会性、群众性等特点，而审讯技能和侦查谋略的运用是非一般人所能从事的工作。这就要求侦查人员不仅要从书本中学习比较系统的理论知识，而且还应从实践中学习有关社会生活方面的知识。二是加强侦查阶段硬件设备的配备。科学技术是第一生产力，在刑事侦查阶段，侦查机关及人员所掌握的案件证据的收集技术将直接影响着案件的办理结果。侦查阶段硬件的配备，首先要做好网络侦查、技术侦查、视频侦查、刑事技术侦查设备的配备，特别是法医、痕检、理化、DNA、文检、声像、电子物证、警犬技术等专业技术装备。其次要整合其他行业信息资源，建好强大的案件线索信息及辅助信息资源库等。新时代案件的侦查打的是一场信息化的战役，在优良装备的支撑下，可以在最短的时间之内，利用最强大的技术条件，获取破获或者证实案件的关键证据。再次要加强执法办案场所功能分区设置，强化视频监控监督，让整个侦查活动处于客观真实的记录之下。同步录音录像，既是对讯问过程合法性的监督，防控冤假错案的产生，也是对侦查人员自身侦查活动的保护，从而在技术层面解决冤假错案产生的死角。同时，要根据调查取证、检验鉴定等工作需要，大力加强技术侦查、刑事侦查、网络侦查、视频侦查等公安执法办案新型手段应用，提升依靠现代科学技术手段全面科学取证的能力，不断提升执法办案质量和水平。

（三）强化案件内部审核监督

对冤假错案的防控措施便是强化内部审核监督，从审核监督的整体动态看审核监督又分为事前监督、事中监督和事后监督三个方面。从目前公安工作实际情况来看，公安机关防控冤假错案主要要公安机关法制部门做好全方位的审核把关工作。首先在刑事案件立案之初，要对办案单位做好案件办理的提示预警，指导办案机关案件办理的思路，对案件办理过程中的风险点要做好防范措施，明确案件办理的取证规范和取证方向。其次在办案单位刑事侦查过程中的每一个阶段，要对办案单位侦查活动实施监督，及时纠正侦查活动过程中出现的瑕疵问题，对出现瑕疵的取证程序，要督促作出合乎情理的补正，已消除证据瑕疵对案件事实的认定和下一步侦查工作的开展。最后要做好侦查阶段性的审核工作，即在办案单位对犯罪嫌疑人采取强制措施之时、呈请逮捕和移送审查起诉等，要做好审核把关，此时案件证据已经逐步完善，到最终移送审查起诉时的证据确实、充分，事后监督能够完全掌握案件所有材料，这个阶段要从严掌握证据的审查，主要是对非法证据的排除、证据所证实案件事实的认定、证据是否合法的审查和所有证据是否能够得出唯一的结论排除合理怀疑。从案件产品服务产出流程来看，审核监督主要是做好案件的审核把关工作，即五级把关制度。第一，案件从案发受案开始办案民警自身要强化对案件的审核把关，做好自律工作，自觉遵守程序规定侦办案件，特别是及时客观全面搜集证据，不得隐瞒、捏造证据；第二，本单位法制人员要充分发挥监督和服务的双重作用，监督办案民警对案件的办理，发现案件办理过程中存在的瑕疵，及时向侦查人员提出并要求整改，同时向本单位领导汇报；第三，案件办理单位分管领导要做好把关，对案件的审核要从实体、程序和社会效果方面进行综合考量，充分了解案件办理的情况，对案件办理过程中存在的问题责令侦查人员补证；第四，法制部门要严把案件质量关，在呈报局领导作出最终裁决之前，要从严审核，从严把关，对前面流转过程中出现的问题整改情况复核，并进一步在程序方面需要补证的提出意见或建议；特别要加大对证据材料的真实、全面、合法性的审查核实力度，办案单位报请法制部门审核案件时，必须提交所收集的全部涉案证据材料，严禁隐瞒、截留证据材料；对可能判处“死、缓、无”的重大刑事案件，法制部门审核时必须提讯犯罪嫌疑人，核实证据、听取辩解，及时发现和排除非法证据，有效防止冤假错案；第五，呈报领导报批时，综合考虑案件办理的政治效果、法律效果和社会效果，实现三者的统一，作出最终的案件处理决定。

（四）规范优化工作绩效考核标准

考核标准的设定是一把双刃剑，设定的科学合理可以激发办案人员的积极性与主动性，设定的脱离实际就成为增加基层工作的负担。为侦查机关和侦查人员创造依法侦查的良好环境，既是保证侦查活动合法、合理的进行的条件，也是防控冤假错案产生的保障。摒除社会舆论对案件侦办的影响，排除非法因素对案件办理的干涉，严格遵循案件办理的客观规律，设定合理的工作考核标准，让侦查机关的侦查活动对法律负责、对历史负责，而不能背离公平正义的初衷，人为用考核指标将侦查人员办案活动演变为对数据计量负责。针对现实中存在的案件考核指标，首先要优化“命案必破”的考核标准，“命案必破”是对维护社会公平正义的责任和信念，是公安机关对国家和人民作出的承诺，但是现实的情况是并非所有的案件事实都能通过人的主观能动性加以认知，因此要优化改进命案必破考核标准；其次要取消不切实际的口号和工作要求，优化执法考评中的社会综治率和打击处理率，在设置工作绩效考核项目上，必须符合客观的实际情况，数量与质量并重不搞“一刀切”，从而积极引导广大民警多办案、办好案，坚决防止广大民警因办案指标和“限时破案”等压力而办错案、办假案，更不能让考核标准自身制造冤假错案。

四、结　语

“人们都希望在公正而有效的刑事司法系统中，判决有罪的证据既有压倒性优势，又显示出比被告人的无罪主张更可信，但错误是不可避免的，记忆常常短暂易逝，而且可能被情绪所蒙蔽，强烈的诱因也促使控方和辩方对现实的不同说法进行筛选，无论在刑事司法程序的每个阶段如何费尽心机，错误的可能性依然存在。”① 客观来讲，冤案不是某个国家、某个时代所独有，而是一个世界性的难题。冤假错案无法百分之百避免，但良好的制度设计却可以将冤假错案的发生压缩到最低限度。习近平总书记特别强调“要努力让人民群众在每一个司法案件中都能感受到公平正义，所有司法机关都要紧紧围绕这个目标来改进工作，重点解决影响司法公正和制约司法能力的深层次问题”。预防冤假错案，应当是一个系统工程，既需要我们在刑事诉讼制度设计方面进行改革，也需要我们提高侦查人员的责任心，提高侦查人员的业务能力，也需要加大现代科学技术在侦查过程中的运用，也需要我们转变侦查模式，同时也需要我们转变侦查执法观念，制定科学合理的考核指标，排除外部干扰因素影响，通过强化对执法办案的内部审核监督等时刻防止冤假错案的发生。

（作者单位：湖北省公安厅）

---

① ［英］克莱夫·沃克：《司法不公与纠错》，载［英］麦高纬等主编：《英国刑事司法程序》，姚永吉等译，法律出版社2003年版，第456页。

第四十五篇
法治国家、法治政府和法治社会一体化建设与人权保障

吴志林

内容提要：在推进法治国家、法治政府、法治社会一体化建设的大背景下，法治一体化建设与人权保障之间的关系值得认真研究。法治国家、法治政府、法治社会三者与人权保障的关系各不相同，三者对于人权保障的作用点和效果性也有一定的差别。从分析法治国家、法治政府、法治社会三者的内涵、特征来发现其对于人权保障的作用，进而可以发现人权保障之于法治一体化建设的价值及法治一体化建设的实现对于人权保障的重要意义。

关键词：法治一体化建设；人权保障；法治国家；法治政府；法治社会

2013年2月23日，习近平总书记在新一届中共中央政治局第四次集体学习时强调：要坚持全面推进科学立法、严格执法、公正司法、全民守法，坚持依法治国、依法执政、依法行政共同推进，坚持法治国家、法治政府、法治社会一体化建设，不断开创依法治国新局面。在此之前，理论界对于法治国家、法治政府以及法治社会的研究较多，但往往是将三个概念单独使用，很少有学者将三者放在一起进行研究、讨论。无论是法治国家、法治政府，还是法治社会，其中的法治内涵既有共性，也有差异。而法治最重要的共性要素包括：(1) 宪法和法律至上；(2) 公权力得到控制和制约；(3) 人权得到保障；(4) 政务公开、透明；(5) 司法独立、公正、权威。① 上述各项要素也是法治国家、法治政府和法治社会的共性要素。法治要素中的人权保障是贯穿法治国家、法治政府、法治社会的共同价值。法治一体化建设的核心在于人权保障，法治一体化建设的实现也有利于更好地保障人权。现代法治的核心价值在于保障人权。② 然而，由于法治国家、法治政府、法治社会三者之间又有着不同的内涵，三者与人权保障的关系也不尽相同，在法治一体化建设中对于人权保障的作用点和效果性也有一定的差别。

---

① 姜明安：《论法治国家、法治政府、法治社会的相互关系》，载《法学杂志》2013年第6期。

② 程保志：《保障人权：现代法治的核心价值诉求》，载《2006年中国青年国际法学者暨博士生论坛论文集》。

一、法治国家与人权保障

法治国家的条件和标准主要有：（1）通过法律保障人权，限制公共权力的滥用；（2）良法的治理；（3）通过宪法确立分权与权利制约的国家权力关系；（4）赋予广泛的公民权利；（5）确立普遍的司法原则，司法独立等。① 我们可以发现，在法治国家的条件和标准中充分体现了人权保障的思想。

（一）法治国家要求有全面、科学的法律制度来保障人权

人权只有通过法律的确认，才能从应然权利转变成法定权利，进而成为公民能够真正享受到的实有权利。充分保障人权，国家就必须有健全的立法机关和完善的法律制度，确保人权保障有法可依。宪法作为根本大法要有力保障人民当家做主，有力促进人权事业发展。2004 年，“国家尊重和保障人权”写入宪法，从而使得我国的人权事业有了明确的宪法依据，走上了依法推进的轨道。法律制度是一整套充分而完备的体系，在其他法律中必须要完善对于人权保障的具体规定。同时，法治国家的法律制度必须是科学、合理的。“良法”是法治的内涵之一。② 只有良法的治理，才能更加科学地保障人权。法治国家要求法律必须以尊重和保护人权为最根本的出发点。

（二）法治国家要维护人权的广泛性

生存权和发展权是最基本的人权。但是法治国家的人权保障不应当仅仅停留在保障生存权和发展权的阶段，而是应当赋予广泛的公民权利，这是法治国家的主要标准之一。全面的人权保障，也需要保障公民的政治权利，以及经济、文化和社会方面的权利，保障公民的广泛人权。

（三）法治国家要完善人权司法保障制度

法治国家必须是司法独立的国家，而只有实现司法独立等普遍的司法原则，才能落实人权的司法保障。司法体制的改革和健全，能够为人权保障创造更好的条件。十八届三中全会公报指出，确保依法独立公正行使审判权检察权，健全司法权力运行机制，完善人权司法保障制度。同时，“保障人权”写入刑事诉讼法，废止劳动教养制度，也都是我国完善人权司法保障制度的重大进步。

---

① http：//baike. so. com/doc/1156676. html，访问时间：2013 年 12 月 5 日。

② 亚里士多德指出：“法治应包含两重意义：已成立的法律获得普遍的服从，而大家所服从的法律又应该本身是制定得良好的法律。”［古希腊］亚里士多德：《政治学》，吴寿彭译，商务印书馆 1996 年版，第 199 页。

二、法治政府与人权保障

虽然学界对法治政府的定义不尽相同，但是我们可以发现法治政府的最基本特征有：（1）有限；（2）民主；（3）透明；（4）责任。法治政府建设对于人权保障的作用亦可从这四个方面进行探讨。

（一）有限政府与人权保障

法治政府的最大特点就在于有限性。建立法治社会，首先就要保证政府的权力必须要在法律的授权范围内行使，超越法律授予的权限而实施的行为，就属于越权的无效行政行为。有效规范和限制公共权力，是保障人权的关键。公共权力是与公民生活联系最普遍和最紧密的国家权力，直接关系到公民权利的实现、保障和发展。因此有效的制约行政权力，成为建设法治政府的关键、充分保障人权的关键。人权是公共权力的目的和界限。① 从一定意义上说，对政府权力的有效规范和限制，就是对人权的保障。尊重和保护人权是建立有限政府的重要目的，有限政府的建立是保障人权的必然要求。

（二）民主政府与人权保障

法治政府尤其民主性。1766 年《独立宣言》发表，指出“政府的权力正是来自被其统治的人们的许可”。把人权作为法治的根源和依据，把法治作为实现人权的保障，这是西方社会构建政治制度的成功经验，也是人类历史的一大进步。法治政府必然是民主政府，其权力的行使要充分反映民意，成为人民意志的执行者和人民利益的捍卫者。著名学者徐显明教授提出，法治的真谛在于人权，人权加法治等于民主。民主政府也保障了公民的政治权利，而这是人权的重要内容之一。

（三）透明政府与人权保障

法治政府应当是透明政府。只有透明的政府才能让权力在阳光下运行，更好地接受社会监督，确保政府权力依法行使，成为法治政府，防止人权受到侵犯。政府的公开透明，有助于公民更好地参与社会公共管理，行使自己的政治权利、经济权利、社会权利，确保公民的人权不受到来自政府的侵犯。透明政府，也要求充分保障公民的知情权、参与权，社会公众有权申请公开与自己切身利益相关的行政事项。因此，一个透明的政府，一个在阳光下运行的政府，是人权保障的重要基石。

（四）责任政府与人权保障

法治政府应当是责任政府。法治政府强调法律权威至上，政府违反法律必须承担相应的法律责任，实现权力与责任的统一。实践中，一些地方政府在违反法律后不承担法

① 田少婕：《从我国人权保障制度分析法治政府建设》，载《现代商贸工业》2009 年第 15 期。

律责任或者以政治责任、道义责任代替法律责任，也不符合法治政府的要求。① 责任政府要求，在政府的行政行为对公民的权利或其他切身利益造成非法的侵害时，必须依照相关法律承担一定的责任。责任政府也是对政府行为的一种约束和限制，使得政府不敢肆意侵犯公民的权利，而应当是公民权利的维护者。责任政府，作为法治政府的应有之义，是人权保障的一道有效的屏障。

三、法治社会与人权保障

法治社会是尊重人权的社会，是崇尚正义的社会，要用法治去维护和保障人民的基本权利，用法治观念去统摄和推导现代普遍人权的观念。在当代，人权保障已经成为人类政治文明进步的标志，同时也是构建法治社会的关键。传统社会中身份化、等级化的权利观念不可能衍生出现代意义的人权观念，也不可能使普遍人权得以实现。而只有法治社会，才能够实现社会中的大多数成员在自由、平等的环境下成为社会的主体，人权得到全面而有效的保障。法治社会必然是安定有序的、高度自由的，同时也会强调保障社会弱势群体的权利。

（一）社会安定有序与人权保障

法治社会不是没有矛盾和差别的社会，而是权利义务规范有序的社会，是各种利益冲突和社会矛盾能够通过协商、调解和行政、法律手段妥善解决的社会。社会的安定有序，需要规范的法律体系、合乎法律和程序的执法、公平正义的司法以及公民对于法律的信仰和遵守，而这些正是法治的要求。一个安定有序的社会，才能保障公民的安宁，使得社会的每个个体都可以去发挥自己的创造性。如果没有一个安定有序的社会环境，就无法保障最基本的人权——生存权和发展权，更不用说其他更高层次的和要求的人权。所以，法治社会的建立，可以为人权保障提供一个安定有序的发展环境，这也是人权得以保障的基础。

（二）社会高度自由与人权保障

法治社会的最大优势在于个人的自由度较高。高度自由的法治社会所关心的是，个人的权利是否受到应有保障，并免于非法侵害和限制。法治社会中，人的行为依据是法律，而不是个人或执政者的好恶。“法无禁止即自由”，在法治社会，只要在法律允许的范围内，没个人可以自由决定自己的行为。这也符合人权的广泛性要求，在生存权和发展权得以充分保障的前提下，社会公众都可以自由地去行使作为公民所享有的政治权利、文化权利、社会权利。因此，自由度较高的法治社会，是权利得到充分行使、人权得到全面保障的基础。

---

① 王晓烁：《法治政府有哪些特征》，http://www.law-lib.com/fzdt/newshtml/szpl/20120131205242.htm，访问时间：2013 年 12 月 6 日。

（三）保护弱势群体与人权保障

法治社会的建设要更加注重对弱势群体人权的保护。弱势群体在社会中处于不利地位，而法治的公正性要求对弱势群体予以公平的对待，法治的普遍性要求对所有人不能有任何歧视，对弱势群体的人权保障要给予特别保护。① 在尊重和保障人权的法治社会，法律必须担当起维护弱势群体基本人权的重任，对弱势群体给予特殊的保护，保障他们的人格尊严、选择自由和安宁生活，从根本上消除对他们的歧视，充分体现出法治社会的公平、公正的精神理念和价值追求。因此，法治社会中对于弱势群体的保护，是人权保障的非常重要和关键的内容之一。

四、结　语

美国著名宪法学家路易斯·亨金在其《权利的时代》一书的前言中提到："我们的时代是权利的时代，人权是我们时代的观念，是已经得到普遍接受的唯一的政治和道德观念。"② 人权保障是法治国家、法治政府、法治社会的共同价值追求，在法治一体化建设的进程中应将人权保障作为核心要素之一。人权进则法治进，人权滞则法治衰，百世不移。③ 在法治一体化建设的今天，应当把人权保障的程度作为检验法治一体化建设的标准之一。在法治一体化中保障人权是社会、历史发展的趋势。法治一体化建设赋予人权保障以新的要求。法治一体化建设的实现，每个人都应是一个相对独立的个体，每个人的存在都有其尊严和价值；在社会生活中，每个人也都可以享有一定的利益、要求、资格、权能和自由。这些权利也为每个人生存、发展所必需，为形成社会和谐所必需。只有实现法治国家、法治政府、法治社会一体化建设，才可以真正做到使普遍人权得以保障及发展。可以说，人权保障是法治一体化建设的基本价值和根本目标，法治一体化建设的实现是人权保障的根本保证。

（作者单位：中南财经政法大学法学院）

---

① 李林：《法治社会与弱势群体的人权保障》，载《前线》2001 年第 5 期。
② ［美］路易斯·亨金著：《权利的时代》，信春鹰，吴玉章，李林译，知识出版社 1997 年版。
③ 徐显明：《法治的真谛是人权——一种人权史的解释》，载《学习与探索》2001 年第 4 期。

第四十六篇
法治国家与基本权利保障
——以群体性事件中人民权利

宋丁博男

内容提要：法治国家要求法律支配权力，而公民基本权利的保障乃法治之最终目的。近年来群体性事件频发，其症结固然在于“官民矛盾”，然政府的应对多出于政治考量而采取“权宜之策”，对人民基本权利保障不足。本文以群体性事件中人民的生命权、集会、游行、言论、出版等基本政治自由及寻求公权力救济的权利等基本权为中心，从法治国家的原则为出发点探讨人民权利之保护。

关键词：法治国家；基本权利；群体性事件

一、问题的提出

何为法治国家？我国著名学者姜明安教授认为法治国家、法治政府和法治社会三个概念在同一时空一并使用时，法治国家包括整个国家权力（国家立法权、监督权、重大问题决定权、行政权和司法权等）的法治化；法治政府仅指国家行政权行使的法治化；法治社会仅指政党和其他社会共同体行使社会公权力的法治化。而在这三个概念分别单独使用时，法治国家可指整个公权力（包括国家机关、政党和社会共同体组织行使的国家公权力、社会公权力）的法治化。① 法治的核心内容在于依法治理国家，法律面前人人平等，反对任何组织和个人享有法律之外的特权，也就是说，法的权威高于人的权威，由法律支配权力是法治的根本。② 尊重和保障人权是法治的精髓，是法治社会的基本特征，也是构建法治社会的前提和强大动力。法治的人权精神根植于以人为本的科学发展观，尊重和保障人权首先应该想到的是社会弱势群体的人权。③ 群体性事件是观察转型期中国社会的重要窗口：近年来群体性事件的频发体现出我国法治的缺失。由

① 姜明安：《论法治国家、法治政府、法治社会建设的相互关系》，载《法学杂志》2013 年第 6 期。

② 周叶中主编：《宪法》，高等教育出版社 2011 年版，第 102 页。

③ 张文显：《法哲学通论》，辽宁人民出版社 2009 年版，第 378、379 页。

此可见，人民的基本权利，尤其是弱势群体的基本权利并未获得有效保障。对群体性事件的应对能力可充分衡量一国法治建设的成效，而群体性事件中公民权利的保障更是成为检验法治国家建设的试金石。因此，本文以群体性事件应对中的公民权利保障为中心，重点关注法治国家与公民基本权利保障的互动生成。

二、群体性事件应对中权利保护的缺失

何为群体性事件？学说与实务从不同方面，基于不同的价值取向有不同的定义，本文采取中共中央办公厅2004年制定的《关于积极预防和妥善处置群体性事件的工作意见》中对群体性事件的定义，即由人民内部矛盾引发，群众认为自身权益受到侵害，通过非法聚集、围堵等方式，向有关机关或单位表达意愿、提出要求等事件及其酝酿、形成过程中的串联、聚集等活动。① 现如今，群体性事件在中国以多种形式呈现出来，如湖北石首事件、贵州瓮安事件和广东乌坎村事件等从不同方面表现出不同社会群体的利益诉求，并引起了政府的高度关注和广大群众的非典型参与。

群体性事件因其突发性、群体性、破坏性等特点具有高度的政治敏感性，且呈现逐年增加的趋势，地域、主体等逐渐从个别走向普遍化。② 而我国政府在处理群体性事件中欠缺有效机制和具体规范，从而造成目前社会调控手段的失效。社会调节机制的扩张与国家调节机制的弱化和重新定位，使得国家与社会的原有关系发生了迅速的结构性改变，从而使社会正义问题在短时期内急剧凸显，呈现出一种非常规的临时状态。③ 实践中政府对于群体性事件的处理基本是本着实际需要而采取“权宜措施”以达到事件平息的效果，至于这些行政措施有无法律依据，是否侵犯人民的基本权利，全无考虑。④ 有鉴于此，本文将从法治国家建设与公民基本权的角度来探讨群体性事件的应对，并根

① 相关学术定义参见邱泽奇：《群体性事件与法治发展的社会基础》，载《云南大学学报》2004年第5期；刘晓梅：《建设和谐社会进程中群体性事件的法社会学思考》，载《天津社会科学》2005年第3期；中国行政管理学会课题组：《我国转型期群体性突发事件主要特点、原因及政府对策研究》，载《中国行政管理》2002年第5期。

② 据《社会蓝皮书》不完全统计显示，从1993年到2003年，全国的社会群体性突发事件从8709起增加至6万余起，2005年全国发生的各类群体性事件一度下降，但2006年起又开始上升，2007年上升到8万余起，年平均增长为17%，涉及人数也从73万人增加到300多万人，年平均增长12%。其中百人以上的由1400起增加到7000多起，增长4倍。

③ 应松年：《社会管理创新要求加强行政决策程序建设》，载《中国法学》2012年第2期。

④ 胡春华在十八大新闻发布会上答记者问：“比如讲我们在处理群体性事件的时候，毫无疑问会采取一些强制性措施，但是我们该硬的还是要硬的。那采取强制性措施以后，发现大家没有更多的问题，那该放的我们会所有都放了。那就是说该硬的时候硬，该软的时候软，没有说一定是柔性，或者一定是刚性的。”见 http://help.3g.163.com/12/1110/09/8FUI001G00963VRO.html，2012年11月29日最后访问。本人不禁要追问，何为“软”何为“硬”？如何判断“该软”与“该硬”？其谈话之中丝毫未提依法处理，甚至没有这种意识，可见以法律规制群体性事件处理措施的重要性和急迫性。

据保护基本权的要求来规范其应对机制。

三、群体性事件中的法治国家与基本权利

（一）法治国家原则①

法治国家有“形式意义的法治国家”和“实质意义的法治国家”的区别，前者要求国家机关“依法而治”，不问所依之法是否“适当”，但后者要求国家的权力作用应为人民利益而存在，故权力之取得与运作，不但要合法，所依之“法”必须“合乎宪政秩序”。② 而法治国家的原则又可细分为“法律优位”与“法律保留”两项子原则，其要求国家守法而非人民守法，人民是权利主体而非权力客体，其具体要求为宪法和法律效力高于行政规章，国家机关的活动必须有法律法规的明确授权，当行政法规或行政行为与法律抵触时无效。从法治国家原则可推导出法明确性原则，其直接目的在于使人民对自己的行为知所调适，间接防止公权力的滥用，该原则要求法律具有“可理解性”、“可预见性”和“审查可能性”的特点，包括规范中“构成要件”及“法律效果”能够使人民理解并具有预见可能性，知所因应。③ 此外，在群体性事件的应对过程中，行政机关采取的措施必须有法律授权，不应有所僭越，而且须合乎宪法和法律对人民基本权利保护的相关规定。回归现实，人民要求的无非是问题的解决和自身利益的保障，然而一般社会大众习惯以强烈的社会关注给政府机关强大的压力，此时政府行为有无法律依据或人民基本权利有无侵害则无形地被忽略了。此外，与群体性事件应对相关的法律法规在我国寥寥无几，这导致政府在处理相关问题时容易产生恣意，不仅很多措施无法预见，而且严格来看也没有法律依据，从而导致权利保护体系出现了巨大漏洞，人民基本权被侵犯的事例时有发生。纵观来看，与群体性事件直接相关的法律只有《中华人民共和国集会游行示威法》，凡 36 条大多为概括性规定，在实际中难以执行。例如其中第 12 条第 4 款规定：“申请举行的集会、游行、示威，有下列情形之一的，不予许可：有充分根据认定申请举行的集会、游行、示威将直接危害公共安全或者严重破坏社会秩序的。”然而现实中群体性事件的游行势必会破坏社会秩序，有些情况下还要靠扩大破坏效果来引起社会的关注以此给当地政府施加压力，如贵州瓮安事件。但是是否属于严重破坏的认定标准在于政府，对于人民群众而言具有不确定性，因而抽象概括的立法不足以规范群体性事件中的游行行为。

（二）基本权利保障

基本权利的保障乃现代宪法的核心，何种权利应被认为是个人基本权利，这自然会

---

① 与本文题目中的“法治国家”不同，此处的法治国家原则更多是从行政法上“依法行政”的角度进行界定，可以说与姜明安教授定义的“法治政府”含义相近。

② 李惠宗：《行政法要义》，台湾元照出版社 2008 年版，第 29 页。

③ 李惠宗：《行政法要义》，台湾元照出版社 2008 年版，第 95 页。

随着时代的思潮与制宪者的见解各异。有学者将其分为两类：第一类为消极的基本权利，即人身自由、言论自由、集会自由等个人自由，国家对这些自由负有不侵犯的义务；第二类权利为积极的基本权利，亦有称为收益权者；第三类便是参政权，如选举权。① 也就是说，基本权利具有对抗国家侵害的“防御”功能，一旦基本权受到侵害，应该给予救济，即“有权利侵害就有权利救济”的法理是也！② 我国宪法对公民基本权利的规定主要有平等权、私有财产权、选举权、言论、出版、游行示威等基本政治自由、人身自由权、通信自由权和监督权等。同时，宪法也对人民基本权加以限制，对人民课以义务，但此时必须法有明文且符合“法律保留原则”与“比例原则”。③ 宪法规定的基本权在任何情况下不受国家机关不法侵害，一旦遭受侵害即应给予救济，乃当然之理。群体性事件发生的根本原因正是在于公权力对私权的侵害，而同时又得不到救济并不断积累演化的结果。④ 当前我国社会矛盾纠纷不断增多的主要原因在于公权力行使不规范，其主要表现为社会政策和法律制度的滞后、政府违法决策处置突发事件不当、行政执法不规范、法律实施不良、行政不作为以及信息不公开等。而化解社会矛盾的根本途径可概括为规范公权力行使并提出明确的权利边界。⑤ 因此，保护人民的基本权利不仅有利于应对群体性事件，而且有利于从根本上化解群体性事件。

四、群体性事件中的权利保障

（一）生命权的保护——兼论警力使用边界

我国《宪法》中并未直接规定有生命权，但是生命权作为一个宪法位阶的权利不容否认，其可以从《宪法》第33条“国家尊重与保护人权”中推导出来。因为生命权是人权的基础，缺乏生命权的保障，其他人权的保护无疑都将失去意义。在群体性事件中，生命权的保障有两个面向：一是人民的生命健康不受国家机关的侵犯；二是人民的

① 王世杰、钱端升：《比较宪法》，中国政法大学出版社2004年版，第63页。

② 即“基本权的功能”，也称“基本权的主观面向”，学说一般认为基本权具有主观与客观法的面向，既是主观权利又是政治共同体客观法秩序的基本元素，基本权的功能一般而言可将“防御权”与“给付请求权”归类为“基本权主观面向”，而将“基本权对第三人效力与放射效力”、“基本权作为组织与程序保障”和“基本权保护义务”归类为“基本权客观面向”。参见张嘉尹：《基本权理论、基本权功能与基本权客观面向》，载《当代公法新论（上）——翁岳生教授七秩华诞祝寿论文集》。

③ 陈新民：《宪法导论》，1996年自版，第69页。

④ 参见汪习根：《化解社会矛盾的法律机制创新》，载《法学评论》2011年第2期；杨海坤：《我国群体性事件之公法防治对策研究》，载《法商研究》2012年第2期；于建嵘：《群体性事件症结在于官民矛盾》，载《中国报道》2010年第1期。

⑤ 参见马怀德：《预防化解社会矛盾的治本之策：规范公权力》，载《中国法学》2012年第1期。

生命健康不受他人的侵害。群体性事件中人民生命健康不受国家机关的侵害，就必须限制警力（武力）的使用，即警力使用边界的问题。如果人民群众的游行示威是经过主管机关批准的，那么根据《游行示威法》第18条规定："主管机关应当派出人民警察维持交通秩序和社会秩序，保障集会、游行、示威的顺利进行。"维护交通和社会秩序便是警力使用的边界，不得僭越，否则将构成违法。如果游行示威是没有经过批准的，或者是以另外一种形式出现的，如反对厦门PX项目事件中，便是以"散步"的方式出现，那么警力使用的边界在哪里？此种情形下，警力的使用同样有维护社会治安的作用，同上，兹不赘述。除此之外，《游行示威法》第28条规定："有违反治安管理行为的，依照治安管理处罚条例有关规定予以处罚。"① 第29条规定："举行集会、游行、示威，有犯罪行为的，依照刑法有关规定追究刑事责任。"因此，警力使用的边界应限于《治安管理处罚法》和《刑法》的授权，不得当场对人民群众施以暴力从而侵害人民的生命健康。人民群众的生命健康不受来自他人的侵害亦是警力使用的重要职能，不论游行示威有无经过主管机关批准，有无违反《治安管理处罚法》和《刑法》的规定，都应当受到公权力的保护，这便是警察维护交通和社会秩序的目的与归宿。因此，在群体性事件的应对中，应该明确警力的使用不得侵害人民的生命权，这应当是一条不可逾越的红线。

（二）基本政治自由的保护

《宪法》第35条规定："中华人民共和国公民有言论、出版、集会、结社、游行、示威的自由。"此条与群体性事件的关系最为密切。人民的基本政治自由在实践中往往得不到保护，这往往是政府刚性维稳导致的。② 然而这不仅不会收到预期效果，反而会激化矛盾。压力越大，反弹就越大，人民与政府间产生不必要的猜疑，从而损害政府的公信力，于事无补，得不偿失。因此，基于保护人民基本政治自由和妥善应对群体性事件的双重考虑，相关制度和现实做法必须加以改善。笔者在此将公民政治自由分为集会、游行、示威的自由与言论、出版的自由，该两项自由在群体性事件中都必须加以保护。③

（1）集会、游行、示威自由的保护，必须满足以下要求：第一，从实质上减少对公民集会游行示威审批程序的要求，并减少对其的不当限制和干涉，如《集会游行示威法》第8条对游行标语及口号的限制，第15条对公民发动、组织和参加集体、游行、

① 《中华人民共和国治安管理处罚法》于2005年8月28日第十届全国人民代表大会常务委员会第十七次会议通过，自2006年3月1日起施行，准此，应当按《治安管理处罚法》予以处罚。

② 于建嵘：《变刚性稳定为柔性稳定》，载《人民论坛》2010年9月刊。相关观点参见于建嵘：《从刚性稳定到柔性稳定》，载《学习与探索》2009年第5期。

③ 杨海坤教授对这两个问题有较详尽的分析，《集会游行示威法》被人们揶揄为"不准集会游行示威法"，公民反映利益诉求的法定途径被堵死，应当适时修改。"谣言"止于真相，政府应该善用舆论引导，并保障人民的知情权、监督权、参与权和表达权。参见杨海坤：《我国群体性事件之公法防治对策研究》，载《法商研究》2012年第2期。

示威地域的限制等；第二，注意维护游行示威的现场秩序，避免打砸抢等暴力犯罪的出现；第三，减轻未申请或申请不成功而游行者的法律责任（第28条第2款），这是由群体性事件大多由官民矛盾引发造成的结果；第四，禁止无根据地对游行示威进行否定性评价；① 第五，对人民群众的游行示威进行必要的回应。

（2）言论、出版的自由可以从以下几个方面加以保障：第一，人民群众发表意见的自由，如厦门反对PX项目事件中，市民发表反对意见的权利应该得到保护，这就要求政府机关应当采取诸如听证会和论证会等必要程序加以确保；第二，一般社会大众和媒体发表评论的自由，如《南方周末》就乌坎事件对中国政治改革意义发表的评论；第三，政府机关应当主动及时全面地提供相关资讯，而不应封锁消息，以此化解“谣言”满天飞的现象。以乌坎事件为例，中央纪律检查委员会委员、广东省委副书记、工作组组长朱明国表示“要以最大的决心、最大的诚意、最大的努力解决乌坎事件”以后②，形势发生较大的转变，乌坎事件不再是新闻界的禁区，南方周末也开始大篇幅地报道和探讨乌坎事件对于当代中国政治改革的意义，并将其与1978年小岗村相提并论，一时间好评如潮。③ 由此可见，新闻自由并非洪水猛兽，反而可以厘清事件的本质，消除猜疑，重建政府公信力，从而促进事件的有效解决。

（三）向公权力寻求救济的权利

《宪法》虽未明文规定人民有向公权力寻求救济的权利，然可从《宪法》第33条“国家尊重和保障人权”推导而出，亦是人民基本权利的功能，即“消极的基本权利，即人身自由、言论自由、集会自由等个人自由，国家对这些自由负有不侵犯的义务”④，也是“有权利侵害便有权利救济”的法理所在。欲寻求群体性事件的根本化解在于限制公权力，⑤ 然这是政治体制改革的重大问题，非本文之目的，本文仅探讨人民权利在遭受公权力侵害后寻求救济的途径。现实中与此相关者有三：一是信访规范化，二是行政诉讼的改革，三是大调解的尝试。

1. 信访规范化

中国人似乎素来有上访的情结，很多群体性事件都是因为屡次上访无果而导致的，

---

① 例如，新闻媒体在报道突发事件时经常给民众贴上“不明真相”、“一小撮”、“别有用心”和“与境外敌对势力相勾结”等标签，这无疑不利于群体性事件的化解，且体现出政府的专横与对人民群众的不尊重。

② 相关报道可见 http://gd. nfdaily. cn/content/2011-12/22/content_35436285. htm; http://www. shanwei. gov. cn/163919. html,最后访问时间2012年12月1日。

③ 相关报道如《社会矛盾倒逼管理创新——专访中央党校教授向春玲》,见 http://www. infzm. com/content/67277;《用铁的程序保障村民自治》,见 http://www. infzm. com/content/69429，等，在此不一一列举。最后访问时间均为2012年12月1日。

④ 王世杰、钱端升：《比较宪法》，中国政法大学出版社2004年版，第63页。

⑤ 马怀德：《预防化解社会矛盾的治本之策：规范公权力》，载《中国法学》2012年第1期。

如乌坎事件就是典型的例子。① 由此可见，信访的规范化问题亟待解决。虽说信访制度在一定程度上存有损害司法职能的成分，但是既然人民如此信任这个方式且在现实生活中又如此大量地存在，从人民基本权保障的观点出发，信访制度应当为人民提供一个反映实际需求的渠道。笔者认为，信访制度的规范化应该至少满足以下要求：第一，上访人民不应该被截访，人身自由不应该因此而受到限制；第二，应该有专门机关和工作人员接访，时间、地点明确；第三，逐步完善上访的固定程序，如关于政府级别管辖的规定以及人民反映的问题在政府机关内部如何处理的程序；第四，完善限期答复的规定，不能无理由地拖延或置之不理，否则应承担相应的行政责任；第五，落实不能解决问题时的后续救济办法。

2. 行政诉讼的尝试

行政诉讼在解决群体性事件中的功能受到很大的限制，这也是为什么迄今为止没有一起群体性事件是通过行政诉讼的途径加以解决的原因所在。具体而言，则是在诉讼当事人适格和诉讼范围两方面存在限制。从当事人适格的角度而言，《行政诉讼法》第2条规定："公民、法人或者其他组织认为行政机关和行政机关工作人员的具体行政行为侵犯其合法权益，有权依照本法向人民法院提起诉讼。"第41条也规定，"认为具体行政行为侵犯其合法权益的公民"方能成为原告。由此可见，我国将原告仅限定在"有法律上利害关系"的层面上，确定原告资格的标准过于狭窄，不利于保护公民、法人和其他组织的合法权益。② 从受案范围的角度来看，《行政诉讼法》第2条将其限定为"具体行政行为"，第11条列举了8种具体行政行为，第12条则排除了4种行政行为的适用，此外2000年最高人民法院《关于执行〈中华人民共和国行政诉讼法〉若干问题的解释》第1条又排除了5种行政行为。以列举方式规定行政诉讼受案范围不合理，部分基本权利得不到行政诉讼保护，且受案范围仅限于具体行政行为，不利于人民权益的保护。③ 在群体性事件中，政府往往通过制定有普遍约束力的决定、命令，或者根本不以行政行为的方式，侵犯公民的合法权益，但是由于法律的局限性，人民无法通过法律的途径获得有效救济。目前，《行政诉讼法》的修改正式提上日程，立法者似乎应该考虑到这种特殊情况而有特殊的立法安排。

3. 大调解制度的建构

大调解制度相较于法律程序，迅速直接，加快社会矛盾的解决，而且降低解决纠纷

① 2012年12月20日上午，中央纪律检查委员会委员、广东省委副书记朱明国在陆丰市政府召开的干部群众大会上针对乌坎事件及处置工作的讲话，《群众的主要诉求是合理的》，见 http://www.shanwei.gov.cn/163919.html。然而，《南方日报》刊登的讲话中则有"从2009年6月21日开始至今年9月21日之前，上访都是事出有因和相对理智的"的表述，见 http://www.chinese.rfi.fr/node/103965。最后访问时间均为2012年12月1日。

② 马怀德：《〈行政诉讼法〉存在的问题及修改建议》，载《法学论坛》2010年第5期。

③ 马怀德：《〈行政诉讼法〉存在的问题及修改建议》，载《法学论坛》2010年第5期。

的社会成本，有利于维护当事人之间关系的稳定，增进社会和谐。① 所谓“大调解”的非诉讼纠纷解决体系，具体包括司法调解、社会调解、行政调解和综合调解四个层次。该制度整合调解资源的力度强，调处矛盾类型的范围广，推进建设覆盖的范围大，并且采纳运用时间的跨度长，从而能够促进群体性事件的进一步解决。大调解机制一般可以从以下几个方面来建构：第一，推进大调解组织网络化，纵向建立县、镇、村三级联动，依托司法局、法制办、法院分别建立人民调解、行政调解、司法调解指导中心；第二，横向建立医疗纠纷、交通事故、劳动人事争议、环境保护纠纷、学生意外伤害纠纷等专业性调解组织；② 第三，推进大调解管理层级化，不同风险等级由不同级别机关处理，提高化解效率；第四，推进大调解运行制度化，积极推动民间调解。但是此处值得一提的是，大调解不能改变基于当事人自愿的基本原则，不得以调解之名为侵害人民权益之实，特别是提起诉讼的权利。至于其边界为何，限于篇幅，笔者在此不做探讨。

五、结　　语

习近平总书记在中共中央政治局第四次集体学习时指出：“依法治国、依法执政、依法行政共同推进，法治国家、法治政府、法治社会一体化建设。”自1999年宪法修正案提出建设社会主义法治国家以来，建设法治国家被提升到了一个新的高度，特别是在新时期深化改革的时代背景下，具有极其深刻的含义。建设法治国家的最终目的在于更好地保障人民权利，这是“人民主权”的必然逻辑和现代国家正当性的来源。本文从法治国家的原则出发，以群体性事件为中心，探讨人民基本权利的保障。群体性事件的症结在于官民矛盾，而现实中政府多出于政治考量而采取“权宜之策”应对，既缺乏法律依据也对人民基本权利保障不足。传统的应对方式强调刚性维稳，以社会效果优先，不足以化解日益增多的群体性事件，而且还易导致政府公信力的下降以及某种程度上的社会割裂。因此，群体性事件化解的根本在于限制公权力，保障人民权益。此外，群体性事件的应对中应着重保障人民的生命权、集会、游行、言论、出版基本政治自由及寻求公权力救济的权利等基本权利，以寻求维护人民基本权和化解群体性事件的双重效果。

（作者单位：武汉大学法学院）

---

① 汪习根：《化解社会矛盾的法律机制创新》，载《法学评论》2011年第2期。另外，章武生教授认为，大调解是针对我国转型期社会纠纷的现实而产生的，因为现实中的很多纠纷不仅仅是法律纠纷，如群体性事件。因此大调解相对于法院判决具有综合优势，且世界各国也都有调解制度。参见章武生：《论我国大调解机制的建构》，载《法商研究》2007年第6期。

② 襄阳市医疗纠纷第三方调解机制的实践很值得借鉴，关于第三方调解的优势与运用，参见艾佳慧：《“大调解”的运作模式与适用边界》，载《法商研究》2011年第1期，其中有详尽的针对具体案例的分析。

第四十七篇
人权、人性尊严与法治
——现代社会治理的内在

付振刚

内容提要：关于人权与法治关系的论断散落在法学理论和实践的各个角落，它们的核心观点是：人权是法治的价值追求和法治是人权的制度保障。但是法理学或法哲学研究的独特价值主要是通过对既有理论和实践进行批判和反思而获致，事实上，人权与法治受制于共同的法理和伦理基础，即人性尊严，这一点在结合社会治理活动的历史演进所呈现出的特点和现代社会治理逻辑的分析中体现得尤为明显和深刻。人权和法治的前提在于确立的人之主体性，但支撑人之主体性的唯有体现人性并高于人性的人性尊严，在体现现代文明的社会治理活动中，人权表征着社会治理的合法性和合理性，但真正起支配作用的是证立社会治理合目的性的人性尊严。

关键词：人权；人性尊严；法治；社会治理

自人类社会产生以来的所有有组织治理活动都是围绕着同一个主题进行的，即维持和巩固特定的社会秩序，博登海默正是以秩序和正义为支架构建起他的法哲学原理，不幸的是，作为现代法治活动基础价值的秩序在前现代社会中的角色定位始终被强力所驱使和扭曲，究其原因就是据以支撑前社会治理活动的治理模式受制于其文明发展的程度和水平。通过梳理既往相关历史，我们发现社会治理模式的演进规律：由人治到法治。前现代社会治理普遍遵循的是人治，国王或君主是统治秩序的核心，特权和恣意是维持此秩序运作的主要手段和依据，人性尊严处于被遮蔽和普遍的受压制状态，然而，现代社会治理则循法而行，基于维护人性尊严的人权是衡量整个社会秩序优良与否的价值准则，权力与权利的良性互动成为促进和保障人权的不竭动力，最为重要的是它以良善宪法为统领的整个国家法律体系为依归。

现代社会治理模式的形成过程和价值意蕴说明了其在结构和功能上区别于前现代社会治理模式：现代社会治理是现代文明的必然要求和体现，现代文明归根结底取决于人的文明，于是实现人的主体性便成了整个现代社会治理的核心问题意识，那么，人的主体性价值定位为何？康德在论述自由时说过："目的的王国中的一切或者有价值或者有尊严。一个有价值的东西能被其他东西所代替，这是等价；与此相反，超越于一切价值之上，没有等价物可替代，才是尊严。”① 因此，人性尊严以其超越价值存在的元价值地位成为了现代社会治理的内核，体现现代社会所有制度安排的社会治理正是立足于实现人的主体性即人性尊严而展开的，这也是衡量社会治理正当性的最终标准。在此意义上，基于法治保障的源自人性尊严的人权以及在持守人性尊严基础上的人权行动所恪守的法治之间的关系就构成了现代社会治理的内在逻辑。

一、探讨：人权与人性尊严的关系

（一）人与人性尊严的一体同构

一直以来，涉及文化定义的争论足可以谱成一段此起彼伏的优美乐章，像宗教的、人类学的、社会学的等学派出于不同理论兴趣和关照的多视角研究都见证了人类在认知文化的道路上所付出的执著努力和不懈追求；但是，如果我们从经验上来把握文化就会发现，它更多的是作为人的生存方式而存在，与其说人从历史中走来倒不如说人从不同质的文化中走来，即人从原始文化经由传统文化到现代文化走来。人在历史的来路中挣脱了各种束缚和枷锁争得了人的主体性，逐渐恢复了一直被遮蔽的作为人的尊严，人性尊严赋予人的生活和生命新的意义。直至近代，人们更是在此基础上意识到了人权先天的基于霍布斯意义上的自我保存功能和洛克意义上的反抗压迫的特质。

人性尊严不论在历史上还是逻辑上都是先于人权而存在，人性尊严是与人相伴生的，二者互为表里。古希腊神话中的斯芬克斯之谜影射了关于人本身的想象，直到以古希腊哲学家苏格拉底那句“认识你自己”为代表的先哲们终于使人从远古自然崇拜的迷梦中惊醒，“人性尊严与时间及空间均无关系，它的存在基础在于：人之所以为人乃在于其心智，这种心智使其有能力自非人的本质脱离，并基于自我的决定去认识自己，决定周围，形成自我”②，人性尊严首先表征的是人性即人之为人的本质所在，在应然的层面上，不管人们之间行为能力的高低或者特定需要的多少都不会影响其尊严的获取和减损亦即每个独立的人同为精神上的贵族，人性尊严植根于人的自然和社会本性并反过来促使人超越自然属性和完善社会本性，它是人在哲学上生存论基础的同时更是在人区别于动物的理性观念指导下的自我情感定位，因此，我们可以说，“尊严需要是一种类似本能的生理需要，基于人性存在，可以被压制、被侵害，但不可被剥夺、被消灭”。③ 的确，现实的、具体的生活在不同历史时期甚至同一历史时期不同地域的人们总是受制于彼时彼地特定的生产力发展水平和相应的生产关系，这就酿成了现代伦理学上的人之悲剧，人的尊严常常在压迫、歧视、迫害、饥饿面前流离失所，这些情况在前

① ［德］康德：《道德形而上学原理》，苗力田译，上海世纪出版集团 2005 年版，第 55 页。

② 蔡维音：《德国基本法第一条人性尊严规定之探讨》，载《宪政时代》第 18 卷第 1 期。

③ 韩德强：《论人的尊严——法学视角下人的尊严理论的诠释》，法律出版社 2009 年版，第 115 页。

现代社会管理活动中体现得尤为明显和普遍。

在现代民族国家林立和竞争激烈的语境下，一方面，国家复兴和强盛已然在新兴国家获得了政治正确的正统地位，这种政治导向具有深刻的社会历史背景，即二战后全球国际政治经济秩序的不平衡所引致的发达国家与欠发达国家之间的国力严重失衡，正是由于谋求发展中的国家主义话语优势才使得作为公民伦理根基的人性尊严受到冷落，经由原始社会和传统社会发展而来的人的主体性即独立的人性尊严再次面临被工具化的危险，另一方面，现代西方各种自由主义哲学和政治思想亦面临着深刻的现代性危机，诚如格拉德·德兰悌所言，它忽视了人们认同与参与的实质性维度，现代自由主义理论更加强调的是未经反思的权利话语，而对在权利话语深处起支配作用的人性尊严少有关照，因此，人性尊严既要受制于可进一步开辟却尚未被开辟出来的发展空间又要耽于现有地位不保，不知这是不是人性尊严问题在人类历史发展周期律正反合上的又一次反题？这应该引起我们的理论警觉，因为人性尊严一旦被重构，那么作为主体性的人又将何去何从呢？

现代性是随着科技理性的勃兴而发端的，但科技理性在被无意识地确立为现代性的担纲者之后逐渐失落了人的主体性，因此，人们被迫以科技的方式重新发现人，1997年联合国教科文组织大会第29次会议通过的《世界人类基因组和人类宣言》中称“人类基因组意味着人类家庭所有成员在根本上是统一的，也意味着其固有的尊严和多样性的承认。象征性地说，它是人类的遗产。”这不仅是历史上以及未来里关于人的主体性不断确立的插曲之一，还为人性尊严找到了科学上的根基——人。

（二）人性尊严诱致的人权运动

人权在最初的意义上是由西方古典自然法基于天赋来界定的，因此，它的特质必然地与自然法有近亲关系即一种氤氲的美好，进而把人权本身视为终极的目的。事实上，自然法的弱点之一即在于它没能将人的理性真正贯彻到人自身，它言称的人之理性只是一种被阉割的理性尤其在人权的最终归属上的懒汉做法更是凸显了其理论的模棱两可和顾左右而言他，人权的根基只能是基于人的人性尊严，人权在现代社会的实践尤其在国际人权保护领域的实践已经充分地证明了人权的不自足性，它深层的内在特质就在于绝对的、不断发展和完善的人性尊严。

诚如上文提到的一样，人权先天的反抗精神和战斗特质在人类社会历史类型进行大的转变之时历史地担当思想的绝对先锋，人权是新兴阶级力量反对旧势力的主要手段和工具，社会管理的特权化和国王、君主的暴戾无常往往都会成为人权重点讨伐的对象，但我们应该深刻地意识到人权本身不是目的，它作为一种手段出现就显现了其可替代性，那么植根在人权深处的究竟是什么？我们可以从人权行动大行其道的特定时期的社会特征来把握，以西方17、18世纪资产阶级革命为例，除了当时资本主义经济萌芽的初步发展遭到了传统封建社会管理制度的严重阻碍，更为主要的还是14—16世纪的文艺复兴和宗教改革运动使得人性的自主力量在反神学、反封建的过程中得以恢复和确认并达到大力张扬，与此相应的就是人性尊严随着人的独立而觉醒。因此，“人权不仅是社会物质生活条件发展到一定历史阶段的产物，也是人类精神生活发展到一定程度的产物。而人类的精神生活又是人性尊严的基本表现形式。”①，自此，人性尊严随着人独立的自我反思机制而逐步完善，人自我决定和自我控制的理性活动愈加频繁，人性尊严成为了人行动与否以及如何行动的核心动力机制，人正是以这样一种人性尊严为深厚背景的个人姿态走进现代社会的。

一个典型的例证就是美国1776年《独立宣言》(下称宣言)，其中言称：“我们认为以下真理是不言自明的，人人生而平等……”《宣言》在美国历史的地位极其耀眼，可以说它是美国独立战争的思想催化剂，离开了独立宣言也就不会有美国现在引以为豪的宪法和随后的法国大革命，甚至当时整个欧洲的发展形势也会变得扑朔迷离，这可谓美国《宣言》的蝴蝶效应。但是我们细细追究就会发现《宣言》得以出台的现实根基除了当时英属北美殖民地的经济发展受到严重掠夺打压、税收遭到严重搜刮，另外一方面就是当地精英阶层已经意识到他们发现了最持久的思想武器即源自普通大众争取免于奴役的尊严以及由此外化的手段——人权，诸如生命、自由和追求幸福的权利。这些被道出的不言自明的人权极大地鼓舞了当地人们的反抗意识和团结精神，直到战争胜利许多人仍然沉浸在这种亢奋的状态而无法自拔，而这股力量正是促使联邦党人们聚首并最终催生1787年《宪法》的关键所在。

二、批判省察：人权与法治的关系

现代社会形形色色的权利内质是人权，其所代表的现代社会治理秩序无疑较之传统社会治理中的权力横行所塑造的秩序更显文明，但这仅是从传统恣意的权力和现在主流的权利这一静态角度来说明古今社会治理的手段不同，若要从深层次上、直观上把握现代与前现代社会治理的根本分殊尚需从更为宏观和稳定的治理策略上进行甄别，这就涉及法理学上的一对经典范畴：人治与法治。从类型划分的角度来分析，前现代社会管理是基于人治具体包括神治、德治等而进行的，现代社会治理则是循法而治即法治，其以彰显人性尊严的良善宪法为统领的整个国家法律体系为社会治理活动的根本依据。自现代以来的百余年，随着人的理性能力得到进一步的发展，尤其是经历了两次悲惨的世界大战之后，世界各主要民族国家的社会治理都在一定程度上克服和摒弃了人治的蒙昧治理方式转而采用更加可靠的理性化的规则之治，这是人的主体性得到进一步确立和事实与规范得以完全分离的必然结果，人权与法治的关系正是在这样的背景下建构起来的。

人类社会矛盾运动的历史痕迹体现在社会管理方式上即是由人治到法治的过程，与之相互作用的支配性观念分别是特权和人权，因此，法治的动力在于人权的同时其直接的目的亦是人权，人权与法治互为表里的关系已经在理论界达成共识。但是，共识不是理论研究和认识活动的目的，我们的目的与其说是达成共识毋宁说是打碎共识并进而在

① 韩德强：《论人的尊严——法学视角下人的尊严理论的诠释》，法律出版社2009年版，第259页。

共识的碎片下凝聚新的认知。众所周知，基于自由主义政治哲学原理，法治的现时代意义在于保障人权和限制权力的功能，这种源自西方近代资产阶级革命的制衡观念绵延至今而不衰，根本原因就在于其与特定的历史、社会条件和思想传统密切相关，观念、制度与生活之间是相契合的，此为在中国语境下讨论法治与人权问题的基本前提，否则势必有悖逻辑上的同一律。

人权作为法治的核心追求是现代社会治理的正当性所在，更是发轫于人民主权学说的政权合法性的现实指标，因此人权学说在先天受到偏爱的同时逐渐变得孤芳自赏和傲慢无礼，这一现象在西方社会已经初见端倪并被理论敏锐和关注现实的观察家所洞见，美国人玛丽·安·格伦顿在其代表作《权利话语——穷途末路的政治言辞》中就明显地表达了这种隐忧。诚如前文所提到的一样，人性尊严是人发展逻辑的唯一主线，有违人性尊严的所有制度安排和观念因素都是人发展的障碍，包括作为支撑和促进人性尊严实现手段的人权，因此，我们对于不管理论上或是实践中人权在法治中的定位问题应当秉持一种批判的、反思的态度来看待，而不应加剧人在认识和关照自身活动中的悖论。

法治作为人权的制度保障是现代社会治理的稳定器和控制阀。区别于前现代社会而言，现代性赠与了人类两项大礼：一是科学技术；另一个就是法律，前者是人认识和改造自然的利器；后者则是人为自己立法的现实努力，因此为了避免惨痛的历史再现，法治责无旁贷地担当起了现代社会治理的大梁。然而，历史的吊诡其实不是在作弄人类而是由于人类认知在特定时空的有限性，法治治理在现代社会的扩张使得法律逐渐成为空洞而又庞杂的器具，它所承载的价值随着人权因素的分散、零落而日渐消弭，在根本上面临着异化的危险。所以，任何一种人为的制度势必最终都是为人的，离开关照人性尊严的制度就是奴役，即使是我们现在依赖的法治亦是如此。

西方法治与人权学说与近代中国的关联记忆为每个法律学人所熟知，国人的人权观念被部分地唤醒，但西方法治在中国的命运其实是悬而未决的，原因就在于源自轴心时代的基于中国传统文化强大同化能力的超稳定结构，这一结构使得中国的现代化进程充满了撕裂的疼痛，与之相应的社会治理活动也充满了西方法治形式与中国特色实质的交错勾连，因此，现代中国的挑战和机遇在法理学上的投影就是：如何将全球化背景下内蕴人权观念的西方法治（包括其构建的法律体系）和被压缩的中国（包含传统文化和现代元素）加以整合形成具有完整生命力的中国特色社会主义法律体系，这是一个历史的过程，但前提是我们需要目的明确和不断反思中的行动。根据学者金观涛和刘青峰的研究，“1900—1905 年主导中国的官方意识形态正是中西二分的二元论（公域的西方自由主义和私域的儒家伦理道德），这就造成了个人观念在引进中国之初，与西方现代政治思想中的个人观念有结构性的差异。在西方个人作为权利主体是在公共领域和私领域普遍成立的。但在中国，个人权利主要是个人在参与公共事务时才有效，在家族组织中，每个人仍是伦常关系的载体”。① 因此，与奠基在西方自由主义基础上的人权和法治观念不同的是，传统中国社会治理是基于伦理的差序格局，贯彻的是一种“秩序性

---

① 金观涛、刘青峰：《观念史研究》，法律出版社 2009 年版，第 161 页。

尊严”，二者关于人权的深层心理差异是在肯认人性尊严的前提下所采用的实现手段：西方重视人权的途径，中国则更加注重伦理的说教和熏染。

因此，法治与人权的关系不论在西方还是在中国始终不是也不应当置于道德制高点上，二者的关系是开放性的，不是封闭性的，从人与制度的本源上即人性尊严的角度来把握人权与法治之间的关系不仅为我们的理性认知活动主要是现代社会治理活动奠定了坚实的伦理根基而且也进一步拓展了人类不断追求的善的视野。

三、耦合：法治社会治理

社会治理活动是自人类社会以来基于维持和巩固特定秩序的常态化权力运作机制，诚如张康之教授所言，“每个历史时期中，都会有着与它相适应的基本的社会治理类型，农业社会存在着统治性的社会治理，这种治理的目标是获得稳定的统治秩序……工业社会的治理模式属于一种管理型的社会治理模式，这种模式的基本特征是工具理性、形式化等……而后工业社会的治理模式是服务型的，主要依靠对道德的‘返魅’，奉行的是德制”。① 所以，社会治理策略的选择直接反映着相应社会发展的水平和文明的程度，这反映了社会存在决定社会意识的必然规律。实际上，上述三种社会形态的划分完全可以根据本文的需要而转化成现代社会治理和前现代社会治理两种模式：前现代社会治理模式在手段和价值取向上完全涵盖了农业社会治理模式，在本质上属于基于特权和以权力恣意运行为特征的人治范畴；而现代社会治理模式则涵盖了工业社会治理模式的全部和批判继承后的后工业社会的治理模式，从现代的视角来看其具备了法治的核心构成要件。

在西方历史上关于法治的系统论述可以追溯至古希腊的亚里士多德，他将法治的内涵界定为：“已成立的法律获得普遍的服从和大家所服从的法律又应该本身是制定得良好的法律。”② 我们从中可以解读出现代法治的两个基本面向，一是法律面前人人平等；一是良法之治，然而囿于历史和时代的局限，亚氏的法治于近代才从前现代无畏特权的牢笼中挣脱得以由理论走向法治实践并促进了西方现代社会治理的转型，成为西方现代文明的重要支撑。然而，在中国的历史上却先天没有西方意义上的法治观念。西方法治观念的雏形第一次真正作用于中国的起始阶段正处于19世纪末的中国社会转型关键阶段即由王朝国家向民族国家的过渡，传承至彼时的传统中国皇权社会治理结构已经成了强弩之末，一方面不能有效应对来自内部人们的正当诉求且对民众进行变本加厉的盘剥和压迫，另一方面又不能在抵御外辱的行动上赢得足够的民心和信心，恰值此分崩离析的社会政治背景下法治的雏形思想也即个人观念、权利观念以及反对特权的观念被引入中国，可是，在此过程中初生的法治与“新“中国之间的关联时断时续，人治因素成为整合支离破碎的中国和抵御外来侵略的强有力力量，相应的，其沉重代价就是人以及

① 张康之：《论社会治理体系“返魅”的路径》，载《南京社会科学》2006年第3期。

② ［古希腊］亚里士多德：《政治学》，吴寿彭译，商务印书馆1965年版，第199页。

人性尊严所承受的显性以及隐性、主动以及被动“规训”，在当时社会行动的紧迫性上，救亡图存是首要的，人性尊严是次要的，这是近代中国饱受外国欺凌所塑造的民族心理特质之一，直至1978年之后相对稳定的中国社会终于开始在总结历史教训的基础上有意识地并且有能力推进法治在社会治理中的关键作用，至此，法治在中国实现了与社会治理的第二次联合。

改革开放以后，随着人们思想的解放和国家政策的允许，国家经济建设取得了长足的发展，但与此同时社会治理活动中的人治观念及其由之衍生的制度依然支配着大部分领导干部，成为制约人的个性发展和经济进一步繁荣的观念樊篱和制度障碍，因此，源出于社会治理活动中的新旧观念交锋持续发酵着。经过持久的理论争鸣，综合考量各方面意见和建议再加之社会现实的迫切需求，第九届全国人大二次会议通过了《中华人民共和国宪法》修正案（二），其中，影响最为深远的当属将“依法治国，建设社会主义法治国家”确立为治理国家的基本方略，至此，法治得到了宪法的明确承认并具有了坚实的合法性基础，人治在法律上遭到了摒弃，法律和制度真正得以成为推动和保障国家社会治理的核心力量，人性尊严也不再屈从于传统型和个人魅力式的威权，而是在体认法理权威的基础上实现人性力量的最大张扬，改革开放的真精髓即人的自否定和由封闭走向开放得以展现，法治的价值承载与社会管理的本源目的又一次在恢复和促进人性尊严的道路上殊途同归。

现代社会治理活动是循法而行的多中心治理，不再是无限政府的家长式管理，法治与社会治理是塑造良善秩序的左右手，但是，治理主体多元化势必导致治理具体规则的差异化，因而如何协调、整合这种矛盾就成为完善法治与社会治理关系新的突破口，首先需要明确的是中国的法治区别于西方意义上的法治，这不是因为西方法治的生成背景不同于中国，关键是这种存在深刻差异的中西背景至今还在支配着各自的发展路径，尤其是还在支配着生于斯长于斯的活生生的人，中国人在战乱中体会到了法治在政治生活中能够提供的稳定性、平等性和可预期性，但中国人在日常生活中依然对天理和人情的调节功能存在着根深蒂固的依赖，因此如何协调情理法三者的关系就成了当代中国法治社会治理的关键一环。① 中国语境下法治社会治理模式的持久生命力正是建立在体现人性尊严的法理情和谐一致的基础之上。

四、结　语

相较于前现代社会而言，现代社会分工愈加专业化、精细化和多样化，与之相生的就是社会利益主体的多元化，作为整体的社会促进人性尊严实现的能力和手段比历史上任何时代都要完善，因此，基于捍卫彼此正当利益诉求的考虑，权利便合乎逻辑地成为

① 关于如何达致情理法三者的沟通，详见汪习根：《化解社会矛盾的法律机制创新》，载《法学评论》2011年第2期。其中关于“在情理法动态平衡中优化释法说理机制”的分析具有深刻的理论和现实意义。

现代社会的主流话语，在权利话语体系中人权无疑最具有核心意义，所有的具体权利都是源出于母体性的人权，人权从古典意义上的战斗色彩浓厚的人权逐渐转变为更多防御色彩的人权，通过人权观念的流变我们会发现这样一条规律：一个社会的整体形势由征战、纷乱、动荡向稳定、和平、繁荣的演进过程同时也是人性尊严由被忽视、被贬低到被主张、被保障的过程，具体的体现就是针对普遍无视人性尊严进行抗争的人权与社会安定下主张人性尊严自主张扬的防御性人权。所以，人权发展、完善的历史在根源上是守护人性尊严的历史。

事实上，权利、人权与法治是分不开的，但法治的本性集中体现在现代司法的消极性质上，它审慎地面对和处置社会治理中各种来自人权的矛盾和利益冲突，尽量在现有的法律规范内维护和促进作为元价值存在的人性尊严，在这个意义上，规范、价值和事实从相互分离的应然层面到相互关照契合的实然层面的过程就是人性尊严由抽象到具体的过程，在制度层面上的呈现就是法治与社会治理的耦合状态，所以，我们可以说“在法治的祭坛上牺牲过多的社会目标会使得法律贫瘠而空洞”①，法治社会治理模式恰恰为避免这种人文沙漠式的贫瘠和空洞在规范、事实和价值上持续供应着人性尊严营养和人权防护墙，只有彰显人性尊严的法治社会治理才能制定良善的法律并获得全社会的普遍认同，才能在无意识中形成普遍的公民品质和共和国的德性，同样的，法治社会治理模式下的权力行动基于保障人权的大背景被置于国家法律体系约束之下，权力包括后现代视野下的微观权力功能不再是规训人本身，而是规训权力本身，从而被异化了的客体——人再次成为了社会的主体——人，出于侮辱、奴役和操纵的有悖人性尊严的权力干涉在根本上丧失了合法性和正当性。

① 转引自夏勇：《文明的治理：法治与中国政治文化变迁》，社会科学文献出版社 2012 年版，第35页。

第四十八篇
法治一体化建设时局下的中国司法改革出路

黄家强

内容提要：法治一体化建设即法治国家、法治政府、法治社会一体化建设，是我国当下提出的重要法治发展战略，对于建设一个法制完备、依法执法、人人守法的法治中国具有十分重要的意义。在我国正日益形成的这种法治一体化建设时局下，深化司法体制改革，建立公正、高效、权威的司法制度，是一个法治时代的体现，是中国法治发展的方向，更是亿万中国人民对于人权保护的共同呼唤。转而，中国当下的司法改革虽然取得了一些成绩，却也似进步不大，存在的问题和矛盾依旧突出，因此，有必要在法治一体化建设的方针指引下对目前的司法改革提出进一步的要求以回应法治中国建设。

关键词：法治一体化建设；司法改革；问题；出路

2013年2月23日中共中央总书记习近平在主持中共中央政治局集体学习时强调，坚持法治国家、法治政府、法治社会一体化建设，不断开创依法治国新局面。而在今年的中国共产党十八届三中全会公报中又指出了建设法治中国，必须深化司法体制改革，加快建设公正、高效、权威的社会主义司法制度，维护人民权益。这些都体现了我国党和政府在推进法治中国建设的新举措、新理念，对于确立一个真正法制完备、依法执法、人人守法的法治中国意义是毋庸置疑的。同时在推进法治国家、法治政府、法治社会三位一体化建设的时局之下，司法改革思路的新突破也是必然要求，否则法治中国的未来图景就难以实现。一个国家的文明程度要看其经济发展程度，更要看的是其法治程度，而一个国家的法治文明最明显也是最实质的表现就是其司法制度文明。

一、法治中国建设，法治一体化建设与司法改革的关系

（一）法治中国建设与法治一体化建设的包含关系

法治中国建设是以习近平总书记为领导核心的新一代领导集体在中国法治发展的新时期，根据我国当下国情以及世界法治发展的潮流而提出的中国转型关键时期的重要法治发展战略，是在依法治国理念和社会主义法治理念基础上的升华，体现了在新一轮改革大潮下我国法治的发展方向。法治中国建设而非法制中国建设更非人治中国建设，这是因为人治、法制与法治三者概念的不同。所谓人治是强调个人的统治而忽视人民的感

受，因而会产生更多的统治暴行、权利受侵犯和人权践踏等不公之状。由于平等主义、人权保障以及公民权利意识的觉醒，人治在世界范围内的主要国家已缺乏其生存的社会土壤。而法制是法律制度的简称，良好的法治呼唤健全良好的法制。正如亚里士多德所言“法治应包含两重意义：已成立的法律获得普遍的服从，而大家所服从的法律又应该本身是制定得良好的法律”。可以说，法制是法治的必备，良好法治是良好法制的体现。中国选择法治中国而非法制中国更非人治中国或其他是有其原因的，笔者认为主要有以下几个方面：(1) 世界的法治发展潮流影响。当下世界大部分国家都将法治国家作为目标，法治已经成为一种不可逆转的趋势。(2) 中国发展的必然要求。作为最大的发展中国家，拥有世界上最多的人口，经济高速发展的中国，法治是国家治理的必然选择。(3) 公民权利意识的日渐觉醒。时下，随着我国权利意识的培养、普法活动和公民参与司法的日益频繁，维护自身权益，要求平等成为大多数国人的共识。(4) 历史发展的经验得出法治才是最好的国家治理模式。忽视人民感受，剥夺公民权利的人治社会以及只依靠冰冷法条治理的社会是落后且愚昧的。

而新一届领导集体提出的法治国家、法治政府、法治社会一体化建设是法治中国建设下的三个具体方向。简而言之，法治中国建设包括了法治国家、法治政府和法治社会建设。另外法治国家、法治政府和法治社会建设又包含了许多方面，例如，法治国家建设包括了司法制度建设、政党规则建设、立法机构建设以及其他制度建设，法治政府建设包括了行政权力分配制度建设，行政权力行使制度建设，行政人员守法建设等，而法治社会建设包括了社会普法、法律援助、法学教研等制度建设。因此，笔者认为法治国家、法治政府、法治社会一体化建设是处在法治中国建设这一宏观体系之中的，具体可为下图所示：

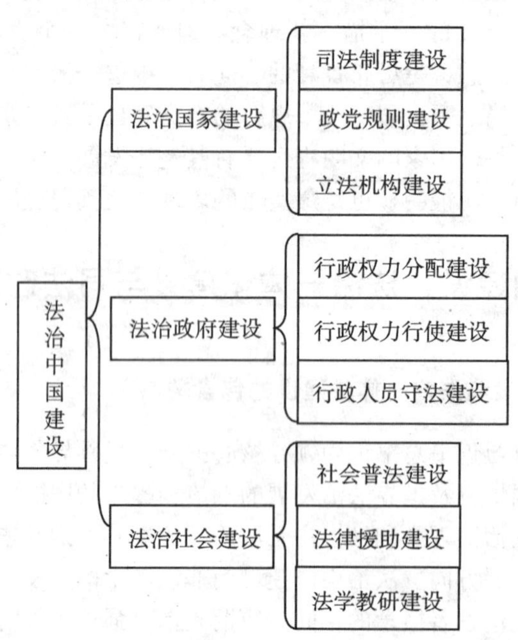

（二）法治一体化建设与司法改革的互动关系

司法是保护人民权利，实现社会正义的最后屏障，是人民对社会保持信心的最后依靠①。面对我国时下的法治中国建设，不得不承认的是我国当前的司法制度仍旧存在不少的问题：（1）近年来各种冤假错案时有发生，司法公正遭受严重损害。（2）行政权力对于司法干预过多，司法独立没有得到充分彰显。（3）法官职业道德水平参差不一，社会形象备受质疑。（4）法官受限审判，受社会其他因素影响较大。（5）司法公正、司法高效与司法权威三者之间的矛盾日益突出化，复杂化。如何突破我国当下的司法制度困境，健全公正、高效、权威的司法体制是我国建设法治中国的必然要求，是法治国家的重要体现，亦是法治政府的司法保障，更是法治社会的最后底线。

法治一体化建设与司法改革共生于我国社会转型的关键时期背景下，将平等、人权、公正、秩序等价值理念很好地与我国当下的社会主义初级阶段国情结合起来，它不同于西方的民主政治国家更不同于封建时代的人治天下，而是一种富有中国特色的贴近中国实际国情的良法之治。一方面，我国正处于经济转型深化时期，经济的转型呼吁法律制度层面的改革，司法改革要与经济发展水平相适应。法治一体化建设需要司法层面的革新，不管在理念上还是在具体制度设计上，司法改革都要紧跟时代发展的脚步。而另一方面，现阶段的司法改革又在积极推动着法治一体化建设，司法改革的科学合法进行是法治中国建设的真正实践步骤。总的来说，两者是互动的关系，密切相关，不可分离。

如何理解这种互动，笔者认为应该从理论与实践的角度来剖析。从理论上来说，法治一体化建设是我国法治建设里程碑上的一个重大理论成果，在整个中国法治发展的现阶段是起着理论性的指导作用，统率着包括立法、执法、司法、守法等各方面制度建设方向，因此，司法制度的改革是法治一体化建设理论当中的必然内涵。相反，从实践层面上来说，司法改革是一场以政权稳定为前提下的司法领域内的革命，是以具体司法制度的创立、修改、废止和创新为标志的，反映了一个政权统治下的法治方向。换而言之，司法改革是我国法治一体化建设理论上的实践反映，必将在实践之中不断丰富和发展着法治一体化建设这一新理论。

二、社会转型下的中国司法改革困境

（一）背景——社会转型

转型（transformation）原本属于生物学范畴，特指一物种变为另一物种，而作为社会学概念的社会转型（social transformation）最早出现在社会学家大卫·哈利森的《现

① 孟勤国、向甬：《论中国司法改革》，载《现代法学》2000年第12期。

代化与发展社会学》一书中，用来论述现代化和社会发展①。对于社会转型，国外以及我国学者都有着自己不同的理解。主要观点有社会各层面的变化，社会结构的变化等。另有学者认为社会转型是指传统的农业社会向现代工业社会的转变，从专制到民主的转变，从人治社会向法治社会的转变，从贫困社会向富裕社会的转变，从封闭单一社会到开放多元社会的转变②。毋庸置疑，这些都是从不同的角度来看待一个国家发展关键时期的不同看法而已。但看到的只是一个国家变化的某一个或者某几个方面，并没有真正洞察其变化的实质所在。

就我们国家来说，现阶段的社会转型期其实是从改革开放才开始的，社会的主要变化体现在以下几个方面：(1) 摆脱了领袖政治，开始注重发挥个人的作用，尊重公民权益。(2) 逐步地确立法治国家方向，法治成为国家治理的必备要素。(3) 以经济发展为本，经济上放活，政治上突出人民民主，日益富足的国家和人民内心产生两种情绪，一种是发展自我的私人情绪，一种是参与社会管理和监督的公共情绪。(4) 现阶段特别是我国经济发展取得了一定成就以后，由于各种社会问题的不断涌现，人们的目光更多地由单一注重经济逐渐转向社会治理层面上，因此，对于公平、平等、权利等有了进一步的要求，参与社会管理的热情由于矛盾的出现和人民意识的提升而被激发出来，法律也当然地在人们普遍而热烈的讨论之下。(5) 权利意识的提升可以说是这一社会转型的重要原因。封建时代之所以可以在中国统治长达几千年的一个主要原因就是人们对于自身权利的漠视，或者说是无知，你不可能让一个觉得自己过得很幸福的奴隶去反对他的主人。

因而，在这种社会转型的背景下，权利成为突出而急迫的命题，而权利只有经过法律的确定方可实现。这就必然要求法律作出相应的调整，一方面这是基于公民权利保护的诉求，另一方面也是基于经济发展所带来的利益重新分配。

（二）衍变——司法转型

接上所述，社会转型国情背景之下，权利命题变得急迫而凸显，法律的改变甚或转型成为必然。这就必然引起立法、司法、执法、守法等的一系列连锁反应，具体在司法理论层面上，笔者认为应体现以下的转型方向：(1) 司法理念转型。最近几年我国提出的司法为民、和谐司法③、司法民主、司法独立等可以成为转型的方向。(2) 司法价值取向的转型。公正、高效、权威、民主等应成为司法发展的出发点和落脚点。(3) 司法精神的转型。整个司法系统以及司法从业以及研究群体要形成一种廉洁公正，忠于法律，忠于事实，严谨务实的从业精神，在全社会形成一股崇尚法律，严于律己，安分守己的守法精神。

---

① 参见《简明大不列颠百科全书》第9册，中国大百科全书出版社1986年版，第544页。

② 胡云腾、袁春湘：《转型中的司法改革与改革中的司法转型》，载《法律科学》2009年第3期。

③ 张文显：《张文显法学文选卷七·司法理念与司法改革》，法律出版社2011年版。

然而在中国司法转型的大潮流之下，也面临着种种的问题，如同走向未来公正世界道路上的颗颗绊脚石。在中国法治建设仍面临巨大挑战的今天，中国的司法改革主要有以下的发展障碍。

首先，司法公信力日益流失。这主要表现在以下几个方面：（1）一些立法环节和司法活动环节缺乏和当事人以及相关利益人的沟通协调，导致司法效率没有得到有效发挥，也未能体现出司法为民的理念所在。最高人民法院制定的三个《人民法院五年改革纲要》、最高人民检察院制定的两个《检察改革三年实施意见》，虽然公开颁布，但在制定过程中却未在全体国民中广泛征求意见和展开讨论①。（2）司法公开工作仍不足，很多的案件由于缺乏有效群众监督而导致错判、误判。不过可喜的是我国已经开始了改进，2013 年 11 月 13 日由最高人民法院审判委员会第 1595 次会议通过了《最高人民法院关于人民法院在互联网公布裁判文书的规定》，将判决书公布于亿万网民面前是司法公开的第一步也绝不是最后一步。（3）近年来冤假错案时有发生，缺乏有效的司法监督机制和追究机制，民众对于司法的公信力产生怀疑。同样可喜的是，中央政法委近日出台了关于切实防止冤假错案的指导意见，不过何时由立法机关建立具体的错案追究机制和配套的国家赔偿机制也是值得期待的。

其次，司法腐败成为影响司法权威的一大毒瘤。英国思想史学家阿克顿勋爵（1832—1902）曾言“权力导致腐败，绝对权力导致绝对腐败”。近年来，随着网络的发展，网络监督也日益兴起，智慧的网民也日渐挖掘出了不少的司法腐败分子，这种网络监督属于社会监督的一种，具有监督效率高、扩散快、参与性高等优势。就是在这种民众监督而非制度监督之下，各种如法官集体嫖娼等事件屡有出现。一方面，这是我国社会监督发展的蓬勃兴起；另一方面，也显现了我国出现的一些法官检察官司法腐败问题。

再次，存在着地区司法不平衡现象。一方面，由于我国东部、中部、西部地区的经济发展不平衡，一些优秀的法律职业群体集中在经济发达的东部和中部部分地区，导致竞争大、就业难现象。而部分中部落后地区和西部地区由于经济落后，自然环境差，基础设施落后，优秀的法律人才不愿选择这些地区就业，这样就导致这些地区审判和检察水平差、效率低的问题。另一方面，我国对于中部地区和西部地区的司法建设的支持力度有所差异，司法资源配置不均，很多西部地区司法硬件设施落后，成为当地司法改革发展的一大瓶颈。

最后，法律职业群体素质参差不齐，律师社会地位有待提高，法律职业共同体远未形成。有廉洁清明的法官也有违法乱纪的法官，审判水平也各有千秋，而在律师团体却有不少的出色代理人、辩护人，律师办案受到一些不合理的规则要求，法官检察官的选用机制有待改进。总之，我国当下司法改革虽取得了较大的突破，不过也面临着很多的问题，只要找出问题的所在，并找到解决问题的方法就一定能够将我国的司法改革工作顺利地进行下去。

---

① 谭世贵：《中国司法改革的回顾与反思》，载《法治研究》2010 年第 9 期。

三、冲出困境，继续深化中国司法改革

面对我国司法改革的当前困境，有必要在这些问题上做一一的回应。虽然问题多且复杂，但是我国在推进司法改革的路程上没有丝毫的懈怠，但是就改革的深度、广度来讲还是不够的，这从我国时下的司法状况可以看出。在继续深化中国司法改革的工作中，应当处理好两个问题，一个是处理好科学理论与司法实践的关系，不仅要制定出符合规律的科学理论，更要将这种科学理论较好地反映到我们所制定的法律规范中去。另一方面，要处理好国外经验与我国国情的关系，不得不承认国外在法治建设上有着很多值得我们学习的制度，但是在推进司法改革的方向上，必须以我国司法国情为出发点，决不可一味地照搬照抄西方制度而置我国国情不顾，这样改革才能成功。这也就是说，我国的司法改革要走出一条自主型的司法改革之路，要扎根于我国历史的和现在的司法发展状况，了解我国公民的司法需求和司法心理，这样才能走出一条切合我国实际的司法改革之路。

对策始于问题，前面已述了现阶段我国司法改革遇到的困境，那么笔者接下来将从这些问题出发来提出自己的对策，希望能够为我国的司法改革提供一种新的思路或者说一种新的视角。

第一，司法公信力的重新树立。司法权威由两个要素所构成，一为司法拘束力，一为司法公信力①。司法公信力是一个国家司法生命力和活力的源泉，试想一个缺乏公众信任度的司法制度如何能够在一个民主制国家长期存在。我国当下的司法公信力缺失主要体现在法官职业公信力偏低、法院审判管理公信力较低、法院裁判公信力较低、司法程序公信力偏低、法院执行公信力偏低②五个方面。针对存在的问题，我们需要从以下几个方面来进行改革：（1）建立公正的司法制度，不断提升司法效率和审判检察水平。良好的制度是解决问题的开端，必须建立以公正、保障人权、高效、便民等为宗旨的司法制度，以提升整个司法系统的科学高效运转。（2）推进司法公开，让司法活动处于社会的监督之下，建立公开透明的阳光司法。（3）要不断提升司法人员的道德素质和职业素质，加强理论学习和法条学习，实行法官检察官考核制度，案件负责人制度。（4）处理好民意与司法、舆论与司法的关系，一方面要坚持以事实为根据，以法律为准绳，要保持司法的中立性和独立性，避免民意判决和舆论判决。同时，另一方面，也要在一些案件上适当考虑当事人或者相关利益人的诉求。

第二，严厉打击司法腐败。孟德斯鸠曾说过“在共和国里，当一个公民获得过高的权力时，则滥用权力的可能也就更大，因为法律未曾预见到这个权力将被滥用，所以

① 郑成良、张英霞：《论司法公信力》，载《上海交通大学学报》（哲学社会科学版）2005 年第 5 期。

② 四川省高级人民法院课题组：《人民法院司法公信力调查报告》，载《法律适用》2007 年第 4 期。

未曾作任何控制的准备①”。因此，被人民授予权力的官员一旦离开公众监督的视线便会腐败堕落。然而任何法治国家都不容忍权力腐败，权力腐败是法治建设必须清除的障碍。针对司法运行中的腐败问题，在我国主要对策还是在于监督机制的设置和司法工作人员的保障服务建设上。(1) 设置有效的监督机制。这就要求司法的内部监督和外部监督形成有效对接，要充分发挥检察院、人大等机关的监督作用，还要配合新闻媒体、网络媒介、纸质媒体等监督形式，让普通民众都能参与监督之中。(2) 司法工作人员的保障服务建设。要建立法官选拔制度和终身任职制度，在薪资、社会保障、安全保障等方面给予特殊保护。

第三，缩小地区间司法差距。我国在政治和经济发展的空间格局上都存在着基于地缘差异而产生的不平衡，这种不平衡随着近几年我国经济的快速发展而有着不断加大的趋势。如果忽视这种差距，法治中国目标的实现将难以实现。要想缩小地区间的司法发展水平差距，就必须在政策制定和资金、技术、人才支持上作倾斜，要大力对中西部落后地区特别是基层司法系统进行资金、技术、人才支持。提高中西部地区司法工作人员和法律职业人员的工资水平，并在社会保障上提供更多的优惠，使得法律职业群体愿意去基层地区，愿意去中西部地区。要大力投资中西部地区的基层司法系统的办公条件和硬件设施建设，提高中西部落后地区的司法办事效率。

第四，提高司法从业人员的道德素质和职业素质，改变法官检察官的选用机制，由当前的考试选拔改为从律师当中选聘，真正提高我国法官检察官的业务水平。此外，还要定期开展法官检察官的业务培训，并加强思想道德建设。重新确立新的法官检察官考核机制，可以增加进法官检察官的社会认同度调查报告和案件处理效果回复报告制度。另外，对国家司法考试进行改革，加强法科学生的法律知识学习，选拔高水平的法律人才。

四、结　　论

法治一体化建设是我国社会转型关键期党和国家提出的一个富有中国特色的法治建设理论，是与法治中国建设互生互长的一个重要法治建设时期。面对我国法治建设存在的问题，继续深化司法体制改革，将我国建设成为富强、民主、文明、和谐的法治强国，真正实践人民当家做主，弘扬正义、平等、人权等价值理念，是我国建设现代化国家的必然要求，更是中国公民的殷切期盼，也是世界法治发展的方向所在。

（作者单位：中南财经政法大学法学院）

① ［法］孟德斯鸠:《论法的精神》，张雁深译，商务印书馆1959年版，第16页。

后　记

本部文集收录了湖北省法学会法理学研究会2013年年会的优秀论文。特别感谢湖北省法学会的大力支持！衷心感谢本届年会承办方——湖北大学政法与公共管理学院的精心组织和辛勤付出！更要感谢各位论文作者的智识贡献！也要感谢刘祎、王士钊等同志的悉心校对。这部论文集既是各方共同努力的结晶，也是对我国正在进行的法治国家、法治政府和法治社会一体化建设理论和实践的有益探索。在文章的编选过程中，由于主题和篇幅的种种限制，我们不得不对部分论文“忍痛割爱”，敬请相关作者谅解。另外，由于时间和水平所限，文集难免存在疏漏，希望读者不吝指正。